尼山文库

NISHAN SERIES

让儒学温暖世界

杨朝明 著

山东教育出版社·济南

图书在版编目（CIP）数据

让儒学温暖世界 / 杨朝明著 . — 济南 : 山东教育出版社，2023.3

（尼山文库）

ISBN 978-7-5701-2366-7

Ⅰ. ①让… Ⅱ. ①杨… Ⅲ. ①儒学 - 研究 Ⅳ. ①B222.05

中国版本图书馆 CIP 数据核字（2022）第 199106 号

责任编辑：何欣竹 乔正义
责任校对：任军芳
封面设计：姜海涛
版式设计：吴江楠

RANG RUXUE WENNUAN SHIJIE

让儒学温暖世界 杨朝明 著

主管单位：山东出版传媒股份有限公司
出版发行：山东教育出版社
地址：济南市市中区二环南路 2066 号 4 区 1 号 邮编：250003
电话：（0531）82092660 网址：www.sjs.com.cn
印 刷：山东新华印务有限公司
版 次：2023 年 3 月第 1 版
印 次：2023 年 3 月第 1 次印刷
开 本：710 毫米 × 1000 毫米 1/16
印 张：29.75
字 数：357 千
定 价：120.00 元

《尼山文库》编委会

总序

为深入贯彻党的二十大精神，贯彻落实习近平总书记关于传承发展中华优秀传统文化系列重要讲话精神，落实《尼山世界儒学中心儒学传承发展“十四五”规划》有关部署要求，尼山世界儒学中心依托中心学术委员会，以学术顾问和学术委员为主体，组织编写出版了《尼山文库》。

一个民族的复兴，总是以文化的兴盛为强大支撑；一个时代的进步，总是以文化的繁荣为鲜明标志。以习近平同志为核心的党中央高度重视中华优秀传统文化的传承发展，始终从中华民族最深沉的精神追求看待优秀传统文化，从国家战略资源和文化软实力的高度继承优秀传统文化，从推动中华民族现代化进程的角度创新发展优秀传统文化，使中华优秀传统文化成为新时代新征程党和国家事业发展、实现第二个百年奋斗目标的重要力量。党的二十大报告提出“推进文化自信自强，铸就社会主义文化新辉煌”，就建设社会主义文化强国做出战略部署。深入学习贯彻党的二十大精神，坚持中国特色社会主义文化发展道路，增强文化自信，承担起举旗帜、聚民心、育新人、兴文化、展形象的使命任务，踔厉奋发，笃行不怠，推出更多增强人民精神力量的优秀作品，是《尼山文库》的使命担当。

文库汇编的作品展现了学术界近年来在中华优秀传统文化研

究方面的新理念、新观点、新贡献，着重阐释儒学在弘扬践行社会主义核心价值观中的重要价值，概括儒学在国际交流、传播以及对话中的积极作用，解读儒学在公益慈善文化中的智慧启示。选编内容包括专家们在学术会议上的发言、出版论著的序言、近期发表的学术论文，或论文论著精华摘要、核心观点摘编等，各自组成体系完备、结构完整的学术著作。我们力争在“十四五”期间，陆续推出40部学术著作。

文库的出版是建设世界儒学研究高地，打造文化“两创”新标杆的需要。2013年11月，习近平总书记在山东考察工作时提出，要加强对中华优秀传统文化的挖掘和阐发，努力实现中华优秀传统文化的创造性转化、创新性发展。十年来，山东立足丰厚文化资源，以高度的文化自觉扛牢中华优秀传统文化“两创”担当，不断激发文化创新创造活力。设立尼山世界儒学中心（中国孔子基金会秘书处）就是为了深入贯彻落实习近平总书记重要指示要求，努力打造世界儒学研究高地、儒学人才集聚和培养高地、儒学普及推广高地、儒学国际交流传播高地。山东省第十二次党代会明确提出“打造文化‘两创’新标杆”“深入推进尼山世界儒学中心建设”。在全国上下深入学习贯彻党的二十大精神，全面建设具有强大凝聚力和引领力的社会主义意识形态的时代背景下，编写出版这套丛书，有助于我们全面深入学习贯彻习近平总书记关于大力弘扬中华优秀传统文化的重要论述，坚守中华文化立场，做好为国家立心、为民族立魂的工作，传承和弘扬好以儒家思想为代表的中华优秀传统文化。

文库的出版是以文化人、守正创新，推动中华优秀传统文化与社会主义社会相适应的需要。习近平总书记强调，中华优秀传统文化是中华文明的智慧结晶和精华所在，是中华民族的根和魂，是我们在世界文化激荡中站稳脚跟的根基。出版这套丛书的宗旨在于立根铸魂，研究阐释中华文明讲仁爱、重民本、守诚信、崇正义、尚和合、求大同的精神特质和发展形态，阐明中国道路的深厚文化底蕴，展现中国人的宇宙观、天下观、社会观、道德观，展现中华文明的悠久历史和人文底蕴，承继中华优秀传统文化“观乎人文，以化成天下”的教化之道，更好构筑中国精神、中国价值、中国力量，坚定文化自信，增强中华文明的传播力、影响力，促进文化“两创”成果落在社会上、落在群众中、落在生活里。

文库的出版是推动世界不同文明交流互鉴，构建人类命运共同体的需要。海纳百川，有容乃大，编写出版《尼山文库》，继承中华优秀传统文化，弘扬时代精神，构建中国价值，绝不是拒斥外来文明，而是坚持不忘本来、吸收外来、面向未来，坚持“二为”方向、“双百”方针，坚持创造性转化、创新性发展。丛书倡导求实、严谨、活泼的文风，突出学术性、思想性、可读性，弘扬平等、互鉴、对话、包容的文明观，弘扬中华文明蕴含的全人类共同价值。

为天地立心，为生民立命，为往圣继绝学，为万世开太平，这是中国古代儒家知识分子的抱负，也是《尼山文库》的理想和期待。推进“两创”和“两个结合”需要久久为功、持续用力，希望更多的专家学者参与文库的编写，为建成社会主义文化强国共同努力奋斗！

是为序。

《尼山文库》编委会

2022年11月16日

前言

记得在2015年，香港孔教学院出版纪念孔子诞辰的特刊，在应邀撰写的祝词中，我不假思索写下了《让孔子温暖人心》的题目。越走近孔子，越能感到作为师长他亲切高大，作为圣哲他弥高弥坚。孔子以爱与敬为至德要道，希望“天下为公”，“讲信修睦”，“老者安之，朋友信之，少者怀之”。孔子和儒家充满了对世道的关切，对众生的挚爱。我们期待告诉世人一个真实的孔子，让孔子照亮人心，用儒学温暖世界。

一、中华民族复兴，必须以文化自信为前提

中国是一个伟大文明的存在。西方学者也看到了这一点，比如英国著名汉学家马丁·雅克提出，为什么西方帝国总是在昙花一现之后就不复存在了，而中国却能永久传承？他解释说，中国其实是一种文明，却“伪装”成了一个国家。在他看来，也许只有这样，才可以理解为什么西方帝国衰败后就再无崛起的可能，而中国总是能不断复兴，这是因为“中国”本身就是一种文明！

作为世界上唯一绵延数千年不间断的文明，讲文化自信，中国有充足的底气。儒家文化中关于天下为公、大同世界的畅想，关于“为政以德”“政者，正也”的阐释，关于“仁者爱人”、以德立人等论述，时隔千年依然具有指导实践的重要意义，不仅为时代发展提供思想启迪，更直接作用于“人心”，助推社会的发展。中华优秀传统文化是中华民族历史上道德品格、精神观念、思想文化的集合体，也是中华文明得以传承和弘扬的外在表现形式。中国有着坚定的道路自信、理论自信、制度自信，其本质是建立在5000多年文明传承基础上的文化自信。

2014年3月27日，习近平主席在法国巴黎联合国教科文组织总部发表重要演讲。他提出，文明是多彩的，人类文明因多样才有交流互鉴的价值；文明是平等的，人类文明因平等才有交流互鉴的前提；文明是包容的，人类文明因包容才有交流互鉴的动力。这是中国关于世界文明观的重要表达。它明显超越了“文明冲突”，也包含了“文明对话”，业已引起广大学者和国际社会的广泛关注，并得到了一致好评。

联合国教科文组织总部大楼前有一块石碑，上面用多种语言写着这样一句话：“战争起源于人之思想，故务需于人之思想中筑起保卫和平之屏障。”习近平主席多次谈到这句话，他站在世界文明与国际关系的高度，讲到“思想”对于世界和平与发展的意义。孔子儒学的核心和特质与联合国教科文组织的宗旨深度契合，它是要在“天理”与“人心”之间筑起“礼”的堤防，在“人心”与“道心”之间找到最佳的结合点。中国人民历来追求和谐、爱好和平，中华传统文化中明理修身、推己及人等观念，依然显示着其超越时空的意义。

二、坚定文化自信，要以明德引领社会风尚

大力弘扬中华优秀传统文化，就需要一大批社会的精英分子勇于担当和引领。2019年3月4日，习近平总书记在看望参加全国政协十三届二次会议的文化艺术界、社会科学界委员时强调，要坚定文化自信、把握时代脉搏、聆听时代声音，坚持与时代同步伐、以人民为中心、以精品奉献人民、用明德引领风尚。

儒家经典《大学》开篇就说:“大学之道，在明明德，在新民，在止于至善。”所谓“大学”者，大人之学也。培养有格局的大人君子必须“明明德”，彰显人性的光辉。正如孔子要求自己的弟子“女为君子儒，无为小人儒”那样，当下弘扬中华优秀传统文化，不能把儒学研究当作谋生手段或是一种职业，要把自己所做的事情看作一种提升社会境界、提升个人境界和素养的方式，处理好经济效益和社会效益之间的关系。研究儒学若不从儒家精神的实质去理解，融入不到内心深处，就一定会受局限。

孔子之前，中华文明已经有数千年的历程，已经有丰厚的文化积淀，形成了深沉的精神追求。孔子接续中华慧命，继承先圣先王，继续凝练提升，把他以前的中华文化都“集中在他的手里”。这种智慧源自天道性命，思索“个体生命该有怎样的追求”“人与动物应有怎样的区别”“怎样在心中建起道德的防线”这样的根本问题。

需求的满足使人们感到幸福，追求欲望却又可能产生新的欲望。在现代社会，人们享有物质上的极大丰裕，却又常常人人自危。在需求与欲望、“天理”与“人心”之间，人应当正确抉择，“知其所止”“知止而定”。孔子继承他以前的文明成果，述而不作，寓作于述。他被称为“万世师表”“圣集大成”，当之无愧!

孔子的魅力在以“小”通“大”。他的方法贴近人心，他的思维符合人情。这个世界不能没有“爱”，不可缺少“敬”，他提出“立爱自亲始”“立敬自长始”。基于对人情人性的认知，本着“中人之情”的原则，以人人能知能行的方法，“平好恶而反人道之正也”，左右纠偏，防微杜渐。孔子说:“弟子，入则孝，出则悌。”“出则事公卿，入则事父兄。”“君使臣以礼，臣事君以忠。”孔子的思想就是这样，在日常与细微中洋溢温暖与深情，蕴含着更多更深的智慧。

今日，人们期望开拓更为理想和广阔的文明道路。很多情况下，文明更具有统一特性，观念更具有凝聚能力。无论怎样，民众安居乐业的追求亘古不变，愉悦快乐的生活是黎民大众最基本的向往。东海西海，心同理同。人的格局与气象、信念与追求，都需要以内心的情感来温暖，来滋养，来放大。

2000多年来，因为有了孔子的学说，中华民族比世界上别的民族更加和睦，更加和谐。子贡说得好，孔子如同日月，不能轻易凌越，不可无端诋毁。他是人类文明的骄子，是幸福人生的导师。人们在孔子思想的光照下行走、徜徉，所谓“上士闻道，勤而行之”，人们应怀有温情，带着敬意，敞开心扉，去仰望和追随，真切感受孔子思想的和煦与温暖。

三、改变社会风尚，先让中华经典浸润人心

多年的孔子儒学与中华传统文化的学习生涯，让我得到了一些心得体会与人生感悟。我们所处的是一个社会急剧变化的时代，是一个在不少地方存在困境的时代。作为读书人，我与书打了几十年交道。我认为，在这个多元与多样的时代，知识爆炸的时代，“读什么书”“怎么读书”成了重要的问题，也成了年轻人的一大困惑。就读书而言，我认为读什么书比读书本身更为重要。记得金克木先生在《书读完了》这本书里谈到一个故事，说历史学家陈寅恪先生去看望另一位前辈历史学家夏曾佑先生时，夏曾佑先生对陈寅恪先生说，在中国，要读的书就那十几本。这十几本书就是传统的“四书五经”，再加上《荀子》《老子》《庄子》。读了这十几本书，就是把中国的书都读完了。因为，中华文化最核心的书就这些。这些书的成书，是此前我国数千年文化的沉淀，而这些书又影响了此后我国数千年。

不难发现，这些传统国学典籍，绝大部分属于儒家。儒学的核心是这些经典，而经典是中国人最应该读的书。这些经典教我们如何为人处世、安身立命，教我们如何与人和谐共处。因此，读书要读经典。要了解中国，了解中国思想，更应该读这些核心的儒家经典。2013年11月26日，习近平总书记来到山东曲阜孔子研究院考察时，看到我们研究成果中的《孔子家语通解》和《论语诠解》，说："这两本书我要仔细看看。"我想，习近平总书记的意思，是说作为中国人，必须了解自己的民族文化经典。

中华经典典籍是之前数千年文化的凝练与总结，又经过了之后数千年历史的检验，蕴含着丰富的中华智慧。读书，切记一定要读最该读的书，要先读必须读的书。只有先了解中国，才能了解世界；只有文化自知，才能文化自信。孔子儒学告诉我们，要培养爱心，就要从孝亲开始；欲有能力爱天下，必先爱自己的家国。现在不少人不缺乏世界眼光，但缺乏中国意识。中国文化讲修行，讲自律，讲和谐。自律的人永远不会过得太差。生活对每个人都是公平的，它不会偏袒任何一个人。自律的人，最终一定是出众的人；放纵自己的人，一定会被社会淘汰。领会中华经典的神韵，才能看清前行的路，"不怨天，不尤人"，"行有不得，反求诸己"。尤其年轻人，更要"择善人而交，择善书而读，择善言而听，择善行而从"。

四、谋长远求突破，用行动回应总书记嘱托

2013年11月下旬，习近平总书记到山东考察指导工作，其间专程到曲阜孔府和孔子研究院考察，召开专家学者座谈会，并发表重要讲话。由此，全国上下进一步加大力度弘扬中华优秀传统文化，让儒学重回大众“视野”。习总书记谈到两点让我印象非常深刻：一个是传统文化的现代转换，也就是“如何继承传统文化”；另一个是儒学话语权问题，也就是“传统文化如何在今天的中国和世界发挥作用”。这对传统文化研究者提出了更高的要求，我们要肩负起这一使命，成为中华优秀传统文化的继承者、实践者和传播者。

文化研究既要“登峰”，也要“落地”。“登峰”就是要大家去认识文化的深层意义。我们了解传统文化的深度和高度，了解几千年来民族文化的形成发展，要把这些成果加以转换进而“落地”，形成对人心、社会的滋养，形成人民共同的信仰和力量。

中华优秀传统文化的弘扬传承是一个体系，我们要认真研究规律，找到适合的方法，力求行之有效。优秀传统文化应进入国民教育体系，让孩子们尽早接触。适时而教，教于当教之时。《礼记·学记》说得好：“时过然后学，则勤苦而难成。”青少年是国家的未来、民族的希望。我们应想方设法，润物无声，为他们在心中埋下古代先贤义理之学的种子，让他们明白为人处世的道理，将圣贤教诲融入生命成长历程，引导他们自觉地担负起社会责任和历史重任。作为儒学学习者、研究者、传播者，我们要深入学习贯彻习近平总书记关于传统文化的一系列重要讲话精神，谋长远，明思路，抓关键，求突破，用实际行动回应总书记的嘱托，将一生所研所学，传播给更多的人。

中华优秀传统文化为更多的人所认可、所认知的时候，我们的心情非常喜悦。我们应该更多思考中华优秀传统文化与现代社会的结合，关注当下，走进人心。建设新时代文化，要走近、走进孔子，把握中华民族5000年文化创造的精神与精髓。只有这样，我们的文化才有根，才能在与社会结合中避免偏执一端，不至于表面化、形式化、功利化。我们不能丢掉自己珍贵的文化遗产，否则就会走很多弯路。优秀传统文化指向着未来。立足当下，鉴往知来，我们要更好地建设文化中国，让孔子儒学融入时代，把这个伟大礼物献给世界，照亮世道，温暖人心。

目录

第一章　坚定文化自信

中国之治与世界精神构建 / 002

践行“天下为公”，共筑美好世界 / 008

礼乐文明是中华民族的“不动产” / 012

泰山与中国传统文化 / 017

得众则得国，失众则失国 / 024

把握传统文化精髓，提炼中国精神标识 / 027

“文武之政”与儒家的中道哲学 / 033

坚定文化自信，筑牢道德基石 / 049

落实“两个结合”，弘扬中华优秀传统文化 / 056

把握传统文化精髓，助力文化强国建设 / 062

儒学：廉洁文化的丰厚资源 / 067

践行儒学精神，树立文化自信 / 070

山东精神：公、信、仁、和

——基于孔子“大同”社会理想研究的思考 / 080

邹鲁文化品格及其历史地位 / 088

研究作为思想家的左丘明 / 098

鲁班文化的人文教育意义 / 105
中华优秀传统文化与中国共产党领导力 / 109
协商民主与中国文化传统 / 127

第二章 明德引领风尚

重视和加强优秀传统文化宣传教育 / 136
在传承弘扬中华优秀传统文化中走在前列 / 140
走进儒学世界，搞好儒学传播 / 145
中华传统“八德”的价值与意义 / 151
礼乐中华与道德人生 / 156
孔子的“成德”施教体系 / 166
孔子施教与书院精神 / 186
人学视野与中华文化智慧力量 / 189
孔庙、孔林、孔府：一个伟大民族的精神承载 / 193
文庙祭祀及其教化功能 / 207
孔林：地面上的家谱 / 232
中华传统文化共识与儒商精神 / 239
儒家中道传统对现代政商关系的启示 / 246

第三章 经典照亮人心

生命面向生活的思考 / 252
孔子“大同”说的实质与意义 / 255
构建中国的“论语学” / 269
《论语》研究与“论语学”构建 / 282
典籍里的孔子，《论语》里的中国 / 294

天下之本在国，国之本在家 / 298
“父母在，不远游”的真正含义 / 301
《孔子家语》推动中华文明史研究新发展 / 303
《孔子家语》打开了中华文明研究的新视野 / 308
“御车马”与“治天下”
——读《孔子家语·执辔》 / 312
中国传统文化中的管理智慧 / 330
儒家“四书”与中华家风 / 333
齐家宜学圣人训 / 348
对传统文化不能“一知半解” / 351
读国学典籍，感知中华文化的格局与气象 / 354
人一生读书有限，要明白先读哪些书 / 357
富有之谓大业，日新之谓盛德 / 362

第四章　致力文化“两创”

以时代精神激活中华优秀传统文化生命力 / 366
家风正则民风正，民风正则政风清 / 381
道德精神是文艺的灵魂 / 385
实现“两创”要有深度和广度 / 388
在省级层面规范和提升祭孔大典 / 391
建议在曲阜建设孔子大学 / 395
依托鲁班文化，大力弘扬工匠精神 / 398
进一步重视弘扬乡贤文化 / 401
举办国服评选，推出中华正装 / 404

利用传统文化激活企业家精神 / 406
推行拱手作揖礼，传承中华传统礼仪 / 409
设立中华母亲节，大力弘扬母教文化 / 412
建议在曲阜建设中华文明广场 / 415
讲好中国故事，打造中华优秀传统文化主题公园 / 418
以“书香家庭”带动“书香中国”建设 / 421
将鲁班祖庙宅等列入全国职工爱国主义教育基地 / 424
厚植传统美德，绘出文明新景 / 427

附 录

让孔子照亮人心，用儒学温暖世界 / 432
做中华优秀传统文化的“行道者” / 442
半部《论语》治天下，一部《家语》兴中华 / 446

后 记

第一章　坚定文化自信

中国之治与世界精神构建
践行『天下为公』，共筑美好世界
礼乐文明是中华民族的『不动产』
泰山与中国传统文化
得众则得国，失众则失国
把握传统文化精髓，提炼中国精神标识
『文武之政』与儒家的中道哲学
坚定文化自信，筑牢道德基石
落实『两个结合』，弘扬中华优秀传统文化
把握传统文化精髓，助力文化强国建设
儒学：廉洁文化的丰厚资源
践行儒学精神，树立文化自信
山东精神：公、信、仁、和
邹鲁文化品格及其历史地位
研究作为思想家的左丘明
鲁班文化的人文教育意义
中华优秀传统文化与中国共产党领导力
协商民主与中国文化传统

中国之治与世界精神构建

中华文明是独立孕育、成熟发展的文明系统，在漫长岁月中沉淀形成了独特的文明模式，具有了独特的精神文化标识。中华文明五千年一脉相承，是世界四大文明中唯一没有中断的文明。中国之治是中华文明之树结出的硕果，是中华文明精神标识的新时代“落地”和载体，也是新时代中华文明传续的根本保障。聚焦当下，中国之治作为新型的国家治理体系，体现着解决人类共同问题的中国智慧，更具有中国气派、中国特色、中国风格。

一、内生演化：五千多年的文化硕果

正如“服务人民，奉献社会”是人类社会迄今最先进的人生追求一样，“以民为本，国泰民安，天下大同”是人类社会最先进的政治追求。这样的基因在很早以前的邦国时代就已经清晰而坚定地根植于中华文明之中。

夏朝之前，尧曾对舜谆谆教导：“天之历数在尔躬，允执其中。四海困穷，天禄永终。”尧告诫舜认知天命，履行天命，诚心诚意地奉行中道，以求社会和谐，四海安泰。西周初年，周公倡导“敬德保民”，制礼作乐，将政治与伦理相融合，使礼乐文明成为中华文化的底色，从而诞生了历史上记载的第一个盛世——“成康之治”。“成康之际，天下安宁，刑错四十余年不用。”

春秋战国时期，天下无道，礼坏乐崩，中国历史处于大转型、大变革之际。孔子集夏、商、西周三代文化之大成，发出了时代的最强音——“大道之行，天下为公，选贤与能，讲信修睦”，使“老者安之，朋友信之，少者怀之”。孔子和弟子后学周游奔波，以求经国济世，希望人心和顺，社会和谐，天下和平。孔子虽然没有说服那时的君王，也看似没有走出时代困局，但时势困局毕竟锻造了孔子和儒学。正是这样的困局，让孔子有更多更深的思考，让孔子对政治文明追求、中华文明底色、人类文明根基的思索更深沉，表达更周详。

东汉王充称“文王之文在孔子，孔子之文在仲舒”。孔子继承了文王、武王的政治理念，董仲舒则继承发扬孔子的政治学说，实现了孔子当年渴望实现而终未实现的政治实践，引导了中国的政治文明。

在中国两千多年的社会发展历程中，制度的变革发展、缝缝补补是常有的事，但是制度框架并没有发生根本变化。中国历代王朝如一艘稳健航行的巨轮，即便换了舵手，也没有改变它行进的方向和动力系统。近代以来，这艘巨轮遇到了正面撞击，面临倾覆的危险。于是，人们开始思考航行方向、道路选择、动力系统构建等问题。在艰苦的现实面前，人们开始了正本清源的研究，看到了中华文化的特质，看清了帝制时代对孔子儒学的偏离与扭曲，主张返本开新、综合创新、革故鼎新，实事求是地继承发扬中国文化固有精神。新的制度文明体系慢慢建立和完善起来，中国阔步而自信地走上了民族复兴之路。

“大道之行，天下为公。”“甘其食，美其服，安其居，乐其俗。”中华民族热爱和平，渴盼安居乐业。观其脉络，这样的政治追求自古及今可谓一以贯之。今天的中国是历史中国的延续，中国走适合自身国情的中国道路，建设具有中国特色的社会主义制度。中华民族在漫长的艰苦奋斗过程中所形成的优秀文化，在现实社会不断得到继承创新和发扬光大。今天的中国之治，正是对中华传统文明坚持和发展、传承和创新的产物，今天的治理体系、价值取向等也是中华文明逐渐改进与内生演化的结果。

二、一统多元：包容性与凝聚力

联合国教科文组织总部大楼前有一块石碑，上面用多种语言镌刻着这样一句话：“战争起源于人之思想，故务需于人之思想中筑起保卫和平之屏障。”中华文明有力量，正是源于其建立在对人心的思考上。中华先哲提出以“道心”引导“人心”，以“天理”控制“人欲”，予思想以正确的方向、正确的出口，这样的做法关乎建立真正的文明，适用于整个人类社会。

人心多元，“人心惟危”，人心凝聚尤其重要。中国早期思想家特别强调具有整体或共同意义的“一”。中华大地幅员辽阔，多民族和谐和睦地生活在一起，中华民族“一”的思维不仅符合历史，而且顺应现实。中华思维的独特与智慧之处恰恰在于“一统”与“多元”的对立统一。在奋斗目标上一统，在具体措施上多元；在主流价值体系上一统，在阐释系统、表达形式上多元。

中国的疫情防控措施以及应对复杂多变的国际国内局势的能力，显示出中国之治给中国人民带来了稳定和谐，中国的制度体系也因此被世界上许多有识之士关注。在对外关系上，中国有自己独具特色的核心发力点。和平与发展、繁荣与富强是中国人民的向往和追求，也是世界各国的共同追求，这是具有整体意义的“一”；同时，每个国家有各自的历史传统、文化积淀、基本国情，其发展道路必然有自己的特色。所以中国之治不“输入”外国模式，也不“输出”中国模式，中国尊重每个国家的自主选择，尊重“多元”，共建人类命运共同体。

就国内而言，中国之治定位清晰，目标同样指向“一”。实践中国共产党人的初心和使命，为中国人民谋幸福，为中华民族谋复兴。中国之治的载体“多元”，党的领导制度、人民当家作主制度、法律制度、行政体制、经济制度、文化制度，以及民生保障、社会治理等各具特色。同时，中国之治的实践“多元”，省市实践、区县实践、乡镇实践、社区实践充满活力。

在“一统”与“多元”的互动中，“共同体原则”与“主体化意识”让人关注。中国之治扎根于中华大地，秉持中华文明所固有的认知思维，反映中华民族的价值追求、情操意志。“我们辽阔的疆域是各民族共同开拓的。”“我们悠久的历史是各民族共同书写的。”“我们灿烂的文化是各民族共同创造的。”“我们伟大的精神是各民族共同培育的。”新时代，中国之治将推动中华民族走向包容性更强、凝聚力更大的命运共同体。

三、荣誉与责任：精英的气质和素养

清朝末年，当时的日本教育部长请辜鸿铭先生翻译《春秋》一书中的“名分大义”，辜鸿铭先生将其翻译为“荣誉和责任的重要原则”。他认为孔子所作《春秋》之所以取名于此，源于书的主旨给出了决定民族兴起和衰落的道德原因——荣誉与责任。荣誉与责任是国家观念的基础，也是文明存在的基础。

在中国式管理中，人们思考管理之道，最尊重和推崇孔子的“政者，正也”。在孔子的思想中，为政即为正，为政者“正”

才能引导天下的“正”。古代，“政”与“正”往往通用。政，就是端正。古代“大学”是“大人之学”，培养有格局、有情怀、有担当、有境界的社会管理者，“大学之道”使人们格物明理、正心诚意。《大戴礼记》说得好：“夫习与正人居，不能不正也。”当社会上明德向善的人越来越多的时候，人们就“目见正事，闻正言，行正道，左视右视，前后皆正人”，就有了良善的社会风气，美好的社会政治。

鲁国的国君向孔子问政，孔子回答“为政在人”。齐景公向孔子问政，子曰：“君君，臣臣，父父，子子。”这句话内在的深刻意义在于君臣父子各有职责与素养的要求，贵在各司其职，各尽其能。孔子尤其强调“君”的引领作用。比如，要用“君”的素养去履行“君”的责任，用“君”的素养去承担“君”的担当。聚焦中国之治，制度的生命力在于执行。国家治理体系和治理能力是一个国家的制度和制度执行能力的集中体现。无论是国家治理体系的构建，还是治理能力的“落地”，为政在人，在于承载中国气质、中国精神、中国力量的新时代奋斗者。

新的时代不仅需要新时代的经济、教育，更需要新时代的政治和国民。人们对于美好生活的向往，不仅包括物质性满足，还在于发挥人的理性光辉，将“人之所以为人”的高贵因子呈现出来，传承下去。将荣誉感激活，产生责任感；在履行责任的过程中，进一步润泽荣誉感。

《战国策》云：“中国者，聪明睿智之所居也，万物财货之所聚也，圣贤之所教也，仁义之所施也，诗书礼乐之所用也，异敏技艺之所试也，远方之所观赴也，蛮夷之所义行也。”中国，不仅是地域的概念，还是文明的归属。中华民族属于她，中国之治建设她。荣誉与责任体现在对事业的热爱上。新时代有新气象，新时代也有新挑战，奋斗的征程需要持续向前，没有一蹴而就。《周易》曰："富有之谓大业，日新之谓盛德。""为中国人民谋幸福，为中华民族谋复兴"，这是格局，是大业。由此，中国人源源不断生发"不忘初心、牢记使命"的责任。中国要让满载"荣誉与责任"的思想成为民族之学、国家之教，中国也应将这种学术思想贡献给世界，滋润和构筑新的世界精神。

（在第六届"尼山世界文明论坛"上的发言）

践行“天下为公”，共筑美好世界

“大道之行，天下为公。”在党的十九大报告最后一段，习近平总书记引用这句话，并且明确指出，站立在九百六十多万平方公里的广袤土地上，吸吮着五千多年中华民族漫长奋斗积累的文化养分，拥有十三亿多中国人民聚合的磅礴之力，我们走中国特色社会主义道路，具有无比广阔的时代舞台，具有无比深厚的历史底蕴，具有无比强大的前进定力。每一位聆听或阅读的人都会印象深刻，这正是人类命运共同体理念的文化根基所在。

两千五百多年前，孔子就追求“大道之行，天下为公”的社会理想，希望选贤与能，讲信修睦。人不独亲其亲，不独子其子，各尽所能，相互关心。奸谋闭而不兴，盗窃乱贼不作。孔子站在人类发展的中心点，思考“人心”与“道心”、“人情”与“人义”、“天理”与“人欲”的关系。他倡导“天下为公”，是希望人们都按照“社会人”的要求修养自身。《说文解字》说“背厶为公”，“公”就是“公共意识”“公共道德”。中国儒家讲求“角色伦理”，也就是人各正其名，各尽其分。

孔子的思想影响深远。唐代有人说“心苟至公，人将大同”，明末思想家王夫之认为“天下非一家之私”，“天下”为人民所共有，提出了“公天下”的主张。人们还把这一道德理想凝聚成为“天下兴亡，匹夫有责”的个人道德要求。孙中山先生希望实现的“真正的三民主义”，就是“孔子所希望之大同世界”。因此，“天下为公”是中国社会公德的最高原则，是中华民族道德精神的核心。

中国先民认知世界，以大地为师，着眼古往今来，关注四方上下。“往古来今谓之宙，四方上下谓之宇”，在中华文化早期典籍中，“天下”“万方”“四海”之类概念层出不穷，这源于中华文明的天下观、世界观、整体观、系统论。在与世界的互动中，人们深刻理解“天道成而必变”“道弥益而身弥损”的道理，从而强调人与人之间、邦国之间的相互依存、休戚与共、合作共赢。

对中华文明的内在精神与特质，世界应更多地加以理解和认识。英国作家贡布里希说，在孔子学说的影响下，伟大的中华民族比世界上别的民族更和睦和平地共同生活了几千年。在他看来，孔子提出的方法是简单的，但“其中却蕴含着比人们第一眼所看到的更多的智慧”。1989年，联合国教科文组织总干事代表泰勒博士说：“如果人们思索一下，孔子的思想对当今世界的意义，人们很快便会发现，……当今一个成功、昌盛的社会，在很大程度上仍立足于孔子所阐述的许多价值观念。”

位于巴黎的联合国教科文组织总部大楼前有一块石碑，上面用多种语言写着一行字：“战争起源于人之思想，故务需于人之思想中筑起保卫和平之屏障。”中华礼乐文化正因致力于人心教化，率性就道，所以才能用以预防人欲横流，在人的思想中构筑堤防。就如《礼记·坊记》所说：“君子之道，辟则坊与？坊民之所不足者也。大为之坊，民犹逾之。故君子礼以坊德，刑以坊淫，命以坊欲。”

中国“天下为公”的思维是一种整体思维，是“一”的思维。以孔、孟、老、庄为代表的中国古代圣哲，他们的思想彰显了人类应有的“整体性”思维方式。庄子推崇“道术”而不是“方术”，“道术”最重要的特点就是整体思维，其中包含天地之美、万物之理，包含系统思维、全局意识。他说的“道术”是指内圣外王之道，而这个“内”与“外”就是老子和孔子共同追求的“一”的思维。

老子说“道生一”，“载营魄抱一”，“天得一以清，地得一以宁，神得一以灵，谷得一以盈，万物得一以生，侯王得一以为天下正”；孔子说“夫礼，必本于太一”，“吾道一以贯之”。曾子之所以说“夫子之道，忠恕而已矣”，就是因为儒家所讲的父子、君臣、夫妻、兄弟、朋友之交“五达道”，各种关系就像阴阳关系，各种关系都可以、都应该看成是一个整体，处理各种关系都要执中而行，才能达到“致中和，天地位，万物育”的效果。阴阳和谐是一种中和状态，只有和谐、稳定，才能发展。君臣、父子等关系和谐，这个世界也就和谐了。

建设社会主义文化强国是推动构建人类命运共同体的必然要求，只有坚持推动文明相通、文化相融，才能更好地构建人类命运共同体。埃及前总理伊萨姆·沙拉夫认为，这个“无序混乱的世界”要“找到一个理想的平衡点”，能做到这件事情的主角，应该是有着悠久文明历史的中国。他特别强调，中国人一定要珍视自己传统的价值观。他进一步提出，不光中国人民需要这些价值观，其他国家的人民也需要。中华“王道”理想是“天下为公”的思想。中国自古追求“王道行天下”，这是中国古圣先贤心中的理想政治。孔子谈“王天下”之言，孟子言“王”“霸”之别。霸道，依靠兵甲之力，使人被动屈从；王道，以德行仁，使人心悦诚服。习近平总书记所说的“大道之行”，正是这样的“王道”，是中华文化珍贵的遗产。“大道之行，天下为公”，既是中国治国理政的理念，也是人类命运共同体意识的深层根源。倡树“天下为公”，这是中国的外交理念，更是文化理念、价值理念，是为了共商共筑共赢共享，维护人类社会的持久和平与共同繁荣。

西方哲学认为“知识就是力量”，中国进而强调“力量需要方向”。孔子说“君子不器”，《中庸》说“道前定则不穷”。思维模式标识价值取向，决定行动走向。中华传统将荣誉与责任看得更高，兼顾多方利益，认为“道并行而不相悖”，相信“创造、分享、助给”，创造在自己，分享给他人，助给予弱者。从中国几千年来的“天下为公”理念，到人类命运共同体意识，无不彰显了中国新时代的文化自信。中国愿意与全人类共享中华文化的智慧。

（《人民政协报》，2020年11月30日）

礼乐文明是中华民族的“不动产”

在中华文明乃至世界文明的广阔舞台上，中华礼乐文明就像一棵永不凋零的大树，一丛常开不败的花簇。它是以孔子学说为代表的儒家文化的精神要义所在，是中华优秀传统文化的荦荦大端。我们今天弘扬中华优秀传统文化，就要正确认识和解读中华礼乐文明，使之在新时代焕发勃勃生机。

中华民族久为“礼义之邦”，“盖中国之所以为中国者，以有礼义之风，衣冠文物之美也”。礼乐文明，是中国传统文明的独特样态，决定了中华文明的内在特质。自尧舜以来，承天之道，顺人之情，由“克明俊德”而“以亲九族”，由“平章百姓”而“协和万邦”。至于文武周公，以礼纲纪天下，纳上下于道德，而合天子、诸侯、卿、大夫、士、庶民成一道德团体。总而言之，礼乐文明为中国古代文明确立了组织、制度与道德的稳定坐标。

中国礼乐文明源远流长。西周以前，中国礼乐文化已有漫长的演进过程。考古学家指出，在龙山文化时代中国已有礼制。那么，上古三代时期自然也各有其礼。根据《礼记·表记》的记载，后人把夏、商、西周的文化分别称为“尊命文化”“尊神文化”“尊礼文化”。周代尊礼，人文理念高扬，周代礼制由损益夏、商二代之礼而来，因而中国礼乐文明不仅有周一代的自创，还有更广阔的背景与更深厚的底蕴。

在中国礼乐文明中，礼的概念实则非常宽泛，广义的礼包括乐。《礼记·祭统》说：“凡治人之道，莫急于礼；礼有五经，莫重于祭。”可见礼的落脚点在于其人心整合的作用。乐亦如此。乐起源于劳动，后来则被赋予“通伦理”的含义与功用。礼面向公共治理，来源于长期社会生活经验的提炼与反馈。相对于“殷周之变”，周礼对于前代礼的继承与因循是更为主要的方面。周公赞赏齐国“因其俗，简其礼”的做法，也反映了周初制礼的实际。周公制礼，在因循前代之礼的基础上，根据周初实际加以损益，使之更加适用。

古人早就明确指出：“礼，经国家，定社稷，序民人，利后嗣者也。”可以想见，礼乐文化一定内涵丰富。周代制礼作乐，包含对国家管理体制与方针的设计，大而至于政治、军事，小而至于衣冠、陈设，无不有义。种种典章制度以及礼仪，都本着孝、忠、信、义等准则进行设计和推衍，以实现礼“决嫌疑”“济变”“弥争”的功能，达至“明贵贱，辨等列，顺少长”的目标。

礼乐文化、礼乐之学，是孔子儒学的主干与精髓。上古三代之时，中华圣王哲人就已经认识到“天道”与“人伦”、“道心”与“人心”之间密切而复杂的关系。孔子“述而不作，信而好古”，“祖述尧舜，宪章文武”，在全面继承先王政教的基础上，尤为注重“人情”与“人义”的协调，着力实现立身处世的平和中正。“乐者，天地之和也；礼者，天地之序也。”人我之间，就是自尊、尊人、被人尊，自敬、敬人、被人敬，自爱、爱人、被人爱，自知、知人、被人知，自信、信人、被人信等相应关系。礼乐之道，正是实现人与自我、人与他人、人与社会，乃至人与自然之间和泰、和善、和顺、和谐的必由途径。

礼之用，和为贵。礼乐的终极目的，是造就和谐的人际关系与社会秩序。礼乐精神涵养着中国人修身、齐家、治国、平天下的根本之道。就人伦日用而言，礼是“人伦之绳墨”，“失之者辱，得之者荣，造物已还，不可须臾离也”。中华礼乐曾为中国人确立了公认、统一的社会行为准则，中华民族由此成为多元一体的伟大民族。就治国理政而言，所施所行是否和谐，是否以民为本，关系到社会是否安定，是否能持续发展。孔子强调“为国以礼”。荀子更说：“礼之于正国也，犹衡之于轻重也，绳墨之于曲直也，规矩之于方圆也。”千百年来，礼乐文明、礼乐教化维系着中国古代社会持久的和谐、稳定、繁荣，以至声教远播海外，衣冠、文物流传异域，成为中华文明影响东亚乃至世界的主流元素。

正像家风是一个家庭的“不动产”那样，礼乐文明就是中华民族的“不动产”。作家马伯庸在他的书里写道：“一个家族的传承，就像是一件上好的古董。它历经许多人的呵护与打磨，在漫长时光中悄无声息地积淀。慢慢地，这传承也如同古玩一样，会裹着一层幽邃圆熟的包浆，沉静温润，散发着古老的气息。古董有形，传承无质，它看不见、摸不到，却渗到家族每一个后代的骨血中去，成为家族成员之间的精神纽带，甚至成为他们的性格乃至命运的一部分。”礼乐文明的传统之于中华民族正是如此，它成就了中华民族的格局与气象，奠定了中华儿女的生命底色。

没有坚定的文化自信，就没有中华民族的伟大复兴。民族复兴首先意味着优秀传统文化的复兴，中华礼乐文明自然是优秀传统文化的核心要素。礼是立人、立家、立国的基础，何以立人，意味着何以立家、立国，意味着中华民族何以自立于世界民族之林。传承弘扬中国优秀的礼乐文化，不仅有益于中国，也将为世界人民带来福祉。

然而，正确认识礼乐，妥善运用礼乐，并非易事。自一百多年前“礼教吃人”之说开始，截至当下礼乐活动中若干纷纷扰扰的乱象，似乎都表明这样的情形：人们往往沉迷于礼的表面纷争，而忽视了礼的内涵。在学术研究层面，近年来探讨礼乐的力量有所加强，但相对于这一课题的重要性与时代需要而言，仍然显得非常不足，研究质量还有较大的提升空间。也就是说，在中华礼乐文化的研究方面，我们还有较长的路要走。换言之，我们要弘扬真正的礼乐精神，建立中华民族的精神家园，还有很多的事情要做。

礼，时为大。不合时宜，既不合于理，也不合于礼。返本开新，是儒学发展之秘钥；与古为新，是礼乐传承之柱石。礼乐就是天和地，小大相成，终始相生；礼乐还是情和理，富有情感，富有理智。古老的礼乐文明，需要通过考察、复原，展现给当代中国人，让国人了解、理解自己的文明基因，亲近自己的伟大传统。现代中国要不负“礼义之邦”之美誉，就需要让古老的礼乐文明回归生活，以此涵养道德仁义君子，涵育美善公民社会，并对其进行创造性转化、创新性发展。

近年来，有识之士对于中国传统礼乐文化进行了深入考察与精研覃思。秉继着返本开新的历史使命，关注与回应着当下社会面临的问题，学者们将目光聚焦于礼学经典的诠释、礼乐精神的阐发与礼乐文化的现代转化。礼乐文明历久弥新，礼乐研究应与时俱进。礼乐文明的研究与传播正是当代学人义不容辞的历史责任，因而要对礼乐文明进行正本清源和深刻体察，把握礼的根本精神，以“礼”行礼，将礼的真精神切实贯穿于具体施行中，贯彻礼的精髓与灵魂，以平和中正、不偏不倚的态度认识礼、对待礼。当传统礼乐文明真正焕发生机与活力时，我们就可以在礼乐和书香中品鉴至美人生，享受和谐世界的美好！

（《中华瑰宝》，2021年12月）

泰山与中国传统文化

由泰山的历史文化地位所决定，每每谈到泰山，我们就不禁生发一种仰望的态度。20世纪80年代，我第一次登临泰山，就被其厚重的历史文化底蕴深深震撼。后来在《齐鲁学刊》编辑一篇泰山研究的文章时，我还建议文章直截了当提出“应建立‘泰山学’”。“泰山之阳则鲁”，鲁国产生了孔子与儒学，这与泰山及其周围的文化积淀直接相关。2018年中央电视台春节联欢晚会在曲阜和泰安设置两个分会场，与主持人李佳明先生说起孔子与泰山的联系，我脱口而出：“孔子是人中之泰山，泰山是山中之孔子。”

第一，从文化地位上，很多学者把孔子与泰山联系起来。例如蔡尚思先生写过这样的话：“东周出孔丘，南宋有朱熹。中国古文化，泰山与武夷。”他做这样的类比也比较合适。武夷山与泰山，就好像朱熹与孔子。外国学者卫礼贤也把泰山与孔子联系起来，他说：“在离孔子诞生地曲阜不远的地方，坐落着神圣的泰山。泰山是中国的奥林匹斯山，它是一列大山脉最高的一部分。”

其实，就宏观的中国文化地图看，孔子和泰山可以说是一体的。泰山上有孔子的足迹，有孔子登临处，还有孔子庙，孔子就出生在泰山之阳的鲁国。这片土地养育了孔子，培育了孔子学说。孔子平生最崇拜周公。他晚年说："甚矣吾衰也！久矣吾不复梦见周公！"在孔子的心中，周公是他魂牵梦绕的人物。周公被尊为"元圣"，制礼作乐，经天纬地。鲁国是周公的封国。鲁国建都曲阜，连城邑的位置也是周公选定的，这就是《说苑》记载的"作邑乎山之阳"。

泰山具有特别的地位，于是人们以泰山比喻孔子。孔子的弟子子贡用泰山比喻孔子。一次，子贡到齐国，齐景公向他打听孔子。子贡说孔子是圣人，齐景公认为子贡的夸赞过了头。于是子贡说："臣赐何敢甚言，尚虑不及耳。臣誉仲尼，譬犹两手捧土而附泰山，其无益亦明矣；使臣不誉仲尼，譬犹两手杷泰山，无损亦明矣。"子贡把孔子比作泰山，说自己的赞誉之词，不过是给泰山添了一捧土，不会使得泰山更加高大；反过来，即便是自己不去夸赞孔子，也不会损害他的名誉，就像用两只手去刨泰山上的土石，不会有损泰山的崇高。孟子则夸赞孔子"出于其类，拔乎其萃"，以"泰山之于丘垤"类比。我们从这些例子可以看出，孔子在后世人们的眼里，就是崇高的泰山。孔子和泰山就是这样被人们紧密联系在一起。

第二，从文化的积淀看，孔子儒学的深刻就像泰山的厚重。《诗经·鲁颂》有一句话："泰山岩岩，鲁邦所詹。"山之南、水之北谓之阳，周公选定泰山之阳为鲁国封域，上古时期这里就有丰厚的文化积淀，地位十分特殊。"泰山之阳"作为一个地理概念，也承载了特定的文化意义。周公无天子之位而有天子之德。中国古代 "以祀礼教敬"，特别重视祭祀。周公地位特殊，鲁国世世以天子之礼乐祀周公，因此也可以望祭泰山。作为周公封国，鲁国保存了完整的周代礼乐制度，故史称"周礼尽在鲁矣”。春秋末年礼乐崩坏，孔子创立儒学，也与鲁国的礼乐文化密切相关。

孔子是中国2500多年前的历史人物，但他却是中华民族5000多年文化的最杰出代表。孔子思想不是凭空产生的，他一生好学，因好学而博学。他站在当时历史的制高点上，对他以前的中国文化进行了提炼总结。元成宗即位时，让翰林起草诏书，其中说：“盖闻先孔子而圣者，非孔子无以明；后孔子而圣者，非孔子无以法。”后世学者也有人明确指出：孔子以前数千年中国之文化，赖孔子而传。孔子以前的中国文化差不多都收在孔子的手里。人们看到孔子指示了中国历史的进程，建立了中国文化的理想。

我们距离孔子2500多年，这只是时间上的距离。我们要在心灵上走近孔子，理解孔子，把握儒学，必须了解孔子儒学的历史文化承载。孔子儒学为什么这么深刻？如果不理解孔子以前中国文化的漫长发展，就很难理解孔子儒学的高度和深度。我们今天谈到孔、孟、老、庄的时候，都喜欢用一个舶来的概念——“轴心时代”。德国哲学家雅斯贝尔斯认为，公元前9世纪到公元前3世纪，东西方很多地区都出现了很多思想家，在中国，这个时代相当于春秋战国时期。其实，这个“轴心时代”的说法未必适合中国，西方那时处于他们的文化突破期，而中国已经进入了文化成熟期。

孔子、孟子、老子、庄子代表了中国传统文化的高度，他们掌握了此前数千年的中国文化。只有了解了他们以前中国上古文明的漫长发展，才能理解“孔孟老庄”简单语言背后隐含的极不简单的智慧。钱穆先生要求人们读其《国史大纲》前先要具备正确的信念，不能对自己的历史“抱一种偏激的虚无主义”，不能以为自己“站在以往历史最高之顶点”。做不到这些，经典意义的流失就在所难免，就很难避免无知的怀疑、低级的误读甚至不可思议的理解的扭曲。

孔子儒学的深刻与泰山的厚重正好相对应。那么，为什么人们推尊泰山，为什么有“五岳独尊”的说法？据今本《竹书纪年》记载，周成王曾来泰山进行封禅，后来的秦皇、汉武也举行封禅。典籍说秦始皇之前中国有72位帝王来泰山举行过封禅活动。如何看待这些记载？关于中国上古文明的一些记载，说有容易说无难，不宜轻易否定。要知道，文明的发展是加速的，中国上古文明的发展进步一定步履缓慢。很多的考古发现我们以前不敢想象。例如在淮河的上游，河南舞阳的贾湖遗址，发现了8000多年前的骨笛。测音结果表明，那时不仅有了完整的七声音阶，音孔的精度也让人目瞪口呆。遗址中发现的骨笛不是1支，而是30多支。要知道，骨笛的年代是在孔子以前五六千年，在这样的漫长发展过程中，有许多惊天动地的大事没有被记载下来，这不是自然而然的事情吗？

泰山的地位难道是一朝一夕形成的吗？有学者认为“虞夏商周根在海岱”，这对于思考泰山周围上古历史文化很有启发。西汉司马迁说“天道多助西北”，是说西北的族群反而常常能够征服东方。提到周朝，大家都知道周人是从西安过来的，那夏朝时期的周人就已经住在那里了吗？2001年，我在《人文杂志》发表过一篇题目为《先周文化渊源研究管见》的文章。我在文章中提到，夏朝时期，周人恰恰住在今天的山东，就在泰山周围。实际上，越是上古时期的考古遗迹，越是典型和重要。两周时期，鲁国与齐国分处于泰山南北。如今在泰山以南的鲁南地区，已发现了众多的原始文化遗迹。沂源猿人与北京猿人时代相当，他们可能是这里古人类的祖先。以沂源猿人遗址为中心，仅其附近便发现了近百个旧石器和细石器地点，说明这里是几十万年来古人类活动的重要中心之一。更为重要的是，进入新石器时代以来，这里的北辛文化、大汶口文化、龙山文化一脉相连，在鲁南地区形成了中国史前文化的完整序列。20世纪，我们在附近一带地区发现了许多刻画符号，这些符号与我们的文字起源有什么联系？作为一种成熟形态的文字，甲骨文的形成是一朝一夕的事吗？所以，我在泰山脚下思考，会从泰山的厚重想到儒学的深刻，思考思想的中国、文化的中国。

第三，从文化的特质看，儒家精神可以说稳如泰山。“仁者乐山”，泰山象征着儒学的仁爱气质与精神。中国文化漫长的发展历程，从尧、舜、禹、汤到文王、武王、周公，再到孔子、孟子，中国人思考人本身，研究人性与人的价值。中华文明致广大而尽精微，极高明而道中庸，中国儒学的气质禀赋、精神气象、价值追求，夯实了中华文明价值体系的基础。它没有焦虑，如如不动，见证永恒。

儒家以人为本，思考人之所为人的问题。比如天命，很多人在这个问题上纠缠不清，没完没了地争论。其实，夏朝尊命，殷商尊神，周代尊礼。周代的礼乐文化已经成为一种非常成熟的、典型的人文文化。孔子整理的《尚书·泰誓》就记载商纣王以为天命在身，胡作非为，不敬其德，结果牧野一战直接被打垮了，几百年的商朝化为乌有。我们可以从中看出，天命就是天意，天意就是民意，所以周人才会主张敬德保民。孔子说“畏天命”，“不知命，无以为君子也”，除了外在的对于自己使命的认知，还包括内在的对于自己道德使命的主动担当。在孔子时代，政治家、思想家们超越了天命、鬼神的束缚，特别注重和强调人的因素。

孔子儒学是为政之学，为政之学要求“为政以德”，“政者，正也”，因此儒学也是修身之学。“孔子登东山而小鲁，登泰山而小天下”，登泰山，站得高，思维远阔；因为思维阔，所以将“天下”装在心中。孔子登上泰山，天地一览无余。这句话看似说泰山之高，实际是指人的眼界、视野之高，是指人寻求突破，超越自我。这是超然物外的心境，因为人的视点越高，视野就越宽广。随着视野的转换，一个人对社会人生的领悟也就更深更高。孔子自述自己的社会理想，希望“大道之行，天下为公”。怎样理解“天下为公”？《说文》引韩非的话说“背厶为公”，一个人不自私才是公。“公”就是人的公共意识、公德意识，就是人的社会性意识。只有人们清晰地意识到自己不仅是“自然人”，还是“社会人”的时候，“天下为公”才能实现。

谈到“孔子登东山而小鲁，登泰山而小天下”，我们很容易想起《孔子家语·致思》中的“农山言志”。孔子带着子路、子贡和颜渊去登山，文中记述说：“孔子四望，喟然而叹曰：‘于斯致思，无所不至矣。二三子各言尔志，吾将择焉。’”登高望远，正好可以畅谈志向。颜渊的理想得到孔子的赞赏，他说：“回愿得明王圣主辅相之，敷其五教，导之以礼乐，使民城郭不修，沟池不越，铸剑戟以为农器，放牛马于原薮，室家无离旷之思，千岁无战斗之患。”颜回希望辅佐“明王圣主”，然后“敷其五教”，所谓“五教”，指的是父义、母慈、兄友、弟恭、子孝五种伦理道德的教育。“五教”后来发展成“五达道”，即君臣关系（也就是上下级关系），社会上的朋友之交或长幼关系，以及家庭中的父子、夫妻和兄弟关系。这“五达道”是根本的道，如果这些做好了，社会就和谐了。为了做好这些，孔子儒家展开了自己的论述，形成了自己博大精深的学说。

孔子儒家最重视仁与礼。礼就是人组成社会后所必须遵守的规则、原则，人们自觉遵守这些规则、原则就是仁。人们总结规则、制定法则并不难，难的是使人遵守规则与法则。早就有人说："国皆有法，而无使法必行之法。"孔子也说："人而不仁，如礼何？人而不仁，如乐何？"人如果没有遵守礼的自觉，这个社会将会变成什么样呢？由此，仁和礼在孔子那里得到深刻的论述。我们在此基础上思考颜回"农山言志"的那番话，可以想象，孔子在泰山顶上是如何"小天下"的。

可以看出，儒家之学就是大学，大学就是大人之学。儒学培养大人君子，培养社会精英，他们有"天下为公"的理想，有"治国平天下"的情怀。"平"是指均平，"平天下"是天下均平。古有"终和且平"之说，《广雅》说"平，正也"。均平不是量的均匀，而是一个表示合理平衡、公平公正、秩序和谐的意义丰富的概念，代表着平等、合理、合宜。天下公平公正，世界和谐安详，社会"大同"就能实现，孔子称这样的社会为"大顺"。

（《文化大观》，2021年3月）

得众则得国，失众则失国

习近平总书记在庆祝中国共产党成立95周年大会上发表重要讲话，他指出："人民立场是中国共产党的根本政治立场，是马克思主义政党区别于其他政党的显著标志。党与人民风雨同舟、生死与共，始终保持血肉联系，是党战胜一切困难和风险的根本保证，正所谓'得众则得国，失众则失国'。"

"得众则得国，失众则失国"一语，出自儒家最重要的经典"四书"之一的《大学》。《大学》作为一篇首尾完整、逻辑清晰严密的论说之文，展示了儒家文化对个体于社会中如何发展的整体构想："大学"即"大人之学"，以"明明德""亲民""止于至善"三大纲领为追求，而以八个条目为具体抓手与层级顺序——自格物、致知，而正心、诚意，进而修身、齐家，最终至于治国、平天下的理想境界。《大学》一篇，尤为集中而突出地反映了中华民族传统文化中家国一体、内圣外王等重要思想命题。"得众则得国，失众则失国"一语，在《大学》讲论治国、平天下之章节中，原文言："道得众则得国，失众则失国。是故君子先慎乎德。有德此有人，有人此有土，有土此有财，有财此有用。德者本也，财者末也。外本内末，争民施夺。是故财聚则民散，财散则民聚。”有德者以民为本，得众人之心，方才能够有土、有财、有国。《大学》此语，体现了我国先民对于政治哲学的成熟认识：国家由人民组成，国家属于人民，民心的向背在根本上决定着国家的命运与归属。

这一思想并非某一儒家学者的天才发明，而是根植于中华民族自身漫长历史经验的积淀与总结，根植于一代代先圣先贤智慧的结晶与传承。中国早在夏朝时，就已认识到“民惟邦本，本固邦宁”之理。周朝取代商朝，我们从中总结出的最重要的一条历史经验便是坚持以民为本的民本思想。周文王在临终之际仍不忘告诫众人，当年大舜之所以能够成为一代“明王”，最重要的一点是他长期生活在民间，始终不曾脱离群众，能够做到“不违于庶万姓之多欲”。周武王所言“天视自我民视，天听自我民听”，与姜太公所言“天下非一人之天下也，天下之天下也”，共同组成民本思想最早的振聋发聩的宣言。周取代商之前，“三分天下有其二”；周武王伐纣，商的军队前徒倒戈。即使在最为残酷的王朝更替的过程中，周武王仍然期待将暴力的使用压至最低的程度。在现实的统治秩序中，人民似乎处于社会的下层。然而从自然天理与理想信念的角度而言，人民而非统治者，才是一个国家的基石。人民的好恶，人民的利益，才是国家的方向。

至于春秋末年的孔子之时，民本思想更成为以儒家思想为代表的中华优秀传统文化明确的思想主张与精神内涵之一。孔子对此的论述可以说系统而完备。孔子主张管理国家的人要“敬事而信，节用而爱人，使民以时”，要有敬畏，有爱心，关心百姓；要关注民众的利益，要“养民也惠”，“使民也义”，“因民之所利而利之”。为政者不但要“富民”“足民”，更要“教民”“取信于民”。《孔子家语》记孔子说：“君子莅民，不可以不知民之性而达诸民之情。既知其性，又习其情，然后民乃从命矣。”在孔子看来，为政治国要知民情、懂民性，从民众的实际出发，想民所想，急民所急，制定的政策才能得到民众的拥护支持。孟子所言“得天下有道：得其民，斯得天下矣”，与荀子“君者，舟也；庶人者，水也”的比喻，在后世化为“得民心者得天下”“水能载舟，亦能覆舟”的俗语，广为流传，融入每一个中国人的血液之中。

中国共产党诞生于近代民族危亡之际，一方面以挽救民族、复兴中华为己任，以实现一切人的自由发展的共产主义为终极目标；另一方面，中国共产党是中华优秀传统文化的忠实传承者和弘扬者。无论是当时现世，还是历史传统，民本思想在中国共产党成立之初便融入中国化了的马克思主义之中，融入中国共产党人的理想之中。中国共产党的百年历史，既是中华民族走向复兴，从“站起来”“富起来”到“强起来”的历史，也是党坚持人民立场，与人民风雨同舟、生死与共的历史。

2020年以来，面对突如其来席卷全球的新冠肺炎疫情，党中央及时决断，以人民利益为重，在此历史逆境的严重挑战下，仍然朝着全面建成小康社会的目标稳步迈进，也正因为这是我们党对人民的庄严承诺。如今建党百年之期将至，中国共产党也将在新的历史起点上，继续坚持“民惟邦本”的人民立场，带领中华民族走向复兴。

（《光明日报》，2021年6月12日）

把握传统文化精髓，提炼中国精神标识

2018年全国宣传思想工作会议上，习近平总书记强调，要不断提升中华文化影响力，要把优秀传统文化的精神标识提炼出来、展示出来，把优秀传统文化中具有当代价值、世界意义的文化精髓提炼出来、展示出来。他指出：“中华优秀传统文化是中华民族的文化根脉，其蕴含的思想观念、人文精神、道德规范，不仅是我们中国人思想和精神的内核，对解决人类问题也有重要价值。”习近平总书记的话显示了对传统文化的了解与自信，体现了对中华精神的理解与把握，也为我们提供了弘扬中华优秀传统文化应遵循的原则，对我们把握大势，继续深入研究和细致挖掘优秀传统文化精髓是十分有益的指导。

一、要把握文化的历史根脉

中华优秀传统文化深深植根于中华民族漫长历史文化的土壤。习近平总书记提出的“四个讲清楚”，其核心要义就是如此。中国有中国的国情，中华民族有中华民族的传统，所以我们必须走具有自身特色的发展道路。中华文化就像一棵欣欣向荣的大树，它的主干就是孔孟儒学。在不同历史时期，吸收着不同的文化养分，结出了不同的文明之果。

我们必须知道，中华文化之树根扎得很深，这得益于孔孟老庄以前数千年文明的发展。孔子之所以说自己“信而好古，述而不作”，他之所以“祖述尧舜，宪章文武”，原因正在于此。《尚书·多士》记载“惟殷先人有册有典”，像《周礼》《逸周书》这些典籍，绝不是后人向壁虚构。《墨子·兼爱下》记载：“何知先圣六王之亲行之也？子墨子曰：‘吾非与之并世同时，亲闻其声，见其色也。以其所书于竹帛，镂于金石，琢于盘盂，传遗后世子孙者知之。’”如果我们无视这些记载明确的学术信息，就无法理解中国上古三代的深厚积淀，就无法理解中国古代圣哲的思想何以具有超越时空的价值和意义。只有看到中华文化的根脉，才有可能培根固元；只有继续浇灌，才会使之在今天焕发出勃勃生机。

二、要把握文化的当代价值

中华优秀传统文化的传承发展要站位高、视野宽、格局大，就必须把握历史文化与今天的关系。习近平总书记要求提炼和展示优秀传统文化的当代价值，就是希望人们认识到中华文化具有强大生命力的特性，准确理解中华文化思想观念、人文精神、道德规范的时代意义。历史的发展连绵不断，它从“过去”透过“现在”而直达“将来”，任何人都无法割断历史。今天的历史文化研究，无非是从历史的过往中寻找解决现实问题的方案。中国讲究包容和谐、以德服人、既仁且智、上下同欲、不战而屈人之兵，使自己永远立于不败之地。历史表明，“大国力量增殖于地区性守成，消释于世界性扩张”。英国历史学家汤因比说：“文明的死亡原因永远是自杀，而不是谋杀。”文化具有历史属性，也具有基因属性。文化战略守成，国家文化安全，需要传承文脉，在基因传承的意义上去把握时代价值。中华优秀传统文化要把人培养成为有爱心、有情怀、有担当、爱学习、求上进的君子，特别强调修身、齐家、治国、平天下，注重自我修养和道德实践。中华优秀传统文化可以为当今社会提供精神助力和价值支撑，是社会进步的伦理框架、经济发展的道德基础。

三、要把握文化的世界意义

孔子是世界公认的与苏格拉底、柏拉图、释迦牟尼等齐名的伟大思想家。美国学者亨廷顿把孔子所创立的儒家文明，作为与基督教文明、伊斯兰文明等相对应的基本人类文明。联合国教科文组织总部大楼前有一块石碑，上面用多种语言写着一行字："战争起源于人之思想，故务需于人之思想中筑起保卫和平之屏障。"儒学与其他学说的"和而不同"，与时迁移和应物变化的长久生命力，还有坚持经世致用的原则，不仅对中华民族不断延续起了重要作用，也对解决当今世界普遍存在的社会问题具有重要意义。

中华文明的包容性特征很早便形成了。就像万里长城不只象征中国人热爱和平、不进攻侵略，也象征中国人的包容与凝聚力。中华民族就是很多民族共同融合形成的，中华文化常把外来文化本土化。世界文明多姿多彩，各种文明要平等相处，相互尊重，文明之间应相互包容和学习。秉持这样的原则，参透其他文明的奥妙，就能消除独尊、歧视、排他心理，避免无知、傲慢和偏见。世界文明之间应当求同存异，互相涵摄，秉持这样的"文明和谐"观念，有了平等的态度、包容的精神，世界就不会再有什么"文明冲突"。

四、要把握文化的人类问题

中国文化的突出特征，在于人性与人的价值，在于显著的人文特质。世界著名哲学家、神学家孔汉思在起草《走向全球伦理宣言》时说，全球伦理最简单、最基本的两个伦理框架，也是中华传统文化中最基本的两点。第一个是基本的人道，即孔子说的“仁”，人人都必须得到人道的对待，不能以非人道的方式来对待人。第二个是孔子在人文规则的历史中设立的第一个黄金法则——“己所不欲，勿施于人”。西方有识之士已不只是盯着中国人的口袋，也关注中国人的脑袋，关注中国智慧，期望从中寻找解决自身问题的方案。

孔子儒家常常谈论“成人”的问题。所谓“成人”，更多的还是指人的道德人格的养成。人有自然属性，还必须有一定的社会属性。人的社会性即人的内涵，指父母慈爱，儿女孝敬；兄长温良，弟弟尊敬；丈夫仁义，妻子顺从；长者仁惠，少者顺从；君主宽仁，臣下忠诚。人要自觉以礼来约束自身。《左传》说：“故人之能自曲直以赴礼者，谓之成人。”仅仅具有某种技能或某种素质，就像通常所说的“有知识没文化”，是无法“成人”的。没有礼的约束，不仅不能“成人”，还会使一些原本可贵的品质走向反面。因此，明理修身，循道而行，推延亲情，放大善性，这是中国人思想和精神的内核，对解决人类问题也有重要意义。

孔子儒家的理想是“大道之行，天下为公”，这也是几千年来历代中国人的愿望与追求。这个“公”与“私”相对，“公”就是公德意识和公共意识。人理解到自己属于一个单位，就会自觉遵守职业道德；认识到自己是一个社会中的人，就能自觉遵守社会公德。同样的道理，人们意识到我们只有一个地球，就应当具有“人类命运共同体意识”，遵守国际基本法则。

五、要深入加强文化的开凿

从孔子到朱子，从泰山到武夷山，虽有时空的悬隔，但儒学精神在不断发展和光大。就像我曾说的“孔子是人中泰山，泰山是山中孔子”，朱子与武夷亦可作如是观。所以，蔡尚思先生写道：“东周出孔丘，南宋有朱熹。中国古文化，泰山与武夷。”联合国教科文组织称誉武夷山为“后孔子主义”的诞生地，也穿越时空地把泰山和武夷山联系在一起。朱子是继孔子之后儒学集大成者，继承了孔子学说的文化根脉和思想元素，体现了传统文化的精髓。

孔子研究院是唯一一家经国务院批准设立的儒学研究专门机构，坐落于“东方圣城”曲阜，原国家主席江泽民亲笔题写院名。研究院集学术研究、信息交流、文献收藏、人才培养、博物展览五项功能于一体，以“建设成为世界儒学研究交流中心，组织引领国际儒学研究”为发展目标。2013年11月26日，国家主席习近平视察孔子研究院，召开专家学者座谈会，提出殷切期望：“孔子研究院地处孔子家乡，具有其他机构无可比拟的优势，要潜心钻研，在儒学研究、国际交流这些可做的工作中发挥作用。”习总书记的一番话赋予了孔子研究院大力弘扬中华优秀传统文化的重要使命。

孔子研究院从批准成立至今已经走过20多年的历程，先后承担了“中国曲阜儒家石刻文献集成”“世界孔子庙研究”“马克思主义与儒学（子课题）”“世界书院研究”等多项国家社会科学基金项目及20余项省部级重点课题；编纂出版了《20世纪儒学研究大系》《中华传统八德诠解丛书》《中华伦理范畴丛书》《世界孔子庙研究》《孔子家语通解》《论语诠解》《正本清源说孔子》《孔府文化研究》等40余部丛书和专著。近年来，孔子研究院积极推动孔子儒学的交流传播：孔子学院总部理事座谈会、孔子新汉学博士生系列活动、“汉语桥”系列活动等产生了良好的反响；主承办八届世界儒学大会，颁发了“孔子文化奖”，创办高端儒学会讲，打造国际性文明对话和学术交流高端平台，向世界讲好中国故事孔子篇； 组建曲阜礼乐文明研究与传播中心、孔子研究院海外儒学研究与传播中心、论语学研究中心等一批学术研究推广中心。特别是孔子学院总部体验基地的设立，必将对儒家文化传播发挥积极作用。

南平市是“朱子故里，理学摇篮”。我在南平大剧院看成果展时，看到南平市朱子文化研究取得了很大的成就，在博物展览、文献研究、学术研究、学术交流和编辑出版方面成果丰硕，也有和中国孔子网一样的中国朱子网，及和《孔子学刊》一样的《朱子文化》期刊。因此，南平应该成立集文献收藏、信息交流、学术研究、人才培养、博物展览等功能于一体的研究机构，建设世界朱子学研究交流中心，组织引领国际朱子学研究。

我认为，我们应当将代表中华文化元素的两大符号——“孔子”和“泰山”运用到各类标识中，使之成为人文元素和人文精神的集合体。同理，南平市的“朱子”和“武夷山”是中华文化的两大符号，应该得到大力弘扬，使之成为中华优秀传统文化的精神标识。

（《朱子文化》，2019年第1期）

“文武之政”与儒家的中道哲学

因为“清华简”中的《保训》篇系“周文王遗言”，而且其中涉及儒家所倡言的“中”道，格外引人瞩目。事实上，孔子“从周”（《论语·八佾》），“宪章文武”（《孔子家语·本姓解》《礼记·中庸》）。春秋末年以降，依然“布在方策”的“文武之政”（《孔子家语·哀公问政》《礼记·中庸》）对孔子思想与早期儒学产生了极其重要的影响。这样的看法虽可以说是人所共知，但人们往往习而不察，未加细究。实际上，中国文化有一个漫长的积淀积累与形成发展的过程，中国儒学的形成有一个广阔的文明背景。《保训》篇的发现，可以“激活”包括《逸周书》在内的很多传世文献，帮助我们更加深刻地认识孔子思想学说的形成，认识孔子儒家的“中道”哲学，正确评估“文武之政”的地位与影响。

一、孔子“宪章文武”

孔子所创立的儒家学说是中国传统文化的核心。在理解早期儒学时，孔子所言“述而不作，信而好古”（《论语·述而》）颇值得玩味。孔子思想是在继承上古三代文化的基础上形成的，用荀子的话说，就是“法先王”（《荀子·儒效》），唯其如此，才成就了孔子学说的博大精深。

孔子推崇“三代明王之政”（《礼记·哀公问》），尊崇禹、汤、文王、武王、成王、周公等“三代之英”（《孔子家语·礼运》），但由于夏、殷“文献不足”（《论语·八佾》），孔子更注重周礼。孔子“祖述尧舜，宪章文武”，朱熹解释：“祖述者，远宗其道；宪章者，近守其法。”所以，对孔子影响更大、更直接的还是周政，是文王、武王、成王、周公。

当有人向孔子的弟子子贡询问孔子的学问来自哪里时，子贡说：“文武之道，未坠于地，在人。贤者识其大者，不贤者识其小者。莫不有文武之道焉。夫子焉不学？而亦何常师之有？”（《论语·子张》）他认为孔子所学即是“文武之道”。《淮南子·要略》谈到儒学的产生时说：“文王业之而不卒，武王继文王之业，……武王立三年而崩，成王在褓褓之中，……周公继文王之业，持天子之政，以股肱周室，辅翼成王。……成王既壮，能从政事，周公受封于鲁，以此移风易俗。孔子修成康之道，述周公之训，以教七十子，使服其衣冠，修其篇籍，故儒者之学生焉。”孔子儒学直接来源于文武成康之道，与子贡所说一致。

在学修“文武之道”方面，孔子做了大量工作。据《孔子家语·观周》，他曾西至洛邑，“观先王之遗制，考礼乐之所极”，他不仅问礼于老聃，访乐于苌弘，还历郊社之所，考明堂之则，察庙朝之度。他非常感慨，说：“吾乃今知周公之圣，与周之所以王也。”从周朝都邑返回鲁国，他学问精进，其道弥尊。

在《保训》中，“中”字出现了四次，都是具有政治哲学意义的观念。文王、孔子都称说舜的“中”道，在《保训》中文王说他“求中”“得中”，在《论语》《中庸》中孔子说他

“执中”“用中”。《保训》还说到殷先人微在河伯的帮助下以“中”“复有易”，使之诚服，并认为这种执中而服人的做法对殷商的兴盛起了重要作用。周初，武王、周公自然也重视中正、中道。《逸周书》的《宝典解》记周公所言“九德”之中就有“中正”；按照《周书序》所说，《武顺解》应为武王伐商之前的文献，其中说“人道尚中”，认为“天道曰祥，地道曰义，人道曰礼”，以礼为“中”。孔子所说的言语之“中”（《论语·先进》）与行为之“行”（《论语·子路》）都与之一致。

二、“文武之政”与“方策”

孔子认为“为政在于得人”。当鲁哀公向孔子问政时，孔子说：“文武之政，布在方策。其人存，则其政举；其人亡，则其政息。”方，版也；策，简也。木曰方，竹曰策，策大而方小。《仪礼·聘礼》曰：“束帛加书将命，百名以上书于策，不及百名书于方。”《仪礼·既夕礼》曰：“书赗于方，若九、若七、若五。书遣于策。”孔子时代，人亡政息，但在方版和竹简上还保留着周文王和周武王的为政之道。

在西周春秋时期，当有不少重要的文献保留在方版和竹简上。据清朝光绪版的《嘉祥县志》记载：“周宣王册命鲁武公金简。简制长周尺一尺二寸许，博如其半，铜质涂金。外面饰以云螭，其内以银线界作竖格，似今之殿试策，字痕皆赤，所谓丹书也。”说到丹书，我们不禁想到《大戴礼记·武王践阼》中师尚父所说的“黄帝、颛顼之道”，这些极其宝贵的内容就保存在丹书之中。

其实，周初就有将重要文献铸于金版的习惯。如《逸周书·大聚解》中记载，周武王向周公请教调和殷政的办法，武王就令冶官把周公的话“冶而铭之金版，藏府而朔之”。《武儆解》记载武王立后嗣时曾“出金枝《郊宝》《开和》细书”，其中，“金枝”即为“金板（版）”之误，是说《郊宝》乃是铸在铜版上的文件。《六韬》原称《金版六韬》，相传为周初姜太公所作，《群书治要》卷三十一《六韬》之《武韬》中记载了文王与太公的对话，文王听了太公的回答后，说：“善，请著之金板。”

除了金版，更多的材料应记录在竹木所制成的简册上。《孔子家语·礼运》记孔子说：“昔大道之行，与三代之英，吾未之逮也，而有记焉。”“三代之英”包括文王、武王、成王、周公，孔子虽然没赶上这一时代，但毕竟有“记”。“记”即记载，《礼记·礼运》作“志”，朱彬引刘台拱曰：“志，识记之书。”

细察《周书序》，《保训》应不在《逸周书》七十篇中（李学勤先生说）。但在内容的性质上，《保训》与《逸周书》的许多篇章相似。我们认为，《逸周书》许多篇章如《文儆解》《文传解》《柔武解》《大开武解》《小开武解》《宝典解》《酆谋解》《寤儆解》《大聚解》《武儆解》《无权解》等，可能都是周初流传下来的记载“文武之政”的“方策”。

三、“文武之道”与周政

所谓“文武之道”，既是“周道”，也是孔子所推尊的“王道”。“文武之道”的形成有赖于纵向的周族自身的发展过程，也有赖于横向的周族与夏商的相互学习与影响。

自周人始祖后稷开始，周族自身的文化传统便开始形成。后稷名弃，善于农业耕作，在当时特定的历史文化背景下颇受重视。《史记·周本纪》叙述说："弃为儿时，屹如巨人之志。其游戏，好种树麻、菽，麻、菽美。及为成人，遂好耕农，相地之宜，宜谷者稼穑焉，民皆法则之。帝尧闻之，举弃为农师，天下得其利，有功。"

后稷被尧任命为农师以后，他的后代子孙长期世袭，担任此职，都被称为"后稷"。所以《史记·周本纪》说"后稷之兴，在陶唐、虞、夏之际，皆有令德"。后稷这一职务一直到"夏后氏政衰"之时，周族祖先方"去稷不务，不窋以失其官而奔戎狄之间"。不窋的孙子公刘虽在戎狄之间，仍然"复修后稷之业，务耕种，行地宜，自漆、沮度渭，取材用"，使得"行者有资，居者有畜积，民赖其庆"。因此，百姓多徙而保归，影响越来越大。故太史公司马迁说："周道之兴自此始。"

公刘之后，数传至古公亶父。"古公亶父复修后稷、公刘之业，积德行义，国人皆戴之。"此时，周人已经开始了"剪商"的事业。古公的儿子公季继位后，"修古公遗道，笃于行义，诸侯顺之"（《史记·周本纪》），"周道"得以继续发扬。

真正兴盛周族、振兴"周道"的自然是周文王。文王年少时即得古公亶父喜爱，父亲公季去世后，文王姬昌即位。《史记·周本纪》说姬昌"遵后稷、公刘之业，则古公、公季之法，笃仁，敬老，慈少。礼下贤者，日中不暇食以待士，士以此多归之"。他逐渐成为"西伯"，为西方诸侯之长，成就了"三分天下有其二"的局面，也使周族加快了消灭商朝的步伐。

"周道"在文王时的发展自然得益于文王对尧舜以来夏商文化传统的吸收和继承。文王被囚于羑里的时候，"盖益《易》之八卦为六十四卦"（《史记·周本纪》），这无疑是文王在继承作为夏商之《易》的《连山》《归藏》的基础上的发展。"清华简”《保训》的发现，使我们更加清晰地看到了文王对前代文化的学习与继承。

文王之后，武王灭商，取得天下。后来，周人后裔所作的颂词中说，周族在后稷时“奄有下国，俾民稼穑”，又说“奄有下土，缵禹之绪”（《诗经·鲁颂·閟宫》），显然是指夏朝时的受封。周人继承了夏政，而在《保训》篇中，文王不但说到了尧舜，还说到了商朝先公以及殷商的开国者商汤。

由《保训》之“训”，我们想到“周道”中的“训典”。后来，周穆王时的大臣祭公谋父曾说：“我先王不窋用失其官，而自窜于戎狄之间。不敢怠业，时序其德，遵修其绪，修其训典，朝夕恪勤，守以敦笃，奉以忠信。”（《史记·周本纪》，相关记载也见于《国语·周语上》）其中的“修其训典”，一般笼统地说是修其训教典法。这里或许是实指，后来的周代训典可能颇有来历。

周人常常提到先王之训，如：

> 宣王欲得国子之能导训诸侯者，樊穆仲曰：“鲁侯孝。”王曰：“何以知之？”对曰：“肃恭明神而敬事耇老；赋事行刑，必问于遗训而咨于故实，不干所问，不犯所咨。”（《国语·周语上》）
>
> 若启先王之遗训，省其典图刑法，而观其废兴者，皆可知也。（《国语·周语下》）
>
> 今齐社而往观旅，非先王之训也。（《国语·鲁语上》）
>
> 《训语》有之，曰：“夏之衰也……”（《国语·郑语》）

教之训典，使知族类，行比义焉。（《国语·楚语上》）

从“清华简”《保训》中，我们不难看出“训典”的重要意义。从本质上讲，训教关涉上古帝王所认同的核心价值。正如有人所言，某种程度上它具有中国古代文化“元”的意味，其重要性无论如何评价都不过分。

周代先公先王的训典，史书或称之为“训语”“遗训”等。《逸周书》首卷开头即有《度训解》《命训解》《常训解》三篇，应当属于周训一类。《周书序》称“三训”皆成于周文王时，说：

昔在文王，商纣并立，困于虐政，将弘道以弼无道，作《度训》；殷人作教，民不知极，将明道极以移其俗，作《命训》；纣作淫乱，民散无性冒常，文王意和化服之，作《常训》。

“训”有训教之意，既名曰“训”，其出于周先公、先王便合乎道理。《度训解》等三篇以“训”为名，皆言为政牧民之道，而且各篇从天道、民性问题谈起，内容丰富，“理极精深”。周训既为先王遗训，自然会支配周人的政治思维，理应也影响了儒家的学说。

文王之后，武王姬发、周公姬旦继承发扬文王之志，极大地光大了“周道”，所谓“文武之道”至此成为后世推尊的典范。如《礼记·杂记下》说：“一张一弛，文武之道也。”“文王之道”更受到儒家的推崇。据《论语·子张》记载，卫公孙朝问于子贡曰：“仲尼焉学？”子贡曰：“文武之道，未坠于地，在人。

贤者识其大者，不贤者识其小者。莫不有文武之道焉。夫子焉不学？而亦何常师之有？”孔子弟子明确说孔子所学就是“文武之道”。《中庸》说孔子“宪章文武”，正是指此而言。

四、周代的“以刑教中”

值得注意的是，在周文王遗言中，他重点讲了“中”，短短的一篇《保训》竟然四次说到了“中”，着实引人注目。

文王所讲的两个故事如下：

> 昔舜旧作小人，亲耕于历丘，恐求中。自稽厥志，不违于庶万姓之多欲。厥有施于上下远迩，乃易位设稽，测阴阳之物，咸顺不逆。舜既得中，言不易实变名，身兹备，隹允。翼翼不解，用作三降之德。帝尧嘉之，用授厥绪。呜呼，祗之哉！
>
> 昔微假中于河，以复有易，有易服厥罪。微无害，乃归中于河。微志弗忘，传贻子孙，至于成汤，祗服不解，用受大命。

如果对这两个故事进行大致概括，一个是讲如何学会增长才干，理解人生，懂得社会；另一个是讲怎样才能把握方式，处理矛盾，恰到好处。

文王之训诫显然起到了作用。据记载，武王临终时，对辅佐成王的周公谆谆嘱托，要周公以“中”教训，不但要使年幼的成王地位稳固，而且要使他尽快成长。《逸周书·五权解》记载：

> 维王不豫，于五日召周公旦，曰：“呜呼，敬之哉！昔天初降命于周，维在文考，克致天之命。汝维敬

哉！先后小子，勤在维政之失。”

在这些话之后，周武王还希望周公：

> 克中无苗，以保小子于位。
>
> 维中是以，以长小子于位，实维永宁。

其中，克，允之。苗，借为谬。所谓“克中无苗”，就是做到适中无邪。以，用也。所谓“维中是以”，就是唯中是用。由此不难察见武王对于“中”的重视。

“清华简”《保训》公布后，学者们对其中的“中”进行了不少研究，也出现了五花八门的解说。其实，这里的“中”就是儒家倡言的“中道”，竹简整理者李学勤先生很早就指出这一点。这里所谓“中”就是处事之“中”。

西周时期，“中道”思想一定很受重视。《逸周书·武顺解》记载周人的论述说：“天道尚右，日月西移；地道尚左，水道东流。人道尚中，耳目役心。”这种朴素的“人道”主张却与“天道”“地道”合观，将人放在天地之间，没有孤立地看待人的问题。在这里，人道尚“中”被认为像“日月西移”和“水道东流”那样自然而然，理应如此。所谓“耳目役心”实际是“耳目役于心”，也就是说，人们看到的、听到的信息，要用心去思考、分析、把握，要有透过现象看本质的能力，只有这样才能达到人道之“中”。

那么，这个“中”的标准是什么？这个“中”就是“礼”。符合礼的为“中”，不符合礼的就不是“中”。所以《逸周书·武顺解》又说道：“天道曰祥，地道曰义，人道曰礼。”这里的“礼”就是符合天理、人情的礼。所谓礼，就是道理，有“理应如此”之义。《孔子家语·论礼》记孔子说：“夫礼者，理也；乐者，节也。无礼不动，无节不作。”（《礼记·仲尼燕居》有同样的记载）

在西周的制度中，“中道”理念一定得到了很好的贯彻。如西周职官中有“师氏”，其具体职能就是掌握邦国的事情是否合乎法度，是否符合礼制。《周礼·地官司徒》记载，师氏“掌国中失之事，以教国子弟。凡国之贵游子弟学焉”。郑玄注曰：“教之者，使识旧事也。中，中礼者也；失，失礼者也。”

按照周人的传统，国家治理的最高境界自然是以德治国，实行德政。然而，任何时期都可能“化之弗变，导之弗从，伤义以败俗”（《孔子家语·刑政》）。因此，在政治治理中，“刑”就不可或缺了。

那么，怎样用刑才能起到最好的惩戒作用？怎样用刑才能达到最佳的社会效果？这种“最好的惩戒作用”和“最佳的社会效果”，恐怕就是用刑的“中”。只有做到了这一点，社会才能稳定，才能发展。因此周代十分重视“以刑教中”，通过刑罚使人们了解曲直，分清是非，以使正气得到弘扬，正义得到伸张。很显然，把握刑罚之“中”十分紧要。因此，在西周时期，司徒作为教民、治民之官，分大、小司徒与师保之属。在大司徒职责的所谓“十二教”中，第七项就是“以刑教中”。《周礼·地官司徒》说：“七曰以刑教中，则民不虣。”虣，通“暴”。哪里能够真正做到“以刑教中”，哪里的社会秩序就会好起来，哪里就会少一些“伤义以败俗”的人。

社会风俗的好坏是由多方面的因素决定的。但不容否认，做到刑罚之“中”十分紧要。如果违法不究、执法不严、处置不公、惩罚失当，势必造成严重的后果，并在社会风气中显现出来。所以孔子说:“礼乐不兴，则刑罚不中；刑罚不中，则民无所错手足。”（《论语·子路》）当然，要真正避免“刑罚不中”，绝不是轻而易举的事情，它需要执法者对人生与社会的深刻认知，需要执法者的公平与公正，需要希望“天地位”“万物育”的良知与良能。

五、“文武之政”新识

作为周文王遗言，“清华简”《保训》给我们带来了许多新的认识。它启示我们思考更多的问题，原来不少模糊、朦胧的认识变得清晰、生动起来。

第一，“文武之政”基础深厚、内涵丰富。

与中国学术史的特殊背景密切相关，长期以来，人们怀疑《逸周书》《竹书纪年》《周礼》《孔子家语》《史记》等典籍的相关记载，对中国上古文明的发展程度估计偏低，所以很少有人相信典籍中关于“文武之政”的记述。新出土简帛书籍不像传世文献那样经过了后人的传抄，因此，它们可以用来检验以往研究的得失，印证相关传世文献的记载，从而矫正我们的一些认识。

在“清华简”《保训》篇中，文王训导作为太子的武王发，认真总结前人经验，说明他不仅重视周族自身的文化传统，也认真借鉴尧舜以来的思想文化成果。孔子说周礼乃是“损益”夏商之礼而来，周文化对于夏商文化的继承，在文王、武王身上已经开始有所体现。在古公亶父的基础上，文王继续继承后稷、公刘之业，使周族兴盛起来，并具备了“用受大命”的条件，为武王最终取代殷商而有“天命”打下了坚实基础。

前面提到，《逸周书》中的许多篇章具有重要价值，《保训》篇的发现使我们对这一问题有了更加深入的了解。如《逸周书》中的《文儆解》《文传解》，《周书序》曰："文王有疾，告武王以民之多变，作《文儆》。文王告武王以序德之行，作《文传》。"文王在位时间很长，他晚年最为牵挂或者念念不忘的自然是消灭殷商的大业，因此他也极其关心太子的成长。我们认为，"清华简"《保训》的发现不仅不会"排斥"《文儆解》《文传解》，反而能更加映衬出这些篇章的价值与意义。《文儆解》开头说："维文王告梦，惧后祀之无保，庚辰，诏太子发曰：'汝敬之哉！民物多变，民何向非利？利维生痛，痛维生乐，乐维生礼，礼维生义，义维生仁。'"《文传解》则记载文王说："吾语汝。所保所守守之哉。厚德广惠，忠信爱人，君子之行。"其思想与《保训》完全一致。

实际上，文王训诫后人尤其太子发的文献一定还有不少。除了我们前面提到的《逸周书》"三训"（《度训解》《命训解》《常训解》），已经亡佚的《八繁解》也应当属于此类。《周书序》说："文王训乎武王以繁害之戒，作《八繁》。"

与文王一样，武王也十分重视历史经验的总结与借鉴。例如，《大戴礼记》中有《武王践阼》篇，据该篇记述，周武王即位之初，曾经向大夫们征求可以恒久指导后世子孙行为的简约名言，众人不知。当问及师尚父（姜太公）"黄帝、颛顼之道"时，师尚父引导武王，告知他保存着的丹书之言，大意是应当敬而不怠、行义灭欲。他还告诫武王，要"以仁得之，以仁守之"。武王听了，十分震撼，于是写成戒书，在许多自己能够常常看到的地方铭刻下来，以随时提醒自己。其实，这样的材料在《逸周书》的许多篇章中都有体现。综合认识和研究这些有关的文献，我们会发现周初的思想内涵十分丰富，从而会对"文武之政”的内涵有一个全新的认识。

第二，孔子思想与“文武之政”一脉相承。

在孔子的思想学说中，“中庸”思想占有十分重要的地位。“中庸”的内涵是什么，人们有种种解说。其实，所谓“中庸”就是“中用”，即“用中”，也就是如何“使用中道”。《说文》中说：“庸，用也。”《尚书·尧典》有“畴咨若时登庸”，《诗经·王风·兔爰》有“我生之初，尚无庸”，《诗经·齐风·南山》有“齐子庸止”等等，其中的“庸”都是“用”的意思。

从《易经》看，“庸”在先秦时期与“用”字相通。借助郭店楚简《五行》和文献学的帮助，考辨“中庸”的原义乃是“用中”。“用中”也就是用心，用心之道就是“诚”。郑《目录》解说“中庸”之书云：“名曰《中庸》者，以其记中和之为用也。庸，用也。孔子之孙子思伋作之，以昭明圣祖之德。”

从这样的意义上理解“中庸”，“中”就是处理事情时要把握分寸，要将事情处理得恰到好处。孔子说：“执其两端，用其中于民，其斯以为舜乎。”但是，“中”不是一眼看透的事，也不是数理意义上的“中间”。所以，孔子所谓“中”与《尚书》“十六字心传”的“人心惟危，道心惟微，惟精惟一，允执厥中”是前后贯通的。曾几何时，“中庸”备受误解，人们认为它是所谓的“折中”“调和”，还有的人将中庸理解为“和稀泥”“折中主义”。其实，孔子认为“和稀泥”的人是“乡愿”，这种“乡愿”是“德之贼”，是道德的敌人和败坏者。时至今日，还时常有似是而非的论调，认为中国近代落后的根源就在于中国人太“中庸”了，中庸思想竟然成了中国落后的罪魁，罪莫大焉！今天，有《保训》作为重要的旁证，这样的误解就容易消除了。

在对孔子的评价中，有一个事例比较典型，就是孔子对待女子的态度。《论语·阳货》记孔子曰："唯女子与小人为难养也，近之则不孙，远之则怨。"不少人以之为孔子轻视妇女的铁证。其实，孔子斯语，包含了"女子难养"和"小人难养"，而在《尚书》《逸周书》中都有"小人难保"一语，所谓"保"，《说文解字》明确说："保，养也。""小人难保"即"小人难养"。这里的"小人难保"对正确理解孔子的话很有价值。

《逸周书·和寤解》记周武王的话说："呜呼，敬之哉！无竞惟人，人允忠。惟事惟敬，小人难保。"这里说因为"小人难保"，故应"惟事惟敬"。这正是周人传统的"敬德保民"思想的体现。不难理解，孔子强调"小人难养"，也一定是秉承周人的牧民思想，针对各层各级"养民"者（即所谓统治者或管理者）而说的。孔子思想与文王、武王、周公等一脉相承，由周初文献可知，孔子说"小人难养"不仅不含有轻视"小人"的意义，反而反映出他对这一群体的重视。同样的道理，孔子说"女子难养"恐怕也不是轻视妇女。

通过这一典型的例子，我们认识到孔子思想与"文武之政"一脉贯通的意义，它不仅可以帮助我们理解孔子思想与周人传统观念的联系，还有助于我们理解孔子学说，甚至纠正我们对孔子思想的一些错误的认识。

第三，"文武之政"是儒家的理想政治样板。

作为儒家学派的创始人，孔子主张"王道"，推崇"三代明王"。在孔子的心目中，"三代明王"之治体现了政治治理的最高境界，所以，他"述而不作"。据《孔子家语·礼运》，孔子的政治理想就是实现社会"大同"，而这样的"大同"之世，就是指的"三代之英"。

所谓“三代之英”即三代时期的英杰人物，当然是指的禹、汤、文王、武王、成王、周公等人。孔子推崇三代圣王（即文献所说的“三王”），后世所谓的“孔子之道”，实际就是孔子推崇的三代圣王之道。所以，孔子作《春秋》的意义就在于《史记·太史公自序》所说“夫《春秋》，上明三王之道”。孔子虽然也崇尚“五帝”，但正如司马迁在《史记·五帝本纪》中所言：“学者多称五帝，尚矣。”关于黄帝等上古帝王的事迹，“荐绅先生难言之”，孔子曾经回答弟子宰我问“五帝”之德，但“儒者或不传”。相比之下，孔子更加推崇三代圣王。这样的材料很多，如：

> 子言之：“昔三代明王，皆事天地之神明……”（《礼记·表记》）
>
> 孔子遂言曰：“昔三代明王之政，必敬其妻子也，有道。”（《礼记·哀公问》）
>
> 闻之曰：“昔三代之明王之有天下者，莫之余也，而□取之，民皆以为义，……其乱，王余人邦家土地，而民或弗义……”（上博竹书《从政》）

而且，孔子时代，三代圣王之治为社会普遍认可。推崇三王者不止儒家。如《墨子·鲁问》云：“昔者三代之圣王禹汤文武，百里之诸侯也，说忠行义，取天下。三代之暴王桀纣幽厉，仇怨行暴，失天下。”

孔子思想与“文武之政”血脉相连，决定了孔子对“文武之政”的认识和理解。“文武之政”体现的“文武之道”为孔子格外推崇，《中庸》说孔子“祖述尧舜，宪章文武”。朱熹《四书章句集注》注解说："祖述者，远宗其道。宪章者，近守其法。"法，即法则、做法。尧舜年代久远，而"文武之政"还在，足可以为法则。"文武之政"指周初文王、武王乃至周公的治国方略。文王、武王、周公明德慎罚，民惟邦本，修身重人，深受后人推崇。直到春秋孔子时代，"文武"的政治方略仍是"未坠于地，在人"，孔子还以"文武之政"指导鲁哀公，可见孔子对"文武之政"是倍加尊崇的。

孔子尊崇"三王"，提出尊崇"周政"。例如，据《孔子家语·执辔》记载，孔子弟子闵子骞为费宰，问政于孔子。孔子曰："古者天子以内史为左右手，以德法为衔勒，以百官为辔，以刑罚为策，以万民为马，故御天下数百年而不失。"孔子又说："古之御天下者，以六官总治焉：冢宰之官以成道，司徒之官以成德，宗伯之官以成仁，司马之官以成圣，司寇之官以成义，司空之官以成礼。六官在手以为辔，均仁以为纳，故曰：御四马者执六辔，御天下者正六官。"孔子这里所说的"六官"即是《周礼》中的冢宰、司徒、宗伯、司马、司寇、司空。将《周礼》六官以及太宰一职的职掌与孔子的论述一一对照，不难发现他们之间的内在联系。关于这一点，我们曾经进行专门探讨。种种材料显示，"文武之政"是孔子儒家的理想政治样板。

（《管子学刊》，2012年第2期）

坚定文化自信，筑牢道德基石

2017年10月18日上午，习近平总书记代表第十八届中央委员会在中国共产党第十九次全国代表大会上做报告。报告内容全面深刻，大气磅礴，气势恢宏，令人振奋。认真聆听，又认真学习领会之后，我有一些初步感悟。

一、中华民族新时代的伟大文献

习近平总书记的报告是一部鸿篇巨制，是中华民族新时代具有重大标志性意义的伟大文献，不仅拿出了民族复兴的时间表、路线图，而且过去五年的具体实践，已经迈开了走向民族伟大辉煌的坚实步伐。

习近平新时代中国特色社会主义思想，是继毛泽东思想、邓小平理论之后的又一次历史性飞跃。回顾中国共产党历史上的两次理论飞跃，都是马克思列宁主义与中国实际相结合的产物。这一次理论飞跃是基于对中华民族优秀传统文化的自信，基于对“中华民族五千多年文明”的高度把握、深度理解。如果没有对中华民族文化创造的正确认识，没有对中华优秀传统文化的高度自知、自信，以及在此基础上的温情与敬意，就不会有这样的大气魄、大格局、大制作，就不会如此的举重若轻、化繁就简，就不会这般的运筹帷幄、高瞻远瞩。

中华民族五千多年文明内涵丰富、博大精深，包含物质的、制度的、观念的多种层级或层次。我们应该理解伟大的中华民族何以“比世界上别的民族更和睦和平地共同生活了几千年”，找到自己民族文化的立足点。可以说，任何简单化、形式化、表面化的理解与认知，都没能把握中华文化的深层智慧和内在精神，都没能把握中华文化的真精神。

在深度把握几千年中华文明智慧的基础上，将马克思主义与中国的具体实际深度结合，才能娴熟运用马克思主义的立场、观点和方法，指导我们进行伟大斗争，建设伟大工程，推进伟大事业，实现伟大梦想。习近平总书记的雄才大略、远见卓识与坚定信念，立足于中华民族五千多年文明的历史高点。唯其如此，他才成为中国人民的英明领袖，不愧为新时代改革开放和现代化建设的总设计师，不愧为党的一代核心。唯其如此，才有中华民族新时代伟大理论的建构。

二、文化自信与文化自知

十九大报告提出“坚定文化自信，推动社会主义文化繁荣兴盛”。这种特殊的语境中，强调“坚定文化自信”，无疑具有重要的现实意义与重要的理论意义。在此之前，习总书记已多次在不同的场合提到“文化自信”。如在中国共产党建党95周年庆祝大会的讲话中，习总书记强调坚持文化自信，这不仅是在以往所说道路自信、理论自信和制度自信之后的“第四个自信”，而且是更为根本、更具有魂魄意义的自信。只有自知，才有自信；有了自信，才有自尊。

诚如十九大报告所言：“文化是一个国家、一个民族的灵魂。文化兴国运兴，文化强民族强。没有高度的文化自信，没有文化的繁荣兴盛，就没有中华民族伟大复兴。”文化自信的提出，是道路自信、理论自信和制度自信“三个自信”问题认识的深化与系统化，也是当代中国新文化建设理论进一步体系化的重要标志。“四个自信”相互联系不可分割，但文化自信是更为基础、更为坚实、更加持久、更加深沉的自信。

近代以来，由于政治衰败和军事上挨打，中国逐渐丧失了文化自信。在反思落后原因的时候，不少人转嫁或迁怒于自己的传统文化，强化或放大了对传统文化负面影响的认识。于是，在20世纪的中国，竟然形成了“反传统的传统”。当年，王国维曾说“可爱者不可信，可信者不可爱”。作为一种强势文化，西方文化竟然一时压倒了东方文化，似乎西方文化成为“可信”的文化，东方文化转而成为“不可信”的东西，中国的文化自信遭受打击。而今，中国发展举世瞩目，十九大报告展示了近五年我们在经济建设、全面深化改革、民主法治建设、思想文化建设、生态文明建设等十个方面取得的历史性成就，尤其是思想文化建设方面，“中国特色社会主义和中国梦深入人心，社会主义核心价值观和中华优秀传统文化广泛弘扬”，“主旋律更加响亮，正能量更加强劲，文化自信得到彰显，国家文化软实力和中华文化影响力大幅提升”。现在中国特色社会主义进入新时代，已经到了该找回中华民族文化自信和坚定文化自信的时候了。

文化自信具有极深刻的含义。文化应该面向生命的世界，而不是物象的世界。文化自信源于文化自知。如果把文化比作一棵树，真正的自知必须知道它的根有多深；如果把中国文化比作生命体，真正的自知应该了解它的魂在哪里。曾经有学者谈到文化

"魂不附体"，恐怕说的正是文化自信问题。就中国文化的现状而言，"认识自我"甚至比"介绍自我"显得更为紧要。如果没有文化自知，缺少文化自信，就无法赢得理解与尊重，就只会理论漂浮，思想缺钙，不接地气。

文化自信内涵十分丰富，但如果仔细观察和体会，不难看出其中最为核心的就是对中华民族优秀文化传统的自信。经过几千年的创造与积淀，中华文化已成为中华民族的精神基因，构成中华民族独特的精神标识，这是我们最突出的文化优势、最深厚的文化软实力。因此，早在2012年12月在广东考察时，习近平总书记就十分明确地指出，我们决不可抛弃中华民族的优秀文化传统，恰恰相反，我们要很好地传承和弘扬，因为这是我们民族的"根"和"魂"，丢了这个"根"和"魂"，就没有根基了。在十九大报告中，习总书记又强调："中国特色社会主义文化，源自于中华民族五千多年文明历史所孕育的中华优秀传统文化。""发展中国特色社会主义文化"要"坚守中华文化立场"。

孔子思想和儒家学说是中华优秀传统文化的主体，是中华民族最值得珍视的宝贵遗产。我们看清了中国文明的绵延之路，就不会再妄自菲薄，就能理解以儒学为代表的传统思想的高度与深度。中华文化像一棵生生不息的文明之树，在不同的历史时期结出了不同的文明之果。也只有在这样的意义上去认识孔子儒学，才会看到中华文化这棵生命之树的根，才能培根固元，也只有如此，才会找到古老中华民族这位东方巨人的魂魄。

三、文化的"登峰"与"落地"

坚定文化自信与中华优秀传统文化的弘扬密切相关。怎么通过弘扬中华优秀传统文化坚定文化自信？首先要理性认知影响文化自信的制约因素。比如学术研究与考古材料都证实，尧舜以来尤其三代文明已有较高的发展水准，“百家争鸣”只是对历史文化的继承、总结与反思；近代中国落后挨打，极尽屈辱，在反思落后原因的时候，不少人迁怒于自己的传统文化，强化或放大了对传统文化负面影响的认识；先秦时期儒学带有明显的“德性色彩”，秦汉以至清朝的“帝制时代”则染上了显著的“威权色彩”，近代以来反思儒学，持“保守”立场的人多看到了儒学的真精神，持“激进”立场的人则更多看到了作为“封建专制灵魂”的那个“偶像的权威”。在新旧文化交汇、中西文化碰撞的夹缝中，许许多多的人难免带有文化转型时期的人格特征。了解这些才能讲清楚“学术的中国”和“理论的中国”，讲清楚“历史的中国”与“现在的中国”。

十九大报告中提出：“坚持全民行动、干部带头，从家庭做起，从娃娃抓起。深入挖掘中华优秀传统文化蕴含的思想观念、人文精神、道德规范，结合时代要求继承创新，让中华文化展现出永久魅力和时代风采。”这里对坚定文化自信、弘扬中华优秀传统文化提出了具体要求。深入挖掘中华优秀传统文化的精神内涵，继承创新，展现中华文化的永久魅力和时代风采，传统文化研究者义不容辞、责无旁贷。具体而言，就是既要“登峰”又要“落地”。所谓“登峰”，即探讨传统文化的发展和变化，了解传统文化形成的深度、高度，了解传统文化与社会的关系。所谓“落地”，即在了解传统文化的基础上，把一系列研究成果进行转化，让传统文化走进大众，走进中小学，走向社会，服务社会。只有当文化经典开始润养人们的日常生活，人们从中切实受益，分辨与解决问题的能力明显增强，文化自信才会自觉地树立起来。概而言之，在加大学术研究引领的同时，应切实思考怎样

"润物细无声"地浸润人的心灵。

四、筑牢"道德""信念"的基础

在十九大报告中，"坚定文化自信，推动社会主义文化繁荣兴盛"其中一个重要方面是"加强思想道德建设"。文化有不同层级，深层的观念文化决定着表层的物质文化、中层的制度文化。观念的文化是信仰与信念，是道德与价值。弘扬中华优秀传统文化的核心与关键，在于穿越纷杂的外部形式，洞达本质。道德问题属于文化的核心内容和深层次问题。作为传统文化的重要组成部分，孔子思想在中国历史上发挥了极为重要的作用。德与道密切相连。孔子说得好："夫道者，所以明德也；德者，所以尊道也。是以非德，道不尊；非道，德不明。"道属于价值信仰，德则是行为规范。道与德二位一体，相辅相成。信仰决定德行，德行体现信仰。有怎样的信仰和追求，就有与之相应的为人处世方式，视听言动体现着德行，德行高的人自觉视岗位如道场。孔子思想对个人道德修养，尤其对青少年的是非观、人生观、价值观的培育十分有益。他就是要把人培养成为有爱心、有情怀、有担当、爱学习、求上进的君子，强调修身、齐家、治国、平天下，注重自我修养和道德实践。

习近平总书记多次强调："国无德不兴，人无德不立。"这应该成为铭刻在亿万中国人心中的训诫，成为全社会评判是非曲直的标准。社会责任需要全社会成员共同担当，德行修养需要全社会积极参与。十九大报告提出："深入实施公民道德建设工程，推进社会公德、职业道德、家庭美德、个人品德建设，激励人们向上向善、孝老爱亲，忠于祖国、忠于人民。"这同样属于坚定文化自信，推动社会主义文化繁荣兴盛的重要内容。而坚定文化自信需要继承和发扬中华传统美德。有一位西方学者曾说，在孔子学说的影响下，伟大的中华民族比世界上别的民族更和睦和平地共同生活了几千年。直到今天，孔子所阐述和确立的很多价值观念仍然是我们的立足点，这是中华儿女的生命底色。在新的时期，价值与信仰关系中华民族伟大复兴中国梦实现的大计。“人民有信仰，民族有希望，国家有力量。”坚定文化自信，需要我们继承前人的道德智慧，推陈出新发展道德，将之变成社会主义文化建设的资源，通过坚持不懈的宣传教育和实践养成，引导人们确立正确价值坐标，自觉讲道德、尊道德、守道德，形成奋发向上、崇德向善的正能量，用传统的“四维”“四端”“五常”“八德”滋养我们的价值观，以之作为搭建中华文化大厦的“四梁八柱”，努力实现习总书记在十九大报告中所提出的“在实践创造中进行文化创造，在历史进步中实现文化进步”。

落实“两个结合”，弘扬中华优秀传统文化

一百年来，中国共产党初心不改、矢志不渝，为了中华民族的伟大复兴，带领中国人民走出了一条符合中国历史文化、适合中国社会现实的宽广道路，这条道路就是中国特色社会主义道路。习近平总书记在“七一”重要讲话中指出：“坚持把马克思主义基本原理同中国具体实际相结合、同中华优秀传统文化相结合。”这一重要论述大力彰显了对中华优秀传统文化的高度重视和充分自信，指明了进一步传承弘扬中华优秀传统文化的方式与方法，是对中华民族伟大复兴光明前景的展望。

“两个结合”是历史总结 更是未来瞻望

“两个结合”的表述，是对历史经验的科学总结，对历史规律的深刻把握，是洞察历史、远观未来的卓越识见，是建党百年尤其党的十八大以来成功实践的切实总结，是马克思主义中国化的最新理论成果，拓展了马克思主义中国化的内涵要求，是21世纪中国马克思主义的原创性贡献。

近些年，尤其新冠肺炎疫情以来，世界看到了中华优秀传统文化的强大力量，看到了中国作为一种“文明”的存在及其意

义。习近平总书记在“七一”重要讲话中指出：“我们坚持和发展中国特色社会主义，……创造了中国式现代化新道路，创造了人类文明新形态。”讲话把中国共产党对自身执政规律、社会主义建设规律、人类社会发展规律的认识提高到新的境界。我们应该在这样的意义上加深对“两个结合”重要论述的理解。马克思主义与中国具体实际相结合，主要是在现实层面，是指应当直面当下的现实状况、基本面貌、内外实际。马克思主义与中华优秀传统文化相结合，主要是在历史层面，因为文化体现在历史里，除却历史无从谈文化。优秀传统文化是在历史中逐渐形成的，在社会上相沿已久，它一定又活在当下。因此，我们必须从服务于国家文化发展战略出发，结合具体实际，以生动的实践，更好地践行“两个结合”。

今天的中国是历史中国的延续。习近平总书记说：“中华民族拥有在5000多年历史演进中形成的灿烂文明，中国共产党拥有百年奋斗实践和70多年执政兴国经验……”作为中华儿女、炎黄子孙，每个人都要“增强做中国人的志气、骨气、底气”，要铺染属于中国自己的生命底色，有自己的道德和价值。要做到这一切，就必须具有充分的文化自知，树立坚定的文化自信，从而在自己选择的道路上昂首阔步走下去，把中国发展进步的命运牢牢掌握在自己手中。

领会和把握“两个结合”的精神实质

马克思主义是一个开放的思想理论体系，正因为这种思想的开放性与包容性，才使得它在不同的时空环境具有同样的适应性与指导价值。更重要的是，马克思主义遇到了具有博大胸怀的中国文化，于是马克思主义在中国生根，开花，结果。有的宗教与信仰不具有这种开放精神与包容意识，因此带来了一些灾难性的后果。习近平总书记指出："中国优秀传统文化的丰富哲学思想、人文精神、教化思想、道德理念等，可以为人们认识和改造世界提供有益启迪，可以为治国理政提供有益启示，也可以为道德建设提供有益启发。对传统文化中适合于调理社会关系和鼓励人们向上向善的内容，我们要结合时代条件加以继承和发扬，赋予其新的涵义。"

习近平总书记在"七一"重要讲话中指出："1840年鸦片战争以后，中国逐步成为半殖民地半封建社会，国家蒙辱、人民蒙难、文明蒙尘，中华民族遭受了前所未有的劫难。"什么是"文明蒙尘"？在现实中，一些人还存在对中国历史文化的肤浅认识，有一些迷茫需要进一步冲破。不少人不理解博大精深的中国文化内涵，甚至建议在研究上削减中国历史，尤其是中国古代史，以及古代思想史，他们认为一些关于中国古代史的研究几乎毫无现实意义。"多了解世界文明"自无问题，"少一点中国历史"则显示出对自身历史的厌倦与无知。类似这样的表述似乎不缺少"世界眼光"，但缺乏"中国意识"，显示了对中国文化的不自知、不自信。2021年3月22日下午，习近平总书记谈到文化自信问题时表示，我们走中国特色社会主义道路，一定要推进马克思主义中国化。如果没有中华五千年文明，哪里有什么中国特色？如果不是中国特色，哪有我们今天这么成功的中国特色社会主义道路？我们要特别重视挖掘中华五千年文明中的精华，弘扬优秀传统文化，把其中的精华同马克思主义立场观点方法结合起来，坚定不移走中国特色社会主义道路。

中华民族拥有在五千多年历史演进中形成的灿烂文明，中华民族是伟大的民族，为人类文明进步做出了不可磨灭的贡献。

我们要在马克思主义的指导下，以辩证唯物主义和历史唯物主义的基本立场、观点、方法，对文化进行有机融通、全方位结合，把握传统文化精神实质。要了解儒学在中华优秀传统文化中的地位，了解儒学与诸子各家的关系，了解区域文化和主流文化的关系。弘扬中华优秀传统文化，必须看清脉络，抓住要领。“贤者识其大者”，要“先立乎其大者”，从时代发展与国家意识的高度去把握文化问题。不能抓住一点、不及其余，不能现象本质分不清，一味突出地域而不兼顾国家。文化建设重在立德、树人、化民。弘扬中华优秀传统文化如果不知从何处着手，往往会大起小落，不见成效。

经过一百年来的探索，我们终于走出迷茫，明确提出走中国特色社会主义道路，把马克思主义基本原理同中国具体实际、同中华优秀传统文化相结合。在政治生态发生根本变化的今天，我们要从理论逻辑、思想逻辑、实践逻辑讲清楚今天的时代特征，讲清楚今天遇到的百年未有之大变局。必须把握理论重点和思想难点，在想不明白、说不清楚的地方多下气力。

踏实努力弘扬中华优秀传统文化真精神

弘扬中华优秀传统文化，要着眼于立德树人，要将其有效融入国民教育、家风家教、社会治理等具体的工作中。

在中华优秀传统文化中，儒学教人成为“人”，而不是成为某一种人；儒学要求人们提升格局与境界，用智慧解决问题，用境界消灭问题；儒家的“大学之道，在明明德”，就是要彰显人性的光辉，用明德引领风尚。孔子说“君子不器”，又说“君子藏器于身”，所以《礼记》有“德成而上，艺成而下”的说法。要知道，这可不是轻视“艺”。“德”与“艺”的关系，就像我们所说的“工匠精神”。可以说，“工匠”意味着技术，“精神”说的是心性。没有一流的心性，哪有一流的技术？教育是耕耘土壤的过程，有好的土壤，种子才能生根、开花、结果。

第一，弘扬中华优秀传统文化，在学术上需要培养大批人才。我们应当总结以往“中华文化标志城”重大工程项目的探索经验，理解其初心与用意，继承其中有益的成果。由于种种原因，目前社会上真正了解中华优秀传统文化的人相对较少，建议充分发挥尼山世界儒学中心的作用，以世界儒学中心为依托，适时建立中华经典研修中心，培养立足当今时代，既有世界眼光，又有中国意识的中国文化传道者。世界儒学中心还应是人才培养基地，进行儒学传播人员集训，国际儒学交流推广，海外华人儒学研修。

第二，弘扬中华优秀传统文化，在家庭中需要弘扬家教文化。从某种意义上说，中国文化就是关于家的文化。中国人注重孝悌，就是要把在家庭中培育的爱与敬的情感弘扬到全社会。中华民族历来注重家庭、家教、家风。古语有云：“天下之本在家。”习近平总书记对家庭、家教和家风建设有许多重要论述。他指出，千家万户都好，国家才能好，民族才能好。他强调，家庭是人生的第一个课堂，父母是孩子的第一任老师。孩子们从牙牙学语起就开始接受家教，有什么样的家教，就有什么样的人。家风是社会风气的重要组成部分。他尤其强调，领导干部的家风，不仅关系自己的家庭，而且关系党风政风。中国人历来讲究“大孝尊亲”，“欲治其国者，先齐其家”，“家齐而后国治”，应当充分挖掘和利用包括家训在内的丰厚的中国传统家教文化资源，大力培育新时代的君子文化。

第三，弘扬中华优秀传统文化，在学校里需要弘扬君子文化。国无德不兴，人无德不立。中华优秀传统文化的弘扬，要着眼于立德树人。中华优秀传统文化的弘扬，干部是主导，学校是主场。传统文化要润物细无声地走进青少年的心灵，走进中小学的课本、课堂、校园。应当鼓励各地各类学校积极探索，甚至宽容各地各类学校的各种探索，重视基层工作的创新与创造，建设符合自身特点的校园文化特色，形成社会的、学校的、家庭的合力，适时总结，大力推广先进典型，利用好各类传统文化优秀人才，走出自己的路，办出自己的特色。

（《济南日报》，2021年12月2日）

把握传统文化精髓，助力文化强国建设

党的十九届五中全会站在党和国家事业发展全局高度，明确提出到2035年建成文化强国。站在“两个一百年”的历史交汇点上，我们必须激发全民族的文化创新创造活力，从中华传统文化中汲取源头活水，用好盘活文化资源，助力文化强国建设。

一、以文化资源凝筑文明丰碑

爱国主义是中华民族精神的核心。习近平总书记指出，爱国主义精神深深植根于中华民族心中，是中华民族的精神基因，维系着华夏大地上各个民族的团结统一，激励着一代又一代中华儿女为祖国发展繁荣而不懈奋斗。5000多年来，中华民族之所以能够经受住无数难以想象的风险和考验，始终保持旺盛生命力，生生不息，薪火相传，同中华民族有深厚持久的爱国主义传统是密不可分的。伟大的中华民族有独特的精神创造和思想贡献，有崇高的爱国主义精神，这是中华文化最为深沉和坚韧之处。

中华文明有独特的气质，今日的中国文化是中华传统文明长期发展、内生演化的结果。习近平总书记强调：“孔子创立的儒家学说以及在此基础上发展起来的儒家思想，对中华文明产生了深刻影响，是中国传统文化的重要组成部分。”孔子是中国文化长流里的中途灯塔，是中华民族的精神坐标，儒家文化塑造了中华民族的价值观念和精神品格。中国历史上，历代兴建修缮文庙，纪念祭祀孔子，并同时纪念历代圣哲和先贤先儒，是展示民族的文化传承与精神创造，激励华夏儿女更好地遵道而行、循理而动。

中华优秀传统文化是中华民族的精神命脉。孔子故里承载着中华民族的精神寄托，担负着弘扬中华优秀传统文化、重构社会价值和信仰体系的特殊使命。习近平总书记指出：“要努力从中华民族世世代代形成和积累的优秀传统文化中汲取营养和智慧，延续文化基因，萃取思想精华，展现精神魅力。要以时代精神激活中华优秀传统文化的生命力，推进中华优秀传统文化创造性转化和创新性发展，把传承和弘扬中华优秀传统文化同培育和践行社会主义核心价值观统一起来，引导人民树立和坚持正确的历史观、民族观、国家观、文化观，不断增强中华民族的归属感、认同感、尊严感、荣誉感。”我们要将曲阜众多文化遗迹联系整合、锻造提升，打造成为具有纪念、教育、展示、交流功能的独特文化空间，展示中华文化源流及丰富内涵，让世界了解中国人的精神追求与思想世界，更生动地理解中华文明的长度、高度与深度。

二、以家教文化滋润家国情怀

习近平总书记对家庭建设、家庭教育提出了明确要求，指出家庭是社会的基本细胞，是人生的第一所学校。党的十九届五中全会提出，要加强家庭、家教、家风建设。《大学》说：“欲治其国者，先齐其家。”“家齐而后国治。”中国的传统思维就是家国一体、家国相通。人在家庭中所熏育形成的价值认知、行为习惯，必然在工作岗位上、在社会活动中体现出来，从而形成社会风尚。

家风好，就能家道兴盛，和顺美满；家风差，难免殃及子孙，贻害社会。中国有丰厚的家训、家教文化资源。我们应当借鉴历史上的家训文化、家教文化，以树立时代家风。母教文化是家教文化的重要和基本内容。母亲是子女的第一任老师，在子女成长过程中至关重要。中国历史上许许多多伟大的母亲，教子有方，由此产生了许多感人至深、发人深省的故事。我们可以依托孟母教子故事，设立中华母亲节，引领家庭教育的方向，促使青少年健康成长。习近平总书记指出：“要注重发挥妇女在弘扬中华民族家庭美德、树立良好家风方面的独特作用，这关系到家庭和睦，关系到社会和谐，关系到下一代健康成长。广大妇女要自觉肩负起尊老爱幼、教育子女的责任，在家庭美德建设中发挥作用，帮助孩子形成美好心灵，促使他们健康成长，长大后成为对国家和人民有用的人。”

三、以君子文化造就君子品格

习近平总书记指出，国无德不兴，人无德不立。要形成向上、向善的力量，就要引导人们向往和追求讲道德、尊道德、守道德的生活。中国文化的实质在弘道明德，传统文化追求人心和顺、社会和谐，希望把人培养成为有爱心、有情怀、有担当、爱学习、求上进的君子，要求人们讲信修睦，自觉修身，换位思考。道德建设要找到关键，抓住根本，让爱与敬在人们心中扎根。

君子文化是中华民族伦理的基本要素和民族精神的集中体现，是推动中华文明生生不息的正能量、主旋律。辜鸿铭在《中国人的精神》中写道："孔子全部的哲学体系和道德教诲可以归纳为一句，即'君子之道'。"在他看来，君子之道，人的廉耻感，不仅是一个国家，而且是所有社会和文明的合理的、永久的、绝对的基础。除此之外，别无其他。君子人格培养是《论语》的核心所在。

中国古代强调学以成人，倡导学成大人，也是鼓励人们追求更高的格局与境界。在孔子心目中，人可以分为庸人、士人、君子、贤人、圣人。王阳明认为人生"第一等事应是读书做圣贤"。曾国藩的老师唐鉴说："不为圣贤，则为禽兽；只问耕耘，不问收获。"他告诫人们要向着成为圣贤努力，而不是自甘沉沦、甘于平庸。早期儒家思考问题的逻辑起点是"人禽之辨"，人之所以为人，就在于人努力地走向更高层面的格局。

为君子，成圣贤，首先是方向问题。在古代中国文化语境中，君臣关系是工作中的上下级关系，父子关系是基本的血缘亲情关系。值得注意的是，"君子"把与"臣"相对的"君"、与"父"相对的"子"统一起来，体现出家庭教育与社会价值的一致性。曾子讲"大孝尊亲，其次弗辱"，意思是人最大的孝是"使亲尊"。这意味着父母教子要追求社会价值的认同，人之为人，如果不辱没父母的名声，就要使自己成为"有教养"的人；同样意味着家庭美德与职业道德、社会公德的高度统一。中国道德文化的博大精深，于此可见一斑。

党的十九届五中全会将提高社会文明程度写入"十四五"规划建议。今天，我们要坚定文化自信，以明德引领风尚。在社会主义核心价值观的引领下，从中华优秀传统文化中汲取智慧，在广大青少年心中树立高远笃定的人生追求，培育他们大人君子的使命担当，使之拥有坦荡仁和的博大胸襟。

（《山东干部函授大学学报》，2021年3月）

儒学：廉洁文化的丰厚资源

儒学是修己安人之学，是修身做人的学问，也是为政治国的学说。儒学强调修己、克己，强调“其身正”。这是立身的前提，也是为政的前提。中国廉政思想博大精深，深深植根于儒家文化的土壤。弘扬传统廉政文化，汲取廉政思想智慧，应当高度重视孔子思想和儒家学说，深入系统地加以研究，才能更好地吸取其文化养分，才能有助于今天的廉政文化建设。

廉，是中华传统“八德”之一。中国道德文化源远流长。打开《尚书》第一篇《尧典》，其中就有“克明俊德”的表述。春秋时期，关于道德的论述则更加系统和丰富，宋代则提炼为“八德”，即孝、悌、忠、信、礼、义、廉、耻。孔子总结继承上古三代的文化成果，融汇创新，形成了影响既深且广的儒家思想。廉德与其他德目有机联结，浑然一体，是我国道德理论和廉政文化的组成部分，其中包含了对于人性与人的价值的深沉思考，是人类社会和谐之道。

人组成社会，就需要引领者。儒家理想人格就是“大人”“君子”，就是明是非、知荣辱、讲操守、有格局，孔子之教、儒家之学正是这样成德的学问。在中国早期儒学语境中，

“君子”本来是对为政者或贵族男子的通称，它强调有其位者同时有其德，指的是德位相配的人。孔子所说的“君子喻于义”“君子之德风”，是说为政在位的要明理修身，深明大义，自觉引领，担当责任。儒家主张以德教民，德主刑辅，主张以刑罚作为道德的辅助；主张为国以礼，齐之以礼，以刑教中，注重从正面引导，也看重筑起堤防，避免“好恶无节”。儒家最为看重的是以礼御心，有耻且格。

儒家所说的“五达道”，排在最前面的是君臣之道。所谓君臣之道，就是工作中的上下级关系。那么，君臣之道如何？孔子说“君君，臣臣”，是说君要有君的修为，臣要有臣的德行。君臣之道在于“君仁臣忠”。孔子说“君使臣以礼，臣事君以忠”，《大学》说“为人君，止于仁；为人臣，止于敬”，无一不是说为人君者要有仁德，做榜样，自觉修身，以上率下。有人向孔子“问政”，孔子常常脱口而出的是“政者，正也”。他说：“其身正，不令而行；其身不正，虽令不从。”“子帅以正，孰敢不正？”孔子讲“其身正”，讲“思无邪”，讲“端身”，也是为了更好地“从政”“正人”。

无论廉洁自律，还是廉政教育，儒家理论学说都是宝贵的借鉴。儒家讨论正身修己，思考人心教化，都是从思考人本身出发的。每个人都有自己的自然属性，都有自己的“人心”和“人情”。与此同时，人又是社会的人，必须遵守社会规则，这就是“道心”和“人义”。当人心和道心、人情和人义出现矛盾冲突的时候，人的“公”心、人的道德、人的社会性要求就应该发挥作用。儒学直面“人心惟危”，正视“好恶无节”。富与贵乃“人之所欲”，如何“以其道得之”才是关键问题。孔子说得好：“人藏其心，不可测度也。美恶皆在其心，不见其色也，欲一以穷之，舍礼何以哉？”儒家追求社会“止于至善”“天下为公”，因此特别注重人心的改变，希望在人心筑起礼的堤防，人人遵道而行，个个循理而动。人欲仁而得仁，就成为社会规范的自觉遵守者、守护者。

孔子说“为政以德”，就是希望为政者清正廉明，遵道而行，循理而动，从而引领更多的人看得清、行得正、走得稳。《孔子家语》记载孔子的话说：“凡治君子，以礼御其心，所以属之以廉耻之节也。”管理君子，重在以礼教化，以礼御心。孔子又说：“圣人之设防，贵其不犯也。”在他看来：“凡夫之为奸邪、窃盗、靡法、妄行者，生于不足，不足生于无度。无度则小者偷盗，大者侈靡，各不知节。”人能反躬自省，贵在好恶有节，不被外物所化，成为物的奴隶。因此，儒家特别注重礼法，使人知其所止，明礼义，遵法度，形成一种道德自觉，在心中筑起礼的防线。人们汲取圣贤智慧，净化心灵，克己守礼，去私心存公义，清白做人，干净做事，坦荡为官，自觉追寻生命的意义，走好人生路，活出生命的精彩。

（《中国政协》，2019年第22期）

践行儒学精神，树立文化自信

记者：孔子是伟大的思想家，也是历史上引起巨大争议的思想家。到目前为止，世界上大概还找不出第二个人像孔子这样，在过去2000多年里受到那么多关注的思想家。关于孔子及儒家思想的评价，很多看法和观点明显对立。时至今日，模糊不清的认识依然存在。良莠并生、瑕瑜互见的儒学，是如何形成的呢？您如何看待这种现象呢？

杨朝明：我们要“剔除其封建性的糟粕，吸收其民主性的精华”，必须明确上述“文化景观”形成的复杂原因，搞清这种“文化景观”形成的历史过程。

在对待孔子与传统文化的问题上，人们的态度形成明显的两极还是近代以来的事情。近代以来，不少人将中国落后挨打的原因归结为传统文化的腐朽，强化和放大了人们对传统文化负面影响的认知。于是，在20世纪的一个时期内，中国形成了一个“反传统的传统”，似乎中华民族要摆脱苦难就必须摒弃传统文化。近代以来学术上的疑古思潮，对此起到了推波助澜的作用。从思想文化史的角度看，近代疑古思潮是宋代以来疑古思潮的继续，但二者又存在明显不同。宋代以来的疑古思潮是为了“卫道”

（即捍卫儒家道统）而疑古，近代疑古思潮则变成了为摒弃传统而疑古。在“古史辨”运动中，学者们更是由“疑古史”演变到“疑古书”，我国古代文化典籍遭到前所未有的怀疑。

经过最近30多年的学术研究，尤其随着地下早期文献资料的面世，我们对相关学术问题看得比以往更清楚了。原来，秦汉以来儒学出现过一个显著变化，即原始儒学（先秦时代的儒学）具有明显的“德性色彩”，汉代以后的儒学则具有明显的“威权色彩”。原始儒学的代表人物如孔子等强调“正名”，主张“修己安人”和“仁政”“德治”；汉代以后的儒学为适应封建专制制度的需要，逐渐片面强调君权、父权和夫权，儒学慢慢蜕变，呈现出为后人诟病的“缺乏平等意识和自由理念”等特征，显得与现代社会格格不入。对于这一点，我们如将有关文献相互比较，就能够清晰地看出来。比如，所谓“君君，臣臣，父父，子子”，孔子讲的是为人君止于仁，为人臣止于敬，为人子止于孝，强调君臣父子各尽本分，后来才逐渐演变为对君权、父权、夫权的片面强调。所谓“刑不上大夫”，根据《孔子家语》记载，意思是一个尊贵的人也应该是一个高尚的人，当官的人犯了死罪贵在自裁，用不着通过用刑来惩罚。在汉代以后它才成为维护贵族特权的一个依据。

今天，很多学者包括外国学者都承认这一事实：因为有了孔子，中华民族比世界上别的民族更和睦和平地共同生活了几千年；当今时代，一个昌盛、和谐的社会，在很大程度上仍然立足于孔子所确立和阐述的很多价值观念。新文化运动的矛头直指孔子，是因为他在封建专制时代受到尊崇，儒学一直是统治学说。这样看来，一些当年对孔子和儒学传统持“保守”立场的人，更多看到了原始儒学的真精神；而一些对孔子和儒学传统持“激进”立场的人，则更多地看到了作为“封建专制灵魂”的那个“偶像的权威”。

厘清2000多年来儒学与中国社会的关系，我们可以更好地把握孔子及儒家思想的内涵和价值。儒学与封建专制统治的结合，使汉代以后的儒学片面强调君权、父权与夫权，“缺乏平等意识和自由理念”，但原始儒学“正名”“修己安人”和“仁政”“德治”等核心价值观念依然深入人心。我们不应把二者混为一谈，而应更加关注原始儒学，分清“真孔子”和“假孔子”，澄清误解，明辨是非，弘扬原始儒学的真精神。

记者：是的，对待传统文化，我们要坚持创造性转化和创新性发展相结合。要运用历史唯物主义和辩证唯物主义的观点和方法传承和弘扬中华优秀传统文化，秉持客观、科学、礼敬的态度，“取其精华，去其糟粕”，在扬弃中继承，在转化中创新，不断赋予中华传统文化新的时代内涵和现代表达形式，使中华民族文化基因与当代文化和现代社会相适应、相协调。您觉得如何用优秀传统文化去引领当代社会思潮，奏响时代强音？

杨朝明：今年两会期间，习近平总书记看望文艺和社科界政协委员时发表重要讲话，指出要以精品奉献人民，用明德引领风尚。文化文艺工作、哲学社会科学工作属于培根铸魂的工作，明德尤其重要。

发展，需要更多的人明其明德，这样才能奏响时代强音。习近平总书记多次指出“国无德不兴，人无德不立”。德就是在一定价值信仰基础上的行为方式，这个基础就是道。孔子说：“夫道者，所以明德也；德者，所以尊道也。”价值信仰导引人的行为方式，正确的追求使人不迷失自我。行为方式能彰显道的意义，人民有信仰，才能国家有力量，民族有希望。

“大道之行，天下为公”，这是从孔夫子到孙中山2000多年来中华民族的理想与追求，也是新时代中华民族的伟大梦想。在党的十九大报告中，在上海合作组织青岛峰会欢迎宴会上，习近平总书记都强调和重申这一伟大理想，充分显示了新时代中华民族开创伟大事业的豪迈与信心。正因为有无比深厚的历史底蕴，有无比坚强的发展定力，我们才不畏任何艰难险阻，不惧形势风云变幻。

“天下为公”是气象，是格局，是中华大道。人是一种社会性存在，必须有自己的社会性意识，必须有公德意识和公共意识。人知属于家庭，就有家庭美德；人懂属于职场，就有职业道德；人明属于社会，就有社会公德。而所有这些，都基于个人品德。中国思想家讲的“成人”就是指人的社会性意识，指人的道德自觉。不难理解，如果世界各国都有“地球人”意识，就能认同人类命运共同体观念。可见，“天下为公”乃是人间正道。

社会需要引领，人心需要唤醒，榜样的力量很重要。在中国文化语境中，具有社会性的人要遵道而行、循礼而动，理想的状态是人人明于礼义，人人“知所以为人”。越多的人做到这些，社会的风尚就会越好。因此，社会风气要改善，就需要更多知是非、明荣辱、能担当、会引领的人。这样的人有格局，有气象，在传统中国被称为“大人”或“君子”。所谓“君子喻于义”，“君子之德风”，“其身正，不令而行”，都是强调榜样的作用。

记者：怎样培养社会的担当者、引领者呢？

杨朝明：《大学》开篇就说：“大学之道，在明明德，在亲民，在止于至善。”《大学》在“四书”中字数最少，却包含了中国的大思维、大格局、大学问。《大学》之“大”在于大其体而全其用，在于阐述了人的价值与意义。《大学》讲修己安人、内圣外王，讲修身、齐家、治国、平天下，思考“人心”和“道心”、“人情”与“人义”、“义”与“利”的关系。孙中山先生称它是“最系统的政治哲学”，把一个人“从内发扬到外”，是“我们政治哲学的知识中独有的宝贝”。

人有善性，有明德，人天然具有光明本性，不假外求，因此要尽心知性，充实此心此性。人在事物中体认心性，我正则物正，我正则事正。大学之“大”，恰在使本性光明，自觉向上。确立了“大端”，则“知止有定”，复其心之本然，光明其心，如如不动，将心体应物随景，“廓然而太公，物来而顺应”。

立乎心志，则立乎大，于是有规模，有格局，耳目役于心；于是万理灿然，小者不能夺，外物不能诱，耳目不狂奔。人行善作恶，关键在于志。人有天资之性，求则得之，舍则失之，所以孔子说“我欲仁，斯仁至矣”。《尚书》《大学》说“克明德”“克明峻德”，是说人要显用有德，能明大德，不能忘记天赋的光明本性，这也就是放大善性，是“明明德”。

“明德”因学而明。人千差万别，不是天资情性出了问题，而是没有发挥。人有“明德”而“明明德”，由“性善”到“为善”，不可省却学思的功夫。这恰是为人之用力处，也是最需要引领处。我们的社会需要有人言是非、别善恶、明曲直；我们的时代需要以明德浸润人心，沐浴其身以去其垢，洗濯其心以去其恶，有方向，不迷失，勇于担当，形成合力。只有人人行动起来，与时代发展同步，才能不辜负这个伟大时代，奏响时代的主旋律。

记者：党的十八大以来，习近平总书记围绕“文化自信”做出一系列重要论述。在2018年两会期间，习近平总书记在看望参加政协会议的文艺界、社科界委员时再次强调要坚定文化自信，并呼吁广大文化文艺工作者、哲学社会科学工作者更好地用中国理论解读中国实践，为党和人民继续前进提供强大精神激励。文化自信当前被置于一个很高的位置。从传统文化研究者的角度来看，您认为文化自信为何受到如此重视？

杨朝明：文化自信是一个很大、很复杂的问题，也是一个极其重要的问题。党的十九大报告指出，没有高度的文化自信，没有文化的繁荣兴盛，就没有中华民族伟大复兴。文化自信之所以重要，是因为一个民族要实现复兴，必须有自己的民族文化意识。一个有希望的民族，必须是有文化立足点的民族。民族的文化立足点不是凭空产生的，而是逐渐形成慢慢看清的。中华民族一步一步走到今天，我们只有了解了学术的中国、思想的中国，才能走出历史的迷茫，看清楚中华民族的文化立足点。

中华民族的文化是连续的，是不能割裂开的。现在很多人把文化分成三个阶段，即传统文化、近代以来的革命文化和建设时期的文化。这样的区分当然没有问题，但我们在看到它的阶段性的同时，还要看到它的连续性。比如说革命年代那些抛头颅洒热血的仁人志士，他们的精神和价值取向与传统文化是密切相关的。建设时期的很多人，比如雷锋身上体现的美德，也是从传统中一步一步流淌过来的。传统文化就像是一条河，有它的源头，有流淌的过程。什么是传统文化？其实就是历代形成的，在现实中仍然活着的，仍然具有生命力的文化。我们呼唤文化自信，恰恰证明我们现在需要文化自信，需要对自己的文化有更多的了解。中华民族延续了几千年，在各方面都取得了很大成就，其深层的原因就在于我们有属于自己的伟大文化，所以我们必须了解它。只有了解它，只有理解它，才能进一步将其发扬光大。只有进一步发扬光大，才有可能指导我们形成共同的价值观念，实现中华民族伟大复兴。

记者：习近平总书记指出，坚定中国特色社会主义道路自信、理论自信、制度自信，说到底是要坚定文化自信。这是将文化自信放在了一个全新的高度。

杨朝明：文化自信提出的一个背景就是我们中国人应该走什么样的道路。中国人当然要走中国人自己的道路。每个国家和民族的历史传统、文化积淀、基本国情不同，其发展道路必然有着自己的特色。近代以来，中国遭受了太多的屈辱，失掉了对自己文化的自信。有些人盲目崇拜西方，认为西方的月亮都比中国的圆。他们不知道中华民族的文化，通过几千年的形成和发展，通过在历史进程中一步一步调整，已然成为一个博大精深的文化体系，已然成为中华民族屹立于世界、取得重大成就的重要支撑。有人对中国道路指指点点，还有些中国人对自己的制度不够自信，可他们不了解，中国的道路和制度都具有中华民族文化特质。比如我们的政治制度闪现着儒家“选贤与能”的理念；比如党的十九大报告里提到“大道之行，天下为公”，“天下为公”正是儒家的理想，是从孔夫子到孙中山一以贯之的不懈追求。“公”与“私”相对应，“天下为公”强调的正是公共意识、公德意识，即人的社会性存在。例如在一个家庭中，每个人都是家庭的一员，每个人都应该尽自己的义务。一个单位是这样，一个国家是这样，放到全球的范围，也是这样。这与一些西方国家只顾自己利益的行为相比，高下立判。再比如，荀子说“礼之于正国家也，如权衡之于轻重也”。用礼来治理国家，就相当于我们以前用的秤，一边是秤砣，一边是物体。物体增加或减少，秤砣就相应移动，以达到新的平衡。移动有特定方向、距离和速度，实现了方向、距离和速度的高度统一，才能实现平衡和谐。这样的平衡显示出来的是观察和处理事物的整体观念和系统意识。西方也讲究公平。司法女神左手持长剑，象征正义；右手持天平，代表公平。实际上天平只是简单的平衡。中西之别，在这里体现得形象生动。

中华民族的文化值得我们骄傲，中华民族的发展正是通过不断调整自己的处世伦理，从而指导我们的思想，让我们遵道而行、循礼而动。当我们真正认识到自己博大精深的思想文化体系，真正了解了它的内涵与特质，真正理解了它的内在精神，就会明白这是能够支撑我们屹立于世界的文化，是能为全世界提供智慧的文化。由此，我们回首走过的路，进而坚信我们必须走自己的路，相信这样的路会越走越宽。

记者：在弘扬中华优秀传统文化、树立文化自信方面，您认为当下亟待解决的问题是什么?

杨朝明：现在面临的一个比较大的困扰是，我们现实中存在的种种令人不满的问题，其责任往往被不加思考地推给传统文化，民众对传统文化也常常产生误读。

比如，有人认为山东近年来发展速度落后是因为“官本位”思想严重，是受儒家文化影响。其实儒家讲的是“官本分”，而不是“官本位”。儒家所谓“正名”主张，实际上就是要人们按照自己的社会身份做好自己，“官本分”就是“为政以德”，“政者，正也”。儒家对于为政做官的人要求很高，强调“为政以德”，希望以为政者的“正”来引导天下的“正”。孔子选编《诗经》的标准是“无邪”，儒家修养强调“端身”，二十四史被称为“正史”，都是着眼于那个“正”上。

那么，问题出在哪儿？出在帝制时代的扭曲。在秦汉以后的帝制时代，我们的文化在和社会结合的过程中出现了一些偏差，比如片面强调君权、父权和夫权。所以现在一提到儒学，就被认为是封建的、落后的、保守的。帝制时代扭曲的文化常常被不断放大，关于传统文化的真精神却常常被遗忘。所以，树立文化自信，必须讲清楚传统文化的精髓是什么，讲清楚儒学的真精神是什么。搞清楚这一点，我们才能摒弃糟粕，发扬光大中华优秀传统文化。

记者：对于弘扬发展中华优秀传统文化，启发大家文化自知，树立文化自信，您有什么建议？

杨朝明：我认为这需要一个过程。这些年我一直在曲阜工作。曲阜作为孔子的故乡，儒家文化的发源地，它是一个非常特殊的地方，这里可以看作传统文化发展的晴雨表。目前来看，即便是曲阜这里，对传统文化的理解也远远不够。所以说文化自信的树立还需要一个过程，不能操之过急。但是，对于前景我是非常乐观的。

十八大以来，以习近平同志为核心的党中央对弘扬发展中华优秀传统文化非常重视。2013年11月26日，习近平总书记到曲阜孔府和孔子研究院考察，召开了座谈会。我很荣幸能够全程陪同总书记参观考察。2017 年1 月，中共中央办公厅、国务院办公厅印发了《关于实施中华优秀传统文化传承发展工程的意见》，提出将中华优秀传统文化贯穿国民教育始终。这些都透露着一个重大信号，那就是大力弘扬发展中华优秀传统文化。国家重视了，党和政府重视了，越来越多的人会开始理解传统文化的了不起，做到文化自知、文化自信。

在具体推动层面，中华优秀传统文化的弘扬和文化自信的树立，干部是主导，学校是主场。中国传统上“以吏为师”，价值体系建设的关键在“官”，所以干部的思想问题解决不了，一切问题都解决不了。干部首先要做到文化自知、文化自信，并且切实去推动中华优秀传统文化的弘扬与发展。干部的思想问题解决以后，就要用心于教育，“百年树人”，一年一年坚持下去，若干年以后必然会收到良好的成效。

（《中国儒商》）

山东精神：公、信、仁、和

——基于孔子“大同”社会理想研究的思考

在中国文化研究中，我们都深深感到作为区域文化的齐鲁文化与中华民族共同文化精神上的高度一致性。之所以这样说，并不仅仅是从包含与被包含的关系角度，而是从内在的、本质的特性而言。这就像春秋时期“周礼尽在鲁矣”（《左传·昭公二年》）的情形那样，鲁国文化简直就是周朝文化的东方样板。

今天的山东当然不仅仅是先秦时期的鲁国，但是，正如齐、鲁两国文化上虽有具体差异，而从实质上讲，崇周礼、重教化、尚德义、重节操等都是齐鲁人民共有的风尚，局部的差异并不影响整个齐鲁大地具有大致相同的精神风貌。我始终认为，不论从历史事实层面还是当今社会的现实层面，山东人民的精神追求都与中华民族的核心价值观高度一致。

价值观念、精神追求等，都属于“文化”的范畴。而从文化学的理论上讲，文化可以分为表层的物质文化、中层的制度文化、深层的哲学文化等不同层级。就各层级的关系而言，哲学文化对物质文化、制度文化起着决定性的作用。从这样的意义上说，作为世界观、价值观、伦理观、人生观、审美观的哲学文化才是文化最为重要、最为根本的方面。

就哲学文化而言，孔子儒学对中国的影响至大至巨。中国学者一致认识到孔子在中国文化史上具有无与伦比的地位。柳诒徵先生说：“孔子者，中国文化之中心也；无孔子则无中国文化。自孔子以前数千年之文化，赖孔子而传，自孔子以后数千年之文化，赖孔子而开。”钱穆先生说：“孔子为中国历史上第一大圣人。在孔子以前，中国历史文化当已有两千五百年以上之积累，而孔子集其大成。在孔子以后，中国历史文化又复有两千五百年以上之演进，而孔子开其新统。在此五千多年，中国历史进程之指示，中国文化理想之建立，具有最深影响最大贡献者，殆无人堪与孔子相比伦。”梁漱溟先生说：“孔子以前的中国文化差不多都收在孔子手里；孔子以后的中国文化又差不多都从孔子那里出来。”

关于孔子的历史影响和非凡地位，外国也有人持同样看法。例如，英国作家贡布里希说：“在他的学说的影响下，伟大的中华民族比世界上别的民族更和睦和平地共同生活了几千年。”1989年，在孔子诞辰2540周年纪念与学术讨论会上，联合国教科文组织总干事代表泰勒博士说：“如果人们思索一下，孔子的思想对当今世界的意义，人们很快便会发现，人类社会的基本需要，在过去的2540年里，其变化之小是令人惊奇的。不管我们取得了进步也好，还是缺乏进步也好，当今一个成功、昌盛的社会，在很大程度上仍立足于孔子所阐述的许多价值观念。”这些价值观念是超越国界和超越时代的，它属于中国也属于世界，属于过去并照耀着今天和未来。

中外人士的这些典型说法几乎人所共知，重申这些看法本有庄子“重言”之意。这些看法给我们以重要启示，今天我们思考“中华民族核心价值观与山东精神”，必须对数千年来深深影响着历代中国人的“孔子所阐述”的“价值观念”加以认真筛选，苦下一番爬梳剔抉、陶冶浑成的功夫，将中华传统文化中符合现代中国实际、符合马克思主义基本精神的概念、范畴、观念选择出来，总结、提炼“中华民族核心价值观”的具体表述，这当然也是我们对于今天的“山东精神”的认识和具体表述。

我认为，孔子的政治追求、政治理想、价值观念，在他对“大同”社会的表述中有集中体现。对“大同”社会的描述，包含了他对国民精神的期冀。中国历代士人大都“宗师仲尼”，于是，孔子的理想就成为数千年来中华民族的价值观念与精神追求。

说到孔子的“大同”理想，传统观念认为这只是孔子的“理想”而已，是一种“假托”，是“乌托邦式的空想”。但是，我们最新的研究结论完全不同。我们认为，孔子所说的“大同”社会，是他心目中三代圣王政治的实际，而不是通常人们认为的所谓“五帝”时期，更不是什么空想。

我们发现，长期以来，由于文献版本以及人们对其中关键字词的误读，造成了对《礼运》的疑而不信。经过反复研究，我们坚信，再对该篇进行排斥一定是失之简单。

《礼运》是孔子与他的弟子子游对话的记录。如果按《史记·仲尼弟子列传》所言子游“少孔子四十五岁”，则当时子游不到十岁，由此，人们不能不质疑该篇记载的可靠性，对该篇的种种曲解也随之产生。其实，《孔子家语》明确记述子游“少孔子三十五岁”，只是由于人们对《孔子家语》的价值认识不清，而且《孔子家语》本身版本不一，致使这一问题长期没有得到解决。二者孰是孰非？经过认真分析比对，《史记》的记载是错误的。

另外，《孔子家语·礼运》记孔子说：“昔大道之行，与三代之英，吾未之逮也，而有记焉。”其中“与”字十分关键。

实际上，这里的“与”不是通常人们认为的连词，应该当动词讲，是“谓”“说的是”的意思。该字之训，清人王引之《经传释词》已经有说。前人也已经指出《礼运》此字应该解释为“谓”。这句话应当译为：大道实行的时代，说的是三代之英。所谓“三代之英”，指的是夏、商、周三代的开国圣王禹、汤、文王、武王、成王、周公。

作为儒学名篇，《礼运》既见于《礼记》，又见于《孔子家语》，二者存在不少字词表述上的差异。这些差异，令人很直观地看到了彼此之间真实性的不同。经过认真比较，我们认为《孔子家语》中的《礼运》更为真实可靠，明显要优于《礼记》的记载。人们以后引用、使用《礼运》（自然包括引用、使用其中的“大同”说）时，应该用《孔子家语》中的该篇。

《孔子家语·礼运》中，孔子对“大同”社会的描述如下：

> 大道之行，天下为公，选贤与能，讲信修睦。故人不独亲其亲，不独子其子。老有所终，壮有所用，矜寡孤疾，皆有所养。货恶其弃于地，不必藏于己；力恶其不出于身，不必为人。是以奸谋闭而不兴，盗窃乱贼不作，故外户而不闭。谓之大同。

我们试依该篇的描述，提炼其中的价值观念如下：

1. 公

孔子说：“大道之行，天下为公。”这里的“公”内涵丰富，可以是国家、社会、大众，也可以是公理、公式、公制；有正直无私、为大家利益着想的意思，也有公正、公心、大公无私的意思。早期儒家、历代学人都论证过人的自然性与社会性的关系，认为“人之所以为人”，应当遵守社会的规范，这些也可以包含在“公”的概念之内。作为社会的人，人不能只考虑个人，不能总是想一己之私，应当考虑自己属于一个民族、一个国家、一个集体。有“公”的意识，才能做一个更好的“社会人”。从这个意义上讲，“公”是一个极其重要的概念。

孔子在说“天下为公”以后，首先说到“选贤与能”，这与当今时代的民主趋势正相符合。“公”的“公平”“公正”“公理”等含义，与传统中国的极其重要的“礼”的观念正相呼应。传统上的所谓“礼”，从本质上讲，就是孔子所说“礼也者，理也”（《礼记·仲尼燕居》），“礼也者，理之不可易者也”（《礼记·乐记》），“礼也者，合于天时，设于地财，顺于鬼神，合于人心，理万物者也”（《礼记·礼器》）。

孔子在对“大同”理想的描述中还说：“货恶其弃于地，不必藏于己；力恶其不出于身，不必为人。”这些，也可包括在“公”之中。人有“公”心，才能货财尽其用，人各尽其力。

更重要的是，孙中山先生十分推崇“天下为公”，为孔子的学说注入了新的意义。中国共产党“立党为公、执政为民”，忠实履行全心全意为人民服务的宗旨。所以，“公”既有民族特色与历史底蕴，又含有丰富的现代意义，并且集中体现了社会主义制度的优越性。

2. 信

在《礼运》中，孔子说“讲信修睦”，虽然简短，但内涵丰富。孔子还说“人而无信，不知其可也”（《论语·为政》），“自古皆有死，民无信不立”（《论语·颜渊》）。他希望人们能够“言忠信”（《论语·卫灵公》）。“信”，恰是历代中国人共同的观念。《说文解字》中说：“信，诚也。”“信”，就是诚实、不欺，就是守信用，还是真实、不虚伪。人与人之间需要

“信”，古今相同。传统的“五常”，“信”正是其中之一。

3. 仁

孔子说：“故人不独亲其亲，不独子其子。老有所终，壮有所用，矜寡孤疾，皆有所养。”这些，都属于“仁”的范畴。

在郭店楚墓竹简出土以后，大家惊喜地发现，楚地战国文字中的“仁”字，从身从仁，上下结构。原来古义的“仁”，其本意是修身、克己、反躬自省。这与曾子所说“吾日三省吾身”（《论语·学而》）相应，与《中庸》所说的“成己，仁也”相应。原来，“仁”是以修己开始，然后推己及人。

孔子之“道”就是仁爱之道。据《论语·里仁》记载，孔子说：“吾道一以贯之。”按照曾子的理解，孔子的一贯之道就是“忠恕”。朱熹《论语集注》解释说：“尽己之谓忠，推己之谓恕。”“尽己”就是“修己”，“推己”就是将内在的修养外推，就是“推己及人”，就是“己所不欲，勿施于人”（《论语·卫灵公》）。“修己以安人”正是孔子儒家思想的精髓所在。

孔子曾说“立爱自亲始”“立敬自长始”（《孔子家语·哀公问政》）。孔子此言十分重要。孔子说：“仁者，人也，亲亲为大。”（《礼记·中庸》）一个人具有仁德，最基本的表现就是“亲亲”，就是孝敬父母亲。有“亲亲”这个前提，才能“不独亲其亲，不独子其子”，才能“老吾老，以及人之老；幼吾幼，以及人之幼”（《孟子·梁惠王上》），进而“泛爱众”（《论语·学而》）。

儒家的“仁”作为一种道德范畴，指人与人之间的相互友爱、互助与同情等等。具备了“仁”的品质，才能仁爱正义，才能通情达理，为他人着想。“仁”是一个开始于“修己”的过程，是一个由“孝亲”而“仁民”进而“爱物”的逻辑推演过程。人修己的表现是“亲亲”，从最基本的“亲亲”之爱出发，然后推演爱心，完善人格，影响民众，改善人心，最终使社会“止于至善”（《礼记·大学》）。

4. 和

孔子说：“是以奸谋闭而不兴，盗窃乱贼不作，故外户而不闭。”阴谋诡计被遏制而不能施展，劫掠偷盗、叛逆犯上的事也不会发生，所以外出也不用关门闭户。看起来这是不高的要求，却是千百年来人们的共同追求。这就是“和”。

所谓“和”，含有相安、协调、和谐、平静、和平、祥和等意义。“和”包含“和而不同”。《国语·郑语》说：“夫和实生物，同则不继。以它平它谓之和，故能丰长而物生之。”“和”，可以处理不同国家、不同民族、不同文化之间的关系，也可以处理人与自然、人与社会、人与集体、人与人之间的关系，同样适用于处理人自身与内心的关系，即“自身的和谐”。

中国人向来以“和”为贵。几千年来，中华民族“更和睦和平地”相处与生活，与“和”的价值追求密不可分。

不难理解，“和”的内涵十分丰富。在传统的“五常”观念中，有“义”，有“礼”，有“智”。一个“和”字，可以包“义”，统“礼”，含“智”。

其一，“和”与“义”。“义者，事之宜也。”事情应当这样做，就是“义”。事当为而为，这就做到了“义”，也就达到了“和”的要求。

其二，“和”与“礼”。“和”是“礼”之“用”，是“礼”的目标。孔子说“礼之用，和为贵”（《论语·学而》），又说“知和而和，不以礼节之，亦不可行也”（《论语·学而》）。“礼”以节“和”，“和”离不开“礼”。

其三，“和”与“智”。“和”是中和。《中庸》说：“致中和，天地位焉，万物育焉。”社会不仅要稳定，更要发展。而发展以和谐为基础，更离不开智慧。孔子说：“夫礼，所以制中也。”（《礼记·仲尼燕居》）“中”是适中，是一种极高的智慧。《中庸》说：“故君子尊德性而道问学，致广大而尽精微，极高明而道中庸。”达至“和”的目标离不开智慧。

以上“公”“信”“仁”“和”的概念彼此有内在的联系，在特定的情况下，在概念的内涵或外延上也有大小的不同。然而，就像传统的“五常”之间同样存在这种情形一样，总体上看，“公”“信”“仁”“和”四者之间可以并列而互补。在孔子“大同”社会理想的那些表述中，情况也大致如此。

孔子思想的文化背景十分广阔，孔子思想的历史影响既深且广，业已成为中华民族赖以生存、生活、发展的核心和灵魂。民族精神是一个民族长期形成的民族意识、习俗、性格、信仰以及价值观念和价值追求，孔子的理想是他思想体系的核心价值指向。孔子思想影响中国2000多年，沉淀而成为中华民族的共同价值追求。山东是孔子故乡，无论历史实际，还是时代需要，“山东精神”都已经而且应当突出体现这样的影响。

理论界有人提炼社会主义核心价值观为“公”“信”“仁”“和”。虽然我们理解的角度不同，但在结论上完全一致。有人说，“公”“信”“仁”“和”，都有统宗会元的功能，把这四个字作为社会主义核心价值观，既内涵丰富又形式简洁，既贯穿古今又融通中外，既有长远的生命力又切中当代实际，应该能够言简而义博，事少而功多，指约而易操，历久而常新。极是！

（《孔子研究》，2012年第5期）

邹鲁文化品格及其历史地位

中国各地的区域文化多姿多彩，都是中华文化的有机组成部分。邹鲁文化格外引人注目，这里因诞生了孔子、孟子等中国文化的优秀代表人物而光耀世界。

一、邹鲁文化是指从孔子到孟子一脉相承的儒家思想学说

邹鲁文化是一个学术文化概念。邹、鲁相连，鲁为儒学繁盛之地，孟子时代，邹地也受到了儒家文化的濡染。孔子的孙子子思曾到邹地讲学，特别是孟子迁居邹地后，这里名声日隆，具有浓厚的儒家文化氛围，如邹穆公接受孟子的劝说施行“仁政”。邹、鲁连称，最早可能仅因两国土地相接，以后则是在儒家学说这一点上将二者相提并论。而且由于孟子的原因，自战国时起，人们还在两地合称时，把“邹”放在“鲁”前而称为“邹鲁”。

孔子创立的儒家学说，经孔子弟子和后人的大力弘扬，影响越来越大。战国时期，孟子四处奔走，宣传自己的思想主张，更使得儒家学说声名远播。如孟子在齐国之时，“后车数十乘，从者数百人，以传食于诸侯”，浩浩荡荡，可谓场面宏大。“邹鲁”

这一概念恰是因为孟子的巨大影响而形成的。

从史籍看，邹、鲁连称时，多是从明礼、好儒的角度而言。所谓邹鲁文化，是指从孔子到孟子一脉相承的儒家思想学说。因此，分析总结邹鲁文化的品格，有必要验证分析其来源，了解从孔子到孟子的思想发展脉络，观察邹鲁文化的样态或者说外在风貌。

二、孔子学术的特征决定邹鲁文化的特性

在鲁国，儒学影响极大，古书里甚至有“鲁人皆以儒教”“举鲁国而儒服”的说法。我们自然不能离开孔子儒学而谈论邹鲁文化。事实上，邹鲁之地的儒生都“宗师”“私淑”孔子，孔子学术的特征决定了邹鲁文化的特性。

谈到孔子的学说特点，则须注意《中庸》所说“祖述尧舜，宪章文武”的意义，孔子自己也说“述而不作，信而好古”，孔子思想对他以前文化的继承性值得深入思考。卡尔·雅斯贝尔斯《历史的起源与目标》中所谓的“轴心时代”理论影响很大。他把公元前500年前后出现在中国、西方和印度等国家和地区的人类文化称作是一种“突破”，他其实没有注意到孔子学说“集大成”的特点。李学勤先生说：“古书里说得很清楚，在孔子以前有一个很长的学术传统。我们以前读书的人总要读《汉书·艺文志》，《汉书·艺文志》讲‘诸子出于王官’，诸子都是从王官而来。”认识到这点十分重要，它涉及对中国文化整体发展水平的理解，也涉及对许多相关学术问题的把握。

诸子之学出于“王官”，对孔子儒学来说最为明显。《汉书·艺文志》说：“儒家者流，盖出于司徒之官。助人君，顺阴阳，明教化者也。游文于六经之中，留意于仁义之际。祖述尧

舜，宪章文武，宗师仲尼，以重其言，于道最为高。”此外，从《周礼》中可以更清晰地看到这一点。以前，人们对《周礼》的成书问题争议很大。其实，只要细心将有关典籍合观参验，就会发现传统上“周公作《周礼》”的说法不是空穴来风。如《孔子家语·执辔》中最值得注意的是孔子有关古代“以六官总治”的论述，这节论述与《周礼》相应。在这段论述中，孔子同样将治国与驾车作比，称古代御天下的天子与三公一起，“以内史为左右手，以六官为辔”，从而注重德法，考课官吏，治理国家。这里的“六官”即《周礼》中的冢宰、司徒、宗伯、司马、司寇、司空。将《周礼》六官以及太宰一职的职掌与孔子的论述一一对照，不难发现它们之间的内在联系。《周礼》说：“乃立地官司徒，使帅其属而掌邦教，以佐王安扰邦国。”又说：“二曰教典，以安邦国，以教官府，以扰万民。”《孔子家语·执辔》则论述说“司徒之官以成德”，“以之德，则国安”，“地而不殖，财物不蕃，万民饥寒，教训不行，风俗淫僻，人民流散，曰危。危则饬司徒”。地官司徒所负责的正是天下的教化。相关记载清晰说明了孔子学说与《周礼》的关联，说明了孔子思想与周代王官之学的内在关联。

上古三代文化之间的关系，是“损益”的关系，是前后继承基础上的发展。孔子学说恰是对他以前中国文化的继承与总结。“孔子者，中国文化之中心也；无孔子则无中国文化。自孔子以前数千年之文化，赖孔子而传，自孔子以后数千年之文化，赖孔子而开。”“孔子以前的中国文化差不多都收在孔子手里，孔子以后的中国文化又差不多都从孔子那里出来。”孔子“祖述尧舜，宪章文武”。他“志于道”，乃“志于”尧舜文武之道。

孔子的私学与周代的官学教育完全一致。《礼记·王制》

说："乐正崇四术，立四教，顺先王诗书礼乐以造士。春秋教以礼乐，冬夏教以诗书。"孔子说"兴于诗，立于礼，成于乐"，收徒授学也如此。《孔子家语·弟子行》说："吾闻孔子之施教也，先之以诗书，而道之以孝悌，说之以仁义，观之以礼乐，然后成之以文德。"《史记·孔子世家》说："孔子以诗书礼乐教，弟子盖三千焉，身通六艺者七十有二人。"关于儒学的产生及其特征，《淮南子·要略》所说最为直接："孔子修成康之道，述周公之训，以教七十子，使服其衣冠，修其篇籍，故儒者之学生焉。"

三、注重个人修养是儒家思想的突出特色

从孔子、曾子、子思直到孟子，都十分注重个人修养，这恰是儒家思想的突出特色。"孔孟之道"是社会治理之道，说到底，"孔孟之道"也是"人之为人的修行之道"。孔子说"修己以敬""修己以安人""修己以安百姓"。曾子说"吾日三省吾身"，他总结认为孔子学说"一以贯之"的是"忠恕"之道。子思学于曾子，子思学说更是对孔子、曾子思想的发扬光大。在子思著作中，《中庸》是非常重要的一篇。什么是"中庸"？郑玄说："名曰《中庸》者，以其记中和之为用也。庸，用也。孔子之孙子思伋作之，以昭明圣祖之德。"原来"中庸"可以理解为"用中""把握中道"。《中庸》的中心观念就是"诚"。《中庸》说："诚者，天之道也；诚之者，人之道也。"这里的"道"实际是一种行为方式或者途径。

《中庸》说："诚者，不勉而中，不思而得，从容中道，圣人也。诚之者，择善而固执之者也。"故"天之道""人之道"两种方式，区别在于是天生还是人为。"诚者，天之道也"，是说人无

须努力，天生就具有的品质。“诚之者，人之道也”，则是要人自觉接受道德约束，认真思考判断，使行为尽量合乎道义。这显然是一种内修的功夫。

学术界都看到了郭店竹简与子思学说的关联。读郭店竹简，其中大量的关于心性问题的论述会给人留下深刻印象。那些竹简文字，许多与今天结构不同，好多字以“心”为偏旁，其中出现最多的心旁字是从身从心的“仁”字。庞朴先生说，这“使人可以想象，那时候，人们对于内心世界或心理状态的了解与研究，已是相当可观了”。他认为，“仁”字从身从心，“也许表明他们对于仁的理解，已从求诸野的阶段，进入到心性论的时期”。

那么，怎样“修心”？如何做到“心修”？郭店楚墓竹简《五行》说：“君子亡中心之忧则亡中心之智，亡中心之智则亡中心之悦，亡中心之悦则不安，不安则不乐，不乐则无德。”所谓“中心”，内心也。人要有德，要具有仁、智、圣的智慧，须具有内心深处的忧患。君子求德，慎修其身，其具体途径是“思”，以“思”生德。《性自命出》也说：“凡思之用心为甚。难，思之方也。”从《五行》《穷达以时》等篇来看，子思修身思想的确重视自省，两篇都提到“慎独”，这其实正是内心追求的一种境界。

孟子“学于子思之门人”，其思想学说与子思完全相通。据统计，在《孟子》中，“心”字多达117次。显然，《孟子》里的“心”事实上与“身”构成了一种对立统一的身心关系。“修心”与“修身”一致，就像《大学》强调“自天子以至于庶人，壹是皆以修身为本”的同时，还说“欲修其身者，先正其心”，“心正而后身修”。

四、邹鲁文化追求“内圣外王”的道术

《庄子·天下》纵论天下学术，以为学术有“道术”与“方术”的分别。道术无处不在，道术“配神明，醇天地，育万物，和天下，泽及百姓，明于本数，系于末度，六通四辟，小大精粗，其运无乎不在”。庄子还把孔子和“百家”区别开来。他说，所谓道术包含“天地之美”“万物之理”，“方术”则不然，它“判天地之美，析万物之理”，“天下多得一察焉以自好”，抓住一点不及其余。道术包含系统思维、整体观念、全局意识，方术则“寡能备于天地之美，称神明之容”，没有这些优点。

“道术”在哪里呢？依《天下》篇，在“六经”之中。这些典章包含着“内圣外王之道”。庄子感叹：“是故内圣外王之道，暗而不明，郁而不发。”他所推崇的，正是内圣外王之道。庄子还说，内圣外王之道“邹鲁之士、搢绅先生多能明之”，所以“百家之学，时或称而道之”。把“百家之学”与“邹鲁之士、搢绅先生”区别开来，可见庄子是将儒家特出于百家之外、之上的。

两千多年过去了，儒家的修己学说愈发显示出它的价值。当人们进入文明时代形成生活共同体以后，必要的规范便应运而生。那么，“规范”或者“规则”是靠强制执行还是靠自觉遵守，恐怕就是一个社会文明发展水平的标志了。蒙昧时代，人们敬畏天命、鬼神，惧怕惩罚。随着社会文明程度的提高，人的因素越来越重要，人们就更多地思考怎样保证“规范”或者“规则”得到遵守。儒家思考的结果是人们加强修养，自觉修己正是儒家教化所追求的目标。

对于文明社会中每个有志于过有尊严生活的人，修身是一门

必修课。古人多注重修身，所谓“自天子以至于庶人，壹是皆以修身为本”，不论你是天子，还是平民百姓，都应当自觉修身。修身是中国传统政治教化的重要目标和实现手段。每个人出生后就要接受社会的教化，之后自觉的修身就应随之而来。

修身与人们的生活息息相关。修身是人特有的属性，在某种意义上，它是“人之所以为人”的重要标志。孟子说，若无修身教化，“饱食、暖衣、逸居而无教，则近于禽兽”，人而无教，与禽兽无异。韩愈说：“人之能为人，由腹有诗书。”诗书教化对于人有格外重要的意义。教化的重要性在于整个社会的需要。我们都希望社会“止于至善”，这就要求每一个人自觉修养，人人向善，人人知其所“止”。所谓“止”，不是停止、终止。在甲骨文中，它是一个指事字，表示向一定的方向或目标不偏不斜地走去。所谓人人“知其所止”，诚如《大学》所说：“为人君，止于仁；为人臣，止于敬；为人子，止于孝；为人父，止于慈；与国人交，止于信。”孔子说：“凡夫之为奸邪、窃盗、靡法、妄行者，生于不足，不足生于无度。无度则小者偷盗，大者侈靡，各不知节。是以上有制度，则民知所止，民知所止则不犯。故虽有奸邪、贼盗、靡法、妄行之狱，而无陷刑之民。”孟子一再讲“明耻”，说“人不可以无耻”，“耻之于人大矣”，希望人人修德，“天下有道”。

关于“道”与“德”的关系，孔子说：“夫道者，所以明德也；德者，所以尊道也。是以非德，道不尊；非道，德不明。”道就是来观察每个人德行的。如果遵从道，按照道去行事，德行就好，否则德行就差。德行的好坏由道检验。如果无道，就意味着价值观的扭曲，是非观的混乱。道可以明德，德用于尊道。治国之道也是如此。孔子说：“虽有博地众民，不以其道治之，不可以致霸王。”一个国家，即使地大人多，如果没有正确的价值观来主导，也强大不起来。中国传统的“大学之道”，就在于“明明德”，在于“新民”，最终“止于至善”，使社会走向美善。

五、邹鲁文化的品格特征

从孔子到孟子，他们思考社会之治时，从“天理”与“人欲”的关系出发，希望人们克己反躬，从而明道守礼。《礼记·乐记》说，人生而静，感于物而动，如果好恶无节，为外物所化，就会造成严重后果。因此，如何使自然的人成长为社会的人，达到人“自然性”与“社会性”的协调统一，就成为人们思索的中心问题。因此，早期儒家特别推崇“先王”，思考“人心”与“道心”，要求人们持正守中。

其实，这恰是邹鲁文化的品格和精髓所在。从孔子到孟子，他们都深刻思索人性，思索人的价值。他们认为，人之为人，就要区别于其他动物，就应当明礼义、守礼仪。正如《孔子家语·论礼》所说：“夫礼者，理也；乐者，节也。无理不动，无节不作。”孔子说：“谁能出不由户？何莫由斯道也？”孟子则说：“夫义，路也；礼，门也。惟君子能由是路，出入是门也。”礼是我们天然的应当遵守的规则，否则，社会将乱象丛生。“欲恶者，人之大端，人藏其心，不可测度。美恶皆在其心，不见其色，欲一以穷之，舍礼何以哉？”这样，人的自觉修养就显得极其重要。

孔孟之学就是仁爱之学，就是为人之学。大学之教，教人穷理正心，教人“明明德”。孟子则用“善”的眼光来观察世界，他“道性善”“言性善”，强调人的恻隐之心、羞恶之心、辞让之心、是非之心，认为这是仁、义、礼、智之“端”，主张放大善性。他的逻辑在于，人既然有善性，为什么不放大善性呢？他追求的是人成为更完善的人，使人人正身修己、人格完备，从而达到社会的“至善”。

儒家教育就是关于“成人”的教育。礼有表面的仪式，也有深层的内涵，表层的礼仪固然重要，内在的礼义更加根本。表面仪式服务于内在礼义。比如冠礼，举行了礼仪就一定“成人”了吗？这一仪式是一个标志，提醒人按照“人的要求”去做。“凡人之所以为人者，礼义也。”冠礼的意义在于人具备人的内涵，在于“弃尔幼志，顺尔成德”。所以，“礼义之始，在于正容体、齐颜色、顺辞令”。这与今天常说的“正衣冠”意思一样。作为“成人”的礼仪，冠礼对人的教育就是从最基本的做起，按照每个人在社会上的角色、身份来定位。或说：“父慈、子孝、兄良、弟弟、夫义、妇听、长惠、幼顺、君仁、臣忠，十者谓之人义。”《左传·昭公二十五年》说：“故人之能自曲直以赴礼者，谓之成人。”人成人的标志，就是能自曲直以赴礼，就是有了正确的价值观、是非观、荣辱观。

由此，我们便可回到庄子的说法，他所说“邹鲁之士、搢绅先生”多能明白的“内圣外王之道”，是“孔孟之道”的精髓。我们说邹鲁文化是一个学术文化概念，当然这不意味着它没有对当地的社会风俗起作用。事实上，这一学术文化深深地影响了邹鲁民风。直到西汉中期，司马迁还看到了这种浓郁的文化遗风。他说：“而邹、鲁滨洙、泗，犹有周公遗风，俗好儒，备于礼，故其民龊龊。颇有桑麻之业，无林泽之饶。地小人众，俭啬，畏罪远邪。”大致概括了邹鲁文化的特征。在儒家文化的熏染下，邹鲁之地好儒重礼，民风淳朴。在这里，百姓们安居乐业，恭谨礼让，简朴本分。这正是邹鲁文化的基本品格。

结语

在春秋末年“天下无道”“礼坏乐崩”的衰乱之世，孔子继承了三代以来的文化传统，尤其向往周公礼乐，注重礼制精神，于是继承周代王官之学，收徒授学，培养了大批人才。邹鲁之地因为有以孔子、曾子、子思、孟子等为代表的早期儒家而成为文教兴盛之地，邹鲁文化传承了三代文化精髓，在中国文化史上具有不可取代的特殊位置。可以说，邹鲁文化就是所谓正统儒学的代名词。虽然在纷乱之世它具有地域性，但由于孔子及其后学对古代“道术”的认知、继承与光大，它成为一个极特殊的地域文化。西汉中期以后，随着社会对儒术的尊崇，邹鲁文化就成了一个文化样板，不再具有明显的地域性。

两千多年来，邹鲁文化由邹鲁之地走向全国乃至世界，“邹鲁”成为良风美俗的代名词。在孔子学说的影响下，伟大的中华民族比世界上别的民族更和睦和平地共同生活了几千年。邹鲁文化是中华传统文化的典型代表。我们今天应充满文化自信，继承和弘扬邹鲁文化传统，传承其核心思想和精神灵魂。

（《中原文化研究》，2014年第6期）

研究作为思想家的左丘明

因为我多年以来研究孔子、儒学与先秦历史文化，所以提到左丘明我就觉得特别亲切。从特定角度说，左丘明研究也属于孔子研究的一部分。说到左丘明，很多人马上就想到他是历史学家，所以人们称他为“史祖”，这当然是没有任何问题的。但是，人们很少会想到，作为思想家的左丘明也许更值得认真研究。

1999年我带第一批硕士研究生，其中有一位同学，选定的学位论文题目就是《左丘明思想研究》。为什么选这个题目？当时，曾任南京大学校长，后来担任中国孔子基金会会长的匡亚明先生主编了《中国思想家评传丛书》，这套书很有价值，集合了一大批优秀的专门研究者的学术成果。开始时，这套书有100部，后来扩大到了200部，从“中国思想”的角度选取历史人物，各为评传。然而，其中没有左丘明。

可是，在研究孔子和早期儒学、中国文化的过程中，我们觉得左丘明具有重要的思想史意义。我们可以假设，如果左丘明再世，我们去问他本人：“左丘明先生，您是历史学家还是思想家？”左丘明一定是想做“思想家”的。左丘明为什么作《左传》？他作《左传》是为“解《春秋》”的。

《春秋》为何而作？这问题实在简单又很重要。对孔子来说，《春秋》的价值和意义可以说是太高了。我们刚才“问”左丘明，那么，我们可以再“问”孔子：“孔夫子，我们研究您的思想，了解您的学说，您认为最重要的是哪部书？”我想，孔子肯定要我们读《春秋》，读《易传》。为什么呢？大家知道，像《论语》《孔子家语》《大学》《中庸》《孝经》之类，都成书在孔子以后。这些孔子遗说都是弟子后学整理的，孔子或许想不到他的弟子会在他逝世以后编辑《论语》《孔子家语》等，《春秋》《易传》则不同。

孔子最重视的就是“六经”。诗、书、礼、乐是官学里面的课程，从西周时期开始，人们一直在学习诗、书、礼、乐。到了孔子，他又进行整理，出了定本。那么，《春秋》呢？孔子晚年的时候作了《春秋》，又作《易传》，这两部书实在重要！关于孔子和《春秋》的关系，孔子自己说得很清楚：“知我者其惟春秋乎！罪我者其惟春秋乎！”孔子说“知我”“罪我”“其惟春秋”，可见《春秋》对于孔子的意义之大。

孔子学术的重要特点，是“祖述尧舜，宪章文武”，他本人还说自己“述而不作，信而好古”。孔子不像许多“厉害”的人那样，创立一套一套的“理论”，热衷于创宗立派。孔子的文化观是“述而不作”，这是他对待历史文化的态度，值得今人学习。在他看来，他以前的中国文化已经发展得非常完备了，他要做的，就是认真地融汇、继承，然后凝练、提升。孔子说：“我欲载之空言，不如见之于行事之深切著明也。”他不想进行空洞的说教，而是要通过对春秋时期鲁国历史的叙述，反映他对于历史事实的看法，从而寄寓自己的政治思想，用事实反映自己的观念。所以，《春秋》在形式上是鲁国的历史，实际上是孔子的思想。这实际也是整个中国历史学的优良传统，孔子继承了传统，又强化了这个传统。

《春秋》过于简略，却有丰富的内涵，包含着孔子对是非、善恶的看法，此即所谓的“微言大义”。后人说：“诗既亡，春秋作。寓褒贬，别善恶。”有人甚至说：“《春秋》一字之褒，荣若华衮；一字之贬，严于斧钺。”这个“《春秋》大义”太重要了，太厉害了，他通过属词比事，即通过不同的“用词”来表达他的意思。对于这一点，一般人不一定了解得清楚，所以才有了后来的“《春秋》五传”“《春秋》三传”。大家知道，传下来的只有三传，另外还有《夹氏传》《邹氏传》，只是它们没有定本或者限于口传，所以现在只有“《春秋》三传”。“《春秋》三传”里面，《公羊传》和《穀梁传》是直接解释《春秋》蕴含的意义。《左传》则不一样，左丘明担心孔子以后“弟子人人异端”——肯定是这样，事实也证明的确是这样——于是作了《左传》。

孔子以后，儒家学派似乎有所分化。正如《韩非子》叙说“显学”之时所说，大家都以为自己是“真孔子”，直到现在学术界还有争论。例如，到底是荀子的思想更接近孔子还是孟子的思想更接近孔子？荀子认为孟子也有问题，所以他批评孟子。这不，还真出现了“人人异端”的情况，或者说他们“各得圣人之一体”。左丘明担心不能把孔子思想保存完整，于是他作《左传》，即《左氏春秋》。不难看出，《左传》具有多么重要的意义。

《左传》价值之高，今天我们看得更清楚。现在有的高校博士招生，考先秦史研究方向的专门有一门课，就是《左传》，北京师范大学、吉林大学就是如此。如果没有《左传》，研究先秦史的资料就太少了。除了《尚书》《逸周书》《竹书纪年》等，其他西周时期的资料很少，所以也不能不依靠《左传》某些记载，尤其是在追溯历史制度的时候。商朝历史主要有甲骨文，没有甲骨学哪有殷商史？以前，学术界甚至有所谓“春秋以前无史”的说法，甲骨文发现与研究以后，情况才得到改观。可以说，有了《左传》的记载，有了它的材料，先秦时期特别是春秋时期的历史才更生动、更清晰，《左传》的价值和意义非同寻常。从某种意义上，考“先秦史”考《左传》就没有问题，研究先秦史的人不可能不读《左传》。如果一个人不读《左传》，他说他是研究先秦史的，那肯定是个“票友”。

然而，这里有一个重要问题，就是“从《左传》写作到左丘明的思想世界”。说句不太准确的话，历代学人谁都知道左丘明作《左传》目的在于解《春秋》，但大都对作为“思想家”的左丘明习焉不察，视而不见。

刚才研究院揭牌时，各位提到了《左传》的文学价值、军事价值等，的确，《左传》的价值是多方面的。但左丘明的本意是通过史实铺陈解说“《春秋》大义”。那么，我们回头看，孔子的意思到底是什么？《春秋》里面的具体地方，孔子为什么“褒”，为什么“贬”？为什么用这个词而不用那个词？孔子通过历史的记述寄寓政治理想，昭示后人，让后人去研究、去思索。左丘明非常了不起，关键的原因就在这儿。

当然，现在有很多人不了解，他们疑惑了，他们在想《左传》的材料从哪儿来的？他们想不通，于是就怀疑。在“疑古思潮”盛行时期，许多人的怀疑恐怕就是因此而起。其实，那时的文化已经发达了，不像今天很多人想象的那样落后。我们看看《周礼》，《周礼》里面有一个职官叫师氏，师氏是干什么的呢？师氏“以三德教国子”。哪“三德”呢？“一曰至德以为道本，二曰敏德以为行本，三曰孝德以知逆恶。”由此而“教三行”。“一曰孝行以亲父母，二曰友行以尊贤良，三曰顺行以事师长。”在这些记载后面，有一句很重要，就是：“居虎门之左，司王朝。掌国中失之事，以教国子弟，凡国之贵游子弟学焉。凡祭祀、宾客、会同、丧纪、军旅，王举则从，听治亦如之。”

师氏“掌国中失之事，以教国子弟”，他随从“王”的左右，而且“王举则从”，参加各种活动，掌握邦国中的各种事情。那时候，邦国很多，各个邦国里面出现一些事情，就由师氏记录下来，记录之后还有一个判断与评定，对这个事情是否该这样、该怎样之类做出评论或感想，读者可以从中得到合理还是不合理的认知。

所谓“掌国中失之事”，这个“中”就是《中庸》所说的“中”。现在，河南那边常常说“中”“不中”。所谓“中”，就是合理的，“失”就是“不中”。从很早的时候起，中国人就在讲求“中”。《尚书》说到“人心”和“道心”，就是被后人称为“十六字心传”的那个说法，真的很了不起！现在我们所说的“中”，儒家所说的“中道”，都是与之一脉相承的。

我们是自然的人，也是社会的人。我们需要在自然性和社会性之间把握好。一个人把握得好，就叫“允执厥中”。周代，如果邦国发生事情，就要记录这些事情，评议这些事情，这样做的目的是什么？“掌国中失之事，以教国子弟。”原来，国家里的孩子们、年轻人就学这些东西，通过对这些事实的理解和认知，逐渐培养一种情感，产生一种是非标准，从而了解哪些是“中”，哪些是“不中”，进而知是非、明曲直。这些材料各国都有，左丘明不论作《左传》，还是撰《国语》，其中的材料可能就是这样来的。由此我们可以想象，左丘明多么了不起。他作为史官，把这些材料搜集整理记录下来，用它阐释《春秋》。

孔子曾说他与左丘明同好恶，反过来，左丘明肯定也认为自己与孔子同好恶，不然，他为什么通过史实的铺陈来解释《春秋》呢？在《左传》里面有许多明显属于解释《春秋》的话，就是在叙述完一定的事实以后有“故曰……”之类的句子，实际上是“故《春秋》曰……”的意思，即是说“所以《春秋》是这样记载的”。

那么，我们还可以问：孔子到底为什么作《春秋》？孔子作《春秋》，是为表达自己的政治思想，表达自己的是非观念，表达自己对社会、对人生的认知。左丘明希望能够正确地、更好地把孔子的思想阐发开来。在这个意义上，我觉得作为思想家的左丘明，其价值和意义更大。

很多人认为左丘明是历史学家，而没有注意到他的思想的意义。其实，左丘明要是没有深刻的思想才怪呢！中国传统学术有“义理”“辞章”“考据”三途，现在我们一般称之为“文”“史”“哲”。文学叫“辞章”，“考据”属史学，“义理”是哲学。其实，如清儒所说，这三者就像一棵树，“义理”其根也，“考据”其干也，“辞章”则其花叶。我们可以想象，粗壮的树干，繁茂的花叶，如果没有发达的根系才怪呢！而左丘明呢，我们看到《左传》是以史的形式表达出来，虽然他的“根”我们读得不明显，但是深深地扎在那里。“义理”其根也，左丘明一定有其深刻的思想。

总之，我要说的，就是左丘明文化研究天地非常广阔。左丘明文化研究和孔子文化研究目标高度一致，内涵高度协调。

说到这里，我要祝福左丘明文化研究院，祝福肥城市。左丘明文化研究院要研究肥城市的历史文化。孔子的弟子有子也很不一般，很了不起。打开《论语》，大家能不能想象得到，有子的地位竟然那么特殊！大家想：为什么《论语》开篇的《学而》第二章就是“有子曰”？

孔子去世以后，弟子们没主心骨了，怎么办呢？大家就推出一个人来，代替老师，填补真空。大家推的是谁呀？推的是有子。为什么推有子？孟子说有子“似圣人”，但司马迁误解了，司马迁认为他长得像圣人。其实，宋代人已经辨析清楚了。宋代有一个人叫王十朋，他专门解释了有子“似圣人”，认为孟子所说不是有子长得像圣人，而是他在思想上非常接近孔子。

在《学而》篇中，除了第二章的“有子曰”，下面还有一句“有子曰”。“礼之用，和为贵。先王之道，斯为美；小大由之。有所不行，知和而和，不以礼节之，亦不可行也。”这一句也十分重要。“和”当然重要，所以“礼之用，和为贵”。但是，“和”不是无条件的，不是任何情况、任何条件下都要“和”。也就是说，丧失原则而换取“和”，就是不可取的。孔子反对“乡愿”，主张“中和”“用中”“中道”。有子这里关于“和”的说法很得孔子思想之精髓。现在看来，在孔子逝世以后，大家公推有子替代老师而“师事之”，不是没有原因的。

我现在才知道，有子竟然也是肥城人。有子和左丘明都与孔子直接相关，研究他们也是研究孔子的一个重要途径。看来，研究孔子，常到肥城来是合适的。

（2014年6月25日在“左丘明暨肥城历史文化研讨会”上的发言）

鲁班文化的人文教育意义

诞生儒家文化的鲁国地区，不仅产生了孔子、颜回、子思、孟子等中国历史上的重要思想家，还造就了作为工匠祖师的“工圣”——鲁班。鲁班文化深受鲁文化的影响。鲁班文化积极进取、勇于创新的特质，不仅对铸就中华民族品格起到了重要作用，对当前的学校人文教育也具有积极的现实意义。

一、鲁班是科技创新精神的象征

长期以来，鲁班一直被土木工匠尊奉为“祖师”，受到人们的尊敬和纪念。鲁班不只是我国古代最为优秀的土木建筑工匠，还是一个有许多创造的杰出发明家。鲁班是“技巧”的标志和象征，因他以手工操作为职分，钻研技巧，精益求精。鲁班还是古代手工业发明创造的典范。

秦汉以降，本来是历史人物的鲁班在民间逐渐变成传说式的人物。不难理解，先秦时代关于鲁班的记载，在历史真实中已经夹杂想象的因素，实质上成为一种传说。汉代以后距离鲁班活动的时代更远，某些记载更难说是严格意义上的史实了。这类传说大多是根据前人关于鲁班之巧的说法生发出来的故事，主要是对鲁班的神化。这种故事或者是植根于后代生活的一种创造，或者就是对某些史实因素加以演义，从而使作为历史人物的鲁班渐渐地演变成一个传说中的人物。这类传说将鲁班传颂得神乎其神、无所不能，表达了民间百姓、百工匠人对鲁班的崇拜。

历史上技术过人、巧妙绝伦的发明创造，常托名鲁班。历史上还有很多建筑托名为鲁班所造，人们经常把著名建筑和鲁班联系起来，借鲁班的声名给建筑物增辉，也借鲁班的形象表彰千千万万无名劳动者的功绩。

鲁班注重实践，注重言传身教。他是一个建筑巧匠，也是中国科技发明之父。他的创造世代相传，惠及四方，他在中国科技史上具有杰出的贡献。他的发明涉及很多行业，如建筑、工具、工艺、机械、车辆、航天、军事科学等，在人类历史上绝无仅有。鲁班被称为土建、工匠的“始祖”，是中国古代科技文化集大成者，是中华民族勤劳智慧的典范，是自主创新精神的象征，他代表了中国劳动者积极进取、勇于创新的精神。

二、鲁班是民间工艺智慧的代表

中国的手工业产生很早，史前至夏商时期，中原地区的陶瓷制造业、青铜冶铸业、丝织业等都已达到很高的水平。周代工艺方面不断创新，有诸多发现与发明。如周代的青铜器制作已达到相当高的水平，种类繁多，工艺精湛，不论数量还是质量均超过了商代。再比如冶铁、玻璃制造、简单机械等发明相继出现，改变了手工业生产的内容，推进了物质文明的发展，并对人类的生产生活产生了重大影响。

成书于周代的《考工记》不仅是中国目前所见年代最早的手工业技术文献，也是对周代以前手工制度和技术规范的汇集，记述了30多项手工业生产的设计规范、制造工艺等技术，主要涉及车辆制造、弓箭制作、乐器制造、练丝、染色和皮革加工技术、城市和宫室规划设计等几大方面，学者视之为古代“手工业技术规范的总汇”，包罗宏富，不少部分叙述完整、科学。《考工记》的出现，是那时各种工艺技术和操作经验的总汇，是对中国自上古到战国初期的工艺科技知识的总结，折射了鲁班传说的历史影像。

鲁国手工工艺发展水平极高，丝织品享有盛誉，有文献明确记载，考古发掘也发现了大量的手工业遗址和相关遗物。发达的手工业，需要大批的手工业者和专业技术人员，更需要掌握高超技艺的“匠师”引领和指导。鲁班家族属于鲁国公族，世代居住在鲁城。鲁班是鲁国最为有名的能工巧匠，身份应该就是“匠师”。其家族公输氏属于这类手工业者的管理者。

鲁班生长在工匠世家，善于制造精巧的器具。《墨子·鲁问》记载：“公输子削竹木以为鹊，成而飞之，三日不下。”据说他还能建造“宫室台榭”，创造“机关备具”的“木车马”，被后人称为“机械之圣”。鲁班不仅是能工巧匠的代表，而且成为智慧人物的化身。

三、鲁班是道德技艺文化的合璧

曲阜是鲁国故地，孔子故里，儒学故乡。原始的儒家文化以鲁国文化为母体，脱胎于鲁文化。以前，学术界一般将孔子儒学与鲁国文化等量齐观，影响了对孔子儒学的认识。明确了鲁班的里籍，确定他生活在儒家文化浓郁的鲁都，有助于对鲁国文化和孔子儒学的正确理解。鲁国文化有孔子文化与巧匠文化相映生辉，实际上，以孔子为代表的儒家文化和以鲁班为代表的巧匠文化，都是鲁国文化的硕果。

长期以来，我国比较重视治国平天下的经世学说，不太重视技艺，甚至视科技发明为“奇技淫巧”，这与孔子以及早期的儒者没有必然的联系。早在20世纪二三十年代，就有学者提出要分清“真孔子”“假孔子”，要把孔子之学与后儒的偏见加以区分。中国先哲强调“形而上者谓之道，形而下者谓之器”，强调“德成而上，艺成而下”，不过是强调“德”与“艺”的先后、主次关系，并没有轻视“艺”的意味。孔子称赞弟子冉求说：“求也艺，于从政乎何有？”冉求多才多艺，让他治理政事有什么困难呢？孔子又说：“若臧武仲之知，公绰之不欲，卞庄子之勇，冉求之艺，文之以礼乐，亦可以为成人矣。”认为多才多艺如冉求一样的人，再用礼乐来成就他，也可以算是完人了。显然孔子对冉求是赞扬的。与之相近，孟子也曾赞赏“公输子之巧”。遗憾的是，后世竟衍生对于科学的轻视，认为科学不过属于“艺”和“器”的部分。

后儒的偏见造成了对鲁班的不公正对待，鲁班应该得到更多的尊重。现在，国家大力提倡“依靠科技进步，坚持自主创新，建设创新型国家”。在这样的时候，开展鲁班文化研究，弘扬鲁班精神，意义更为重大。有必要指出，弘扬鲁班文化，应当注意在思考提倡科学精神、弘扬科技文化的同时，正确认识和处理人文与科技的关系。作为中国的科技圣人，鲁班称得上“中国最伟大的科学家”，而今振兴中国科技刻不容缓，应当大力提倡鲁班精神。但是，科学的发展要有人文为先导，并以人文为科学提供源源不断的动力。

中华优秀传统文化与中国共产党领导力

习近平总书记在庆祝中国共产党成立100周年大会上指出，一百年来，中国共产党团结带领中国人民进行的一切奋斗、一切牺牲、一切创造，归结起来就是一个主题：实现中华民族伟大复兴。中华民族伟大复兴是自近代以来中华民族的最美好梦想，这个美好梦想也传承了中华民族五千年文明所积淀的中华优秀传统文化基因。早在2013年11月26日，习近平总书记来到孔府和孔子研究院参观考察时就强调，一个国家、一个民族的强盛，总是以文化兴盛为支撑的，中华民族伟大复兴需要以中华文化发展繁荣为条件。由此可见，支撑中华民族伟大复兴的力量当中，有一种根本的力量，那就是中华优秀传统文化的力量。

一、伟大建党精神传承弘扬民族精神基因

记者：习近平总书记在庆祝中国共产党成立100周年大会上的讲话中首次阐明了伟大建党精神，即“坚持真理、坚守理想，践行初心、担当使命，不怕牺牲、英勇斗争，对党忠诚、不负人民”。伟大建党精神不是天上掉下来的，它既是共产党人领导中国人民在革命斗争中所铸就的，也是对中华民族精神血脉的传承

和发展。您认为伟大建党精神从中华民族精神血脉中传承和发扬了哪些精神元素？

杨朝明：今天的中国是历史中国的延续。中国共产党代表最广大人民的根本利益，坚持以社会主义核心价值观引领文化建设制度，进行过一系列的战略部署，提出过一系列的重大举措。核心价值观是文化最深层的内核，决定着文化的性质与方向，也体现着一个党、一个民族的文化理想和精神高度。一个政党、一个民族、一种文化要立起来、强起来，从根本上说，取决于凝结和贯穿其中的核心价值观的生命力、引领力。中国共产党在自身的建设中，毫无疑问也一直秉承着中华民族优秀的文化精神，中国共产党的建党精神毫无疑问根植于中华民族精神，传承和弘扬了中华民族精神的基因。

第一是坚持真理、坚守理想。五千多年来，中国人一直在探索真理，在思考修身、齐家、治国、平天下的道理。世界上没有哪一个民族像中华民族这样，几千年来这么多的民族更加和睦、更加和谐地生活在一起。从家庭、私有制和国家形成以来，尤其上古三代以来，中国人就在探讨“礼”。用孔子的话说，三代之礼是损益的关系。周代形成的中华礼乐文化是一种人文文化。从周公到孔子，从孔子到历代思想家，无数志士仁人，都倡导尊道守礼，贵仁尚义。礼也者，理也；礼也者，理万物者也。礼可以“决嫌疑”“济变”“弥争”，使人心和顺，社会和谐。为此，从孔子开始，中国人就以“大道之行，天下为公”为自己的社会理想，讲公德，去私欲，求真知，明明德。从孔夫子到孙中山，从孙中山一直到中国共产党人，一以贯之，矢志不移。

第二是践行初心、担当使命。《诗经·大雅·荡》说：“靡不有初，鲜克有终。”这是告诫人们，人都有良好的初心，但要保持很好的结局却不容易。西周初年的周文王这样告诫人们，孔子整理《诗经》又选取这一篇，同样是注重这样的道理。历代中国人常常引用这一诗句，告诫自己不忘初心、敢于担当，这是中华民族修身理论的精髓所在。儒家讲诚意修身，讲“益者三乐，损者三乐”，就是不忘在两种“乐”中抉择。人的精神品格是慢慢沉淀养成的，如果不诚其意，不慎其独，就可能意志不坚定，就会跟随自己的欲望，就偏离了正道，就可能忘记回家的路。

第三是不怕牺牲、英勇斗争。中国思想文化讲究人与人、人与集体、人与社会的和谐，讲究公义而去除私利，为此中国人可以杀身成仁、舍生取义。中国文化的这个特点，形成了中国人的爱国主义、集体主义精神，讲协作共赢，讲守望相助，讲公而忘私，这样的精神影响深远，深深沉淀在中华儿女的心中。因此，中国共产党在领导中华民族进行革命、建设和改革的过程中，始终不畏艰难，勇于探索，敢于斗争，不怕牺牲，尽管遇到过许多的艰难险阻，都能筚路蓝缕，披荆斩棘，取得了一个又一个的胜利。

第四是对党忠诚、不负人民。在中国文化中，“忠诚”二字分量很重。忠信，诚敬，不可须臾离也。孔子教学，教以文、行、忠、信。中华“八德”是孝、悌、忠、信、礼、义、廉、耻。孝悌是家庭伦理，忠信则是社会政治伦理。曾子说：“吾日三省吾身：为人谋而不忠乎？与朋友交而不信乎？传不习乎？”孔子对做人的要求是言忠信，行笃敬。诚实是中国传统文化的重要概念。《中庸》讲“诚者，天之道也”，与“诚之者，人之道也”相对，是说人道应当效法天道。天道至诚，上天不言，四季照常运行，百物照常生长。人之不诚，是为欺天。欺天者，必自欺也。儒家讲诚，其意就是不要自欺。中国共产党人继承这一文化精神，代表最广大人民的根本利益。忠诚于党，就是忠诚于人民。忠诚于党，就是忠诚于真理，忠诚于自己的内心。

二、儒家文化蕴含着丰富深邃的领导思想

记者：新时代，中国共产党领导力话语体系正在逐步构建起来，并引起全社会乃至全世界的关注。此前，一些学者对领导力的关注点主要集中在西方的领导力模型，而今随着中国道路、中国智慧、中国方案、中国力量越来越为世界所瞩目，随着“四个自信”尤其是文化自信的不断增强，越来越多的人注意到中华优秀传统文化特别是作为主流的儒家文化对中国共产党领导力的影响。对此，您怎么看？

杨朝明：儒家文化对中国共产党领导力的影响的确是很大的。在一定意义上说，儒家文化就是中国传统的领导力学说。作为一种社会治理的学说，孔子所代表的儒家理想是“天下为公”、世界“大同”，目标是追求全社会的福祉，追求人心和谐、人民安康，希望老者安之、朋友信之、少者怀之。为此，儒家特别关注社会的发展方向。在儒家看来，人是社会的人，无论是谁，都必须思考自己的社会性存在，都必须处理好人际关系、人与社会的关系，与周围的人和谐相处。为此，儒家希望培养大批的社会引领者，培养知是非、明荣辱、能担当、敢引领的“大人”。也就是说，儒家希望通过为政者的“正”引导全社会的“正”。

那么，为什么现在才有更多的人看到了这一点？这里存在着一个对中国文化重新理解和认识的问题。一方面，秦汉以来，儒学虽然对中国社会的稳定与和谐产生了重大的积极影响，但也在与社会政治结合的过程中出现了一些变异甚至某种程度上的扭

曲。比如，在具体的人伦关系中，儒家注重君臣、父子、夫妻之类的各种关系相互尊重、互尽义务，同时强调这些关系中上位者的引导与引领。到了后来，这样的引导与引领义务被扭曲成了片面的威权，于是出现了对于君权、父权、夫权的片面强调。另一方面，近代中国社会剧烈动荡，尤其自鸦片战争以来西方列强对中国进行欺凌，人们在反思中国落后原因的时候，又强化了这种片面认识，似乎中国儒学本身存在致命的缺点。近代以来人们对儒学传统的误解，很多问题出在这里。今天需要对中国文化正本清源，首先要树立文化自知，只有在文化自知的基础上才能树立文化自信。只有具备了对儒家文化的正确认知，中国领导力这个话语体系才能从中华优秀传统文化的根基上更好地构建起来。

我们打开儒家经典，就能得到这样的认识。《论语》首篇从总体谈修身做人，第二篇就是《为政》，谈为政问题的方方面面。“四书”中的《大学》也是如此，其实就是中国的管理哲学。孙中山在他的《民族主义六讲》中非常推崇《大学》。他评论道：“中国有一段最有系统的政治哲学，在外国的政治家，还没有见到、还没有说得那样清楚的，……把一个人从内发扬到外，由一个人的内部做起，推到平天下止。像这样精微开展的理论，无论外国什么哲学家都没有见到，都没有说出，这就是我们政治哲学的知识中独有的宝贝。”他还说：“这种……道理本属于道德之范围，今天要把他放在知识范围内来讲，才是适当。我们祖宗对于这些道德上的功夫，从前虽然是做过了的，但是自民族精神失去了之后，这些知识的精神，当然也失去了。所以普通人读书，虽然常用那一段话做口头禅，但是，那是习而不察，莫名其妙的。”大学者，大人之学也。在中国古时候，孩子到了一定的年龄，有的就要开始学习“穷理、正心、修己、治人之道”，这就是中国传统的管理之道。中国人注重家国情怀，注重由孝悌出发培养全社会的爱与敬，把家庭伦理推延到社会政治伦理。

记者：儒家经典著作《礼记·礼运》就提出了“大同”和“小康”之理想，两千多年之后，邓小平在阐述中国式现代化的时候，借鉴了儒家的“小康”理念，并为此提出了现代化“三步走”的战略构想。今天，在中国共产党人无比坚强领导力的领导下，我们终于在中华大地上全面建成了小康社会。请您谈谈儒家提出“大同”和“小康”的历史意义。

杨朝明：《礼运》不仅见于《礼记》，也见于《孔子家语》。这是一篇非常重要的儒家文献。该篇系统记述了孔子关于礼的思想，对礼的起源、礼的本质、礼与社会人心等方方面面进行了阐发，也因记录孔子著名的“大同”社会理想而十分引人瞩目。

如果对照《孔子家语》和《礼记》里面的《礼运》，就不难发现两篇同源。由于种种原因，历史上《孔子家语》曾经遭到人们的怀疑。最近几十年的学术进展，尤其是新出土的战国时代文献资料的大量发现，证明《孔子家语》不仅不是伪书，而且价值极高，在性质上与《论语》相似，甚至可以称它为“孔子文化第一书”。

我们谈《孔子家语》与《礼记》，两本书中都有《礼运》篇，通过比较发现了一些问题，在学术层面上破除了不少的模糊甚至错误认识。首先，《礼运》是可靠的文献，绝非后人所谓“假托孔子”之名的伪作。其次，孔子的“大同”理想，绝非以往人们所认为的空想，更不是“倒退”。通过对《孔子家语》与《礼记》的比较，我们可以看得很清楚，孔子理想中的“大同”社会，乃是指夏、商、周三代圣王时期，并不是指所谓的“三皇五帝”时代。《礼运》说“大道之行也，与三代之英”，这个“与”就是“谓”“说的是”的意思；“大道之行”的时代，说的是“三代之英”，而“三代之英”具体是指夏、商、周三代的圣王，即大禹、商汤、文王、武王、成王、周公。这就说明孔子的“大同”理想是建立在深厚的现实基础上的。

孔子提出的“大同”理想，实际是中国几千年来一以贯之的理想和追求。孔子的“大同”理想首先体现在“天下为公”。公就是公共意识和公德意识，说的是人的社会性存在。所谓“背厶为公”，作为一个社会的人，必须思考人的社会性问题，只有这样，理想的社会才能实现。《礼运》所描述的“大同”社会状态，就是“选贤与能，讲信修睦”，就是“故人不独亲其亲，不独子其子。老有所终，壮有所用，矜寡孤疾，皆有所养”。这与《论语》等其他儒家典籍所记是一致的，与“博施于民而能济众”以及“老者安之，朋友信之，少者怀之”的社会理想完全相同。

在孔子看来，三代圣王之后，就是“大道既隐”之时。孔子通过对比，强调了王道政治的重要性，指出三代明王（或圣王）谨礼著义，型仁讲让，为后世树立了楷模。在孔子看来，礼“达天道，顺人情”，对于端正人心、整顿社会都具有重要的价值。由此，他描绘出了一个顺应天理人情、循礼而动的“大顺”境界。孔子的“大同”理想，成为历世中国人的社会追求，鼓舞了一代又一代的华夏儿女。

与《孔子家语》的《礼运》相比，《礼记》中的《礼运》有一些改动变化，其中出现了“小康”的概念，大概是汉代《礼记》整理者添加。“小康”这一概念在《诗经》中就已经出现，《诗·大雅·民劳》：“民亦劳止，汔可小康。”康，安也。《礼记》编者把这一概念引入《礼运》，“小康”也就成为后世人们常用的一个概念。它虽然低于“大同”理想，但也被代指政教清明、人民富裕安乐的社会局面。今天使用这一概念，则是指普通民众经济宽裕，生活殷实，不仅解决了温饱问题，而且经济发展、民主健全、科教进步、文化繁荣、社会和谐，从各方面满足了广大人民的需要。

中国共产党人把儒家的“小康”“大同”理想与中国的现代化建设进程结合起来，与马克思提出的共产主义远大理想结合起来，是对中华优秀传统文化的继承，更是一个伟大的创新和创造。习近平总书记在庆祝中国共产党成立100周年大会上庄严宣告，我们实现了第一个百年奋斗目标，在中华大地上全面建成了小康社会。全面建成小康社会，不仅体现了中国共产党无比坚强的领导力，也蕴含了儒家思想对中国共产党领导力的深远影响。

三、“孔孟之道”的领导之道

记者：孔子认为“政者，正也”，“其身正，不令而行；其身不正，虽令不从”，“为政以德，譬如北辰居其所而众星共之”。我们常说“半部《论语》治天下”，也可以说《论语》就是一部领导学著作。您怎么理解这个问题？

杨朝明：历史上，有人说“半部《论语》治天下”，这绝不是醉话或者梦话。一些人不理解《论语》，不懂得中国文化的力量，其实是对中国历史文化的茫然无知。有西方人士指出，在孔子学说的影响下，伟大的中华民族比世界上别的民族更和睦和平地共同生活了几千年。也有许多西方人认同这样的说法：“人类要在21世纪生存下去，必须回到2500年前，去汲取孔子的智慧。”“中国”其实就是一个文明。英国汉学家马丁·雅克说，中国看起来是一个国家，其实她是一个文明。读《论语》，就应该把它放在这样的一个文明之中，应该把《论语》看成这样一种文明的代表作。如果不能发现其中彰显的文明特性，就无法深刻理解它所蕴含的家国意识或治国平天下的文化意蕴。

说到《论语》与孔子的关系，对《论语》是孔子思想的代表这一点，人们的认识是一致的。尽管研究孔子的资料还有很多，比如《孔子家语》的价值还很少为人所知，但这并不影响人们对孔子思想学说的基本认识。辜鸿铭在《中国人的精神》中说："孔子全部的哲学体系和道德教诲可以归纳为一句，即'君子之道'。"他认为，孔子在国教中教导人们君子之道、人的廉耻感，是一个国家而且是所有社会和文明的合理的、永久的、绝对的基础，除此之外，别无其他。这非常符合孔子与《论语》的实际。在儒学语境里，"君子"是"有德"与"有位"的统一体。因为责任大，所以要求高；既然是"尊贵的人"，就应是"高尚的人"。如果为政的官员们心中有准绳，明白职分之所在，牢记古训，铭记初心，从而身先士卒，率先垂范，那么老百姓一定会"不令而从"。

在《论语》的概念统计中，"仁"出现了109次，"君子"出现了107次，从中就可以看出"仁人""君子"在孔子思想和儒家学说中的核心地位。为什么儒家主张"首孝悌""主忠信"，是因为社会需要仁人君子作为道德良心，作为中流砥柱。习近平总书记说，人民有信仰，国家有力量，民族有希望。君子群体作为社会的引导者或精英分子，他们应该以明德引领风尚。如果没有了他们道德与观念的引领，那么社会的希望在哪里？好的制度当然重要，追求优秀的制度设计没有问题，但必须清楚，孔子注重君子之道，是因为君子明礼或明理都是为了改变自己，由自我的觉知而自在，由自我的觉知而觉人、觉他，从而影响社会和国家。一方面，我们要建立一个好的制度，要拥有制度自信；另一方面，我们不能完全依赖于制度、迷信制度。如果抽去或抽空君子所承载的道德精神，没有优秀的人甘于担当、善于担当，无论什么样的制度，都有可能被社会非正当的力量所操纵。

孔子整理“六经”，用以教授弟子，《论语》正是孔子对“六经之教”的认识。日本教育部长曾经请辜鸿铭翻译《春秋》一书中的“名分大义”，辜鸿铭先生将其翻译为“荣誉和责任的重要原则”。他认为孔子所作《春秋》取名于此，是因为该书的主旨给出了决定民族兴起和衰落的道德原因——荣誉与责任。荣誉与责任是国家观念的基础，也是文明存在的基础。这样的思想在《论语》中得到了具体阐发，形成了具有中国特色的管理学说。

如前所说，古代“大学”是“大人之学”，培养有格局、有情怀、有担当、有境界的社会管理者。“大学之道”使人们格物明理，正心诚意。《大戴礼记》说得好：“夫习与正人居，不能不正也。”当社会上明德向善的人越来越多的时候，人们就“目见正事，闻正言，行正道，左视右视，前后皆正人”，就有了良善的社会风气、美好的社会政治。《论语》所讲，正是这样的管理思想。在中国式管理中，人们最尊重和推崇孔子的“政者，正也”。在古代，“政”与“正”往往通用。

鲁国的国君向孔子问政，孔子回答“为政在人”。齐景公向孔子问政，子曰：“君君，臣臣，父父，子子。”内在的深刻意义在于君、臣、父、子各有职责与素养的要求，贵在各司其职，各尽其能。他尤其强调“君”的引领作用。比如，要用“君”的素养去履行“君”的责任，用“君”的素养去承负“君”的担当。

制度的生命力在于执行，治理体系和治理能力是国家制度和制度执行力的集中体现。无论是国家治理体系的构建，还是治理能力的“落地”，为政在人，在于承载中国气质、中国精神、中国力量的新时代奋斗者。

记者： 孔子之后的儒家代表人物孟子，在继承孔子学说的基础上，又有了新的发展。如孟子的仁政、善政思想，孟子所提出的“民为贵，社稷次之，君为轻”以及“民事不可缓也”等观点。请您谈谈孟子的领导思想。

杨朝明： 从孔子到孟子，他们的思想被称为“孔孟之道”，彰显了孔子和孟子的一致性。孔子之后，孟子“述仲尼之意”，高举孔子的旗帜，对儒学的弘扬做出了重大贡献。孔子讲：“人而不仁，如礼何？人而不仁，如乐何？”因为要为国以礼，所以为政者必须具有仁德，实行仁政。子路治蒲，孔子三称其善。其所赞者，就是恭敬以信、忠信以宽、明察以断。在孔子的思想中，特别向往仁人在位、恭己正立，期待善人为邦、善人教民，希望“为政以德”、为政者正，仁政善治也是孔子心目中的理想政治。在孔子学说的基础上，孟子有新的发展，明确阐发了仁政、善政思想。

孟子的领导思想，首先体现在他的仁政王道思想。他说：“以力服人者，非心服也，力不赡也；以德服人者，中心悦而诚服也，如七十子之服孔子也。”以德服人，要求领导者注重修德，正身行己，以更好地赢得民众的尊重和爱戴，要能抵挡得住各种诱惑，要保持道德操守，绝不能丧失防线甚至道德沦丧。这就是说，强大的领导力建立在被领导者的自愿追随之上。如何才能做到这一点？这就需要一些重要的前提，使被领导者心服口服。为此，强调领导者树立正确的义利观、价值观、政绩观，应该以人为本、以民为本，关心民众疾苦，妥善解决民生问题。

领导者怎样得到被领导者尊重，获得强大领导力？孟子说“敬人者，人恒敬之”，要赢得别人的尊敬，你先得尊敬别人。一个人心中有爱有敬，才能爱人敬人，这就要求领导者加强自身修养。孟子又说：“君子不亮，恶乎执？”亮，同“谅”，就是诚信。这是领导者必备的素质。这与孔子所说的“人而无信，不知其可也”是一致的。自我管理能力越强，领导力就越强。领导力不够，是自己的内心不够强大，自我管理能力有待提高。自我管理能力强，能够自明其德，就能新民，从而影响民众。

孔子提倡在位君子要“知民之性”“达诸民之情”，孟子也是如此。他主张君子要懂得兼听则明，兼听不同的意见，尤其强调尊重民意，重视民众的看法。孟子说：“左右皆曰贤，未可也；诸大夫皆曰贤，未可也；国人皆曰贤，然后察之。”他的名言如“民为贵，社稷次之，君为轻”，“民事不可缓也”，在后世备受推崇。

四、中华优秀传统文化是中国共产党领导力的源头活水

记者：文化的内核在精神。中国精神是以爱国主义为核心的民族精神和以改革创新为核心的时代精神。追溯中国精神的渊薮，不能不说到“邹鲁精神”。邹鲁也是儒学发源地，以鲁有孔子、邹有孟子而著称于世。两千多年来，“邹鲁”一直被尊崇，在浙江、广东、福建有不少地方以拥有“江南邹鲁”“海滨邹鲁”之美誉而自豪。邹鲁精神的内核是尊道贵德。请您谈谈邹鲁精神在中国精神中的历史和时代价值。

杨朝明：邹鲁精神，应该就是邹鲁文化精神，是从孔子到

孟子一脉相承的原始儒家文化精神。战国时代，邾国称邹，受到了儒家文化的濡染。孔子的孙子子思曾到邹地讲学，孟子迁居邹地后，这里名声日隆，邹地具有了浓重的儒家文化氛围。以前，邹、鲁连称，仅仅是因两国土地相接。后来，在儒家文化这一点上，人们多将邹地与鲁国相提并论。而且，因为孟子，自战国时起，人们将两地合称为“邹鲁”。后人将邹、鲁连称，是从明礼、好儒的角度来说的。

自儒家学说诞生，邹鲁之地的儒生“宗师”或“私淑”孔子，孔子学术的特征决定了邹鲁文化的特性。这里因为有以孔子、曾子、子思、孟子等为代表的早期儒家而成为文教兴盛之地，传承了夏、商、周三代的文化精髓，在中国文化史上具有不可取代的特殊位置。“邹鲁文化”就是“正统儒学”的代名词。在两千多年的发展中，“邹鲁文化”从“学术文化”溢出，造就了邹鲁之地的民风，并且成为中华传统文化的典型代表，邹鲁文化由邹鲁之地走向全国乃至世界，“邹鲁”成为良风美俗的代名词。

从孔子、曾子、子思直到孟子，都十分注重个人修养。这恰是儒家思想的突出特色。“孔孟之道”是社会治理之道，说到底，也是“人之为人的修行之道”。孔子说“修己以敬”，“修己以安人”，“修己以安百姓”。曾子说“吾日三省吾身”。他总结认为，孔子学说“一以贯之”的是他的“忠恕”之道。子思学于曾子，更是把孔子、曾子的思想发扬光大。在子思著作中，《中庸》是非常重要的一篇。《中庸》的中心观念就是“诚”。“诚者，天之道也；诚之者，人之道也。”这是一种行为方式。“诚者，天之道也”，是说人无须努力，天生就具有的品质。“诚之者，人之道也”，则是要人自觉接受道德约束，认真思考判断，使行为尽量合乎道义。这显然是一种内修的功夫。

《庄子·天下》纵论天下学术，以为学术有“道术”与“方术”的分别。道术无处不在，包含“天地之美”“万物之理”，“方术”则“判天地之美，析万物之理”。“道术”包含系统思维、整体观念、全局意识，道术在“六经”之中。这些典章包含了古圣先王之道，包含着“内圣外王之道”。

两千多年过去了，儒家的“修己”学说愈发显示出它的价值与意义。人类进入文明时代后，就呼唤必要的规范、规则，它是靠“强制执行”还是靠“自觉遵守”，这是衡量社会文明发展水平的标志。文明程度越高，人的因素就越重要。儒家希望人们加强修养，自觉修己，人人修己正是儒家教化追求的目标。早期儒家思索人性，思索人的价值，强调明礼义，教人正心，希望以明德引领风尚，这正是邹鲁文化的品格或精髓所在。

记者：2013年，习近平总书记来到孔府和孔子研究院参观考察时指出，国无德不兴，人无德不立。必须加强全社会的思想道德建设，激发人们形成善良的道德意愿、道德情感，培育正确的道德判断和道德责任，提高道德实践能力尤其是自觉践行能力，引导人们向往和追求讲道德、尊道德、守道德的生活，形成向上的力量、向善的力量。作为中国孔子研究院院长和全国政协委员，您认为新时代我们的道德建设都取得了哪些成就？还有哪些需要改进和加强的地方？

杨朝明：党的十八大以来，以习近平同志为核心的党中央高度重视道德建设，立根塑魂，正本清源，守正创新，做出一系列重要部署，思想道德建设取得显著成效。不仅对公民道德建设规律的认识达到新高度，而且对公民道德建设理论有了新的突破。

进一步揭示道德领域问题的根源，发展公民道德建设的内容体系，界定个人品德的内涵，概括中华传统美德，提出弘扬中国精神的要求，各地迅速行动，积极探索，处处呈现出新的道德风貌。

当然，要形成全社会崇道德、尊道德、守道德的社会风尚，还需要大力加强道德宣传与弘扬，系统开展社会公德、职业道德、家庭美德、个人品德工程建设。要进一步认识、重视修道立德的意义，看清毁弃传统美德带来的恶果，讲清楚相关历史与理论问题。大力支持和引导在继承的基础上创新，群策群力，集思广益，做好传统文化现代转换这篇大文章，让传统照亮世道人心。

道以明德，德以遵道。弘扬传统美德，要遵循道而行动，要有价值观的引领，要以师道尊严挺立民族的信仰。人民有信仰，民族有希望，国家有力量。有了正确的价值观，便具备了“德”的前提，德行好坏、是非曲直才有了标准。

孔子学说是一种管理哲学，在强调“为国以礼”的同时，十分强调“为政以德”，尤其注重社会管理者的德行。弟子请教如何“为政”。孔子开门见山，说要“以德以法”。中国传统的礼内涵丰富，礼就是“德”与“法”的有机统一。习近平总书记有“奉法者强则国强”的论述，“奉法者”重要的是为政者，尤其担任“成道”责任的人，决不能缺乏刚健有为精神。坚持不懈加强党风廉政建设，就抓住了根本，抓住了要害。

联合国教科文组织总部大楼前的石碑上，用多种语言镌刻着一句话：“战争起源于人之思想，故务需于人之思想中筑起保卫和平之屏障。”中国先人早就清楚地认识到“人心惟危”，人不能“好恶无节”。社会治理的根本在端止人心，在人心中筑起道德的堤防。大约一百年前，历史学家柳诒徵指出："今日社会国家重要问题，不在信孔子不信孔子，而在成人不成人。凡彼败坏社会国家者，皆不成人者之所为也。"要建设新的社会、新的国家，"必须先使人人知所以为人"，使人人知道如何做人。而要解决"人之为人"的问题，就离不开孔子之教和传统文化。

记者：2021年3月22日，习近平总书记在福建武夷山朱熹园考察时表示，如果没有中华五千年文明，哪里有什么中国特色？如果不是中国特色，哪有我们今天这么成功的中国特色社会主义道路？他指出，要推动中华优秀传统文化创造性转化、创新性发展，以时代精神激活中华优秀传统文化的生命力。请问，您认为应当怎样实现这种"激活"？

杨朝明：要推动中华优秀传统文化创造性转化、创新性发展，以时代精神激活中华优秀传统文化的生命力，必须首先激发全民族的文化创新创造活力，必须从中华传统文化中汲取源头活水。

第一，以文化资源凝筑文明丰碑。中华民族有独特的精神创造和思想贡献，有崇高的爱国主义精神，这也是中华民族精神的核心，是中华文化最为深沉和坚韧之处。孔子是人类的灯塔，更是中华民族的精神坐标，塑造了中华民族的价值观念和精神品格。第二，以家教文化滋润家国情怀。《大学》说：欲治其国者，先齐其家；家齐而后国治。中国的传统思维就是家国一体、家国相通。无论是谁，都首先属于自己的家庭，人在家庭中所熏育形成的价值认知、行为习惯，必然在工作岗位上、在社会活动中体现出来，从而形成社会的风尚。第三，以君子文化造就君子品格。中国文化的实质在弘道明德，追求人心和顺、社会和谐，希望把人培养成为有爱心、有情怀、有担当、爱学习、求上进的君子。道德建设要找到关键，抓住根本，让爱与敬在人们心中扎根。君子文化是中华民族伦理的基本要素和民族精神的集中体现，是推动中华文明生生不息的正能量、主旋律。

强调学以成人，倡导学成大人，也是鼓励人们追求更高的格局与境界。在孔子心目中，人可以分为庸人、士人、君子、贤人、圣人。王阳明认为，人生“第一等事应是读书做圣贤”。曾国藩的老师唐鉴送给学生一句话：“不为圣贤，则为禽兽；只问耕耘，不问收获。”这些都是要人向着成为圣贤努力，而不是自甘沉沦、甘于平庸。

值得注意的是，“君子”把与“臣”相对的“君”、与“父”相对的“子”统一起来，表示的是家庭教育与社会价值的一致性。曾子讲“大孝尊亲，其次弗辱”，意思是人最大的孝是“使亲尊”。这意味着父母教子要追求社会价值的认同，人之为人，如果不辱没父母的名声，就要使自己成为“有教养”的人；同样意味着家庭美德与职业道德、社会公德的高度统一。

我们还应当看到，在弘扬中华优秀传统文化时，还存在着这样那样的问题，为此，在文化“两创”过程中要处理好以下关系。首先，要正确处理广度和深度的关系。弘扬中华优秀传统文化，必须在社会的各个领域、各个窗口、各个区域开展起来。但文化的深层是价值观，是信仰，要注意用中华优秀传统文化对社会主义核心价值观进行涵养。其次，要注重文化的整体性和统一性。中华民族的文化是一棵大树，根扎得很深，在不同的时期结出不同的思想果实。孔孟老庄等的思想具有超越意义，这是因为基于上古中国文化的广阔背景。看不到文明的根，就没法培根固元，就没法让它在新时代结出时代果实。再次，搞清楚弘扬中华优秀传统文化的主场与主导。中华优秀传统文化的弘扬，干部是主导，学校是主场。在发挥干部主导作用的前提下，一定要抓牢抓实青少年群体，让中华优秀传统文化润物细无声地进入他们的心灵。用不了多少年，学校的孩子走向社会，就会见到成效。

（《中国领导科学》，2021年第5期）

协商民主与中国文化传统

近几十年来中国发展的奇迹，尤其有效应对了突如其来的新冠肺炎疫情，使全世界都在重新观察审视中国。许多中国人也逐渐走出迷茫，重新思考自己的国家制度，思考中国特色社会主义的特质及其优越性。非常有幸，今年全国两会期间，我与专门研究我国政协制度的两位专家住在一个驻地，其中一位是我的老友。他们受邀列席观察会议，每天散步时能聆听他们的灼见，结合自己的亲身经历以及观察和体会，我的许多认识得到了进一步深化，对我国的协商民主制度也有了进一步的理解。

一、协商民主是中国文化长期内生演化的结果

作为中国传统文化的学习者、研究者，我本人多年参加政协工作，先后成为曲阜市政协委员、常委、副主席，山东省政协委员、常委，2018年起任第十三届全国政协委员，并任提案委员会委员。在议政建言的过程中，对中国政治协商制度的认识也由表及里逐渐深化。我充分认识到，中国的政治协商制度不是凭空产生的，它有自己的历史文化背景，是中华5000多年历史文化内生演化的结果。

在2015年举行的第二届“读懂中国”国际大会上，习近平主席对“中国奇迹”的奥秘进行了表述。他说：“中国有坚定的道路自信、理论自信、制度自信，其本质是建立在5000多年文明传承基础上的文化自信。”中华文明是独立孕育和成熟发展起来的文明系统，在漫长岁月中沉淀形成了独特的文明模式，具有独特的精神文化标识。中华文明5000多年一脉相承，是整个世界上唯一没有中断的文明。不言而喻，中国之治是中华文明之树缔结的硕果，是中华文明精神标识在新时代的“落地”和载体，也是新时代中华文明传续的根本保障。中国的协商民主政治制度，其根基正在于此。

今年政协全会会议间隙与朋友的交谈中，我们还谈到了相关的学术问题。在说到中国协商民主的源头时，一位朋友谈到了《周易·兑卦》。在他看来，通过现代协商民主思想与《周易》哲学的对话，可以重新发掘释“兑”为“说”的合理性。他还对《周易·兑卦》进行了创造性阐释。他以为，作为中国传统文化古老的文本，其中记载的孔子说“君子以朋友讲习”可以视为协商的原型，《周易·兑卦》明确指出了协商具有提高决策质量和强化政治认同的功能，它将“顺乎天而应乎人”作为协商的基本依据和原则，并通过六爻从正反两个方面具体讨论协商开展的方法。细致分析，其中对协商内涵的多层次理解，对协商系统的全面把握，对协商过程复杂性的深刻领悟，都富有启发意义，可成为社会主义协商民主建设的重要思想资源。

我很赞同这样的致思方向，因为中国的确具有久远而独特的协商民主政治传统。例如，在周代，那时政治伦理思想的中心是“敬德保民”。周人总结夏商灭亡的教训，清晰地看到，夏桀、商纣认为自己“有天命”，从而迷信天命，忽视道德，不敬其德，正是夏商灭亡的原因。周人认识到百姓和民心的重要性。《尚书》有许多响亮的格言，如“皇天无亲，惟德是辅”，“惟天惠民”，“民心无常，惟惠是怀”，“天视自我民视，天听自我民听”，等等。这样的说法虽然过去了3000多年，但其表达的思想依然不过时。这些话，无非是说天命就是天意，而天意就是民意。

周人重视民心民意，这样的政治思维占据了意识形态的主导地位。例如，《左传·昭公十八年》有曰：“天道远，人道迩。”认为应当高度重视人道人事。《左传·庄公三十二年》有曰：“国将兴，听于民；将亡，听于神。神，聪明正直而壹者也，依人而行。”听于民则国兴，听于神则国亡。在听于神与听于民之间，为政者应当关注民心民情，倾听百姓呼声。民心如此重要，那么如何得民心、顺民意呢？《尚书·洪范》的记载令人拍案叫绝，其中说：“汝则有大疑，谋及乃心，谋及卿士，谋及庶人，谋及卜筮。”周武王问政于箕子。箕子建议他遇有大事要用心掂量，不仅要与卿士多商量，还可以与庶人百姓讨论，实在不能决断，才可以卜筮决疑。很多学者看到了这些记载的价值，前辈历史学家吕思勉先生就认为这是中国早期政治带有的民主遗风。

可以说，正如“服务人民，奉献社会”是人类社会迄今最先进的人生追求一样，以民为本、国泰民安、天下大同是人类社会最先进的政治追求。这样的基因在很早以前的邦国时代就已经清晰而坚定地根植于中华文明之中。事实上，在夏朝之前，尧就对舜谆谆教导，要他认知和履行天命，奉行中道，以求四海安泰。西周初年，周公制礼作乐，将政治与伦理融合，奠定了中华文明的基础。孔子时代，历史大转型、大变革，他集三代文化之大成，发出了时代最强音：大道之行，天下为公，选贤与能，讲信修睦；老者安之，朋友信之，少者怀之。孔子及其弟子后学看似没有走出时代困局，但时势锻造了孔子，他的思索更深沉更周详。

西汉中期以后，人们实现了孔子的政治实践，引导了中国的政治文明。中华民族热爱和平，渴盼安居乐业。观其脉络，这样的政治追求，自古及今一以贯之。由此观察中国的协商民主，可以说其根、其源、其生命力，乃源自中华民族长期形成的天下为公、兼容并蓄、求同存异等优秀政治文化。在今天的中国，包括协商民主在内的中国治理体系、价值取向等，正是中华文明逐渐改进与内生演化的结果。

二、协商民主富含“以天下之心虑”的情怀与担当

在中国传统的政治思维中，十分根本、十分重要的是社会精英的气质与素养。因为他们不是把自己的承担仅仅视为具体的一种职业、一份工作，而是一种沉甸甸的责任，一份无比高尚的荣誉。他们意识到自己身上所承载的是引领，是天下的和同，是社会的和谐，是人心的和顺，是国家前行的方向。

清朝末年，有人请辜鸿铭翻译《春秋》一书中的“名分大义”，辜鸿铭先生将其翻译为“荣誉和责任的重要原则”。他认为孔子所作《春秋》取名于此，源于书的主旨给出了决定民族兴起和衰落的道德原因——荣誉与责任。荣誉与责任是国家观念的基础，也是文明存在的基础。

在中国式管理中，人们思考管理之道，最尊重和推崇孔子给出的方法。这个方法简单明了，那就是“为政以德”“政者，正也”。孔子说得好：“为政以德，譬如北辰居其所而众星共之。”所谓“为政”即“为正”。为政者“正”，才能引导天下的

“正”。中国传统的“大学之道”教人格物明理，正心诚意，在于培养有情怀、有格局、能担当的社会管理者。制度的生命力在于执行，人们对于美好生活的向往，特别需要发扬人的理性光辉，将“人之所以为人”的高贵因子呈现出来，传承下去，激活荣誉感，产生责任感。当今中国，中国共产党人的荣誉与责任，正体现在对自己事业的热爱。这是格局，是大业。源源不断生发的责任与使命，就是要让满载“荣誉与责任”的思想成为民族之学、国家之教。

具体而言，在中国式管理中，以民为本，重视民生，老安少怀，先天下之忧而忧，把老百姓的疾苦放在心上，这是根本的要求。而今的社会主义协商民主，很好地继承发扬了这样的根本精神。《管子·九守》中有《主明》一节，说：“目贵明，耳贵聪，心贵智。以天下之目视，则无不见也；以天下之耳听，则无不闻也；以天下之心虑，则无不知也。辐凑并进，则明不塞矣。”管仲根据治理实践总结出的是为政之道和为政者应当追求的目标，意思是眼睛贵明，耳朵在聪，心贵有智。用天下人的眼睛看，就没有看不见的东西；用天下人的耳朵听，就没有听不到的东西；用天下人的心思去考虑，就没有不能理解的东西。集中众人的力量前进，智慧就不会被蒙蔽了。在近年的全国政协会议期间，几千份提案代表了政协委员的思考，凝聚了社会各界的心声，汇集了各路精英关于经济与社会发展的智慧。读《管子》“以天下之心虑”的说法，相信大家都会会心而笑，颔首称许。

习近平总书记说得好：“社会主义协商民主，应该是实实在在的、而不是做样子的，应该是全方位的、而不是局限在某个方面的，应该是全国上上下下都要做的、而不是局限在某一级的。”大家一起来想，一起来干，广开言路，博采众谋，才能发展好党和国家的各项事业。孔子的社会理想是“天下大同”。他说：“大道之行，天下为公，选贤与能，讲信修睦。故人不独亲其亲，不独子其子。老有所终，壮有所用，矜寡孤疾，皆有所养。”从孔夫子到孙中山先生，从孙中山到十九大报告，中国人民追求“大道之行，天下为公”可以说一以贯之。今日中国的协商民主就是“为公”的制度。它是党领导人民有效治理国家、保证人民当家作主的重要制度设计，同选举民主相互补充，相得益彰。从国家大政方针的制定，到关系人民切身利益的具体法律法规的出台，都离不开协商民主。实践证明，协商民主能够有效克服许多弊端，中国社会主义协商民主具有独特的优势。

三、协商民主的一统多元特征具有包容性和凝聚力

中华文明有力量，源于对人心的思考。中华先哲提出以“道心”引导“人心”，以“天理”控制“人欲”，予思想以正确的方向和出口。中国早期思想家特别强调那个具有整体或共同意义的“一”。

中华大地幅员辽阔，多民族和谐地生活在一起。中华民族“一”的思维不仅符合历史，而且顺应现实。“一统”与“多元”是统一的，中华思维的智慧之处恰恰在于“一统”与“多元”的对立统一，二者并不背道而驰，而是和谐一体。在奋斗目标上一统，在具体措施上多元；在主流价值体系上一统，在阐释系统、表达形式上多元。协商民主正是适合中国国情、具有鲜明中国特色的制度安排，协商民主要求有事多商量、遇事多商量、做事多商量，通过商量出办法、出共识、出感情、出团结，充满了中国智慧。

中国思想强调具有整体性或共同性意义的“一”。在对外关

系上，和平与发展、繁荣与富强是中国的向往和追求。中国尊重自主，尊重多元，共建人类命运共同体。就国内而言，中国定位清晰，就是为中国人民谋幸福，为中华民族谋复兴。中国之治载体多元，充满生机和活力。在“一统”与“多元”的互动中，“共同体原则”与“主体化意识”特别让人关注，中国秉持中华文明所特有的认知思维，不断推动中华民族成为包容性、凝聚力更强的命运共同体。所有这一切，恰与中国的协商民主政治特征相一致、相呼应。

2014年9月21日，在庆祝中国人民政治协商会议成立65周年大会上，习近平总书记发表讲话说：“面向未来，发展好各项事业，巩固国家安定团结的政治局面，促进政党关系、民族关系、宗教关系、阶层关系、海内外同胞关系和谐发展，一个很重要的条件就是必须通过民主集中制的办法，广开言路，博采众谋，动员大家一起来想、一起来干。” 每个人的力量和眼界都是有限的，如果能把群体中尽可能多的智慧集中起来，就会像溪流汇集成大海一样，收获的将是一加一大于二的效果，是质的飞跃。兼听四海，广纳天下，是国家强盛繁荣的必要支撑。习近平总书记讲出了开言路、广视听的重要意义。

人们有目共睹的是，改革开放以来，我国协商民主在实践中不断创新发展，显示出旺盛生命力。进入新时代，社会主义协商民主全面展开，充满活力。正如习近平总书记所说，在中国社会主义制度下，有事好商量，众人的事情由众人商量，找到全社会意愿和要求的最大公约数，是人民民主的真谛。实现民主的形式丰富多样。有些人把民主简单等同于选举民主，甚至膜拜西式的选举民主。事实上，在西方所谓的民主国家里，人民往往只有投票的权利而没有广泛参与的权利，这样的民主是形式主义。在找国，人民通过选举投票行使权利，人民内部各方面在重大决策之前充分协商，是中国社会主义民主的两种重要形式。中国社会主义协商民主，作为我们独特的、独有的、独到的民主形式，深化了民主的内涵，拓展了民主的渠道，丰富了民主的实践，画出了最大同心圆。

当前，我国已形成了政党协商、人大协商、政府协商、政协协商、人民团体协商、基层协商及社会组织协商等程序合理的协商民主形式。社会主义民主政治全过程，既坚持了中国共产党领导，又发挥了各方面的积极作用；既坚持了人民主体地位，又贯彻了民主集中制的领导制度和组织原则；既坚持了人民民主原则，又贯彻了团结和谐的要求。实现民主政治的形式是丰富多彩的，不能拘泥于刻板的模式，中国式民主在中国行得通、很管用。实现第二个百年奋斗目标，实现中华民族伟大复兴，必须深入推进协商民主，不断谱写新时代社会主义民主政治的华彩乐章，汇聚全体中华儿女的磅礴力量。就政协协商而言，发挥人民政协作为协商民主重要渠道和专门协商机构作用，把协商民主贯穿履行职能全过程，广大政协委员就要按照懂政协、会协商、善议政，守纪律、讲规矩、重品行的要求，更好地提升政治协商、民主监督、参政议政水平，更好地凝聚共识。

（《我心中的人民政协》，山东人民出版社，2021年7月）

第二章　明德引领风尚

重视和加强优秀传统文化宣传教育

在传承弘扬中华优秀传统文化中走在前列

走进儒学世界，搞好儒学传播

中华传统『八德』的价值与意义

礼乐中华与道德人生

孔子的『成德』施教体系

孔子施教与书院精神

人学视野与中华文化智慧力量

孔庙、孔林、孔府：一个伟大民族的精神承载

文庙祭祀及其教化功能

孔林：地面上的家谱

中华传统文化共识与儒商精神

儒家中道传统对现代政商关系的启示

重视和加强优秀传统文化宣传教育

习近平总书记视察山东，专门到孔子研究院举行座谈会，发表重要讲话，是当代中国文化史上具有标志性意义的重大事件，传递了大力弘扬中华优秀传统文化的明确信息，体现了党中央弘扬中华优秀传统文化、建设社会主义核心价值体系的坚定决心。我们应当高度重视并切实加强对我国优秀传统文化的宣传教育。

一、传统文化中积淀着中国发展的巨大内力

中华传统文化博大精深，包蕴丰富。作为传统文化的重要组成部分，孔子思想在中国历史上发挥了极为重要的作用。今天的中国是历史中国的发展，以孔子思想为代表的优秀传统文化蕴含着中国社会经济发展的巨大动力。

孔子思想对个人道德修养，尤其对青少年的是非观、人生观、价值观培育十分有益。孔子思想就是要把人培养成为有爱心、有情怀、有担当、爱学习、求上进的君子，强调修身、齐家、治国、平天下，注重自我修养和道德实践。

孔子思想有利于国家治理和党风廉政建设。他的“为政以德”“为国以礼”“正身修己”“敬德保民”“先富后教”和“孝

悌”“慎独”“中和”思想以及义利观等，在今天仍有重要的现实意义。党的群众路线教育提到“正衣冠”，与《礼记》所说“凡人之所以为人者”首先在于“正容体，齐颜色，顺辞令”异曲同工，都是强调人的基本素养。

孔子思想作为中华民族共有的精神家园和最深沉的精神追求，最能作为联系全球华人的精神纽带。孔子思想中自强不息、家国同构、以天下为己任的情怀，哺育了一代又一代优秀的炎黄子孙。中华文化已经沉淀为中华民族的精神基因，构成中华民族独特的精神标识，今天依然能够团结凝聚各族儿女以及世界华人，汇聚成改革发展的正能量。

建设有中国特色的社会主义，中华文化是其丰厚的土壤。孔子“大道之行，天下为公”的社会理想与马克思主义呈现出高度的一致性。两者在思维方式与方法上都主张与时俱进、实事求是、知行合一。孔子集中华文化之大成，深刻思索人性和人的价值，希望人们明理修身、循道而行、推延亲情、放大善性，社会主义核心价值体系与其思想一脉相承。

在孔子学说的影响下，中华民族比世界上别的民族更和睦和平地共同生活了几千年。直到今天，孔子所阐述和确立的很多价值观念仍然是我们的立足点。这是中华儿女的生命底色，是中华民族最深沉的精神追求。人要立，国将兴，就要大力弘扬中华优秀传统文化，加强全社会的思想道德建设，形成向上的力量、向善的力量。

二、科学把握对待中华传统文化的思想方法

习总书记强调运用马克思主义的立场、观点和方法分析研究孔子儒家思想，采用历史唯物主义态度对待中华传统文化，

充满着马克思主义的辩证思维。这对于科学对待传统文化，更好地进行传统文化宣传教育十分重要。

要正确估价中国古代文明的发展水平。中华文化连绵不断，经过损益发展，到西周时期形成了“郁郁乎文哉”的礼乐文明。春秋末年以降，面对新的形势，孔子等思想家系统总结历史文化，其思想的形成有一个广阔的文化背景。只有对早期中国智慧进行整体观照、系统思考、全面把握，才能认清传统文化特质，掌握孔子思想精髓。

要认清儒家思想在历代社会的变迁。历史上儒学确曾出现过蜕变。先秦时期，儒学具有显著的“德性色彩”，汉代以后的帝制时代，儒学染上了“威权色彩”。就像孔子所说的“君君，臣臣，父父，子子”，他本来是强调“正名”，主张君、臣、父、子各尽本分，后来却片面强调君权、父权。因而应认真研究，正本清源，认清变化，澄清误解。

要有科学对待传统文化的辩证思维。对中华传统文化包括孔子儒家思想，应充分认识其合理精华，摒弃历史虚无主义态度，也要看到其时代性特征，看到其唯心保守成分。要剔除封建性的糟粕和不合理成分，去粗取精，去伪存真，古为今用，推陈出新，择善而从，有鉴别地对待，有扬弃地继承。要特别注意传统文化的时代融入性，抽象其精神，创造性地加以现代价值转换。

三、切实加强中华优秀传统文化的宣传教育

加强学术引领，提升宣传教育水平。进行人才培养与整合，尽快形成一支掌握传统文化精髓，有文化自觉、勇于担当、有使命感的队伍。加强孔子儒学研究，潜心发掘整理优秀思想文化资源，集中力量进行重大课题研讨，力争产出一批适应社会发展和

符合时代要求的成果。把历史的中国、现实的中国讲清楚，讲好中国的故事。

采取有效措施，增强宣传教育力度。采取积极措施，给中华优秀传统文化宣传教育以制度保证。尤其应在国家教育制度上保障中华优秀传统文化普及，引导青少年了解和掌握中华优秀传统文化，让中华优秀传统文化精神融入青少年的生活，走进更多人的心灵，进而影响社会的各个层面。

营造舆论氛围，扩大宣传教育广度。习总书记视察孔子研究院并做重要讲话，他旁征博引，举出很多孔子和儒家思想的经典名句，揭示其深刻的时代价值。他重视中华文化典籍的阅读，给我们做出了榜样。领导干部应该带头认真学习传统文化，切实承担起时代赋予的文化使命，使传统文化走进社会的各个层面，各个行业，形成社会风尚，建设新道德、新文化，提高民族自信心，为改革发展注入更大动力。

（2014年在山东省政协全会上的发言）

在传承弘扬中华优秀传统文化中走在前列

习近平总书记视察山东，在孔子研究院举行座谈会，首先表明了我国重视传统文化的明确态度，由此，中国开启了从实质意义上构建时代新文化和建设文化强国的步伐。此后，习总书记发表一系列重要讲话，立足于中华数千年的传统思想文化，着眼于民族发展的长远大计，对构筑中华民族价值观基础意义重大。作为孔子故里、儒学故乡，作为中华文明重要发祥地，我省要高点定位，整体规划，着力建设社会主义核心价值体系，用好齐鲁文化资源丰富的优势，加强对传统文化的挖掘和阐发，在传承和弘扬中华优秀传统文化方面走在前列。为此，谨提出具体建议如下：

第一，继续大力提高对孔子、儒学与中华传统文化的认识，把握传统文化精髓，理解传统文化真精神。

习近平总书记关于文化的论述，处处表现着对传承与弘扬中华优秀传统文化的理性认识和充分尊重。总书记从历史发展与时代高度上认识中华传统文化的丰富内涵与精神实质，全方位、系统性地阐述传统文化的巨大贡献，提出了传承和弘扬中华优秀传统文化的战略要求与努力方向，对澄清模糊认识、纠正片面看法、正本清源地理解传统文化、历史科学地继承传统文化，都具有重要的现实意义。

从人们对孔子儒学和传统文化认识的实际看，要发挥自身深厚历史文化资源的作用，继承和发扬优秀传统文化。在继承基础上创新，让中华文化成果苏醒过来，让过去优秀的、具有当代价值的文化焕发生机，首先必须提高“文化自信”，这是对经过数千年积淀、数千年检验的中华民族道德价值观念的自信。习近平总书记特别强调，中国优秀传统思想文化的核心内容已经成为中华民族最基本的文化基因，是中华民族和中国人民的独特标识。其实，中华民族的价值观念以“四端”（礼、义、廉、耻）、“五常”（仁、义、礼、智、信）、“八德”（孝、悌、忠、信、礼、义、廉、耻）为代表。王岐山同志也说，“八德”是中华文化的DNA，为国尽忠，在家尽孝，天经地义。

第二，山东处在传承与弘扬中华优秀传统文化的最前沿，理应具有“掌握儒学话语权”的高度。

在孔子研究院举行座谈时，习近平总书记指出我们国家的话语权提升了，文化软实力增强了，孔子儒学与传统文化有影响力，孔子研究成为世界性的题目，要因势利导，深入研究，在东亚文化圈中居于主动。习总书记明确指出，世界儒学传播，中国要保持充分话语权。这是基于对海峡两岸、东亚、东南亚乃至世界儒学传播实际所提出的殷切期望。

2014年9月24日，习总书记在纪念孔子诞辰2565周年国际学术研讨会上的讲话，被学术界认为是中国就大力重视优秀传统文化向全世界的重要宣示。习总书记再次谈到联合国教科文组织总部大楼前石碑上的那句话：“战争起源于人之思想，故务需于人之思想中筑起保卫和平之屏障。”此言正深度契合孔子儒学的特征。在当今时代，大力宣传孔子儒学真精神，弘扬中华优秀传统文化，正符合时代主题，也是中国献给世界的最伟大礼物。

习总书记特别强调，中国优秀传统思想文化是中华民族和中国人民的独特标识，是中国最大的软实力。亲近孔子儒学，弘扬中华优秀传统文化，以“中国思维”指导中国的内政与外交，才能使中国文化更好地为世界所认知，才能使中国贡献的“伟大礼物”为各国所了解。中华优秀传统文化与中国软实力、中国的国际交往，都有密切的、直接的、深层的关联，这对我省的中华优秀传统文化研究与弘扬提出了很高要求。

由于山东在中国文化史上的特殊地位，在学术界，“文化兴，看山东”成为不少学者的一种期待。山东应该解放思想，大胆探索，在弘扬中华优秀传统文化方面走在前列。

第三，统筹协调，高端定位，大力整合队伍，吸引聚拢人才，建设世界儒学研究高地。

孔子思想、儒家文化博大精深，中国社会历史发展漫长复杂，要分清表现与实质，要在真正意义上正本清源、拨乱反正、去粗取精、返本开新，需要加大孔子思想和儒家文化的研究与开凿阐发力度，尽快建立灵活高效的机制，聚拢高端人才，优化学术环境，汇聚海内外力量，形成研究合力，建立学术高地，树立权威地位，以适应当前社会形势。

为此，郑重建议在省级层面上尽快建立专门的领导与协调机构，聘请海外、省外高端学者作为顾问，充分发挥专家的咨询作用，从国家文化战略的高度，高端定位，尽快规划设计，优化提升，建立高地。在孔子、儒学与传统文化研究上，整合高校、文化和研究力量，改变“各自为战”的分散状态，集聚、整合并继续培养尖端人才，力争在儒学研究上树立起权威地位，在儒学交流传播上发出主导性声音，以回应国内现实需要和世界话题。

第四，研究与弘扬中华优秀传统文化，应当特别注意中华传统文化的整体性、一致性，把握中华传统文化的精神实质。

中华文化历史悠久，光辉灿烂，资源丰厚，各个地域都有自己不同时代的文化资源。在弘扬中华优秀传统文化时，存在一定的不顾区域之间、学派之间、时代之间逻辑联系的现象，人们有时各行其是，顾此失彼，厚此薄彼。

中国历史文化发展有其内在的规律，文化有表层、中层、深层不同的层级，不论哪个地域，不论哪个学派，都是中华历史文化发展中的具体环节，都是由作为文化沉淀的价值观、是非观、荣辱观所决定，都是中华民族文化的有机组成部分。弘扬中华优秀传统文化，必须在这样的意义上去把握主旋律，把握精神实质。

研究与弘扬中华优秀传统文化时，在注意区域、学派之间差异的同时，应更多注意其间的内在关联，注意整体性和一致性。例如，春秋战国时期，山东的文化以齐鲁两国为代表，区域文化研究成果表明，尽管两国文化在表面色彩上各有特点，但从实质上讲，崇周礼、重教化、尚德义、重节操等，是齐鲁人民共有的风尚。诸子文化也是如此。《史记》所言极是："夫阴阳、儒、墨、名、法、道德，此务为治者也，直所从言之异路，有省不省耳。"各家考虑的都是社会安定与安宁问题。"邹鲁诗书国""为学慕齐鲁"，才是齐鲁文化的基本面貌。这样理解，才能形成弘扬中华优秀传统文化的合力，为做好各项工作提供强大的精神力量。

第五，适应现实需要，弘扬中华优秀传统文化，必须尽快建立研究成果应用普及和推广转化的有效机制。

传统文化往往与现实密切相连，前沿研究成果都是呼应时代需要的，都是接地气的。例如，弘扬中华优秀传统文化的基本教材的编写，《中国传统文化传世读本》的编纂，传统礼乐文化的继承弘扬，等等，都为当前现实所需要，应该尽早着手研究。但是，我们在现实中看到的，往往是对传统文化人云亦云，莫衷一是，无所适从。因此，在聚集研究力量、建立学术高地的同时，应建立起将学术研究成果转化为实际应用成果的有效机制，才能更好地弘扬中华优秀传统文化。

（2018年11月在一次座谈会上的发言）

走进儒学世界，搞好儒学传播

儒学是一种文明体系，同时又是一门关于生命和生活的学问。它曾在中国社会的发展历程中产生了不可估量的作用。在全球化程度不断加深，文化交流日益频繁的当下，我们该如何理解文明的交流互鉴，在对儒学进行国际传播的同时又该如何做好国内传承？对此，《半月谈·文化大观》采访了孔子研究院院长杨朝明研究员。

半月谈·文化大观：您如何看待文明互鉴？

杨朝明：中华文明的特性是什么？中国人的精神特质是什么？这涉及中华民族兴盛以后对世界的意义。中华文化崇德尚仁，具有很大的包容性，这种精神特质决定了复兴起来的中华民族将为世界做出更大的贡献。它绝不是对世界的威胁，而是世界和平的重要因素。世界上不同的文明各具特色，正如费孝通先生所说：“各美其美，美人之美，美美与共，天下大同。”文明之间应该互相学习，互相借鉴，互相包容。文明互鉴当然包括让世界更多地了解中国。

中国人讲究“礼”，讲究“仁”。作为社会的一分子，我们每个人都应该考虑彼此之间如何相处，以及人与人、人与社会、人与自然是什么关系这样的问题。这些关系，都基于身心关系，就是我们的心应该安放在哪里。

中国儒学、中国文化研究人本身，当一个人明白自己是社会的人的时候，就必须思考自己的社会性存在。儒家为什么讲人要爱人，讲人际关系？因为家庭里父母、兄长爱我们，我们就应该爱父母、敬兄长。孔子所说的“立爱自亲始”“立敬自长始”，不就是由亲亲之爱、兄弟之敬生发出来的吗？从根本上说，我们的教育就是把这种爱和敬推广开来。家庭中要讲传统美德，社会中要讲社会公德，工作岗位中要讲职业道德。中国人追求的是天下大同、天下为公，社会上充满了爱和敬，也就实现了人际和谐、人与自然的和谐。

社会发展到今天，科技让人与人之间的距离拉近了，国与国之间的联系密切了。在此背景下，我们如何处理国与国之间的关系？各个文明之间应该如何相处？儒家文明是中华文化的主干，可以为世界做出更大的贡献。世界文明要互鉴，我们了解世界，世界了解我们吗？当中国儒学走向世界，通过“一带一路”这样的平台与世界进行交流时，世界该不该阻挡中国的发展？世界真正了解中国的历史和文化，中国的和谐理念和包容精神就可以更好地贡献给世界。文明互鉴的意义正在于此。

半月谈·文化大观：“礼”在儒学中有着怎样的重要作用？

杨朝明：我常开玩笑说“中国人最讲理”，实际上是想表达“中国文化最讲礼”。儒家学说是中华传统文化的主干，孔子特别重视礼。从根本上讲，中国文化的确就是礼文化，礼是中国文化的特性。

中国的礼产生很早，考古学家说龙山时代就有了礼。孔子崇拜周礼，周公制礼作乐，实际上是继承了上古和夏商两代的礼。孔子为什么那么崇拜周礼？孔子说：“周监于二代，郁郁乎文哉！吾从周。”曲阜周公庙的东西两座石坊分别刻着“经天纬地”“制礼作乐”。《礼记》有云：“礼者，理也。”称其为礼，因为它符合道理。它可以“经国家，定社稷，序民人，利后嗣”。礼是一种规则，从某种意义上讲，礼是德和法的高度统一。

制定规则很容易，遵守规则却不易。那么，怎样去自觉遵守规则呢？依靠素养和道德。中国的礼文化经典有“三礼”：《周礼》《仪礼》《礼记》。《周礼》又名《周官》，是一种国家制度，是职官体系。《仪礼》讲的是礼的详细仪式。《礼记》记载和论述了先秦的礼制、礼义，是礼的深层意义。儒家讲礼就是讲一种规则。在此基础上，儒家谈到了仁爱，即如何遵守礼，遵守规则。孔子说：“人而不仁，如礼何？人而不仁，如乐何？”人心中有规则，规则才成为规则；人心中有道德，道德才能弘扬光大。

为什么孟子说人性本善，荀子说人性本恶？实际上他们讨论的就是怎样遵守礼的问题。看到了人性之善，就要发扬善的一面；对于恶的一面，就要进行外在的约束。祭祀孔庙的重要意义，就在于用祭祀之礼培养对孔子及孔子文化的敬畏和尊重。孔庙代表着信仰、深层的价值观、人生的追求。所谓“以祀礼教敬”，祭祖亦是同样的道理，培养的是人内心的温情和敬意。礼是形式和内容的高度统一。

半月谈·文化大观：请您以儒家思想的海外传播为例谈谈传统文化的国际传播。

杨朝明：在历史上，中国儒学传到朝鲜半岛、日本、东南亚、中亚以及欧美等世界各地，影响深远。在16世纪和17世纪，儒学对欧洲的影响很大，法国的启蒙运动即深受影响。习总书记在法国访问时，就收到了法国总统赠送的1688年法国出版的首部《论语导读》法文版原著。俄罗斯作家、思想家托尔斯泰当年对儒家经典十分着迷，认为中国儒学达到了不同寻常的精神高度。他在日记中写道："读了儒家著作，它们更深刻、更优秀。没有儒家和老子，福音书便是不完全的。"他说自己"沉湎在中国的智慧之中"，还说"孔子的中庸之道妙极了"。外国的很多学者看到了中国文化及儒家学说对于人类和谐发展的积极意义。英国作家贡布里希《写给大家的简明世界史》写到中国的时候用了这样的标题——《一个伟大民族的一位伟大导师》。他所说的"伟大民族"指的是中华民族，"伟大导师"指的是孔子。

世界上不同地区的学者对中国文化有如此高的认知和评价，说明中国儒学在海外具有很大的影响力。滕文生先生《文明互鉴论》一书中，就谈到了儒学在各个地区的影响，以及以儒学为主干的中国历史文化和亚洲文明与世界其他不同文明的交流互鉴。我们要学习世界上一切优秀的文明成果，也应该在与其他文明的交流中，把中国文化介绍给世界。我们要很好地挖掘、整理传统文化，继承其特质和真精神，才能讲好中国故事。中国文化更好地走出去，文明互鉴才能更有效。

半月谈·文化大观：您如何看待当下儒家文化的传承？面对问题时，我们应如何运用儒学的精神？

杨朝明：我们运用儒学需要先了解儒学，事实上我们对儒学的了解还很有限。有的书中引用的孔子和老子名言竟然出现了错误，可见问题之严重。就全国而言，人们常用“儒学热”“国学热”来形容学习传统文化的现状，相对于以前，中华优秀传统文化的弘扬的确呈现了令人欣慰的局面，但还远远没有真正“热”起来，还需要找准症结，综合施策。我们缺少一种爱和敬。这种爱和敬从哪里来？儒家思考的就是这样的问题。善于总结，沉静反思，才能存戒惧，守底线。灾难就像“照妖镜”，疾病也是呼唤和提醒，它要我们弥补生命中的亏欠。铺染中国人的生命底色，一定要弘扬中华优秀传统文化，对古圣先贤的告诫不能不知不惧。一个民族真正的复兴，说到底一定是文化的复兴。深入了解传统儒学，我们就会知道，中国传统的价值观和今天社会主义核心价值观实际上是一脉相承的。

半月谈·文化大观：当下应该如何做好儒学的普及传承工作？

杨朝明：做好儒家学说等中华优秀传统文化的弘扬，我常说要从两个方面来实施：一个是“登峰”，一个是“落地”。

所谓“登峰”，即我们必须认识到儒学的博大精深。如果对中国文化几千年的形成过程不了解，不能正本清源地去了解儒学在历史上发挥的重要作用，那么对儒学的认识一定会有很大障碍。孔子、孟子等思想家的思想经过几千年的发展，就像大树一样根扎得很深、很牢，如果认识不到这一点，就不知道大树的生命力为何如此旺盛。了解了这一点，才能走出迷茫；对儒家经典抱有温情和敬意，才能真正把握其精神；找到中华民族五千年来和谐、和睦的深层原因，才能在此基础上更好地继承和发扬中华优秀传统文化。

“登峰”之后，还要“落地”。所谓“落地”，就是接地气。

事实上，很多研究者在象牙塔里边，其研究不能真正走到大众的心中，这样的研究实际并不符合趋势。孔子讲："道不远人，人之为道而远人，不可以为道。"真正的"有道"之人，会明白"道"离我们每个人都很近。如何打好做人的底色、底气、素养，这是教育问题。儒学的精神走向大众、课堂、青少年，才是最重要的。如果对文化持有一种冷漠态度，就永远走进不了人心。

儒学是知识，但绝对不仅仅是知识。儒学要走进人心，还需人们明了其神韵，这当中起关键作用的就是教师。儒学是知识，是行动，更是做人。教师的一言一行，一举一动，实际上也承载着儒学。儒学真正走进大众，走进人心，这才是道。大力弘扬中华优秀传统文化不是某一方面的事情，干部是主导，学校是主场。全国上下，要从体制、从人心，也就是从软硬两个维度综合施策。

几千年来，儒家智慧在潜移默化之中影响着我们。只有走进儒学的世界，深入了解儒学的中国，才能搞好文明互鉴，讲好儒学的故事。如何处理人与人以及人与自然的关系，综合求得人心的和顺、天下的和谐，这些中国智慧与精神，对世界也一直产生着影响。深入了解文化的内涵，才能真正树立文化自信。儒学是中华传统文化的代表，作为中华文明的传承人，我们要向世界传递其精神内核，更要将之应用于自己的生活。

（《半月谈·文化大观》，2020年1月刊）

中华传统“八德”的价值与意义

中华民族几千年的文化创造，最为核心、最为根本、最为精髓的，可以归结到孝、悌、忠、信、礼、义、廉、耻“八德”。无论从文化特性看，还是从中华文化体系看，它的地位与意义都不可小觑。传统“八德”历经数千年沉淀与凝结，深深影响了每一位炎黄子孙，具有历久弥新的价值。

德与道密切相连。什么是“德”？说起来，“德”很抽象。不过，《说文解字》说得很容易理解：“德，升也。”德有登高、攀登的意思。这就不复杂了，人有了德，就进步了，就与原来不一样了。

在古籍中，“德”有时与“得”相通，有的注解说“德者，得也”。中国传统的人文教育要“止于至善”。《大学》说：“知止而后有定，定而后能静，静而后能安，安而后能虑，虑而后能得。”人知道努力方向，明白走向哪里，才能神定心静、踏实安宁、思虑周全，才会有“得”。人生不迷茫，就能登，就能得，就具有了“德”。

“道”与“德”可合成一个词，即“道德”。“道”与“德”本来也有分别。“道”无言无形，却承载一切，只能用思维意识去感知它；“德”则用来昭示“道”，有德的人顺应道，按照自然、社会、人生的需要去做人做事。

正像老子的著作《道德经》一样，《论语》《孔子家语》等可以说是孔子的“道德经”，其中所谈也是“道”与“德”的问题。孔子常说“修道”与“立德”问题。孔子说：“夫道者，所以明德也；德者，所以尊道也。是以非德，道不尊；非道，德不明。”这话说透了“道”与“德”的关系。只有遵道而行，德行才好。

“道”属于价值信仰，“德”则是行为规范。“道”与“德”二位一体，相辅相成。信仰决定德行，德行体现信仰。有怎样的信仰和追求，就有与之相应的为人处世方式，视听言动体现着德行。诚如“五常”与“八德”的关系，有对仁、义、礼、智、信的尊奉，才有“八德”的具体表现。

道德属于文化的本质。早在西周时期，中华先人就已开始“尊礼”。礼乐文化是人文理念很强的文化，如何处理好人的自然性与社会性的矛盾，怎样在“人心”“道心”之间“允执厥中”，如何在“天理”“人欲”之间“好恶有节”，人们进行了不懈的探讨，形成了中国博大精深的道德文化，由此形成了中华传统文化的鲜明特色。

为了共同生活的和谐美好，人们从不同角度和层次思考“德”，提出了许多概念与归类。《尚书》说到了“九德”，那时，仁、义、圣、智、信、孝、慈等概念已被普遍使用，各种“德”围绕这些概念铺陈阐发。

在总结前人的基础上，春秋时期的思想家继续凝练提升，认识更加全面、系统、严谨。如管子较早提出了“四维”的概念。《管子·牧民》说：“何谓四维？一曰礼，二曰义，三曰廉，四曰耻。礼不逾节，义不自进，廉不蔽恶，耻不从枉。”战国时期，人们更为关注君臣、父子、兄弟、长幼、夫妇这些社会关系。如郭店楚墓竹简中有“六德”说，即圣、智、仁、义、忠、信。孟子提出了仁、义、礼、智“四端”之说。无论“六德”还是“四端”，所论都是中国早期思想家探讨的中心话题。从“四维”“六德”到“四端”“五常”，虽然角度不同，却都为“八德”的出现做了充分准备。

到宋代，人们对儒学与社会改良的认识更为清晰。他们更加注重自身修养，注重向人心“内求”，同时也从社会结构出发，立足于“中国”文化立场，更注重个人、家庭与国家和谐稳定的关系，有一种挥之不去的家国情怀。将孝、悌、忠、信、礼、义、廉、耻并称连用的越来越多，有的称为“八德”，有的称为“八行”或“八端”，以之涵养良知良能，视其为“修身之要”和“教化之道”。“八德”是中国道德文化的内核，作为观念形态的文化，它影响着人们的世界观、荣辱观、审美观。它属于文化的底层或深层，决定和影响着制度、物质等层级的文化。

“八德”是一个有机的整体。在“八德”概念形成后，有人试图进一步整饬与发展，出现了八个德目的新表述，认真研究其内涵与内在关联，都不如传统“八德”严谨齐整。“八德”之间有一定的并列关系，也可视为相互递进的两个层面：孝、悌、忠、信为第一个层面，即正心诚意的内在修为；礼、义、廉、耻为第二个层面，是个人修为的外化。前者属于做人做事的修身层面，后者则是为政治国不可或缺的品质。在“八德”中，孝与悌，忠与信，礼与义，廉与耻，意义相邻相近，也可组成几组概念，同样是层层递进。

人修身，是为了适应社会，处理好与他人、集体、国家乃至自然环境的关系，做一个“社会的人”。为此，人应该把自己放在社会中，遵守社会规范。《礼记》说：“凡人之所以为人者，礼义也。”这里的礼义，指礼的内涵。

怎样修“礼义”呢？中国古代非常注重“成人”教育。所谓“成人”，就是具备人的内涵的人。《左传》说：“故人之能自曲直以赴礼者，谓之成人。”人能“自曲直”表现在“赴礼”上，这就具备了正确的价值观，符合“礼”的要求。这个“礼”指礼义，即“礼”的本质内涵。

人类社会不可缺少爱与敬，儒家学说有仁爱精神与敬畏观念。中国历代重视孝悌。孔子说“人道，政为大”，“爱与敬，其政之本与”，又说“立爱自亲始”“立敬自长始”，所以“八德”始于孝、悌。孔子教学“先之以诗书，而道之以孝悌，说之以仁义，观之以礼乐，然后成之以文德”，目的在于使人“成德”。儒家思想的中心是教人“入德”，传统的“大学之道”在于使人明德向善。随着科技发展和时代进步，作为中华人文文化精粹的“八德”，在爱与敬的培育方面或将更加具有旺盛的生命力。

习近平总书记多次强调：国无德不兴，人无德不立。这应该成为铭刻在亿万中国人心中的训诫，成为全社会评判是非曲直的标准。社会责任需要全社会成员共同担当，德行修养需要全社会积极参与。为政者起着关键作用，领导干部要做守德的模范。中国古代管理智慧的最大特点，就是格外强调“为政以德”，由为政者的“正”引导全社会的“正”。为政者要积极践行“八德”，具有德政主体意识，自觉加强德行修养，按照“八德”的要求去做。

“八德”的施行需要制度的保障，以引导全社会形成善良的道德意愿、道德情感，引导人们向往和追求讲道德、尊道德、守道德的生活。在新的时期，继续讲好“八德”的故事，是继承前人道德智慧，推陈出新发展道德的需要。修好“八德”，提升个人素养，就能讲仁爱、重民本、守诚信、崇正义、尚和合、求大同，自觉认同和践行社会主义核心价值观。

今天进行道德建设，需要与社会的全面进步相适应，需要与社会的公平与正义相一致。优秀传统文化是建设中国特色社会主义的丰厚土壤，“八德”是最具代表性的中华传统美德，已经沉淀为中华民族的精神基因，构成中华民族独特的精神标识，成为历代中国人“最深沉的精神追求”。我们不能淡忘“八德”的历史，应该继续讲好“八德”的故事。

（中国孔子网，2017年3月16日）

礼乐中华与道德人生

中国精神是数千年历史文化积聚而成，中华民族的理想信念、价值理念、道德观念是中国当代社会主义新文化的核心。从孔子等先秦时代的儒家开始，中国人就以“大道之行，天下为公”作为自己的理想追求。在孔子看来，大道得以施行，需要天下为公，需要人们的公共意识和公德意识，也就是人的社会性基本要求。中华道德是礼乐文明的实质性内容，孔子“天下为公”的社会理想记载在《礼运》中，隐含了中华礼乐文化对于道德人心的规范意义。“礼也者，理也”，早期思想家“务治”，思索社会的协调与和睦，正是从“人心”与“道心”的关系出发，希望人们克己反躬，明道守礼。

中华礼乐文明的特质

在中华文化发展史上，周公和孔子的地位极其重要。周公制礼作乐，奠定了中华礼乐文明的基础，孔子则进一步发扬光大。从本质上讲，中国礼乐文化是关于人性与人的价值的追问和探究，应该属于“元知识”或者“元理学”的范畴，是追求真理和启发智慧的哲学。

西周以前，中国礼乐文化已有漫长的发展过程。根据《礼记·表记》，后人把夏、商、西周的文化分别称为“尊命文化”“尊神文化”“尊礼文化”。周代尊礼，人文理念上升，而周代礼制是损益夏商而来。考古学家看到，龙山时代中国已经有了礼制，中国礼乐文明有广阔背景和深厚底蕴。

礼的概念比较宽泛，就概念而言，广义的礼包括乐在内。分而言之，礼与乐有别；统而言之，则乐和狭义的礼都是礼的组成部分。《礼记·祭统》说：“凡治人之道，莫急于礼；礼有五经，莫重于祭。”可见礼的最后落脚点在于人心的整合。乐亦如此，乐起源于劳动，后来则被赋予“通伦理”的含义。礼在长期社会生活中逐步形成，周礼对前代礼的继承与因循应该是其主要方面。周公赞赏齐国从其俗、简其礼的做法，也反映了周初制礼的实际。周公制礼在因循前代之礼时，根据周初实际加以损益，使之更加适用。

礼具有“决嫌疑”“济变”“弥争”的功能。古人说：“礼，经国家，定社稷，序民人，利后嗣者也。”可以想见，礼乐文化一定内容丰富。周代制礼作乐，包含对国家管理体制与方法的设计，大而至于政治、军事，小而至于衣冠、陈设，无不有义。这些典章制度以及礼仪，都应本着孝、忠、信、义等准则进行设计和推衍，目的是“明贵贱，辨等列，顺少长”。

有学者说得好，礼的范围之广，简直可与“文化”之概念相比，甚至有过之而无不及，礼学实即上古文化之学。礼包括礼制、礼仪、礼俗等层面。礼制指礼的制度，比如《周礼》（或称《周官》）。一般认为《周礼》成书较晚，多不相信周公作《周礼》的说法。其实，《周礼》作为国家职官的设计，不像《仪礼》那样人人需要关心、可以关注。一方面，周公制礼作乐不会是周公本人向壁虚构，应该是在周公的主持下继承夏商既有的成果；另一方面，《周礼》为国家管理体系架构，它或许只是藏于官府，为少数人所了解，不为常人所见。孔子适周问礼，关注周公德业，思考“周之所以盛”，感慨地说：“吾乃今知周公之圣，与周之所以王也。”老聃是“周守藏室之史”，即周藏书室之史。孔子观周，“观先王之遗制，考礼乐之所极”，很可能就是学习《周礼》。

《周礼》是礼之“体”，《仪礼》则是礼之“仪”，《礼记》（包括《大戴礼记》）则是礼之“义”，阐发礼的意义与内在精神。孔子说：“夫道者，所以明德也；德者，所以尊道也。是以非德，道不尊；非道，德不明。”道是价值体系，就是信什么的问题；德是行为规范，在于怎么做。有了礼之“体”的设计，《仪礼》就以具体的礼文，让人理解和体会。比如，射礼培养人的平和中正，乡饮酒礼激发人的爱敬与孝悌，冠礼让人体会义务与责任，丧、祭之礼则如曾子所说使“民德归厚”。《仪礼》中的人生礼仪，助人成长，强化成人、成德、正名意识，让人思考社会角色。《仪礼》与《周礼》相互配合，《周礼》相当于分配任务，强调责任与分工，《仪礼》则在于提升格局，提高认识，提振精神。做人的根本问题解决了，才能把《周礼》的制度落实好。

中国礼乐文化内涵丰富，究其本质，就像春秋时期鲁国人所云：“先君周公制《周礼》曰：则以观德，德以处事，事以度功，功以食民。”礼的制度、仪式表达着礼的内在意义。礼义是抽象的礼的道德原则。周人说：“先王之立礼也，有本有文。忠信，礼之本也；义理，礼之文也。”任何礼仪都不可离开礼的内在精神，否则就失去了意义。行礼不本于义，就像耕地不撒种子。

中国早期的"成人"观念

在"礼"（或"理"）的意义上，我国古人思考"人"本身。例如《礼记·礼器》说："礼也者，合于天时，设于地财，顺于鬼神，合于人心，理万物者也。"礼涵摄天、地、群、己不同的维度，人要"成人"，就要有自身的特性，就不能不考虑"人之所以异于禽兽"的问题。中国古代圣王深深思索、细细掂量"人心"与"道心"的关系，认定人必须遵循礼的规则。

中国儒学就是"人学"，是关于人本身的学问。在早期古文字中，"儒"的象形字写作"需"，为从雨从而、上下结构的会意字，像人沐浴濡身。孔子儒家不但洗干净身体，还要洗干净心灵。《孟子》说："人之所以异于禽兽者几希……"《礼记》说："凡人之所以为人者，礼义也。"人明于礼义，方能为人。

在孔子儒家思想中，"成人"是一个很重要的观念。人们使用这一概念，往往着眼于年龄、体能和智能，较少注意其道德内涵，其实它多指人格养成。人生而幼，不可谓成人。幼而学，学而长，人的学习与成长，应是社会道德内涵不断扩充的过程。早期儒家强调人与禽兽的区别，无非是讲人具有社会性，具有道德属性，应与其他动物有本质不同。

在孔子那里，"成人"必须是"有知识的人"，首先应当对社会有基本的认知。颜回向孔子请教"成人之行若何"，孔子说，成人应当通达人类本性的原理，通晓各类事物的变化，了解各种物象产生的缘故，洞察风云变幻的根源。在孔子看来，一个人有了知识，具有了成人的素质，然后施以仁义礼乐的教化，这才具备了"成人"的德行。

子路请教“成人”的问题，孔子说：“若臧武仲之知，公绰之不欲，卞庄子之勇，冉求之艺，文之以礼乐，亦可以为成人矣。”过了一会儿，孔子又说：“今之成人者何必然？见利思义，见危授命，久要不忘平生之言，亦可以为成人矣。”人聪明有智、清心寡欲、勇敢无畏、多才多艺，具有“知”“不欲”“勇”“艺”等素质，也不可谓之“成人”。孔子强调的仍然是“礼乐”，以“文之以礼乐”作为人之成人的必要前提。看到财利想到道义，见到危难勇于担当，长期困顿不忘平生诺言，就可以谓之“成人”。可见，成人要有正确的价值观。

孔子有关于“人情”与“人义”的论述。孔子说：“何谓人情？喜、怒、哀、惧、爱、恶、欲，七者弗学而能。何谓人义？父慈、子孝、兄良、弟弟、夫义、妇听、长惠、幼顺、君仁、臣忠，十者谓之人义。”人情就是人的基本情感，人义就是作为人的应有意义。在孔子的心目中，处理父子、兄弟、夫妻、长幼、君臣诸种关系时，人人按照自己所具有的社会身份尽力做好自己，这是为人处世的基本要求，是人之所以为人的基本遵循。

所谓“成人”，首先认同人义，进而遵循人义，自觉践行。圣人以礼治人情，修人义，讲信修睦，尚辞让，去争夺，就可以得到社会的和谐。父子、兄弟、夫妻属于家庭关系，长幼可以看成社会关系，君臣则是工作关系。人人讲道德，按照各自的身份做人，各正名分，就会呈现出家庭美德、社会公德、职业道德。所以，人之为人，首先是礼的要求，是道德要求。

孔子认为礼“达天道，顺人情”，对端正人心、整顿社会具有重要意义。他曾描绘了一个顺应天理人情、循礼而行的“大顺”境界。礼制是先世的君王用来承续天道、陶治人情的，它具体体现在丧祭、乡射、冠婚、朝聘等礼仪当中。圣人如果用礼来教化百姓、进行治理，百姓就一定会在内心深处牢牢树立规矩、规则意识，那就不难达到天下太平、国泰民安了。

古代的冠礼与“成人”

了解儒家人学的实质，把握儒家关于“成人”的论述，就不难发现这是早期中国的大智慧。关于这一思想渊源，不仅有理论阐发，也有具体的礼仪载体，这就是作为古代成人礼的冠礼和笄礼。孔子儒家对“成人”的认识有深刻的文化背景。最晚自西周开始，中国就有了比较完备的成人礼。男子行冠礼，女子行笄礼。一般说来，士人二十而冠，天子、诸侯、大夫的冠礼则相对较早。女子一般十五许嫁，许嫁则笄；如尚未许嫁，则二十而笄。

西周时已经有系统的教育体制。一般而言，人生八岁而入小学，开始学习洒扫、应对、进退之“节”，礼、乐、射、御、书、数之“文”。这些都是基本的知识与技能。到十五岁左右，贵族子弟，民之俊秀，都要入大学，教之以穷理、正心、修己、治人之“道”。经过十几年的学习，由少年而青年，由不谙世事的孩子，变成能够承担社会义务的成人。行冠礼后，他们开始享有成年人的权力，开始对婚姻、家庭和社会尽自己的责任。因此，冠礼就是对“成年”的认可，是正式步入“成年人”行列的标志。

传统的冠礼，核心内容是三加冠，分别表达男子成人之义，寓意“弃尔幼志，顺尔成德”。人既然已经长大，就要摆脱孩子气，把成人德行固定下来，充实起来，就应承担家庭责任和社会义务。人而成人，就应当认同社会伦理或行为准则。成人礼是人生礼仪的重要环节，行过成人礼，表示已经长大成人，可以结婚成家，可以作为成人社会的正式成员，就不应像长不大的孩童，不能使言行、思想继续停留在孩提时代。

冠礼是人生的基本礼仪，人成为“人”，就要自觉以礼来约束自身。“礼义之始，在于正容体，齐颜色，顺辞令。”人要懂礼义，成人之后应穿着得体，行为得当，言辞和顺，不应再像顽皮的孩童一样，什么都不管不顾。

《礼记·冠义》说：“成人之者，将责成人礼焉也。责成人礼焉者，将责为人子、为人弟、为人臣、为人少者之礼行焉。”社会基本关系是父子、兄弟、君臣、夫妇、朋友，对于一个长大成人的人，应当懂得人义，明白做人的基本要求。人行冠礼后，便应认同人伦，实践人义。

按照礼的规定，士人行冠礼后要依次拜见国君、大夫等尊长，受拜见的人往往会有相应教导，这对于刚成年的人非常有益。《国语·晋语六》说：“戒之，此谓成人。成人在始与善。始与善，善进善，不善蔑由至矣；始与不善，不善进不善，善亦蔑由至矣。”刚刚成年的人要谨慎戒惧。进入成人阶段贵在开始，开始就要学习美善之道，进而吸收、增加更多的才德和学识，摒弃不善的东西。树立正确的方向，形成是非判断能力。就像宫室有墙有屋，可以遮挡风雨，只是需要随时清扫。人有正确目标，也要继续修为，随时纠正偏失。《左传·昭公二十五年》曰：“故人之能自曲直以赴礼者，谓之成人。”

孔子常说到“仁”。在孔子思想中，仁占有极其重要的地位。人既成人，就应当仁。孔子说：“仁者，人也，亲亲为大。”又说：“故君子不可以不修身。思修身，不可以不事亲；思事亲，不可以不知人。”人有“仁”心，脱离人的纯自然状态，应该像“亲亲”“事亲”那样自然而然。

中国传统的“大学之道”

成人，是人类存在的意义，是对人的普遍要求。然而，人组成社会，形成社会组织，就需要社会管理者。中国儒家“四书”之一的《大学》就是这样的“大人之学”，要所造就的“大人”有境界、格局大。

孔子儒家特别强调“为政以德”“政者，正也”，所看重的正是为政者的高品质与高素养。现实社会需要有人引领，社会要发展，就必须有一批明是非、知荣辱、有格局、能担当的君子、大人。“学以成人”是人作为人的基本要求；在更高层次上，则是“学以成德”“学成大人”。

在中华传统文化中，君子是人格养成的目标、政治品格的境界、为人处世的风范。“君子”是社会引领者、示范者，有时它就是“社会精英”的代名词。因为责任大，所以要求高；既然是尊贵的人，就该是高尚的人。孔子有“君子之德风”“君子喻于义”等说法，又有“君子怀德”和“君子怀刑”之说，君子应该品行高尚，有做人的标准。“刑”与“型”通，有榜样、法式、典范之意，指君子明理修身，循道而行。内心充盈饱满，胸怀坦荡宽广，做事睿智机敏，待人谦虚有礼，也就具备君子人格了。

孔子认为，人能敬其身，才能成其亲。什么是“成其亲”？孔子说：“君子者也，人之成名也。百姓与名，谓之君子，则是成其亲，为君而为其子也。”“成其亲”就是成就他的父亲。“君子”是崇高的名称，是百姓送给的称号，叫作“君之子”，这就成就了他的父亲为君。在那个时代，君是德位相配之人，有地位，有德行，受尊敬。君子是有教养的人。称一个人有教养，为“君子”，就间接夸赞了他的父母和家庭。

在孔子儒家语境中，“大人”“君子”是能够把握礼乐本源的人。孔子说：“先进于礼乐，野人也；后进于礼乐，君子也。如用之，则吾从先进。”从尧、舜、禹、汤到文、武、周公，这些圣王之所以受到孔子推尊，就在于他们思考深入，贴近百姓，知民之性，达民之情。礼的本质意义是什么？《礼记·曲礼上》说：“道德仁义，非礼不成；教训正俗，非礼不备；分争辩讼，非礼不决；君臣上下，父子兄弟，非礼不定；宦学事师，非礼不亲……”那么，怎样深层次把握礼？正如孔子论述的“岂弟君子，民之父母”，人立于天地之间，礼乐本源于自然，扎根于生活，依顺于人情。就像战国竹书记载的大舜，他当年“旧作小人，亲耕于历丘”，故能理解礼乐的真谛、社会的本质、生活的真相。

人文学术在于化成天下。古代“大学之教”是关于穷理、正心的教育。儒学教人成大人，做君子，培养社会引领者。《大学》的“大学之道”，《学记》有具体阐述，其中论述教育要由经文入手，培养学生的志向、德行、品质、能力，最终使学生触类旁通、坚强自立。在这样的基础上，培养的人才才能化育人民，移风易俗，成为社会的管理者。古代大学之教究心穷理、发奋立志，注重修道做人、从政治国，很有价值。它能把握道德教育规律，强调系统性，循序渐进，所有这些，都可作为今日人文教育之借鉴。

随着党和国家对中华优秀传统文化的重视，人们越来越看到中华经典、中华礼仪的价值，期望从中华礼乐文明中汲取智慧。回望五千多年的文明，人们追寻并诠释什么是价值，什么有价值，何种价值优先。中华先人追寻人与天地，与亲人、朋友，与他人，与个人的伦理关系与价值定位，以安立社会和国家，安立个人当下与未来。孔子说："我欲仁，斯仁至矣。"欲使人生、社会、国家变得更加美好，一定依赖心灵抉择与价值皈依。我们期望这一切，如果靠单纯模仿西方所谓"现代性"肯定不可企及。礼乐中华有极其丰厚的文化滋养，经由这里成就道德人生、高贵气质，应该是有志气中国人的共同选择。

（《人民政协报》，2020年9月7日）

孔子的“成德”施教体系

今天所谓“孔子热”“国学热”“传统文化热”，是不是真的已经“热”起来了？我觉得仅仅是相对而“热”。这种“热”是不是一种真正意义上的“热”，另当别论。不过，对于孔子、儒学，我们已经走出了以前的迷茫，正在重新找回民族文化的自信。

那么，要在中华传统文化中寻找智慧，从哪个地方切入呢？在与社会各界的交往中，我深深感觉到，现在大家的思想正在慢慢地走出迷茫，回归或者走向传统，走向正轨。自然，要真正回归传统，还需要一个过程。这个过程，是理解传统文化精髓的过程。那么，传统文化的“真精神”在哪里？在这个问题上，大家的认识还不统一。我们今天讲的是要从孔子那里得到启迪。

孔子弟子三千，孔门教学有自己的内在逻辑，有自身的内在结构，即今天所说的教学体系。那么，我们从哪里切入？孔子的教育目的是什么？内在的结构又是什么？他的教育方法对今天有何启示？

一、孔子“施教”的逻辑顺序

据《孔子家语》记载，孔子弟子子贡来到卫国，卫将军文子和子贡有一段对话，阐述了孔子“施教”的逻辑顺序。其中说：“吾闻孔子之施教也，先之以诗书，而道之以孝悌，说之以仁义，观之以礼乐，然后成之以文德。盖入室升堂者，七十有余人。”可见，这个过程是随着一个人的成长而完成的。促成人在德行方面的成长，即“成德”。

什么是道德？“道”是一种信仰层面的东西，就是价值体系。因为有这样的信仰，所以才会有相应的行为方式，而这个行为方式就是“德”。每个人的德行，每个人的素养，每个人的境界，每个人的格局，基础怎样奠定呢？其实，孔子的教育就是希望成就人的德行，成就人的修养和教养，这就是“成之以文德”。

（一）“先之以诗书”

“先之以诗书”，这里的重点是“先”。诗、书本来是两种科目，后来孔子编定了教本，这就是《诗》《书》，其代表的是经典。

为什么“先之以诗书”呢？为什么以诗书为“先”呢？《左传》载“《诗》《书》，义之府也”。什么是“义”？“义者，事之宜也”，事情应当这样做，我就这样做，这叫“义”。我们说见义勇为，见到我们该做的事，就去做，这就叫见义勇为。见义勇为，未必就是要做出很大的牺牲。比如，我们从路边走，看见一根水管在哗哗流水，去把它关上，这就是见义勇为。也就是说，事情应当这样做，我们就这样做。而诗、书，谈到的都是“义”的问题，是“义的府库”。

《左传》又说：“礼、乐，德之则也。”什么是“德”？“德”是行为的标准，“则”就是榜样，“德”的榜样其实就在“礼”“乐”里面。《论语》载：“质胜文则野，文胜质则史。

文质彬彬，然后君子。”一个人过于质朴，不可以；反之，过于文饰，过于注重表面的细节，可能就过了。文质相应，叫“文质彬彬”。所以，这个“礼”，实际上就是礼文，就是人的文饰。“乐”就是教化人们如何去行礼。

当然，“礼”的内涵很丰富。“以祀礼教敬”“以阳礼教让”“以阴礼教亲”，这是“礼”的不同功能。“礼”“乐”，其实是广义的“礼”。

人有追求利的本性，正如孔子所说“富与贵，是人之所欲也”。如果你读《孟子》，就会发现《孟子》开篇就谈义和利的关系问题。所谓“天下熙熙，皆为利来；天下壤壤，皆为利往”。追求利的时候，“利”和“义”是什么关系？先“义”后“利”，或者以“义”为“利”。说到底，落脚点还是在“利”。这样可以使自己的“利”来得更加正当。所以，孔子“先之以诗书”就是“以诗书先之”，而“以诗书先之”就因为“诗”“书”是义的府库。

孔子曾经编订《诗经》和《尚书》。《关雎》作为《诗经》首篇，大家都很熟悉。孔子编订《诗经》时，为什么把《关雎》作为第一篇？其实这涉及古代的教育制度。古代八岁入小学，十五岁入大学。八岁入小学，学什么？学“有什么”“是什么”；到了十五岁，就学大学。小学称为“小子之学”，就是指小孩学的东西，大学就是“大人之学”。“大人”不仅是年龄概念，更重要的是人的内涵。一个人有了境界，有了气象，有了格局，有了内涵，这才是“大人”。所以说，不是你年龄大了就是大人，大人是有德行的人，有社会性的人。十五岁这个年龄非常重要，一个人到了十五岁，就开始懂事了。而《关雎》中，“关关雎鸠，在河之洲，窈窕淑女，君子好逑”，这两句表达的就是一个孩子喜欢上了另外一个；“参差荇菜，左右流之，窈窕淑女，寤寐求之”，表示因为喜欢而思念对方；“求之不得，寤寐思服，悠哉悠哉，辗转反侧”，因为过于思念对方而寝食难安。这时候，他必须懂得一个道理，就是“琴瑟友之”“钟鼓乐之”。这里讲了一个重要问题，就是“发乎情，止乎礼”。

古代的教育，从小学到大学，一个重要的年龄，就是十五岁。人在十五岁进入青春期。佛家讲“戒”，其实儒家也讲“戒”。孔子说君子有三戒：“少之时，血气未定，戒之在色；及其壮也，血气方刚，戒之在斗；及其老也，血气既衰，戒之在得。”这是《论语》教导我们的。其中“少之时，血气未定，戒之在色”，这个“色”很关键。《孟子》里有一句话；“食色，性也。”吃饱穿暖是物质需求，色就是精神需求。这种感觉非常美好，也非常正常。孩子到了十五岁，情窦初开，教育的最佳时机恰恰就是这个时候。孩子进入这个年龄，进行诗、书、礼、乐之教。《诗》第一篇告诉孩子，在懂事的年龄，你不是一个纯粹的小动物，你是具有社会性内涵的人。中国传统的教化思想很了不起，这是一个很好的体现。

什么叫“礼”？礼者，理也。礼者，理万物者也。《礼记·礼器》说：“礼也者，合于天时，设于地财，顺于鬼神，合于人心。”这个“礼”，有一个内在的道理，是对人的行为的人性思考。中国文化的特点，就是研究人性和人的价值。不言而喻，每一个人都有双重属性。人首先是一个自然的人，作为一个自然人，我们有自己的自然性。我们的喜、怒、哀、乐，都是自然性。但我们不仅是一个自然人，还是一个社会人。作为一个社会的人，我们必须考虑如何与其他人相处，如何与这个社会、这个国家、这个民族，甚至与自然处理关系。作为一个自然的人，是我“想怎么样”，但作为一个社会的人，就是我“应怎么样”了。一首好的诗歌，一定起于一种情感，终于一种智慧。这种情感发乎自然，所以我们高兴的时候就手舞足蹈，这是一种情感的自然外露，但发乎情还必须得止乎礼。

人心教化要“适时而教”。什么是适时而教呢？就是教于当教之时。大学就是大人之学，“学”是一个名词，大人之学，大人如何学？“安其学而亲其师，乐其友而信其道”，师之传道才是最重要的。“道之所存，师之所存也。”老师不传道，这个老师就是一个教书匠。“师者，所以传道受业解惑也。”当老师的，如果不传道，如果不传承价值观，那这个老师顶多就是知识比别人多一点儿。《礼记·学记》说“安其学而亲其师”，老师承载着学，承载着境界，承载着信仰，老师的一举一动、一言一行都可能承载道，所以当一个学生“安其学”的时候，才能“亲其师”。“安其学而亲其师，乐其友而信其道”，这里“学”与“道”是同位词。适时而教，教的是道，教的是修身做人。“发乎情，止乎礼”，这个“礼”也是道，是行为的标准。

“大学之道，在明明德，在亲民，在止于至善。”《大学》中“止于至善”说的就是方向。培根说过一句话：“知识就是力量。”我认为，后面还要加一句话：“知识就是力量，力量需要方向。”我有很大的力量，要看这个力量用来做什么。如果用这个力量来做坏事的话，力量越大危害就越大。文化强调方向，有人说：“不要让孩子输在起跑线上。”此话怎么理解？有两个要点：第一，起点；第二，方向。方向对了，跑得慢点儿没关系；方向错了，跑得越快越糟糕。

中国文化特别讲究方向，这个方向就是“至善”，所谓“止于至善”。中国文化讲“知止”，“知止而后有定，定而后能静，静而后能安，安而后能虑，虑而后能得”。怎样把握“至善”呢？首先要明确方向，只有知止，才能穷理、正心、明德。

中国典籍里面谈到“止”的地方很多。“为人君，止于仁；为人臣，止于敬；为人子，止于孝；为人父，止于慈；与国人交，止于信。”作为君王，要做一个仁君；作为下属，要敬于执事；作为子女，要孝；作为父母，要慈。孔子到了齐国，齐景公向孔子问政，孔子说了八个字：“君君，臣臣，父父，子子。”很多人说这句话是强调君权、父权。其实，孔子的意思是，我们每个人在社会上的角色都是复合的，无论是君还是臣，都是相对的。我们既然处在不同的社会关系中，那么每个人都要做好自己，这就是“君君，臣臣，父父，子子”。怎样做好自己呢？应该明白自己的社会定位。作为君，就要“止于仁”；作为父，就要“止于慈”。只有明白自己的角色定位，才能知道自己应该怎么做。儒家大学之道，就是教人们去做自己该做的。

那么，如何“知止”？我个人理解，在社会中，最不能缺少的就是两个字，一个是“爱”，一个是“敬”。如果社会充满爱，如果每个人都懂得敬，那问题就好解决了。

儒家文化有两个东西最重要，一个是仁爱，一个是敬畏。儒家特别讲究仁爱。“人而不仁，如礼何？人而不仁，如乐何？”人如果不仁，那礼乐秩序怎么办呢？很多人说法律很重要，法律当然重要，但“国皆有法，而无使法必行之法”，制定法律很容易，但又有哪一部法律能够保证法律得到执行呢？人如果不自觉遵守礼，那礼乐秩序怎么办呢？再好的规则，到了没有素养的人那里，都会变得漏洞百出。

（二）“道（导）之以孝悌”

所谓“道”，与“导”相通，这里应该就是“引导”的意思。这句话的重点或者很有意思的地方是这个“导”字。

儒家特别重视孝悌。请大家注意，儒家谈孝悌，孝悌不是终点，而是起点。儒家不是为孝悌而孝悌。孝悌规定了爱与敬的方向，人应该沿这个方向走下去。

孝当然就是孝亲，悌当然就是敬长。人来到世界上，首先得到的就是父母的关爱。没有父母，就没有这一切。当我们什么都不知道的时候，首先看到的就是自己的父母，然后就是兄长。那么，爱父母，敬兄长，把这种爱和敬推广开来，社会就不缺少爱与敬。孔子说“立爱自亲始”“立敬自长始”，爱与敬的培养，是从孝悌开始的。

《论语·学而》第一章就讲“学而时习之”，第二章讲“其为人也孝弟，而好犯上者，鲜矣；不好犯上，而好作乱者，未之有也”，“孝弟也者，其为仁之本与”。孝悌为什么是为人的根本？因为孝悌是培养爱与敬的。

《孔子家语·大婚解》记载，有一天，鲁哀公向孔子请教，孔子说：“古之政，爱人为大，所以治。爱人，礼为大，所以治。礼，敬为大。敬之至矣，大婚为大。”最后落脚点是“爱与敬，其政之本与”。为政、管理社会，就是要让社会充满爱和敬，要让人们懂得爱和敬。人们有了爱心，有了敬畏之心，很多问题就会迎刃而解。这是政治的根本。

为政者从孝悌出发，以孝悌来引导人，来培养爱与敬，这就是为政之本。儒家讲的爱，是从父母的亲情之爱开始的。《中庸》说：“仁者，人也，亲亲为大。”只要是个人，就应当有爱心，有爱心的基本表现就是“亲亲”。只有“亲亲”，才有可能“不独亲其亲”，才有可能“老吾老，以及人之老；幼吾幼，以及人之幼”，才有可能“泛爱众”，进而“仁厚及于鸟兽昆虫”。

这种亲亲之爱，放大以后，推广开来，才有社会的爱，才有可能把家庭伦理变成政治伦理。一个人连在家庭里面做人的问题都解决不了，到了社会上忽然有了满腔的爱心，这是不可想象的，也不符合逻辑。

儒家特别讲究忠恕，讲究从修己到推己。修己，是“仁者，人也，亲亲为大”，人修己就是“忠”。把这种修己之心推展开来，就是“恕”。修己是“忠”，推己是“恕”，“忠恕”就是孔子的一贯之道。子曰：“参乎！吾道一以贯之。”曾子曰：“唯。”子出，门人问曰：“何谓也？”曾子曰：“夫子之道，忠恕而已矣。”（《论语·里仁》）孔子之道，儒家之道，无非就是“忠恕”。“忠”是根本，是修己。一个人只有修己才能推己。同样，只有推己才能更好地修己。

“忠”和“恕”哪个更重要呢？子贡向孔子请教：“有一言而可以终身行之者乎？”孔子回答：“其恕乎！”什么是“恕”呢？孔子接着解释：“己所不欲，勿施于人。”这就是“恕”，就是换位思考。这个“己”，不是一个纯粹的自然的人，而是一个具有道德修养的社会的人。

（三）“说（悦）之以仁义”

所谓“说之以仁义”，就是“以仁义说之”。这个“说”一般理解为反复申说、重点申述，其实应该与“喜悦”的“悦”相通，让人以行仁义为悦，就是让人们“里仁为美”，以“仁”为自己的“安宅”。

“说之以仁义”，就是告诉大家一定要做到仁义，安心于做仁义之人，行仁义之事。什么叫“仁”？“仁者，人也，亲亲为大。”这个环节说起来很容易，但做起来并不容易。有一个英国作家说：“孔子为达到他的目的所提出的方法是简单的。也许你不会马上就喜欢它，但是其中却蕴含着比人们第一眼所看到的更多的智慧。”而要发现这个“更多的智慧”，实际上有一个关键的环节，就是从修己到推己。每个人都是自然的人，每个人都是利己的，都是考虑自己比较清楚。由修己到推己，说起来简单，但真正做起来很难。

这里，有一个关键环节，就是“说”，即“悦”，就是要让人们不仅以此为乐，更以此为悦。孔子的理想是“少者怀之”“朋友信之”。年轻人怀抱理想，有追求，走正道，社会上的人们以忠信做人，以忠信相交，这不就是一个充满仁义爱敬的世界了吗？儒家为什么反复讲“仁义之道”？“仁爱”的“仁”，古体字的上边是身，下边是心。这个字，意思不是让人心里想着自己，而是让人反省自身。一提到“仁”，大家想到的就是“仁者爱人”，就是人与人之间的相互关爱，其实这个字更强调修己。一个人只有“成己”“克己”“为仁由己”“敦于反己”，才有可能做到仁爱。儒家仁爱的逻辑，首先就是修己，然后是推己。只有修己才能孝亲，修己的基本表现就是孝亲，只有孝亲才能爱人，进而才能爱物。这就是儒家的仁爱学说。

儒家讲仁义，什么是仁义？首先是修己以安人。忠，就是修己，“修己以敬”，“修己以安人”，“修己以安百姓”，修己以安天下。儒家很多典籍讲的恰恰就是推己及人。《中庸》说：“道不远人。人之为道而远人，不可以为道。”有些人讲“道”，像雾像雨又像风，不可捉摸。当然，“道”确实很难捉摸，所以老子说“道可道，非常道”，但“道”又离我们很近，每个人身上都承载着“道”，“道也者，不可须臾离也，可离非道也”。人的一言一行都体现了自己的人生境界，一举一动都彰显着自身素养，真正有境界的人，会把普通岗位当成道场，所以“道”离我们每一个人都很近。

《孔子家语》里面有《三恕》篇，其中说："君子有三恕。有君不能事，有臣而求其使，非恕也；有亲不能孝，有子而求其报，非恕也；有兄不能敬，有弟而求其顺，非恕也。""恕"，其实很简单，"士能明于三恕之本，则可谓端身矣"。三"恕"的根本，就是修己。"施诸己而不愿，亦勿施于人"，"己所不欲，勿施于人"，自己做不好，反而要求别人怎么样，肯定行不通。《中庸》还有一段说法："所求乎子以事父，未能也；所求乎臣以事君，未能也；所求乎弟以事兄，未能也；所求乎朋友先施之，未能也。"希望别人对自己怎么样，先想想自己是怎么做的，严以律己，宽以待人。很多人对自己很宽容，对别人却很严格，这就"非恕"。所以，仁义之道就是忠恕之道，忠恕之道就是换位思考，换位思考乃以修己为前提。

（四）"观之以礼乐"

"观之以礼乐"，礼乐可以表演，所以可以观。这就是参加礼乐活动、礼乐实践的意思。这是孔子施教的一个重要辅助。

"仁者，人也，亲亲为大。""义者，宜也，尊贤为大。亲亲之杀，尊贤之等，礼所生也。""礼者，政之本也。"礼，作为一种外在的形式，一定表达着深刻的内涵。一个彬彬有礼的人，一定有内在的修养。周代的礼乐教化，非常注重人心的教化，周代的大司徒职责有所谓"十二教"，摆在首位的是"以祀礼教敬"，即用祭祀之礼培养人的敬畏之心。

"以祀礼教敬"很重要。比如，我们祭祀黄帝，礼敬的是人文初祖，因为我们是中华儿女。我们礼敬孔子，尊重的是孔子本人，同时更尊重孔子所确立和阐述的价值观念。此外，"十二教"的内容还有很多。"以阳礼教让"，"阳礼"就是人与人之间的礼仪活动，培养礼让的品质；“以阴礼教亲”，祭祀之礼的深层内涵，一定是尊尊而亲亲，亲亲就是宗法观念深入人心；“以乐礼教和”，“乐礼”就是礼乐，礼然后乐。《乐记》云：“乐者，通伦理者也。”有些音乐是感人至深的，所以教化人心“莫善于乐”，移风易俗“莫善于乐”。其实，这些都属于礼乐的范畴。

《孔子家语·观乡射》谈孔子和弟子观礼的事。比如孔子观于乡射是观射礼，观于乡是观乡饮酒礼，观于蜡就是观蜡礼。观礼，学什么？比如射礼，很多人在射礼上迷失了，看到射礼，就以为孔子的“六艺”是指礼、乐、射、御、书、数。其实，在小学“六艺”里面，射是指射箭，属于兵战教育；而在大学“六艺”里面，射指射礼，属于礼的范畴。观于乡射是指乡射礼。射礼考虑的是人们的中正，或是人道。“射者，仁之道也。射求正诸己，己正而后发，发而不中，则不怨胜己者，反求诸己而已矣。”

《论语》里有句话叫作“君子无所争”。一个境界高的人，又有什么可争的呢？境界高了，就无所争。如果有所争，“必也射乎”，意思是如果要争可能就是射箭。“君子无所争。必也射乎！揖让而升，下而饮。其争也君子。”这是说观射礼，比的是人的中正。所以“观之以礼乐”，在“观”礼乐的过程中，心灵得到了教化和醇化。

何谓乡饮酒礼？到了年终，把老人请来，对老人尊敬、序齿。传统中国，年龄越大，境界越高。因为那时，很多知识都是靠口耳相传的。咱们常说，有些人吃的盐比我们吃的面都多，有些人过的桥比我们走的路都多，对这些人要尊重。《孟子》载：“五亩之宅，树之以桑，五十者可以衣帛矣。鸡豚狗彘之畜，无失其时，七十者可以食肉矣。百亩之田，勿夺其时，数口之家可以无饥矣。谨庠序之教，申之以孝悌之义，颁白者不负戴于道路矣。七十者衣帛食肉，黎民不饥不寒，然而不王者，未之有也。”一个人年龄大，得到的尊重就多。《论语》记载：“乡人饮酒，杖者出，斯出矣。”“杖者”就是拄拐杖的老人，老人出来以后，我们再走。乡饮酒礼是尊老礼，观这种礼仪，可得到敬的教育。

观于蜡，蜡礼就是年终的时候集合众神，把祭祀对象都请来进行祭祀。《孔子家语·礼运》和《礼记·杂记下》记载，孔子做大司寇的时候，鲁国举行了一次大的祭祀，孔子做傧相，就是相礼的人。可能在举行礼仪活动的时候，有人只注重形式而不注重内容，存其仪而失其义，有仪式而无内涵。孔子很感慨，参加礼仪之后，与子游讨论这个问题。孔子认为，举行完仪式，大家都高兴，一国之人皆若狂，年终时大家都要放松一下。这个时候，孔子想到，一张一弛，文武之道也。孔子从礼仪中悟出了很多道理。参加礼乐活动，可以培养一种“敬”。这种“敬”，通过观礼，会得到心灵的改变，这就是“观之以礼乐”的效果。

这就是孔子教育体系的顺序：“先之以诗书，而道之以孝悌，说之以仁义，观之以礼乐，然后成之以文德。”只有这样，一个人的境界才能真正提升。今天弘扬中华优秀传统文化也是这样，并不是上两次课，讲两次儒学，人的德行就提高了。它慢慢融化于心，是一个“润物细无声”的过程。

二、古代的“大学”与“小学”

前人叙述古代的教育，有大学、小学之分。人们这样说：“人生八岁，则自王公以下，至于庶人之子弟，皆入小学，而教之以洒扫、应对、进退之节，礼、乐、射、御、书、数之文。”

到了十五岁以后，就不是所有的孩子都能接受教育了。“及其十有五年，则自天子之元子、众子，以至公、卿、大夫、元士之适子，与凡民之俊秀，皆入大学，而教之以穷理、正心、修己、治人之道。此又学校之教、大小之节所以分也。”穷理就是了解社会，了解人生，了解自然。在了解的基础上，才能正心；只有明理，才能知耻，才能好恶有节；只有修己，才能治人，才能安人，才能从事社会管理。

如果说，小学学的是“有什么”“是什么”，大学学的则是“为什么”“怎么做”。古代教育很有意思，小学又称为小艺、小节，大学又称为大艺、大节。“古者年八岁而出就外舍，学小艺焉，履小节焉。束发而就大学，学大艺焉，履大节焉。居则习礼文，行则鸣佩玉，升车则闻和鸾之声，是以非僻之心无自入也。”这是《大戴礼记·保傅》明确记载的。

《论语》则记载孔子的话：“自行束脩以上，吾未尝无诲焉。”很多人认为这是说孔子收学费，其实“束脩”是一个年龄概念，即“束修”，指的是束发修饰，孩子到了十五岁，不能披头散发了，要把头发盘起来。“行束脩”就是行束脩礼，凡是十五岁以上，孔子都教。孔子所教，实际上是大学，是成人之学。人到了十五岁，开始懂事了。小艺和小节与大艺和大节，是相互联系的。比如说，小艺，礼、乐、射、御、书、数，这个“书”，其实就是“六书”，就是认字写字，“盖文字者，经艺之本，王政之始，前人所以垂后，后人所以识古”。如果我们连字都读不对，或者读不准，肯定会出问题。可见，小学和大学之间，是有着密切的内在联系的，不能将二者截然分开。

比如《说文解字》，既是一部字书，也是一位著名经学家的作品。清人孙星衍在《重刻宋本说文序》中说：“唐虞三代五经文字毁于暴秦，而存于《说文》。《说文》不作，几于不知六义；六义不通，唐虞三代古文不可复识，五经不得其本解。”《诗》《书》《礼》《乐》这些典籍，如果不懂文字肯定读不懂，而要懂文字，就要从小学做起。小学和大学之间虽有一个界限，但是内在的联系又非常清楚。

小学是“小子之学”，就是对小孩子的教育。大学称为“大人之学”，就是要培养有格局的大人。小学与大学之间的联系，应该是一个自然的过渡。小学是打基础，方向要对。大学强调明理、正心，培养人的大格局。只有这样，培养出来的人才有可能去引领社会，从事管理。

三、明理正心与人的心灵转向

有人说，人的一生可能有两次生命，肉体的生命是一次，还有一次就是灵魂的觉知。后者指的就是活明白。一个人要真正做到灵魂觉知，就要明白自己是谁，要明白自己走向哪里。《易传》里有句话，叫作“进退无恒”。很多人跑得很快，如果跑得太快了，灵魂跟不上，就可能不踏实。《老子》说“载营魄抱一”，“营”就是身体，“魄”就是魂魄。很多人魂魄离开身体，看似是在工作，其实心不在工作上，这种人可能走稳自己的人生路吗?

十五岁这个概念很重要。孩子到了十五岁，长大了，懂事了，这时候，他必须明理，要“穷理，正心，修己，安人”。“穷理”就是明理，格物致知，在实践中求得真知，去理解人生和社会，只有这样才能端正内心，只有明理才能正心，才能好恶有节。“道”的意义是什么？就是在十字路口，一个年长的人告诉你往哪里走。《中庸》中有句话，“道前定则不穷”，是说一个人有了正确的信仰，他在人生的旅途中就不会茫然失措。孔子说：

“吾十有五而志于学。”“志于学”就是“志于道”，就是有了信仰，有了追求。其实，作为一个成年人，就应该有自己的内涵。孔子说：“士志于道，而耻恶衣恶食者，未足与议也。”一个人有了很高的人生境界，他就不会“耻恶衣恶食”。恶衣恶食，无非就是吃得不好，穿得不好。一个人如果吃得不好，穿得不好，就觉得没面子，那么，这个人便“未足与议也”。一个真正有境界的人，绝不会斤斤计较于生活的琐事。

如何才能让人成为“志于道”的人？如何使人成为真正的成人？成人就是有内涵的人。孟子说“人之所以异于禽兽者几希”，“几希”就是很少。人之所以区别于禽兽，就是因为懂得礼义，即《礼记·冠义》所说：“凡人之所以为人者，礼义也。”《礼记·礼运》记载孔子说：“何谓人情？喜、怒、哀、惧、爱、恶、欲，七者弗学而能。何谓人义？父慈、子孝、兄良、弟弟、夫义、妇听、长惠、幼顺、君仁、臣忠，十者谓之人义。”如果连人义都不懂，那么离禽兽就不远了。成人所强调的不仅仅是年龄概念，更重要的是人的内涵，要求人具备“人情”和“人义”。《论语·宪问》记载了孔子对成人的定义。子曰：“若臧武仲之知，公绰之不欲，卞庄子之勇，冉求之艺，文之以礼乐，亦可以为成人矣。”曰：“今之成人者何必然？见利思义，见危授命，久要不忘平生之言，亦可以为成人矣。”《孔子家语·颜回》中记载了一段颜回和孔子的对话。颜回问于孔子曰：“成人之行若何？”子曰：“达于情性之理，通于物类之变，知幽明之故，睹游气之原。若此可谓成人矣。既能成人，而又加之以仁义礼乐，成人之行也。若乃穷神知礼，德之盛也。” 在孔子看来，一个人可以很有智慧，一个人可以去除欲望，一个人可以很勇敢，一个人可以多才多艺，但是这些还不够，他还必须“文之以礼乐”，也就是必须懂得修身做人的内涵。一个人如果仅仅有智慧，那就只是聪明而已；一个人如果过分勇猛，那就有可能是匹夫之勇。只有才艺而没有道德，那还不算成人。一个人必须“文之以礼乐”，这样才算是“成人之行”。

古代举行成人礼，男子举行冠礼，女子举行笄礼，内涵就是“戒”。什么是“戒”？《国语·晋语六》说得清楚：“戒之，此谓成人。成人在始与善。始与善，善进善，不善蔑由至矣；始与不善，不善进不善，善亦蔑由至矣。”这里的“与善”就是与善的人结交，形成正确的价值观念，然后用正确的价值观念指导自己的行动。

郭店楚简《性自命出》说：“凡人虽有性，心亡奠志，待物而后作，待悦而后行，待习而后奠。喜怒哀悲之气，性也。及其见于外，则物取之也。”又说：“性自命出，命自天降。道始于情，情生于性。始者近情，终者近义。”《中庸》说：“天命之谓性，率性之谓道，修道之谓教。”《性自命出》又谈道：“始者近情，终者近义。”情，指人情；义，指人义。教育就是从人性出发，使人知道如何控制自己，使人更加理性。近百年前，中国著名文化史研究者柳诒徵先生写了一篇文章，名曰《论中国近世之病源》，说：“今日社会国家重要问题，不在信孔子不信孔子，而在成人不成人。凡彼败坏社会国家者，皆不成人者之所为也。苟欲一反其所为，而建设新社会新国家焉，则必须先使人人知所以为人，而讲明为人之道，莫孔子之教若矣。”要解决社会中的重要问题，首先要解决做人的问题，做人的问题解决了，社会的问题也就容易解决了。那么，做人的问题如何解决呢？其实就是施行孔子之道、孔子之教，孔子思想、儒家学说谈的恰恰就是如何做人的问题。

四、经典与人之“文德”养成

孔子教书，最后是“成之以文德”。那么，什么叫“成之以文德”？《孔子家语·王言解》记载孔子说：“夫道者，所以明德也；德者，所以尊道也。是以非德，道不尊；非道，德不明。”“道”就是价值信仰。价值信仰很重要，有什么样的价值信仰，就有什么样的行为规范，就有什么样的行为准则，就有什么样的具体的行为。具体的行为就是“德”，就是如何做，如何成为一个人。孔子又说：“虽有国之良马，不以其道服乘之，不可以道里。虽有博地众民，不以其道治之，不可以致霸王。”两千五百多年前，孔子说的这话，今天也非常有用。地大物博，人口众多，今天恰恰是这样。如果国家没有“道”，没有一个共同的价值观，那么就不能成为“霸王”。霸，就是强大；王，就是伟大。不可能成“霸王”，就是说这个国家不可能强大起来，更不可能伟大起来。中华民族要想真的强大起来，必须有共同的价值观念，这个共同的价值观念，就是大家共同遵循的“道”。这个共同的“道”在哪里呢？就在具体的行为中。

孔子的一生就是求道的一生，他一生都在为“道”而努力。子曰：“朝闻道，夕死可矣。”如果看到价值信仰、社会的理想信念实现了，即使离开这个世界也没有什么遗憾了，可见孔子对“道”的渴求。儒家教育就是在人们内心播下信念的种子。王阳明特别强调这一点，人有了信念就好像播下了种子，有了信念，所有的行为，都会考虑这个标准。这个种子说不定哪一天就会生根开花，就会结果。没有信念，“犹耕而弗种也”。当一个人没有信念，不知道做什么人的时候，所有的忙碌可能都是无效的，不知道往哪里走。

不论是谁，他当初来到这个世界上的时候，都是纯粹的人。慢慢长大以后，逐渐产生了一种有好恶的情感。如果“好恶无节于内”，即喜欢一个东西，讨厌一个东西，在内心里没有节制，就会造成很严重的后果。《礼记·乐记》中说：“好恶无节于内，知诱于外，不能反躬，天理灭矣。”天理灭了之后，就相当于“为外物所化”。“夫物之感人无穷，而人之好恶无节，则是物至而人化物也。人化物也者，灭天理而穷人欲者也。”天理，就是人们必须遵守的规则；人欲，就是人们的欲望、欲求。如果人们的欲求无节制，就可能会导致物欲横流。当一个人、一个社会物欲横流的时候，就可能被外物所化，“物至而人化物也”。人被外物所化，就“灭天理而穷人欲”。

《论语》开篇谈的就是人的境界问题。我以为，传统的理解存在着一些偏差。“学而时习之，不亦说乎”，“学”是名词而不是动词，“学”就是学术；“而”是假设连词，就是假如；“时”就是时代。假如我的学术被这个社会、被这个时代所认可，“不亦说乎”，不是太令人感到喜悦了吗？希望自己的理想实现，这是孔子的境界。孔子希望自己的学术被这个社会认可，他周游列国，希望找到能够施展自己抱负的地方。

退一步说，即使理想没有实现，“有朋自远方来，不亦乐乎”。“有朋”就是有朋友。“朋友”不是一般意义上的朋友，而是志同道合的人，“同门曰朋，同志曰友”。《周易》里有这样一句话——“君子以朋友讲习”，君子和志同道合的人谈学论道。有这么一个人从远方而来，这个“远方”，未必是空间意义上的，也可能是心灵意义上的。忽然有这么一个人认同我，那不是也很开心吗？孔子的理想是“学而时习之”，如果没有实现，有人认可，他也很快乐，但这个“不亦乐乎”的“乐”，已经不是发自内心的喜悦了。“说”是发自内心的喜悦，“乐”只是快乐而已，这是退一步。

再退一步，就是“人不知而不愠，不亦君子乎”。意思是，即使所有的人都不理解我，我也要坚定自己的信念，这就是信念坚定的君子。实际上，孔子这里所讲的问题就是如何处理自己的理想。子曰：“吾十有五而志于学。”这个“学”是作为名词的“学”。我们有了正确的信念，就为这个信念而努力。如果大家认可，当然很开心；如果不被所有人认可，有人理解，也很高兴；如果没人认可，没人理解，也要坚定自己的信念。

这样，《论语》开篇的意思是：“如果我的学说被社会普遍接受，在社会实践中应用它，那不令人喜悦吗？即使不是这样，有赞同我的学说的人从远方而来，不也很快乐吗？再退一步说，我的学说没被社会采用，也没有人理解，自己并不因此怨愤恼怒，不也是有修养的君子吗？”面对希望的时候，“不亦说乎”；面对失望的时候，“有朋自远方来，不亦乐乎”；面对绝望的时候，也要坚定自己的信念，“不亦君子乎”。作为一个君子，就必须做到信念坚定。

孔子的信念就是希望人们成就“文德”。他认为，每个人都有“文德”的时候，天下的“道”就显现出来了。天下有道，就不至于礼崩乐坏。孔子所处的时代是“天下无道”的时代，是礼崩乐坏的时代，价值观混乱，是非观扭曲。是非观扭曲的表现就是礼崩乐坏，许多人该这样做却不这么做。

许多地方的孔庙有“礼门”“义路”牌坊之类的建筑。什么是“礼门义路”？门，就是我们进出时应当走的地方。孔子曾经说：“谁能出不由户？何莫由斯道也？”（《论语·雍也》）谁出门不从门里走呢？为什么就有人不从门里走呢？孟子则说：

“夫义，路也；礼，门也。”（《孟子·万章下》）走路的时候从路上走，就是“礼门义路”。

孔子教人“成之以文德”，讲得很高大上，问题在于如何使之“落地”。孔子施教，看起来是一套系统，比如“先之以诗书”，那“诗”“书”的本质是什么，如何读书才能使孩子们受到熏陶教化，才能让他们去思考“人之所以为人”的道理，这是我们从孔子施教中发现的问题。

孔子施教与书院精神

洙泗书院乃先师讲堂、儒家祖庭，欲论孔子与中国书院精神之关系，于斯致思，不亦宜乎！

《周易·贲卦》曰：“刚柔交错，天文也。文明以止，人文也。观乎天文，以察时变；观乎人文，以化成天下。”“文明以止”乃人文教化之目标，“化成天下”以“文明以止”为教化方向。夫子继承上古三代历史文化，形成了博大精深之思想体系，包含了系统完备之教化学说，影响中国可谓至深至巨。夫子以后，儒家学说成为我中华民族之内在精神，自然也成为传统中国书院之精神。

《孔子家语·弟子行》有一段极重要之记载，清晰展现了夫子平生之教学体系。其中有曰：“吾闻孔子之施教也，先之以诗书，而道之以孝悌，说之以仁义，观之以礼乐，然后成之以文德。盖入室升堂者，七十有余人。”夫子进行“文德”教育，所培养之弟子都是文德典范。认真研究夫子这一教学框架，会发现其中有严密的内在结构，有符合教育规律的深层逻辑。

文德教育乃孔门教学之灵魂，是儒家教化之中心所在。儒者，濡也，以先王之道能濡其身。孔子儒学牢笼天地，包蕴精微，一言以蔽之，它所关心的是人心之和顺、社会之和谐。中国古代书院教育就是儒学教育，其方式，其方法，其路径，其目标，无不与孔子“施教”方法和教学体系深度契合，对今天进行传统文化教育极具启发与指导意义。《孔子家语·王言解》记孔子说：“夫道者，所以明德也；德者，所以尊道也。是以非德，道不尊；非道，德不明。”正确的价值体系决定德行的方向，人的德行体现价值与信仰。没有好的德行，作为价值体系的“道”可能就是模糊的。孔子所施行的教育，乃是通过文德的培养树立正确价值观。孔子又说：“虽有国之良马，不以其道服乘之，不可以道里。虽有博地众民，不以其道治之，不可以致霸王。”有了正确的道，才具有良好的德；有了正确的价值体系，才有良好的行为方式。这样的人越来越多，国家才能强大进而伟大。

古代书院与社会政治密切相关，就像许许多多的文庙一样，关注天下时事，与社会直接相通。书院与“占尽天下名山”的寺庙、道观不同，它不会置身“世”外，不会远离人间。例如，在书院大兴的宋代，书院无不讲论经学，将经义推之政事。钱穆先生说：“宋学精神，厥有两端，一曰革新政令，二曰创通经义，而精神之所寄则在书院。”离开了对社会的关切，就没有传统中国书院的内在精神。

书院的兴衰与社会思想的变化有关。孔子当初开创私学，授教于洙泗之间，继承发展了周代的“王官学”传统，探索出了极其成功的教育教学模式。他与弟子们共同组成了中国最早的民间学术团体，已经具有了书院的雏形。孔子的教学不拘形式，方法灵活多样，论说修己安人，讲述先王之道。正式意义上的书院始于唐代。由于科举时代要通过考试选拔人才，很多文人学士要为科举考试做准备，于是有人在山林之间筑起书屋，相聚读书论道、修身养性，早期书院应运而生。

宋代理学兴起，儒家学者以儒家经典教授于各地，讲学之风大盛，书院蓬勃兴起。宋代书院在规模、性质与功能上都发生了变化。书院与科举考试有关，决定了宋代书院的性质与方向。例如范仲淹从政时设置学官，胡瑗等人则以“明经”“政用”设科讲学。北宋中期理学形成之时，以地域为名的学派出现。这些学派讲授儒经，彼此呼应，成为儒学复兴的重要场所。在书院文化中，影响最大的人物是朱子。他在福建建立“闽学”，逐渐形成了完备的儒学体系。从“二程”到朱子，在几代人的传授过程中，其学术文化都有书院与之相随。

（2017年3月22日在洙泗书院文化复兴工作筹委会成立仪式上的讲话）

人学视野与中华文化智慧力量

探讨人类命运共同体，就要研究人本身。可以说，中国儒学的核心是人学，是关于人性与人价值问题的思考。中国的文化选择使中华民族几千年来更加和谐、和平地生活在一起，随着中华民族的伟大复兴，中国将为世界做出更大贡献。

中国人的“至德要道”

文明的底色在道德。尤其新冠疫情突如其来，世界共同面对这个特殊敌人，有识之士更加瞩目中国。有人说，西方国家的建立往往总有一个开端，而中国在漫长的历史中，每当建立起大一统盛世时，总认为这是复兴，是回到巅峰。西方曾经的强大帝国只是昙花一现，中国却能连绵不断，永远传承。

人被视为万物之灵。人们共同生活在天地之间，最不可或缺的就是爱与敬，这是中华圣哲对世道人心的深切体察。《论语》记孔子说“仁者爱人”。《孔子家语·大婚解》则记孔子说：“爱与敬，其政之本与！”儒家所倡导的爱与敬深深扎根在“家”的土壤里。古代重视婚姻，就是重视家庭，进而重视君臣、上下、礼仪。婚姻是“人道大伦”，婚姻被赋予爱与敬的意义。孔子说

“立爱自亲始”“立敬自长始”。三国时期刘劭《人物志》则说：“人道之极，莫过爱敬。”中国历来极重孝悌，儒家讲爱敬，以孝悌为基础，认为这是“为人之本”。从实质上讲，中国的教育在于引导人们的爱与敬。

人道之“正”在于“政”

人是社会的人，人组成社会力量才更强大。社会要和谐、要稳定、要发展，就要以正治国。鲁君向孔子请教“人道孰为大”，孔子回答“人道，政为大”，为政就是正人，正人在于正心，使人心“思无邪”，使社会“归于正”。

在孔子看来，古人治政，有仁德、有爱心最重要。历史上那些为政者，一定先把“爱人”放在首位。既然如此，孔子特别强调“人君先立仁于己”，因为所谓天下有道，一定是人道大行。故《孔子家语》记孔子说，君王以道治民要“内修七教”：“上敬老则下益孝，上尊齿则下益悌，上乐施则下益宽，上亲贤则下择友，上好德则下不隐，上恶贪则下耻争，上廉让则下耻节。”

显而易见，中国传统上讲“为政以德”，首先是为政者正，即“政者，正也”。“凡上者，民之表也，表正则何物不正？”因此，孔子强调“正名”，为君、为政者“其身正”，才能天下有道，社会才能臻至理想境界。

克己修身，天下归仁

人之为人，要追求知识和力量，但中华传统文化绝不单纯、片面强调“知识就是力量”，而是先确定方向再提升力量。“止于至善”是中国人的追求，社会走向至善，就必须明德新民。明明德，致良知，以彰显人性的光辉。

在注重外在约束的同时，中国更强调内在自觉。儒家反复讲“克己”“修己”“敦于反己”“三省吾身”等。《中庸》说“天命之谓性，率性之谓道”，人要明晰使命，发挥主观能动性，积极引导性情走上正路。君子“言必忠信而心不怨，仁义在身而色无伐”，思虑通明，笃行信道，自强不息，这种淡定与安宁来自对人生与社会的理解。人追求心与神、心与物的和合为一，有了起步阶段的修养，就能获得大格局、大气象。

中国的仁爱观强调内在情感的推延，由“亲亲”而“不独亲其亲”，以至于“泛爱众”。亲亲而仁民，仁民而爱物，爱的传递不是量的递减，它牢固而坚实，内力源源不断，最终“天下归仁”。孔子说君子“畏天命”，又说“不知命，无以为君子也”。“天命”不是什么迷信，人们在西周初年就走出了这样的迷信，人们明白“天命靡常”，“天视自我民视，天听自我民听”，“民之所欲，天必从之”。在这里，“天命”就是天意，天意就是民意。

和而不同，世界大同

人与人、国与国如何相处？中国文化传统既讲“和而不同”，也追求社会“大同”。“不同”与“大同”是对立统一。主张不同，观点不同，可以和谐相处，但不会盲目附和，更不会同流合污。既要强调“礼之用，和为贵”，同时不能忘记“知和而和，不以礼节之，亦不可行也”。这样的智慧让人们求大同、存小异，从大处着眼，往远处看。

这样的“不同”与“大同”，彰显了中国人温良恭俭让的精神气质、道德品格。它以“群体意识”为思维的逻辑起点，注重人的社会性存在，因而格外强调自我克制、自我管束。群体意识强化了秩序意识、责任意识，中国人重视礼法，懂得个人服从集体，服从组织。中国人讲尊重、讲平等，更讲责任、讲义务。每当关键时候，总能看到一大批乐于付出、甘于奉献的人。

在《尚书·尧典》中，有“协和万邦”的理念。从孔子到今天，中国的社会理想就是“天下为公”。因为追求公共意识和公德意识，人们注重个人品德、家庭美德、职业道德和社会公德；也正是因为这样的理想与追求，中国提出了“人类命运共同体”理念。中国先民认知世界，以天地为师，着眼古往今来，关注四方上下。中华早期典籍中“天下”“万方”“四海”等词层出不穷，这源于中国文化的开放大度、和谐包容、智慧持中、踏实稳重。对于爱与正义，几千年前中国人的信奉已经全然而彻底。

任何文明的形成都会思考人的发展，都会从人自身出发。但出发点一样，最终方向却未必一致。当一个民族能思考人类共同的命运的时候，也就选择了符合人类整体利益的最佳路径。

（《人民政协报》，2021年10月20日）

孔庙、孔林、孔府：一个伟大民族的精神承载

英国作家贡布里希在《写给大家的简明世界史》一书中说，在孔子学说的影响下，伟大的中华民族比世界上别的民族更和睦和平地共同生活了几千年。也许正因为如此，要更好地了解中国，应该从孔子开始；要更好地了解孔子，可以走进位于山东曲阜市的“三孔”——孔庙、孔林、孔府。

泰山之阳，以曲阜为核心的这个地区是一个独特的精神文化空间。就像孔庙祭祀的存续，乃是由于孔子之道所蕴含的价值理念与行为规范为整个中华民族所共同遵循一样。“三孔”以及相关的祭祀纪念活动，在传统中国发挥了教育引导、人文教化、价值示范的作用，凝聚了社会共识，建构了中华文化认同，树立了中华民族的精神标识，增强了中华民族共同体意识。

孔庙、孔林、孔府的历史文化承载

走进孔庙，著名的十三碑亭院使人印象深刻。十三碑亭位于孔庙大成门前，全部由入主中原的少数民族政权所建，其中金代碑亭2座、元代碑亭2座、清代碑亭9座。碑文多是对孔子追谥加封的昭告、拜庙祭祀的祭文和修建孔庙的记录。碑文用汉文、满

文、蒙文等几种文字书写，真草隶篆，座座不同，无论历史价值还是文学及书法价值，均可称得上文化宝藏。由此可见，孔子早已是中华民族大家庭的共同尊奉。

孔庙、孔林、孔府是1961年国务院公布的首批全国重点文物保护单位，也是中国庙堂文化、典籍文化、园林文化、陵墓文化的代表，此乃有形的文化。曲阜的地上地下、大街小巷，弥漫的是中华传统文化的万千气象，此乃无形的文化。1982年，曲阜跻身全国首批历史文化名城。1994年，孔府、孔庙、孔林被联合国教科文组织列入世界文化遗产名录。

自上古时期，曲阜的文化底蕴便积淀深厚。相传中华人文初祖黄帝诞生于此，中华礼乐文明的奠基人周公分封在这里。更为重要的是，这里诞生了世界文化名人孔子。孔子以后的数百年，儒家学者人才辈出，除了元圣周公、至圣孔子，复圣颜子、宗圣曾子、述圣子思、亚圣孟子等先贤大儒也曾在这里生活。经过长期积累，邹鲁旧地逐渐形成大批珍贵的历史文化遗产，拥有了“东方圣城”的美誉。

作为我国历代纪念孔子、推崇儒学的象征，孔庙、孔林、孔府等古迹，展现了古老中国的庙堂文化和诗礼传统，承载了中华民族深沉的精神追求，表达着传统文化蕴含的思想观念、人文精神和道德规范。与此同时，久经历史风雨和时代更迭，“三孔”对于传承发展孔子学说和儒家思想发挥了极其重要的作用。

孔庙是纪念、祭祀孔子的地方，里面还供奉着150多位历代圣贤大儒，他们是配享、从祀的人。孔子的历代直系子孙在孔府居住，具体负责孔庙祭祀，在弘扬孔子学说方面作用重大。在孔林里，安葬着一代又一代的孔子后裔。这个世界上最大的家族墓地，与规模宏大的孔府一样，不仅彰显着家族的荣耀，也为弘扬孔子儒家学说发挥着积极作用。

孔庙始建于公元前478年，即孔子去世的第二年。孔子生前，鲁哀公常常向孔子问政。孔子逝世后，哀公十分悲痛，便作了诔词予以祭悼。他还下令将孔子原来居住的三间房屋改为祀庙，收藏其用过的衣冠、琴、车、书等。孔子子孙后学每年按时令祭祀。这就是孔庙的雏形。汉高帝刘邦曾来此祭祀孔子。东汉桓帝时，鲁相韩敕以官钱修饰孔庙，使孔庙具有了官设的性质。唐太宗下令全国皆为孔子立庙，专令建阙里孔庙（指曲阜孔庙）。孔庙规格更高，规模更大，被赋予了“孔庙表率”和“祭祀孔子中心地”的意义。

在孔庙受祭的，除了大成殿里的孔子和配享的“四配”“十二哲”，还有供奉在两庑里的先贤、先儒。大成殿前庭院东西两侧，有两排共80间房屋，绿瓦长廊，红柱隔扇，俗称“两庑”。其中配享的大儒，历代都有增添更换，除孔子弟子外，其他人也都是儒学大师，如董仲舒、韩愈、程颢、王阳明、顾炎武等，属于正统儒学传承的中坚力量。他们尊孔子为宗师、师表，以“六经”为经典，以继承道统自居。他们发展孔子思想，使儒家思想深入人心，渗透到社会的各个层面，影响着一代又一代中国人。两庑中的配享人物，唐朝仅有20余人，民国时则多达156人。其早期为画像，金代改为塑像，明成化年间改为牌位，供奉在一座座神龛中。作为尊孔崇儒的标志，孔庙早已成为学人向往的地方。

孔庙是中国的“文庙”。自唐代以来，谁来配享和从祀，都由官方确定。这些人有资格从祀文庙，是因为他们与孔子存在“学缘”关系而不是“血缘”关系，孔子祭祀也就不仅是孔氏族人祭祀祖先的“家事”，更是中国人在文化上慎终追远的“国事”。孔庙祭祀的礼仪为释奠礼。在传统中国社会，这是“国之要典”，被称为“乾坤第一大事”。孔子弟子后学及孔子后裔对孔子的祭祀，开启了祭祀史上的一大变革。对老师的祭祀具有“血缘性”与“非血缘性”并行的特征，这种特征可以称之为“拟血缘性”。在这一过程中，文化传承与亲情延续的意味同时存在，并行不悖。将师纳入祭祀对象，成为中国文化尊师重教的重要标志。

不难理解，孔庙的从祀历史，就是政统与道统相互结合、有机统一的历史，也是官方意识形态的发展史，还是正统思想文化学说的演变史。孔庙祀典的历史，体现了儒学与社会的结合与发展方向。从儒家道统的角度，只要是对于孔子思想和儒家经典有所发明，有所维护，“扶纲常，淑人心”，就可纳入孔庙祀典，配享孔子。可见，“孔庙从祀，非寻常事”。孔庙祀典中诸儒的选择和晋升，均要受最高统治者认可与管制。

如果说孔庙显示了孔子思想的深远影响，那么，孔府则体现了孔子后裔的身份显赫。孔府本名“衍圣公府”，紧邻孔庙东侧，是孔子嫡系子孙居住的府第。“衍圣公”是宋仁宗赐给孔子第46代孙孔宗愿的封号。这一封号子孙相继，经历宋、元、明、清各朝，承袭了32代。

孔子以后，孔氏家族绵延不绝，持续2000多年，且谱系井然，辈分分明，在世界上屈指可数。孔子的子孙看管孔子遗物，祭祀孔子，读书讲学，传播孔子思想。孔子后裔的这处住宅，世代相袭，被称作“袭封宅”。明清时期，朝廷更是授予孔府前所未有的特权和财富，其规模也相应扩大。明朝开国皇帝朱元璋提升“衍圣公”为一品官，赏赐大量土地和佃农。孔府不但要管理家族经济，管辖府内事务、宗族事务，还要参与曲阜地方政务。

历代王朝不断追封孔子，也对其嫡裔加官晋爵、授予特权，使其世代享受荣华富贵。宋代以前，除了唐玄宗一度封孔子嫡裔为“文宣公”之外，孔子嫡裔一般是侯爵。宋仁宗所封“衍圣公”，寓意孔子嫡裔世世代代繁衍连续，子孙昌盛，并且继承圣人孔子的思想，以使圣道永承不衰。从此，“衍圣公”封号一直沿用到第77代孙孔德成，历时880年而无变动。

孔林是孔子及其家族的墓地，陵墓上植树成林，故得其称谓。孔子逝世后，弟子们“各持其方树来种之”。于是，各个地方的特异树种被移植过来，在孔子墓旁扎根、生长、繁殖。这个环植异树、封而不垄的孔子墓，便是孔林之始。孔子以后，随葬的子孙越来越多，林地越来越大，树木越来越茂密。从弟子们一人一抔土筑成第一座坟墓，到如今占地180多公顷，孔林内坟茔已有10万余座。这样的规制，充分体现了历代王朝对孔子和孔氏家族的尊崇。

中国古代的陵墓文化，强调的是高、大、深、庄。或依山为陵，或垒土为陵，密植松柏，以成山势，是为了体现其“高”；占地广阔，追求规模，是为突出其“大”；通向陵墓的神道很长，有的还分主神道、副神道，是为了突出一个“深”字；而那些古树、石人、石兽、华表、供桌、石碑等，都在突出一个“庄”字。这样的建筑设计，无疑对观者有着庄严肃穆的心理强化。凡是参观、瞻仰过孔林的人，都对此有深刻体会。

孔子儒学是中华民族的精神标识

数千年来，基于共同的价值观念和文化心理，中华民族形成了具有特定文化观念和精神追求的有机统一体和命运共同体。与西方民族的地域共同体或者血统共同体不同，中华民族共同体的宝贵之处在于对中华文化的高度认同。孔子作《春秋》，是以“礼”作为区分“中国”与“夷狄”的标准。符合礼的，夷狄可视为中国，不符合礼的，中国亦可视为夷狄，这就是所谓“诸侯用夷礼则夷之，进于中国则中国之”。中华文明是中华民族产生并得以延续的精神基因，因此历代皆以对中华文明的认同来建构文化共同体。

在中国历史上，文庙祭祀是入主中原的各民族政权确立文化正统性的必然选择。一些少数民族政权在军事上战胜了中原王朝，却在文化上主动尊奉中华文明。其中最为重要的原因，是少数民族政权可以借此增强、深化整个国家的文化共同体意识，从文化上强化政权合法性。为此，他们都将孔子奉为文化正统的象征，建立文庙进行祭祀。历史上，北魏孝文帝元宏曾在京师修建文庙。亲政后，他又率领百官行幸鲁城，亲祀孔庙。辽代自太祖耶律阿保机时便已识唯孔子乃大圣并为万世所尊，始建文庙以释奠。清代帝王更把“广修庙”作为一项基本国策，文庙数量及祭祀规模达到极盛。

沿着孔庙神道往里走，历代建筑的庄严肃穆，多姿多彩的营造法式，由明而宋的历史回溯，令人们不禁发问：孔庙何以集中如此众多的历史建筑？何以越建越大？前后左右的匾额、对联以及众多的石碑，都能告诉你答案。

孔子一生的大部分时光都与教育密不可分。他心系天下，关怀苍生，继承上古三代的文化，深刻反思现实，形成了博大精深的思想学说。为了更好地推行自己的主张，他创立私学，有教无类，因材施教，诲人不倦。弟子三千，身通六艺者七十二人，可谓桃李芬芳，人才济济。

孔子之教属于“大人之学”“成德之教”，追求培养有情怀、有担当的大人，培养能“穷理”“正心”的君子。“自行束脩以上，吾未尝无诲焉。”只要达到一定的年龄，就可以收为学生。孔子主张启发式教学，不仅因材施教，还“不愤不启，不悱不发”。如果不是内心渴望学习，如果不是强烈期望冲破迷雾，不到“心求通而未得，口欲言而未能”之时，教育时机不好，效果就会受影响。孔子的教学，重在“授人以渔”和“授人以欲”，希望学生们有求知的主动性，自己找到学习方法，开启智慧之门。

“三孔”石刻众多，孔庙藏书楼奎文阁四周就簇拥着众多的碑碣。前方两侧是明代洪武、永乐、成化、弘治年间所立的高大石碑，西侧的碑院墙壁嵌满了历代石刻，后面两侧的碑林则如树丛一般。奎文阁后面，是闻名遐迩的十三碑亭，南北两行，前八后五，分外壮观。此外，廊庑下，墙壁上，碑亭旁，也分布着大小不同、各式各样的石碑。孔庙及附近有各式碑碣1000多座，涵盖多个朝代，前后长达千年。孔庙的诸多碑刻形态差异很大，“巨者逾丈，小者不盈尺”，最大的有五六米高，重达五六十吨，最小的仅有十几厘米高。从书写看，篆隶行楷，诸体兼备；从文体看，散体骈文，诗赋颂赞，丰富多彩。这些碑碣掩映于古迹苍柏之间，令人目不暇接。其中，最多的是称颂孔子及其学说的内容。

孔庙祭祀的核心，乃申说与宣扬孔子所确立和阐述的价值观。由汉至清，儒学的价值与功用一再受到肯定，成为历代治国理政的思想资源。元代曹元用代祀阙里孔子庙碑的碑文记载：“孔子之教，非帝王之政不能及远；帝王之政，非孔子之教不能善俗。教不能及远，无损于道；政不能善俗，必危其国。”既言儒学对国家政权的依赖，更道出社会治理对儒学的需求。明初，朱元璋整顿天下祭祀，“洪武碑”刻记当时的诏书，认为孔子之道“非有功于一方一时者可比”，因而保留原有封爵，祀典“宜仍其旧”。“洪武碑”碑文提出，要“永惟为治之道，必本于礼”，而孔子“善明先王之要道，为天下师，以济后世”。永乐年间维修孔庙，成祖朱棣御制碑文称，士子于孔庙观礼必会受到教化，从而可以致力于圣贤之学，敦本去末，成为可用之材，“左我大明，于万斯年”。也正是因为如此，历代帝王都对孔子儒学尊崇有加，隆礼备至。礼敬孔子，就是礼敬中国文化精神和价值观念。

“三孔”是历代崇德、报本、宣示教化的必至之地；孔子后裔承担着宣传儒学、祭祀孔庙的重任，也受到历代尊崇。许多的优渥措施都载之石碑，不仅昭示政权对孔子儒学的态度，也督促圣贤后裔祖述家业、尊礼修德。孔子后裔也有“后嗣弗能守，其孰能守之”的自觉，有作为圣裔的文化担当。石碑记载较多的是孔庙祭祀活动。从碑刻看，历史上不乏帝王亲祀或者帝王遣使致祭等高规格的祭祀，更有对祭祀场所阙里孔庙的增修扩建，从而使孔子祭祀延续2000多年而不绝。明洪武年间刑部侍郎徐程说：“孔子以道设教，天下祀之，非祀其人，祀其教也，祀其道也。”历代祭祀孔子，传达的正是对儒学的肯定与宣扬。

在孔庙碑刻之中，很大一部分是历代官员拜谒孔子的题诗题名留记。儒臣士子对孔子的尊奉崇仰，有利于光阐儒风，上学下达。官吏是执行与传播儒家价值观念与行为准则的中坚力量，从碑刻可见，汉代就有官吏拜谒孔子之举，宋元以来蔚然成风。官员们“平昔所读者圣人之书，所行者圣人之道，每思阙里，形诸梦寐”，非常向往能去祭拜孔子。当人们身处孔子庙、孔子墓前，“薰香达诚悃，滴酒沥胸臆”，庄严肃穆的气氛更能升华志向，坚定对孔子之教“代移文不移，宜在弟子职”的担当。坚固的石碑铭刻下了他们的信仰，他们身体力行地将信仰执行于治国理政中，上传下达，垂范社会，光阐儒风，移风易俗，成为孔子儒学风化在社会中的践行者。

孔子儒学对我国的少数民族政权同样重要。历代少数民族政权非常重视孔子之道，孔庙十三碑亭区域内的御碑记载了帝王对孔子追谥加封、谒庙亲祭、派官致祭及修葺孔庙等事件。例如，1307年碑文记载，元成宗封孔子为“大成至圣文宣王”。从碑文看，这些少数民族当权者看到了孔子儒学超越时空、超越民族的思想价值，他们对孔子的尊崇并不亚于中原王朝。儒学作为他们的坚定选择，充分说明孔子思想有利于统一多民族国家的巩固和发展。

“三孔”是我国历代文人的精神家园，是认知文化中国的教科书。漫步孔庙，或者走进孔府、孔林，行走在一座座石碑前，就好像回到了千百年前的时光里。那些历史上的重要人物不约而同地出现在这里，让人遐思，令人回味。

孔子创立的儒家学说以及在此基础上发展起来的儒家思想，对中华文明产生了深刻影响，是中华优秀传统文化的重要组成部分，反映了中华民族的精神追求。其对中华文明的形成和延续发展，对形成和维护我国团结统一的政治局面，对形成和巩固中华民族多元一体的格局，对形成和丰富中华民族精神，对激励中华儿女维护国家统一、反抗外来侵略，对推动社会发展进步，都发挥了极其重要的作用。

孔子儒学是新时代重要的文化滋养

“半部《论语》治天下”，在某种程度上说明了孔子儒学的重要作用。孔子思想博大精深，以“仁”为核心的哲学价值观，崇尚“德治”的政治伦理学说，“有教无类”的平民教育观等，都在《论语》等著作中得到充分体现。

孔子生活的时代是一个社会大动荡、思想大碰撞、文化大交汇的时代。这样的社会文化氛围，使他有更多的机会吸取历史的营养，有更大的空间发展自己的思想。孔子一生勤奋好学，认真学习和总结历史文化遗产，结合自己的观察和认识，对当时的社会现实进行深入思考，从而提出了个人的思想见解和社会理想。他出仕为政，周游列国，培养人才，传播文化；他创立儒家学派，影响中国数千年，也影响了世界很多地区。

孔子告诉人们，在现实生活中要本着互惠互让、人皆兄弟的精神，做一个有道德的人，要温和适度，行中庸之道。实际上，这是儒家文化的精髓，也是中华传统文化的重要内容。孔子是富有智慧的人，也是富有仁爱之心的人，他希望自己所创立的修养自身、安定社会的儒家学说能够被社会认可，希望建立一个理想的大同社会。他的一生都在为此而不停地努力，这本身就是崇尚文明、奋发进取精神的充分体现。

孔子思想是入世的。他讲和谐，讲和顺，关注世道人心。其实，孔庙的建立和祭祀与社会息息相关。历史上府州县都设孔庙。如今随着孔子儒学影响的扩大，朝鲜、日本、越南、印度尼西亚、马来西亚、新加坡、美国等，都有数量不等的孔庙。目前，世界上分布着2000多座孔庙，我国有1600多座，其中保存较好的有300余座。

读懂孔庙，就能读懂中国历史。古代中国重视祭祀，有所谓“礼有五经，莫重于祭”的说法，把祭祀看成“国之大事”“国之大节”，主张“以祀礼教敬”。孔庙祭祀彰显的是对于孔子儒学世界观、价值观、道德观、审美观的认同。

孔子及其配享者皆是历史中真实存在的人物。孔子阐述了中国人的价值观念，确立了中华民族的文化立足点。历代从祀孔子的人则“宗师仲尼”，传达和弘扬孔子的学说，给中国带来了几千年的和谐与发展。孔庙是传统中国的“名人堂”“先贤祠”，是知识分子的精神家园，是士人最重要的“道场”。孔庙集中展示中国传统思想之精粹，是弘扬传统道德与价值的重要载体。其黄瓦重檐、雕梁画栋寓意深远，赋有特定内涵。礼敬孔庙，就是尊重中国传统的价值体系与道德观念。

孔子的“为政以德”“政者，正也”“为国以礼”“修己安人”和“孝悌”“慎独”“中和”等思想，于当下仍有十分重要的现实意义。孔子思想就是要把人培养成为有爱心、有情怀、有担当、爱学习、求上进的君子，特别强调修身、齐家、治国、平天下，注重自我修养和道德实践。其对个人道德修养，尤其对是非观、价值观的培育具有重要价值。

以孔子为主要代表的儒家思想是中华传统文化的重要组成部分，承载了中华民族自古以来在建设家园的奋斗中开展的精神活动、进行的理性思维、创造的文化成果，反映了中华民族的精神追求，是中华民族生生不息、发展壮大的重要滋养。孔子深刻思索人性和人的价值，希望人们明理修身，循道而行，推延亲情，放大善性，他的思想与社会主义核心价值观一脉相承。

文化认同是建设各民族共有精神家园的基础，对铸牢中华民族共同体意识具有长远而根本的作用。英国著名汉学家马丁·雅克在《了解中国崛起》的讲演中提到，纵观世界史会发现，西方曾经产生了很多强大的帝国，深刻影响了世界历史，如罗马帝国、亚历山大帝国、拜占庭帝国，还有奥斯曼帝国等。但是，这些帝国在衰弱后基本上都不复存在了。与之形成鲜明对比的是，古代中国衰弱后会不断重新崛起和复兴，这在世界范围内是独一无二的。

在马丁·雅克看来，西方帝国衰败后就再难崛起，而中国总是能不断复兴，是因为中国本身就是一种文明。从某种意义上说，中国的确是一个文明。就像“中国”二字最初出现的时候本身就是一个文化概念一样。

孔子思想和儒家学说深深影响了中国，铺染了华夏子孙的生命底色，沉淀为中华民族的精神基因，构成了中华民族独特的精神标识，是我们“最突出的文化优势”“最深厚的文化软实力”。孔子是世界公认的与苏格拉底、柏拉图、释迦牟尼等齐名的伟大思想家。美国学者亨廷顿把孔子所创立的儒家文明，作为与基督教文明、伊斯兰文明等相对应的基本人类文明。世界著名哲学家、神学家孔汉思则在起草《走向全球伦理宣言》时说，全球伦理最简单、最基本的两个伦理框架，也是中华传统文化中最基本的两点。第一个是基本的人道，即孔子说的“仁”，人人都必须得到人道的对待，不能以非人道的方式来对待人。第二个是孔子在人文规则的历史中设立的第一个黄金法则——“己所不欲，勿施于人”。

孔子思想的“自强不息”、家国同构、“以天下为己任”的情怀，哺育了一代又一代中华儿女。当今中国是历史中国的延续，孔子思想是建设新时代中国特色社会主义的丰厚文化土壤。孔子提出的“大道之行，天下为公”，一直是中华民族的理想与精神追求。在党的十九大报告中，习近平总书记引用这句话并指出：“站立在九百六十多万平方公里的广袤土地上，吸吮着五千多年中华民族漫长奋斗积累的文化养分，拥有十三亿多中国人民聚合的磅礴之力，我们走中国特色社会主义道路，具有无比广阔的时代舞台，具有无比深厚的历史底蕴，具有无比强大的前进定力。”

儒家讲求“角色伦理”，也就是人各正其名，各尽其分。孔子的思想影响深刻深远。唐代有人说“心苟至公，人将大同”。明末思想家认为“天下非一家之私”，天下为人民所共有，提出了“公天下”主张。人们还把这一道德理想凝聚成为“天下兴亡，匹夫有责”的个人道德要求。孙中山先生希望实现的“真正的三民主义”，就是“孔子所希望之大同世界”。

中国先民认知世界，以天地为师，着眼古往今来，关注四方上下。“往古来今谓之宙，四方上下谓之宇。”在中华文化早期典籍中，“天下”“万方”“四海”的概念源于中华文明的天下观、世界观、整体观、系统论。在与世界的互动中，人们深刻理解“天道成而必变”“道弥益而身弥损”的道理，从而强调人与人之间、邦国之间的相互依存、休戚与共、合作共赢。

中国人的世界观由中华文明的内在精神与特质所决定。20世纪80年代，联合国教科文组织总干事代表泰勒博士说：“如果人们思索一下，孔子的思想对当今世界的意义，人们很快便会发现，……当今一个成功、昌盛的社会，在很大程度上仍立足于孔子所阐述的许多价值观念。”

儒家思想包含了“天地之美”“万物之理”，所以庄子称“内圣外王之道”是“道术”而不是“方术”。中华文化追求“王道行天下”，王道政治是中国儒家的理想政治。孔子谈“王天下之言”，孟子言“王”“霸”之别。霸道，依靠兵甲之力，使人被动屈从；王道，以德行仁，使人心悦诚服。这就是中华文化的格局与气象。

西方思想家说“知识就是力量”，中国则讲究先确定方向，再追求力量。《中庸》说：“道前定则不穷。”思维标识价值取向，决定行动走向。中华文化将荣誉与责任看得更高，兼顾多方利益，认为道并行而不相害，信奉“创造、分享、助给”，创造在自己，分享给他人，助给予弱者，由“天地位”而“万物育”，由和谐稳定而发展。

中华民族有着源远流长的优秀传统文化，一定能创造中华文化新的辉煌。在共有精神家园里，各民族像石榴籽一样紧紧拥抱在一起，不断铸牢中华民族共同体意识。这彰显着新时代中国的文化自信，中国也正在把这样的伟大智慧分享给全人类。

（《中国民族》，2021年第6期）

文庙祭祀及其教化功能

从孔子至今的两千数百年，在中国人的精神世界里，孔子的地位无疑最高、最为重要。纵观历朝历代，俯视寰宇九州，不少朝代都是“天下名山僧占尽”，佛寺、道观乃至其他庙宇恢宏壮丽，夺人眼目，然而，与佛寺、道观多在山中、云端不同，孔子庙作为传统中国文庙，大都位于人们的聚居之地。孔子去世后，儒学地位逐渐提高，孔子庙越建越多，其教化社会的功能日渐凸显，孔子儒学渐渐走进中国人的内心世界，孔子的地位也变得崇高起来。今天，我们应该很好地总结与反思孔子庙对于社会人心的教化意义。

一、文庙与文庙祀典

孔庙本被称为“文庙”，因为主祭孔子而被简称。在世界众多祭祀孔子的庙堂中，孔子故里曲阜孔庙规模最大、历史最久。这组具有浓郁东方风格的建筑，集历史、建筑、雕刻、绘画、书法于一体，展现了传统中国肃穆的庙堂文化。庙内存放各种礼器、乐器，本身就像立体的祭颂音乐，见证了中国的诗礼传统。它是世界上最古老的博物馆，也是名副其实的“中国第一庙”。

周敬王四十一年（前479），孔子逝世。孔子与弟子感情笃深。弟子为孔子守丧结束后，有的在墓旁安家，有的则住进了孔子原来的家中。他们不仅以孔子居堂为家，还在这里祭祀孔子。后因以为庙，收藏孔子生前使用的物品。鲁人也在这里“以岁时奉祠孔子冢”（《史记·孔子世家》），举行礼仪。

自孔子逝世到南北朝时期，孔庙规模基本没有大的变化。《水经注》说：“孔庙即夫子之故宅也。宅大一顷，所居之堂，后世以为庙。”与《史记·孔子世家》所说“孔子冢大一顷”相同。东汉永兴元年（153），桓帝下令修建孔庙，派孔和为守庙官，“立碑于庙”（出自汉鲁相乙瑛奏置孔庙百石卒史碑的碑文，该碑现置于曲阜汉魏碑刻馆），孔庙始置官守庙。永寿二年（156），鲁相韩敕“修饰宅庙”（出自汉鲁相韩敕造孔庙礼器碑的碑文，该碑现置于曲阜汉魏碑刻馆）。

经过汉末战乱，孔庙荒废。黄初二年（221），曹丕下诏在鲁郡“修起旧庙”（《三国志·魏书》）。西晋末年，“庙貌荒残”。东晋以后庭院寥落。东魏兴和元年（539），曾修缮孔庙，庙中雕塑了孔子圣像，旁边塑起他的十位弟子像，此为孔庙有塑像之始。

唐宋时期，孔庙修建有十余次。唐高祖诏令国子监设立孔庙，唐太宗下令除在国子监修建周公、孔子庙外，各州县也必须建孔子庙。于是，孔庙成为全国分布最广的礼制庙宇。与此同时，曲阜孔庙规模不断扩大，正殿、两庑等建筑达30余间。宋真宗天禧二年（1018），大修孔庙，扩大旧制，增建为三路布局四进院落，增广殿堂廊庑316间。

金元时期，曲阜孔庙多次修建。现存规模宏大的孔庙建筑群是明清时期完成的。明清两代以儒学治国，尊崇孔子，倡导仁孝，对孔子顶礼膜拜，不断封赐孔子后裔，十分重视修建孔庙。明代共重修、扩建孔庙二十一次，是历史上重建次数最多的朝代。最大的一次修建自明弘治十二年（1499）开始。当时，孔庙遭遇雷击，大成殿等主要建筑120余间“化为灰烬”。明孝宗下令重修孔庙。经过五年时间，花费15.2万两白银，奠定了现在的规模。

清朝共修缮孔庙十四次，规模最大的一次始于雍正二年（1724）。那年，孔庙又遇雷火。清帝亲自到太庙祭祀孔子，命令重修孔庙。拨付国库银两，按皇宫规格重建，派大臣到曲阜监督，要求所有工程及祭器仪物都要绘成图纸，亲自过目督办。此次重修历时六年，耗银15.7万两，重建的孔庙巍焕崇闳，坚致壮丽，纤悉完备，焕然一新。

孔子去世后，民间就开始了对他的祭祀。官方祭祀孔子则始于汉初。汉高帝十二年（前195），刘邦自淮南过鲁，以太牢祀孔子。东汉明帝时期，修明养老习射之礼，郡县道学校皆祭祀周公孔子，于是孔子始祀于庠序之间。据《汉书·梅福传》的记载，“今仲尼之庙不出阙里，孔氏子孙不免编户”，但汉灵帝时，在文庙中祭祀孔子，可能享受和社稷同样的规格。

魏晋南北朝时期，帝王或太子每通一部儒经，常常释奠于辟雍。这种“通经释奠”的形式逐渐成为常态。而且，在举行释奠过程中开始使用乐舞，显示出对孔子的尊崇。南朝宋文帝元嘉年间，君臣讨论国学祭祀孔子的规格，裴松之建议祭孔应使用六佾舞。佾舞是来自宗庙宫廷的雅乐舞。佾是队伍的行列，八人为一佾。按周礼规定，天子用八佾，诸侯用六佾。

南齐永明三年（485），朝廷商议释奠释菜之礼，明确规定释奠之时，“宜设轩县之乐，六佾之舞，牲牢器用，悉依上公”

（《南齐书·志第一》）。只是，在这一时期，学校释奠的对象往往是周公、孔子互有更替。

唐朝以后，孔子地位逐渐稳固。唐武德二年（619），高祖令国子学立周公、孔子庙各一所，四时致祭。七年（624），高祖亲临国子学释奠，以周公为先圣，孔子配享。贞观二年（628），“罢周公，升孔子为先圣，以颜回配”（《新唐书·志第五》）。高宗永徽年间，以周公为“先圣”，孔子降为“先师”配享周公。高宗显庆二年（657），太尉长孙无忌、礼部尚书许敬宗等上疏，祈求恢复贞观旧制，孔子复升“先圣”，周公则配享武王。至此，孔庙祭祀制度基本定型，孔子从此稳居享主之首，明列国家祀典，再未动摇。

从祭祀礼仪的规格上说，终唐一代，孔庙祭祀皆为中祀。除个别时期短暂升为大祀外，基本上维持了这一定制。清光绪三十二年（1906），孔庙祭祀再次升为大祀，这是孔庙祭祀规格最后一次提升。经过两千多年的发展，孔庙祭祀成为一种包含仪注、音乐、歌章、舞蹈等要素的规模庞大而完整的官方祭祀仪式。两千多年来，孔庙祭祀逐渐成为中国传统社会的“国之大祭”。

孔庙祭祀可分为两类，除了孔子后裔举行的家祭，更有隆重的国祭。国祭一般是派遣大臣前往孔庙致祭，其中有的在北京孔庙举行，更多的则是派人前往曲阜孔庙祭祀。据不完全统计，自东汉至清末，朝廷派遣大臣前往曲阜孔庙祭祀孔子达196次之多，历代皇帝亲自到曲阜祭祀也有19次。

到曲阜祭祀孔子的帝王，汉代以后，有北魏孝文帝、唐高宗李治、唐玄宗李隆基、后周太祖郭威等。北宋大中祥符元年（1008），宋真宗到泰山举行封禅大典，而后到曲阜隆重祭拜孔子，不仅行再拜献爵之礼，还命陪臣分别祭祀孔子父母、“十哲”、七十二弟子，从飨先儒。

清康熙二十三年（1684），皇帝到曲阜祭拜孔子，到大成殿，亲书“万世师表”匾额。乾隆帝先后八次到曲阜祭孔。乾隆十三年（1748）二月，他初次到曲阜，声势浩大，袭封衍圣公孔昭焕率孔子、颜子、曾子、孟子、仲子后裔有官职者，俱至孔庙内伺候陪祀，随从听讲、观光。乾隆皇帝到了大成殿，在孔子位前肃立，神态虔诚恭谨，行三跪九叩大礼。次日亲奠孔子，并献祭文。接着到诗礼堂讲筵，衍圣公等名儒后裔皆随从听讲。

二、圣贤观念与圣人崇拜

孔子把人分为五等，从低到高依次为庸人、士人、君子、贤人、圣人。在传统中国，圣人具有崇高的地位。圣人是指道德修养高、人品操守完美的人。按孔子所说，应该是德侔天地，穷究万事，“明并日月，化行若神”；《孟子》说是“人伦之至”“百世之师”；《荀子》则概括为“备道全美”。

据《孔子家语·五仪解》等资料，孔子对圣人和贤人的定义分别是：

> 所谓贤人者，德不逾闲，行中规绳，言足以法于天下而不伤于身，道足以化于百姓而不伤于本。富则天下无宛财，施则天下不病贫。
>
> 所谓圣者，德合于天地，变通无方，穷万事之终始，协庶品之自然，敷其大道而遂成情性。明并日月，化行若神。下民不知其德，睹者不识其邻。

人人都不愿是庸人，每一位士人都愿意成为君子。孔子不以圣人自居，但以君子自许。贤人和圣人的境界在君子之上，这是人人所当追求者。贤人施德遵法度，行事讲准则，言论足为天下表率，道艺足可教化百姓。圣人德行更高，其德合乎于天地之道，统物通变，推究万事发展规律，协调万物自然本性，遵从大道也不违背情性。圣人极普通又不普通，百姓不知道其德行，一般人很难理解他。

在思想文化领域，真正被尊奉为圣人的只有六人，他们是元圣周公、至圣孔子、复圣颜子、宗圣曾子、述圣子思、亚圣孟子。在孔庙里，孔子居中，颜子、曾子、子思、孟子列为“四配”，配享于孔子。于是，孔庙圣殿里面的这五位圣人连同“十二哲”与历代先贤，便成为历代士人效法的典范。

如果到曲阜孔庙去，孔庙最前面的城墙上有四个字“万仞宫墙”，这是子贡夸赞孔子的话。有人说“子贡贤于仲尼”，认为子贡比孔子强。子贡听后说，他太不了解我老师了。打个宫墙的比方吧，我的墙有肩膀一样高，在墙的外面什么都能看到。但老师的墙有好几人高，如果找不到门进去，就不知道里面是什么样子，就看不到其中的“宗庙之美，百官之富”。子贡还认为，要真正了解和认知孔子，从而学到孔子思想的精髓是不容易的。

历代对圣人的崇拜主要表现在对孔子等儒家圣人的追封与加谥上。西汉以后，儒学逐渐被奉为治国之道，孔子及其后学不断得到尊崇。总体而言，历代对孔子的封谥有两种倾向：一是侧重于提升孔子的政治地位，主要表现为各种爵号中有“侯”“公”“王”之类；二是侧重于表彰孔子思想的教化作用，大多称其为“先师”“大成至圣文宣先师”等。

从时间上看，这两种倾向的分界点是明朝嘉靖九年的祀典改革。此次改革之前，孔子的封号大多为爵称或王称，等级日益高涨，改革后则主要以“先师”称之。表面看来，嘉靖改革似乎意味着孔子地位下降，其实，这是要以孔子思想进行社会教化，孔子的地位实际上更加尊贵。

历代帝王对孔子的追谥

朝代	时间	封号	备注
西汉	元始元年（1）	褒成宣尼公	
东汉	永元四年（92）	褒尊侯	
北魏	太和十六年（492）	文圣尼父	尊称
北周	大象元年（579）	邹国公	
隋	开皇元年（581）	先师尼父	尊称
唐	武德七年（624）	先师	尊称
唐	贞观二年（628）	先圣	贞观十一年（637）改称“宣父”
唐	乾封元年（666）	太师	
武周	天授元年（690）	隆道公	
唐	开元二十七年（739）	文宣王	
北宋	大中祥符元年（1008）	玄圣文宣王	大中祥符五年（1012）改称“至圣文宣王”
西夏	人庆三年（1146）	文宣帝	
元	大德十一年（1307）	大成至圣文宣王	
明	嘉靖九年（1530）	至圣先师	
清	顺治二年（1645）	大成至圣文宣师	顺治十四年（1657）复改称“至圣先师”
中华民国	二十四年（1935）	大成至圣先师	

除了对孔子追封加隆外，对其弟子及后学的尊崇也不断加深，主要表现在对颜子、曾子、子思、孟子的尊崇上。

在孔子弟子中，颜子地位最高，配享时间最早。颜子被追封始于唐朝，唐高宗总章元年（668）赠颜子为太子少师。睿宗太极元年（712），加赠颜子为太子太师。玄宗开元八年（720），国子司业李元瓘建言："先圣孔宣父，配坐先师颜子。今其像见立侍，准礼授坐不立，授立不跪。况颜子道亚生知，才充入室，既当配享，其像见立。请据礼文，合从坐侍。"乃诏颜渊至子夏等"十哲"为坐像，悉预祀。以颜子亚圣，特为制赞，书于石。开元二十八年（740），追赠颜回为兖公，西向配，其爵位列众儒之首。在宋代以后的礼制改革中，涉及颜子封号的共有三次。一次是宋真宗大中祥符二年（1009），加封颜子为兖国公。第二次是元代文宗至顺元年，赠颜子兖国复圣公。第三次是嘉靖时期的祀典改革，颜子被称为"复圣颜子"。这种称谓一直延续到清代。

曾子享受追封，也始于唐代。总章元年（668），皇太子弘幸国学，行释奠之礼，为"眷曩哲以勤怀，显颜、曾之特高，扬仁义之双美"，上表祈求褒赠颜回为太子少师，曾参太子少保，"高宗并从之"。开元二十七年（739），追赠曾参为郕伯。大中祥符二年（1009），宋真宗晋曾参为瑕丘侯。因犯孔子讳，又于徽宗政和元年（1111）改瑕丘侯为武城侯。南宋度宗咸淳三年（1267），加封为郕国公，配享孔子。元文宗至顺元年（1330），加赠郕国宗圣公。此为曾参封圣之始。明嘉靖九年（1530），改称"宗圣曾子"。

孟子受封始于宋代。宋元丰六年（1083），依吏部尚书曾孝宽之请，诏封孟轲为邹国公。元丰七年（1084），孟子进入配享之列。这一年，朝廷从晋州州学教授陆长愈之请，诏以孟轲配食文宣王。此后，孟子屡受加封。元至顺二年（1331），加赠邹国亚圣公。明嘉靖九年（1530），改称“亚圣孟子”。

子思受封也是始于宋代。宋徽宗崇宁元年（1102），朝廷以子思“圣人之后，孟氏之师，作为《中庸》，万世景仰”，遂追封其为沂水侯。大观二年（1108），从祀孔庙。南宋咸淳三年（1267），子思被加封为沂国公。元至顺元年（1330），追谥为沂国述圣公。明嘉靖九年（1530），改称“述圣子思子”。

在孔门诸儒中，封号和谥号代表着个人社会地位和尊崇程度，还与在文庙中享受的祭祀位置密切相关。在文庙祭祀中，“复圣颜子”“宗圣曾子”“述圣子思子”“亚圣孟子”享受仅次于“至圣孔子”的祭祀规格。

梁漱溟先生曾经手书一副对联：“不为圣贤，便为禽兽；莫问收获，但问耕耘。”“莫问收获，但问耕耘”容易理解，就是不问收获，踏实地努力即可。那么，前面这一句“不为圣贤，便为禽兽”的意思呢？从字面看，好像在圣贤和禽兽之间没有过渡环节，乍听觉得突兀。其实，这里深蕴着中国早期儒家文化的背景，与儒家的修身理论息息相通。这句话曾是清末曾国藩的座右铭。曾国藩的老师送给他一副对联，他稍加改动作为自己的座右铭。这句座右铭的意思是，人要加强自身修养，踏踏实实做人，一个人能够成人，就距离圣贤不远了。使自己区别于禽兽，就有了一颗圣心，就有可能成为圣贤。这里强调的是自身的修为。“人皆可以为尧舜。”（《孟子·告子下》）荀子说：“涂之人可以为禹。”（《荀子·性恶》）荀子认为在路上行走的任何一个人都有可能成为大禹那样的人。尧、舜、禹是儒家尊崇的圣人，儒家强调的是后天的努力。

三、文庙从祀制度

孔庙主要祭祀孔子，还以历代先贤与先儒配享、从祀孔子，孔子庙成了真正意义上“中国的文庙”。孔子集古圣先贤之大成，影响中国两千多年。孔子以后，历代儒生以孔子为宗师，传承弘扬孔子学说。唐朝以后，历代政府都将弘扬与践行孔子思想的杰出人物在孔庙供奉，从祀孔子。大成殿是后世儒者心中的“圣殿”，孔子庙是他们心中的“圣庙”。

上古时期，中国有以德配天的传统，这也为祭孔礼仪所效仿，形成了孔庙的从祀制度。所谓孔庙从祀，是指以孔子弟子和历代大儒配享，彰显对孔子儒学的尊崇。孔庙从祀制度虽有上古礼制借鉴，以弟子从祀于先师之礼却有自身独特的发展脉络。永平十五年（72），东汉明帝东巡过鲁，祀孔子及七十二弟子。三国曹魏正始年间，齐王曹芳通习儒家经典后派遣太常于辟雍祭祀孔子，以颜渊配享。晋宋以后，国学释奠基本沿用这一形制，以颜渊配祀孔子。

唐代以后，从祀制度日渐完备。唐贞观二十一年（647），以左丘明、公羊高等二十二位先儒从祀孔庙。人们认为那些“有功于圣人之经”的学者才有资格配享，所以孔门弟子除颜回、子夏外，全都不在从祀之列。唐开元八年（720），玄宗李隆基命以“圣门四科”的颜回、子夏等十名弟子从祀孔庙，并图画孔门弟子及二十二贤于庙壁之上。这为孔庙从祀制度树立了典范，孔门弟子及儒家圣贤同时从祀孔庙成为定制。以后，孔庙从祀人物代有增添、更换，到1919年，达到172位。

孔庙从祀人物分成几个等级，依次是“四配”“十二哲”和历代先贤、先儒。从祀人物可分为配享、配祀、从祀三个位阶。

配享是祭祀孔子时陪祭的第一等级，共有四位人物，复圣颜回、宗圣曾子、述圣子思子、亚圣孟子，即“四配”。配祀属于第二等级，包括闵损、冉耕、冉雍、宰予、端木赐、冉求、仲由、言偃、卜商、颛孙师、有若、朱熹十二人，通称“十二哲”。“十二哲”中，朱熹号称“宋代的孔子”，除了朱熹，其他十一位都是孔子的弟子。

从祀属第三等级，包括先贤、先儒两部分，先贤地位略高于先儒。先贤、先儒供奉在大成殿前两侧的两庑中。先贤以孔子弟子为主，还包括周敦颐、张载、程颐、程颢、邵雍五位宋代理学家。他们名列先贤之位，与理学地位的提高密切相关。今日孔庙所见从祀的诸先贤，还包括与孔子同时代的公孙侨、蘧瑗等人。先儒是指在历史上对儒学发展有重大影响的学者。由于历代不断增加和更替人选，相对其他等级而言，先儒的变化比较大。王安石之子王雱是先儒中最先被罢祀的，淳熙四年（1177）被逐出孔庙。荀子作为先儒也曾短暂从祀孔庙，但嘉靖九年以言性恶而遭罢祀。

孔庙从祀制度的确立与变化，与社会思潮紧密相连，直接体现着儒学内部正统观的相互争夺。唐代贞观年间，以左丘明、公羊高、何休、马融等二十二人从祀孔庙，是因为他们都“偏善一经”。唐代把从祀孔子的荣耀给予“传经之儒”，反映出时人对汉代经学的尊崇。

宋神宗元丰七年（1084），孟子、荀况、扬雄、韩愈从祀孔庙，“传道之儒”开始出现。此后，孟子和子思先后升为配享，“四配”最终形成。这无疑是理学占据主导地位的直接体现。明末清初，陆王心学成为众矢之的，受到猛烈批判。康熙五十一年（1712），朱熹跻身孔庙正殿，成为“十二哲”之一。雍正二年（1724）从祀增加的二十位先儒中，程朱学派的学者占十三人。

清代从祀制度还出现了一个崭新的范畴，即所谓“行道之儒”。清代处于中国封建社会的末期，清朝下半叶更是内忧外患，国势危急。因此，人们越发看重儒者的治世之业，企望治世名臣力挽狂澜，由此，李纲、方孝孺、顾炎武等忠臣义士获登孔庭。

可以说，一部孔庙的从祀史就是一部官方意识形态的发展史，也是一部鲜活的官修儒学史，充分反映了正统思想学说的演变。不论是传经之儒、明道之儒，还是行道之儒，他们的进退去取，均受到官方的认可与节制，因而孔庙从祀制度的变化成为传统社会中政治与文化两股力量最耀眼的交点。清代学者钱大昕说：“孔庙从祀，非寻常事。”从祀孔子的先贤、先儒，都是中国文化史上的重要人物，是正统儒学传承的中坚力量。他们宣传和践行孔子学说，使儒家思想深入人心。

四、孔庙是历代知识精英的精神家园

孔庙祭祀孔子及圣、哲、贤、儒，仅仅两庑中供奉的历代先贤先儒就有156人。历史上，这些先贤、先儒有一定的增添和更换。他们之中有孔子弟子，更多的是历朝历代的儒学大师。他们以孔子为师，以“六经”为典，以继承道统为己任，发展并传播儒家思想，被后世认为是儒学传承的正统。

在孔庙的历代供奉中，从祀孔子的先贤、先儒有时是塑像，有时是画像，有时是牌位。两庑中的设施虽然相对简陋，但是，这里是中国历代知识精英魂牵梦绕之地，是他们的心灵家园。从很早的时候起，中国就有了立功、立言、立德的“三不朽”观念，中国士人去世后能够在孔庙中从祀，这自然是无上的荣耀。一旦来到了这里，便真正名垂青史，永垂不朽。

从祀孔庙，其象征意义极其重要，尤其到明清以后更加深入人心。例如，明代学者瞿九思便讲道："从祀大典，乃乾坤第一大事。"明朝大儒王守仁是否能列入孔庙从祀，在朝廷中激辩数十年。反对者认为，朝廷已册封其为新建伯，不需要再将他纳入孔庙从祀；赞成者却认为伯爵之名只是一个世代的荣耀，孔庙从祀却是"万代之典"。清朝灭亡前，一位自号"梦醒子"的文人还说："人至没世而莫能分食一块冷肉于孔庙，则为虚生。"出现这样的文化心理，是多种因素相互作用的结果。

中国古代的学校大多与孔庙结合，此即所谓的"庙学合一"。学校与孔庙合为一体，形成了"庙中有学，学中设庙"的格局。贞观四年（630），唐太宗下诏，令"州、县学皆作孔子庙"，从此"州县莫不有学，则凡学莫不有先圣之庙矣"。这促使士人耳濡目染成圣希贤的荣耀，对"入祀孔庙"这一文化价值的形成有潜移默化之功。孔庙释奠礼仪所传承的是中华民族尊师重教的社会风气和文化内涵。除了曲阜孔庙、衢州孔庙具有一定的家庙性质外，各地的其他孔庙，包括京城国子监孔庙，各府、州、县所设立的地方孔庙，都是庙学结合、亦学亦庙、学附于庙，庙是学的信仰中心，学是庙的存在依据。这种"庙学合一"的建制有助于学子在对先圣先师顶礼膜拜的氛围中耳濡目染，潜心研读儒家典籍，从心灵深处感知、领悟儒家文化精髓。

唐代以前，历代王朝礼遇孔子，孔子封号往往带有贵族爵位，包含着借助孔子思想维护政治统治的意义。不过，孔庙释奠的主题还是祭奠"先师"与"先圣"，弘扬尊师重教的社会风气。唐代以后，政府规定各州学、县学建立孔庙，孔庙进入政府管理系统，官方色彩日渐浓厚，其祀典便由官府举行，孔庙释奠逐渐成为一种国家行为。从此，历代孔庙配享、从祀诸儒的遴选都出自朝臣之廷议，决之于皇帝之钦定。国家举行孔庙释奠，其目的在于借助孔子之道厉行教化，确立适应社会运转的社会秩序，也彰显其政权的合法性。

当然，更为重要的，还是孔庙从祀制度的存在。儒家思想作为治国、平天下之术，历来受到统治者重视。明宪宗御制重修孔子庙碑（即通常所称的“成化碑”）的碑文对此有精辟的论述。从汉高帝刘邦用太牢祭祀孔子，开帝王祭孔之先河，两千多年来，前往曲阜祭孔的路上出现了一个个帝王的身影。在国家政权力量的推动下，孔庙祭祀的规模不断扩大，制度不断完善，规格不断提高，发展成为中国传统社会的“国之大祭”。由于孔庙奉祀的对象都是儒家圣贤，身后从祀孔庙自然成为儒者至高的荣耀。

古代大凡建立新的王朝，或是新皇帝登基，除了祭天、祭祖之外，一定会祭祀孔庙。孔庙祭祀象征其统治得到了孔子的认可，表明新皇帝取得了文化道统上的正当性。同时士人阶层把孔庙看作是自己的精神家园，并想要透过孔庙所象征的文化力量来制衡、考核统治阶级的作为，显示出知识分子积极入世的政治情怀。因此，古代知识分子的这种精神信仰时常会受到君权的挑战，两者的矛盾不可避免，并集中体现在关于孔庙从祀的争论中。例如明嘉靖九年，明世宗因士人阶层屡次反对礼制改革，从而降杀孔庙祀典，罢祀荀况、戴圣、刘向、马融诸儒，以打击士人，显现君权。这引起了当时的统治阶级与士人阶级极大的对立与冲突，对嘉靖朝的政治、经济都产生了深刻影响。

从祀孔庙的精神追求，展现了中国古代知识分子的不朽观念，即强调个体生命对现实社会及历史的作用和影响。以木石砖瓦形式存在的祠庙屹立在人间，历经数百年的沧桑而完好无损，这昭示了生命之外的另一种存在，它比肉身更长久，比人的存在更具超常的力量。

五、文庙的社会教化功能

中国文化史学者柳诒徵先生说：“盖自汉以来，虽已举国崇奉孔子之教，而立庙奉祀，近于宗教性质者，乃由人心渐演渐深，踵事增华之故。”这体现了中华文化尤其是儒家文化极富于理性精神，而不是像西方文明那样具有深沉的宗教意识。孔庙与孔庙祭祀是中国文化史上非常独特的文化现象，作为传统中国人文教化体系的物化形态，它完备的祭祀系统和祭奠礼仪形式，它承载的孔子儒家思想学说体系，都与传统中国社会的进步和发展息息相关。

（一）孔庙建制是历代思想统合的物质载体

孔庙的设立、修饰以及不断的祭祀活动，其政治意蕴最为突出地表现在历代政权通过孔子祭祀取得政权的合法性。孔庙祭祀作为国家祀典，为历代统治者所控制，不为一般百姓所能觊觎。历代统治者要利用孔子思想整饬人心，同时孔子学说确具明伦纪、辨名分、正人心、端风俗的作用。

刘邦作为第一个过鲁祀孔的帝王，便是一个非常好的例证。刘邦在夺取天下前曾十分鄙视儒者。由于陆贾、叔孙通之辈儒者的劝导，他终于意识到“马上得天下，不能于马上治之”的道理。为了吸取秦朝覆亡的教训，刘邦懂得了笼络士人的重要意义。孔子作为儒家学派的创始人，为儒生的宗师，因此，刘邦祀孔，其象征意义在于告知天下其消除暴政、重视文治的决心。随着汉武之世“罢黜百家、独尊儒术”的实行，儒学成为官方的意识形态，经学成为官学。孔子在士人中的影响力，足以使帝王意识到祭祀孔子所具有的重大意义。所以，到了后来，“诸侯卿相至，常先谒，然后从政”（《史记·孔子世家》）。

汉代以降，儒家之学、孔子之教在社会生活中的影响日益普及，孔子倡导之伦理规范成为治化之本，有国者不得忽视。汉桓帝时所立乙瑛碑的碑文即谓“孔子大圣，则象乾坤，为汉制作”，稍后的鲁相韩敕造孔庙礼器碑的碑文亦称“孔子近圣，为汉定道”，史晨碑的碑文说“主为汉制，道审可行”。从中我们不难体味孔庙祭祀对于汉朝统治者的价值。他们所看重的正是孔子对于其统治的合法性的维护。南北朝时期，对峙政权竞相立庙祀孔，其立意正在博取其政治的“合法性”。宋孝武帝直言：“国难频深，忠勇奋厉，实凭圣义，大教所敦。永惟兼怀，无忘待旦。可开建庙制……厚给祭秩。”（《宋书·孝武本纪》）

在世界众多祭祀孔子的庙堂中，曲阜孔庙不仅规模最大、历史最久，也最具有代表性、典型性。其建筑格局、一砖一瓦，都体现了中国古老的传统文化。每一座门坊的名称，都是孔子儒家思想的凝聚与标识，内涵丰富，博大精深。孔庙核心建筑区域之前，作为孔庙的引导部分，所有建筑左右对称，步步引申，就像无声的祭颂音乐，静静礼赞孔子学说与中国文化。孔庙后部分为三路。东路是祭祀孔子上五代祖先的场所，西路是祭祀孔子父母的地方，典型地反映着中国尊祖敬宗等儒家的礼乐文化。孔庙有形的物质遗产，承载着无形的精神文化。孔庙主祭孔子，彰扬儒道，又以历代圣哲及“阐道纯儒”配享从祀，使孔庙成为中国历代士人“心向往之”的精神家园。实际上，作为政统代表人物的封建帝王也不惮仆仆，到孔庙致祭，显示了政统与道统的内在统一。

在中国历史上，可不只是一朝一代、一个民族尊崇孔子及其学说。孔子故里曲阜就像一座规模宏大的博物馆，在绵延两千多年的历史中，以其得天独厚的文化守护优势，收藏了数千座有文化价值的石碑，其数量之大，时间跨度之长，保护之完备，在海内外都十分罕见，价值极高。如十三御碑亭内保存御制石碑50多座，分别是唐代至民国时期所刻，由汉文、八思巴文、满文等文字刻写，多是帝王对孔子追谥加封、祭庙、修庙的记录。其他的众多石碑，也记载了历代帝王大臣修庙、拜庙、祭庙的情况。这些石碑包括祀孔碑、谒孔碑、建修孔庙碑、功德碑等，都是历代尊孔崇儒的见证。

由孔子思想的特征所决定，孔庙不仅是正统文化的宣传者，也是国家教育的执行者，历代政权不忘到辟雍、太学、孔庙祀孔。关于历代政权与孔庙的关系，明成化四年所立明宪宗御制重修孔子庙碑的碑文就十分系统地进行了论述。碑文除了简述修建孔庙的经过外，主要是对孔子之道的赞扬。碑文开头即说："朕惟孔子之道，天下一日不可无焉。何也？有孔子之道，则纲常正而伦理明，万物各得其所矣；不然，则异端横起，邪说纷作。纲常何自而正？伦理何自而明？天下万物又岂能各得其所哉？是以生民之休戚系焉，国家之治乱关焉。有天下者，诚不可一日无孔子之道也。"接着，碑文又对孔子之道进行阐述。"盖孔子之道，即尧、舜、禹、汤、文、武之道，载于六经者是已。孔子则从而明之，以诏后世耳。故曰：'天将以夫子为木铎。'使天不生孔子，则尧、舜、禹、汤、文、武之道，后世何从而知之？将必昏昏冥冥，无异于梦中，所谓万古如长夜也。由此观之，则天生孔子，实所以为天地立心，为生民立命，为往圣继绝学，为万世开太平者也。其功用之大，不但同乎天地而已。噫，盛矣哉！诚生民以来之所未有者，宜乎弟子形容其圣不一而足。”

在先秦时期，孔子所创立的儒家学派仅仅是诸子百家中的一派。孔子去世后，在孔子弟子和孔子后学的宣扬之下，儒家成了诸子学说中的“显学”。到了西汉武帝时期，为了适应加强专制主义中央集权统治的需要，“罢黜百家，表彰六经”，儒家思想被定于一尊，孔子和儒家的思想从此便与中国政治结下了不解之缘。东汉末年以来，道教产生，佛教传入，从此，儒、佛、道的斗争与融合便贯穿于魏晋隋唐的社会历史之中。然而，儒家思想毕竟适应了中国传统的宗法农业社会，所以，总体来讲，不论经历了怎样的艰难曲折，孔子和儒家的思想一直是中国传统政治思想的根本。宋明时期，理学产生，儒家之学发展到了一个新的高度，唐代韩愈首倡的儒家“道统”说得到更进一步的申说，孔子与政治的联系更为密切。

明朝建立以后，明太祖朱元璋十分注意利用孔子和儒学，开了明代尊孔的先河。正如“成化碑”碑文所说：“迨我祖宗，益兴学校，益隆祀典，自京师以达于天下郡邑，无处无之，而在阙里者尤加之意焉。故太祖高皇帝登极之初，即遣官致祭，为文以著其盛，而立碑焉。太宗文皇帝重修庙宇而一新之，亦为文以纪其实而立碑焉。”明初尊孔，不仅在天下提倡儒学，更对孔子后裔加以优渥，到孔子故里进行祭祀。其后，明代其他帝王也纷纷效仿，明宪宗即是如此。“朕嗣位之日，躬诣太学，释奠孔子。复因阙里之庙岁久渐弊，而重修之。”

工程完毕，自然要立碑，向天下昭示其尊孔之意。对此，明宪宗自白道：“呜呼！孔子之道之在天下，如布帛菽粟，民生日用不可暂缺。其深仁厚泽，所以流被于天下后世者，信无穷也。为生民之主者，将何以报之哉？故新其庙貌，而尊崇之。尊崇之者，岂徒然哉？冀其道之存焉。尔使孔子之道，常存而不泯，则纲常无不正，伦理无不明，而万物亦无有不得其所者。行将措斯世于雍熙、泰和之域，而无异于唐虞三代之盛也。久安长治之术端在于斯用……”可见“成化碑”之立，明确了其“昭我朝崇儒重道”的用意。曲阜孔子庙越修越大，就像孔子思想历久不衰那样，是因为它与封建政治之间的紧密关联，是因为“久安长治之术端在于斯用”。“成化碑”把尊崇孔子之道推到了极致，它充分道出了历代王朝尊崇孔子的原因所在，说明了儒家思想与封建政治之间的关系。

（二）孔庙祭祀是中国人文教化的重要形式

孔庙祭祀被称为“释奠礼”，这一名词见于《礼记》，本指在学宫中举行的祭祀“先圣先师”或“先老”的一种仪式。魏晋时期，太子每通一经后的祭祀以及太学开学时的祭祀，开始集中转向儒家先圣先贤。唐宋时期，州县学宫开始建有孔庙，于是“释奠”祭祀孔子与孔子庙祭合二为一。明清时期，“释奠”（或称“释菜”）几乎成了孔子庙祭祀的专有名词。

释奠礼在中国历史上越来越受重视，本身说明孔子儒学在中国人文教化传统中的意义与价值越来越得到肯定。释奠礼作为一种祭祀礼仪，在传统中国非常受重视。如在西周时期，司徒是教民、治民之官，分大、小司徒与师保之属，其中“大司徒”的职责有所谓“十二教”：“一曰以祀礼教敬，则民不苟；二曰以阳礼教让，则民不争；三曰以阴礼教亲，则民不怨；四曰以乐礼教和，则民不乖；五曰以仪辨等，则民不越；六曰以俗教安，则民不愉；七曰以刑教中，则民不虣；八曰以誓教恤，则民不怠；九曰以度教节，则民知足；十曰以世事教能，则民不失职；十有一曰以贤制爵，则民慎德；十有二曰以庸制禄，则民兴功。”

可以看出“以祀礼教敬”在周人教化系统中所占有的地位。

春秋以降，礼坏乐崩，祭祀之礼出现了混乱，于是有人强调祭祀之礼的重要性。例如有人说：“凡治人之道，莫急于礼；礼有五经，莫重于祭。”（《礼记·祭统》）“凡家造，祭器为先。”（《礼记·曲礼下》）在祭祀之礼中，强调的同样是“敬”。如孔子曾说：“祭礼，与其敬不足而礼有余也，不若礼不足而敬有余也。”祭祀之礼对于培养为人之“敬”具有特别的作用。

为人处事，儒家最讲中庸之道。所谓“中庸”，按照东汉郑玄的说法，不过是“用中”而已。人之为人，其所谓“中”实在于“至诚”二字。此即人们强调的“至诚无息”“诚外无物”。这两个词语其实意义相同，角度不同，都十分重要。“大学之道”中的“诚意”，就是真心真意的坚守。认为正确的事，就坚持去做而且长期不懈，坚守不改，这就叫“诚”。只有做到了“诚”，修养、行为才能真正做到位，才能真正做到家。一个人只要做到“至诚”，就能“无息”，所以《中庸》说：“故至诚无息。不息则久，久则征，征则悠远，悠远则博厚，博厚则高明。”既然“至诚”，就不会今天诚，明天就不诚了。这样的情况应该是不可能发生的，否则就不能称作“至诚”了。一个真正高明的人一定是有所坚持、有所遵循的。做到至诚的人，一定是境界高的人，一定是有知识的人。因此说“至诚”非常重要，而做到“至诚”，其实就要做到“敬”。

有一次，鲁君问孔子：“人道，什么最要紧？”孔子进行了细致的论述。在论述中，有这样几句：“人道，政为大”，“古之政，爱人为大”，“爱人，礼为大”，“礼，敬为大”。在孔子看来，在“人道”中，管理最为重要。在管理中，则要提倡“爱人”。管理中的“爱人”或“爱民”，必须符合“礼”，既不能无原则地亲近，也不能疏远、忽略、忽视。爱民也有“度”，那叫“礼”，叫符合规范、符合道理。礼，则以“敬”为大。说到底，就是“人之道”以“敬”为最重要。

人道中的这个“敬”，不仅是生活细节，更是人生态度，所以“人道，敬为大”，人道最终以“敬”为大。古代圣王十分重视“敬”，从西周初年的周文王、周武王，到周公，无不如此。姜太公与周文王交流“至道之言”，也说“义胜欲则昌”“敬胜怠则吉”，强调的还是“敬”。这个“敬”就是“慎终如始”。如老子曾说：“民之从事，常于几成而败之。慎终如始，则无败事。”（《老子》第六十四章）“至诚”就是“敬”，“敬”就是“慎终如始”。

春秋前期，鲁人展禽（柳下惠）鉴于当时祭祀上出现的不正常现象，曾经系统论述周人的祭祀问题（见《国语·鲁语上》，又见于《礼记·祭法》）。这是研究周人传统祭祀观念的重要文献，对今人理解祭祀问题很有启发。它本身体现了周人对祭祀礼仪的重视，更为重要的是指出了周人传统的祭祀准则，如崇尚有功则祀、有恩必报、“不祀非族”等。在这样的基础上思考孔子庙祭祀问题，会发现这一礼仪的许多深层次问题。

文庙祭祀对象，突出体现中国的人文精神。经过两千多年的发展，孔庙祭祀作为中国传统社会的“国之大祭”，隆重的祭祀仪式不仅面向孔子，也面向孔庙里面配享、从祀孔子的圣、哲、贤、儒。

作为祭祀孔子和历代儒家的庙宇，孔庙是倡导教化的最佳场所。孔庙里除了天下通祀的祭祀对象，还有其他相关祭祀、纪念的人物。例如，在北京孔庙，大成门及先师门两侧排列着198座元、明、清三代进士题名碑，其中元代3座，明代77座，清代118

座，共刻有51624名进士的姓名、籍贯、名次。可以说，这是科举时代士人举子梦寐以求的荣耀。

值得特别提出的是，除了曲阜孔庙、北京国子监等国家庙宇，一般地方孔子庙还建设有两个特别的建筑，即名宦祠和乡贤祠。明洪武二十九年（1396），建先贤祠，奉祀在本地任官有善政的官员和有嘉言懿行的本地人士，在文庙春秋释奠后进行祭祀。不久，先贤祠分成了名宦祠和乡贤祠。名宦是在本地任职有善政的官员，各地奉祀人物不同。名宦祠是奉祀在本地任职有业绩的官员的专祠。乡贤祠是奉祀本地著名人士的专祠。凡有品学为地方所推重者，死后由大吏题请祀于其乡，入乡贤祠，春秋致祭。孔庙中名宦祠和乡贤祠的设立，使入祀孔庙不再高不可攀，这对于敦励风俗，教化乡里，起到了十分重要的作用。

（三）孔子儒学赖孔庙得以更好地传承传播

文庙祭祀孔子及历代圣、贤、哲、儒，是孔子和儒家文化最具代表性的物化象征，在传承传统文化方面具有不可替代的作用。在对孔子及儒家的祭祀中，孔子思想与儒家文化得到了很好的传播与弘扬。

在两千多年的传统社会中，孔庙祭奠礼仪虽然历经跌宕波折，但整体上呈现出一种不断上扬攀升的态势，最终发展成为一套包括礼、乐、舞蹈在内的完备的礼仪制度，成为国之重典，其所代表的文化意蕴及其涵盖的政治、教育、礼仪等内涵丰富多样，值得认真研读，细细品味。

孔子在世的时候，已经受到人们的敬重。孔子去世后，地位进一步提高。于是，在历代官方尊崇儒学、重视孔子、优渥圣裔的同时，民间也兴起了尊孔崇儒之风。这种风习相沿既久，成为民间风尚，并由邹鲁之地影响及于天下四方。

孔子与他的弟子虽然没有血缘关系，但彼此之间融洽亲密。孔子视弟子“犹子”，弟子待师“犹父”，人称其为“拟血缘亲”关系。孔子去世后，弟子为孔子送葬，随后守“心丧三年”。尔后，一些弟子流散四方，将孔子学说传播到各地，还有一部分弟子在“孔子冢”居住下来，另一部分弟子和鲁人共百余室在孔子墓附近安家，形成村落，他们在这里按时祭祀孔子，举行礼仪。作为战国时期的“显学”，儒学首先在鲁国造成了很大影响。当时不仅孔子弟子、孔门后学修习孔子学说，宣传儒家主张，鲁国民众也都服膺儒学，形成了崇儒、重儒的风气。《淮南子·齐俗训》说：“故鲁国服儒者之礼，行孔子之术。”秦朝末年，刘邦举兵围鲁，“鲁中诸儒尚讲诵习礼乐，弦歌之音不绝”。有人感慨地说：“岂非圣人之遗化，好礼乐之国哉？”（《史记·儒林列传》）七十多年后的汉武帝时，司马迁来到鲁国，他看到的景象依然是“诸生以时习礼其冢”（《史记·孔子世家》）。

除了文献典籍、笔记杂纂，民间传说还以图画艺术的形式保存着。鲁地出土的汉画像石中，就有《孔子问礼老聃》等场景的描绘。明朝嘉靖年间有人将孔子传说绘制成《圣迹图》36幅，万历年间有人将《圣迹图》刻绘在石上，而且扩充至120幅，其中与孔子出生传说有关的就有《尼山致祷》《麒麟玉书》《二龙五老》《钧天降旨》等数幅。清代出现了多种孔子的“圣迹图”木刻画像。现在关于孔子的“圣迹图”不下十几种。这些图像配有文字说明，是当时社会尊崇孔子的历史见证。在传统中国社会里，孔子是历代人们心目中的圣人，从孩童到士子，人们入学读书，先要祭拜孔子，学校里也有孔子的牌位或画像。祭祀孔子的文庙成为士人们的精神家园。有人甚至一路乞讨，也要到孔子家乡的孔庙进行一次瞻拜。在民间，孔子更是智慧的化身。

孔子出生在鲁国，鲁国南部紧邻邾国。邾国又称为邹、驺等。战国时期，孟子在邹，影响了邹地，使这里名扬天下。孟子曾说自己“近圣人之居若此其甚也”（《孟子·尽心下》）。邾国受到了儒家文化的濡染。孔子的孙子子思曾到邹地讲学，特别是孟子迁居邹地后，这里名声日隆，邹地具有了浓重的儒家文化氛围。例如，邹穆公鉴于民众不为自己效力的惨痛局面，接受孟子的劝说而施行“仁政”。有时，邹鲁连称是因两国土地相接，更多时候，在儒家文化这一点上，人们多将邹地与鲁国相提并论，而且，由于孟子的原因，自战国起，人们将两地合称时，还把“邹”放在“鲁”的前面而称为“邹鲁”。从史籍看，人们将“邹”“鲁”连称，都是从明礼、好儒的角度来说的。汉代以前如此，以后也是这样。所谓“邹鲁文化”，实是指儒家文化。

邹鲁之地的社会风习染上了浓重的孔孟儒学色彩，处处洋溢着诗书礼乐的文化气息。司马迁曾描述说：“而邹、鲁滨洙、泗，犹有周公遗风，俗好儒，备于礼，故其民龊龊。颇有桑麻之业，无林泽之饶。地小人众，俭啬，畏罪远邪。”（《史记·货殖列传》）班固也对鲁地风俗有过记述和评论，认为鲁人“尊尊而亲亲”“有圣人之教化”。他指出，及至“周公遗化销微”，“孔氏庠序衰坏”，鲁人“俗俭啬爱财，趋商贾，好訾毁，多巧伪，丧祭之礼文备实寡，然其好学犹愈于它俗”（《汉书·地理志》）。邹鲁民风俗尚，主要体现在好儒备礼、俗尚俭啬、尊尊亲亲、重教好学等方面，礼乐文明之花盛开。

邹鲁之地的社会风俗受到儒学的直接影响。邹鲁之地历来尊重传统，遵从礼义。鲁国是周公封国，其特殊的封国性质，决定了鲁国的文化正统品格。鲁人言必称“先王之训”，知礼明礼，动遵礼法，仁爱诚信，崇德尚义。汉代是经学的兴盛时期，此时“鲁学”有重要的影响，诸礼经的传授以鲁人为主，经学受到普遍重视。例如，西汉大臣韦贤性质朴，善求学，精通《诗》《礼》《尚书》，尤长于诗赋，世人称之为“邹鲁大儒”。史书记载了一段关于韦贤的故事。“贤四子：长子方山为高寝令，早终；次子弘，至东海太守；次子舜，留鲁守坟墓；少子玄成，复以明经历位至丞相。故邹鲁谚曰：遗子黄金满籯，不如一经。”（《汉书·韦贤传》）为子女留下满筐的金银，不如传授一经。这样的价值取向，形象地说明了鲁地的学术风尚。

汉代经学兴盛时期，邹鲁之地的儒生或收徒讲学，传授儒家经典，或凭借经学知识步入政坛。西汉时代，自武帝任儒生公孙弘为相之后，在二十七位丞相中，鲁地学者达到六人。东汉史学家班固说：“汉兴以来，鲁东海多至卿相。”（《汉书·地理志》）鲁地儒生以“经术”起家，同汉代政治建立了密切的关系，形成了许多世代为官、影响后世的经学世家。

以后，鲁地重视学术的风气历代相传，讲诵读书之风历久不衰。有诗赞道：“至今东鲁遗风在，十万人家尽读书。”诗中不乏夸张成分，却道出了这里浓重的讲诵攻读风尚。苏辙说自己“为学慕齐鲁”，其实也是对这里民风好学的具体写照。孔子思想与儒家文化犹如春风化雨，由庙堂而至于民间，影响了社会的方方面面。

（《儒学的理论与应用——孔德成先生逝世五周年纪念论文集》，2015年8月）

孔林：地面上的家谱

在山东曲阜一带，祭祀祖宗陵墓、插柳、放风筝，是清明节的主要习俗。清明前后三天，家家户户携带火纸、香、酒和菜肴，分别到各自“林”中的祖坟前祭奠，叫作“上坟”。

孔林是孔子及其家族的墓地，陵墓上植树成林，故称孔林。孔子逝世后，他的弟子“各持其方树来种之”，各个地方的特异树种被移植过来，在孔子墓旁扎根、生长、繁殖。这个环植异树、封而不垄的孔子墓，便是孔林之始。孔子以后，随葬的子孙越来越多，林地越来越大，树木越来越茂密。

如今孔林占地达3000多亩，林墙周长5591米，坟冢10万余座，民国以前的墓碑4003座，树木10万余株，其中古树名木4200多株，古建筑116间，历代石像、石仪85对。孔林成了中国乃至世界规模最大、持续时间最长、保存最完整的家族墓葬群，也是少有的人工园林。1994年12月，山东曲阜孔庙、孔府、孔林被列入《世界文化遗产名录》。从一抔土到万家林，体现了中国历代王朝对孔子和孔氏家族的尊崇。

由于孔家在当地人口中占有较大比例，更由于被后世尊称为“圣人”的孔子的独特地位，孔林便成为清明祭祀风俗最集中的再现之地。络绎不绝的扫墓队伍，简洁而寓意悠远的仪式，无声的静默哀思，在古木森森的背景下构成了一幅活生生的民俗画卷，生动地传达出中华民族古老文化的信息。

拟血缘亲

孔子长事教育，弟子三千，“身通六艺者”七十余人。用孔子的话说，凡是到了一定的年龄，愿意跟从学习的，他都给予不倦的教诲。孔子生前，曾经满怀救世理想，栖栖惶惶，四处奔走，甚而“知其不可而为之”。孔子与他的弟子组成的是一个行“道”的群体，他们有共同的理想，有相同的追求。孔子一生绝大部分时间都有弟子陪伴，不论讲学还是闲居，不论周游列国还是晚年在鲁……直至临终，都有弟子不离左右。

孔门师徒感情笃深。孔子去世后，在怎样为老师服丧的问题上，弟子们曾经进行讨论。子贡认为，老师为颜回办理丧事如同对待儿子，对子路也是这样，弟子为老师服丧应该如同为父亲服丧那样。于是，弟子们在墓旁守“心丧”三年。三年以后，不少弟子干脆在孔子墓旁安家，竟然形成了百余户的村落。

在孔子弟子中，子贡与老师感情最为笃深。子贡，复姓端木，名赐，是孔子的得意门生，也是孔子弟子中最善于经商的学生。守丧三年后，弟子们“相诀而去”，但子贡又接着守丧几年才离开。据说当年子贡为师奔丧时，从南方带回用作手杖的一根楷木枝，随手插在孔子墓附近，后来这根楷木枝竟生根发芽，长成一株参天巨木。后人有诗曰：“共看独树影，犹见古人心。”

此木是否为子贡亲手种植已不得而知，树龄经测定已有两千年左右却是不假，可惜为雷火所毁，只剩一段树根见证这美好的故事。为了纪念“子贡手植楷”，人们除在树旁立碑外，又把这株寄托了师生情谊的古树刻画留像，制成石碑置于树旁，还特意建起一座亭子来保护。让人感觉神奇的是，这座“枝图碑”，每到春秋时节人们隆重祭祀孔子时，总是会流下“泪水”，似乎是子贡在等学生们缅怀老师孔子。

孔子与他的弟子不是父子胜似父子，没有血缘关系却形成了“拟血缘亲”。他们的师生情谊，对传统中国影响至深。

携子抱孙

孔林面积数千亩，中部偏南的孔子墓是孔林的核心与灵魂。这里红墙环绕。孔林里有数不清的墓葬，这个院子里安葬的只有孔子、孔子的儿子孔鲤、孙子孔伋。孔鲤墓在孔子墓东侧，孔伋墓在孔子墓前面，当地人称这种葬式为“携子抱孙”。按照丧葬制度，孔子后代子孙依次安葬在他们的后面以及东西两侧。

孔子有一个温馨的家，儿女双全。他的女儿嫁给了他的弟子。他的儿子也像他的弟子那样跟随他学习。有一次，孔子的一名弟子悄悄打听孔子如何教子。孔鲤说父亲十分重视诗礼之教，“不学诗，无以言”，“不学礼，无以立”。孔子有“远其子”的“君子”之风，对儿子严格要求。

孔子晚年不幸，他唯一的儿子在他年近七十的时候先他而逝。年幼的孙子聪明伶俐，给了孔子莫大的安慰。一天，孔子独坐叹息，孔伋上前问道：“您是担心子孙不能继承祖业，还是遗憾不能实现王道理想？”当时，孔伋还是个该子，他能够说出这样的话，着实让孔子感到惊奇。孔子问他为什么这样说，孔伋回答：“我听您教诲说，父亲劈柴，儿子不能将柴背回就是不肖。我每想到这里就惶恐不安，所以不敢懈怠。”孔伋自幼就以承继孔子之道为己任。

孔伋，字子思。子思阐发孔子的中庸之道，写出了影响久远的《中庸》，后世将它与《论语》《孟子》《大学》合称“四书”，成为儒家的经典著作。对于儿子、孙子，孔子的影响不言而喻。尤其子思，他少年时就能够“大恐而不懈”，以继承和发扬孔子学说为己任。他在孔子去世后学于曾子，终于成为著名的儒学大师。他不仅将“亲闻之”以及“闻之于人”的孔子遗说记录下来，载录孔子及其弟子言语的《论语》《孔子家语》也可能出于他的整理。子思以后，孔子后裔逐渐形成了影响较大的家学传统。

两千多年过去了，孔子与儿子、孙子相依相偎。这个“三代之家”可不是平凡的家庭，孔子、子思同为伟大圣哲，都对中国文化做出了卓越贡献。来这里凭吊，不能不令人生发出无限的敬仰！

除孔子、孔鲤、孔伋祖孙三代墓葬，这里还有孔闻韶、孔尚任、孔毓圻、孔令贻墓等。孔林的墓碑除了一批著名的汉代石碑被移入孔庙，尚存有李东阳、严嵩、翁方纲、何绍基、康有为等历代大书法家的亲笔题碑，故而孔林又有“碑林”的美名，堪称书法艺术的宝库。

叶落归根

中国人自古以来就有“故土难离”之说，不到万不得已的时候，不会轻易离开父母，离开故乡。即使离开了，在外地安了家，却总也安不了心，年老体衰之时，想方设法也要回到生养自己的地方；即便客死他乡，如狐死首丘，千方百计也要归葬到故土。这甚至成为众多羁旅之士最大的愿望。于是，中国的历史上，流传着许多千里万里护送亲人棺木回乡安葬的感人故事。如果故事的主人公是死者的非直系亲属，乃至陌生人，那么，定会成为万人传颂的义举。

走进孔林，只见坟冢累累，碑碣座座，奇树异木，冠盖如车，让人想起金人党怀英“老桧曾沾周雨露，断碑犹是汉文章”的诗句。看看这里数以十万计的坟墓吧，把占地如此之广的陵园，挤占得狭窄窘迫起来，一个个挨挨挤挤，甚是热闹，想必跟那么多的族人、亲人挤在一起，肯定不会感到孤独寂寞了。这些坟墓的主人，固然大半是土生土长的本地人，也有众多漂流在外，叶落归根，死后回到家乡的游子。

不过，并不是所有孔氏族人都可以在这里找到百年后的安身之地。据“孔家人”说，孔林有“三不入”：嫁出去的女儿不入，因为是“别人家的人”了；违犯国法被定罪之人不入，因为给家族蒙羞了；出家为僧为道之人不入，因为不合儒家道统了。从“规定”中，我们可以知道，这确是典型的中国人的家族墓地，是“孔家人”的家族墓地，别有一番味道在心头。

立爱自亲始

孔林就像地面上的孔氏家族谱系，后人安葬前辈，昭穆不乱，井然有序。林内分布着历代“衍圣公”以及可以入孔氏宗谱的后裔子孙的墓葬群。因年代久远，孔氏家族第四十二代以前，除孔子祖孙三代祭祀不绝，保持着完整的墓碑、祠坛和神道石仪外，只有第四代墓有确切位置，其余已不可考。不过，从战国到宋代，墓群按时代分布着。从第五十五代开始，墓葬归属座座明确，尤其是元、明、清三代，保存基本完好。

作为伟大圣人，孔子深刻认识社会人生，也对天命鬼神有自己的理解。孔子主张通过祭祀的仪式教育人们追念先祖功德。

在孔子看来，这种祭仪是个人精神价值得以延续的体现。孔子推崇周礼，强调“慎终追远”，重视丧葬与祭祀，主张“葬之以礼”“祭之以礼”，其着眼点在于现世人间的秩序。孔子希望通过这些礼仪教化人心，使“民德归厚”。社会风气的好坏，取决于孝道是否得到施行，爱心的培养应当从“孝亲”开始，所以孔子说“立爱自亲始”。人只有做到“亲亲”才能“爱人”，只有在“亲亲”的基础上加强修养，推己及人，才能“不独亲其亲，不独子其子”，“老吾老，以及人之老；幼吾幼，以及人之幼”，进而做到“泛爱众”“四海之内皆兄弟”。

孝是爱心形成的基础，它也就成为整个伦理大厦的根基。孔子认为，只要是人，就应当具有仁德，有仁德就会孝敬父母。人之所以为人，孝是一个基本标志。什么是孝，孔子曾经有过不少解答。他说，孝的人能够做到“三年无改于父之道”，哪一位父亲都希望儿女走正途，父亲去世后能自我约束、几年内不改其志，十分难得。一个人是否做到了孝，可以从不同的角度进行考量。“葬之以礼”“祭之以礼”也是孝的重要表现，用孔子的话说这叫“无违”，也就是不违背礼制。孔子所说的“父之道”的传承，爱心的递相授受，人文的薪火相传，不都是这样一代一代进行的吗？

万古长春

孔林，就像天然的植物园。在这个园林中，古柏森森，坟冢累累，石麟含笑，碑碣如林。自然的风光其实依托的是政治的力量，“有国才有家”，家族荣耀的背后是王朝的兴盛，只有国运昌盛才有更加美好的家族亲情。孔林的每一个建筑，每一次增扩，每一次保护，都显示着王朝对孔氏家族的优渥，都意味着人们对思想与政治关系的又一次审视。

孔子是春秋末年的鲁国人，儒学是鲁文化结出的丰硕精神文明成果。西周初年，鲁国的第一代国君伯禽来到鲁国，积极推行周礼，采取了“尊尊而亲亲”的治国方针， 形成了鲁国独具特色的文化品格。

孔氏家族没有因为王朝的更迭而有大的起伏，孔府“同天并老”与孔林“万古长春”，都显示着孔子学说超越特定时代的价值。兵连祸结的时候，人们盼望和平与和谐；礼崩乐坏的时候，人们期待仁政与德治。在历史上，不论哪朝哪代，不论哪个民族，前来祭祀孔子的人都络绎不绝。

孔林高大深幽，散发着文明的庄严气息。那条长达1000米的神道上，老松古柏形态各异，虬枝葱郁，排列整齐。这些多为宋元时代所植的大树颇像阅尽世间沧桑的老人。人们走在这条神道上，不禁思索琢磨人生的价值。

感受孔林，最好是在一个晴朗的春日，或是寂静的雨天，远离喧哗的人声，没有世俗的干扰，只有天地的沉静，和着风声雨声，还有你多情的思绪，在物我两忘的境界中，与孔子对话。正是：草盛枝繁色红黄，云崔无声洙水长。石人不语深深路，墓碑何叹短短墙。一抔尘土精神在，千古文章俎豆香。携子抱孙情何远，叶落归根是故乡。

（《文明》，2011年第4期）

中华传统文化共识与儒商精神

2020年世界遭遇新冠肺炎疫情，这场疫情严重影响了世界经济发展。我国有效控制疫情，在疫情中的所作所为极大彰显了中华文化的强大力量。在抗击新冠肺炎疫情斗争中形成的抗疫精神已经成为社会道德共识，这种共识是对中华传统美德的继承与延续，也经过了无数抗疫英雄事迹的实践证实。但是很多人仍然缺乏思考危难的能力，在疫情防控中表现浮躁。一个家庭、一个单位、一个民族应该有民族危难教育，有挽狂澜于既倒、在危机中发现生机的能力，而民族危难教育正植根于我们历史文化传统中。我们应该静下心来，继承儒家思想精华，思考新时代环境下的民族前途与个人命运。

一、儒学用“明德”引领时代风尚

党的十九届五中全会提出推动社会主义文化强国建设。文化强，首先是人心强，只有人民内心强大，才是真正的文化强。

面对来势汹汹的新冠肺炎疫情，每一个中国人都应思考国家命运，应思考在这种时期的个人担当。那么，谁来做社会担当者？该在社会中担当什么？这是极其重要的自省与抉择。这个时候，传统儒学的价值和意义应该得到彰显。在儒学观念中，社会需要的担当者首先是引领者。传统文化中的“大学”是大人之学，是培养能起表率作用的担当者。也就是说，儒家的“大学”之道就是关于明德向善、培养引领者的学问。

《大学》中的“大”非同寻常，指的是人内心的强大。《大学》关注的是人的格局。大学者，大人之学也，儒学就是“大学”。什么是“大人”或大格局的人？“大人”或大格局的人是能起到表率作用的人。举例说明，面对货车货物散落一地的情况，我们该如何做？这往往与前三个人的引领有关。最先三个人看到别人遇到了困难就伸出援助之手，便会唤醒人的善行，引导大众伸出援手。人都有善性，都有良知，关键是如何唤醒、谁来唤醒。2019年全国政协十三届二次会议期间，习近平总书记来到文化艺术界、社会科学界委员中间，特别说到“以精品奉献人民，用明德引领风尚”。所谓“明德”就是好的德行，如日月朗照人心。君子应以自己的高见远识辨是非，走在前头，引领风尚。

《大学》开篇就说“大学之道，在明明德”。“明明德”就是唤醒生命，唤醒良知，使好的品德成长繁茂。把良知唤醒了，人人会自觉帮助有困难的人。国家形象说到底就是具体国民的形象，国民见利忘义，甚至忘命，会形成不好的国民形象，会形成不好的社会风气。社会上出现的热议问题，很多是道德判断问题，这时就需要有人做引领工作，出来担当，进而扭转风气。那么，儒学是什么？具体而言，儒学就是培养引领风尚的人的学问，就是货车翻车后引领人们助人为乐的人。货物散落一地时，前三个人主动帮助，他们就是以明德引领风尚的人。这样的人越多，国家就越好，社会发展就越稳健，这个世界就越美好。

2020年7月21日，习近平总书记在北京主持召开企业家座谈会，谈到“创新是引领发展的第一动力”时说：“富有之谓大业，日新之谓盛德。”习近平总书记强调企业发展创新的重要性，指出企业家创新活动是推动企业创新发展的关键。“富有之谓大业，日新之谓盛德”，出自《周易·系辞上》。从字面理解，“业”是成功、功业，“德”是德行、道德。什么都能拥有叫作“大业”，每天都在进步叫作“盛德”。《周易·系辞上》还说：“显诸仁，藏诸用，鼓万物而不与圣人同忧，盛德大业至矣哉！”这里讲“易”，讲“道”，就是讲事物发展规律。易道广大，无所不至，其特点就在于“与天地准”“能弥纶天地之道”。在这里，“显诸仁”就是大业，“藏诸用”就是盛德。遵循这个法则，正确把握“道”，就能指导具体行动，就能显现出吉凶悔吝等仁德的不同境界与结果。真正的“富有”是无物不包、无所不有，是指对境界与格局的拥有。

不难理解，社会需要“大人”“君子”走在社会前列。这样的“大人”“君子”是格局宏大的人，是知是非、明荣辱、能担当、敢引领的人。传统中国科举时代，人们取得功名后彼此互称“大人”，正是因为科举的目标是培养大格局的“大人”“君子”，而不仅仅是选拔技术官僚。

二、儒学以“君子之道”濡染时代精英

作为走在时代前列的人，新时代优秀企业家要明理知义，所思所行应该在社会之前，引导世人遵道而行、循理而动。新时代企业家的担当和引领行为具有重要价值，这正是提倡新儒商精神的原因所在。

完全可以说，广义的“为政”就是社会管理。那么，社会

管理者应该具备什么素质？“为政以德”“政者，正也”，就是答案。哪些人是“为政者”？有德有位之人是“为政者”。“为政者”首先应该是社会精英，但社会精英并非单一评价标准。如果只依照外在标准，认为凡是经过高等教育的人都是社会精英，是片面的。实际上衡量标准是多个方面的，我们仍需要培养更多全面发展的社会精英。有的企业家在企业里办书院，实际是对教育的助力。一般而言，企业做好“产”“销”就可以了，在办企业的同时办书院，实际是企业回馈社会、担当责任的表现。这是时代现实的要求，是强化人文教育与荣辱观教育，培养时代精英的需要。作为中华经典核心著作，《论语》在培养是非观、荣辱观方面作用重大。1914年，辜鸿铭先生在《中国人的精神》中说：“孔子全部的哲学体系和道德教诲，可以归纳为一句，就是‘君子之道’。”《论语》之学是君子之学，那么何谓“君子”？“君”字上面是个“尹”，“尹”的意思是手里拿着东西，这个东西可以视为象征权力的权杖，下面“口”的意思是发号施令。“君”就是领导者，而领导者应该是有德者。有德者在其位，在其位者有其德，才能“为政以德”。领导者名副其实，首先要有德。那么，“君子”是什么？君子之道就是培养社会精英。当然，当代社会所有人在人格上都是平等的，但人格平等不等于责任平等，这是问题的两个方面。不难理解，受过更多教育的“在其位”的人应担当更多社会责任，要肩负起引领者的责任。

事实上，传统文化“三纲”中的“君为臣纲”所强调的是“为政者正”，指的是君上的引领；“父为子纲”强调的是“子不教，父之过”，指的是父亲的引领。后来人们所谓的“君叫臣死，臣不得不死；父让子亡，子不得不亡”之类的说法，绝不是“君为臣纲，父为子纲”的本意。也就是说，“君君，臣臣，父父，子子”并非说上位者控制下位者，而是上位者承担起自己的责任与担当。按照《孔子家语·大婚解》中孔子的说法，“君子”最初即“君之子”。父亲为“君”，孩子就是“君之子”，君就是在其位、有其德的人。一个孩子被称为“有教养”的“君子”，意思是“有人教”“有人养”，就可以称为“君子”，即“君之子”。随着历史语境的演变，父亲未必是在位之人，但是可以教育出优秀的后代。当夸一个人是“君子”的时候，也是夸家长、家教。

三、儒学以家国情怀强化责任担当

中国人讲究家国情怀，可以说，儒家哲学就是关于“家”的学问。在作为“小家”的家庭之中，父引领子，所以有“子不教，父之过”的说法。《论语》记载孔子说：“父在，观其志；父没，观其行；三年无改于父之道，可谓孝矣。”其中包含的就有父亲有义务帮助子女确立志向，坚定志向。在作为“大家”的国家社会中，君引领臣，上级引领下级，所以有“为政以德”“政者，正也”之类的说法。孔子说“君君，臣臣，父父，子子”，也是这样的意思。中华传统文化关注社会引领、社会担当，讨论的正是社会管理。

“君子”一词彰显的正是“家”与“国”的高度统一。在“五达道”中，“君”与“臣”相对应，“父”与“子”相对应。君臣关系是一种工作关系，父子关系是一种血缘亲情。那么，这两对关系为何可以类比？“君子”一词实际上包含了家国情怀，具有沟通家国的意义。《大学》强调“欲治其国者，先齐其家”，“家齐而后国治”。《大学》2200余字，指明了由“我”而“家”而“国”的密切关联，这是中华文化的独特结构与努力方向。家长在家庭中教育孩子，引导孩子的价值观与社会主流价值观一致。更为深入的是“我”与社会的双向关系。《礼记·祭义》记曾子曰：“大孝尊亲，其次弗辱，其下能养。”“大孝尊亲”意思是“大孝使亲尊”，这里的“尊”是使动用法，指最大的孝就是让父母受社会尊重，使父母尊显、尊贵。比如，一个平民的孩子经过寒窗苦读成为栋梁之材，家中长辈一定很高兴。一个人得到社会认可，会被老百姓称为“光宗耀祖”“衣锦还乡”，这里面包含的乡土观念、家族观念，皆基于中国人的家国情怀。中华民族几千年来就是以“家”为中枢，柔和而强韧地联系起了个人与国家。

孔子特别注重君子人格的养成。《论语》开篇讲：“学而时习之，不亦说乎？有朋自远方来，不亦乐乎？人不知而不愠，不亦君子乎？”对于这三句话，我有不同于传统的新解释。孔子以君子自许，《论语》开篇强调的就是信念及信念的坚定，强调一定要有信念，叫“志于道”或“志于学”。“学而时习之”的“学”，应该理解为名词，是道术的总称，有“信念”“主张”“学术”的意思。这一章所记孔子之言大意是如果我的主张被社会普遍接受，得以在现实社会中运用，那不令人喜悦吗？即使不能这样，有赞同我的学说的人从远方来，不也是很快乐吗？再退一步，社会没采用，也没有志同道合的人，自己不怨愤，不也是信念坚定的君子吗？

《论语》的结尾则说“不知命，无以为君子也”，与开篇谈君子形成照应关系。“不知命”有两个层次，第一个是天命，第二个是使命。什么叫天命？《尚书》讲“天视自我民视，天听自我民听”，天命就是天意，天意的显形就是民意。天命落实到具体生活，就是行动或实践的使命感。所以，从外在讲，人人有不尽相同的使命，或者人人皆有自己的天命。从内在讲，就是要对自己的道德使命有明确的认知。有了对道德使命的自觉，并把它付诸行动，就能成就自己，成就他人。如果是一名医生，就要在医术上精益求精，致力于救死扶伤；如果是一位教师，就要努力提高教学水平，致力于为人师表、教书育人。《论语》末篇末章言“不知命，无以为君子也”，就是指对社会责任的自觉担当。

认识中国哲学、中国思想的一个重要途径，就是认识哲学思想中的价值观。有的企业家提出“永不裁员”口号，实际就是“家国情怀”的彰显。一个家庭出了问题，是不会“裁员”的。有的西方人说他们是上帝的孩子，中国人认为自己是父母的孩子。那么，父母爱我们，我们该不该爱父母？儒家讲“立爱自亲始”“立敬自长始”，把这种爱和敬从家庭推广开来，由“孝亲”出发推广开来，把家庭教育与社会主流价值观念统一起来。“大孝尊亲”，真正的孝、最大的孝就是让父母感到光荣，受到社会尊重。受社会尊重，得到社会认可，就一定与主流价值观相一致。

在工商业领域，作为自然人，每个人都有对利的本能追逐，作为社会人，则必须考虑义的问题。孟子“述仲尼之意”，接续孔子、曾子、子思的思想，孔孟之道成为传统文化主流。《孟子》开篇就揭示了义利矛盾。孔孟之道强调修己，希望正确处理义利关系，强调以义为利、先义后利。今天，我们弘扬新儒商精神，需要大力传承君子之道，强化社会责任担当。

（《山东省社会主义学院学报》，2021年第1期）

儒家中道传统对现代政商关系的启示

我们现在思考政商关系，思考社会治理问题，是对中共十九届四中全会精神的学习贯彻。习近平总书记在中共十九届四中全会说到一句话："中国特色社会主义制度和国家治理体系是以马克思主义为指导、植根中国大地、具有深厚中华文化根基、深得人民拥护的制度和治理体系。"我认为很精彩、很独到。我们现在一般把儒家当成一个学派，其实儒家思想在很大程度上就代表了中国思维。我们把孔子当成儒家学派创始人，但是儒学实际上是三代的官学，孔子时代礼坏乐崩，孔子才系统总结和继承了以前的中华文化，形成了他的学说体系。

不难理解，孔子的思想学说实际上是对三代官学传统的继承，他培养人才是为了社会管理，让学生为政就是参加社会管理。如何管理社会？这是儒家思考的核心问题。有人说儒家修身治学，是为己之学。当然是。任何一种管理都要让人思考自身。从政府管理角度来讲，儒学是治国理政的学问。从被管理的每个人的角度来说，儒学则是修身之学。

人心如何和顺？社会如何和谐？自尧舜禹以来，儒家等各家一直思考这样的问题。汉代学者包括司马迁在内，都对先秦时期的各种学术思想进行总结。他们有人说得很清楚，儒、墨、道、法、阴阳各家思考的都是“治”的问题。为什么汉代以后选择了儒家？这是选择的结果，各家都在思考，水平、境界不一样，儒家思考的境界最高。

历史学家早就指出：中国国学的核心是儒学，儒学的中心是经学。从根本上讲，经学是谈道德与价值的。儒家经典讲的就是价值问题，就是方向问题，是追求、信念和信仰的问题。我们现在思考如何处理政商关系，这是政和商双方的关系。那么，政商双方怎么想，该怎么想，是最根本的问题。

什么叫“亲清新”型政商关系？我觉得，“亲”就是爱，“清”就是敬。孔子在《礼记·哀公问》中说：“爱与敬，其政之本与！”三国时的刘劭说：“盖人道之极，莫过爱敬。”商人是人，管理者也是人，做人最根本的就是爱和敬。实际上，儒学思考的根本问题就是“爱与敬”的问题。儒家谈孝、悌就是谈爱、敬。《论语》说：“孝弟也者，其为仁之本与！”孝悌是起点。《孔子家语·哀公问政》《礼记·祭义》都记载了孔子的话，孔子说：“立爱自亲始，教民睦也；立敬自长始，教民顺也。”培养爱心，从孝亲开始；培养敬意，从尊长开始。真爱父母的时候，这种伦理情感就容易外化。比如，我们帮助有困难的老人，就是爱父母的外化。家庭伦理和社会伦理就是这样打通的。

儒家就是这样，从孝悌出发，培养人们内心的爱和敬。有爱有敬，做人的问题才解决了。有爱心的话，就会换位思考，将这种情感外推，用来处理政商关系，政商会互相理解，爱、敬对方。所以，爱和敬其实就是“亲”和“清”。

基督教有两种东西最重要，博爱精神和神圣观念。博爱精神就是谈爱，神圣观念就是谈敬。与博爱精神、神圣观念相对应，儒家讲仁爱精神和敬畏观念。仁爱精神是从对父母的亲亲之爱出发，到“不独亲其亲”，“老吾老，以及人之老”，到“泛爱众”，到“仁厚及于鸟兽昆虫”，到“让世界充满爱”。关于敬畏观念，《论语·季氏》记孔子说：“君子有三畏：畏天命，畏大人，畏圣人之言。”“畏”就是敬。一个人如果没有敬，他的爱有时是不好把握的。我们对父母的爱和敬，是一体的，爱中有敬，敬中有爱。

商道也是做人之道。儒家谈“五达道”，每个人都是社会人，每个人都面对五种最主要的关系：父子关系、夫妻关系、兄弟关系、长幼关系、君臣关系。一个人在社会上要遵守社会公德，在单位要遵守职业道德，在家庭要有家庭美德，这都基于个人品德。每个人都面对复合关系：在上级面前我们是臣，在下级面前我们是君；在父母面前我们是子，在子女面前我们是父。每个人都是复合角色，中国伦理其实就是角色伦理。明白自己的角色以后，你该怎么做？那就基于个人的修养。父慈、子孝，兄友、弟恭，都是双向的。政商关系也是双向的，双方一定要换位思考。政府要思考如何给企业家搭建平台，建立公平公正的环境。营商环境好，就会吸引更多投资者。为什么我们历史上特别强调对商人的管理？儒家不是不重视商。儒家思考的是社会整体，是“一”的思维，就是整体思维。孔子说“吾道一以贯之”。按照曾子的解释，孔子的道就是忠恕，就是修己而推己，就是换位思考。

换位思考需要整体思维。政和商之间，应该有“一体”的思维，这个“一体”就是国家的繁荣兴盛。商人要提高自己的人生境界，要思考自己的社会责任和义务。不言而喻，经商本质上是逐利的。《孟子》开篇就提出义利之辨的问题。孟子见梁惠王，梁惠王问，您不远千里来到我国，能给我国带来什么利益呢？孟子的回答是，所有的人都在求利，为求利而求利，就得不到利，“上下交征利而国危矣”。儒家讲以义为先，不是排斥利。《礼记·大学》说：“是故君子先慎乎德。有德此有人，有人此有土，有土此有财，有财此有用。德者本也，财者末也。外本内末，争民施夺。”经商也是如此，只想着发财反而发不了财。

儒家中道原则对于处理政商关系有很大启发。儒家处理任何关系，都有一个中道的原则，比如义利关系、农商关系、德刑关系以及人心与道心、天理与人欲，等等。社会管理就是中道管理。中华传统文化底蕴非常深厚，具有很大启发意义。汉代以后的帝制时代，儒家思想被扭曲了。本来君为臣纲、父为子纲、夫为妻纲，这个纲是“引领、担当、表率”的含义，竟变成了“控制、支配”，片面强调君权、父权和夫权。现在说“官本位”思想，实际上儒家讲的是“官本分”，“官本位”是儒家思想被扭曲后产生的。“官本分”对今天政商关系中“政”的地位仍具有启发意义。

（《山东省社会主义学院学报》，2021年第2期）

第三章　经典照亮人心

生命面向生活的思考
孔子“大同”说的实质与意义
构建中国的“论语学”
《论语》研究与“论语学”构建
典籍里的孔子，《论语》里的中国
天下之本在国，国之本在家
“父母在，不远游”的真正含义
《孔子家语》推动中华文明史研究新发展
《孔子家语》打开了中华文明研究的新视野
“御车马”与“治天下”
中国传统文化中的管理智慧
儒家“四书”与中华家风
齐家宜学圣人训
对传统文化不能“一知半解”
读国学典籍，感知中华文化的格局与气象
人一生读书有限，要明白先读哪些书
富有之谓大业，日新之谓盛德

生命面向生活的思考

说到《论语》，无论是谁，无论什么时候，都会感到它的特殊和重要。对于中国人，它代表着“传统文化”；对于外国人，它代表着“中国智慧”或“中国思维”。

在一些外国人眼中，中国是一个古老而神秘的国家。英国作家贡布里希就说，他关于中国最初的概念，至多是曾在茶杯或花瓶上见过的几幅图画，他想象着这里有“神情呆板的长辫子的小个子男人”“有弓形桥的富于艺术性的花园”以及“挂着铃铛的小塔”……

细致了解中国以前，他的认识自然是模糊的。现在，世界的联系便捷多了，人们很容易就能走近中国，很快就能知道那样一个童话般的中国从来不曾有过。在历史上，这个国家早已经面积辽阔，人口众多，上有最高统治者“天子”，下有各级地方机构。在这个庞大的国家里，人们使用着“共同的文字”。

贡布里希十分看重这种“共同的文字”。他认为，庞大的中国之所以得到很好的维系而没有“崩溃”，与拥有汉字这种“共同的东西”密不可分。他说，中国人所写的不是语言，而是事物，人们都能读懂这种文字，即使说出来的话一句也听不懂。

其实，中国汉字的奇妙，远远不只体现在象形、指事、会意等字形上，也体现在读音和意义的联通上。比如，仁者，人也；义者，宜也；礼者，理也；智者，知也……仁，就是爱，就是修养，是作为“人”所必须具备的；义，就是应当如此，就像人行走应当在路上那样；礼，就像道理的“理”，就是与天理、人情相呼应，就是理应如此；智，就是明白通达，就是清晰地知晓。

我举例仁、义、礼、智这些字，是因为它们是中国文化的核心概念，以孔子为杰出代表的中国先哲，反复论说的正是这些。中国汉字与中国智慧是一体的，先哲们研究社会人心时间久了，才有了这样精到的认知。贡布里希明确地看到，在维系中华民族团结与和睦方面起到更为重要作用的正是孔子。他庆幸中国人选择了孔子。他称孔子是中华民族的“伟大导师”。他看到孔子遵循他以前数千年的美好传统，试图用自己的学说使人幸福。

显而易见，孔子达到了目的。孔子以“人”为中心，思考“人之所以为人”的问题，以达到“自然人”与“社会人”的中和一致。他希望生活在一起的人们遵守应有的规范，使社会和谐公正、稳步发展。在孔子以后，中华民族立足于他所确立和阐述的价值观念，更和睦和平地共同生活了几千年。

中国历史文化的发展决定了孔子学说的地位，了解中国，请从孔子开始。那么，要认识孔子，就不能不读《论语》了。

孔子长期从事教育，在这个过程中，弟子们随时记录老师的善言嘉语，留下了许多珍贵的孔子遗说。孔子以后，儒学影响越来越大，孔子地位越来越高。于是，孔门后学汇集整理这些遗说，从中选择“正实而切事”的言论，编辑成了《论语》。“正实而切事”，是说这些言论靠得住也行得通。《论语》看起来像是材料的随意集合，其实，篇与篇、章与章之间，都有内在的逻辑联系，都按照孔子思想进行了精心编排。

读《论语》，要用“心”读。入进去，才能找到感觉。仔细品读，或者对照其他相关材料综合思索，就能慢慢“品味”出其中关于人生的“品位”来。《论语》其实是“生命面向生活”的思考。孔子乃至《论语》的编者想告诉人们，面对生活的各种状态，每个生命都应该有理性的认知，只有这样才能去自觉信奉、遵守共有的道德，从而活出生命的精彩。

近代中国经历了巨大社会震荡，人们进行文化反思时，还不能摆脱被外敌不断欺凌的恐慌，这反映在学术上，就是不能正确估价古代文明的发展程度，对孔子儒学的认识难免有表面化倾向。当我们逐渐走出迷茫之后，孔子儒学的价值便凸显出来。也许你认为孔子“只有一些老练的道德说教”，或者你认为他提出的方法很简单，但他的“不简单”或许正隐藏在“简单”背后。不管你是不是喜欢它，其中的确蕴含着比你第一眼所看到的更多的智慧。

以小楷这样的书体呈现《论语》，可说是最佳的书写方式。它将艺术与伦理相结合，体现着美与善的协调统一。在为人处世方面，孔子称赞“刚毅木讷”，反对“巧言令色”，主张“文质彬彬”，追求真情实感与社会礼法要求的有机统一。在汉字的各种书体中，小楷讲究笔画清晰，不挤不散，看起来疏密有致，给人一种空灵的感觉。尤其是它的规范稳重，结体齐整，以及平正不呆、齐整不拘的特点，与儒家平和中正的人格追求一致。从用小楷书写的《论语》中，读者可以更好地以“文”观“道”，涵养心性。

（儒家文明协同创新中心网，2017年11月13日）

孔子“大同”说的实质与意义

孔子长期从事教学与社会活动，留下了大量珍贵的言论。综观相关材料特别是孔子遗说，谁都不会怀疑孔子对夏、商、周三代礼制的稔熟，也不会怀疑孔子对三代明王的崇敬。保存在《孔子家语》和《礼记》中的《礼运》正是孔子社会理想的集中体现，系统地展示了孔子的礼学思想。《礼运》是儒学乃至中国思想文化史上的一篇重要文献。长期以来，人们对《礼运》及其“大同”思想学说进行了很多研究，只是由于《孔子家语》“伪书”说的影响，很少注意到《孔子家语》中的《礼运》，很少注意到该篇与《礼记·礼运》的差别及其文献学意义。尽管人们主要以《礼记》中的《礼运》为研究文本，依然有学者看到了《礼运》与孔子的密切关系，认识到该篇思想的先秦时代特征，认为《礼记》虽然成书时代较晚，但其中关于“大同”之道的思想是先秦的。鉴于人们在认识上依然存在很大误区，该篇的重要价值明显受到忽视。本文试在以往研究的基础上，对《礼运》中的“大同”说再加讨论。不周之处，希望批评教正。

一、《礼运》篇的“大同”思想属于孔子

长期以来，由于疑古思潮的影响，人们怀疑《孔子家语》，在《礼记》成书问题上异说纷呈，严重影响到了对《礼运》价值的认识。时至今日，依然有学者怀疑《礼运》的真实性，对该篇的认识与理解存在一些偏差。例如，金春峰先生虽然认为《礼运》是儒学和中国文化思想史的一篇重要文献，但以为《礼运》为汉儒所采辑、编撰，其中的一些内容为汉人撰写，反映了汉人天人同类的大礼乐观。这个问题到底怎样，很有必要认真研究，不然真的会出现“思想史的错置和混乱”。

如果在文献成书问题上出现偏差，如果像金先生所说那样，把汉代的思想当作孔子与弟子论礼之言，就会“把孔子思想汉人化、董仲舒化”。反过来，如果其中的思想本属于孔子及其弟子，今人却以为属于汉人，这样的错乱同样严重，这就会把孔子思想人为地拉到了汉代，实际上低估了孔子思想，看低了早期儒学的发展水平。显而易见，把《礼运》之中明确记载“孔子曰”的文献说成是“汉人撰写”，这等于说“汉代学者假冒孔子之名”，这与疑古思潮盛行时期所谓的“汉人伪造说”观念完全相同。当然，这里的错误与混乱还是不难看清的。

十几年前，笔者曾经关注《礼运》，对它的成篇与学派属性等问题进行思考，发现人们对于该篇有关问题认识混乱。连许多基本的问题，如《礼运》成于何时，其中的思想是否属于儒家，或者其学派性质如何，都存在严重分歧，甚至可以说乱作一团，代表了疑古思潮影响下学术认识的严重失范。对这样一篇重要文献的认识，关涉到中国早期思想史面貌的描述，实不能不认真辨析。通过研究《礼运》的成篇问题，通过研究《孔子家语》

与《礼记》中《礼运》的异同，我们清楚地看到，汉代编辑《礼记》，其中不少篇章确实经过了重新连缀和编辑，但汉儒并不像今人所认为的那样对孔子缺乏敬畏，他们很可能并没有动辄就假借“孔子”来表述自己的主张。或者说，《礼运》并非“出于汉人的伪作”。通过对其中关键问题的分析，可以说我们应该能解开《礼运》成篇的谜团，可以消除人们的疑虑。

《礼运》最大的问题是该篇的作者。《礼运》是怎样写成的，这与文本中的许多问题相连，比如《孔子家语》和《礼记》都有《礼运》，如果以传统的观点，舍弃《孔子家语》而用《礼记》的文本，那么，得出的结论可能会有较大偏差。实际上，我们曾经反复细致地比较过《孔子家语》与《礼记》两个文本，比较二者的相同和相通之处，明显发现《礼记》的文本不如《孔子家语》的文本，综合审视二者之间的差异，强烈感觉到《礼记》存在不少改编痕迹。

例如《礼运》篇首部分，《孔子家语》的《礼运》作：“孔子为鲁司寇，与于蜡。既宾事毕，乃出游于观之上，喟然而叹。言偃侍，曰：‘夫子何叹也？’孔子曰：‘昔大道之行，与三代之英，吾未之逮也，而有记焉。’”《礼记》的《礼运》则作：“昔者仲尼与于蜡宾，事毕，出游于观之上，喟然而叹。仲尼之叹，盖叹鲁也。言偃在侧，曰：‘君子何叹？’孔子曰：‘大道之行也，与三代之英，丘未之逮也，而有志焉。’”不难看出，与《礼记》相比，《孔子家语》更像时人所记，给人以明显的现场感。《孔子家语》中的“夫子何叹”，《礼记》中作“君子何叹”。很显然，《孔子家语》所记是对的，因为孔子的弟子乃至当时的公卿大夫大多习惯称孔子为“夫子”。我们综合以往的比较研究，很容易能够判断出，相比于《孔子家语》，《礼记》对材料的变动更大，而《孔子家语》更注重维持简书原貌。

孔子回答言偃，进行这番论说的具体时间，《孔子家语》的记载比较明确，就是在孔子为鲁国司寇时期，就在参与蜡祭活动之后。蜡祭是每年十二月举行的祭祀礼仪活动。孔子忧国忧时，他由此进行了很多的思考。言偃记录下孔子的论说，于是有了《礼运》这一儒学名篇。据记载，孔子为司寇时间不长，因此，我们可以判定，孔子的这次谈论，时间应在鲁定公十年到十二年，这三年之内的某年十二月，当时孔子五十三岁左右。从谈论中，我们可以看出孔子当时的心情比较沉重。此后不久的鲁定公十三年，孔子离开了鲁国，开始了漫长的周游列国的生涯。

相比之下，《礼记》仅仅用了一个“昔”字表示时间，令人对孔子论说的时代背景不好把握。戴圣编订《礼记》，着眼于西汉时的历史实际，他没有明确地保存“夫子本旨”的意图，因而其中的改编便不像《孔子家语》那样忠实于原文。他必须立足于汉朝，更不应有违犯时忌的言语。例如，《孔子家语》的《礼运》所记言偃的问话中有“今之在位，莫知由礼”，《礼记》的《礼运》中却找不到。孔子“喟然而叹”，《礼记》还画蛇添足般地加上一句解释性质的话，说“仲尼之叹，盖叹鲁也”。因为在戴圣看来，汉家王朝大一统的“清明”政治，哪里能有令人叹息的“莫知由礼”。对照《礼记》与《孔子家语》其他相同的篇章，类似的例子很容易找到。例如《礼记·中庸》对《孔子家语·哀公问政》的改编，《大戴礼记·主言》对《孔子家语·王言解》的字词改动，都与西汉中央集权政治的加强有关。

将《孔子家语》的《礼运》和《礼记》的《礼运》进行比较，我们发现《孔子家语》的《礼运》缺少了“我欲观夏道”至“此礼之大成也”一节，这一节在今本《孔子家语》的《问礼》

中。细致观察前后文的联系，可看出《礼记》的《礼运》是正确的。今本《孔子家语》类似的错乱还有不少。例如，将《礼记》的《仲尼燕居》和《孔子闲居》分别与《孔子家语》的《论礼》《问玉》进行比较，也可以发现这一点。孔安国在《孔子家语后序》中说，他得到这些简册后，“乃以事类相次，撰集为四十四篇”，可见，《孔子家语》的这些篇章都出他编次而成。可以想见，他在简册散乱时，只能依据内容进行新的编排。《问礼》可能就是如此。该篇除了言偃问礼的内容，还有鲁哀公问礼的一部分，可能当时他觉得这两部分归属不明，遂以《问礼》名篇，将这两部分归入。这一点反而证明《孔子家语》的古朴可靠，证明孔安国所言不虚。

这样，《礼运》的成篇年代已经十分明确了。《礼记》在汉代编成，《孔子家语》也由汉代的孔安国写定，《礼运》的成篇时间却很早。既然《孔子家语》如孔安国所说那样“由七十二子各共叙述首尾”，那么，《礼运》也应该成在孔子弟子之手。

任铭善《礼记目录后按》说：“按《论语》文例，凡弟子门人所记者称子，曾子、有子是也；弟子互记或门人记他弟子之语者称字，子贡、子夏、原思、宰我是也；弟子自记者称名，宪、宰予、冉求是也；其称孔子，或曰夫子，或曰仲尼，子贡曰‘仲尼，不可毁也’是也。于长者乃称名‘子路对长沮曰：为孔丘’是也。此篇称仲尼而名言偃，疑子游所自记也。”言偃字子游，若是其弟子门人所记，其中不应直称其名。我们认为，《礼运》篇记言偃与孔子的问对，称孔子曰“仲尼”，应该出于言偃自记。

人们想确认该篇出于子游，还有一个很大障碍，那就是子游的年龄。作为儒学名篇，《礼运》应当是孔子与其弟子子游对话的记录。如果按《史记》所言子游“少孔子四十五岁”，则当时子游不到十岁。由此，人们不能不质疑该篇记载的可靠性，对该篇的种种说解随之产生。其实，《孔子家语》明确记述子游“少孔子三十五岁”，只是由于人们对《孔子家语》的价值认识不清，而且《孔子家语》本身版本不一，致使这一问题长期没有得到解决。事实上，当时的子游应当早已年过十五而学于孔子，符合孔门教学的历史实际。关于这一点，我们已经专文讨论，此不赘述。

确定了本篇材料的来源，该篇的真实性问题也就清除了最大的障碍。那么，《礼运》中的“大同”思想属于孔子就没有大的问题了。

二、“大同”思想的实质在于“道承三王”

孔子的一生是求“道”的一生，实现“大同”之世是他的理想和追求。孔子心中的“有道”之世，是他十分尊崇的“三王”时期。“三王”概指夏、商、周三代之明王，具体说来，就是禹、商汤、文王、武王、成王、周公，就是《礼运》所说“三代之英”。

金春峰先生认为，《礼运》赞扬“天下为公”，当以“五帝”时期为背景。金先生的观点很有代表性，学界很多人认为《礼运》的成篇时间有问题，大多是在这里出现了问题。这个问题十分关键，也是认识分歧的一个症结所在。

《礼运》“昔大道之行，与三代之英”中的“与”字何解，的确还有一些争议。“与三代之英”的“与”字，人们一般都会把它当作连词。其实，它应该是指示动词，意思是“谓”“说的是”。该字之训，清人王引之《经传释词》有说。前人指出《礼运》中此字应该解释为“谓”。这句话应当译为：大道实行的时代，说的是三代之英。只有理解了这一点，才不至于在《礼运》成篇的时间问题上出现迷乱。吴光教授曾经指出“选贤与能”的“与”与之一致，可以作为“举”或者“举出”来理解。他把“选贤与能”看作“选贤举能”。

在孔子心目中，“三代之英”即三代时期的英杰人物，指禹、汤、文王、武王、成王、周公等人。孔子推崇三代圣王（即文献所说的“三王”），后世所谓的“孔子之道”，实际就是孔子推崇的三代圣王之道。所以，孔子作《春秋》的意义就在于《史记·太史公自序》所说“夫《春秋》，上明三王之道”。孔子虽然也崇尚“五帝”，但正如司马迁在《五帝本纪》中所言：“学者多称五帝，尚矣。”关于黄帝等上古帝王的事迹，“荐绅先生难言之”。孔子曾经回答弟子宰我问“五帝”之德，但“儒者或不传”。相比之下，孔子更加推崇三代圣王。这样的材料很多，如《礼记·表记》：“子言之：‘昔三代明王，皆事天地之神明。’”《礼记·哀公问》：“孔子遂言曰：‘昔三代明王之政，必敬其妻子也，有道。’”上博竹书《从政》篇曰：“昔三代之明王之有天下者，莫之余也，而□取之，民皆以为义，……其乱，王余人邦家土地，而民或弗义……”孔子时代，三代圣王之治为社会普遍认可。因为推崇三王者不止儒家。如《墨子·鲁问》云：“昔者三代之圣王禹、汤、文、武，百里之诸侯也，说忠行义，取天下。三代之暴王桀、纣、幽、厉，仇怨行暴，失天下。”

儒家学派有一个重要特征，崇尚先王之道，尤其称颂尧舜及西周以来的传统文化。正如荀子所说“儒者法先王”（《荀子·儒效》），“先王”指尧、舜、禹、汤、文王及武王。尧、舜是传说中的古代帝王，禹、汤、文王和武王分别是夏、商、周三代的开国之君。

儒家称颂尧舜、宗法文武始自孔子。《中庸》说“仲尼祖述尧舜，宪章文武”，尧舜文武是孔子心目中的圣王明君。子曰：“大哉尧之为君也！巍巍乎！唯天为大，唯尧则之。”“巍巍乎，舜禹之有天下也而不与焉！”尧的伟大在于他能够像天养育万物那样治理天下，舜、禹贵为天子，富有四海，能为百姓忧劳却不为自己。古代圣王治理天下达到了很高的境界，如舜能够选贤任能以至无为而治。此即《论语》所谓“舜有天下，选于众”，“舜有臣五人而天下治”，“无为而治者其舜也与？夫何为哉？恭己正南面而已矣”。这是孔子心目中理想的治国之道。“无为而治”在孔子那里就是“德治”。子曰：“为政以德，譬如北辰居其所而众星共之。”孔子对古圣先王的礼乐文明制度倍加赞赏。如赞尧“巍巍乎其有成功也，焕乎其有文章”。南宋大儒朱熹注曰：“成功，事业也。焕，光明之貌。文章，礼乐法度也。”

金春峰先生还说：“《礼运》第二部分的核心内容是表述天地阴阳、天人同类之大礼乐观。这不可能是孔子思想。”这里涉及的问题就更复杂了。比如如何认识中国古代文明的发展水平？怎样理解孔子思想的高度与深度？孔子礼乐思想体系怎样把握？孔子遗说是怎样形成的？我们进行过一些讨论，此处不再论说。

其实，金先生可能没有认真研究《孔子家语》的《礼运》。比如，他提到“《礼运》第三部分抄自先秦文献”。金先生所说的三段如下：

夫礼之初，始诸饮食，……体魄则降，知气在上，故死者北首，生者南乡，皆从其初。

昔者先王未有宫室，冬则居营窟，夏则居橧

巢。……以事鬼神上帝，皆从其朔。

故玄酒在室，醴、盏在户，粢醍在堂，澄酒在下。……此礼之大成也。

他还说："这三段话《孔子家语》既收入其《礼运》中，又收入其《问礼》，这种重复收录，可见其编辑成书的粗忽。"实际上，这不是《孔子家语》编者的疏忽，而是金先生自己疏忽了，《孔子家语》的《礼运》根本就没有这三段，《孔子家语》并没有重复收录。实际上，当初编辑《孔子家语》时，很可能是将既有材料进行编辑，没能将孔子与言偃论礼的材料集合到一起，《礼记》将二者编在同一篇中可能更符合编校逻辑。显然，这不是《孔子家语》编者的疏忽，却更显示了《孔子家语》材料的古朴。金先生可能没有认真核实《孔子家语》的《礼运》原文，对《孔子家语》的成书问题也没有认真思考。

周礼经由对夏商二代之礼的损益以至礼文大备，孔子对周代礼乐制度推崇备至。据子贡所言，孔子学修"文武之道"，形成了完备的礼乐思想体系。以孔子之言证之，子贡所说不虚。如，子曰："周监于二代，郁郁乎文哉！吾从周。"又曰："文王既没，文不在兹乎？天之将丧斯文也，后死者不得与于斯文也；天之未丧斯文也，匡人其如予何？"朱熹注曰："道之显者谓之文，盖礼乐制度之谓。"这是孔子被匡人围困时说的话，孔子以文王之道的担当者自期，自认是文王之道的传人。孔子以能继文王、武王、周公之业为职志，追求"博施于民而能济众"的圣人理想境界。中国古代文明有一个漫长的发展过程，有很高的发展水平，孔子继承他以前的中华文化传统，以先王之道作为自己的旗帜和理想，述而不作，凝练提升，希望能救治"礼坏乐崩"的乱局，重整社会秩序。“祖述尧舜，宪章文武”，是孔子儒家思想的突出特征。

三、“大同”思想的核心是“天下为公”

孔子说：“大道之行，天下为公。”这里的“公”内涵丰富，可以是国家、社会、大众，也可以是公理、公式、公制；是正直无私，为大家利益着想，也是公正、公心、大公无私。这里首要的是强调人们要有公共意识，遵守社会规范与社会公德。

人如何立身处世，怎样处理人与人、人与集体、人与社会、人与国家、人与自然的关系，是历代中国思想家、政治家最为关心的问题，也是孔子儒家思想学说的核心问题。包括孔子在内的早期儒家、历代学人都思考过“人心”与“道心”、“人情”与“人义”、“人欲”与“天理”的关系，论证过人的自然性与社会性的关系。儒家认为，“人之所以为人”，应当遵守社会的规范，自觉遵守社会的公德，这是一个人的素养所在。正如孔子所说：“人而不仁，如礼何？人而不仁，如乐何？”（《论语·八佾》）在孔子“天下为公”的表述中，以自觉的修养处理好各种关系，自觉遵守社会规则与社会规范，有较高的公共意识，是孔子所说的“公”的主要内涵。

在社会与家庭生活中，每个人的角色都是复合的，工作中有下级与上级，具有“君”和“臣”的不同身份，在家庭又有“父”与“子”的不同身份……每个人都处在君臣、父子、夫妻、兄弟、朋友的各种关系中，所以，要处理好这些基本关系。孔子说：“曰君臣也，父子也，夫妇也，昆弟也，朋友之交也：五者，天下之达道也。”又说：“父慈、子孝、兄良、弟弟、夫义、妇听、长惠、幼顺、君仁、臣忠，十者谓之人义。”社会关系以“五达道”为主延伸开来，处理好这些关系离不开“人义”的十个方面。所谓“天下为公”，就是社会的大同与和顺，就是处理好这些关系。

孔子所说“君君，臣臣，父父，子子”，见于《论语·颜渊》篇。该篇及随后的《子路》篇围绕克己、修身以“正名”而逐步展开。正名，要求每个人都能“修己”“克己”“省身”。作为一个社会人，就要成为合格的“人”，具有一定的素养与内涵。孔子说：“克己复礼为仁。一日克己复礼，天下归仁焉。”他强调“为仁由己”，希望人们遵守礼法，“非礼勿视，非礼勿听，非礼勿言，非礼勿动”，也许只有这样，为人之“义”的问题才能解决。

“天下为公”与“正名”思想直接关联，或者说其中包含着“正名”的思想。对社会国家的治理而言，“仁德”的实现关键在为政者，所以孔子的“正名”思想，首先强调“君君”，希望为政者率先垂范，做好自己，做出表率。对此，《论语·颜渊》一再加以铺陈。当季康子问政时，孔子说：“政者，正也。子帅以正，孰敢不正？”还说：“君子之德风，小人之德草。草上之风，必偃。”君子行为端正，则其德如风，君为善则民善。《论语·子路》又说：“其身正，不令而行；其身不正，虽令不从。”

孔子“正名”的主张是一贯的。如《论语·八佾》记载定公问孔子：“君使臣，臣事君，如之何？”孔子对曰：“君使臣以礼，臣事君以忠。”人伦关系都是双向的，作为人伦关系中十分重要的一种，君臣双方应各尽其职。为政之要在于“正名”，孔子的表述非常清楚。子路问孔子为政以何为先，孔子明确回答：“必也正名乎！”他论述说：“名不正，则言不顺；言不顺，则事不成；事不成，则礼乐不兴；礼乐不兴，则刑罚不中；刑罚不中，则民无所错手足。”（《论语·子路》）可见“正名”极其重要，它是为政的前提和基础。只有正其名，知其分，才能说话顺当合理，风清气正，取得较好的社会管理效果。对于为政者来说，要“正名”，必正己，这恰恰是对于“君”的“正名”的要求。

按照“正名”的要求，人“在其位”必“谋其政”，应该勇于担当，按自己的角色定位尽力做好自己。孔子说：“唯器与名，不可以假人，君之所司也。”（《左传·成公二年》）自己的职责，自己的分内事，不可推卸责任，不能借与他人。孔子进一步解释：“名以出信，信以守器，器以藏礼，礼以行义，义以生利，利以平民，政之大节也。”（《左传·成公二年》）所谓“名”，关涉极大，当事人应该心无旁骛，不能玩忽职守。既有其名，必负其责，这样才能人存政举，遵循礼义，取得成效。春秋末期晋大夫史墨说：“是以为君慎器与名，不可以假人。”（《史记·鲁周公世家》）

既然“天下为公”，大家共同工作、生活，那么“正名”思想就自然包含这样一层意思——不可逾越本分，胡乱作为。如果不集中心力，跨越领域与边界，就容易造成混乱。孔子说“不在其位，不谋其政”（《论语·宪问》），曾子说“君子思不出其位”（《论语·宪问》），意思正是如此。有人从消极的角度理解，认为这是推卸责任，是不思进取，恐怕背离了本来的精神。从礼的功能讲，它本来就是为了“定分止争”，合理的做法自然就是“安分守己”。做大事者要尽职尽责，心无旁骛，不可左顾右盼，患得患失；要遵守礼法制度，不逾越职权，胡乱作为。历史上违权乱政的人不都是超越本分、邪念丛生吗？

作为社会的人，当然不能只考虑个人，不能脑子里总是想一己之私利，应当考虑自己属于一个民族、一个国家、一个集体。

有“公”的意识，才能做一个更好的“社会人”。从这样的意义上，“公”是一个内涵极丰富的概念，是一个极重要的概念。

在“天下为公”之后，孔子接着说“选贤与能”“讲信修睦”。这是“天下为公”题中应有之义，也是值得特别申说的内容。“选贤与能”与当今时代所谓“民主趋势”正相吻合。“天下为公”之“公”的“公平”“公正”“公理”等含义，与传统中国“礼”的观念相呼应。传统的“礼”，从本质上讲，就是孔子所说的“礼也者，理也”（《礼记·仲尼燕居》），“礼也者，理之不可易者也”（《礼记·乐记》），“礼也者，合于天时，设于地财，顺于鬼神，合于人心，理万物者也”（《礼记·礼器》）。

孔子在对“大同”理想的描述中，还说：“货恶其弃于地，不必藏于己；力恶其不出于身，不必为人。”这些，也可包括在“公”之中。人有“公”心，才能不浪费，不私藏，货财尽其用，人人尽其力。

孔子说：“故人不独亲其亲，不独子其子。老有所终，壮有所用，矜寡孤疾，皆有所养。”这些属于“仁”的范畴。最为紧要的，孔子所说“人不独亲其亲”有一个基本前提，就是“亲亲”，没有“亲亲之爱”，哪里会有“不独亲其亲”？

社会上最不可或缺的是“爱”与“敬”，孔子还把“爱与敬”看成“政之本”（《孔子家语·大婚解》）。很明显，儒家重视孝悌，认为孝悌是“为人之本”，也是因为社会生活不能没有“爱”与“敬”。那么，爱心如何培养？自然就是由“亲亲”到“不独亲其亲”的逻辑推演，就是将对父母的爱心放大开来。

孔子说“立爱自亲始”“立敬自长始”（《孔子家语·哀公问政》），此言十分重要。孔子说：“仁者，人也，亲亲为人。”

（《礼记·中庸》）一个人具有仁德，最基本的表现就是“亲亲”，就是孝敬父母亲。有“亲亲”这个前提，才能“不独亲其亲，不独子其子”，才能“老吾老，以及人之老；幼吾幼，以及人之幼”（《孟子·梁惠王上》），进而“泛爱众”（《论语·学而》）。儒家的“仁”作为一种道德范畴，指人与人之间的相互友爱、帮助与同情，等等。具备了“仁”的品质，才能仁爱正义，才能通情达理，为他人着想。“仁”是一个开始于“修己”的过程，是一个由“孝亲”而“仁民”进而“爱物”的逻辑推演过程。人修己的基本表现是“亲亲”，从最基本的“亲亲”之爱出发，然后推演爱心，完善人格，影响民众，改善人心，最终使社会“止于至善”（《礼记·大学》）。

孔子说：“是以奸谋闭而不兴，盗窃乱贼不作，故外户而不闭。”阴谋诡计被遏制而不能施展，劫掠偷盗、叛逆犯上的事也不会发生，所以外出也不用关门闭户。这看起来并不是很高的要求，却是千百年来人们的共同追求，这就是“和”，就是社会和谐、人心和顺。其实这也是孔子社会理想的落脚点。中国人向来都以“和”为贵。几千年来，中华民族“更和睦和平地”相处与生活，与“和”的价值追求密不可分。

（《衡水学院学报》，2016年第6期）

构建中国的“论语学”

近几十年来，早期出土文献不断问世，加之新理论、新方法的不断引入，传统学术研究取得了重要进展。就《论语》研究而言，涌现了许多对于《论语》文本的译注、考释、解读，还有不少“《论语》学史”的研究成果；既有文献的考证，也有哲学与思想的诠释。每年相关的论著在十几部乃至几十部以上，论文更是不胜枚举。总体看来，《论语》研究的成就不可谓不大。但不可否认，当前的《论语》研究仍然存在诸多问题。那么，如何才能促进《论语》研究的学术水平真正实现质的提升？《论语》研究应该具有何种范式？我们认为，要实现上述突破，就必须将构建中国的“论语学”提上日程。如今，经学重建已成为热议，而对于“论语学”的构建，尚未引起足够的重视。学界虽然有“论语学”称谓，但无论其具体指向还是实际研究，都具有明显的局限，有的甚至将“论语学”等同于“《论语》学史”。现在是时候认真考虑“论语学”的问题了。当前大力构建中国“论语学”，不仅十分必要，而且条件已经成熟。

一、“论语学”应立足于论语类文献

说到“论语学”，人们自然会想到《论语》。在我们看来，“论语学”固然首先要研究《论语》其书，却不能仅仅研究《论语》一书，它应当涵括整个论语类文献。

在《汉书·艺文志》的分类中，“六艺略”就包括了“论语”一类，这一类排在“易”“诗”“书”“礼”“乐”“春秋”之后，与之并列。后面还有“孝经”与“小学”类。在“论语”类中，《汉书》共列举了“论语十二家，二百二十九篇”。

具体表述如下：

《论语》古二十一篇。

《齐》二十二篇。

《鲁》二十篇，《传》十九篇。

《齐说》二十九篇。

《鲁夏侯说》二十一篇。

《鲁安昌侯说》二十一篇。

《鲁王骏说》二十篇。

《燕传说》三卷。

《议奏》十八篇。

《孔子家语》二十七卷。

《孔子三朝》七篇。

《孔子徒人图法》二卷。

论语者，孔子应答弟子时人及弟子相与言而接闻于夫子之语也。当时弟子各有所记，夫子既卒，门人相与辑而论纂，故谓之“论语”。汉兴，有齐、鲁之说。传《齐论》者，昌邑中尉王吉、少府宋畸、御史大夫贡禹、尚书令五鹿充宗、胶东庸生，唯王阳名家。传《鲁论语》者，常山都尉龚奋、长信少府夏侯胜、丞相韦贤、鲁扶卿、前将军萧望之、安昌侯张禹，皆名家。张氏最后而行于世。

在这里，所涉及十二家都属于“论语”。可以说，《汉书·艺文志》对于“论语”的定位比较明确，记录的都是孔子的言论。其中有的是孔子亲自言说，乃“孔子应答弟子时人”；有的相当于门人转述，即“弟子相与言而接闻于夫子”。

在列举“论语十二家”之后，《汉书·艺文志》还介绍了汉代传承“论语”的各家的情况。值得注意的是，在所列举的十二家中，还包括了《孔子家语》二十七卷、《孔子三朝》七篇、《孔子徒人图法》二卷。这三家也属于“论语”一类。一般人认为这三家已经亡佚，事实上，现存的《孔子家语》和保存在《大戴礼记》中的《孔子三朝记》就是《汉书·艺文志》所著录的二书。关于《孔子家语》，由于战国时期出土文献的佐证，学术界基本摆脱了“《孔子家语》伪书”说的认知；《孔子三朝记》也是这样，从宋代王应麟开始，越来越多的人认定《大戴礼记》中的《千乘》《四代》《虞戴德》《诰志》《小辨》《用兵》《少闲》七篇就是亡佚的《孔子三朝记》。

我们研究古代典籍，离不开作为现存最早目录书的《汉书·艺文志》，其所传达的学术信息十分重要，不容忽视。在研究《孔子家语》和《孔子三朝记》的时候，我们不能忽略它们被归于“论语”类的事实；同样的道理，在研究“论语学”时，我们也要意识到论语类文献不仅仅只有《论语》一书。这一理念转变，对于研究《论语》其书，对于包括《孔子家语》《孔子三朝记》在内的其他相关文献的研究，都可能会有想象不到的助益。

二、“论语学”要特别关注孔子遗说

既然“论语学”要关注论语类文献，它所面对的就应该是包括《论语》其书在内的所有孔子遗说。

第一,孔子遗说需要认真研究。现存孔子言论的直接材料，可以用“孔子遗说”加以概括。所谓“孔子遗说”，即留存下来的孔子言论。例如，《论语》和《孔子家语》都是孔子与其弟子及时人的言论集。孔子“述而不作”，长期从事教育工作，培养了大批弟子，其言论一直为弟子重视并辑录。这些言论，以“子曰”“孔子云”“子言之”之类的形式，由孔门弟子的整理而流传下来。

孔子遗说是中国儒学研究的基础，是中华传统文化研究的关键，历来研究者极多，分歧也极大，其间还存在许多不正确的认识。特别是长期以来盛行的疑古思潮，从怀疑古史到怀疑古书，导致很多古籍被打入“伪书”行列，多数典籍的成书年代被严重后置，甚至不少珍贵材料被“武断地加以剔除”。经过疑古学者的剥离，与孔子有关或可信的资料“似乎只有《论语》一书了”，更为极端者，甚至对《论语》也产生了怀疑。

经历历史跌宕，多数学者的认识趋向理性、平实。但是，在“论语学”具体研究中，相关资料仍嫌缺乏、单一，难以把握。有感于此，屡有学者多方收集孔子言行、事迹资料。例如，清人孙星衍辑有《孔子集语》，今人郭沂有《孔子集语校补》；复旦大学姜义华、张荣华、吴根梁编有《孔子——周秦汉晋文献集》；曲阜师范大学李启谦、骆承烈、王式伦先生合编《孔子资料汇编》；不久前，在国际儒学联合会的支持下，郭沂先生在自己多年积累的基础上，编辑出版了《子曰全集》。

近年来，大批战国、秦汉时代的地下文献问世，带来大量关于孔子、孔门弟子及早期儒学的新资料，“激活”了许多久被忽视的传世文献。因此，将出土文献与传世典籍相结合，从探讨孔子与“六经”之关系入手，系统阐发蕴含其中的教化学说，并深入探讨孔子遗说的形成及其历史价值很有必要。

第二，孔子遗说的形成与整理。孔子遗说由孔门弟子记录，于孔子去世后纂辑而成。据《礼记·文王世子》，周代即有“乞言”传统，特别重视长老耆宿们的善言嘉语。孔子“祖述尧舜，宪章文武”，是三代文化集大成者，故当时君臣、大夫、名士，尤其孔门弟子格外重视孔子的言论。孔子一生与弟子们相伴，孔门弟子崇敬孔子，也最了解孔子，他们习闻、珍视进而记录了孔子的许多日常言论。

其中最典型的依据见于《论语·卫灵公》。子张闻孔子讲做人要“言忠信，行笃敬”之言，马上将老师之言“书诸绅”，即书写、记录在衣带上，可见其珍重之意态。相关资料还大量见于《孔子家语》，如《入官》子张“退而记之”，《论礼》子夏“敢不志之”，《五刑解》冉有“退而记之”等，以及孔子多次提示弟子“识之”“志之”等。据《孔子家语·七十二弟子解》，孔子晚年讲论时，弟子轮流笔录。

当然，孔子遗说形成系统，进而流传下来，有一个集中纂辑的过程。这一过程，可能肇端于孔子殁后孔门弟子间的“分化”。弟子们禀性不同，对孔子所讲内容的接受、体会自然各异；孔子施教也往往因材而异，不拘一格，以致弟子们或“皆有圣人之一体”，或“具体而微”。孔子去世后，弟子们游走四方，设帐授徒，必然称扬和发挥孔子学说，无形中又强化了这一趋向。

孔子弟子众多，各有所记，孔子遗说必是丰富庞杂，这便需要能力、地位、影响足以服众者出面主持、领纂。符合这般条件的大概可举出子贡、有若、子张、子游等人，他们都是孔子身后很有影响的弟子。其中地位更特殊、对孔子学说理解更深，当属曾子。孔子去世后，曾子为群伦推重，孔子嫡孙子思从而问学，故曾子应是纂辑孔子遗说的前期召集人和主持者。

纂辑孔子遗说，绝非短期完成。曾子以后，主持其事者必为子思。《孔丛子·公仪》记子思之言说："臣所记臣祖之言，或亲闻之者，有闻之于人者，虽非其正辞，然犹不失其意焉。"他整理孔子遗说，并坚信所记实得孔子本意。

近年来，新出土的简帛中多有关于孔子遗说的资料。其中，上博竹书《从政》与郭店竹书《成之闻之》屡次出现"闻之曰"。我们认为，所谓"闻之曰"，即是闻之于孔子如何如何，相当于"子曰"。"闻之"的主体应是子思。这一特殊的语式质朴地反映出所记遗说的来源以及子思与孔子的特殊关系，从而印证了这些言语资料的真实性与可靠性。

可见，孔子遗说的形成与整理有着复杂的过程。所有这些遗说，除少量为后世诸子假托外，绝大多数系由孔子弟子记录，曾子、子思等人纂辑而成，传流而来。此后，随着文献的传流、播衍，孔子言论则更多地以"子曰""孔子曰""夫子曰"等形式呈现。

三、"论语学"要把握孔子遗说的特点

在对孔子遗说的形成、汇集整理等情况有了基本了解后，就要分析其特点，把握其性质，只有这样，才能更好地开掘孔子遗说的研究价值。

第一，要充分估量并正确理解和认识孔子遗说的整体性。现存孔子遗说，都是孔子思想某一维度和方面的反映，应尽可能地将孔子遗说合观参验。《论语》绝非研究孔子的唯一可靠资料，其仅为孔子遗说材料中“正实而切事者”材料的选辑，远非全体。《论语》类于“语录”，缺乏孔子论说的相关背景与情形的记述，令人难得要领，甚至产生误解。这就需要参考其他文献资料。除常见的《礼记》《大戴礼记》等外，更有《孔子家语》《孔丛子》等重要典籍。其中，《孔子家语》类于孔子弟子笔记的汇编，《孔丛子》则可谓孔氏家学的学案。尤其《孔子家语》，内容丰富，材料真实，价值极高，完全称得上“孔子研究第一书”。

第二，辩证认识弟子“润色”与保存“本旨”的关系。孔门弟子记录孔子言论，旨在保存孔子的思想学说，忠实记录孔子思想宗旨，其记录工作的最重要原则应该是“存真”。然而，耳“闻”与笔“记”之间毕竟有时间差，口头语与书面语之间也会有距离，禀性与学养的不同会在理解上出现偏差，汇纂和编辑时必有主持者的润色之功。从绝对意义上讲，现存孔子遗说不可能完全是孔子言论的实录。然而，无论是一般弟子，还是主持汇集的曾子、子思，其主观愿望一定是保存孔子思想学说的“本旨”。对此，我们应理性、客观、辩证地进行理解和把握。

第三，动态考察与客观看待篇卷分合与文字讹变等情况。随着简帛古籍的出土与研究，人们认识到古书的形成要经过复杂的过程，其间往往有多种传本，且经过若干学者之手，一般都要经历较大的改动变化才能定型。因此，应以一种动态的眼光看待文献传流，对各种孔子遗说传流当然也是如此。只要对《孔子家语》传流中的各种问题进行梳理、分析，就能发现在特定条件下，其文本所出现的文辞歧异、篇卷分合、文字变更等各种情况及其成因。

第四，特别应注意，遇有时忌或不合时势时，传世文献往往会进行改动或调整字词语句。这种情况在汉代较为普遍，其中尤以《礼记》《大戴礼记》的纂辑最为典型。如果将《孔子家语·哀公问政》与《礼记·中庸》相应部分进行比较，就能看出前者中的“尊贤”“笃亲亲”“敬大臣”“子百姓”“来百工”，分别变成后者中的“劝贤”“劝亲亲”“劝大臣”“劝百姓”“劝百工”，动词“尊”“敬”等改写为“劝”，透露出尊君卑臣的意味。将《孔子家语》与“二戴”《礼记》进行比较，类似的例子俯拾即是。把握住这一规律，仅仅从孔子遗说文献中，也能将儒学由先秦“德性儒学”到汉代“威权儒学”的这种演变看得一清二楚。

四、正确认识“论语学”的研究对象

在特殊具体的语境中，“论语”可以成为孔子遗说的代名词。对于孔子在长期从事教育的过程中留下的这些遗说，我们当然应该进行一体思考、整体观照。也正因如此，“论语学”的研究对象不应是拘泥的，而是宽泛的。

实际上，“论语学”的内涵应该十分丰富。它不仅要研究《论语》及论语类文献在儒家经典中的地位，还要研究《论语》在历代流传与研究的历史，更要研究《论语》在当代的认识、理解与运用。关于“论语学”的研究对象，其实包含了几个层面的学术关系。

首先，《论语》研究与“论语学”的关系。不言而喻，“论语学”首先要研究《论语》其书。按照一般的理解，“论语学”

应该是以《论语》为研究对象的学问。事实上，以往的《论语》研究已经广泛展开，研究范围已涉及很广阔的范畴。如前人已经归纳过的《论语》之编纂者、成书年代、版本变迁、真伪考辨、篇章结构、文字训诂、名物考释、学术价值、学派风气、注译传播等，涉及哲学史、经学史、经济史、伦理史、教育史、文化史、历史学、文字学、版本学、校雠学等多门学科。

然而，"论语学"首先以《论语》为研究对象，但不能仅仅以《论语》为研究对象。正如前面说到的，我们应该把"论语学"的研究对象由《论语》扩大到"论语"，也就是说，"论语学"研究对象不能局限于《论语》本文。如前所言，"论语"其称谓本来就没有排斥其他的孔子遗说。因此，包括《论语》其书在内的论语类文献应一体思考。在这其中，当然包括《孔子家语》《孔子三朝记》、"二戴"《礼记》以及《荀子》中的大量孔子遗说，当然包括出土简帛文献中的孔子遗说。

其次，思想性研究与编纂学研究的关系。无论《论语》其书研究还是其他论语类文本研究，都要处理好这个重要关系。例如《论语》属于思想性文献，它的意义和价值在于它是中华民族的思想经典，它的思想永远是研究重点。很多的研究只注意一个方面而忽视另一方面，往往缺乏判断力、鉴别力，顾此失彼，缺乏严谨，由此造成一些错误。有的不顾及文本的思想性，单纯进行成书研究、真伪论证、年代考辨；有的不了解早期儒学及其时代背景，就进行《论语》学史的断代研究，这些情况都容易造成此类偏失。

这就是说，无论进行实证的还是义理的探讨，都不能不知道"论语学"的特殊性。当然，《论语》（或其他论语类文献，如《孔子家语》《孔子三朝记》《礼记》《大戴礼记》《易传》

等）的编纂、成书与流传是一个复杂的过程，对其进行编纂学的研究，就是要讲清楚材料来源、作者或编者、成书时间、编纂目的、内在结构等诸多问题。搞清楚了这些问题，文本思想的研究才更加可靠，才能建立在更加扎实的基础之上。反过来，对文本思想了解越深入，对文本的形成认识就越透彻、越明晰。

研究《论语》的最初编纂，对于当前许多人热衷于进行的“论语类纂”一类的工作亦具有启示与借鉴意义。一般说来，对《论语》或论语类文献的文本进行分类编纂，往往是利用它的学说，借鉴它的思想。如果不了解文本的形成，那么，以思想内涵为标准对文本进行分类编纂，就会出现很大的问题。比如，如果我们承认《论语》的篇章之间存在内在联系，那么，这些所谓的“类纂”就解构了原来文本的联系，文本的意义流失就在所难免。

我们必须清楚地认识到，文本的编纂是思想内涵研究的基础，它的重要性丝毫不亚于“经文”研究之于“经义”研究的意义。只有在进行踏实的基础性研究之后，才能更深刻、更准确地探究其思想内涵。如果不顾《论语》编纂学的诸种问题，孤立地研究《论语》的思想与哲学，往往就像不重视文字校勘训诂那样，其结论将存在很大的局限甚至错误。

再次，要处理好“论语学”与“《论语》学史”或“论语学史”的关系。近代以来，经学被宣告死亡，经学史的研究则蓬勃开展起来。正如学术史研究中出现了“诗经学史”“尚书学史”“三礼学史”“春秋学史”“易学史”一样，“论语学史”的研究也受到了许多关注。“论语学”包含“《论语》学史”，甚至包含“论语学史”，但毕竟不同于“《论语》学史”。也就是说，我们要放开视野，要清楚地知道“论语学”研究不能脱离“《论语》学史”或“论语学史”，也不能局限于“《论语》学史”。

最后要指出的是，经过多年来尤其近年来学者们的勤奋探索，在“论语学”方面已经积累了丰硕成果，相关方面的研究取得了重要进展，构建“中国论语学”的条件已经完全具备。要构建中国的“论语学”，除了对《论语》及论语类文献本身进行正本清源的研究之外，对既有的相关研究成果也必须给予充分的关注。例如，在出土文献与传世文献的研究方面，出土文献激活了很多传世的孔子遗说文本，如《孔子家语》《孔子三朝记》，还有散见于《礼记》《大戴礼记》《易传》（包括帛书《易传》）等典籍中的孔子遗说。这些文本为我们打开了一个新的、哲学的、思想的世界，给“论语学”研究带来了勃勃生机。因此，历史上、现代的相关文献集成性整理也应该尽早着手开展。为了推动“论语学”的建构与研究，我们倡议有条件的地方（尤其科研机构或高校）建立相应的“论语学”研究平台，进而组建全国性的“论语学”研究组织，更好地扩大对话与交流。

五、深刻理解“论语学”的特性

要更好地进行“论语学”研究，必须认清“论语学”的特点，把握“论语学”的特质，清楚“论语学”的特殊性。只有这样，才能真正理解“论语学”本身的重要性、研究的必要性，进而理解其亟待开展的紧迫性。

“论语学”首先属于经学的范畴。“论语学”自身的特征非常明显，正如《论语》在儒家经典中具有特殊地位那样。不过，正如传统上“四书”也像“五经”（或“六经”）被称为“儒经”那样，“论语学”与“诗经学”“尚书学”“三礼学”“春秋学”“周易学”一样，也属于经学的范畴。然而，其间毕竟有差异之处。

孔子整理“六经”，“六经”功能各不相同。诚如孔子本人所说：“入其国，其教可知也。其为人也，温柔、敦厚，《诗》教也；疏通、知远，《书》教也；广博、易良，《乐》教也；絜静、精微，《易》教也；恭俭、庄敬，《礼》教也；属辞、比事，《春秋》教也。故《诗》之失，愚；《书》之失，诬；《乐》之失，奢；《易》之失，贼；《礼》之失，烦；《春秋》之失，乱。其为人也，温柔、敦厚而不愚，则深于《诗》者也；疏通、知远而不诬，则深于《书》者也；广博、易良而不奢，则深于《乐》者也；絜静、精微而不贼，则深于《易》者也；恭俭、庄敬而不烦，则深于《礼》者也；属辞、比事而不乱，则深于《春秋》者也。”可见，孔子所说“六艺于治一也”，值得细细品味。“六艺”本来就是“先王之政典”。孔子整理“六经”后，以“六经”或“六艺”（《大戴礼记·保傅》所谓“大艺”之“艺”）教授生徒。孔子阐发“六经”奥义，其思想则集中在“论语”（包括《论语》在内的论语类文献）之中，这就决定了“论语学”的经学性质与意义。

既然“论语学”从属于经学，它就具有了中国传统学术的各种属性，因此，在研究方法上就必须遵从传统学术的规律。只有这样，“论语学”才能开辟新天地，结出丰硕成果。“论语学”属于经学，当然也就属于孔学、儒学或传统文化领域，由此，“论语学”研究关涉极大。反过来，不了解“论语学”的特性，不了解这一特点，就可能会像疑古思潮盛行时期那样，把《论语》与相关文献的研究降“经”为“子”。

事实上，研究孔子儒学，很多人视野受到局限，造成了许多的误解。这种局面产生的原因，要放在中国特殊的历史环境下考察。近代以来，由于外敌的入侵，许许多多中国人失去了文化自信，长期以来疑古思潮的盛行更是加剧了负面影响，形成了一种“反传统的传统”，从而造成了极其严重的后果。在这样的背景下，大量重要的文化典籍遭到怀疑，很多关于孔子的文献材料弃之不用，“孔夫子”几乎变成了“空夫子”。

“论语学”直接关系到对于中华文明高度、深度与宽度的认识，直接关系到中华民族的文化自信问题。如果我们“照着讲”，就要了解“照着讲”的对象；如果人们“接着讲”，不了解“接着讲”的对象，或对“接着讲”的对象认识不清楚、不全面，“接着讲”实质上就是盲目的。实际上，孔子“述而不作”，乃基于“祖述尧舜，宪章文武”。他是站在中国上古三代历史文明漫长发展的基础上。今天的“论语学”研究，也必须置于这一广阔背景之中。在走出疑古时代，重新估价中国上古文明，找回中华民族文化自信的过程中，加强对“论语学”的研究，加强对孔子遗说的综合探讨，就能逐渐拂去尘埃，开辟孔子思想、中国儒学、中华民族文化研究的新局面。

（《论语学研究（第一辑）》，青岛出版社，2018年）

《论语》研究与“论语学”构建

黄钟应吕，阴伏阳升。在丁酉年的冬至日，第二届泰山学者洙泗论坛隆重开幕。本次会议的主题是“正本清源——论语学研究”，会议收到论文近90篇，参加学者110多位。学者们来自全国各地，有名家硕学，也有青年才俊。会议内容充实，有主题演讲，有分组研讨。我们还举行了冬至雅集，有乐有歌；开幕式上，集体向孔子像行礼，贯穿着礼乐精神。

经过与会100多位学者的共同努力，会议取得了圆满成功。本次会议的特点有三。第一，水平高，研讨范围广。这一点无须赘言。第二，一大批青年学者参会。老一辈学者的研究成果、学术创见、学术创新，我们可以通过各种途径得到了解。实际上我们就是沿着前辈们的足迹一步步走过来。在这里，我很想强调青年学者参与讨论的重要性。好像是在20世纪80年代末90年代初，曲阜师范大学主办过一场中青年学者的儒学会议，似乎是研究孔子儒学的当代价值。后来，看到会议材料，我很惊讶，当时参加会议的青年人，现在都已经成为学术界的主力，许多都是鼎鼎大名的学者。青年人代表着未来，青年学者的参与非常重要。第三，会议形成了很多共识，也听到了大家的呼声。比如说，大家希望“论语学”要更为广泛、更为深入地开展起来，大家提出要组织更多的学术活动，要建立相关的学术研究平台。会议开幕时，孔子研究院刘续兵副院长曾向各位汇报，孔子研究院要与曲阜师范大学成立曲阜的“论语学”研究平台，至于具体的名称，可以再探讨。期待大家积极参与。

在此，我想以参加会议研讨者的学者身份，再谈一点儿个人的感想。我常常感觉自己成长在曲阜十分幸运，也十分幸福。为什么这么说？因为这里有极好的“论语学”研究传统。我是1981年考入曲阜师范大学（当时叫曲阜师范学院）的。就在我考入大学的前一年，我还是一名理科生，当时对于孔子、儒学自然没有什么感觉。当我拿到曲阜师范学院的录取通知书后，一位本家的兄长对我说，你考到“圣人的老家”了。有意思的是，那时我还对孔子、圣人“无感”，没有把“孔子”“圣人”和“曲阜”联系起来。大家可以想想，就是这么一个人，现在专门从事孔子研究，与各位朋友一起来讨论“论语学”问题。回顾自己对孔子儒学的理解与认识的过程，正是孔子儒学内在的东西把我慢慢吸引过来。

梳理孔子儒学的学术史，特别是最近三十年来的学术史，相信研究者都会十分感慨。我的师兄陈东老师在现场，我们一起读硕士时，我们的老师李毅夫先生写过一篇文章《论语伪章辨析》，这篇文章还被《人大报刊复印资料》全文复印。我们当时对老师佩服得不得了。我们老师竟然能把《论语》里的“伪章”找出来。后来写论文时需要引用《古文尚书》，我当时就提醒自己，《论语》都有伪章，引用《古文尚书》时更要注意。当时我读到赵光贤先生的一本著作《中国历史研究法》，与梁启超先生的一部著作同名。赵先生的书似乎是讲课的讲义，由他的弟子们整理而成。谈到史料的鉴别与运用，先生说，现在有人研究学术竟然还在引用《古文尚书》，这不是笑话吗？正是在那样的氛围中，学者们眼中连《论语》都是靠不住的。后来，中国孔子基金会成立，《孔子研究》创刊号有朱维铮先生的文章《〈论语〉结集脞说》，他的基本结论是《论语》是断断续续添加而成的，是在孔子去世后的二百四十多年中陆续形成的。

这就引发了我们的思考：《论语》到底是怎么编的？陈东师兄在日本时间很长，他特别留意了日本的《论语》研究。他掌握了许多资料，有几本日本学者的著作，包括木村英一的著作。当时看到木村英一的书，我感觉他太了不起了，他竟能断定《论语》哪一篇是孔子的再传弟子写的，哪一章又是孔子三传或四传弟子写的。但是，后来我们并没有找到他论证的依据。实际上，疑古思潮盛行时期，国内也有学者进行了类似的研究，其影响所及，有的美国学者甚至认为《论语》只有《里仁》篇的前20章可靠。有关孔子的其他材料，关于它们的可靠性，那就更不用说了。在这样的时期，孔夫子真的成了“空夫子”。

当然，如果这些材料不可靠，“空”也就空了。事实上，完全不是这回事，中国文明的智慧之树根扎得很牢。当初，我心里边总觉得这是一个大问题。那时候读书不多，理解不了。我读着那些言语，觉得这些材料似乎与后世“有意作伪”拉扯不上，距离很远。有一次，几位师兄弟聊天，我记得很清楚，那是在曲阜师范大学家属区的平房，在大师兄梁方健家里。聊天时间长了，我和梁方健走出来。师兄对我说，阜阳汉简很有价值，有学者研究后认为，它能证明《孔子家语》不是伪书。那句话，我印象很深。因为我翻过这本书，对《孔子家语》很好奇，很有兴趣。

在思考这些问题的时候，我庆幸有一个很好的氛围。据说，曲阜师范学院刚刚建校时，院长高赞非先生就在学校成立了“孔子研究会”，下设三个小组，其中就有《论语》研究小组（另外还有孔子教育思想、孔子故里文物古迹两个研究小组）。如果追寻历史，孔子故里或曲阜师大的《论语》研究，这时就起步了。后来的历史大家更为清楚，在“文化大革命”之前、以后，也就是20世纪60年代中期以前及20世纪80年代以来，可以说曲阜师大的孔子儒学研究走在了全国前头，从孔子研究室、孔子研究所、孔子文化学院、山东省儒学研究基地、专门史重点学科，到后来的硕士点、博士点，再到现在的“山东省一流学科”，其学术的最大特色，就是孔子与早期儒学研究。在全国范围内，研究传统文化的很多，曲阜师范大学因为设学在孔子故里，其侧重点在于早期儒学，毫无疑问就是要以《论语》研究为主体。不研究这些，孔子研究如何进行呢？

曲阜师范大学的孔子儒学研究没有截断中流，而是直接从源头研究，这是这里儒学研究的一大特色。孔子故里的孔子儒学研究，讨论孔子思想的来源——上古三代文化，尤其是周文化；讨论孔子思想的载体——早期儒家文献，包括出土文献；讨论孔子思想的母体——鲁文化，齐鲁文化。这是必要的。假如我们从朱熹以后进行研究，或者只研究阳明学，不能顾及后儒“宗师仲尼”的学术根本，后果就可想而知。在叙说儒学传统时，就难免“理论漂浮”“逻辑缺钙”，说得头头是道，其实经不起推敲。还有学者讨论是“接着讲”还是“照着讲”的问题。如果“照着讲”，那么你照着谁讲？如果“接着讲”，对于早期儒学的面貌不了解，那么你能不能接得上？

实际上，这样的现象在某种程度上是存在的。有人推尊孟子，说“孟子实在太厉害了”。是的，孟子的“厉害”，孟子的了不起，谁都知道。如果说“孟子比孔子厉害”，这可能就是不了解孔子。我们不会也不该比较圣贤的高低，在圣贤的面前，我们这样做是肤浅的。但这样的现象经常遇到。有一次，在奥地利，我遇到一位法国学者，他觉得“孔子这个人没什么”，在他眼里，孔子“比孟子差远了”。无独有偶，在一次国际学术活动中，有一位俄罗斯的学者大概也这样认为。这也难怪，不是连大名鼎鼎的黑格尔也说孔子只有一些世俗的、老练的道德说教吗？我们可以这样想，如果去问孟子，他与孔子到底谁厉害？不知孟子会如何回答。我们研究孟子，不能不注意《孟子》七篇“述仲尼之意”的这个出发点。孟子研究以及对后儒的研究，都不能离开对孔子的深入研究。如果能深入了解孔子，结合孔子研究，我们就会更加平和中正一些。

在曲阜师大，好多院系都有《论语》研究的专家，比如中文系的崔茂新、单承彬、高尚举、张诒三老师，在座的丁鼎先生也是中文系毕业。历史系更不用说，我们的前辈，除了我刚才提到的李毅夫老师，还有骆承烈老师、郭克煜老师、李启谦老师、许凌云老师、徐志祥老师等，他们都是我尊敬的恩师。还有黄怀信、陈东、郭沂、林存光、王钧林、苗润田诸位，他们有的走出了学校，有的还在学校，但他们学术的成长期，他们研究孔子、《论语》、儒学的关键时期都在这里。在这样的学术氛围中学习，你不思考都不行。话说回来，“论语学”到底怎样研究？《孔子家语》是真的还是假的？出土文献发现后，我们必须认真去比较。

关于“论语学”的研究问题，我提交会议的论文只是初步想法。大家也注意到了，我在后面感谢了好几个人，有宋立林、崔海鹰、房伟、杨传召，我与他们在一起多次讨论。前几天，我的这篇论文还没有完成，只是很短的一些观点的条目，后来逐渐形成了目前的样子。当然这只是比较粗浅的、基本的梳理。在梳理的过程中，大家有一个共同的感觉，就是当前的“论语学”应该好好思考怎样研究的问题。我思考这个问题很久了。我在看《孔子家语》时就在思考：《孔子家语》与《论语》是一种什么关系？《论语》是什么呢？提到它的特点，大家会想到《汉书·艺文志》，刘向、刘歆的时代要比孔安国晚。孔安国在梳理两者的关系时，认为《论语》是从众多的孔子遗说中“取其正实而切事者”。“取”就是“选取”。那么，谁来选取？这一点很重要。在我看来，是子思选取的。子思是战国时期的大儒，或者说是“儒学宗师”。子思为什么要这样做？面对众多的材料，他一定想用这些材料来表达孔子。那么，如何表达？是不是材料数量足够了，就简单地成为一卷，后续收入的成为另一卷？子思显然要更进一步，他在思考编纂的顺序。也就是说，《论语》编者面对孔子遗说，面对这么多材料，一定会考虑如何选取。这就是说，《论语》的编辑一定有内在的逻辑。

我认为，许多有关《论语》的基本问题还没有搞清楚。包括“论语”一词，什么叫“论语”？这个“论”可能就是“论比其材”的“抡”，就是挑选、选择的意思；“语”就是“论”，《说文解字》如此解释。《论语》既然是“选出来的孔子论述”，放在《汉书·艺文志》里去理解就十分清楚了。在《汉书·艺文志》中，“论语”是一类，就是我们所讲的论语类文献。“论语类文献”这个说法，郭沂早在二十多年前就提出来了。我们今天所说的“论语学”研究，其研究对象就应该包括全部的论语类文献。

在昨天的会议讨论中，大家提到《论语》是在何时立为

“经”的。时间当然很重要，需要弄清楚。汉代以前，“经”就是指“六经”。《汉书·艺文志》称之为“六艺”。《六艺略》中，在易、诗、书、礼、乐、春秋的后面，紧接着就是“论语”，“论语”是一类。在提交的论文中，我怕说不清楚，就把《艺文志》的这部分内容列出。包括《论语》在内的21种，其实都属于“论语”类。就像我们现在研究“易学”，必须要研究《易经》和《易传》；研究“春秋学”，《春秋》和“三传”都在研究之列；我们研究“诗”，除了孔子编的《诗》，诗学和诗教也把逸诗包括在研究范围内。在孔子那里，“六艺”是教化手段。《史记》说得很清楚：“六艺于治一也。”用“六艺”来治理国家，目标是一样的。《孔子家语》和《礼记》都有记载，孔子说：“入其国，其教可知也。其为人也，温柔、敦厚，《诗》教也；疏通、知远，《书》教也；广博、易良，《乐》教也；絜静、精微，《易》教也；恭俭、庄敬，《礼》教也；属辞、比事，《春秋》教也。”人要全面发展，“六经”必须学。那么，“六经”是“经”，其意义摆在那里。孔子的教学其实就是要阐明“六经”中蕴含的意义。

中国古代教育制度，《大戴礼记·保傅》说得很清楚。古代八岁入小学，“学小艺焉，履小节焉”；到了大学，十五岁，“束发而就大学，学大艺焉，履大节焉”。“大艺”和“大节”无疑就在“六艺”之中。“六艺”就是“六经”，紧紧排在易、诗、书、礼、乐、春秋“六艺”之后的是“论语”，足见其重要性。

我们说的“论语学”当然要研究《论语》其书。但是，如同前天冬至雅集上来很多“踢场子”的人一样，如果今天我要“踢场”的话，我说应该把横幅上“《论语》”的书名号去掉，改成“论语学”。名不正则言不顺。“论语学”研究其实就是研究这一类文献。孔子"以六艺教人"，六艺就是六门学科，孔子对此进行了整理、编订，"六艺"与"六经"的关系就很清楚了。孔子教书的目的（包括顺序、方法）很明显。现在我们弘扬中华优秀传统文化，从哪里着手呢？现在有很多表面化、形式化、功利化的现象，那么，我们能不能从孔子这里得到启发？

孔子、儒学、"论语"，关注的都是"成德"的"大艺"，都是为了培养社会的精英，这决定了"论语学"的特性。我们的眼光、视野要开阔，此即《论语》中所谓"贤者识其大者"。《孔子家语》讲："吾闻孔子之施教也，先之以诗书，而道之以孝悌，说之以仁义，观之以礼乐，然后成之以文德。""文德"是教育目标，"礼乐"是很好的配合。"孝道"则是"立爱自亲始""立敬自长始"。培养爱和敬，就要从孝悌开始。西方（基督教）中最重视的两个方面，一个是博爱精神，一个是神圣观念，"博爱"就是爱，"神圣"就是敬；在中国，儒家精神有两点最重要，一个是仁爱精神，一个是敬畏观念。我刚才谈到敬，说人要有一种敬畏之心。仁爱精神，就是"立爱自亲始"，这个世界不能没有爱，人只有"亲亲"，才能"不独亲其亲"，才能"老吾老，以及人之老"，才能"泛爱众"，才能"仁厚及于鸟兽昆虫"。"仁厚及于鸟兽昆虫"是《孔子家语》中孔子的话。这个世界由"亲亲"之爱开始放大，从家庭伦理到政治伦理。敬畏观念不用说，这就是孔子说的："君子有三畏：畏天命，畏大人，畏圣人之言。"《孔子家语·大婚解》讲得很清楚，为政哪个最重要？爱与敬才是政之本。儒家之学当然是修身之学，但它首先是为政之学。作为为政之学，它培养的是大人、君子。儒家之学就是君子之学。

关于"论语学"研究，刚才崔茂新老师说得很好，我非常赞同。《论语》的权威地位是不能动摇的，这是不言而喻的。关于这一点，我想即使撇开学术的意义不说，仅仅因为两千多年间《论语》对于中国人的价值，就不可随随便便去“动摇”它的地位。不过，我们不能模糊或者误解的是，强调其他材料重要，不是为了削弱《论语》的地位，不是把所有材料与《论语》等量齐观。相反，这是为了凸显《论语》的重要性，把《论语》的相关问题看得更清。当然，我们也不能否认《论语》之外的孔子遗说的重要价值。“论语学”应该关注所有的孔子遗说。

我常常讲《孔子家语》是“孔子研究第一书”，它的价值绝不在《论语》《孟子》《大学》《中庸》之下，但这并不是在《孔子家语》与“四书”之间进行选择，不是为了哪一个而轻视另一个，不能因《孔子家语》的价值极高而忽视其他。《孔子家语》是成篇的，如果了解《孔子家语》的价值，对《论语》认识的“歧解”就会少很多。

刚才曾海军先生讲到“唯女子与小人为难养也”。有一次，在孔子研究院举办的世界儒学大会上，大家谈到这一问题，谁也说服不了谁。那么，这个问题到底有没有一个确解？能不能、可不可以说服别人？有没有令人信服的依据？“唯女子与小人为难养也”，一个是“女子”难养，一个是“小人”难养。所谓“小人”，乃与“君子”相对，就是指普通民众。《尚书》《逸周书》，都提到“小人难保”。我读黄怀信老师的《逸周书译注》，其中注解说“养，保也”。后来发现，他依据的是《说文解字》。《说文解字》讲得很清楚：“保，养也。”为什么如此解释呢？这就是对待一般老百姓的态度，“小人难保”就是要“敬德保民”。“敬德保民”是周人传统的政治观念，只有“敬其德”才能“保其民”。作为在位者、为政者，要得到老百姓的理解和支持，必须敬德。这就是周人“小人难保”的本义。由此，“小人难养”与“女子难养”的意思就不难理解了。为什么说“近之则不孙，远之则怨”？看《逸周书》的《官人解》这一篇，你就会知道“近”“远”“无怨”的意思，就不难理解《论语》记载的孔子的意思了。更重要的是，《孔子家语》记有孔子的话：“故世举则民亲之，政均则民无怨。故君子莅民，不临以高，不导以远。”又记有曾子的话：“狎甚则相简，庄甚则不亲，是故君子之狎足以交欢，其庄足以成礼。”关于这一个句子的解释，我已经有详细的论述，这里不再啰唆了。

我以上所讲是为了说明一个问题：如果参照《孔子家语》中的这些孔子遗说来理解《论语》中的很多句子，相信《论语》研究会是另外一个样子。如果我们有一个广阔的视野，有一个开放的胸襟，理性冷静地对待，“论语学”也会带来人生的改变。我们今天是学术研讨会，在学术层面上去探讨“论语学”的问题。我认为，包括《论语》在内的孔子遗说，不是在讲知识，而是在讲价值，讲道德，讲我们的生命。我们说“论语学”属于经学的范畴，是因为传统上《论语》研究就从属于经学，包括《孔子家语》在内的孔子遗说也不可等闲视之。这是一个关系到孔子思想义理研究与认识的大问题。

实证研究最终是为了思想的开掘与应用。例如我们在会议开幕式上向孔子行鞠躬礼，往大处说，这涉及孔子祭祀问题，涉及对自己民族文化的态度问题。似乎现在只要提到尊孔、读经，提到孔庙、祭祀，马上就会有人想到这是不是封建的、落后的、保守的。孔子、儒家对祭祀的意义讲得很清楚。孔子说“祭如在，祭神如神在”，这是什么意思呢？我们进行传统文化教育时，《孔子家语》记载的孔子施教“观之以礼乐”就值得借鉴。如何理解？我认为，“祭如在”的这个“如在”很重要。《中庸》也讲“如在”。《中庸》说：“鬼神之为德，其盛矣乎！视之而弗见，听之而弗闻，体物而不可遗。使天下之人，齐明盛服，以承祭祀，洋洋乎！如在其上，如在其左右。”这个“如在”值得细细品味。我们每年公祭孔子，祭祀孔子是“表演”吗？有些人祭祀孔子是为了“表演”，是为了搞一次“活动”，这不对。那么，应该怎样做呢？应该以“如在”的心境去赋予祭祀活动“神圣”和致敬的意义，更多地保持内心的“温情与敬意”，否则，这样的祭祀就一点儿意义都没有。祭祀孔子和文庙的时候，“如在”就是与孔子、与圣贤哲儒进行对话，祭祀的意义就是与圣贤建立链接，让我们的心灵深度融入，去体验、去思考、去感知圣贤的教诲，从而使我们的生命变得有意义。

总之，“论语学”研究应该放在中国古代文明的大背景中去考察，应该放在中国学术发展的大视野中去思考，应该放在如今的时代背景下去思考。我们要正确把握“论语学”的特性和特质。如果不了解“论语学”与儒学的背景，不了解孔子思想“祖述尧舜，宪章文武”，“述而不作”，不了解孔子儒学的形成有一个广阔的背景，“论语学”研究就不会有时代的高度。

今年是第二次举行洙泗论坛。第一次论坛主题是“追随梁漱溟”。用梁漱溟先生的话讲，“孔子以前的中国文化差不多都收在孔子手里，孔子以后的中国文化又差不多都从孔子那里出来”。孔子的意义是什么？孔子的深度和高度恰恰基于中华文明几千年的背景，中国古代文明的研究，与我们进行“论语学”等传统学术的研究，关联十分紧密。

根据学者们的期望和要求，我们要尽快成立曲阜的“论语学”研究中心。我们先把孔子故里的学术力量团结起来，以后大家就会有更多的机会进行交流。我们可以组织一个学会，如果现在申请学会手续比较复杂，我们可以向中华孔子学会进行申请，看看可否作为中华孔子学会的二级学会。我们还要创办“论语学”研究刊物，可以以书代刊，不定期出版。

这次会议总体上很成功。我是参会者，也算是主办方。我代表参加会议的诸位向魏衍华、宋立林二位表示感谢，他们用个人的“泰山学者青年专家”专项经费组织了会议。孔子研究院是此次会议的主办方，我代表孔子研究院衷心感谢大家的光临。孔子研究院是研究院几十位同事的研究院，也应该是包括诸位学者在内的中华文化研究者们的“家”。谢谢大家！

（2018年1月在“第二届泰山学者洙泗论坛‘论语学’研究学术研讨会”上的总结发言，房伟根据录音整理）

典籍里的孔子，《论语》里的中国

《论语》从表面上看只是孔子与弟子时人对话的选编，实际上，它是中华传统文化中最重要的典籍。怎样表达孔子与《论语》，如何用艺术语言进行述说，许多人视为畏途，前人的探索也往往显得众口难调。看完《典籍里的中国》之《论语》专题，令人感动、感慨，不觉拍案叫绝，原来《论语》也可以这样表现出来。

一、对于宏大主题把握成功

在中华传统文化中，《论语》几乎等同于孔子，几乎是“孔子”的代名词。该书不到一万六千字，却影响了中国，影响了世界。《论语》中做人的道理、处世的智慧，已经沉淀到中华民族的精神里，其中蕴含的思想至今光辉闪耀。“半部《论语》治天下”，“天不生仲尼，万古如长夜”，表达的都是这样的意思。《典籍里的中国》选定《论语》，其重要性和难度都体现在这里。

通过典籍了解和展示中国，恐怕没有哪一部比《论语》更值得期待了。人们说，了解中国，从孔子开始；了解孔子，则要从《论语》入手。《论语》编辑的初衷就是正确表达孔子，今天的人们通过当代人容易接受、传播效果好、更直观生动的方式，向更多的人介绍《论语》和孔子，述说中国价值和中国道德，述说中国古代圣贤的文化创造。看起来《论语》只是一部典籍，但它可不是一部普通的典籍，它呈现的是中华文化的元典时代。

节目选择了主持人与子贡进行对话，正如《典籍里的中国》在呈现《尚书》时选择了伏生，可以说再恰当不过了。孔子一生最钟爱的几个弟子中，颜回、子路先孔子而逝，子贡追随孔子很久，最了解孔子和孔子弟子。在孔子生命的最后时刻，子贡不离左右。孔子去世，子贡主导丧礼。但是，子贡不知道《论语》的存在。由子贡的诧异揭秘《论语》的成书与流传，由子贡作为当事人了解印证今人的困惑与争议，这样的设定可谓匠心独运。

二、灵活运用各种表现手法

在看到《典籍里的中国》之前，我们一直在想象应该以怎样的方式去呈现这样一部典籍。综观本节目，其呈现方式可以说创意大胆，构思巧妙，新颖独特，效果极佳。

节目通过主持人与孔子弟子等人的隔空对话，立体地呈现《论语》的内容，不再是平铺直叙地简单介绍《论语》。《论语》中的那些善言嘉语通过具体人物之口生动展现出来，亲切而自然，让观众直接、直观地去领略《论语》的时代场景，去感受孔子的心灵世界。通过一个个具体生动的场景，《论语》的语录与片段得以串联，得以呈现，典籍里的文字真正“活”了起来。

孔子从历史中缓缓走来，《论语》一步步传到今天。作品通过时光长河的效果，展现了孟子、郑玄、朱熹等历代大儒以及外国的伏尔泰等人对孔子和《论语》的理解与认识。他们也像当今中国的读者一样，有人在“照着讲”，有人想“接着讲”，不论怎样讲，他们都有个人对孔子和《论语》的理解。孔子与时偕行，他“仁者爱人”的思想，仍是我们待人处事的出发点；他“和而不同”的主张，仍是我们面对当今世界所秉持的基本态度。节目中还展现了今人读国学的场景，这些场景与孔子教学的场景相呼应，给了人们孔子《论语》一语道破千年的冲击感。

三、点面结合选材精准生动

作为一部典籍，《论语》需要重点展现的是它的面貌、内容、流传、影响。节目从南昌海昏侯墓《论语》的发现切入，从这次“等了两千多年的苏醒”开始历史回溯。这一事件具有轰动效应，观众会觉得自然而亲切。节目选取了与孔子和《论语》相关的故事，由主持人穿插串联，使各个故事有机衔接。

在节目中，很多故事给人留下了深刻的印象。如郑玄注《论语》、卜天寿读书、孔子梦见颜回和子路等，都极具表现力。郑玄代表历代的注者和研究者，卜天寿是成千上万普通读者的代表。郑玄注《论语》，与学生对话。他以《鲁论语》为底本，参考《齐论语》《古论语》，编校整理，并为《论语》作注。他希望后世人能读《论语》而知如何为学、为人、为政。卜天寿读《论语》，是在唐代新疆的私学学堂。卜天寿那时是一位少年，他住在西州高昌县，也就是现在的新疆吐鲁番。《论语》千古流传，孔子万世师表。中国人的仁德智慧，两千年的风骨性格，都蕴含在老师和学生们的对话中。

如何解读《论语》的思想，怎样体现孔子的学说，节目也进行了安排。例如，主持人与孔子的对话，回答了从《论语》里读到什么，人生应该追求什么。通过类似的问答，让观众去思考应该从《论语》中汲取怎样的智慧，思考后人为什么格外看重孔子的智慧。由此认识到孔子思想的精华，如“修己以安人”“修己以安百姓”，提高自身修养，使更多人得到安乐；“己所不欲，勿施于人”，自己不喜欢的事情，不要强加给别人；“己欲立而立人，己欲达而达人”，自己想要在社会上立足，就要帮助别人立足，自己想要通达，就要帮助别人通达，做到推己及人。

在表达孔子的内心世界方面，节目选取了孔子师徒厄于陈蔡和晚年梦见颜回、子路的场景，这样的选择可以说抓住了要领。孔子为理想而奋斗，栖栖惶惶，知其不可而为之。这样的困厄中，他们陷入了沉思，这是哲人的沉思。孔子常常梦见周公，晚年则寄希望于弟子。颜回去世，孔子悲恸，连说“天丧予、天丧予”。节目通过年幼的孙子表达孔子晚年的心境：“祖父说，他梦见了颜回和仲由，他说想他们。”颜回、子路去世，孔子的心境何其凄凉悲怆。看到这里，观众会泪流满面，也会想到孔子“朝闻道，夕死可矣”的叹息，想到孔子行道的信念，从而激发弘扬孔子学说的志向。

天下之本在国，国之本在家

2018年2月14日，习近平主席在2018年春节团拜会上发表重要讲话。在这个万家团圆的日子即将到来的时候，习主席强调说："中华民族历来重视家庭，正所谓'天下之本在国，国之本在家'，家和万事兴。国家富强，民族复兴，最终要体现在千千万万个家庭都幸福美满上，体现在亿万人民生活不断改善上。"

"天下之本在国，国之本在家"，出于《孟子》。在该书的《离娄上》中，孟子抒发了自己的家国情怀，他说："人有恒言，皆曰'天下国家'。天下之本在国，国之本在家，家之本在身。""天下国家"，说的是天下的根本在于每一个国家，国家的根本在于每一个家庭，家庭的根本在于每个人自身。"人有恒言"，恰恰说明家国天下息息相关，这样的认识深入人心。人们认识到，天下太平兴盛，必须每个国家强盛安宁；要想国家强盛，就先要每个家庭和睦兴旺；要使家庭兴旺，必须每个家庭成员积极修身践行。

重视家庭建设是中华民族自古以来的传统，家国情怀是中华民族最深厚的情感。《周易》强调"男女正，天地之大义也"，认为男女在婚姻中，各司其职，各位其分，和鸣勤勉，是天经地义的事。《诗经》有这样一首诗："妻子好合，如鼓瑟琴。兄弟既翕，和乐且湛。宜尔室家，乐尔妻帑。"这是诗人向往的家庭生活。在他看来，家庭中夫妻情投意合，恰如琴瑟协奏；兄弟相会，祥和欢乐敦厚；全家安然相处，妻儿快乐欢喜。这样的生活和谐而美好。

孔子赞赏文王亲迎，认为"合二姓之好"的"大婚为大"。《孔子家语》中有《大婚解》篇，记孔子与鲁哀公的对话。他们以"大婚"问题为核心，着力阐述了"大婚"对国家政治生活的重大影响。孔子从人道合于天道出发，论述了诸侯婚姻的意义。由人道逐步深入，人道—政—爱人—礼—敬—大婚，孔子思考问题的终点仍然是如何治理社会，管理民众。孔子的论述，是为了明确"政者，正也。君为正，则百姓从而正矣"的主题，其落脚点在于君主品德的培养，体现了孔子对君主人格品质的一贯要求。

家和万事兴，和谐应该是家庭生活的根本原则。孔子说："父子笃，兄弟睦，夫妇和，家之肥也。"孟子说："男女居室，人之大伦也。"父子之间心意诚厚，兄弟之间和睦相处，夫妻之间和和美美，家业才能兴旺发达。历史上，长老训教为人们津津乐道，周公家训、孔子庭训、孟母三迁、断机教子、曾子杀彘等，这些言传身教的家教故事，家喻户晓，成为每个家庭、每位家庭成员学习和效仿的榜样。后世家教、家训、家诫的流传，优良家风的传承，促进了家庭的和谐、家族的兴盛，进而促进了社会的稳定。

人和、家和是政治和谐、社会安定的基础。《周易》说："父父，子子，兄兄，弟弟，夫夫，妇妇，而家道正；正家而天下定矣。”家庭中，父亲、儿子、兄长、弟弟、丈夫、妻子，各有各的样子，各尽各的责任，家庭伦理道德就能进入正轨。家庭之中家道正，国家、天下就会安定。《大学》说得很清楚：“古之欲明明德于天下者，先治其国；欲治其国者，先齐其家；欲齐其家者，先修其身。”“身修而后家齐，家齐而后国治，国治而后天下平。”齐家是修身的目标，又是治国的基础，所以《大学》说“一家仁，一国兴仁；一家让，一国兴让”。家是最小国，国是千万家。历史告诉我们，每个人的前途命运都与国家和民族紧密相连。

千家万户都好，国家才能好，民族才能好。春节前夕，习近平主席引用“天下之本在国，国之本在家”，激励中华民族的每一个人，在新的一年里勤奋努力，修身践行，弘扬中华民族传统美德，把爱家和爱国统一起来，把实现个人梦、家庭梦融入国家梦、民族梦之中，将个人成长、家庭幸福、国家强盛、民族复兴统一起来，从而形成中华民族伟大复兴的强大合力。

（《山东画报》，2018年第3期）

“父母在，不远游”的真正含义

曾有一位朋友谈到中华传统文化的特征时，说儒学保守，缺乏进取精神，比如孔子说“父母在，不远游”。

“父母在，不远游”，这话的确出自孔子。孔子所要表达的意思很明确，就是父母健在时，子女最好不要远离。一般说来，子女守候在父母身边，早晚请安，问寒问暖，尽其孝道，双亲大人含饴弄孙，幸福和谐，其乐融融。尤其父母晚年，特别需要人照顾，如果子女殷勤侍奉左右，使老人尽享天伦，岂不很美！

“远游”之“远”乃相对而言。所谓“远”，可能不仅仅在于空间或者时间，更在于心灵的因素。孔子所处时代与当今不同，那时通讯、交通不便，子女在外，连捎个信儿回家都很困难。试想，子女“慆慆不归”时，肝肠寸断、哭瞎双眼的不都是慈爱的爹娘吗？远离父母，难尽最起码的孝道，恐怕徒留“子欲养而亲不待”之类的浩叹。当然，今天通讯便利、交通便捷，可以经常电话问候父母，父母需要侍奉时子女也能及时出现，不用斤斤计较距离的远近。孔子所说的“不远游”，基本精神在于为人子女不可不知父母的牵挂。这个道理不难理解。

我们不能忽略的是，“父母在，不远游”之后，孔子紧接着还有一句很关键的话，就是“游必有方”。所谓“方”，是指方向、地方或者处所。父母在世，尽量不要远游，却不是不可远游。一方面，父母盼儿女平安，儿女盼父母健康；另一方面，父母期待子女成材，子女也希望自己成材。理解父母的牵挂，知道自己的义务，我们就不该远离父母的视野，应当让父母“知其所之”，不用苦苦挂念和担忧自己去了哪里。孔子的话符合天理人情，不可拘泥解读。

当今社会，如果父母约束子女不离左右，子女孝敬父母墨守成规，不仅落后于时代，也不符合父母、子女任何一方的意愿，更与孔子的本意相乖离。天高任鸟飞，海阔凭鱼跃。子女努力干事创业，广阔天地大有作为，这与“子不远游”“游必有方”的美德并不矛盾。《礼记·曲礼上》记载：“夫为人子者，出必告，反必面；所游必有常，所习必有业。”子女必须更多地关注、理解、尊重父母包括精神情感在内的多方面需求，并以不断完善自我来宽慰父母。所以，今人应该将“不远游”与“游有方”统一起来。

孔子一贯主张人立身处世要全面发展。他说：“立身行道，扬名于后世，以显父母，孝之终也。”又说：“夫孝，始于事亲，中于事君，终于立身。”孔子重视子女奉养并孝顺父母，不意味着片面强调子女陪伴父母，与父母一起生活。儿女有成就是父母最大的心愿。孔子从不反对一个人为了正当明确的目标外出奋斗。认为孔子主张子女不可离开父母左右，显然是不对的。

（《联合日报》，2017年3月11日）

《孔子家语》推动中华文明史研究新发展

2021年10月16日，由中国孔子基金会支持，尼山世界儒学中心孔子研究院主办，中华孔子学会论语学研究中心、《孔子研究》编辑部、洙泗书院承办的“《孔子家语》与中国文化新认识高端学术论坛”在曲阜举行。来自全国高校和学术研究机构的50余名专家学者共同探讨《孔子家语》新的研究认识，分享最新研究成果。

论坛期间，尼山世界儒学中心副主任、孔子研究院院长杨朝明接受中国孔子网专访，深入解读《孔子家语》的学术地位、学术价值和当代意义。

《孔子家语》是“孔子研究第一书”

中国孔子网：《孔子家语》是一本什么书？它和《论语》有什么关系？

杨朝明：《孔子家语》是一部非常重要的著作。它的价值绝不在《论语》之下。中华传统文化的经典以“四书五经”为核心。“四书”是解释“五经”的，相对“五经”更为简要。《孔子家语》的价值绝不在“四书”之下，完全可以称得上“儒学第一书”或“孔子文化第一书”。因为这本书长期以来被认为是伪书，所以一直没有受到足够的重视。虽然有一些学者的研究涉及这部书，但是相对于它的价值来说，学术界了解的人仍然太少，利用程度远远不够。

《孔子家语》是关于孔子言论以及相关资料的汇编。孔子长期从事教学，留下了很多遗说，这些遗说都是孔子弟子所做的笔记。孔子去世后，大家汇集、编辑、传播孔子学说。为了更好地表达孔子的思想，选出了一些材料编成了《论语》，剩下的那些材料集合而成为《孔子家语》。《孔子家语》与《论语》两部书实际上性质是一样的，由此可见《孔子家语》的重要性。

《论语》是语录体，是《论语》的编者借用孔子的话来表达孔子思想。《孔子家语》记载了很多孔子讲话的场景，不仅可以纠正对于孔子研究、《论语》研究的一些错误，还补充、增加了数量庞大的可以使用的重要文献资料，可以说《孔子家语》是一个宝库。

《孔子家语通解》的形成是深入探寻的结果

中国孔子网：您是《孔子家语》研究领域的代表性人物。您编著的《孔子家语通解》被誉为孔子研究的一座里程碑。您当时是如何留意到这样一部曾经被贴着“伪书”标签的文献，并开始深入地进行研究的?

杨朝明：我很早就知道有《孔子家语》这么一部书。我是专门研究孔子的，对于研究孔子的文献材料一直非常关注。1977年，文物工作者在安徽阜阳发现了一批汉简，这批汉简可以证明《孔子家语》的可靠性。从那以后，《孔子家语》越来越引起我的关注。

后来，我的恩师李学勤先生在《孔子研究》上发表了一篇文章——《竹简家语与汉魏孔氏家学》。他认为竹简里的一些材料，可能是《孔子家语》的原型。这篇文章再一次激发了我对《孔子家语》的兴趣。再后来，人们在战国时期的楚墓里也发现了《孔子家语》。从那以后我就开始思考这部书的真伪问题，思考它的材料来源、编撰逻辑，进而思考它的价值问题。

早期文献特别是汉简发现以后，认为《孔子家语》是伪书的声音依然存在。直到上海博物馆藏战国竹书出土以后，大家发现战国时期的文献竟然和《孔子家语》相同，这对于学术界是一个巨大的震动。

21世纪初，我和我的研究生们开始对这本书进行注译注解，组织读书班，研究《孔子家语》。我们在研究过程中发现《孔子家语》的价值很高，就进一步系统地研究并进行通解。所谓通解，就是在整体上去观察全书，思考每一篇每一章，对比和它相关的文献，从不同的角度来研究。这就是后来成书的《孔子家语通解》。

普通读者如何走进《孔子家语》

中国孔子网：《孔子家语》作为一部了解孔子的重要著作，我们普通人应该如何走近它、了解它？

杨朝明：现在很多朋友问我，学习儒学要先读哪些书？我在推荐《大学》《中庸》和《论语》之后，一定少不了《孔子家语》。《孔子家语》里边有很多生动的场景，而且描述比较细致、完备。比如《论语》中的一句话，后人可以进行不同的解读，仁者见仁，智者见智。但如果把这句话放回特定的背景、语境，它的含义就有了更为准确的范围。《孔子家语》的意义就在于提供了对话发生的具体场景，它记录的对话很生动，很具体，因而相对来说更为全面。

孔子的弟子们有随时记录孔子言论的习惯。现在流传下来的孔子遗言，都是在孔子长期从事教育过程中弟子们的“各有所记”。《孔子家语》中记载，子张、子夏向孔子请教问题，夫子说得太精彩了，于是弟子们“蹶然而起，负墙而立”，“弟子敢不志之”，“退而记之”，等等。《孔子家语》中的故事都很生动，不仅记载了孔子讲话的内容，显示了孔子的思想，更重要的是记录了这句话发生的场景、背景，我们读来也非常有现场感。

《孔子家语》推动中华文明史研究

中国孔子网：2013年11月26日，习近平总书记视察孔子研究院，看到桌子上摆放的孔子研究院成果中的《论语诠解》和《孔子家语通解》，说“这两本书我要仔细看看”。现在八年过去了，孔子研究院和学术界在《孔子家语》研究方面又有哪些新的成果？

杨朝明：对于《孔子家语》研究，孔子研究院做了大量的工作，出版了多部相关研究的著作。我本人出版了《孔子家语》的普及读本、教师读本以及论文集汇编。现在孔子研究院已经成为研究《孔子家语》的一个重要阵地和主战场。

学术界对《孔子家语》的研究越来越关注，“《孔子家语》热”的迹象逐渐显现。相关研究论文大批涌现，仅曲阜师范大学的博士、硕士学位论文至少就有二三十篇。这些都是《孔子家语》研究的有生力量。

实际上，随着地下文献的出土，学术界关注度的提升，《孔子家语》的学术研究得到了极大推进。《孔子家语》打开了一个新的思想世界，让我们重新认识古代文明，对于上古文明的理解是一个极大的冲击与刷新。这对于中华文化的研究、对于早期儒学的研究，甚至对于整个中华文明史的研究，都有极其重要的意义。可以说，《孔子家语》的研究对于文化强国建设，对于中华优秀传统文化“两创”，对于树立文化自信，都有重要价值。

（中国孔子网，2021年11月21日）

《孔子家语》打开了中华文明研究的新视野

近几十年来，学术界开始关注《孔子家语》研究。按照西汉时期学者孔安国的说法，《孔子家语》在性质上与《论语》相同。《论语》的价值当然不可小觑，历史上诸如“半部《论语》治天下”“天不生仲尼，万古长如夜”之类的说法，绝不是前人的梦呓。今人读《论语》、学《论语》、研究《论语》者很多，研究论著汗牛充栋，实属正常。《孔子家语》生动详实地记录了孔子及孔门弟子的思想言行，同样具有极其重要的价值。

与新出土文献相互印证，与传世文献资料综合比对，经过多年的苦心思考与研究，我们坚定了对《孔子家语》的整体认知。《孔子家语》并非后世“言之凿凿”的伪书。《孔子家语》中的文献资料不仅纠正了不少传世文献的错误，更激活了一批为人们长期忽视的“伪书”，夯实了孔子儒学与中国早期思想文化研究的基础。尽管《孔子家语》可能经过了整理润色、传抄中的增损以及重新编订，但这与传统意义上的作伪具有本质的不同。《孔子家语》为人们认识孔子儒学、认识中国上古文明打开了全新的视野。

《孔子家语》最为直接的价值，就是提供了数量庞大的可以使用的重要文献资料。对于先秦时期的历史文化，尤其是对于孔子和早期儒家思想的研究，只言片语都弥足珍贵，更何况如此数量庞大的真实资料。任何事物的发展变化都有其规律，历代对《孔子家语》的认识也有自身的内在逻辑。在经历了被怀疑乃至被否定之后，由于新材料的辅助，加以慎重研究，《孔子家语》的成书真相终于被揭示出来，孔子与儒学研究终于重获了长期失落的宝贵材料。

对《孔子家语》进行认真研究的学者，一般都认可其重要的文献价值。《孔子家语》保存了一大批比较原始的记载，许多地方明显胜于其他古籍，具有重要的版本、校勘价值。《孔子家语》内容丰富，规模庞大，其价值之高出乎很多人的想象。

《孔子家语》与《论语》思想相通，可以印证校验《论语》等文献的记载。对于《孔子家语》与《论语》的关系，孔安国说《论语》具有“正实而切事”的特点，它是从众多材料中选辑出来的孔子语录。《孔子家语》资料性质与《论语》相同，《论语》具有材料汇编的特点，《孔子家语》中可以随处看到《论语》的“影子”。比之《论语》的“纯正”，《孔子家语》要显得“驳杂”。正如有学者看到的那样，绝大多数攻击王肃伪撰《孔子家语》的书，都是这样先自己划定某种圣人言行的“神圣模式”，凡有不合“模式”的文字则必打成伪作。那么，如果说有一个“神圣模式”，它一定与《论语》的“纯正”有关。不少学者研究问题，往往不顾《论语》有特定的选材标准，而以“《论语》未见”为理由，否定孔子一些言行存在的真实性，其偏颇显而易见。

孔安国《孔子家语后序》说《论语》是“取”有关孔子言论材料而成，受此启发，我们认为“论语”之“论”有“选择”“别择”的意思。清朱骏声《说文通训定声·屯部》曰：“论，假借为抡。”《国语·齐语》：“权节其用，论比协材。”韦昭注：“论，择也。”《荀子·王霸》：“君者，论一相，陈一法，明一指，以兼覆之，兼照之，以观其盛者也。”杨倞注：“论，选择也。”如果《论语》书名的“论”为选择之意，则《论语》应该是选自“孔子家”之“语”中的材料，是则《孔子家语》对于《论语》研究的意义就不难察见。

在传统学术研究的方法论方面，《孔子家语》给了我们很好的启示。《孔子家语》“伪书”案的终结，为历史文献研究方法提供了借鉴，也是对历代学者研究得失的一次很好检验。南宋朱子说《孔子家语》“是当时书”，所言极是。只要认真比较，人们就会发现今本《孔子家语》与很多的典籍材料相同、相通。例如，将《孔子家语》与“大小戴”《礼记》等进行比勘，《孔子家语》材料的优点或优势就能显现出来。

受疑古思潮的影响，历史上有不少人认为《孔子家语》思想不纯、文辞粗陋。其实，这不是戴着“有色眼镜看问题”的偏见，就是没有认真观察比较之妄言。关于《孔子家语》的文辞，清人崔述《洙泗考信录》有曰：“然取所采之书，与《家语》比而观之，则其所增损改易者，文必冗弱，辞必浅陋，远不如其本书，甚或失其本来之旨。”其实，如果认真对比，我们就不难发现崔述所论以王肃“杂取众书”伪造《孔子家语》为前提，其论断有极为强烈的主观色彩，是完全不符合实际的。我们对比《孔子家语》与同类古籍所能得出的结论常是互有优劣，实际上，更多情况是《孔子家语》要优于他书。

在疑古思潮的影响下，有些学者虽没有专门研究《孔子家语》，没有看到《孔子家语》不伪的事实，却发现了《孔子家语》的重要价值，因而在相关的研究中并没有对其视而不见，不得不引用该书的材料，这便如清朝四库馆臣所谓“知其伪而不能废”。例如，李启谦先生在谈论孔门弟子研究的材料运用问题时说：“有时可信的书中，也有错误的地方……相反，被称为‘伪书’的《孔子家语》其所记的很多内容……则都是可信的。”新的材料终于促使人们思考了最为根本的问题：难道人们弃之如敝屣般地摒弃《孔子家语》是合理的？难道在那么早的年代，这样长达数万字的大书真的出于后人的伪托？为什么历史上还有那么多的人不断强调该书的价值？

《孔子家语》的重要地位决定了它可以开辟中华文化研究新天地。与《论语》相比，《孔子家语》不但内容丰富，具体生动，而且首尾完备，提供了很多学术信息。《孔子家语》汇集了孔子的大量言论，再现了孔子与弟子时人谈论问题的许多场面，还有经过整理的孔子家世、生平、事迹以及孔子弟子的材料。作为先秦儒家文献，《孔子家语》可与许多传世文献、出土文献相互对照综合，考证上古遗文，校勘先秦典籍，印证许多记述，充实思想信息。《孔子家语》全息展现了丰满的孔子形象。它打开的是一个更真实真切、更细致深入、更翔实生动的中国古代思想文化世界。

（中国孔子网，2021年10月19日）

“御车马”与“治天下”
——读《孔子家语·执辔》

俄罗斯作家托尔斯泰经常阅读我国儒家著作。一次，他夜里读书直到次日。他对别人说：“难以想象，它们达到了不同寻常的精神高度。”这些著作令他叹服。他说自己“沉湎在中国的智慧之中”，称赞孔子的中庸之道“妙极了”。可以肯定托尔斯泰所读儒家著作是有限的。我读《孔子家语·执辔》时，不禁想起托尔斯泰的感慨。该篇记述弟子问政，孔子将治国比喻为驾车，以“御车马”的道理阐发“御天下”的主张。我在想托尔斯泰如果看到孔子的这些精彩论述，不知又会有怎样的惊叹与感动。

一、为政与驾车

所谓“道不远人”“能近取譬”，孔子用“驾车之道”类比“治国之道”，可谓形象而生动。孔子以驾车马的道理作为比喻，谈论如何为政、如何管理社会国家，这样的例子在相关典籍记载中可以说俯拾即是，仅仅在《孔子家语》中就有很多。例如，《孔子家语·王言解》记孔子与曾子谈论王道。孔子说：“夫道者，所以明德也；德者，所以尊道也。是以非德，道不尊；非道，德不明。虽有国之良马，不以其道服乘之，不可以道里。虽有博地众民，不以其道治之，不可以致霸王。”此处孔子谈论“道”与“德”的关系，谈“道”的关键意义。他认为不论是谁，不论驾车还是治国，都必须遵道而行。驾车不以其道，不遵循驾车的规则与规律，马匹再好也不会顺利远行。治国的道理也是如此。即使地域广阔，人口众多，违背治国之道，国家也强大不了。《孔子家语·致思》记载：“子贡问治民于孔子。子曰：‘懔懔焉若持腐索之扞马。’子贡曰：‘何其畏也？’孔子曰：‘夫通达御皆人也，以道导之，则吾畜也；不以道导之，则吾仇也。如之何其无畏也？’”孔子以驾车之慎谈治国之慎。为政治国何以要敬慎？怎样做到敬慎？孔子回答子贡的询问时，强调要“以道导之”，要时刻警惕，敬慎戒惧，要做到“懔懔焉若持腐索之扞马”。此语见于《古文尚书·五子之歌》。该篇记大禹之训，说：“予临兆民，懔乎若朽索之驭六马，为人上者，奈何不敬。”大禹说以正道引领人民，为政者要有敬畏，就像拿着腐朽的缰绳驾驭马车。孔子曾整理《尚书》，他尊崇大禹等圣王，其思想一定与之有重要关联。

《孔子家语·好生》记孔子对子路说：“君子而强气，而不得其死；小人而强气，则刑戮荐蓁。”君子桀骜不驯，就不能善终；小人桀骜不驯，刑罚和杀戮就有可能降临。治理国家要有忧患意识，懂得未雨绸缪的道理。如果这样，有别国想欺辱也难以得逞。为政要积极主动，措施得力。真正做到了这些，国家治理就像《诗经》中《大叔于田》所说“执辔如组，两骖如舞”。于是，孔子感慨地说：“为此诗者，其知政乎！夫为组者，总纰于此，成文于彼。言其动于近，行于远也。执此法以御民，岂不化乎？”治国效果好了，就如同驾车那样：手执缰绳如执组，两旁的马儿像跳舞。总纲执组之人，这头握着散乱的丝缕，那头却织成了各式的花纹。这是说近处活动能影响到远处。人们用这个方法来管理国家，怎能不化育天下？孔子认为“执辔如组，两骖如舞”的作者懂得为政之道。

虽然孔子把善治国比喻为善驾车，但善于治国不是一句空话，真正的“善御”绝不简单，不能简单化理解。

据《孔子家语·颜回》记载，鲁国的东野毕是有名的“善御”者，鲁定公向颜回求证，颜回却说：“善则善矣。虽然，其马将必佚。”意思是东野毕虽擅长于此，可他的马将来一定会逃逸遗失。作为孔子弟子，颜回是有名的君子。鲁定公听颜回这么说，很不理解，他对左右的人说，君子原来也会诬陷人。有意思的是，三天后，马官报告东野毕的马跑了。定公听后很震惊，跨过座席站起来，催人去召颜回入朝，询问他何以知之。颜回答曰：“以政知之。昔者帝舜巧于使民，造父巧于使马。舜不穷其民力，造父不穷其马力，是以舜无佚民，造父无佚马。今东野毕之御也，升马执辔，衔体正矣；步骤驰骋，朝礼毕矣；历险致远，马力尽矣，然而犹乃求马不已。臣以此知之。”为政与驭马相同，都不能竭尽其力。如果不顾及百姓实际而索求无度，百姓就难以忍受。驾车也要顾及马力，不可过度役使。大舜是明王，不穷其民力；造父真善御，亦不穷其马力。东野毕则有不同，他虽然技术不错，但一味地历险致远，不顾及马本身，使马力用尽。

除《孔子家语》外，以驾车比喻治国的例子在其他典籍中也有很多记载。例如郭店楚简的《成之闻之》就有这样的论述：“上不以其道，民之从之也难。是以民可敬导也，而不可弇也；可御也，而不可贤也。”《成之闻之》属于孔子嫡孙子思的作品，这与孔子的影响不无关联。这篇文章里，子思直接以驾车的道理来谈公共管理。在孔子儒家众多记载中，《执辔》是以驾车喻治国的专篇，通过“御车马”与“治天下”的分析类比，充分表达了孔子对于国家治理的思考，把问题讲得更系统更透彻。

《执辔》实际有两部分，第一部分记述孔子回答闵子骞问政，第二部分记述子夏与孔子谈论《易》之理。严格地说，只有第一部分是谈“执辔”问题。在这部分中，孔子借驾车谈治国，说“夫人君之政，执其辔策而已”，因此篇名为《执辔》。后面部分相对独立，也可以视为对前文的进一步阐发，二者都涉及治国问题，或者说与治国不无关联。也许这就是《孔子家语》编者把两部分编为一篇的原因。

《执辔》第一部分从闵子骞问政开始，“闵子骞为费宰，问政于孔子”，由此展开论述。孔子说：“以德以法。夫德法者，御民之具，犹御马之有衔勒也。君者，人也；吏者，辔也；刑者，策也。夫人君之政，执其辔策而已。”孔子主张德治，他开门见山，直接提出为政治国应“以德以法”，引人瞩目。孔子把德法看成治国方法或工具，是国家治理的关键。

在这里，“法”是礼法，有法则、法度、规章的意思，与今天所说的“法”有联系也有区别。孔子将德法与刑辟对举，认为治国之君就像驾车的人，官吏如缰绳，刑罚如鞭策。所谓为政，不外手握缰绳、鞭策而已。

二、德法与刑辟

为政治国者一手是德法，一手是刑辟，就像驾车的御马者一手握缰绳，一手握鞭子。这“两手”如何抓，“两手”怎么用，是国家治理的奥妙所在。

孔子说：“夫人君之政，执其辔策而已。”古代天子理政就像驾车，以内史为左右手，具体执掌德法、刑政。德政就是以德法治国，像御马之有衔勒。人君通过百官治吏，像执辔一样去施行德法；与此同时，以刑罚作为补充，才能使德法更好地贯彻到整个社会中去。古代先王这样的治理方式富有成效，所以“御天下数百年而不失”。

无论治国还是驾车，都有“善”与“不善”之分。善御马，策不举而极千里；善御民，刑不用而天下治。要取得社会治理的效果，就要以德法为本。德法之“法”，即通常所说礼法之“法”，指法则、法度、规章。所以孔子将德法与刑辟对举。

所谓“德法”，与中国传统“礼”的概念非常接近，也就是今天所说的德政与法治的统一体。据《孔丛子·刑论》，孔子在与卫将军文子的谈话中把“礼”或“德”看成驾车时的马辔。他说：“以礼齐民，譬之于御，则辔也；以刑齐民，譬之于御，则鞭也。执辔于此而动于彼，御之良也。”二者相互印证，《执辔》中所谓“德法”就是“礼”。

随后，孔子通过对“古之为政”的看法，具体阐发了为政观念和德刑论主张。

（一）治国必有德法和刑辟

为国之君“执其辔策”，这是为政的具体方式，也就是通过“辔”传导德法，具体实施；以“策”作为保障，督促“落地”，填缺补漏。这里没有特别强调刑罚，但绝非忽视或者放弃刑罚。在孔子的心目中，“善御马”的前提之一，便是“齐辔策”。“策”，即是刑，刑不可不有。作为德法的补充或辅助，刑是不可或缺的。

在孔子的相关论述中，这一观点十分明确。例如《孔子家语·刑政》记孔子说：“太上以德教民，而以礼齐之。其次以政焉导民，以刑禁之，刑不刑也。化之弗变，导之弗从，伤义以败俗，于是乎用刑矣。”何时用刑罚？应在德教难行之时。刑罚乃是德法的补充，刑之用以德为前提，只用于愚顽不化、危害社会之人。

（二）治国而无德法则民无修

孔子认为，治国者不可丢弃德法而专用刑罚，否则会造成严重后果。德法是规则，是法则，是正道，以德法治国，民众会遵道而行，循理而动。善治国者必法盛德厚，德法是治国的基础，以德法治国就抓住了根本。孔子说：“不能御民者，弃其德法，专用刑辟，譬犹御马，弃其衔勒而专用棰策，其不制也，可必矣。夫无衔勒而用棰策，马必伤，车必败；无德法而用刑，民必流，国必亡。治国而无德法，则民无修。民无修，则迷惑失道。”

“刑罚暴则迷惑失道”，历史上正反两面的经验都有很多。孔子说：“苟乱天道，则刑罚暴，上下相谀，莫知念忠，俱无道故也。”《孔丛子·刑论》记孔子说：“吾闻古之善御者，执辔如组，两骖如舞，非策之助也。是以先王盛于礼而薄于刑，故民从命。”孔子又说：“执辔于此而动于彼，御之良也。无辔而用策，则马失道矣。”德法与刑罚之间，重点应当放在前面。

（三）法盛德厚而薄刑则天下治

重视德法，并非舍弃或忽视刑罚。与德厚、法盛相对的是刑薄，德厚、法盛则意味着刑薄。“政美”之人，必定是“天地之所德”“兆民之所怀”。善治国者盛德薄刑，要“壹其德法，正其百官”，正如善御马者“正衔勒，齐辔策”。御马的重点在“均马力，和马心”，御民的重点在“均齐民力，和安民心”。

孔子重视德治，倡导为国以礼，主张先礼后刑，盛礼薄刑。

《孔丛子·刑论》记载，冉雍询问古今“刑教”之别，孔子说：“古之刑省，今之刑繁。其为教，古有礼然后有刑，是以刑省；今无礼以教而齐之以刑，刑是以繁。”孔子认为，欲教化民众，为政者首先应为政以礼。为政崇德，以德待民，树立德行。如果民众缺乏公共意识，不明礼义，不知荣辱，不讲公德，目无法纪，心无法则，没有规矩意识，为政者只靠高压政策，就会徒增刑罚。所以，礼盛而法行，“盛于礼而薄于刑，故民从命”。应当重视教化，反对不教而杀。

（四）刑以止刑，刑以佐教，宽猛相济

重视德法，当然不是放弃刑策；不弃刑策，也不是乱用或滥用刑策，这是孔子表述的题中之义。他说“策不举而极千里”“刑不用而天下治”，策、刑之“不用”，却有其“不用”之用，乃是“刑以止刑”。孔子又说：“不能御民者，弃其德法，专用刑辟，譬犹御马，弃其衔勒而专用棰策，其不制也，可必矣。”他反对“专用刑辟”“专用棰策”，反对“专用”自然不是不用，乃是“刑以佐教”。

刑不专用，是孔子的一贯主张。据《孔丛子·刑论》，孔子谈论鲁国公父氏“听狱”，能使“有罪者惧，无罪者耻”，对其十分赞赏。公父氏明察秋毫，断案量刑准确，不仅使有罪者惧，还能让人明白是非曲直。孔子又说：“齐之以礼，则民耻矣；刑以止刑，则民惧矣。”设置刑罚的目的在于止刑。惩恶不是终极目的，劝善才是最高宗旨。

关于德刑关系，《左传·昭公二十年》记孔子曰：“政宽则民慢，慢则纠之以猛。猛则民残，残则施之以宽。宽以济猛，猛以济宽，政是以和。”《尚书·大禹谟》曰“明于五刑，以弼五教”，《孔丛子·论书》记孔子说“五刑所以佐教也”，都表述得十分明确。《尚书》反复说“明德”问题，这是周人的传统观念。我们需要明确，儒家讲“明德慎罚”，而不是弃罚。“德主刑辅”，思考的是刑何以辅德。

孔子对于德刑关系的思考严谨而细密，全面而深刻，值得借鉴与总结。孔子说：“道之以政，齐之以刑，民免而无耻；道之以德，齐之以礼，有耻且格。”孔子又说：“古之知法者能远狱。”“能远于狱，其于防深矣。寡恕近乎滥，防深治乎本。”为政者以礼义教化导善，用法律刑政惩恶。惩恶与劝善“不失其理”，使人有礼知耻，无耻则正之以刑。敬刑所以为德，只要广施教化，慎用刑狱，就能使百姓远离刑狱。

之所以格外强调德治，是因为人们往往功利地看待问题，以德治国的功效不太明显，不易见到。正如《大戴礼记·礼察》所说：“凡人之知，能见已然，不能见将然。礼者禁将然之前，而法者禁于已然之后，是故法之用易见，而礼之所为生难知也。”“礼之所为生”是说礼的“微眇”与大用。所以《大戴礼记·礼察》说：“礼云礼云，贵绝恶于未萌，而起敬于微眇，使民日徙善远罪而不自知也。”前已指出，礼者，德法也。《执辔》孔子德法论的意义端在于斯。

三、御政之术及进退缓急

有了正确处理德刑关系的认识，接着就是国家治理的具体方略与方法。设计合理的管理架构，建立健全运行模式，附随有效的考核考察机制，才会收到理想的治理效果。驾车要“均马力，和马心”，治国要“均齐民力，和安民心”。这是方式与方法，也是目标与追求。

在孔子看来，古之“为政”而“御天下”，基本的框架就是

“以六官总治”。这样的方法切实可行。

为了更好地总理六官，天子以内史、三公作为辅助。孔子说：“天子以内史为左右手，以六官为辔。已而与三公为执六官，均五教，齐五法。”内史是王室中的重要职官，辅佐太宰管理爵、禄、废、置等政务以及颁布王之策命。孔子在此处专论治国，是言内史充当天子治国的助手。以内史管理六官，就好像手执缰绳以御天下。再有三公辅佐执掌六官，从而施行五教，整治五法。按照王肃在《孔子家语》注中的说法，五教，“父义、母慈、兄友、弟恭、子孝也”；五法，“仁、义、礼、智、信之法也”。

“以六官总治”，目的在“事治而功成”，要达到这样的政治管理效果，孔子的思考又可分为三个层面。

（一）御政之术：政治管理框架

国家治理，六官分职，从而全面行政。六官各有职责，按照《执辔》的说法，具体方式是：“冢宰之官以成道，司徒之官以成德，宗伯之官以成仁，司马之官以成圣，司寇之官以成义，司空之官以成礼。”把握了六官之治，相当于六辔在手。在这里，我们应该得到一个非常重要的启示，就是六辔负责成德之教的职官紧接冢宰之后，地位尤其突出。这就是说，社会政治管理要道德当先，把道德问题当成重中之重。欲使天下有道，成德之教必须紧紧跟上。

值得特别注意的一个细节是，孔子在“六官在手以为辔”之后接着说了一句“均仁以为纳”。这里说的是司会对六官的总体掌握。司会是一个非常重要的官职，相当于冢宰的副手。

说到司会，我们就想到现在的会计，二者在职能上的确有相似之处。纳，与“軜”相通，是骖马内侧的缰绳。《荀子·正论》有“三公奉轭持纳”。王肃《孔子家语》注曰：“司会，掌邦之六典、八法之戒，以周知四方之治。冢宰之副，故不在其六辔，至当纳位。”均仁，就是公平公正的仁义之心。这体现了司会的关键地位。《周礼》的记载正是如此，司会为天官之属，主管考察财政、经济及百官政绩。

司会大约与太宰相辅相成。《周礼》中有“太宰”，具体职掌是“建邦之六典”，以辅王治天下邦国。六典，即治典、教典、礼典、政典、刑典、事典。六典又分属冢宰、司徒、宗伯、司马、司寇、司空，由冢宰总领。在《周礼》的职官制度中，太宰地位最高。冢宰设卿一人，这就是太宰。太宰位于百官之上，不仅管理天官一系，还要将地官司徒、春官宗伯、夏官司马、秋官司寇、冬官司空这五官也统摄起来，故《周礼》说他“以佐王均邦国”，此处又说“以佐王治邦国”。司会均仁，清人方苞解释说：“合教、礼、政、形、事而成治，治之使各得其分，谓之均。”这大致是“均仁以为纳”之“均”的意思了。

如何管理六官？孔子说：“御四马者执六辔，御天下者正六官。是故善御马者正身以总辔，均马力，齐马心，回旋曲折，唯其所之，故可以取长道，可赴急疾。此圣人所以御天地与人事之法则也。”圣人治国，政治清明，可取长道，可赴急疾。而要取得这样的效果，必须以上率下，正身为国。这里出现的两个“正”很重要，一是御马者本人正身，再就是御天下者正六官。

在“以六官总治”的框架中，御马者正身以总辔，司会均仁以为纳，六官之“正”就有了保障，就可以“唯其所引，无不如志”。君王想要引导某一目标或方向，想要达到某一治理效果，就一定能够如愿。这样，“均五教，齐五法”也就不难实现“以之道，则国治；以之德，则国安；以之仁，则国和；以之圣，则国平；以之礼，则国安；以之义，则国义”。天下有道而国治，取决于天官。国家有正气，人心不扭曲，需要冢宰之官以其执掌而成道。司徒之官执掌人心教化，负责化育天下以成德，使社会安宁安定。冢宰和司徒最为重要，负责人的管理与人心教化。宗伯、司马、司寇、司空则分别负责与对应仁、义、礼、圣。

《执辔》记载中孔子所说的六官，也见于《周礼》。《周礼》本称《周官》，所记为“周之官政”，应该属于周代的国家管理体系。《周礼》把全国的管理机构分成天官、地官、春官、夏官、秋官、冬官六大部分，与《执辔》所见六官正相对应。天官冢宰主管朝廷及宫中事务，地官司徒主管土地与民事，春官宗伯主管祭祀与礼仪，夏官司马主管兵战与军事，秋官司寇主管刑事与诉讼，冬官司空主管手工业与建设。六官各自分设数量不等的官属，构建成管理系统。《周礼》与《孔子家语·执辔》可以相互参看。

这里有一个信息值得关注。按王肃《孔子家语》注的说法，“齐五法”之“五法”指仁、义、礼、智、信。其实，这里“五法”很可能指仁、义、礼、智、圣。儒家有“五行”之说。郭店楚简《五行》有“德之行”与“行”的区分，“形于内谓之德之行”“不形于内谓之行”，区分了道德行为与非道德行为。郭店楚简“五行”指仁、义、礼、智、圣。学界认为，马王堆帛书关于“五行”的论述是对子思《五行》的“解”，是孟子的发挥。孟子的仁、义、礼、智“四端”说是受到《五行》提法的影响，而汉代将“五行”理解为“仁、义、礼、智、信”是产生的流变。“圣”作为一种德行，与其他四个有些不同。

《执辔》“司马之官以成圣”和“以之圣，则国平”的说法，也透露了《孔子家语》文本形成时代的信息，这着实令人感慨。像《孔子家语》这类中国古代典籍的成书问题，只有走进古代思想的世界，钻研到文本深处，才能看得清楚，否则很难从疑古的闭环中走出来。

（二）进退缓急：权力运行过程

在特定的架构之下，权力如何有效运作才是问题的关键。孔子论述说："故御者同是车马，或以取千里，或不及数百里，其所谓进退缓急异也；夫治者同是官法，或以致平，或以致乱者，亦其所以为进退缓急异也。"同样是驾车，不一定都走得平稳；同样是治国，不一定都能安定。关键在于把握的"进退缓急"不同。

何谓"进退缓急"？怎样处置才算恰当？答案应该是六官权力运行或为政实践要具体把握好用心的重点、用力的次序。着力点不同，治政效果就不同，需要根据具体情况适时调整。人有过失是正常的，但需要及时纠正。"过失，人之情莫不有焉，过而改之，是为不过。"

如何调整或纠正？《执辔》曰：

> 故官属不理，分职不明，法政不一，百事失纪，曰乱。乱则饬冢宰。
>
> 地而不殖，财物不蕃，万民饥寒，教训不行，风俗淫僻，人民流散，曰危。危则饬司徒。
>
> 父子不亲，长幼失序，君臣上下乖离异志，曰不和。不和则饬宗伯。
>
> 贤能而失官爵，功劳而失赏禄，士卒疾怨，兵弱不用，曰不平。不平则饬司马。
>
> 刑罚暴乱，奸邪不胜，曰不义。不义则饬司寇。

度量不审，举事失理，都鄙不修，财物失所，曰贫。贫则饬司空。

这里所说，表明了六官各自的具体治政责任与目标，治政效果的具体呈现也隐含其中。天下无道则乱，社会缺德则危，没有仁爱则不和，军心不稳则不平，刑罚不中则不义，诸事失理则无礼。这些现象一旦出现，就需要“饬”，需要及时告诫、整饬、诫勉、整改。

读《执辔》至此，我们自然又该想到《周礼》。这里所述不仅与《周礼》精神相通，而且文字也高度一致。孔子所说“六官”就是《周礼》中的天官、地官、春官、夏官、秋官、冬官。令人惊讶的是，《周礼》六官以及太宰职掌，与《执辔》孔子所述一一对应。

《周礼》：乃立天官冢宰，使帅其属而掌邦治，以佐王均邦国。治官之属，……一曰治典，以经邦国，以治官府，以纪万民。

《执辔》：冢宰之官以成道。……以之道，则国治；……故官属不理，分职不明，法政不一，百官失纪，曰乱。乱则饬冢宰。

《周礼》：二曰教典，以安邦国，以教官府，以扰万民。……乃立地官司徒，使帅其属而掌邦教，以佐王安扰邦国。教官之属，……

《执辔》：司徒之官以成德。……以之德，则国安；……地而不殖，财物不蓄，万民饥寒，教训不行，风俗淫僻，人民流散，曰危。危则饬司徒。

《周礼》：三曰礼典，以和邦国，以统百官，以谐万民。……乃立春官宗伯，使帅其属而掌邦礼，以佐王和邦国。礼官之属，……

《执辔》：宗伯之官以成仁。……以之仁，则国和；……父子不亲，长幼失序，君臣上下乖离异志，曰不和。不和则饬宗伯。

由比较可见，孔子所说“六官”及其管理职责，简直就是以《周礼》六官系统为依据的。孔子没有明确提及《周礼》其书，如果《孔子家语》材料没有问题，那么，它无疑可以说明《周礼》的成书远在孔子以前。在《执辔》的记载中，孔子所言非常明确，所谓“以六官总治”，乃是“古之御天下”的情形。那么，孔子口中的“古”在何时？孔子言其“古”，《周礼》的成书问题该如何看？

研究《周礼》者大多没有想到，《孔子家语》中竟然有如此重要的材料，可以证明《周礼》成书的时代。

（三）治国之要：施政效果保障

孔子说：“夫季冬正法，孟春论吏，治国之要。”在孔子的心目中，古时天子治国还有值得称道的一点，就是对官吏的考核与考查。考查有重点，就是德行；考查有定时，在季冬和孟春。监督和总结之所以重要，是因为可以通过考查有效地观治乱，正百官，行德法。

考核或考查当然不仅仅是形式上的鉴定，也不是对违纪者的简单处置，而是纠偏补弊，强化德行，推行德政，使政令畅通。“治国之要”包括两项内容。

第一，季冬正法。天子经常在冬季的最后一个月考查德行，了解治乱，端正法令。德行盛则天下太平，德行浅则天下混乱。天子如此考查德行，国家之治乱，天子坐在朝廷之上尽能知晓。德行盛说明法令得宜，德不盛说明需要整顿法纪。只有法与政皆合于德政，管理效果才不会降低。

季冬考核正法的重点在德，这个考核也叫考德。考德是具体手段，其中蕴含了王道追求。天下王道行，人人须讲德，为政以德以法，才能事治而功成。要取得这样的效果，治国实践中必须理解进退缓急，以纠偏补弊，这就需要一套指标重点突出、程序合理规范的官员考核机制。考德正法通常在季冬进行，恰有一岁之末“回头看”的意味。

第二，孟春论吏。天子在春季第一个月考论官吏，这是对季冬正法的继续与深化。季冬考德包含道德、行动、实绩、能力四个方面。能德法者为有德，能行德法者为有行，能成德法者为有功，能治德法者为有智。德、行、功、智四个方面，即道德、勤奋、实绩、能力，相当于现今公务员德、勤、绩、能的考核。

论吏工作在孟春进行，显然涉及考德结果的运用，涉及官员职务的升降。“论吏”其实就是“奖惩”，就是“调整干部”。通过表彰与整治官员，发挥杠杆作用，就好像驾车者使用辔与策，发挥缰绳、鞭子的功能。考核就是风向标、指挥棒，考核的重点就是工作的重点。考核德行，就是引导官员各敬其德，恪尽职守。

四、什么是“治世之待”

治国与驾车一样，无论驾车还是治国，自然都有用心用力之处，都有进退缓急之分。在社会治理中明白和把握“治国之要”，致思与行动要分得清轻重。孔子说：“攻乎异端，斯害也已。”这句话讲的就是“禁人杂学”，攻习异端邪说有害无益。他希望人们不要究心于背离正道的学说或观念，要治正学，拒邪说，关注国计民生的关键问题。

在《执辔》中，除孔子回答闵子骞问政的部分，还有子夏与孔子谈论“易之理”及谈论《山书》的内容，这些内容与“执辔”的篇题不契，与以驾车喻治国的主题关涉并不密切。《孔子家语》的编者将此部分内容编入《执辔》，也许是要从相反的方面说明“治国之要”。

子夏与孔子谈论《易》，表面看来与篇题不合，但实际显示了孔子政治思想的价值取向。子夏论《易》的内容，《大戴礼记》单独置篇，题名为《易本命》，作为第八十一篇，今本《大戴礼记》中置于全书的最后。《执辔》中出于子夏之口的论《易》内容，《大戴礼记》却属于“子曰”，全部变成了孔子的话，匪夷所思。按照《执辔》的记述，孔子对子夏的论述似乎并不赞赏。

子夏所谈是所谓易理之中人类和万物、鸟兽、昆虫产生时所受元气的分限，如“人十月而生”，“马十二月而生”，“蚕食而不饮，蝉饮而不食，蜉蝣不饮不食”。子夏说：“而凡人莫知其情，唯达德者能原其本焉。”子夏说完，问孔子然否。孔子说：“然。吾昔闻老聃亦如汝之言。”

子夏接着谈《山书》的内容，与前面易之奇耦、气分之说相近，也是“坚土之人刚，弱土之人柔”，“食水者善游而耐寒，食土者无心而不息”，“食肉者勇毅而捍，食气者神明而寿，食谷者智惠而巧”等知识。讲述这些“殊形异类之数”后，子夏说：“王者动必以道动，静必以道静，必顺理以奉天地之性，而不害其所主，谓之仁圣焉。”子夏说完后出去。子贡问孔子如何看待这些说法，孔子反过来问子贡。子贡说："微则微矣，然则非治世之待也。"子贡认为子夏之说固然精细微妙，却不是治理社会所需要的。孔子说："然。各其所能。"孔子对于子贡的评价表示赞同。

孔子曾问礼于老子，他的思想受到老子的影响。但与老子不同，孔子关注现实，主张积极入世。因此，子夏的高论可能没有引起孔子太多的兴致。孔子和子贡认为，就社会政治管理而言，有些学问虽然精微却不切世事，这不应当是用心用力的重点。

孔子、子贡强调"治世之待"，这是《执辔》后一部分的重点与关键。今人说儒学，有谓其存在重大缺陷，认为它没有解决好公权力的制约问题，而今《执辔》所见完全不是这样。儒家道德论一定建立在特定的政治架构之上，不会是空洞的，不会是空中楼阁。孔子自称"从周"，常"梦见周公"，说周代礼乐制度"郁郁乎文哉"，其中当然包括周之"官政"。西周礼制"鉴于二代"，是在"损益"夏商之世的基础上形成，可谓完备而成熟。孔子"选贤与能""为政以德"等政治主张正以这些制度为前提。

"以六官总治"的政治管理体系，实际是中国政治体系的主流。它之所以完备而成熟，在于它抓住了重点与关键。所谓"夫人君之政，执其辔策而已"，以"辔"引方向，以"策"守底线，对于公权力来说，还有比这更为紧要的吗？孔子儒家不厌其烦所论述者，正是如何从内心深处去解决行正道、走正路、不偏离、守底线的问题。这个源自三代、定型于周初的制度，在而后的中国产生了巨大影响。南北朝时期的"北周六典"，隋唐以至清朝的"三省六部制"，都是在它基础上的延续。从西周算起，这一制度存在竟然近三千年，它的合理性也许就在于它的体系架构和运行机制。

观念文化一定有其相对应的制度层面，儒家思想是伦理体系，是社会理论，也是属于特定政治管理体系的思维。从孔子到孟子、荀子，他们都崇拜周公。从某种意义上说，他们的社会观念与伦理主张都是对周代社会政治的思考。无论“天下为公”“大同小康”还是“修齐治平”“政者，正也”，都基于“自天子以至于庶人”的政权架构和政治体系，是对“人而不仁，如礼何？人而不仁，如乐何”的深沉思索。儒家学说的可贵之处，在于强调有了硬性的权力约束，依然不能“弃其德法”，依然看到了道德感召的重要力量。

（《山东省社会主义学院学报》，2020年第2期）

中国传统文化中的管理智慧

笔者与赵延彤结识多年，感觉他素朴正直且富有才华。他的古体诗系念古今，议论纵横，写得沉郁清峻，于当代诗坛也不多见，笔者曾为其《含弘集》出版题赞。相信很多朋友读过他的诗集和文章，没想到他对民企管理也有自己独到的思考，竟然还有传统文化与民营企业管理关系研究的著作出版，这个成果应该是融入了他多年在工商界工作的经验。作为学友，他嘱笔者写序，笔者却之不恭；于职责而言，弘扬中华优秀传统文化，笔者亦乐为之。

中国以儒道两家为代表的传统文化，说到底是关于社会管理的学说。如果不是春秋战国时期的乱世，也许就不会有孔、孟、老、庄思想的深刻。这就如西汉司马迁的父亲司马谈在《论六家之要指》中所说的，儒、墨、名、法、道德诸家，“此务为治者也”。但有一点必须明确，人们虽然都探讨治理的方式与方略，毕竟“直所从言之异路，有省不省耳”，境界不一样，效果就不一样。有的说法看起来干净利落，似乎简便易行，但未必经得起时间的检验。用庄子的话说，就是有的学说属于“道术”，有的学说属于“方术”。

说到社会管理，中国早期思想家特别强调“修齐治平”，这是大学之道，是大人之道、君子之道，其实也是为政之道。人一旦组成了社会，当然需要优秀的管理者、引领者。这样的人必须知荣辱，明是非，能担当，敢引领，格局大，有气象。当时鲁国君臣向孔子请教为政的问题，孔子脱口而出的是“政者，正也”，特别强调为政者自身的“正”，以自身的“正”引导天下的“正”。

为政者或社会管理者必须明白“风行草偃”的道理，要取得管理的效果，首先自身必须做好。他们应该有很高的志趣，品德修养内外和谐统一。孔子要求他的弟子勇于担当，做“君子儒”，不做“小人儒”，他希望能成就大人、君子以引领世道人心。这里涉及价值论问题。中国早期思想家特别重视道德，老子有老子的《道德经》，孔子有孔子的“道德经”。孔子说：“夫道者，所以明德也；德者，所以尊道也。是以非德，道不尊；非道，德不明。”作为人生方向的“道”决定作为行为规范的“德”，有了正确的价值观，有了正确的信仰与价值判断，才会去思考做一个什么样的人，所以《中庸》说“道前定则不穷”。有了正确的价值观，有了既定的价值取向，就确定了理想、信念、目标、方向。

在孔子心目中，管理邦国与驾车一样，都应遵从各自的“道”。或者说，驾车有驾车之道，治国有治国之道。孔子说：“虽有国之良马，不以其道服乘之，不可以道里。虽有博地众民，不以其道治之，不可以致霸王。”再好的工具，如果运用、管理方式不恰当，也不能够有效发挥其应有的作用。同样的道理，一个国家，地域广阔，百姓众多，如果没有共同的价值信仰，也不会真正强盛。人们不遵道而行、循礼而动，意味着天下国家无道。如果没有“道”，不论为人处世还是治国理政，其结果不难想象。企业管理的道理不也是一样吗？这样，“志于道”的重要性就凸显了。

从孔子明志、立身、求道的经历，可知无论人生经历怎样的阶段，立志、明志最为关键，最为紧要。何谓“志”？朱熹曰：“心之所之谓之志。”“志乎此，则念念在此而为之不厌矣。”所志为何，意味着确定了自己的奋斗目标。这是人生的方向标。做什么样的人？心中信仰是什么？关涉极大，不可轻忽，不可“莫名其妙”。立志对于人生的意义，诚如程树德先生引《反身录》所云：“志道则为道德之士，志艺则为技艺之人，故志不可不慎也，是以学莫先于辨志。”

总之，如果把中国传统思想文化与当代管理学理论参验互证，会发现中国传统文化对于民营企业管理具有重要的指导价值。由此，笔者钦佩赵延彤书中切入的视角。人有人的社会角色、社会责任，民营企业同样有自己的社会角色、社会责任，明确了角色定位，就确立了自己的价值观，进而形成正确的信仰体系，从而应用于企业的决策、组织、领导和控制，形成行之有效的企业文化。这是企业做大做强的重要保证。

（《联合日报》，2020年5月12日）

儒家“四书”与中华家风

家风建设以孝悌为中心。孝悌之道是中华家文化的灵魂，是中华圣道的中心。儒家“四书”注重家风，充分阐发了中华孝道。儒家把孝悌看作做人的基础，儒家学说也就围绕孝悌而展开。人类社会不可须臾离开的是“爱”与“敬”。孔子极重亲亲之爱、尊长之敬，说“立爱自亲始”“立敬自长始”，把“孝”“悌”看成“人之本”，把“爱”“敬”看作“政之本”。孟子说：“学问之道无他，求其放心而已矣。”人本源于“家”而要“不忘其初”，儒家哲学简直就是“回家”的哲学。

一、家国一体：家风建设的方向性

在世界多姿多彩的文明中，中华文明绵延5000多年从未中断，这是一个伟大的奇迹。近代中国落后挨打，中华文明遇到了前所未有的挑战，也遭到源自中华民族自身的质疑。然而，随着中国的崛起，世界越来越关注并探究这一伟大的文明奇迹。

美国前国务卿基辛格曾对近代中国做出过这样的评论：近200年的中国或许只是历史上一个短暂的意外，这并不是常情。如果今后中国要回到属于她的位置并不意外。在他看来，西方

“国家”的建立，往往总有一个开端，在中国似乎并不存在这个概念。在漫长的历史进程中，“中国”随时都是一个起点，每当建立起大一统盛世的时候，中国人总是不认为这是创造，而是复兴，是重新回到巅峰，似乎那个巅峰的中国早在黄帝之前就已存在。我们认为，这恰是症结所在。我们有必要设问：孔子为什么那么崇尚先王？孔子何以“祖述尧舜，宪章文武”？孔子为什么说自己“述而不作，信而好古”？时至今日，我们再也不能看不到疑古思潮给中国带来的极大危害，再也不能不理解走在学术前沿的学者为什么提出“走出疑古时代”“重新估价中国的古代文明”。

英国著名汉学家马丁·雅克有类似的观点。他认为，纵观世界史我们会发现，西方曾经出现了很多的强大帝国，但是，这些强大帝国在衰弱后基本上都不复存在了，后世难有崛起的可能。与之形成鲜明对比的是，东方几千年来出现的几乎所有的强大王朝都来自中国，而且古代中国衰弱后会重新崛起和复兴，包括现在也是如此。中国近代100多年衰弱，现在重又走向复兴。这在世界范围内可谓独一无二。

马丁教授疑惑，为什么西方帝国总是在昙花一现之后就不复存在了，中国却能不断传承？他解释说，中国其实是一个文明，却“伪装”成了一个国家。在他看来，也许只有这样，才可以理解为什么西方帝国衰败后再无崛起的可能，而中国总是能不断复兴，因为中国本身就是一种文明。

从某种意义上说，中国的确是一个文明，就像“中国”两字最初出现就是一个文化概念一样。在漫长的历史发展中，中华民族不断调整充实、因革损益，逐渐形成了自己的文明特征。中华民族独具特色的文明特征就是思考人性和人的价值。人是自然的人，每一个人都是父母所生，在父母和家庭成员的关爱下，慢慢长大；人又是社会的人，但他首先属于家庭和家族，后由家庭而走向社会。于是，中国人把家庭伦理、社会伦理和政治伦理打通，把父母对于子女的自然情感社会化，或者进行社会化的应用与理解，这就产生了中国人的家国一体观念。

近年来，国家特别强调明道修德。习近平总书记特别谈到“国无德不兴，人无德不立”。这直接而积极地回答了两个相互关联且具有根本意义的问题：人类社会为什么需要道德？人为什么要有道德地生活？国家无德难以兴旺，个人无德难以立身。看起来这只是说国家和个人，实际包含了由大而小、从整体到个体的许多方面，涵括了诸如“企无德不盛”“家无德不旺”等许多道理。国有治理之道，家有兴盛之道。家道兴盛基于家庭成员的修养与境界。

儒家“四书”是中华传统文化经典。在“四书”中，家国一体观念得到了充分的论述。家与国相连，家风建设与国家社会息息相通。在公民道德建设中，社会公德、职业道德与家庭美德是统一的。作为社会管理学说，儒家学说关注家齐、国治、天下平。要达到这样的目标，就必须有一大批知是非、明荣辱、能担当、敢引领的“君子”，有一批有格局、有气象的“大人”。《大学》所阐发的大学之道，就是君子之道，就是大人之道。“齐家”之道与之紧密相连，包含其中。

修身才能齐家，“欲治其国者，先齐其家”。大学之道由修身出发，对于“齐家”的意义及如何“齐家”进行了深入系统的论述。

家国一体使得中华家风具有了方向性。良好家风的底色是道德。这个道德基于正确的价值追求和高尚的行为方式，与社会国家的需要相适应、相协调。《中庸》所说的“五达道”，其中的父子、夫妻、兄弟之道，都是家和的关节点，都是关于家风问题的最基本论述。《论语》还有许多如何治理“邦家”的论述。孔子说：“丘也闻有国有家者，不患寡而患不均，不患贫而患不安。盖均无贫，和无寡，安无倾。”无论是家还是国，公平公正，安宁安定，和谐和睦，都是永恒的追求。国家和谐，家庭和顺，都可以从中得到有益的启示。

二、“家”与人的“类存在”思维

中国儒学以“人”为研究对象，研究人性和人的价值。这是中华文明的突出特性，是我国数千年历史发展的结果，也是文明发展到特定阶段的产物。儒家思考人的本质属性，思考“人之所以为人者”以及“人之所以异于禽兽者”，在这样的基础上，才思考人的更高层次和境界。在思考“人之所以为人”这样的问题时，人们自然关注“人情”“人义”的关系。曾国藩的信条“不为圣贤，便为禽兽；莫问收获，但问耕耘”，鼓舞了后来的很多人。礼是人类有别于禽兽的标志，欲为圣贤，必先成人；人先成人，才能达到人生的更高境界，才能成就“大人”“君子”的品格。从实质意义上讲，中国的家庭教育，中国的家风建设，是关于成人与成长的教育。

（一）礼要人具有“社会性”

自家庭、私有制和国家产生以后，“家”的观念越来越强。中国三代时期，文化得到了长足的进步和发展。例如《尚书》的《大禹谟》就有“克勤于邦，克俭于家”的说法，《汤诰》有“宁尔邦家”的说法。在中国早期的典籍中，有许多类似希望家邦兴旺，避免家庭败落之类的论述。

中国礼文化是为调整人际关系而产生的，形成很早。考古学家发现并明确指出，在新石器时代晚期的龙山时代就已经产生了礼制，夏商时期各有礼制，周礼在继承夏商两代的基础上损益因革而成。孔子尊崇周礼，尊敬周公，就是因为周公制礼作乐。在周代，礼乐文化高度成熟。

礼是调整人际和社会关系的规章与原则，人类社会的进步就在于彼此之间的协作和协调。《荀子》说："力不若牛，走不若马，而牛马为用，何也？曰：人能群，彼不能群也。"人的社会性存在是人区别于其他动物的基本特征。不论是谁，也不管其是否关心社会，人总是一个社会性的存在。人们既然生活在一起，就必须有彼此和谐、和睦相处的基本遵循。因此，人的素质，人的素养，人的格局，体现在对于"社会性"的理解和遵循上。

孔子仿佛为"道"而生，孔子一生都希望"道"能实现。孔子创立的儒学也是如此，用《汉书·艺文志》的说法，儒家"于道为最高"。孔子的社会理想是"大道之行，天下为公"，这成为中华民族几千年来的一贯追求。所谓"天下为公"，就是希望天下有道，世人遵道而行，循理而动。按照《说文解字》的说法，"背厶为公"，"公"应该就是人的社会性存在，是公共意识和公德意识。家庭要有好的家风，家庭成员必须具有这种公共意识。

（二）礼要求人必须"成人"

所谓"成人"，首先是一个年龄概念，但又不仅是一个年龄概念。人生而幼，不可谓成人。幼而学，学而长，人的学习与成长，应是社会道德内涵不断扩充的过程。早期儒家强调"人与禽兽"的区别，无非是说人具有社会性和道德。

人不能只有灵性，还要有"德性"。孔子弟子子路、颜回向孔子请教"成人"和"成人之行"的问题。孔子认为，必须"文之以礼乐”“加之以仁义礼乐”。《论语》《孟子》都有“人”的“类存在”思维的论述。比如孔子谈孝道，认为人应当与犬马有别，应当对父母有内在的“敬”的情感，否则“何以别乎”。孟子则谈到“人之所以异于禽兽者”，从“人禽之辨”的逻辑出发，思考“人之所以为人者”。人来到世界上，最初都是一个纯粹的人。但是，在外部世界的影响下，人就产生了好恶。人如果“好恶无节”，外部世界又“感人无穷”，一直诱导人们，人若“不能反躬”，就会违背天理。在这样的逻辑上，早期儒家讨论“人化”与“化人”的问题，讨论“成人”的话题，进一步思考如何成就作为社会引领者、担当者的“大人”问题。

中华先人思想创造的伟大成果之一，就是“礼”。用《礼记·礼器》的说法，这个礼是“合于天时，设于地财，顺于鬼神，合于人心”的那个“理”；用《礼记·丧服四制》的说法，礼具有“体天地，法四时，则阴阳，顺人情”的特性。礼可以“决嫌疑”，有“济变”“弥争”的功能。礼经天纬地，顺从自然法则，确立了人生与社会的基本原则，规定规范了人间秩序。据《左传·隐公十一年》，春秋前期业已提出“礼，经国家，定社稷，序民人，利后嗣者也”的观点。

基于“利后嗣”这样的功能，从天下到国家，从家庭到个人，都需要遵道而行、循礼而动。既然礼对于社会国家秩序有明确的规定，这样的规定又源自人们对于“人心”与“道心”、“人情”与“人义”、“天理”与“人欲”的思考，礼的传承与教育也就成为社会与家庭教育主要的、基本的内容。

（三）引人向善，成就“大人”

传统中国从长养人情的社会性出发，形成了一整套的教育体系。孔子说：“少成若天性，习惯如自然。”中国的教育着眼于人性的引领，明其明德，以改良世道人心，引人向善。

古代蒙学特别重视礼的教育。此即《周易》所说的“蒙以养正，圣功也”。后人作《养正遗规》，说“养正莫先于礼”，也是看到了礼的极端重要性，看到了礼的方向性。

传统教育同样特别注重礼。依朱子所言，人生八岁，则自王公以下，至于庶人之子弟，皆入小学，而教之以洒扫、应对、进退之节，礼、乐、射、御、书、数之文。及其十有五年，则自天子之元子、众子，以至公、卿、大夫、元士之适子，与凡民之俊秀，皆入大学，而教之以穷理、正心、修己、治人之道。《大戴礼记·保傅》把这样的教育分别称之为“小艺”“小节”和“大艺”“大节”。这里所说学校之教的大小节之分，关注的是孩子的成长，一步也离不开礼。

人而为人，在于有教。《中庸》说：“天命之谓性，率性之谓道，修道之谓教。”人天生具有的即为“性”或“天性”，引导性情发展的方向即为“道”，修行此道的过程或方式即为“教”。“天命”可以理解为上天的旨意和安排。我们要注意的是，在儒家的观念中，“天行有常，不为尧存，不为桀亡”。孟子主张“性善论”，荀子主张“性恶论”，好像针锋相对，细读《孟子》《荀子》就会发现，虽然关注点不同，但在对人性怀有信心和耐心这一点上是相同的。

《中庸》开端最重要的是“率”字。它有“遵循”“顺应”的意思，也有“引导”“率领”的意思，如“率兽而食人”“王之将率有如子路者乎”等皆是此意。如果解释为顺应天性，就包括顺应人的自然属性。我们认为，这里的“率性”意为“引导”自己的天性。如同大禹治水，既不是压抑，更不是放任，而是调和自身的自然性与社会性，发挥各自优势，这才是“正道”。这是对“人道”和“天理”的遵守，对“人义”的遵循。

既然人性之中先天就有善恶，就需要后天增进善性，去除恶性。具体如何做？儒家强调不能固执己见，闭门造车，而要借鉴前人的经验，不断习得，修养自身。达到这种正道的过程，就是“教”。“教”可以翻译为教化、教育、教导等。

（四）“丧家”必先“去其礼”

观察中国历代的家训、族规，会发现历朝历代无不重视孝悌。孝悌是立家之要。不难理解，孝悌是淳化社会风气的需要，“大人”更是家族健康发展的需要。曾国藩曾告诫家人：“吾细思凡天下官宦之家，多只一代享用便尽。其子孙始而骄佚，继而流荡，终而沟壑，能庆延一二代者鲜矣；商贾之家，勤俭者能延三四代；耕读之家，谨朴者能延五六代；孝友之家，则可以绵延十代八代。”可见，孝友之家形成了孝敬父母、友爱兄弟的良好家风，才能绵延久长。何以如此？以孝友为家庭中礼之大者。《孔子家语·礼运》记孔子说：“故破国、丧家、亡人，必先去其礼。”一个国家，一个家庭，一个人，如果离开了礼，不遵守礼，距离败亡就不远了。

出于对邦家永固的考虑和治国、平天下的追求，早期儒家对礼进行了深入思考和深刻论述，形成了一整套系统的学说。在某种意义上，年轻人的成长在于对礼的理解及自觉遵循。家风的培育，就是关于礼的教育。“四书”中丰富的儒家教育思想，如《论语》记载的孔子对儿子“学诗”“学礼”的教育，都属于这样的范畴。

三、孝悌：是出发点，不是终点

中国传统宗法制度的核心是“尊尊”和“亲亲”。尊尊，敬也；亲亲，爱也。人们期待被人敬、被人爱，社会就要“立敬”“立爱”。这就不难理解何以中国特别重视孝悌。孝悌是起点，而不是终点。

（一）“法先王”与“绍家世”

就像儒家谈“齐家”是为了“治国”“平天下”一样，儒家重视家风也是为了国家、社会的风气、风尚。要形成尊道德、崇道德的社会风尚，必须从家庭开始。历代有不少人“训家”，虽然在主观上未必是为了“轨物范世”，而是为“提撕子孙”，但像颜之推写作《颜氏家训》那样，毕竟是本于“务先王之道，绍家世之业”的初心。

在100多年前的中国，许多有志之士思考国家的前途与命运。柳诒徵先生深入研究中国文化，对孔子在中国文化中的地位有明确的表述，认为“无孔子则无中国文化”。他说：“今日社会国家重要问题，不在信孔子不信孔子，而在成人不成人。凡彼败坏社会国家者，皆不成人者之所为也。苟欲一反其所为，而建设新社会新国家焉，则必须先使人人知所以为人，而讲明为人之道，莫孔子之教若矣。”在柳诒徵看来，让每人“知所以为人”是社会国家最为重要的问题。于是，让人们知道如何做人，成为儒学的核心话题。

孔子崇尚先王，儒家则以先王之道“濡其身”。有格局的“大人”唤醒人性，引导善性，以明德引领风尚。据研究，甲骨文、金文中就出现了“儒”字，其最初的意思与“濡”相通，可能是上“雨”下“而”结构的一个会意字，像一个人沐浴濡身。在较早的时候，“儒”或“濡”（或“需”）指的很可能就是礼仪活动的主持人员或相礼者，由于特殊的身份，在具体的礼仪活动中要沐浴濡身，这或许就是“儒”的本来意义。到了周代，尤其儒学创立以后，“儒”所表达的则是以先王之道濡其身。“儒”不但要洗干净身体，还要洗干净心灵，要引领社会，改良世道人心。所以孔子对弟子说：“女为君子儒！无为小人儒！”孔子希望弟子关注社会，关注人心。

（二）孝悌与“人禽之辨”

西方有学者看到，中国的价值观和西方国家的价值观有本质区别。西方传统推崇决战决胜，强调英雄壮举，而中国的理念强调巧用计谋及迂回策略，耐心累积相对优势。在中国人的心目中，一个人最大的优势在于德望，一个家庭最大的优势在于“积善”。儒家文化奠定了中华文明的底色。在漫长而艰苦的岁月里，人们思考社会合理运行、和谐发展的内在机制，从相信天命、借助鬼神到看重人本身，这是历史的发展，是一个不断进步的过程。最终，人们将关注的目光落在了道德上，落在了礼义上。

人既然是人，就应当具有人的特性，就应该区别于禽兽。在孔子看来，人与犬马无别，则人何以为人，所以孔子格外强调“别”。孟子关注人之所以异于禽兽者，其着眼点在于“异”。无论是孔子的“别”还是孟子的“异”，都是对人的“类存在”意义的关注。于是，中国思想家关注“人之初”的问题。每个人都是父母所生，一个人来到这个世界上，最关心自己的就是父母，除了父母就是自己的兄长。因此，孝悌就成为“为人子”“为人弟”必须做到的。

在家庭中孝敬父母、友爱兄弟这样的层面上，儒家展开了全面系统的论说。例如在对待父母方面，要讲究尽心养亲，爱敬至上，而且要顺亲、谏亲，还要丧亲尊礼，一丝不苟。

（三）从“孝”“悌”到“爱”“敬”

儒家谈孝悌，不是为孝悌而孝悌。儒家将孝悌作为起点，以培养爱和敬的情感。更为重要的是，这种爱与敬并不止步于家庭，儒家是把这种情感推广开来，让世界充满爱和敬。

人被视为万物之灵，人们共同生活在天地之间，依靠什么才能更加安定和谐，怎样才能更幸福美好地生活在一起？孔子基于对世道人心的深切体察，认为最紧要的就是两个字——“爱”与“敬”。鲁哀公向孔子请教“人道孰为大”的问题，孔子表现得有一些感动。作为鲁国的一国之君，哀公能询问这样深入的问题，孔子“愀然作色”，神情变得严肃起来。他对哀公说，您能谈到这个问题，真是鲁国百姓的福惠了，我哪能不认真作答。于是，孔子把自己的想法翔实禀报。

哀公问到了关键处，孔子的回答也发人深省。孔子认为，人道最重要的是“政”。孔子论述说，古人治政，有仁德、有爱心最为重要；有仁德，有爱心，却必须遵守礼制；遵守礼制，必须有庄敬的态度；最高的庄敬，表现在天子、诸侯等人的婚姻中。天子、诸侯娶亲时，身穿礼服亲自迎接，对新妇表示庄敬。庄敬则是表示亲情，放弃庄敬就是遗弃亲情。如果没有亲情，没有庄敬，哪里还有什么尊重？可见，“爱”与“敬”的内涵关涉极大。

婚姻是人伦之本，君主是百姓的表率，君主婚姻中赋予“爱”与“敬”的意义，是治理政事的根本。《易传》说：“有男女然后有夫妇，有夫妇然后有父子，有父子然后有君臣，有君臣然后有上下，有上下然后礼义有所错。”夫妇之道联结人伦，关涉政治，难怪“昔三代明王之政，必敬其妻子也”。中国历史上，强调夫妇婚姻为“人道之大伦”。在婚姻意义上，有“男女亲”才有“父子亲”。婚姻中“爱”与“敬”的深层意义，奠定了社会人伦大道的基础。有爱有敬，才能君仁、臣忠、父慈、子孝、夫义、妇听、长惠、幼顺。故汉代人说“盖夫妇正则父子亲，人伦定矣”，还说“夫妇，人伦大纲，夭寿之萌也”，“夫妇之道，参配阴阳，通达神明，信天地之弘义，人伦之大节也。是以礼贵男女之际，诗著《关雎》之义”。古代教育实际上就是关于爱与敬的教育。

这样，孔子说“爱与敬，其政之本与”的意义就很清楚了。孔子是说为政者要正人，要使社会“归于正”，让人心“思无邪”，就不能没有“爱”和“敬”，两者相辅相成，相互为用，有机统一。如果将孔子斯言简单地理解为执政者要爱戴人民，尊敬人民，其实是把孔子思想简单化了，也把孔子思想的价值降低了。儒家的孝悌思想密切联系着社会治理，联结着社会风气，这也是家风建设的意义所在。

有对终点的关注，才能起好步，踏实前行。家风建设要放开眼界，打开思路。所谓“东海西海，心同理同”，儒家思想中的“仁爱精神”与“敬畏观念”，基督教的“博爱精神”与“神圣观念”，不都是“爱”与“敬”的体现吗？中国儒家极重“孝悌”，恰如孔子所说“立爱自亲始”“立敬自长始”。三国时期刘劭认为《孝经》“以爱为至德”“以敬为要道”，他在《人物志》中说“人道之极，莫过爱敬”，说明他把握了儒家学说的精髓。

四、家风建设要从“心”开始

人而为人，就有为人之“义”，即孔子所说与“人情”相对的“人义”。人要明白并敬畏自己的社会角色，正其名，安其分，尽其力。这对家庭成员提出了很高的要求，那就是要用

“心”。

家风建设就是家庭美德的养成，家庭美德则基于家庭成员的个人品德。儒家的工夫论、修养论，对于养成个人品德、培育家庭美德具有根本性的意义。《大学》说：“孝者，所以事君也；弟者，所以事长也；慈者，所以使众也。《康诰》曰：‘如保赤子。’心诚求之，虽不中不远矣。未有学养子而后嫁者也。”离开了心，离开了从内而外的那种诚敬，个人品德修养，优良家风建设，也就会失去根本。

古代圣贤强调“修己”，也树立了“正身”的榜样。家风建设需要效法圣贤，敬畏并遵从圣贤之道，追求成圣成贤。孔子说君子要“畏天命，畏大人，畏圣人之言”，王阳明说要努力“读书做圣人”，曾国藩说看一个家庭或家族能否兴旺，要看他家的孩子是否读圣贤书，说的都是人生方向问题。人要“就有道而正焉”，人应“好学”而“志于道”，接受教育或修炼自己“思无邪”。

正身在于修己，修己的关键在于正心。《大学》的“絜矩之道”，《中庸》的“君子之道”，以及《孔子家语》的“三恕之本”，都指出了具体的方式和方法。人要立志向学，言忠信，行笃敬；食无求饱，居无求安，敏于事而慎于言；己所不欲，勿施于人。一个人理解了自己的角色，就知道了自己的“名”，人一定要使自己“名正言顺”。孔子说：“故君子名之必可言也，言之必可行也。君子于其言，无所苟而已矣。”应该用儒家的正名、修己思想指导我们的人生。

正心，要求人们要有内在的自觉，有慎独的自律，要踏踏实实地从最基本的事情做起。孔子希望人们能“正其衣冠，尊其瞻视”。曾子说：“动容貌，斯远暴慢矣；正颜色，斯近信矣。”

其实，无论是谁，都必须在做人与做事上解决“心”之所属的问题，由“心正”而“身正”。心正，就要有“一”的思维，有“中道”思维。比如在家庭中处理父子、夫妻、兄弟等关系，要学会换位思考，将心比心，己所不欲，勿施于人。如果能做到这一点，就会父慈子孝，夫妻和谐，兄恭弟悌。

正如一个国家的治理体系和治理能力密切关联着国家的历史传承和文化传统，家庭的管理、家风的建设也与此密切相关。在与家庭直接相关的六项“人义”中，父慈、子孝与兄恭、弟悌很容易被理解、被接受，但“夫义”和“妇听”两项，很容易被错解、被误读，很容易发生纠葛。如果把它放在历史传承与文化传统中，很多问题就可以迎刃而解。

人的成长是一个修心的过程。在这一点上，孔子的论述以及施教的过程也是明证。孔子当年教子“不学诗，无以言”“不学礼，无以立”的“诗礼庭训”对后世影响极大，不仅成为孔子后裔世代相传的家风，也成为中华民族大家庭许多家训族规的灵魂，成就了不知多少个人与家庭。《论语·泰伯》记孔子之言说：“兴于诗，立于礼，成于乐。”在孔子时代，士人是社会精英群体，而士人的培养离不开诗书礼乐。《礼记·王制》说：“乐正崇四术，立四教，顺先王诗书礼乐以造士。春秋教以礼乐，冬夏教以诗书。”这应该是西周春秋时期的普遍情形。诗书礼乐为“先王”之书，为士人必须修习的内容。王官之教衰落之后，孔子继承王官之学的传统，举起私学的旗帜，开始收徒授学。孔子教授弟子十分重视诗书礼乐。《孔子家语》记卫将军文子问于子贡曰：“吾闻孔子之施教也，先之以诗书，而道之以孝悌，说之以仁义，观之以礼乐，然后成之以文德。”可见，孔子的教学以诗书礼乐为中心，从“心”的熏育着手，让仁义礼乐在心中扎根。孔子儒家的教育目标正是成就人的“文德”。

孔子“学诗”“学礼”的过庭之训，影响了后裔，也影响了中华民族大家庭中的许多家庭和家族。历史上，家训和家风的核心是子女教育。和谐传家训，诗书承家风，一些家训如“诗书继世长，忠厚传家远”，“诗书经世文章，孝悌传家根本”，“读书足贯古今事，忠孝不迷天地心”，已成为中华民族众多家训家风的主旋律，许多的家训、家书甚至楹联、中堂，都注意告诫子孙立志读书。他们讲论读书的顺序、方法及意义，一般要求首先攻读儒家《诗》《书》《礼》等经典以及“四书”，这有助于“开心明目”“修身利行”。“读书明理”“读书亲贤”，为“做得一个人”。如果“道理不明”，则难以立身处世，可能会在不知不觉中“堕于小人之类”。

儒家强调“求其放心”，以为“学问之道”，仅此而已，因为人们需要唤醒良知良能，从而安顿自己的心灵。花有色、香、味，人有才、情、趣。人有这些，不论与他人同行，还是独自行走，一路上总会有暗香随行。人们往往因为偏执、忿懥而不能平和中正，看不清自己坐在哪条船上。可人们不都在同一艘大船上吗？看起来船决定着我们的命运，事实是船上的每一个人共同决定船的命运。家道兴盛，家风建设，道理同样如此。

（《中原文化研究》，2020年第3期）

齐家宜学圣人训

不知不觉间，在孔子故里曲阜学习、教学、研究，至今已有四十年时间，所接触、学习、思考的都是中华传统文化，所谓“口不绝吟于六艺之文”，切磋琢磨的是孔孟之道，绕梁不去的是圣人之教。

学习孔子而挚爱孔子，是因为孔子建立了中华文化的理想，指示了中国历史的进程。孔子儒学成就了一代又一代中国人的人格理想，成就了许许多多人的大人君子格局。心有大格局，望得见前路坦荡，亦深知总有歧路。有人说得好，要成就或提升人的格局，需要读万卷书、行万里路，也需要阅人无数、高人指路。

与一位老友攀谈时，他希望我帮他起草家训以训家教子。我思虑再三，斟酌成稿之后，发现所有的话都不离古圣先哲的教诲。古圣先贤教人成人成德，恐怕哪一家都离不开。我拿着初稿征求妻子的意见。她读后脱口而出：“书籍千万种，最爱圣人训。”

联想己身，倘若不是年轻时来曲阜读书，不知还会不会一生与孔子儒学和传统文化结缘，会不会一生学习研究“圣人训”。20世纪80年代初期，对于孔子儒学，人们的认识还存在太多误区。意外的是，当我选择大学志愿时，家父听说我报考的院校有

"曲阜师范学院"，随口说了一句"这个学校好"。

父亲是能识文断字的普通农民。他虽然没有高深的文化，对子女也没有刻意教化，但他经常说的一些老话，我们从小耳熟能详："天地生人，都有一个良心；圣贤教人，总是一条正路。""积善人家庆有余。"父亲深谙传统智慧，并在为人处世中恪守古训，因而在邻里享有威望。村里开会讨论问题，常有人提议他先谈谈；人家家里有了争执，经常被请去"主持公道"。

中华经典是"高人"的"大书"。世间著述，有道德，有技艺。道德说做人，技艺谈做事。德与艺何者为先？不言而喻，中国人都会选择"先做人，后做事"。强调做人，不是轻视做事，而是为了更好地做事。不少人没读懂古人"德成而上，艺成而下"的深刻，还以为是"轻视技艺""看不起职业教育"，大误！千万别小看了传统智慧，否则就可能导致理解偏颇或错误。没读经典之前读其他书，读多了也抓不住根本。王蒙先生谈读书，希望人们能够有一些有深度的、认真的阅读，最好读那些条理性、理想性、概括性强的书，甚至读一点儿费劲的书，读一点儿还不太习惯的书。中华经典值得一生品读。人一生读书有限，先读哪些书，必读什么书，必须弄明白。

圣人之教，不就是成德之教吗？关于道德，人人都要面对，人人必须面对。通俗而言，"道"就是"信什么"，"德"就是"怎么做"。中国传统道德，无非就是让人有正确的信仰和价值观，从而指示和引领具体的行为。

清人李毓秀所作《弟子规》，开篇就说"弟子规，圣人训"。弟子规，是为人弟、为人子者要遵循的规范。这些规范的精神来自《论语》中的"子曰"。人生最紧要的在于立志，阳明先生说"志不立，天下无可成之事"。立什么志，成什么人；立大志，成大人。志，就是心的方向。要提升力量，先确定方向。方向对了，走得慢点儿没关系；方向错了，跑得越快越糟糕。为了“提撕子孙”，传统中国很多家族定族规、立家训，都是期待子女更优秀，以弘扬家风，传承家业。家庭教育的首要问题是方向。教育子女，首先得成人，然后成为有格局的人。学孔子儒学与传统文化而得其精髓，就应重视立志、尊礼依仁、执中而行。信念让人们看见远方，明礼让人们阔步走向远方，守仁而诚敬则让人成功到达远方。

（《人民政协报》，2022年2月24日）

对传统文化不能“一知半解”

当下，社会上兴起了一股“国学热”。但对于中国的传统文化，很多人仍然是“一知半解”，存在不少认识问题。

一、对古代文明的发展程度认识不足

春秋战国是先秦诸子“百家争鸣”的历史时期，人们常用德国哲学家雅斯贝尔斯的“轴心时代”理论予以描述。但是，这一理论没有关注中国文化在诸子时代以前的漫长发展，没有注意中国许多思想家何以那样尊崇古代先王。事实上，学术研究与考古材料一再证实，尧舜以来中国文明有着漫长的发展历程，有较高的发展水准。“百家争鸣”是对历史文化的继承、总结与反思，诸子思想的形成有广阔的文化背景。看不清中国文明的绵延之路，就容易妄自菲薄，就很难理解传统思想的高度与深度。

二、对经学典籍的价值认识不够

经学训解或阐释儒家经典，这是中国独有的学问。儒家经典以“六经”（或“五经”）为核心，及于孔子及其后学遗说，包含着深沉的价值观念与民族精神。国学像一棵生命之树，只有区分主次，知其本末，才能培育浇灌，生生不息。弘扬儒学而弃经不读，无异于舍本逐末。当然，我不是鼓励大家都去读经，但如果你是搞这方面研究的，不能不注重这一环节。现在社会上所谓的读经班，大多形似而神不似，并不是真正意义上的“读经”。

此外，在对儒家经典等文献的认识上存在问题。例如，不明古书传流的一般规律，不能动态观察古书的形成过程，造成很多误解；不能整体把握学术源流，颠倒了同类文献的先后顺序，甚至误判学派属性；不能理解各学术派别之间的纵横关系，简单化地进行学派判断……这些都严重影响了古代文献的利用和阐发。

三、对博大精深的孔子儒学“莫名其妙”

孔子儒学是在继承基础上的文化创造。它思索人性与人的价值，胸怀天下而关注苍生，思维恢宏却包蕴精微。只有对孔子的儒学思想体系有全面、综合的理解，才能把握“大体”，在“道术”意义上理解“中国精神”“中国气质”。

四、疑古思潮的消极影响依然存在

疑古思潮本为“卫道”而生，甲午战争后却换上了“反古”的面目，从此一发不可收拾。学术上的“疑古过勇”除了让人感到古籍几乎“无书不伪”“无书可读”，更使得虚无主义盛行，造成上古文化的一片空白。

学术研究的进展，尤其地下早期文献的不断问世，一次次揭示了疑古思潮的偏颇，学者们一次次呼吁“重写思想史”。不过，疑古思潮的负面影响极其深远，消除这种影响尚需时日。

五、尚未走出近代落后挨打的阴影

文化影响力的升降浮沉，密切联结着国力的变化。先秦时期，儒家主张“修己安人”和“仁政”“德治”，带有明显的“德性色彩”。在“帝制时代”，儒学适应专制政治与皇权至上的需要，逐渐强化了君权、父权和夫权，染上“威权色彩”。近代中国落后挨打，极尽屈辱，不少人迁怒于传统文化，强化或放大了对传统文化负面影响的认识。于是，20世纪的中国形成了“反传统的传统”，似乎中华民族要摆脱苦难，就必须与中华文化决裂。

这是一种对“数千年未有之变局”的“恐慌性反应”。现在，已经到了找回文化自信的时候了，当务之急就是要对中华传统文化进行全面梳理、合理扬弃。

（《解放日报》，2016年10月12日）

读国学典籍，感知中华文化的格局与气象

“书卷多情似故人，晨昏忧乐每相亲。”这种手不释卷的情愫，全国政协委员、孔子研究院院长杨朝明可谓乐在其中。自2020年全国政协委员读书活动举办以来，杨朝明委员或就自己熟语的领域为其他委员释疑解惑，或认真学习聆听其他委员的真知灼见。线上线下的交流与交锋，让读书成为委员们建言资政、凝聚共识的一种方式。

记者：“国学读书群”开群首周，您就开始在群里解读释惑《论语》。面向委员读者的指导阅读，与大众读者有何区别？

杨朝明：这是一个特殊的读书群体。群内委员们各有专精，对于《论语》等典籍虽然熟悉程度不同，但都视野宽、站位高、理解力强。大家都对《论语》等国学典籍有浓厚兴趣，希望能走近孔子与《论语》，了解其独特魅力。

这是一种特殊的读书方式。虽然都是网上读书，读书的人群不同、目的不同，具体操作方式、读书重点也有不同。大众读者学国学、读《论语》，或为增长见识，或为教育子女，或为个人修身，或为企业管理。政协委员则不同，他们还担负着建言资政的使命，他们

更关心国家社会，更关心经济发展与社会进步。他们要汲取圣贤智慧，把握国学精髓，了解文化特质，思考中国儒学的现代意义。

记者： 一年的委员读书活动，请结合所见所闻谈谈您的所感所思。

杨朝明： 读书是开阔眼界、增长见识的过程，是促进思考、由感性入理性的过程。灯火不熄，书卷常开。置身读书群里，仿佛听到委员们从凌晨到深夜的翻书声。全国政协带动地方政协，“书香政协”助力“书香中国”。中华民族伟大复兴的征程，不能没有读书声的陪伴。

全国政协开展读书活动，组织细密，安排周到。十几个读书群内容涉及经济、政治、文化、社会、生态文明众多领域，也吸引了越来越多委员的参与。除进行“国学读书群”的《论语》导读，我还参加了“构建人类命运共同体”的导读，浏览学习其他读书群的讨论。大家读好书，善读书，讨论热烈、深入细致，我感到启示良多，十分受益。委员们的理解能力、认识格局、文化气度十分令人钦佩。好多委员是“经师”也是“人师”。为了推进讨论，他们不遗余力，相互鼓励，给我留下许多启迪与感动。

记者： 在您看来，委员读书的意义在于什么？特别是在建言资政、凝聚共识方面。

杨朝明： 关于委员读书尤其读国学典籍的意义，《论语·为政》有一章很能说明问题。有人问孔子：“您为什么不参与政治呢？”孔子答：“《书》云：‘孝乎惟孝，友于兄弟，施于有政。’是亦为政，奚其为为政？”在孔子看来，以孝悌之道影响为政者，使社会充满爱与敬，也是为政的一种表现。

孔子说“政者，正也”，“为政”就是“为正”。孔子从事教育，培养的是为政治国的人才。“仕而优则学，学而优则仕”，学习诗书，明理知耻，奉行孝悌之道，应该是有情怀、有关切的人们的共同追求。孔子的社会理想是“天下为公”，这个“公”即指人的公共意识、公共道德。人应该奉行忠恕之道，推己及人，做一个合格的社会人。从孝悌之道出发做人，做合格的社会人，需要的是人格素养与人生境界。孝悌之道说的是爱与敬。孔子说“立爱自亲始”“立敬自长始”，又说“爱与敬，其政之本与”。爱与敬，恰恰也是治理政事的根本。知识就是力量，提升力量先确定方向，此即《中庸》所谓“道前定则不穷”。政协委员参政议政，建言献策，首先要有对于“正”的把握。治政与做人，二者高度一致。无论立足于孝悌为人处世，还是以孝悌“施于有政”，其实都是为政。

记者：对于接下来的读书活动有哪些新的期待？

杨朝明：委员读书，学中华国学，读中华经典，与圣哲先贤们一起思考社会人生，与博学睿智的人们交流，可以更好地学思践悟，把握大局，建睿智之言，献务实之策。静心读书，有效交流，这样的读书学习活动应该以各种形式广泛开展。

人生有限，知识无涯；物有本末，事有终始。我们要有一些有深度的、认真的阅读。中国儒家圣贤留下来的经典极具条理性、理想性、概括性，常读常新，用心读才能“入境”。人们有对民族文化经典的温情与敬意，才能开启中华民族和谐和平的密码，走进中华民族先哲的思想世界，感知中华文化的格局与气象，树立坚定的文化自信。

（人民政协网，2021年2月26日）

人一生读书有限，要明白先读哪些书

中国有些书值得一生品读，尤其是典籍。人一生读书有限，先读哪些书？必读什么书？关于这些问题，《山东商报》对孔子研究院院长杨朝明研究员进行了采访。

从“四书”与《孔子家语》读起

记者：能否请您给大家推荐一些您读的书呢？

杨朝明：我推荐《论语》《孔子家语》《孟子》《老子》《史记》这几部经典。

《论语》是孔子思想最为重要的著作。孔子虽是2500多年以前的人物，但他可以说是中华5000多年文化的代表。孔子“述而不作”，不欲“载之空言”，但孔子长期从事教育，其弟子后学记载或收集他的言论，《论语》正是孔子遗说的精编。我们读《论语》，一定要思考篇与篇、章与章之间的内在联系，读明白了这种联系，会发现《论语》是逻辑清晰的思想著作。

孔子儒学也是社会管理学说，《论语》凝结了古代中国的智慧，谈的是社会和谐之道，包含了“为政以德”“政者，正也”“仁者爱人”“允执其中”等思想精华。无论个人修养，还是从事管理，《论语》都值得重视，不可不读。

《孔子家语》曾被看作伪书，但经过人们长期认真细致的研究，尤其是早期简帛书籍的发现，证明了它非同寻常的价值。如果说《论语》是孔子遗说的选编，《孔子家语》则相当于孔子遗说的汇集。有统计，《孔子家语》字数是《论语》的3.5倍还多，内容十分丰富。《孔子家语》有很多较长的篇章，有许多的场景，内容丰富，系统完整。虽然该书经过了后人的整理，但材料原始古朴，真实可靠。

孟子传承孔子思想，就作为中华传统文化主干的儒学而言，如果说“孔子”仅仅是一个点，那么加上“孟子”，就形成了一条线，这就是“孔孟之道”。《孟子》阐发“六经”，发扬孔子思想，希望唤醒人的善性，让人们居仁宅、走礼门、行义路，培养更多的社会引领者。孟子看重士人气节、君子人格，希望为政者养正气、走正路、行仁政，使天下有王道。人们越读《孟子》，越能品味思想的清醇，生发做人的正义。

儒道同源，孔子与老子是中华文化史上的两颗巨星。孔子曾问礼于老子，二人的思想有深度相通之处。《老子》富含哲理，充满智慧，要理解和把握老子思想却有难度。孔子讲道德与价值，老子的“道”与“德”也没有离开“怎么想”和“如何做”的本旨。只不过《老子》更理论，更抽象，更玄妙，领悟《老子》要宏远辽阔、高屋建瓴，要见微知著、辩证思考。老子的“无为”是“为无为”，是“为之于未有，治之于未乱”；老子的理想是“民至老死”，是要人和平相处，都寿终至老而死，非因战争而身死。

读者读《史记》，在明理的同时能得到美的文学享受。《史记》善于叙事，文辞优美，鲁迅先生称它为“史家之绝唱，无韵之《离骚》”。读历史，回头看，是为了更明智，以寻求启迪与灵感，从历史的过往中寻找解决现实问题的方案。

如果还没有认真读过中国传统的经典著作，那么，我首先郑重推荐几部儒家的典籍，这就是《论语》《孟子》《大学》《中庸》“四书”加上《孔子家语》。鉴于人们对“四书”并不陌生，读经典之前，不妨先尝试读一读《孔子家语》。

记者：关于读书，您有哪些建议呢？

杨朝明：近段时间，是我这些年写作效率最高的时候，因为没有什么打扰，我也不出门。围绕早期儒学展开，我写了一些文章。《孔子家语》记载孔子说“灾妖不胜善政”。意思是，出现灾情是挡不住的，天灾人祸是一种客观存在，关键是人的主观能动性，积极有为，善治善政，坏事也可能变好事。

读书，我认为一定要读好书，读最该读的书。在中国，最该读的书是我们自己的文化经典。读经典之前读其他的书，读多了也抓不住根本。

王蒙先生曾谈读书，希望人们能够有一些有深度的、认真的阅读，最好读那些条理性、理想性、概括性强的书，甚至读一点儿费劲的书，读一点儿还不太习惯的书。有的书值得一生品读，尤其中国的典籍。人一生读书有限，先读哪些书，必读什么书，必须弄明白。

将孔子儒学作为大众儒学踏实“落地”

记者：您下一步的写作计划是什么？

杨朝明：因为我从事孔子儒学研究，所以就我本人而言，我认为中国的传统文化、孔子儒学，既要“登峰”还要“落地”。

现在很多人觉得自己已经登上高峰了，觉得此处是绝顶，一览众山小，这是问题的一个方面。另一个方面，最大的问题还是“落地”，真正到了“落地”的时候，反而可以检验你是否登上了高峰。我们研究看起来高深的学术，目的还不就是为了“落地”。任何人都不能脱离实际。我认为现在“落地”很重要，而且非常紧迫。我们迫切需要能够通俗介绍儒家学说的著作，需要可以走入人心的著作。

当下，人们对于儒学的了解太少，误解太深，还没有进入其中，只是浮在表面。孔子儒学实际上是实践性很强的学问。国家在大力弘扬中华优秀传统文化，然而大起小落。孔子博大，博大在哪里？他对我们的人生有什么指导？我认为，这些都是现在大众迫切需要了解的，所以我要写自己心中的《大众儒学》。我已经开始写作了，这个写起来很愉快。我想让大家拿到这本书后，明白什么是儒学，它是怎么产生的，它的内涵是什么，我们应当怎么做，我们今天为什么是这个样子。此外，我还想写一部《至圣孔子传》。

记者：现在学校还没有开学，学生们居家学习、读书。传统经典是文言文，对于这些文章的学习和理解，您有什么建议吗？

杨朝明：首先，不要低估了孩子们的阅读能力。其次，中国几千年的典籍都是用文言文写成的，如果这个能力不够，你就必须在这方面加强，不能迁就。第三，可以找一些注释本对照原文进行阅读，这样一举两得，不仅可以提高古典文献的阅读能力，本身也阅读了经典，走进了经典。切忌因为读不了，我就去读别的书。这样永远读不进去。

弘扬中华优秀传统文化，要找准根脉才能固本培元。中华优秀传统文化的主流是儒学，儒学的核心是经学，经学的义理在经典。物有本末，事有终始，弘扬中华优秀传统文化如果弃经不读，无异于舍本逐末。“吾生也有涯，而知也无涯”，人的精力是有限的。先读哪些书，必读哪些书，如何读这些书，必须弄明白、讲清楚。

经典要精读。经典大都言简意赅，内涵丰富。经典的价值在于指示人生之路，使人明道修德。读经典不能浅尝辄止，泛泛而谈。经典要反复研读，最好默记成诵。不精读，可能望文生义，很难知人论世。通过精读，真正进入历史语境之中，才能够与圣贤对话、同行，形成个人人生的镜鉴。

经典要整体地读。每部经典都是一个有机的整体，不能支离破碎，不可断章取义。经典篇章之间有其内在的逻辑联系，“选读”“节录”“新编”经典，就有可能割裂这些联系，削弱经典意义的完整呈现，造成意义流失或主旨偏离。如果经典的编者有其初心与用意，那么，我们体会和发现这种“编撰动机”和“编辑用心”的追求就非常重要。唯其如此，方能够把握经典的整体性。

经典要结合实际读。经典基于现实社会的实际，读经典要用心，入进去，才能找到感觉，才能慢慢“品味”出关于人生的“品位”。就好像沏茶，有道者懂“茶道”，无道者是“倒茶”；好像习武，有道者成“修行”，无道者是“比划”。因而要致力于“明明德”，慎思明辨，自觉奉行，躬身实践，从而活出生命的精彩。

（《山东商报》，2020年4月4日）

富有之谓大业，日新之谓盛德

2020年7月21日，习近平总书记主持召开企业家座谈会。谈到“创新是引领发展的第一动力”时，习近平总书记引用“富有之谓大业，日新之谓盛德”，强调企业发展创新的重要性，指出企业家创新活动是推动企业创新发展的关键。

“富有之谓大业，日新之谓盛德”，出自《周易·系辞》。从字面理解，“业”是成功、功业，“德”是德行、道德。什么都能拥有，叫“大业”；每天都在进步，叫“盛德”。这句话表面看比较简单，其实内容丰富，含义深刻。

什么是“大业”？什么叫“盛德”？在这句话前，《周易·系辞》还说道：“显诸仁，藏诸用，鼓万物而不与圣人同忧，盛德大业至矣哉！”这里讲“易”，讲“道”，就是讲事物发展规律。易道广大，无所不至，其特点就在于“与天地准”“能弥纶天地之道”。在这里，“显诸仁”就是大业，“藏诸用”就是盛德。遵循这个法则，正确把握“道”，就能指导具体行动，就能显现出吉凶悔吝等仁德的不同境界与结果。这个“易”或“道”就是行为的法则，它隐含在人们的具体行为中。圣人常忧虑天下，天道则不同，它决定万物成长却不声不言，就像孔子所说：

“天何言哉？四时行焉，百物生焉，天何言哉？”具备大境界，方成大功业；只有明天道，才会有盛德。

可见，真正的“富有”无物不包，无所不有，是指对境界与格局的拥有。富有，正是大而无外，无一毫之亏欠。《周易·系辞》也讲“事业”，说“举而错之天下之民谓之事业”。南宋朱子解释说：“业是事之已成处，事未成时不得谓之业。”成业，富有万物，就应达于天道，心忧天下。《周易·系辞》说“生生之谓易”，生生不息，变化不止，这是天道。中国圣贤历来重视天道。据《孔子家语·大婚解》记载，鲁哀公向孔子请教“君子何以尊崇天道”，孔子说“贵其不已也”。孔子解释说：“如日月东西相从而不已也，是天道也；不闭而能久，是天道也；无为而物成，是天道也；已成而明之，是天道也。”天道运行不止，处在天地间的人怎能不循道而行，怎能不顺应天地法则，与时偕行，日新又新？

从本质上说，“富有之谓大业”与“日新之谓盛德”分别属于“道”与“德”的层面。道以明德，德以尊道，思想指导行动，人们有对天道运行不已的认识，才更加坚定地奋进革新；也只有自强不息，不断更新观念，砥砺前行，才能立于不败之地。《周易·系辞》出于孔子和早期儒家，其思想却渊源有自。至少从尧舜时代开始，中国人就不断地“体天地，法四时，则阴阳，顺人情”，认识天地自然和人类社会，追寻事物发展规律。商汤《盘铭》有“苟日新，日日新，又日新”的格言，周代《诗》《书》强调“周虽旧邦，其命惟新”，“作新民”，都是在说创新。儒家经典《大学》加以引用，并视之为“克明德”“克明峻德”，体现了对革新观念的高度重视。《周易》强调时变，是关于“时”的哲学，是中华思想智慧的结晶和代表。无论世间万物还是我们每一个人，都应该与时俱进，看到变化，认识变化，适应变化，只有这样，才能获得进步与发展。

孔子儒家思想是历史的沉淀，深刻影响着此后数千年的中国。《周易・系辞》还说“《易》穷则变，变则通，通则久”，不断变通革新，才能通达久远。所谓“自天佑之，吉无不利”，绝不是消极被动以待天命，而是主动认识，积极适应。天佑中华，是因为中华儿女一直不懈奋进，在生产生活中认识变化，体会天道的不同呈现，从而认识规律，看清事物的运行发展规律，不惧艰难险阻，进德修业，把握时机，阔步走出低谷，更上层楼。

创新是引领发展的第一动力。改革开放以来，我国取得了举世瞩目的经济成就，离不开广大企业家的创新精神。企业家是社会的精英，要敢于探索，勇于组织，善于引领，在技术创新、管理升级和市场差异化等方面去研究，去探索，去发现。当前，企业的发展面临一些困难，正如习近平总书记所勉励的：“大疫当前，百业艰难，但危中有机，唯创新者胜。”企业家应以高远的境界、博大的胸怀，看准时机，因势而变，主动发现并积极把握危中之机，做创新的主体，共克时艰，日有所进，成就大业盛德。

（《光明日报》，2020年8月24日）

第四章　致力文化『两创』

以时代精神激活中华优秀传统文化生命力

家风正则民风正，民风正则政风清

道德精神是文艺的灵魂

实现『两创』要有深度和广度

在省级层面规范和提升祭孔大典

建议在曲阜建设孔子大学

依托鲁班文化，大力弘扬工匠精神

进一步重视弘扬乡贤文化

举办国服评选，推出中华正装

利用传统文化激活企业家精神

推行拱手作揖礼，传承中华传统礼仪

设立中华母亲节，大力弘扬母教文化

建议在曲阜建设中华文明广场

讲好中国故事，打造中华优秀传统文化主题公园

以『书香家庭』带动『书香中国』建设

将鲁班祖庙宅等列入全国职工爱国主义教育基地

厚植传统美德，绘出文明新景

以时代精神激活中华优秀传统文化生命力

尼山世界儒学中心副主任、孔子研究院院长杨朝明研究员受邀做客山东卫视《理响中国》栏目，围绕“以时代精神激活中华优秀传统文化生命力”接受访谈。

“两个结合”的理论创新意义

主持人：大家好！这里是《理响中国》，我是主持人李毅。习近平总书记在庆祝中国共产党成立100周年大会上的重要讲话中，首次明确提出把马克思主义基本原理同中国具体实际相结合，同中华优秀传统文化相结合的重要命题。马克思主义是指导我们思想的理论基础，中华优秀传统文化是我们民族的精神基因，坚持二者相结合，攸关方向，事关大局。今天就让我们以“以时代精神激活中华优秀传统文化生命力”为题，从百年党史中探寻理论自信之源，在新的实践中发掘理论创新之美。首先，我们来认识一下做客本期节目的观察员——尼山世界儒学中心副主任、孔子研究院院长杨朝明。欢迎您，杨院长！

杨朝明：主持人，你好！各位观众，大家好！习近平总书记在建党百年这一重要时刻发表重要讲话，其中特别提出，坚持把马克思主义基本原理同中国具体实际相结合、同中华优秀传统文化相结合，具有重大的理论意义和实践意义。今天，我们站在这样一个历史节点上，回首百年，展望未来，思考“两个结合”的问题，对于弘扬中华优秀传统文化具有重大的指导意义。

主持人：杨院长，习近平总书记在“七一”重要讲话中，首次提到坚持把马克思主义基本原理同中国具体实际相结合、同中华优秀传统文化相结合这样“两个结合”的全新表述。这跟之前我们提过的马克思主义基本原理同中国具体实际相结合相比较，有哪些不同，又有哪些探索和创新，能谈一下您的理解吗？

杨朝明：我们也在想，在以前重要的表述中，一般都说，马克思主义基本原理同中国具体实际相结合。说起来，中国的具体实际，也是中华优秀传统文化和当今中国文化的结合，其中包含着中华优秀传统文化在现代的影响。这一次习近平总书记的表达不太一样，提出把马克思主义基本原理同中华优秀传统文化相结合，这有一个特别强调，就是说要与现实的中国相结合。尤其要注意，五千多年的中华优秀传统文化对中国产生了什么样的影响，中华优秀传统文化中优秀的精神文化遗产在今天如何发挥作用。

主持人：您觉得有什么样的全新探索和创新呢？

杨朝明：学习习近平总书记重要讲话，听到习近平总书记九次说到“以史为鉴，开创未来”，我们认识到，习近平总书记“两个结合”的重要表述是总结历史经验的一个成果。中国共产党成立百年以来，特别是十八大以来，把当下种种实际与中华优秀传统文化相互结合，取得了非常好的成效，因此特别提出把马克思主义基本原理同中华优秀传统文化相结合。这是百年总结，是站在历史的节点上总结过去，也是对于未来的一种展望。也就是说，我们的路子要走得越来越宽，就必须立足于几千年来的中华优秀传统文化，让中华优秀传统文化在当今时代，在马克思主义的指导下，发挥更好更大的作用。

主持人：习近平总书记在“七一”重要讲话中提出了“两个结合”，您觉得这个理论创新的重大意义在哪里？

杨朝明：“两个结合”理论创新的重大意义，就在于把中华优秀传统文化提到了前所未有的高度。就像我们以前说过的，这是中国共产党理论飞跃的一个重要呈现，是马克思主义基本原理同中国具体实际相结合的进一步拓展。其实，中国具体实际内容广泛，应该包括传统。那么，习近平总书记为什么强调把马克思主义基本原理同中华优秀传统文化相结合？这是对既往的总结，也有对进一步需要做得更好的一种激励。如果我们原来做得不到位，那么以后是不是应当做得更到位？如果对中华优秀传统文化的理解不到位，是不是应该加深对于民族文化的理解？不走进中华经典的世界，不走进中华先贤的世界，如何去把握中华优秀传统文化的本质？如果把中华优秀传统文化比喻成一棵大树，这棵大树的主干是儒家文化，这棵大树在不同的时期吸收了不同的营养，其中包括了近代以来吸收的外来的一些东西。如何理解中华优秀传统文化的精髓？如何把握它的实质？如果没有这样的一个认识前提，弘扬中华优秀传统文化还是有难度的。

把具有深刻内涵的东西一步步发扬光大，今天的事情才能做得更好。比如说古代的礼仪有形式，有内涵，我们继承的是内涵，而不是形式。比如礼仪，在传统中国，人们见面鞠躬，这是礼；后来不鞠躬了，改为握手，握手和鞠躬表达的是一样的意思。疫情来了，人们不握手了，提倡拱手礼。其实，不论鞠躬，还是握手，抑或拱手，都是礼的形式，形式不论怎么变，内涵都不变。内涵是热情、友好、关心、尊敬。这是人与人之间相处的原则，它应该什么时候都不变。我们继承的是这种原则，而不是非要怎么样，不是非得拱手、非得鞠躬。形式必须表达内涵，离开了内涵，离开了特性，弘扬中华优秀传统文化可能就拘泥了，就形式化了。

马克思主义基本原理同中华优秀传统文化相结合，必须把握特性和本质。只有走进中华优秀传统文化，才能在这种理论的指导下，把弘扬中华优秀传统文化的工作做得更好，进一步推进马克思主义中国化。

主持人：把中华优秀传统文化进行全新的拓展，要开阔视野，展望未来。“两个结合”的全新表述是不是中国共产党百年党史的一个鲜明体现呢？

杨朝明：是的。中国共产党自成立之日起，就对中华优秀传统文化进行了忠实的弘扬，忠实的继承。

中国共产党百年党史是“两个结合”的鲜明体现

主持人：一百年前在中华民族最危急的时刻，许多仁人志士都在寻找救亡图存的道路，而马克思主义之所以能够在中华大地生根发芽，开花结果，最根本的原因是什么？有一种说法就是中华优秀传统文化的许多思想观念、价值理念和马克思主义相结合。您赞同这种说法吗？

杨朝明：我赞同。这一说法，可以理解为是对历史事实的一个总结。近代以来，中国人遭受了太多的屈辱，国家蒙辱，人民蒙难，文明蒙尘。先进的中国人都在思考中国如何才能强盛，人民如何才能幸福，民族如何才能复兴。马克思主义传入中国以后，中国人才找到了一条更加宽广的路。这条宽广的路说明了什么呢？这就是马克思主义和中华优秀传统文化之间有一种深层的契合。比如说在理论深度上，比如说对未来的思考，比如说理想追求，都有高度一致性的地方。特别是关于与时俱进、实事求是、具体问题具体分析等方法论更是如此。马克思主义能够在中国生根发芽，开花结果，实际上是深度契合了中华优秀传统文化。

主持人：马克思主义在中国的早期传播促进了中华民族的觉醒，但此时的马克思主义并没有发挥出真正强大的力量，一直到了党的六届六中全会，毛泽东同志提出“马克思主义中国化”这一重大命题，中国共产党才拥有了指导实践的强大思想武器。杨院长，在中国革命的实践当中，应该有很多马克思主义基本原理同中华优秀传统文化相结合的成功范例，请您给大家讲几个。

杨朝明：马克思主义最早传入中国时，人们教条地、“本本主义”地、“拿来主义”地指导实践的时候，不是出了很大问题吗？以前不论是哪方面的错误，不论出现了怎样的波折，说到底都是没有把马克思主义基本原理同中国具体实际结合好，没有与中华优秀传统文化结合到位。比如说，历史上有一些提法，如“愚公移山”，“深挖洞、广积粮、不称霸”，仔细想想，只要你学习历史，都能在历史中找到一些影子。马克思主义基本原理同中国具体实际相结合，就能够把中华优秀传统文化激活，运用于实践。一句话，马克思主义要中国化，必须结合中华优秀传统文化，结合中国具体实际，“两个结合”的意义就在这里。

主持人：《愚公移山》大家都很熟悉了，文章给我们带来什么样的实践意义？

杨朝明：《愚公移山》《为人民服务》《纪念白求恩》很有名，当年被称为“老三篇”。“愚公移山”精神就是战天斗地的精神，就是敢教日月换新天的精神，就是革故鼎新的精神。习近平总书记在庆祝中国共产党成立100周年大会上的讲话中首次阐明了伟大建党精神，即坚持真理、坚守理想，践行初心、担当使命，不怕牺牲、英勇斗争，对党忠诚、不负人民。伟大建党精神不是天上掉下来的，而是共产党人领导中国人民在革命斗争中所铸就的，是对中华民族精神血脉的传承和发展。

今天的中国是历史中国的延续。中国共产党代表最广大人民的根本利益，坚持以社会主义核心价值观引领文化建设制度，进行过一系列的战略部署，提出过一系列的重大举措。核心价值观是文化最深层的内核，决定着文化的性质与方向，也体现着一个党、一个民族的文化理想和精神高度。一个党、一个民族、一种文化要立起来，强起来，从根本上说，取决于凝结和贯穿其中的核心价值观的生命力、引领力。中国共产党在自身建设中，毫无疑问一直秉承着中华民族优秀的文化精神，中国共产党建党精神，毫无疑问来自于中华民族精神，根植于中华民族精神。

马克思主义来到中国，我们不光要解释世界，还要改变世界，要改变世界，就必须具有这种革故鼎新的精神。中国的中道思想、中道学说，实际上就是要求我们不要走偏，不要走极端。马克思主义基本原理指导我们实事求是，具体问题具体分析。毛泽东同志很多提法离不开“不搞霸权主义”这样一种思想。在马克思主义同中华优秀传统文化相结合上，我们在百年探索之中成功走过了一步又一步。中华优秀传统文化中的民本主义，以人民为中心。不论毛泽东同志还是其他领导同志都特别注意人民本位，“人民万岁”，“以人民为中心”，“江山就是人民，人民就是江山”，都和中华优秀传统文化中的民本主义高度一致。中国传统中的辩证思维，关于中道、中庸、中和的思维，与马克思主义的思维方式高度契合、有机统一。中华优秀传统文化中的很多思考，与辩证唯物主义、历史唯物主义的思想光辉相互映照。

如何更好推进马克思主义中国化

主持人：纵观百年党史可以看出，正是因为马克思主义有着与时俱进的理论品质，中华优秀传统文化又有着与时俱进、不断创新的思想内涵，而中国共产党又一直在不断地推进马克思主义中国化、时代化，才推动了我们党和人民的事业不断取得胜利。杨院长，中国共产党几次理论飞跃应该都是马克思主义基本原理同中国具体实际相结合，同中华优秀传统文化相结合的成果吧？

杨朝明：是的。按照我粗浅的看法，中国共产党建党百年几次理论飞跃，确实都是马克思主义基本原理同中国具体实际相结合，同中华优秀传统文化相结合。第一次理论飞跃形成了毛泽东思想。这是以毛泽东同志为代表的中国共产党第一代领导人，把马克思主义基本原理同中华优秀传统文化相结合，让中国人站起来。作为一种以人为本、民本主义的思想，他们思考人民翻身做主人这样的问题，所以以人民为本位的中华优秀传统文化对中国共产党的第一代中央领导集体具有深刻影响。

以邓小平同志为核心的党的第二代中央领导集体，把马克思主义基本原理同中华优秀传统文化相结合，与中国的富民主张相结合，让中国人由站起来到富起来。“仓廪实而知礼节，衣食足而知荣辱。”历代中国人实际上都在探索人民幸福安康的问题，中国共产党人更是如此。老百姓吃不饱穿不暖，仅仅站起来是不行的，经济上也必须富足，中国人民要暖衣足食。所以，中国共产党理论的第二次飞跃产生了邓小平理论。

十八大以来，以习近平同志为核心的党中央更加注重民本，更加注重民生，更加注重人民的幸福、民族的复兴，把马克思主义基本原理同中国的具体实际相结合，特别是明确提出同中华优秀传统文化相结合，在马克思主义基本原理指导下，大力弘扬中华优秀传统文化。中国特色社会主义理论，是中国共产党理论的又一次飞跃，这次飞跃让中华民族强大起来。中华民族的强大，同时意味着中华民族的伟大，因为中国的传统文化重视王道，注重德政，追求天下为公，倡导人类命运共同体。中华民族的优秀传统文化让中华民族强大起来。这样的强大，意味着中华民族将为世界做出更大的贡献。我们必须把中华优秀传统文化发扬光大，让民族复兴来得更好，路子越走越宽。

主持人：可不可以这样理解，就是中华优秀传统文化与马克思主义，与中国特色社会主义，还有社会主义核心价值观，都有着不可分割的内在逻辑关系？

杨朝明：是的。今天，中国的道路无比宽广，这就是有中国特色的社会主义道路。中国特色“特”在哪里？其实就是马克思主义普遍原理与中国具体实际相结合。中国的具体实际是什么？就是中华优秀传统文化和现实的结合。社会主义核心价值观和传统价值观息息相通，但是今天走的路子又绝不仅仅是复制传统，它是一种新的文明形态。马克思主义和中华优秀传统文化相结合，其实是指导方法和具体实践的关系。任何一种实践必须有方法论的指导，正如理论来源于实践又要指导实践，方法离开了实践就无所谓方法。马克思主义和中华优秀传统文化相结合，形成今天我们中国人的信仰，形成今天的社会主义核心价值观。在国家层面上，在社会层面上，在个人层面上，中国人有自己的追求，它与中华优秀传统文化息息相关。比如在个人层面上，社会主义核心价值观是爱国、敬业、诚信、友善。如果把它和中华优秀传统文化结合起来，爱国，那么爱国者爱家吗？一个人不爱自己的家，怎么可能爱自己的国？爱国，说到底就是爱。敬业，一个人敬业基于内心的敬，他对自己的职业、对职业道德有一种敬畏，他心中有敬。爱国、敬业，就是心底深处的爱和敬。那么，爱和敬从哪里来？我们会想到中华优秀传统文化中的孝悌，孝悌就是谈爱和敬的。父母爱我们，我们当然爱父母，把这种爱推广开来，社会才能充满爱。我们心中充满爱的时候，当然爱自己的民族，爱自己的国家。我们心中有敬，要敬我们的兄姊，他们关心我们，我们当然要尊敬他们。孔子说“立爱自亲始”“立敬自长始”，培养爱和敬就从孝悌开始。孝悌是中华文化的根，把这个根筑牢了，爱和敬就有了。有了爱和敬，就有了爱国、敬业。诚信、友善都是个人品德层面，这与“八德”之中孝悌之后就是忠信，逻辑是完全一样的。我举这个例子，是想说明社会主义核心价值观之所以应该而且能够成为核心，它一定是历史的延续。

主持人：中华优秀传统文化一以贯之，才形成社会主义核心价值观。

杨朝明：是的，这就像流水一样。我参加了一次研讨会，有学者举流水的例子。水从源头一步步流过来，它是昨天的水还是今天的水？传统在历史上形成，在历史上起了作用，但它在今天依然活着，依然能发挥作用，这才成为传统。我们如果把传统当成过时的东西，当成以前的东西，那它一定就不是传统，它可以放进博物馆成为历史的陈迹了，它在今天只是好看而已，不一定起作用了。让历史文化遗产活起来，让典籍里的文字活起来，从中发现它的现代意义，这就是我们要谈的“两创”。

主持人：如今中国共产党站在了新的历史起点上，习近平总书记提出了新的命题。杨院长，您觉得我们应该如何更好地推进马克思主义中国化？

杨朝明：要更好地推进马克思主义中国化，就要好好学习马克思主义。如果不深刻理解马克思主义基本原理，表面化或者机械化理解马克思主义，肯定把握不了马克思主义的精神实质。谈到这样的话题时，我常想到《中庸》里面的一句话：“道之不行也，我知之矣；知者过之，愚者不及也。道之不明也，我知之矣；贤者过之，不肖者不及也。”有些人很聪明，有些人不聪明，聪明的人往往一做就过，不聪明的人他就做不及。“贤者过之，愚者不及”，有的做过了，有的做不及，那么为什么不能把握中道，不能“用中”？

什么叫中庸？中庸就是“中之用”，就是“用中”。“喜怒哀乐之未发谓之中”，那是我们内心的，那是大本。问题在于，如果我们看到一种非常恼怒的事情，马上就要发火，是不是达不到一种中和状态？所以，中庸就是“中之用”，“用中”就要求中和，就是要不断纠偏，让我们更加符合中道，符合社会和谐原理。既不能过，也不能不及，这就离不开正确的理论指导，离不开正确的思想方法，这个指导方法就是马克思主义基本原理。我认为它应该在这样的意义上，不让我们走极端，同时让我们该做的时候做到位，要恰到好处，让我们始终处在大局意识、系统观念、整体观照中，做得更加平和中正。

习近平总书记在“七一”重要讲话中九次说到“以史为鉴，开创未来”。要更好地推进马克思主义中国化，就应该在更深的程度上，在更高的高度上，在更精准的精度上，去理解中华优秀传统文化的精髓，把它和现代实际有机结合。在“结合”这篇文章上，我们要下足气力，更好地推进马克思主义中国化。

主持人：我们应该去学懂、弄通、做实这些理论基础，我想这也是推动马克思主义中国化的措施。

杨朝明：我们读到习近平总书记的重要论述，不论是治国理政的思想、外交思想，还是其他各方面的思想，都闪烁着马克思主义的光辉，都有中华优秀传统文化精神的馨香。从总书记“七一”重要讲话中，学习马克思主义的人看到了其中的马克思主义原理，学习传统文化的人看到了其中的传统文化精神。我们今天学习习近平总书记的论述，实际上是为了更好地指导工作，将各种事业在深度和广度上进一步推进，所以必须进一步理解“两个结合”的现实价值。

“两个结合”实际上是指出了路径。我们以前有了成功的探索，中国以前“之所以行”，是因为这个理论指导的价值意义；我们以后能不能更行，能不能把工作做得更好，就需要进一步去理解这种理论的现实实践指导意义。只有这样，才可以更好地在实际工作中发扬优秀传统，继承传统文化的精华，让它在新时期发挥更大的作用，在中华民族伟大复兴事业中发挥积极作用。

主持人：习近平总书记走进曲阜，走进孔子研究院，提出了推动中华优秀传统文化“两创”。在“七一”重要讲话中，习近平总书记又提出把马克思主义基本原理同中国具体实际相结合，同中华优秀传统文化相结合。您觉得“两个结合”是不是对中华优秀传统文化和马克思主义融合研究提高了要求和标准？

杨朝明：是的。2013年11月26日，习近平总书记在孔子研究院举行专家学者座谈会，发表重要讲话，特别提出中华优秀传统文化的创造性转化、创新性发展。总书记的“七一”重要讲话，又特别提出马克思主义基本原理同中华优秀传统文化相结合，这种结合其实与传统文化“两创”一脉相承。这就给我们提出了一个重要的问题：我们应该在怎样的向度上，从什么样的维度上，去理解两者之间的结合问题。

首先，我们必须把握马克思主义基本原理，用这种原理去指导中华优秀传统文化的传承与弘扬。传统文化是历史上形成的，是五千多年中华民族艰苦奋斗所创造的。在今天，我们要理解这样一种文化，走进我们圣贤的思想世界。我们要真正理解它，就要结合今天的实际，要从不同的角度去思考、去应用。比如我们如何培养青少年？培养青少年有学校教育、家庭教育，学校教育也好，家庭教育也好，其实都是立德树人的问题。一个人有了一流的心性，才可能有一流的技术，才可以在现代化建设中、在民族复兴中发挥更大的作用。今天“两个结合”的提出，是指出中国发展的路径问题，这是新时代中国特色社会主义道路。这是一条什么样的路子？这个路子是中国共产党人借鉴历史，用马克思主义的方法来指导，从而探索或者铺就的一条康庄大道。这条大道上，有我们历代优秀的中国人的文化积淀，有中华民族深沉的文化精神，有我们的民族文化特色，呈现着中华儿女的生命底色。

山东应如何深入推进“两个结合”

主持人：习近平新时代中国特色社会主义思想是马克思主义中国化的最新成果。为了坚持和发展当代中国马克思主义、21世纪马克思主义，山东如何更加深入地推动“两个结合”，更加深入地推动“两创”发展呢？

杨朝明：习近平总书记到孔子研究院视察，后来对山东工作做出重要批示，特别提出山东的工作要走在前列。这些年来，山东在省委省政府的领导下做了大量的工作，学术界的很多同事对山东提出鼓励。有学者说“文化兴，看山东”，山东作为孔子故里，作为儒学故乡，进行了很多探索。山东的工作要走在前头，就要在“学术登峰”和“文化落地”两方面同时用力，要敢于担当和引领。

我们常说，“登峰”是为了“落地”，“落地”需要“登峰”。我们必须理解中华优秀传统文化的本质。比如，中国儒学是做什么的？中国儒学是立德树人的。如何立德树人？我认为就像撒播种子，种子撒在地板上可以吗？种子撒在石头地上也不行，那样的话，就发不了芽，扎不了根，更开不了花，结不了果。青少年的心田如何去耕耘？孩子们的心田肥沃了，种什么种子，就开什么花，结什么果，滋润心田非常重要，非常关键。中国儒学是培养人成为人，而不是关注先成为哪一种人。当孩子们成人以后，成为哪一类人解决起来就不难。所以，把握中华优秀传统文化特质，应着眼于青少年。

当然，走近青少年，领导干部要带头。中华优秀传统文化的弘扬，干部是主导，学校是主场。抓住主导，着眼主战场，培养青少年，让青少年成为有理想、有追求、有担当的人，国家才能有力量，民族复兴才能更加顺利实现。

主持人： 说到马克思主义中国化这一重要命题，中国共产党的百年历史可以说就是一部不断推进马克思主义中国化的历史。习近平总书记对这一命题的定义，把中华优秀传统文化提升到了前所未有的重要位置。杨院长，我们都知道您是中华优秀传统文化的研究者，您刚才提到感觉自己肩上的担子更重了，为什么这样说？

杨朝明： 我相信很多和我一样的中华优秀传统文化的学习者、研究者、弘扬者，都会有这样的感觉。

我们立足于中国共产党建党百年这样一个特殊时刻，聆听习近平总书记的这么一个重要的论断，感到这是对以前弘扬中华优秀传统文化的方式方法的总结，是对用马克思主义基本原理指导弘扬中华优秀传统文化的成功经验的一种肯定。下一步我们如何做得更好，如何做得更加扎实，每一个人都必须思考。对过去的总结，对未来的展望，对过去走过的路子进行深层思考，作为传统文化学习者和研究者，我感到由衷的欣慰。中华优秀传统文化被提升到这样的高度，这是中国共产党的领导人站在当今世界发展大势上，站在千年未有之变局这样的历史制高点上的一种远见卓识。如何更好地去发扬传统，更好地做好“两创”，任务很重。如何更有成效，这是一个重大课题，也是我们在实践中必须搞明白、回答好的问题。

主持人： 我们站在“两个一百年”的历史交汇点上开启了全新的征程，如何让“两个结合”在新征程上更好地提供科学指引呢？

杨朝明：站在“两个一百年”的历史交汇点上，习近平总书记总结过去，展望未来，这是对未来道路的指引和指导。要更好地把马克思主义基本原理同中华优秀传统文化相结合，就要了解中华民族自己的文化传统。没有文化自知，一定没有文化自信。我们讲文化自信，就必须去了解它、认知它，只有这样，才能达到自信。近代以来为什么很多人不自信？那个时候社会剧烈变动，人们不自觉地放大了传统文化的负面效应，使中华民族“文化蒙尘”。现在要实事求是地理解自己的传统，正本清源地了解中华文化，把握精髓，在正确理论指导下，走出更宽广的路子。

主持人：谢谢杨院长的分享！回望过去，第一个百年奋斗目标已经实现；展望未来，第二个百年奋斗目标已经迈出了坚实的步伐。这既需要强大的物质力量，也需要强大的精神力量，更需要科学的理论指引。让我们在实践中不断推进马克思主义基本原理同中国具体实际相结合，同中华优秀传统文化相结合，不断开辟马克思主义新境界，不断激发中华优秀传统文化新力量。

（山东卫视《理响中国》栏目访谈，2021年8月15日）

家风正则民风正，民风正则政风清

天下之本在国，国之本在家。家正而天下化之。

家庭是构成国家的细胞，家风家教构成了一个民族和社会的风尚底色。构建新时代风清气正的社会和国家，推进家庭家风家教建设是一个重要的突破口。如何充分认识家庭家教家风建设在社会治理中的重要作用？又怎样从中华优秀传统文化中汲取智慧的同时，不断与时俱进，为其增添新的时代内涵？

家国一体，见微知著小亦重

记者：家庭家教家风建设既是家事，也是国事，关系个人健康成长、社会和谐稳定和国家繁荣发展。您怎么看待家风建设在社会建设中的重要作用?

杨朝明：在中国传统思维中，家国一体，家国相通。一个人首先属于家庭，当他成人之后，就要立足家庭而走出家庭，走向社会。于是，一个人在属于家庭的同时，也属于一个公司、一个单位，属于一个社会、一个国家。不言而喻，人在家庭中所熏育形成的价值认知、行为习惯，必然在工作岗位上、在社会活动中体现出来。从这样的意义上说，众多个体家庭的家风就构成了中华民族大家庭的家风，我们社会的风尚正是在众多个体家庭家风基础上形成的。

社会建设必须特别重视家风建设，这是由中华传统文化的特点决定的。中华文明不同于其他文明，中国文化尤其重视家庭，将家庭伦理与社会伦理、政治伦理有机融通。《孔子家语》记载孔子说“爱与敬，其政之本与”，汉代有“人道之极，莫过爱敬”的说法。无论是个人私德还是社会公德，说到底都是“爱”与“敬”的问题，所以孔子才说“立爱自亲始”“立敬自长始”。儒家先贤把孝悌看作“为人之本”，原因正在于此，这就揭示了家风建设在社会建设中的基础地位与关键作用。

多方合力，固本强基共培育

记者：家庭建设是固本强基的事业，是国家治理的重要内容。如何从宏观层面加强顶层设计，促进家庭、学校、政府、社会形成合力，共同推进家庭家教家风建设？

杨朝明：孝与悌是“为人之本”，爱与敬是“人道之极”，由孝悌而爱敬，由家庭而社会国家，是自然延展的一个过程。在孔子和早期儒家语境中，人伦大道以父子、夫妻、兄弟等家道为基础，将爱与敬推衍到社会关系与工作关系。社会道德建设要找到关键、抓住根本，在全社会形成合力，培育道德家教家风，以明德引领风尚，让爱与敬润物细无声地在人们心中扎根。

就像文化自信在“四个自信”中更基本，更深沉，更持久那样，个人品德在“四德”教育中也最重要，最关键。好家风的底色是道德，家风建设要致力于铺染青少年的道德底色，让人从年轻的时候就开始明理正心、尊老敬长、积极向上。家风建设首先要家庭和睦，父慈子孝、兄恭弟悌、夫妻和谐，这都基于个人品德的培育与提升。

文化的实质在弘道明德。传统文化追求人心和顺、社会和谐，要求人们讲信修睦、自觉修身、克己推己、换位思考，在心中牢牢地筑起礼的堤防。今天我们特别重视中华优秀传统文化的传播与弘扬，要使中华优秀传统文化贯穿国民教育的始终，首先要认识到明理的重要性。诚如孔子所说："故破国、丧家、亡人，必先去其礼。"礼者，理也。全社会都应进行明理教育，树立规则意识、秩序意识，使人在社会实践中不断完善自我，使礼义道德和共同体意识得以大力彰显。

适时扬弃，凝聚时代新共识

记者：良好家风是中华优秀传统文化的重要表现形式。如何在充分发掘传统优秀家规家训教化作用的同时，为家风建设注入新的时代内涵？

杨朝明：文化自信基于文化自知，要更好地继承传统文化，必须更快更好地走近和了解自己的传统文化。有外国的历史学家说，在孔子学说的影响下，伟大的中华民族比世界上别的民族更和睦和平地共同生活了几千年。这启示我们要认真总结、提炼家训文化的精华，把握其精神实质，在今天发扬光大。

今天我们应该好好借鉴前人训家的智慧，总结并树立自己的家训。弘扬传统家训文化，就要弘扬其中诸如仁义礼智、孝悌忠信等精髓。为此，我们首先要思考以怎样的价值信念教子训家，如何理解人生意义与追求。志不立，天下无可成之事。要让家庭成员懂感恩、有爱心、知敬畏。我们只有站得高、看得远、方向对，面对林林总总的社会现象时，才会明是非、辨真假、知荣辱，才能在人生道路上更加坚毅坚定，前行的脚步更加稳健。

孔子和先秦儒家特别强调家庭伦理在社会与政治伦理中的基础地位与决定作用，中国历史上许多优秀的家训、家规，很多士大夫家族的家风，都沉淀着中华传统文化的创造与智慧，包含了历代圣贤哲人关于家国天下的深沉思考。它们不独可以“提撕子孙”，也可以“轨物范世”，为社会与国家做出更大贡献。

（《光明日报》，2019年7月27日）

道德精神是文艺的灵魂

孔子指示为学的路径与方法，说："志于道，据于德，依于仁，游于艺。""游于艺"与"志于道""据于德""依于仁"是一个有机的整体，"游于艺"不能离开"道"与"德"，立志向"道"，据守住"德"，依倚于"仁"。一方面，"游于艺"是为了树立道德精神；另一方面，道德精神应当成为文艺的灵魂。

不少人把"游于艺"理解为一般的游于技艺，这与孔子的意思并不一致。艺有"技艺"和"道艺"的区分，可以分别称之为"小艺"和"大艺"。"小艺"说的是作为"小子之学"的小学"六艺"，即礼、乐、射、御、书、数之文；"大艺"则指作为"大人之学"的"六艺"，即诗、书、礼、乐、易、春秋六种科目。孔子所说的"游于艺"，指的就是包含穷理、正心、修己、安人之道的这些科目，有时也指孔子为这六种科目所整理编订的教科书，即《诗》《书》《礼》《乐》《易》《春秋》。

人首先要"志于道"，"道前定则不穷"。人有了正确的"道"，有了正确的价值体系与信仰追求，就能自觉做有德的人，做有爱心的人，做涵养自身的人。孔子强调"游于艺"，是要人们涵泳于诗、书、礼、乐等的研修之中。人到了十五岁，也就到了应该明理懂事的年龄，就应学习修身做人与社会管理。孔子以“六艺”教人，是为了教化社会人心，教人明道修德。

孔子“艺”之所指是什么？《礼记·少仪》说“士依于德，游于艺”，清楚表达了“德”与“艺”的关系。《礼记·学记》有言：“不兴其艺，不能乐学。故君子之于学也，藏焉，修焉，息焉，游焉。”兴其艺，游于艺，从而乐于艺，所乐在艺，这就是孔子所说“游于艺”的本来意思。“大学之教”教人“乐学”“游艺”，学有所乐，涵泳其中，最终才能学有所成，化民成俗。古籍中“艺”有时专讲技艺，但将“技艺”与“道德”并言时，往往讲要以道德为先，以道德作为引领。

中国先哲强调“形而上者谓之道，形而下者谓之器”，“德成而上，艺成而下”，其中虽然没有轻视“艺”的意味，但强调“德”与“艺”的先后关系、主次关系。孔子称赞他的弟子冉求说：“求也艺，于从政乎何有？”冉求多才多艺，让他治理政事有什么困难呢？孔子又说：“若臧武仲之知，公绰之不欲，卞庄子之勇，冉求之艺，文之以礼乐，亦可以为成人矣。”认为像冉求这样多才多艺的人，再用礼乐来成就他，也可以算是完人了。有了“艺”和“知（智）”“不欲”“勇”之类的特点或优点，还不能没有礼乐，还要加之以仁义礼乐，因为礼乐中包含着“德性”的要求。

文学艺术及相关艺术行为是寄托和影响人们精神世界最直接的方式。用什么样的文学艺术作品去锻造灵魂，文艺工作者怎样去塑造国民的精神品格，这是关系国家走向、民族形象的大事。言以足志，文以足言。言之无文，行之不远。人离不开文艺，文艺家会不断追求艺术的更高境界。然而，文艺家的格局与气象体现在他对于“道”的把握中。这个“道”是人道，是与天道、地道相互和谐统一的为人处世之道。有道的君子，有境界、有品位的文艺家，才会使自己的作品唱响主旋律，有鲜明而正确的历史观、民族观、国家观、文化观，有自心底洋溢出的骨气和底气。

古人说“书而不法，后嗣何观”，本是就历史记事原则而言，意思是书写或记载历史必须遵循内在法则，不然人们会从中得到什么呢。文艺家创作作品，大致就像做人那样，唯有有了灵魂的觉知，才算活得明白，才是人生的境界。西方有人说，某些时候，音乐甚至是一个从未表达出来的完整的内心世界的唯一见证。“书写之法”与“为人之道”是相通的。在“书之法”的意义上，书写和记载历史，与文艺创作内在相通。不讲书写创作之法，历史记载就可能是“断烂朝报”，文艺作品就是没有精神的躯壳。可见，孔子“游于艺”的思想，对于今天的文艺创作具有重要的指导意义。

（《山东画报》，2016年第18期）

实现“两创”要有深度和广度

中共中央办公厅、国务院办公厅《关于实施中华优秀传统文化传承发展工程的意见》（以下简称《意见》）发布以来，社会各界反响热烈，研究、推广和传播中华优秀传统文化的广大工作者更是群情振奋。《意见》站在时代的高度，做出了推动传统文化实现创造性转化、创新性发展的全面部署，是中华优秀传统文化传承发展的行动纲领和工作指南。2017年2月21日上午，由中共济宁市委宣传部、中共邹城市委、中国孟子研究院联合主办的“推动传统文化创造性转化创新性发展——学习贯彻两办《关于实施中华优秀传统文化传承发展工程的意见》”座谈会在孟子故里——山东邹城举行。

实现“两创”，首先要处理好广度和深度的关系。弘扬中华优秀传统文化，必须在社会的各个领域，在文明创建的各个窗口、各个区域开展起来。概言之，要有广度。与此密切相关的是深度。要用中华优秀传统文化对核心价值观进行涵养。我们今天为什么要弘扬中华优秀传统文化？说到底，最深层的就是我们的价值观，也就是我们应当信仰什么。习总书记说，人民有信仰，民族有希望，国家有力量。《意见》发布以来，我们在座的各个机构代表都要思考这个问题，思考文化如何走入人心，如何取得效果。我觉得传统文化的普及读本非常重要，这项工作我们院从2016年就开始着手了。

其次，要注重整体和统一。中华民族的文化是一棵大树，根扎得很深，在不同的时期结出不同的思想果实。包括孔孟老庄在内的这些早期的思想家，他们的思想为什么具有超越性？我们的先哲不是拍拍脑子就想出来了，也不是面对着墙壁顿悟了，或者得到什么神灵的启示。孔子是把他以前的中国文化都集中在自己手里，所以“述而不作”，“祖述尧舜，宪章文武”，在他的身后有一个广阔的文化背景。如果看不到中华文化的根，你就没有办法培根固元，就没有办法让这棵大树在新时期结出时代的果实。中国文化是一步一步走过来的。我脑子里一直有个大的课题，就是“孔子思想与历代中国”，这些天我们正在准备启动这项研究。每个朝代都有“孔子思想与当代中国”这么一个话题。比如说汉代的时候以孝治天下，进行经学普及，那么，它的得失在哪里？只有站在历史高度上思考孔子思想与中国历代的关系，我们才能注意到它的整体性和统一性。

再次，搞清楚主场与主导。我认为弘扬中华优秀传统文化的主场在学校。我们一定要抓住青少年，学校是我们的主战场。用不了几年，现在在校的孩子就要走向社会。教育有教育的规律，抓住了教育规律才可以。孔子研究院最近编写了国学读本，已经出了6本，进入了山东省传统文化教材。

主导是谁？领导干部。《论语》第二篇就是《为政》。天下有道，政治最重要。“政者，正也。”由领导干部的“正”引导全社会的“正”，这就是儒家的逻辑。儒家“君子”的本意是为政者，“君子”的内涵就是道德高尚的人。所以传统文化里边，特别强调为政者如何。习近平总书记说，国无德不兴，人无德不立。领导干部的德最重要。我们在习近平总书记视察孔子研究院三周年之际，编写了传统文化干部读本，下一步要大力推广。

（《光明日报》，2017年3月4日）

在省级层面规范和提升祭孔大典

自20世纪80年代中期曲阜举行“仿古祭孔乐舞”开始，我国对文庙释奠礼乐（俗称“祭孔大典”）不断探索和研究，祭孔仪式越来越细致、规范，但依然存在着一些问题。为了更好地弘扬中华优秀传统文化，发挥孔子的“品牌效应”，我省应当尽快组织力量，在省级层面上研究制定出更加符合礼仪规范和适应时代要求的文庙释奠制度。

一、对当前“祭孔大典”的反思

孔子庙祭祀活动是华夏民族尊崇和怀念至圣先师孔子的隆重祀典，主要在孔庙举行，两千多年来基本上没有间断，成为世界祭祀史、人类文化史上的一个奇迹。

20世纪80年代恢复“祭孔”，2004年祭孔大典首次由原来的民间文化活动转变为官方主导的大型公祭。在此以前，曲阜孔子祭祀在很大程度上是一个文化项目，带有一定的表演性质。此后，曲阜每年举办“孔子文化节”，对祭孔大典精心策划，认真筹备，越来越受世人关注。2008年4月6日，清明时节，曲阜首次隆重举行了春季祭孔大典。这是自20世纪80年代中期曲阜恢复孔庙祭祀活动以来第一次春祭。至此，春秋两祭大典之传统已全部恢复。这是对祭孔大典这一人类非物质文化遗产的重大保护。

目前，祭孔大典还存在一些问题，有待规范和完善，有必要在认真研究的基础上加以改进。

1.“文庙祭祀礼仪”的名称。孔庙祭祀孔子，以“四配”“十二哲”和历代先贤先儒配享、从祀，孔庙应正式称为“文庙”。汉代以来，“释奠”已成为孔子祭祀的专名，孔子与释奠礼之间形成了一种近乎天然的关系。这个绵延数千年的文化大典，不应该连名字都无法传承下去。

近些年来，全国各地的相关活动存在着不少常识性的错误，目前最关键的就是“正名”的问题。

2.“文庙祭祀礼仪”的具体仪程。文庙释奠礼应该充分尊重传统，处理好“变”与“不变”的关系。在服饰方面，参与祭祀的人员缺乏系统培训。在礼仪细节上，对传统礼仪应充分重视。现在的祭祀礼仪只有祭祀孔子的“正献”礼，缺少祭祀配享者的“分献”礼，这也不应该。

3. 祭文问题。自“公祭”孔子开始，曲阜每年都专门邀请学者撰写祭文。古代释奠礼祭文基本固定，仅将岁月干支依时变更。今天，可否考虑沿用惯例，撰定蓝本以推行开来；或者考虑既不追求“花样翻新”，也不年年固定，一成不变。

二、曲阜祭孔大典的定位和意义

曲阜是孔子的诞生地，也是儒家文化的发祥地，曲阜祭孔大典应成为全世界祭祀孔子的典范，这也是全世界华人的期待。祭孔的祀制和典仪制度，既要延续传统，又要与时俱进，努力创新和提升。

祭孔活动增强了中华民族的社会意识和文化认同，对中华优秀传统文化的传承和创新具有重要意义，是增强民族凝聚力的文化工程。同时，借助祭孔大典，可以促进多项文化旅游和经济活动，增进港澳台同胞、海外华人的凝聚力、向心力。

三、基于在省级层面规范和提升祭孔仪式的建议

鉴于以上问题和曲阜祭孔大典的定位，我们认为应当努力制定出适合时代要求、具有时代气息与鲜明特征的祭孔礼仪。

为此，初步建议如下：

1. 加强宣传，提高对祭孔活动重要意义的认识。中国自古重视祭祀，自周代开始，人们就把祭祀视为“国之大事”，“以祀礼教敬”。孔子祭祀是孔氏族人祭祖的“家事”，更是国人文化上“慎终追远”的“国事”。尊重民族文化传统，文庙释奠礼仪是一个很好的物质载体。

孔子释奠礼已成为举世瞩目的文化盛典，也成为展示国家形象的文化品牌。这一大典历时两千多年，旨在传承历史文化，我们理应充分尊重自己的民族文化传统，因此，应当加大宣传力度。

2. 组织专门的研究力量研讨释奠礼仪。孔子祭祀既然是“公祭”，是今人举行的释奠礼，就应与时俱进，由今人制礼作乐，制定出一套规范的、既接续传统又反映时代特色的典礼。同时，明确每年两次公祭，即春季祭孔和秋季祭孔。祭孔地点除孔庙外，建议增加孔子诞生地——尼山。

目前，我们对文庙释奠礼乐进行了开拓性的发掘、整理与研究，取得了很大成绩。曲阜阙里文庙地位特殊，备受关注，应当尽快制订规划。因此，十分有必要在山东省省级层面上组织各地

（包括海外）有关专家，强力研究，以保证释奠礼乐的权威性、影响力。

3. 重点整饬作为释奠礼仪核心的祭祀乐舞。祭祀乐舞是孔子释奠礼仪的核心。祭祀孔子有佾舞。自明代开始，祭祀孔子舞用八佾，佾舞由《初献》《亚献》和《终献》三个乐章构成。佾舞在明代长期使用，深入人心，清代继续沿用，但民国时期不再沿用。现在，结合孔子释奠礼仪的现状，可以进一步研究、整饬和确立孔子祭祀乐舞。

4. 改进与释奠礼有关的活动环节。文庙祭祀以及“孔子文化节”活动举办多年，放眼来看，这一活动还处在初级阶段。国家礼制关联着社会管理，孔子祭祀乃至整个“孔子文化节”活动具有重要的影响。为此，孔子释奠活动应在孔子文化的社会功能上着眼，认真策划和改进与释奠礼仪活动有关的活动环节，将其办成真正尊重历史文化、弘扬中华优秀传统文化的节庆活动。

（2016年山东省政协全会提案）

建议在曲阜建设孔子大学

2013年，习近平总书记视察曲阜并发表重要讲话，就传承弘扬中华优秀传统文化，建设社会主义核心价值体系，打造孔子故里首善之区做出重要指示。依托孔子故里曲阜独特的文化优势，建设一所特色鲜明的孔子大学，是更好地弘扬中华优秀传统文化，掌握儒学话语权，在世界儒学传播中居于主动地位的重要举措。

一、时代文化发展需要一所孔子大学

1. 我国应该有以“孔子”命名的大学。孔子是世界公认的与苏格拉底、柏拉图、释迦牟尼齐名的伟大思想家。孔子创立的儒家文明，是与基督教文明、伊斯兰文明相对应的基本人类文明。孔子所确立的人道思想（“仁”）和“己所不欲，勿施于人”，被认为是全球伦理最基本的两个框架。

2. 建立孔子大学是知识分子的百年梦想。100多年前，为了对抗汹涌而来的西学，有人提出在孔子故里建设曲阜大学、孔教大学，这是许多知识分子的梦想与夙愿。而今社会发生了根本变化，我们应当立足于时代高度，认识到孔子的崇高地位，建立以“孔子”命名的高等院校。

3. 孔子大学可为联系全球华人的精神纽带。孔子思想是中华民族的精神家园。在孔子学说的影响下，中华民族比世界上别的民族更和睦和平地共同生活了几千年。孔子思想的自强不息、家国同构、以天下为己任的情怀，哺育了一代又一代优秀的炎黄子孙。未来的孔子大学可以作为海外华侨子女的传统文化学习中心。

4. 中华优秀传统文化的弘扬呼唤孔子大学的引领。近代以来中国遭受了太多的动荡与屈辱，思想文化界甚至形成了“反传统的传统”。五四运动以来，我们一直走在反思传统的路上。如今要走出迷茫，正本清源地理解孔子儒学，吸取传统文化精华，需要以孔子儒学为突出特色的教学研究高地。

5. 我国社会治理需要一所孔子大学。孔子思想对国家治理、党风廉政建设、个人道德修养都有重要价值。孔子思想中有极其丰厚的治国理政资源。孔子思想就是要把人培养成为有爱心、有情怀、有担当、爱学习、求上进的君子，特别强调修身、齐家、治国、平天下，注重自我修养和道德实践。

6. 建设孔子大学是坚定文化自信的需要。中华文化已经沉淀为中华民族的精神基因，是中华民族独特的精神标识，是我们“最突出的文化优势”“最深厚的文化软实力”。孔子深刻思索人性和人的价值，希望人们明理修身、循道而行、推延亲情、放大善性，这都与社会主义核心价值观一脉相承。

二、建立孔子大学具备了良好的基础

曲阜师范大学是国内孔子儒学教育研究独具特色的高校，是山东省属重点综合性大学；孔子研究院是国务院批准成立的研究孔子儒学的专门机构；山东还有济宁学院、孟子研究院等教育科研机构。山东省深厚文化教育资源的有力支撑，曲阜师范大学和孔子研究院等优势互补、强强联合，为建设孔子大学提供了现实路径和可能。

三、在曲阜建立孔子大学的初步建议

1. 管理体制。为从国家层面加强传统文化研究与开发的顶层设计和统筹指导，建议孔子大学由教育部、文化和旅游部、山东省共建，山东省政府具体领导。

2. 建设目标。围绕孔子儒学和传统文化的传承创新，探索传统文化与现代教育相结合的途径，使人才培养、学术研究、文献典藏、文化体验和普及交流集于一体，打造儒学高地，建设具有世界学术话语权的儒学传承创新高地，努力建成人文传统特色鲜明的高水平大学。

3. 主要功能任务。孔子大学聚焦传承弘扬中华优秀传统文化，承担国家重大文化和学术任务，产出孔子儒学和传统文化研究的标志性成果；探索具有深厚人文底蕴、高度文化自觉自信、引领未来社会发展的人才培养新机制，培养具有中国特色的复合型创新人才。

（2018年全国政协全会提案）

依托鲁班文化，大力弘扬工匠精神

十九大报告提出：“弘扬劳模精神和工匠精神，营造劳动光荣的社会风尚和精益求精的敬业风气。”工匠精神是职业精神，又是职业道德、职业能力、职业品质，是职业价值取向和行为表现。它要求劳动者或工匠必须具备敬业、精湛、专注、创新等不断突破自我的优良品质。这是一种深沉的、内在的精神，需要持久提倡，大力弘扬。由鲁班文化的内涵与价值所决定，鲁班文化可以作为进一步弘扬工匠精神的切实路径。

第一，鲁班文化与工匠精神具有直接的因缘关系。鲁班本人就是当年鲁国著名的工匠，他一生发明创造众多，是我国古代杰出的科技发明家和先进生产力文化的创立者，被尊为“工匠祖师”“工圣”“匠圣”“艺圣”“百工之祖”。其事迹在古今中外典籍志书中都有明确记载。

第二，鲁班文化的特质在于敬业精神与创新精神。鲁班文化的精髓是专注、勤奋、坚韧。有识之士看到，鲁班巧技制胜、规矩立身、授业解惑、创新垂法、博施济众的精神，有助于提升从业者素养。弘扬工匠精神，建设企业文化，提升企业软实力，必须传承鲁班文化。

第三，鲁班文化根基深厚，内涵丰富，可塑性强。鲁班与孔子都在东周时期的鲁国，二者相映生辉，有助于人们深层理解和认识“德”“艺”关系。儒家提倡的“至诚之道”，“择善固执”，“人一能之己百之，人十能之己千之”的精神，鲁班身上承载的匠心、师道与圣德，是中华民族宝贵的精神遗产，为今天提供了丰厚的精神资源。

第四，鲁班故里曲阜有弘扬鲁班文化的良好基础。2006年曲阜市鲁班文化研究促进会成立，在“鲁班传说”申遗保护、学术研究、鲁班纪念、“中国曲阜鲁班文化节”祭典等方面做了大量工作。鲁班与孔子、颜子一样，在鲁国故城内原有庙宅合一的祖庙宅。现在，曲阜规划预留了鲁班祖庙宅，启动了鲁班祖庙的恢复重建工作。集鲁班殿、鲁班博物馆、鲁班文化宫、鲁班研究院、“鲁班奖”颁奖大厅、鲁班广场“六位一体”的曲阜鲁班故里园主体工程基本完成。

基于以上原因，谨提出如下建议：

1. 支持鲁班故里曲阜做好相关规划建设。与曲阜中华优秀传统文化传承发展示范区建设相协调，建议把中共中央办公厅和国务院办公厅印发的《关于实施中华优秀传统文化传承发展工程的意见》与文化部办公厅、国家文物局办公室发出的《关于把握正确导向做好文化遗产保护开发工作的通知》精神落到实处，使鲁班工匠文化和孔子儒家文化在鲁都曲阜合璧生辉。

2. 加大对曲阜“鲁班传说”非遗的传承保护力度。“鲁班传说”已经被列为国家级非遗保护项目，在以往进行的工作基础上，继续加强对相关文化遗产修复、建设和文物保护工作。国家有关部门加大力度资助和支持鲁班历史文化研究、鲁班庙馆恢复重建、鲁班祭祀乐舞编排、鲁班锁和斗拱等技艺的传承发展。

3. 多措并举，大力弘扬鲁班文化。曲阜鲁班文化促进会与中国建筑业协会联合，已经在山东曲阜连续三年成功举办“中国曲阜鲁班文化节”祭典，实现了全国班门传人祭祖师，传精神、技艺，弘扬中华优秀传统文化的夙愿。2018年是鲁班诞辰2525年，可以进行形式多样、更具有影响力的活动。此外，可以借助其他的宣传推广手段，如组织发行鲁班纪念邮票等，使鲁班身上承载的工匠精神发扬光大。

4. 国家科技部、住建部等可在鲁班故里曲阜设立科技创新基地、鲁班文化体验基地和“鲁班奖”颁奖基地。曲阜鲁班文化促进会设立了工匠精神讲堂，就鲁班文化与工匠精神进行深入研讨。如果在鲁班故里颁发“中国建设工程鲁班奖”，该奖将更加具有文化内涵。基地中心可以依托由中国两院院士、清华大学教授吴良镛先生题名的曲阜鲁班故里园。

（2018年全国政协全会提案）

进一步重视弘扬乡贤文化

深深植根于中国乡村的乡贤文化，是实现乡村振兴的重要文化资源，是传统文化在乡村的具体体现，是中华文化传承和发展的根基。当前进行乡村振兴，首先应大力培育和弘扬乡贤文化，深入进行新时代乡贤文化的理论探索与实践总结，着力修复和建设乡村文化。

乡贤文化的功能在于“贤”。乡贤是指那些在乡村中有德行、有才能、有声望的人。他们关心乡里公共事务，虽未拥有行政权力，却有在基层社会的道德权威，其共同点在于“贤”。

乡贤可以为乡村公共空间提供精神支撑与道德导引，具有沟通官民、扶翼政教的双向功能，是乡村社会建设、风习教化、公共事务的推动力量，有益于加强文化教育，改良世道人心，稳定社会秩序。

弘扬乡贤文化有利于培育好的社会风尚。乡贤密切关联着乡村社会的家族文化。弘扬乡贤文化，提炼家训文化精髓，有助于营造良好家风。和谐的家庭是社会稳定的重要因素，由家庭和睦到家族兴旺，进而到乡村繁荣乃至社会和谐，所谓由正家而天下定。

乡贤成长源自和美的家风，从先辈的嘉言懿行中获得滋养，可以进行社会价值导引，化矛盾于无形，绝恶念于未萌，使民众趋善远恶。弘扬乡贤文化，有助于化解社会风险，淳化社会风俗。

弘扬乡贤文化有利于筑牢价值观根基。乡贤文化中的忠孝、仁义、爱国、敬业等，与社会主义核心价值观一致。乡贤文化资源需要深耕细作，需要立足于当代。

要在传统与现代转换中，发挥地方贤达的作用，用嘉言懿行垂范乡里，涵育文明乡风，促使社会主义核心价值观落地生根，促进地方建设，为乡村振兴提供有家国情怀的人才支持。

乡贤是党委政府的好帮手。当前，还有人对乡贤文化存在误解。其实，乡贤不独立进行社会治理，弘扬乡贤文化的着力点在社会领域，重点是帮助弱势群体，在慈善、文化、教育、生态等领域增加乡村社会凝聚力。

乡贤对党的政策有更好的领悟能力，不仅不会削弱基层党委政府的权威，反而是农民喜欢的好邻居，政府满意的好帮手。他们为党和政府分忧，与依法治国不存在冲突。

基于以上原因，提出如下建议：

1. 大力宣传，形成舆论氛围，引导社会形成共识，润泽文化土壤，营造道德空气，加强对乡贤文化的发掘，使人们理解乡贤文化在传统乡村治理中发挥的积极作用，认识乡贤文化的价值和意义，消除偏见和误解，以促进乡贤文化的继承、转化和创新性发展。

2. 从国家层面加强对乡贤文化理论研究与社会实践的顶层设计和统筹指导，健全和完善乡贤参与社会治理的机制，可以考虑把乡贤治理纳入乡村治理建制，把农民更紧密地组织起来。各级政府明确责任，为乡贤文化的挖掘、推广提供政策保障和经费支持。

3. 组织联络相关专家学者参与，提供学术支持，组成地方政府的智库。

4. 助建乡村书院，培育新时代的新乡贤。解决乡村问题，修复乡村文化，不仅要靠乡村自身的努力，还要联合有知识、有境界、有情怀的人。创办乡村书院，兴礼乐，美风俗，布教化，养心性，创造有情谊、有温度的乡村社群生活，培育新的乡贤文化。

5. 以乡贤文化为抓手和引领，综合发挥乡贤的带动作用。例如，可以引导、联合农民成立经济互助会，利用乡村经济能人，引入外部资源，或把乡村联入外部市场，开发乡村资源。还可以组织活动，整合资源，实现各区域、各领域乡贤交流，合作共赢，助力乡村振兴。

（2019年全国政协全会提案）

举办国服评选，推出中华正装

中华民族文化博大精深，“礼仪之大”与“章服之美”是其主要特色。中国自古有“礼仪之邦”“衣冠上国”的美称，历来十分重视衣着服饰所蕴含的文化意义。衣着与服饰应为国家礼仪建设的重要组成部分，在需要大力挺立中华民族文化自信的今天，尤其不能没有自己的“国服”，不能没有“中华正装”。举办国服评选，推出中华正装，可以推动中华礼仪系统建设，唤醒中华文化精神，增强文化自信。

全球化与多元化并不矛盾，在许多大型国际活动中，各国都着力于借助平台推广本民族的特色文化，其中又以服饰最具代表性和辨识度。礼仪反映礼义，服饰风貌标识文化身份。一个民族的服装总有自己特定的历史传统、文化内涵、审美基调和民族特色，体现着本民族的文化精神。中华民族应有统一的、具备显著中华文化元素与风格的服饰，在正式外交场合或国家礼仪活动中，有关人员特别是礼仪人员，应该穿着代表中华民族文化身份的中华正装。

近年来，随着文化自信与文化认同的提升，越来越多的人认识到中华民族须有自己的国服。不少有识之士进行了有益探索，在理论和实践上取得了一定的共识。社会各界的呼声越来越高，几乎成为人们的共识。

为此，建议：

1. 举行全国性的国服评选。在国家层面上统一协调，精心组织，可以成立专门的指导机构，统一研究部署，或通过国服设计比赛之类合适的方式举行评选活动，推出具有引导意义的中华正装。

2. 比赛可通过地方推荐的形式进行评选。由地方选拔，逐级推荐，以推动各地关注中华正装问题，营造舆论氛围，形成探索热潮，推动文化认同。

3. 比赛要立足于历史与时代的高度。各级比赛充分注意把握历史的长度、时代的宽度。邀请服装、艺术、历史、文化等各领域专家参与，指导与引领活动。

4. 比赛可以通过中央媒体进行大力宣传，最终将推出一批优秀作品，作为中华正装的推荐方案。

（2019年全国政协全会提案）

利用传统文化激活企业家精神

经济健康发展，实际是经济人士的健康成长。走过改革开放40年的伟大历程，工商从业者的发展，呼唤激活企业家精神。促进非公有制经济健康发展和非公有制经济人士健康成长，既是重大的经济问题，也是重大政治问题。党的十八大以来，以习近平同志为核心的党中央高度重视企业家成长，重视弘扬企业家精神，发挥企业家的作用。企业家要有适应紧张繁重工作的健康体魄，更要有契合时代、顺应潮流的健康精神。

儒家文化产生在山东，尊重传统、力求革新、经世致用、积极入世是其基本内核。山东具有培育和塑造企业家儒商精神的独特优势。山东可以也理应在弘扬中华优秀传统文化、培育企业家精神方面担负使命，发挥传统文化发源地的独特优势，突出传统文化对商德的精神引领，培育弘道明德、胸怀天下、诚实守信、儒行与商业良性互动、勇于担当社会责任的儒商精神，打造“齐鲁样板”。

国外有企业家指出，谋利和重视仁义道德并行不悖，才能使国家健全发展，才能使个人各行其所，发财致富。有的企业家把

《论语》作为商业经典，依靠仁义道德来推进生产，指出务必确立义利合一的信念。山东省2018年举办“世界儒商大会”，重视儒商精神培育的人文环境初步形成。

近年来孔子故里在这方面也进行了一些探索。自2017年3月至今，承担了中央社会主义学院在曲阜的传统文化教学实践工作，得到了习近平总书记的重视与肯定。济宁还承接了儒商精神激活培训项目，积累了一定的经验。

为更好激活企业家商业精神，建议：

1. 以改革激发企业家精神。创新是发展的新引擎，改革是必不可少的点火器。激发企业家精神，需要用改革松绑除障、除弊纠顽。从反腐败、下放审批权入手，大力发展混合所有制经济，依法治国治企，规范行政权力，公平市场环境，持之以恒，必久久见功，形成激发企业家精神的土壤。在改革的召唤下，企业家群体一定会焕发出创新热情和干劲。

2. 以传统道德作为企业家的灵魂。选取孔子故里作为试点，充分发挥“中央社会主义学院曲阜教学基地”的作用，利用中央社会主义学院作为“党外人士的党校”在培养非公有制经济人士教学方面的经验，把培养诚信、担当、创新、进取的新时代儒商，培育有社会责任感、有相当文化修为、有较强儒家道德和价值取向、有自强不息和勇于创新精神的企业家，作为激活企业家精神的动力源，引导企业家成为把“商”的职业素养与“儒”的伦理品质有机结合的市场经济主体，成为儒者楷模、商界精英，成为具有“士魂商才”的工商业经营管理者。

3. 在孔子故里、儒学故乡打造高水平儒商学院。建议由山东省牵头成立打造激活企业家精神专门机构，高起点、高标准打造具有重要影响的儒商学院。可以以济宁市作为试点发起成立法人社团“儒商学院基金会”，作为建设发展的实施主体，组建儒商学院，提供基地建设发展必需的软硬件环境和必要的师资以及配套措施，市场化运作。各地市财政部门可从企业家培训经费中列支专项资金，以政府购买服务的方式，作为打造激活企业家儒商精神的专项费用，组织经济管理干部和企业家参加研修和培训。

4. 以儒商学院为龙头，推动“诚信中国”建设。利用孔子儒家文化资源和研究力量雄厚的优势，精心打造具有鲜明特色的儒商学院，建立儒商培训与教育课程体系，综合施策，激活和践行企业家精神，带动全社会激活诚信环境，并将其作为重要评价指标纳入企业征信体系。

（2019年全国政协全会提案）

推行拱手作揖礼，传承中华传统礼仪

新冠病毒肆虐全球，病毒或将长期与人类共存，应当革新相见礼节。拱手作揖礼简单易行，意蕴深厚，既可化解疫情之忧，又从容承载文明和自信，应当摒弃西式的见面握手礼，行用中国传统的拱手作揖礼。

一、施行拱手作揖礼乃大势所趋

中华民族以礼立本，历来有“衣冠上国”“礼仪之邦”的美誉。作为中国传统礼仪的作揖礼承载中华人文精神，本身是一种恰当、得体、庄重而有分寸的礼仪。中华文化博大包容，兼容并蓄，和而不同。以前我们顺应潮流，接受源自西方的握手礼仪，今后则可以辩证取舍，更好继承民族传统礼仪精华。

研究显示，手部汗腺发达，握手可能会传播疾病。面对疫情蔓延的迅猛态势，美国国家过敏症和传染病研究所所长、白宫疫情应对特别小组成员安东尼·福奇对媒体表示，握手这种问候方式可能会成为历史。他倡议人们忘记握手，因为这是传播呼吸性疾病的主要途径。

为了避免握手接触，源自印度的合十礼开始在全世界流行起来，外国一些领导人也开始用合十礼打招呼。印度总理莫迪表示，现在是让全世界重新使用合十礼的好时机。实际上，作揖礼在我国已悄然展开，许多地方纷纷实践。在山东，青岛礼仪学会就大力倡导订正，学术研究挺在前面。我国应该雷霆式决策，倡导推行拱手作揖礼，以引领时代文明风尚。

二、拱手作揖礼内涵丰富，切实当行

作揖礼收放自如，具有许多特别的优势。作揖礼几乎不受时间、空间的限制，在同一时间和目所能及的距离范围内都可行礼，可一对一行礼，也可一对多、多对一行礼。不仅效率高，而且一视同仁，十分公平，可以弥补握手、拥抱、贴面等礼仪形式的不足。

作揖礼自尊尊他，契合文化自信理念。“手箸胸曰揖”，箸即筷子。筷子使用讲究配合和协调，启发人们勠力同心、同舟共济。“君子恭敬撙节退让以明礼”，《说文解字》曰：“揖，让也。”推手曰揖，揖让为敬。作揖礼含有自尊尊他之意，体现允恭克让之风。拱手作揖不仅可以构筑健康屏障，而且能表达谦让、推让、礼让、承让的敬人之心。长期推行拱手作揖礼，将于无形中兴起谦虚、爱敬、朴实之风，助推精神文明建设，提升国民素质，彰显国民素养。

作揖礼收敛自律，契合自我革新理念。作揖时，两手相合交叠于胸前。交合就是“敛收”“敛聚”的意思，意味着“约束”和“自律”。正如《尚书·洪范》所言，人只有安于本分、尽职尽责，不断匡正自我，做到貌恭、言从、视明、听聪、思睿，才能收获“寿、富、康宁、攸好德、考终命”这五福。普及作揖礼，就是在时刻化育百姓革新自我，动作虽微，却厥功至伟。

当前，面对疫情病毒变异且有可能以流感形式与人类长期共存的挑战，如何积极应对，既需要智慧，更需要方法。

建议将作揖礼列入法规条例，融入防疫疏导长效机制，常抓不懈。继续规范动作要领，以正确的作揖礼动作传承和引领风尚。倡导公职人员带头，在重要会议、重大活动和日常生活中公开使用。

建议发挥网络推动作用，齐头并进。充分发挥网络平台和主流媒体的推动作用，全国一盘棋共同推进，努力将准确的作揖礼普及推广，结合主题教育、四个自信等，以仰慕圣贤、自强不息等主旋律，切实增进正能量、正思维。

建议大中小学各级院校，发挥传承的正确引导作用。广大教师、家长言传身教，以身示范，将作揖礼纳入学生习惯养成体系。可以利用网络授课契机，使之迅速普及。让礼乐传统重新走进人们的生活，扎根心灵，见诸行动，成风化俗。

（2020年全国政协全会提案）

设立中华母亲节，大力弘扬母教文化

母亲是子女的第一任老师。母亲在子女成长过程中发挥着至关重要的作用。以孟母教子故事为代表，我国有丰富的母教文化资源，有悠久的母教传统。大力弘扬母教文化，十分有利于家庭社会的和谐稳定，有利于青少年成长和民族素质提高。依托孟母教子故事，设立中华母亲节，对正确引领女德、女教和家庭教育的方向，对中华优秀传统文化传承有重要意义。

一、设立中华母亲节是培育家国情怀的需要

习近平总书记对家庭建设、家庭教育提出了明确要求，指出家庭是社会的基本细胞，是人生的第一所学校。家庭是人生的第一个课堂，父母是孩子的第一任老师。子女从小遵循母亲的教导，学习立身处世的道理，熏育感恩与坚韧等优秀品质，有利于社会和谐与进步。

中国人浓厚的家国情怀与母教文化传统息息相关。以孝悌之道传家，爱与敬的培养，人生方向的选择，都与中国深厚的母教文化传统息息相关。

大力进行家国情怀教育，设立中华母亲节是很好的表达形

式，也是中国人的现实需要。遗憾的是，我们国家现在还没有设立这个节日，很多人只能被动选择在由美国提倡发起的每年五月份第二个星期日过母亲节。这就缺乏民族个性和特色，缺少展示优秀母教故事和母教先进事迹的载体，缺少家人其乐融融共度节日的亲情氛围。设立中华母亲节，可以搭建传承弘扬中华优秀传统文化的重要平台。

二、中国有独特而丰厚的母教文化资源

中国历来重视母亲对子女的教育，在母亲的教导下，出现了无数杰出人物，充分显示了母教文化的力量。

作为中华圣哲，孔子和孟子的成长，母亲的教育都起到了至关重要的作用。孔子早年丧父，母亲颜徵在不畏辛苦，精心教子，使孔子自幼向礼好学，终于成为伟大的思想家。孟母教子的故事更是家喻户晓，《三字经》“昔孟母，择邻处，子不学，断机杼”的句子广为流传。孟母教子至今仍是教育子女的经典故事。孟母教子传说是国家非物质文化遗产。

孟母教子文化内涵丰富，是中华母教文化经典。孟母身世坎坷，家境困难，丈夫亡故后，靠织布维持生计，教养孟子，她表现出不屈服于逆境的勇气和智慧。孟母“三迁”，明智引导孟子志向，使孟子受到良好环境的熏陶；“杀豚不欺子”，以信为本，以具体言行加深孟子的认知理解；“断机教子”是以家庭生计设喻，把织布比作学业长进，循循善诱，晓之以理，使孟子幡然醒悟，走上努力求知之路。孟母孜孜不倦地学习，以自身为示范，体现了母爱与教化的统一，奠定了她卓越的历史地位，被尊为“母教一人”。

中国历史上涌现了很多伟大母亲，她们教子有方，名声显

著，同样是中华优秀母亲的代表。就像孔孟继往开来，在中国文化史上具有突出地位，从周朝太任到后世徐庶、欧阳修、岳飞等杰出人物的母亲，她们在中华母教文化中一脉相承，都有感人至深、发人深省的故事。她们散发的母性光辉照亮了中华民族前行的道路。

三、以母亲节为载体大力弘扬母教文化

建议以孟母为中国优秀母亲的人物代表，设立中华母亲节。具体时间可选定在孟子诞辰，即农历四月初二。

孟子故里山东邹城从2007年开始举办孟子故里母亲文化节，营造了浓厚氛围，得到了广泛支持。孟子故里母亲文化节曾发挥牵头带动作用，汇聚了近百个城市共同推动设立中华母亲节；先后联合了600多位全国人大代表、政协委员提出设立中华母亲节的建议和提案。以孟母为优秀母亲人物代表，设立中华母亲节，贴合孟母的历史地位和时代要求。

设立中华母亲节，应做好以下工作：以中华母亲节设立为契机，大力传承弘扬中华优秀传统文化，践行社会主义核心价值观。继续研究孟母教子故事的文化内涵与时代价值，发挥促进家庭建设和社会发展的独特作用。营造中华母亲节的浓厚氛围。广泛开展母教主题系列活动，以各具特色的活动，展示母教文化的作用和意义。

（2020年全国政协全会提案）

建议在曲阜建设中华文明广场

中华文明有独特的气质，今日的中国文化特性与特质是中华传统文明长期发展、内生演化的结果。中华民族具有超强包容性和凝聚力。

曲阜在中华文明发展史上地位特殊。这里是“人文始祖”黄帝的出生地，是中华“元圣”周公的封国，是中华“至圣”孔子的诞生地。孔子继承此前数千年中国之文化，形成了博大精深的思想学说，影响了此后数千年的中国，塑造了中华民族的价值观念和精神品格。曲阜承载着国人的精神寄托，担负着弘扬中华优秀传统文化、重构社会价值和信仰体系的特殊使命。

为使曲阜更好地发挥联结全世界华夏子孙的重要纽带作用，有必要将这里众多文化遗迹整合联系，锻造提升，打造成具有纪念、教育、展示、交流功能的文化空间，系统展示中华文化源流及丰富内涵。谨建议：在山东曲阜建设中华文明广场，配套国家纪念广场、中华先祖殿、中国文明博物馆。

国家纪念广场。习近平总书记指出：“一个有希望的民族不能没有英雄，一个有前途的国家不能没有先锋。”中华民族有独特的精神创造和思想贡献，有崇高的爱国主义精神，这是中华民族精神的核心，是中华文化最为深沉和坚韧之处。为此，应建设国家纪念广场，在广场设立中华文明纪念碑，周围数层基座展示中华文明发展历程，广场附设中华杰出人物雕像，形成与北京的人民英雄纪念碑相互支撑、古代与近现代衔接辉映的纪念格局。每年举办礼仪活动，纪念中华文明肇始以来至1840年的中华先祖先王、历代圣贤、仁人志士，将中华民族筋骨和脊梁树立为中华民族伟大复兴的精神灯塔和闪亮坐标。

中华先祖殿。孔子“祖述尧舜，宪章文武”，儒家尊崇先王。在孔子故里曲阜，太昊、伏羲、炎帝、黄帝、蚩尤、少昊等都留下了活动足迹。中华先贤祠用于纪念为中华文明发展做出巨大贡献和具有长远影响的中华先祖、先圣、先辈。放眼世界，西方各主要国家普遍建立了纪念先贤的场所，意大利圣十字大教堂、法国先贤祠、英国威斯敏斯特教堂等纪念场所对各国家建立本国的共同信仰、凝聚民族力量、坚定文化自信起到了独特而持久的作用，成为本民族最重要的文化符号和精神标识。揆诸当下，中国各地纪念先贤的建筑较多，但没有集中供奉纪念中华先贤的场所，我们迫切需要庄严肃穆的精神之地思接千载、净化心灵、升华思想、增进情感，以此强化每个社会成员的文化基因和价值认同。中华先祖殿的建设是国家民族的大功业，它承载中华民族真精神。中华先祖殿的建设有助于打造以文化人、砥砺心性、催人奋进的精神家园。

中华文明博物馆。2014年中央民族工作会议指出，加强中华民族大团结，长远和根本的是增强文化认同，建设各民族共有精神家园，积极培养中华民族共同体意识。在中华文明的历史长河中，各民族相互交流、相互学习、相互补充、融合发展，培育出许多共同的价值追求和道德理想，逐步发展成为“多元一体”

的民族文化共同体，使中华文化成为民族凝聚力、生命力、创造力的重要源泉。中华文明多元文化如满天星斗熠熠生辉，但各地博物馆或局限在地域文化，或局限在特定时期，或局限在某一方面，缺少对中华文明的系统总结和凝练，因此有必要建设一个系统展示中华文明完整发展脉络的国家博物馆。通过现代科技手段对中华文明进行全景式展现，让人们在沉浸式体验中，了解中华文明“多元起源，一体发展”的历史脉络和文明成果。还可以采用灵活生动、喜闻乐见的活动形式，增强全球华人的文明认同和神圣感，实现跨越时空的精神皈依，为中华民族伟大复兴凝聚共识，为构建人类命运共同体汇集力量。

（2020年全国政协全会提案）

讲好中国故事，打造中华优秀传统文化主题公园

讲好中国故事，传播好中国声音，向世界展现真实、立体、全面的中国，提高国家文化软实力和文化影响力，需要以人们喜闻乐见、具有广泛参与性的方式，把跨越时空、超越国度、富有永恒魅力、具有当代价值的中华文化精神弘扬开来。以更加有效、主动的传播方式讲好中国故事，传播中国价值，是践行“两个结合”“四个讲清楚”的重大时代课题。

我们可以参照“迪士尼”模式，借鉴世界先进主题公园的设计和运营理念，打造中华优秀传统文化主题公园，赋予中华优秀传统文化新的时代内涵和表达形式，用现代科技手段演绎传统文化场景，打造体现中国特色、中国风格、中国气派的主题园区。

中国的价值观念在集体与个人、和谐与冲突、责任与自由、精神与物质的侧重取舍方面明显有别于西方。单纯以传统文化的民族符号向世界描绘中华文化全貌，容易使人们对中华文化的理解流于“器”与“物”的层面，而忽略了文化深层次的价值观。主题公园建设中国故事文创基地，引进国内外优秀影视编剧、动漫制作、文创产品开发团队，以中华故事为素材，创作中华优秀故事系列影视作品、动漫剧集、精品游戏、文艺演出，打造系列

文化IP，开发相关文创产品，精心打造既体现传统文化精髓，又能被国际市场认可的文化精品，让中华理念和人文精神随产品传播，让人们在品鉴、使用和体验文化项目及文化产品的过程中，自然而然地认同中华文化的符号价值和生活方式，提升中华文化感召力、感染力和影响力。

例如，孔子故里承载着中华民族的精神寄托，担负着弘扬中华优秀传统文化、构建社会共同价值的特殊使命，可以将孔子故里作为中华优秀传统文化主题公园的首建地，打造成为中华文明传习实践基地和中国价值对外传播的高地。然后采取市场化方式，在全国乃至全世界复制推广中华优秀传统文化主题公园模式，形成中华文明、中国价值对外辐射传播的新机制和新体系。

公园应成为正本清源的文化体验之地。面对西方文化输出，中华文明既要有形而上的文以载道的理想，阐发、提炼、传播中华文化的核心价值观念，也要有形而下的文化人的实践，重塑中国文化符号和精神标识，以唤起每个中国人内心深处的情感和文化共鸣，深化民族认同和文化认同。公园以承载民族文化与情感的传统节日与民间艺术作为情感载体，提炼传统节日习俗的文化内涵，传承民间音乐、美术、手工艺等非物质文化遗产，恢复传统的历史记忆和传承。此外，还要全景式展示中华文化哲学思想、历史流变、精神内核和文明成果，让国人更深切感受中华文明的宽宏气魄、雄伟精神、独特魅力。

公园还应成为向上向善的人文化成之地。目前国内大型主题公园，大多借鉴西方的设计模式，过度追求身体放松和感官刺激，这其实是物质主义和消费主义的延伸和投射。主题公园将大力弘扬中华优秀传统文化，弘扬核心思想理念、中华传统美德，把有利于促进社会和谐、鼓励人们向上向善的思想文化、文学艺术、道德规范、审美情趣、生活习俗等中华人文精神熔铸到项目设计、建筑风格、文化体验之中，充分利用高科技手段，再现传统文化生活场景，使游客在沉浸式体验和双向互动中，既得到身体的放松与享受，又得到心灵的丰盈与升华。

（2022年全国政协全会提案）

以“书香家庭”带动“书香中国”建设

我国“十四五”时期经济社会发展主要目标和2035年远景目标，建成文化强国、教育强国、人才强国、体育强国、健康中国，国民素质和社会文明程度达到新高度，国家文化软实力显著增强。文化强国体现在人民有信仰，表现在国民素质显著提升。由中国社会结构所决定，促进家庭教育，建设良好家风，是树立社会道德风尚的最佳切入点，或者说家庭建设可以有效带动社区建设、社会治理。提倡“好读书”“读好书”，建设“书香家庭”，由此带动或推进“书香社区”乃至“书香中国”建设，可以说是现代社会治理体系中的重要补充，乃至必要举措、关键抓手。

家庭是社会的基石，社区建设是共治、共建、共享的现代化社会治理的根基。人生长在家庭中，家庭存在于社区中，两者共同组成我们的国家。立足家庭，通过“书香家庭”建设，引导全社会注重家风、家教、家规，增进家庭幸福与社会和谐，培养德、智、体、美、劳全面发展的社会主义建设者和接班人。通过“书香家庭”建设，建设“书香社区”，倡导耕读文化精神传承，树立社会文明新风尚，构建城乡基层社会治理新格局。建设“书香家庭”，着眼于个人家庭的私生活空间，可以推动“书香社区”建设，在公共社会空间再次将读书、明理的氛围予以强化。

建设“书香家庭”与建设“书香社区”相辅相成，家国融合，相互联动，同体并进。“书香家庭”“书香社区”建设能够使“书香中国”“文化强国”建设有抓手，能“落地”。与之同时，“书香家庭”建设可以有效促进家庭教育，有效辅助学校教育。

为此，谨提出以下建议：

1. 从认识上提升，理解“书香家庭”建设重要意义。可以说，中国文化是关于“家”的文化。爱与敬是至德要道，爱与敬来自孝悌，这是中国先哲以之为“为人之本”的原因所在，故孔子说“立爱自亲始”“立敬自长始”。爱与敬的推延与放大，则是中国传统的社会伦理与政治伦理，有“书香家庭”才会有“书香社区”“书香中国”。

2. 从硬件上投入，建设“书香社区”耕读传承公共空间。耕读传家传统悠久，新时代的耕读传承具有新内涵，读书明理与劳动实践两手抓、两手硬。社区统一选配公共空间，配备学习、交流、雅会、茶会所需要的硬件，建设耕读传承示范空间。在硬件投入中，重视书籍资源的配备，主要配备中华经典。古圣先贤教人成人成德，把“书香社区”建成百姓的精神家园，将“书香社区”耕读传承公共空间建成传统文化传承的舆论引领阵地、百姓精神家园，以“书香社区”带动“书香家庭”，读诵中华经典必不可少。

3. 从软件上入手，新时代文化建设需要新乡贤。建设“书香社区”，需要配备一支专兼职结合的文化教育工作队伍。在这支队伍中，充分发挥离退休干部、教育工作者、热心社会人士的作用。这些人士可谓“新乡贤”。“老有所养”是社会文明的表现，老者可以有更多作为，使“老有所教”“老者安之”“少者怀之”，让老年人在教育下一代过程中有更多的获得感、成就感，让年轻人成长稳健，人们在“书香社区”共享天伦，推动“书香家庭”建设。

4. 从制度上保障，制定标准，纳入考核。从社会治理的层面入手，将“书香家庭”“书香社区”建设纳入地方政务考核体系。从硬件配备、人员配备、活动开展情况、百姓满意度等方面入手，制定“书香社区”建设标准、考核标准，出台指导性意见。发挥政策的导向作用、考核制度的激励作用，使“书香家庭”“书香社区”建设常态化。

5. 从舆论上引领，塑造典型，示范带动。充分发挥媒体作用，在报纸开设专栏，在电视及网络新媒体开设专题。对“书香家庭”“书香社区”日常活动开展情况及时宣传报道，对在“书香家庭”“书香社区”建设过程中涌现出的典型，要大力宣传，充分报道，发挥舆论的宣传引领作用，发扬传布文明新风。

（2022年全国政协全会提案）

将鲁班祖庙宅等列入全国职工爱国主义教育基地

2021年12月，全国总工会命名的第一批全国职工爱国主义教育基地正式公布，并在中央职工运动委员会（陕甘宁边区总工会）旧址揭牌，这一消息受到全国各族人民的关注。

据了解，全国总工会将加强全国职工爱国主义教育基地的动态监督管理，着眼中华全国总工会成立100周年，在2025年前分批次命名100个全国职工爱国主义教育基地。通过加强全国红色工运资源的发掘、保护、利用，把全国职工爱国主义教育基地作为开展党史学习教育的鲜活教材，真正打造成加强职工思想政治引领、开展理想信念教育的重要载体。此举措有着重大的现实意义和深远的历史意义。

第一批全国爱国主义教育基地名录（27个）中大部分是近现代工运旧址纪念馆，天津市、山东省有弘扬劳模精神劳动精神工匠精神教育展和教育基地。因此，我们想到了工匠精神发源地山东曲阜，想到了工匠祖师鲁班。在2018年全国政协十三届一次会议上，我提交的提案《依托鲁班文化，大力弘扬工匠精神》，由文化和旅游部会同山东省人民政府、国家文物局、住房和城乡建设部办理并答复。由于各级党委政府和有关部门的重视支持，该提案已在山东曲阜鲁班故里园落地生根，开花结果，可喜可贺。文化和旅游部加大了对国家级非遗曲阜“鲁班传说”活态传承的支持，资助曲阜鲁班故里园鲁班殿展陈复原。2021年4月8日，第五届“阅读经典好书，争当时代工匠”主题阅读交流暨“把一切献给党·劳动创造幸福”全国职工党史学习教育读书活动山东（济宁）专场在曲阜举办。全国总工会副主席巨晓林等领导出席活动并讲话，然后带领大家从尼山圣境直达曲阜鲁班故里园考察体验鲁班文化和工匠精神。4月17日，山东省政治教育专题研修班到曲阜鲁班故里园体验鲁班文化和工匠精神。曲阜鲁班故里园成为全省职工“四德”教育基地教学点。

2021年6月16日，农历五月初七，孔孟之乡、班门圣地曲阜在鲁班故里园成功举办第十六届中国曲阜鲁班文化节和“工圣”鲁班诞辰2528周年祭典。此次活动聚集了各界人士，尤其是建筑行业人员，对弘扬鲁班优秀文化和工匠精神，促进传统文化创造性转化、创新性发展可谓成功范例。

鲁班属于鲁公族，本姓姬，公输氏，名般、班，东周鲁国曲阜人，号鲁班，尊称“公输子”。全国第一批重点文物保护单位鲁国故城内有鲁班祖庙宅，宋代曰工师庙，题榜曰艺圣庙。1957年7月10日，曲阜县人委公布曲阜东关鲁班庙与“三孔”一起为全县第一批文物保护单位。鲁班是我国古代伟大的发明家，木石瓦扎以至整个建筑行业尊其为祖师，以他的名字命名的“中国建设工程鲁班奖”是全国建设工程质量最高奖。

在“工圣”鲁班身上，不仅体现着习近平总书记号召弘扬的劳模精神、劳动精神和工匠精神，也体现着爱国、敬业、诚信、友善的中华优秀传统美德。保护传承好与孔子同时代的鲁都曲阜“工圣”鲁班祖庙宅和鲁班故里园，有利于国家级非物质文化遗产“鲁班传说”的活态传承，有利于发掘弘扬全国首批中国历史文化名城曲阜的“根文化”，有利于坚定中华民族的历史自信和文化自信。

因此，特别建议：将位于山东曲阜鲁国故城内的鲁班祖庙宅、鲁班故里园列入全国职工爱国主义教育基地，以充分发挥班门圣地、儒家文化、工匠精神发源地的重要作用。

（2022年全国政协全会提案）

厚植传统美德，绘出文明新景

本文是全国政协委员、孔子研究院原院长杨朝明与辽宁省彰武县丰田乡丰田村驻村第一书记陈阳的连线对话。

杨朝明：陈书记，您好！两会刚刚结束，我们的心情都很振奋。习近平总书记在看望农业界、社会福利和社会保障界全国政协委员时对乡村振兴做出了重要指示，强调重视农民思想道德教育，重视法治建设，健全乡村治理体系，深化村民自治实践，有效发挥村规民约、家教家风作用，培育文明乡风、良好家风、淳朴民风。我对此一直非常关注，乡村振兴离不开乡村文化振兴。陈书记，您在农村一线，我很想跟您交流一下，现在乡村道德文明建设情况怎么样？您对习近平总书记的重要讲话有什么感受？

陈阳：杨委员，您好！我驻村已经半年多了，深切体会到习近平总书记所说的农民思想道德教育、文明乡风等非常重要。这体现在村里很多实际工作中，比如邻里关系、村容村貌，等等。现在农村的道德素养和文明风俗有所欠缺。举个例子，农村跟城市生活不一样，村容村貌基本靠村民自己来维护。我们村部门口有一块空地，老乡们有时丢一些废弃物，久而久之，变成了一个垃圾场。我们对村里环境进行整治，把这里清理干净，并专门找地方设置了垃圾箱，但有的村民还是乱扔垃圾。这让我们意识到，仅仅整治环境，不注重乡亲们整体素质的提升，效果非常有限。于是我们开始从两方面着手，一方面继续改造，另一方面通过党员大会、“两委”班子开会，重点宣传人人都是环境维护者，情况有所好转。

杨朝明：您所说的情况不是个例，农村公共环境、邻里关系等都与传统美德密切相关。个人品德，家庭美德，职业道德，社会公德，德从哪里来？现在很多农村老百姓对传统文化很陌生，深层原因是农村文化生态失衡。中华优秀传统文化里蕴含着丰富的美德，是培育文明乡风的基础，能有效促进乡村法治建设，健全乡村治理体系；反过来，如果传统美德缺失，村民不能树立正确的价值观念，会严重影响乡村振兴的进程。国无德不兴，人无德不立。我在山东走访过一些村子，很多村民家里都有家训，村里也有村规民约，通过这些方式教育孩子走正道，和谐人与人之间的关系，效果很好。

陈阳：您说的家训家教，还有村规民约，我很有体会，是很好的治理手段和方法。在我们丰田村，有这样一个约定俗成的风俗，每到春节前，村里“有头有脸”的人杀猪备年货，请村民到家里来，席间要说吉祥话。我们就充分利用这个契机，把彼此有矛盾纠纷的村民叫来吃席，热热闹闹、潜移默化地把矛盾调节或化解了。老乡们很爱扭秧歌这些传统的文艺活动，穿上传统服装，吹起唢呐扭起来，年味儿马上就出来了。其实乡村有很多淳朴的风俗，传统文化的土壤很深厚，需要我们深入挖掘和实践。杨委员，我想问问您，怎样在乡村弘扬中华优秀传统文化，通过传统美德教育来促进乡村治理能力的提升，助推乡村振兴呢？您给支支招吧！

杨朝明：这也是我一直关注和思考的问题。几十年来，从农村到城市，人才流动一直是单向的。当前农村人才匮乏，甚至没有人才，构建良好的乡村文化生态就无从谈起。所以“带头人”很关键，村干部要形成大力弘扬中华优秀传统文化的共识，自身加强学习，抓住典型，用村民身边的喜闻乐见的方式弘扬传统美德，形成舆论优势。

我曾经提交过关于进一步重视弘扬乡贤文化的提案。深深植根于中国乡村的乡贤文化，是实现乡村振兴的重要文化资源，是传统文化在乡村的具体体现，是中华文化传承和发展的根基。中国传统乡贤文化中的忠孝、仁义、爱国、敬业、诚信、友善等与社会主义核心价值观是一致的，是乡村社会建设、风习教化、乡里公共事务的推动力量。建议充分发挥地方贤达的作用，用嘉言懿行垂范乡里，涵育文明乡风，促使社会主义核心价值观落地生根，为乡村振兴提供有家国情怀的人才支持。

此外，解决乡村问题，修复乡村文化生态，不仅要靠乡村自身的努力，还要联合有知识、有境界、有情怀的人，通过助建乡村书院等方式，联通各界，招智引才，扎根乡村，助力乡村文明建设。

乡风文明不是一天两天就能形成的，要不断用传统美德唤醒善性，引领风尚，不断放大善性，让老百姓有心气儿，有了心气儿就能撸起袖子加油干，团结一心谋发展。这样，乡村一定能兴旺发达，乡村振兴的画卷会越来越美丽。希望能够跟您常交流，多了解乡村的实际情况，共同努力为乡村振兴贡献力量。

陈阳：谢谢杨委员，也希望您到我们丰田村来走一走、看一看，给我们讲讲课，跟老乡们唠一唠。希望我们的乡村越来越美！

（《人民政协报》，2022年3月11日）

附录

让孔子照亮人心，用儒学温暖世界
做中华优秀传统文化的『行道者』
半部《论语》治天下，一部《家语》兴中华

让孔子照亮人心，用儒学温暖世界

多年来，围绕孔子、儒学的研究，杨朝明出版了30多部著作和数百篇论文，主持并完成国家级、省级课题10余项。他致力于中华优秀传统文化的传播与弘扬，先后为社会各界讲授孔子、儒学与中华传统文化1000多场，多次应邀到海外讲学或参加国际学术会议。

在杨朝明看来，儒学铺染了中国人的生命底色，包含着我们的价值信念与民族精神，深深影响了一代又一代中华儿女。在当代，我们理应对中华文化的历史传统、价值内涵和现实意义有更深入的认识。“文化自信”正是源于充分的“文化自知”，他认为，如果更多地走近中国早期文明，看到它的高度，了解它的深度，那么，中华民族的伟大复兴之梦，就不仅是嘹亮的呼唤，更是洋溢的动力。

“让孔子照亮人心，用儒学温暖世界。”这是杨朝明一直以来追求的目标。

作为全国政协委员、尼山世界儒学中心副主任、孔子研究院院长，杨朝明秉承着对传统文化的虔诚信仰和深深热爱，近四十年来专注于孔子、儒学的研究工作，在儒家文献与中国早期文明、儒家学术史等研究领域成果丰硕，广受赞誉。

在杨朝明看来，以儒家思想为主体的中华传统文化，是此前数千年历史文化的高度凝结。在经历广泛而深刻的社会变革的今天，深入挖掘中华优秀传统文化的精神内涵，继承创新，展现中华文化的永久魅力和时代风采，正是当代传统文化研究者的使命与责任。为此，他跋涉于“上古时期”“轴心时代”的长河，寻踪于中华文明大树的根脉，着力于“登峰”“落地”的两极，为弘扬和传播儒学，勤耕不辍，步履不停。

一、从浸润儒风到步入“孔门”

“每当提及老家，我尤为自豪，那可是大名鼎鼎的水泊梁山。”这句话是杨朝明应邀写作《梦里老家》的开篇语。

1962年，杨朝明出生于梁山县茶庄村。那时，小山村交通闭塞，生活穷苦，但父母勤劳节俭，正直和善。质朴好学的父亲，让杨朝明在不曾明白儒学的幼时，就在耳濡目染中感受到了儒风。

杨朝明的父亲名“见贤”字“思齐”，正出于孔子，见于《论语》。“父亲文化程度不高，但读书很多。小时候，曾见父亲在本子上写‘君子务本’‘礼之用，和为贵’这样的句子。村子里年轻人喜欢‘听书’，父亲就是‘说书人’。因为读书多，他好像有讲不完的故事。父亲腿摔伤卧床时，村里分配土地，大家还抱着账本找来。没有他，那些边边角角的土地就扯不开……”杨朝明回忆说，老家的房屋梁柱上，曾有“万般皆下品，唯有读书高”的字迹，这话深深印刻在他的脑海中；“勤俭人家有余庆，谦恭君子有嘉名”等训语，对他的性情、品格塑造产生了深远影响。

“读研究生一年级的那个春天，我回家看望父母。正值香椿芽细嫩时节，父亲想让我带一些分送师友品尝，他攀树采摘时，不小心掉下来摔断了腿，腿骨都露了出来……”那个场景令他刻骨铭心、终生难忘。父亲贫寒艰辛却尊师重教的躬身垂范，激励着他在求学路途中不畏艰难，自强不息。

1981年，杨朝明考入曲阜师范学院历史系。“对传统文化仍是懵懂无知”的他，第一次走出梁山县，就走进了“圣人之乡”。

地处孔子故乡，这所大学对儒家文化十分重视，历来有研究、传述的传统。20世纪50年代建校后不久便成立了孔子研究会，专门研究《论语》及孔子的教育思想。杨朝明由此接触了大量有关孔子的历史文化古迹与典籍。“入学后的第一次外出活动我至今印象深刻，郭克煜先生带领我们走进孔庙、孔府，给我们讲孔子和儒家文化。先生如数家珍，讲解十分生动，深深地吸引了我。后来，骆承烈先生带领我们考察曲阜文物古迹、风土人情；李启谦、杨绍溥、许凌云等名师谆谆教导；李毅夫先生给我们一篇一篇地读讲《尚书》……”众多优秀师长的指引和培养，激发了杨朝明对中国历史文化的浓厚兴趣和深厚情感。他把节省下来的钱购买书籍，“泡”在图书馆如饥似渴地阅读，一有时间就与同学相伴遍访孔圣阙里的文物古迹，打下了坚实的历史学和文献学基础。

大学毕业后，杨朝明考取了本校郭克煜、李毅夫、骆承烈三位先生合招的硕士研究生。其间，他奋发弘毅，笃学不懈，对孔子、儒学、鲁国历史文化展开了更为深入、扎实的探究。

“郭克煜老师、骆承烈老师主持《孔子故里胜迹》的编写，骆承烈老师曾主持‘石头上的儒家文献’项目，我和同学都参与其中，帮老师抄碑。我们到梁公林抄石碑，为了确保正确，先后去了四趟。”杨朝明回忆说。类似的经历让他受益良多，老师们严谨治学的态度、学术研究的高度深深影响着他。“得益于此前的阅历，历经数年，由我主持的《中国曲阜儒家石刻文献辑录》刚刚完成。在我看来，孔庙里的石碑会说话。如果你有读懂石碑、与石碑对话的能力，走进孔庙，你会发现，两边的石碑都像是在举手，争先恐后地要告诉你答案，告诉你历史的过往。”说到此，杨朝明开心地笑起来，对学术的热爱与真诚溢于言表。

秉持这份赤子之心，杨朝明硕士毕业后留校做《齐鲁学刊》编辑工作，负责《历史学》和《孔子与儒学传统文化研究》专栏，“从那个地方开始深入研究孔子”。其间，他还参与郭克煜先生主持的《鲁国史》研撰。编辑他人文章的同时，杨朝明在学术研究的厚土中深耕不止，成果迭出，尤其是围绕鲁国历史文化的研究，多有独特、新颖而扎实的见解，引起学界广泛关注。1995年，知名学术期刊《历史研究》全文刊发他的《鲁国礼乐传统研究》长文，让他尝到了对鲁国文化及中华礼乐传统独特领悟及认知的喜悦。

沉浸于儒学研究，深感学无止境的杨朝明，1996年，开始跟随中国社会科学院历史研究所李学勤先生攻读博士学位。由此，他的儒学之路攀升到了一个新高度，这个高度，成为他拓展治学领域广度和深度的新起点。

二、为孔子儒学“正本清源”

李学勤先生是当代著名学者。他长期致力于中国古代文明的研究，引领和推进了中国古代史、考古学、古文字学等多学科的发展，为甲骨学、青铜器研究、简帛学及中国古代文明研究做出了开创性贡献。

1996年，杨朝明带着友人赠送的李学勤先生的两本著作，从兖州坐火车去北京报到入学。“没到天津，就把重要文章都读完了，真有豁然开朗、茅塞顿开之感，心里一下子亮堂了许多。”

“安其学而亲其师”。秉承李学勤先生“重估中国古代文明”“走出疑古时代”的学术理念，杨朝明的目光转向广阔时空维度中孔子与儒学关系的探源性研究。“孔子儒学作为一种文明，在历史上是怎么形成的？它形成的广阔背景如何去理解，这种背景对儒学的形成、对认识儒学有什么样的意义？”他从古代文献的重新梳理入手，将博士学位论文研究方向聚焦于影响孔子儒学形成的重要人物——周公。

杨朝明将论文大纲寄给李学勤先生后。先生回信：“看了来信和提纲，感觉写得很好。”“先生在‘很好’二字下面还加了着重号。”杨朝明回忆说，看到自己的想法得到老师的肯定，他“高兴得立刻从办公室跑回家，把先生的信带给妻子看”。妻子自然也很开心，看后开玩笑问他：“那两个着重号是不是你自己加的？”李先生指出：“立新说是创见，破旧说也是创见。”这给予他极大鼓励。论文《周公事迹研究》成稿，李学勤先生盛赞道：“在商周时期一系列重大学术问题上，都提出了有创见的看法。”在杨朝明看来，这是先生对他的莫大肯定与鼓励。

由此，杨朝明对整个儒学研究的材料、理论、方法渐趋形成了自己的一整套看法。他致力于早期儒家文献、出土简帛文献及儒家学术史的研究，提出“正本清源”的研究理念。

“中华文化像一棵生生不息的文明之树。这棵树枝繁叶茂、生命坚韧，在不同时期结出了不同的文明之果。孔子儒学是这棵大树的主干，大树的底部是包括孔孟老庄在内的春秋战国先哲，这些先哲的思想深深扎根于我们上古时期文明的土壤。树干能够这样粗壮，正是因为这个根扎得很深很牢。”在杨朝明看来，春秋战国时期之于中华文明，是非常特殊的时期，是思想、智慧的繁盛期和高涨期。“儒学有其形成的广阔背景，有典型的博大体系，有漫长的发展历史。看待中国儒学，不能仅从孔子讲起，不能没有古老文明现代发展的纵深视野，我们要认识到中国学术发展的特殊历史文化背景。”

为弄清儒学与中国社会历史文化关联的内在机制，杨朝明成为故纸堆中的史料“猎手”，跋涉“上古时期”，寻访先哲“遗踪”，立足于“孔子思想的来源——上古三代文化尤其是周文化，孔子思想的载体——早期儒家文献包括出土文献，及孔子思想的母体——鲁文化、齐鲁文化”等方面，延伸学术研究的触角，力求“关注原始儒学，还原儒学真面目”，并在此基础上形成了他的早期文献研究以及《孔子家语通解》《论语诠解》《正本清源说孔子》等代表作。

“读博时，有一个研究项目，其中很多言论引自《孔子家语》，而且解释了很多疑惑。毕业以后，我开始全力以赴研究《孔子家语》。在曲阜师范大学孔子文化学院做院长的时候，我组织了一批人一起读《孔子家语》。大家每次读完后都做汇读，各抒己见，相互印证。最终形成了《孔子家语通解》。”在他看来，《孔子家语》和《论语》具有相同的价值高度，对研究孔子思想有巨大的学术价值。

在《论语诠解》等著作中，杨朝明尝试理清脉络，补偏救弊，澄清对儒学重要经典的诸多误读。“如‘君君，臣臣，父父，子子’，我认为应该理解为孔子强调修身、修己，各尽其责。而到后来，就逐渐演变成片面的君权和父权思想了，强调上下、尊卑关系，这就偏离了孔子的原意。”杨朝明表示，现今许多对孔子的质疑，源于对孔子的误解。

围绕孔子思想的母体研究，杨朝明不仅参与了《齐鲁文化通史》的编纂等众多学术工程，并围绕齐文化、鲁文化的关系，齐鲁文化整体形态等，“为古书排队，为齐鲁文化溯源”。“鲁国传承周公之礼乐，形成了独特的文化风尚，为孔子学说及儒家思想的形成提供了肥沃的文化土壤。”在他看来，礼乐传统是中华优秀传统文化的重要组成部分，其所蕴含的德治、仁政、修身、仁爱等思想，对当今社会发展具有非常积极的意义。“鲁国的礼乐传统所产生的巨大作用，主要表现在孔子儒学的诞生，及其对后世产生的重要影响。”

“溯古通今，道不远人。”杨朝明认为，历史文化研究的指向一定是现实与未来，“向后看正是为了向前看，人们是要在历史的过往中寻找解决现实问题的方案”，不言而喻，优秀传统必在现实之中。

围绕孔子儒学的“文明渊源”“文化母体”和“文献载体”的研究，形成了杨朝明显著的学术特色与优势。他“以现实观照传统，以传统思考现实”，学术视野更加开阔、深邃、明朗，在“拂去历史尘埃的同时，为大众呈现出一个更加现代而立体的孔子”。

三、“登峰”“落地”弘道倡德

2013年11月26日，习近平总书记到曲阜孔府考察，并来到孔子研究院。看到《孔子家语通解》《论语诠解》两本书，他拿起来翻阅，说：“这两本书我要仔细看看。”

“总书记对这两本书青睐，也是要人们走近孔子思想，了解儒家学说，学习传统文化。”杨朝明说，当天他还从五个方面向习近平总书记汇报了儒家思想的当代价值。“第一是世界意义。

孔子是和苏格拉底、柏拉图齐名的世界级哲学家，他的思想是最基本的人类文明。中华文化走出去的根本标志就是孔子文明走出去。第二，孔子思想是整个中国和华夏文明的共同纽带，是中华民族最深层的精神追求。第三，孔子思想是马克思主义中国化最深厚的文化土壤，中国特色社会主义以孔子思想为丰厚土壤。第四，孔子思想对于社会治理、党风廉政建设具有很大意义。孔子提出的“为政以德”“为国以礼”“富而后教”“修己以敬”“中和”、义利观，都对治国有影响。第五，孔子思想还有提高个人修养的作用，以及培养青少年价值观的作用。”

杨朝明认为，孔子思想的价值是思考人性和人的社会性问题。人是自然的人，也是社会的人，人们生活在一起，必须遵守社会规范。而要使社会规范得到自觉遵守，就必须加强自身修养。修养的途径，就是从孝悌入手，像孔子所说的“立爱自亲始”“立敬自长始”，推延亲情，放大善性，社会才能达到“至善”。

“孔子思想属于他那个时代，又超越了那个时代。孔子思索的是人性和人的价值，它属于过去并映照着今天和未来。”在杨朝明看来，儒学铺染了中国人的生命底色，包含我们的价值信念与民族精神，深深影响着一代又一代的中华儿女。

“这就像一条河流，水的源头从前天、昨天流到今天，又流向明天。”杨朝明用形象生动的比喻诠释传统文化的意义，“传统在历史上形成，在历史上起了作用，它在今天依然活着，依然能发挥作用。传统文化的创造性转化和创新性发展，正是要让大地上的遗产活起来，让禁宫里的文物活起来，让典籍里的文字活起来，从中发现它的现代意义。”

深入挖掘中华优秀传统文化的精神内涵，继承创新，实现“两创”，正是当代传统文化研究者的责任与使命。杨朝明认为，这既要“登峰”又要“落地”。“在探讨传统文化的发展和变化，加大学术研究引领的同时，切实思考怎样才能‘润物细无声’，让文化经典润养人们的日常生活。”这也是多年里，作为儒学研究者、传播者、普及者的杨朝明，始终注重和坚持的所在。

从1999年开始招收硕士研究生，到成为博士生导师，从担任曲阜师范大学儒学学科负责人，到担任孔子研究院院长，二十多年里，杨朝明致力于儒学学术研究，注重学术队伍，以及孔子、儒学与传统文化学科的建设与发展。他的学生中，取得博士、硕士学位的已近百人。“他们功底扎实，成果频出，大都已成为工作岗位上的骨干。”令他颇为自豪的是，学生中已涌现两位泰山学者，两位山东省泰山学者青年专家，两位济宁市尼山学者特聘专家，十几位博导、教授、副教授。

2010年，杨朝明担任孔子研究院院长后，积极动员青年科研人员写、讲研究课题，“力争每个人都有精品课程”。他还率领青年科研人员，连续以“中国早期儒学”“曲阜儒家碑刻文献”“文庙释奠”“传统文化的现代价值研究”等为题，申请到国家社科、山东省社科重点项目，培养学术后进，夯实孔子研究院科研基础。

“文化自信源于文化自知。”杨朝明说，希望在薪火相传中，正本清源地研究孔子儒学与中华传统文化，“弄明白”传统文化形成的深度、高度，讲清楚“学术的中国”和“理论的中国”，讲清楚“历史的中国”与“现在的中国”。

教学与研究之外，杨朝明致力于孔子、儒学与中华传统文化的普及传播工作。近年来，他为社会各界讲授孔子、儒学与中华传统文化1000多场。在历次学术讲演、讲座与报告中，他总是强调中华文化经典的深厚底蕴与当代价值，强调经典研读、诵读的意义和必要性。

杨朝明认为，中华优秀传统文化的弘扬需要“影响更多有影响力的人”。每次对党政机关、大中院校、企事业干部演讲，尤其传统文化师资培训演讲，他都高度重视，提前筹划，认真准备，讲座时声情并茂，深入浅出，幽默风趣，在社会上产生了广泛影响。

长期身居孔子故里，杨朝明越来越深刻认识到曲阜对中华民族乃至世界的重大文化意义。作为全国政协委员，杨朝明提交了《在曲阜打造“世界儒学中心”》《建议在曲阜建设孔子大学》《依托鲁班文化，大力弘扬工匠精神》以及有关乡贤文化、母教文化、激活企业家精神、基础教育等方面的提案，受到高度关注。基于“中华民族的精神应有自己的物质载体”的思考，近年来，他十分关注孔孟故乡儒学策源地的作用，提出“把曲阜优秀传统文化传承示范区打造成中华民族的精神家园”等建议，“期待更多人走进曲阜，走近孔子，生发对传统文化的敬畏和热爱，以及作为中华民族一员的底气与自豪”。

在一次外出考察路上，与友人探讨“道”时，杨朝明笑言：“道者，导也。在没有GPS的年代，先哲为我们‘导航’，以‘弘道’之责，培养明是非、知荣辱、能担当、敢引领的‘大人’‘君子’，影响更多的人，使社会达到至善之境。”在中华文明的历史长河中，正是一代又一代文化工作者在皓首穷经中坚守着初心，在传承传播中赓续着中华文脉、精神基因。杨朝明也正是以这样的姿态，践行着“士以弘道”的责任与使命，守望着中华文明的“根”与“魂”，为中华民族伟大复兴贡献着自己的智慧与力量。

（《联合日报》，聂梅，2021年10月26日）

做中华优秀传统文化的“行道者”

两千五百多年前，黑夜漫漫，就在东方这片广袤的土地上，一位被后世尊称为“孔夫子”的老人，殚精竭虑，兀兀穷年，点燃一盏盏象征仁爱、礼敬与智慧的明灯，照亮这个民族的未来。

作为沉潜孔子故里三十余年的诚朴学者，全国政协委员、中国孔子研究院院长杨朝明专心致志弘扬孔子、儒学的真精神，梦想让儒学照亮人心。这位看来很是平常、质朴的山东汉子，是一位诚敬明达的儒者，端庄蔼然的师者，更是一位深挚、坚毅而有广泛影响力的中华优秀传统文化“行道者”。

杨朝明出生于山东梁山县的一个农民家庭，1981年，考入曲阜师范学院历史系，自此游于圣人之门，开始新的学习和生活。20世纪90年代，留校工作的杨朝明积极参与恩师郭克煜先生主持的《鲁国史》研撰工作。杨朝明积累深厚而勤奋肯干，实际承担了该书一半以上内容的写作。有长者从护惜后进成长的角度出发，提议将其署名提前，他却婉言谢绝：“《鲁国史》的思想、观点都是老师的，我只是学习、实践而已。而且几位师兄也像老师一样指导、帮助我，与老师、师兄一起做课题，我是在学习，岂敢冒进！”

善因善果。不久，杨朝明与学术大家李学勤先生结缘。由于学风端正，功底扎实，杨朝明获李先生青睐，师事先生攻读博士研究生，学术境界显著提高，整体学术科研水准提升。在孔子儒学与相关文献研究领域，他频频发表重要论著，不断吸引学术界关注。李学勤先生盛赞他的博士学位论文《周公事迹研究》说："在商周时期一系列重大学术问题上，都提出了有创见的看法。"

杨朝明先后担任曲阜师范大学孔子文化学院副院长、院长，当选为学校山东省儒学研究基地负责人，首席专家。此后，他带领全体同仁申请下专门史专业即儒学学科博士点、博士后流动站，使这座圣域学府的儒学研究内涵、地位、影响进一步提升。

作为一位教师，杨朝明衷心爱护青年学生，深谙薪火相传之要，积极耐心地向学生传授读书治学心得，屡屡以《中庸》"至诚无息""择善固执"的道理相勉励。他的学生大都重视基础，功底扎实，成果频出，涌现出多位优秀的中青年儒学专家学者。杨朝明因此多次获评"优秀教师""优秀研究生导师"。2009年9月，杨朝明被评为"山东省优秀教师"和"山东省师德标兵"。教师是他最为珍视的身份。

2010年，杨朝明奉调孔子研究院，担任院长职务。从此迄今，他就成了这家"国字号"孔子儒学专门研究机构的学术掌舵人。

2013年11月26日，是杨朝明与他的同仁最难忘怀的一天。这一天，习近平总书记来到孔子故里，视察孔子研究院建设，参观孔子思想展览，视察孔子研究院研究成果。尤其令杨朝明感到意外与惊喜的是，总书记对他主编的两本学术专著《孔子家语通解》和《论语诠解》予以很好评价，表示"要仔细看看"。在总书记亲自主持的专家学者座谈会上，杨朝明以《孔子思想的当代价值》为题，汇报了儒家思想五个方面的当代价值。然后，与同仁们一起聆听了总书记的重要讲话。

2014年11月，中共中央组织部部长赵乐际视察孔子研究院，落实习近平总书记讲话情况，明确提出孔子研究院要“建儒学高地”“出儒学大师”。随后，山东省济宁市连续制定相关政策，面向国内外招聘儒学研究高端学者，支持孔子研究院等儒学机构建设。在一系列关怀与政策支持下，孔子研究院焕发生机，更好地服务新时代社会主义文化建设，服务圣地曲阜优秀传统文化传承发展示范区建设。

作为全国政协委员、民进中央委员，杨朝明以饱满的热情和更紧张的工作激情投入孔子儒学与中华优秀传统文化的弘扬事业中来，发挥着越来越重要的社会影响力。

在杨朝明看来，作为当代儒学工作者、孔子研究院院长，他有更大的责任思考如何弘扬孔子儒学与中华优秀传统文化，如何实现孔子儒学与时代精神的互动交融。“让孔子照亮人心”“用儒学温暖世界”，弘扬孔子思想，塑造当代中国的文化精神，是历史赋予孔子儒学与传统文化研究者的重大使命。

“再多影响一个人！”在历次学术讲演、讲座与报告中，杨朝明反复强调中华文化经典的深厚底蕴与现代价值，强调经典研读、诵读的意义和必要性。他希望影响更多有影响力的人，每次针对党政机关、大中学校、企事业干部进行演讲，尤其传统文化师资培训演讲，他都高度重视，在社会上产生了广泛影响。

呼吁设立曲阜文化特区——长期身居孔子故里，杨朝明深刻认识到曲阜对中华民族乃至世界的重大文化意义。早在担任山东省政协委员时，杨朝明就联合其他委员在省政协十届四次、五次会议上提出设立“曲阜文化特区”的提案。他认为中华传统文化的主体是儒家文化，以儒家文化为核心的“曲阜文化特区”的建设，是弘扬中华优秀传统文化、建设中华民族共有精神家园的需要，也是加强对外文化交流、吸收各国优秀文明成果、增强中华文化国际影响力的时代呼唤。

作为全国政协委员，在2018年全国两会期间，杨朝明提交了《建议在曲阜建设孔子大学》《在曲阜打造“世界儒学中心”》《依托鲁班文化，大力弘扬工匠精神》等提案，受到有关部门和社会的高度关注。2019年8月，尼山世界儒学中心成立会议在曲阜尼山圣境举行，标志着世界儒学中心建设在圣域曲阜迈出了坚实的一步。

基于儒学学者的特识，杨朝明高度重视孔庙在中国文化复兴中的影响。在他看来，孔庙其实就是中国人的文庙，就是我国的名人堂或先贤祠。孔子以及那些配享、从祀者，正是中国的脊梁。祭祀孔子，代表了我们对中华传统文化的尊重与礼敬。2016年，杨朝明写了《在省级层面规范和提升祭孔大典》的提案，建议山东省尽快组织力量在省级层面上研究制定出更加符合礼仪规范和适应时代要求的文庙释奠制度，使之与时俱进，焕发出新的生命力。

（《中国政协》，崔海鹰，2020年第2期）

半部《论语》治天下，一部《家语》兴中华

2020年12月26日晚，在山东济宁经纬大厦，“孔孟之乡智慧沙龙”第50期隆重举行。这是2020年度沙龙的最后一场，尼山世界儒学中心副主任、孔子研究院院长杨朝明研究员应邀发表题为《〈孔子家语〉及其重要价值》的演讲。杨朝明生动的讲解、细致的剖析、幽默的表述，引起阵阵热烈的掌声和笑声。演讲结束，著名书法家、曲阜师范大学教授乌峰将自己的书法作品《半部〈论语〉治天下，一部〈家语〉兴中华》赠送给杨朝明。

“一部《家语》兴中华”引发热议

世人皆知“半部《论语》治天下”，“一部《家语》兴中华”还是头一次听说。书法作品一亮相，就引起了人们的瞩目。时间过去一个月了，只要谈起这句话，人们仍然津津乐道《孔子家语》的价值，以及《孔子家语》与《论语》的关系。乌峰教授是著名书法家，艺术造诣精湛，其作品曾被赠送给联合国前秘书长潘基文先生。乌峰教授还是硕士研究生导师，中国书法家协会会员，中国楹联学会会员，山东省书法家协会理事。在孔孟之乡，乌峰教授的作品有口皆碑。这一次，人们不仅赞扬乌峰教授

的书法，也关注何以有“一部《家语》兴中华”的说法，关注《孔子家语》其书。

据了解，“孔孟之乡智慧沙龙”邀请杨朝明研究员讲述《孔子家语》，正是组织者基于对《孔子家语》重要价值与意义的理解。该书是一部“奇书”，因为这样一部重要的著作竟然长期湮没无闻，而且被称为“伪书”，甚至连孔孟之乡的人们也很少知道此书。据“孔孟之乡智慧沙龙”总顾问、济宁市儒家文化与企业发展协会原名誉会长、济宁市人大常委会原副主任潘汉久先生介绍，2013年11月26日，习近平总书记视察孔子研究院，看到桌子上摆放的孔子研究院成果中的《论语诠解》和《孔子家语通解》，说“这两本书我要仔细看看”。于是，潘先生也读了《孔子家语通解》，感到《孔子家语》的价值非同寻常。尤其与杨朝明接触后，他觉得有必要让孔孟之乡的人们尽快了解这部著作。于是，他与“孔孟之乡智慧沙龙”的刘一鹤、张宪先生精心策划，请乌峰先生书写，正式提出了“半部《论语》治天下，一部《家语》兴中华”的说法。

事实上，近几十年来，杨朝明一直关注《孔子家语》研究。在他看来，《论语》的价值当然不可小觑，“半部《论语》治天下”“天不生仲尼，万古长如夜”之类的说法，绝不是前人的梦呓。读《论语》、学《论语》、研究《论语》者很多，论著汗牛充栋。然而，《孔子家语》更生动详实地记录了孔子及孔门弟子的思想言行，同样具有极其重要的价值。新材料的不断问世，打开了人们的学术视野，也让人们看清楚了《孔子家语》成书问题的真相。该书资料珍贵，卷帙丰富，把人们带入中国早期思想认识的新境界。在杨朝明看来，《孔子家语》的价值绝不在“四书”之下，完全称得上“中国儒学第一书”或“孔子文化第一书”。

《孔子家语》从“伪书”到“儒学第一书”

杨朝明从事孔子儒学与中华传统文化研究几十年，担任国际儒学联合会副理事长、中华孔子学会副会长。作为一名儒家文化研究者，杨朝明秉持严谨治学的态度，很早就关注《孔子家语》，长期精研覃思，深耕《孔子家语》研究。

《孔子家语》，又名《孔氏家语》，或简称《家语》，是一部记录孔子及孔门弟子思想言行的著作。今传本《孔子家语》共十卷四十四篇，魏王肃注，书后附有王肃序和《后序》。过去因为疑古派的非难，人们多认为《孔子家语》是伪书。近代简帛文献的出土一再证明，《孔子家语》确为先秦旧籍，其真实性与文献价值越来越为学术界所重视。

与新出土文献相互印证，与传世文献资料综合比对，杨朝明先后有《孔子家语通解》《孔子家语注说》等著作问世，围绕《孔子家语》研究发表学术论文几十篇，《〈孔子家语〉综合研究》即是论文汇编。杨朝明多年苦心研究，坚定了对《孔子家语》的整体认知。在他看来，《孔子家语》并非后世“言之凿凿”的伪书，越来越多的人开始认识到它的独特价值。不仅如此，《孔子家语》中的文献资料纠正了不少传世文献的错误，激活了一批为人们长期忽视的“伪书”，夯实了孔子儒学研究的基础。

通过对《孔子家语》成书以及流传问题的分析研究，杨朝明认为，尽管《孔子家语》并非孔门弟子最原始的记录，可能经过孔子弟子的整理润色、后人传抄过程中的增损，以及孔安国等人的重新编订等，但这与传统意义上的造伪具有本质的区别。《孔子家语》为今天人们认识孔子儒学，认识中华上古文明，打开了一扇全新的窗户。从这个意义上讲，《孔子家语》完全称得上“儒学第一书”。

《孔子家语》展现了更真实丰满的孔子形象

在中华传统文化经典著作当中，“四书”居于核心位置。“四书五经”是历代学子必读之书。与“四书”相比，无论是在规模上，还是在内容上，《孔子家语》都要高出很多。

从资料的厚度上讲，《论语》16000多字，《孔子家语》字数是《论语》的3.578倍。《孔子家语》汇集了孔子的大量言论，再现了孔子与弟子时人谈论问题的许多场景，还有经过整理的孔子家世、生平、事迹以及孔子弟子的材料。与《论语》相比，《孔子家语》内容更加丰富，具体而又生动，且首尾完备，提供了更多的学术信息，展现了更为真实、更为丰满的孔子形象。

经典《论语》基本上是以句子的形式呈现，以段落、章节形式呈现的内容所占比重不是很大。因而，人们耳熟能详的大都是《论语》中脍炙人口的格言警句。《孔子家语》则多以章节形式呈现，往往有生动翔实的故事情节，或者具体细致的对话场景。比如，《相鲁》对孔子为政的记述非常翔实具体，依次记录了孔子在中都宰、司空、大司寇等不同职位上的经历，记述了孔子在鲁国期间的执政业绩，显示了孔子卓越的政治才能，体现了孔子“君君，臣臣”的政治思想。《始诛》则通过两则意义相互关联的故事——《诛杀少正卯》《处理父子争讼》，较为系统地反映了孔子的政治教化思想。可以说，《孔子家语》更具有全貌性特征。

在杨朝明看来，对于今天的孔子研究来说，《孔子家语》

的价值不在《论语》之下。《孔子家语》内容庞大，价值之高出乎我们的想象。如果说《论语》是“孔子语录”，是一个语录选编，《孔子家语》则相当于“孔子选集”，是孔子言论的汇编。将《孔子家语》与其他经典相互参照，可以全息展现孔子的形象，更好地研究孔子生平及其博大精深的儒家思想。

《孔子家语》对于早期儒学研究具有重要价值

自20世纪70年代以来，河北定州八角廊汉墓竹简、安徽阜阳双古堆汉墓竹简、上海博物馆馆藏战国楚竹书等一批早期思想文献先后出土，《孔子家语》的可靠性逐渐被证实，其学术价值日益凸显。近年来，人们对《孔子家语》的关注与研究越来越多，越来越深入。

《孔子家语》作为重要的先秦儒家文献，可与许多传世文献、出土文献相互对照，考证上古遗文，校勘先秦典籍，其文献价值巨大。在杨朝明看来，《孔子家语》伪书案的终结，为历史文献的研究方法提供了重要借鉴，也是历代学者研究得失的一次检验。相较于《论语》等儒家文献，《孔子家语》对于全面研究和准确把握早期儒学更有价值。深入研究《孔子家语》，可使早期儒学研究呈现全新局面。比如，通过对比《孔子家语》和《礼记》都有的《礼运》，我们可以发现，《孔子家语·礼运》更多保存了内容原貌，更具可靠性。再比如，对比《论语》与《孔子家语》，我们可以发现，《孔子家语》详细记录了孔子与其弟子门生的问对诘答和言谈行事，内容更丰富，情节更完整，对于准确理解孔子思想，全面把握早期儒学，有着巨大的理论价值。当今了解和学习《孔子家语》，对于弘扬中华优秀传统文化具有十分重大的意义。

正如杨朝明在《孔子家语通解》代前言中所说："儒家典籍有'四书五经'的提法，如果加上《家语》，儒家最为紧要的典籍可有'五书五经'。《家语》不仅是专门的孔子儒学的记录，而且在规模上也超越了儒家'四书'中的任何一部。与《论语》的简略相比，《家语》有完整的场面；与《大学》《中庸》作为专题论文相比，《家语》中的思想更为全面；《史记》记录了孔子事迹，但《家语》的记录时代更早，内容更多，更加准确。孔子的思想博大精深，要准确地理解孔子，要真正走近孔子，决不能舍弃《家语》，《家语》可以当之无愧地被称为'孔子研究第一书'。"

在院长杨朝明的带领下，孔子研究院在早期儒学研究方面显示出更多优势，对《孔子家语》的研究更为系统深入，并且注重将学术研究与文化普及相融合。2020年，孔子研究院推出《孔子家语》讲读系列，组织科研人员进行原始文本解析，深入挖掘孔子思想内涵，阐释孔子思想的当代价值，并在山东电视台、"春秋讲坛"等平台陆续呈现，以此来突显《孔子家语》的价值，让《孔子家语》走进社会最广泛的民众中去。

"半部《论语》治天下，一部《家语》兴中华。"党的十九届五中全会明确提出到2035年建成文化强国、教育强国。在大力弘扬中华优秀传统文化的今天，《孔子家语》的价值得以揭示，广为人知，为繁荣文化所用，为文化自信助力，怎不令人激动。在杨朝明看来，《孔子家语》不仅补充增加了孔子儒学研究新资料，也激活了更多的古代文化资料。这是儒学研究不能越过的经典，也是普通人应该仔细阅读的经典。潘汉久先生表示："在'孔孟之乡智慧沙龙'2020年度最后一场设定《孔子家语》选题，邀请《孔子家语》研究的知名学者杨朝明压轴担任主讲嘉宾，讲述《孔子家语》及其重要价值，就是要让这部典籍进入更多人的视野，让更多人认识它、了解它，正本清源地认识《孔子家语》的真实可信和重要地位，充分发挥其‘中国儒学第一书’或‘孔子文化第一书’的独特价值。”

（《济宁日报》，宋振中，2021年2月2日第4版）

后 记

本书既纳入《尼山文库》，则所选文章应注重学术性。不过，个人初编目录后，发现多属于实证性研究文字，觉得与编纂初衷不合，不得不重新编辑，于是成了现在的样子。

本丛书要求兼顾可读性，围绕“四个讲清楚”“创造性转化、创新性发展”“文化自信”的框架，将所关注的核心问题、热点问题，以通俗易懂的语言进行表述。内容上则要求选编近年来与中华优秀传统文化相关的新理念、新观点、新贡献，着重阐释孔子儒学在新时代的价值和意义。自己这些文字，新意有限，贡献不多，但都是这些方面的思考。

在孔子研究院，我们组织特聘专家，包括儒学大家、泰山学者、尼山学者、泰山学者青年专家，编辑了《尼山儒学文库》，目前已经全部完成，出版了12册。目的同样是为认真回答“四个讲清楚”重大课题，加强传统文化研究，回顾、总结、前瞻，把专家们近年具有代表性的学术论文、研究报告、演讲稿或著作摘录集中起来。《尼山儒学文库》注重思想性、学术性、时代性、普及性的统一，强调学者的学术观点和学术贡献，既有宏观的文化研究，又有微观的专题思考，有助于读者了解儒学研究当代学者之所思所想，把握新时代儒学研究方向，从而反观自省，浸润于中华文化。本书的编纂意图与之一致。2020年3月我刚出版《从文化自知到文化自信》，作为《中华优秀传统文化大家谈》中的一部，随后编辑了《孔子文化与当代中国》。二书性质类似，编辑方式一样。因此，本书纂辑收录了其他相关文章、讲稿、报道、建言等，形式比较驳杂。

本书选编得到了曲阜至圣文化书院杨传卿的大力帮助。他帮助我搜集整理了这些文章，并进行初步分类，初拟了题目。书稿初编完成，曲阜师范大学刘淑强副研究馆员、山东社会科学院杨传召博士提出了一些合理的建议和意见。

本书列入《尼山文库》出版，十分感谢陈来先生的信任推荐，感谢尼山世界儒学中心彭彦华研究员的热情鼓励。山东教育出版社何欣竹、乔正义提出宝贵意见，费心编辑，十分感谢！

杨朝明

2022年7月10日

GAOGAOSKY | 高高 BOOKS

〔英〕威廉·萨默塞特·毛姆 著
赵文伟 译

作家笔记

ZUOJIA BIJI

时代出版传媒股份有限公司
安徽文艺出版社

图书在版编目（CIP）数据

作家笔记 /（英）威廉·萨默塞特·毛姆著；赵文伟译. —合肥：安徽文艺出版社，2019.1

（毛姆文集）

书名原文：A Writer’s Notebook

ISBN 978-7-5396-5697-7

Ⅰ. ①作… Ⅱ. ①威… ②赵… Ⅲ. ①笔记－作品集－英国－现代 Ⅳ. ①I561.65

中国版本图书馆CIP数据核字（2018）第019731号

出 版 人：朱寒冬

责任编辑：张妍妍　姚　衎　　策　　划：高高国际

选题统筹：陈　静　万雄飞　　装帧设计：高高国际　张诚鑫

出版发行：时代出版传媒股份有限公司　www.press-mart.com

安徽文艺出版社　www.awpub.com

地　　址：合肥市翡翠路1118号　邮政编码：230071

营 销 部：（0551）63533889

印　　制：北京文昌阁彩色印刷有限责任公司　电话：（010）82562134

开本：880×1194　1/32　印张：11.5　字数：330千字

版次：2019年1月第1版　2019年1月第1次印刷

定价：58.00元

A WRITER'S NOTEBOOK

深情怀念我的朋友

弗雷德里克·杰拉德·哈克斯顿

1892—1944

毛姆和他心爱的杰拉德·哈克斯顿

威廉·萨默塞特·毛姆 1874—1965

《作家笔记》1949 年初版书封

作者序

儒勒·列那尔[①] 的《日记》是法国文学中的二流杰作。他还写过三四部独幕剧，不好也不赖，不会逗你开怀，也不会让你太感动，演得好的话，你能耐着性子看完，不会觉得太无聊。他写过几部小说，其中《胡萝卜须》非常成功，讲的他自己的童年生活，一个粗野的小男孩有个严厉、残忍的母亲，因为这个母亲，他的日子过得很悲惨。列那尔的写作手法，没有装饰，不加烘托，原本凄惨的故事显得愈发哀婉动人，这个可怜的孩子的痛苦没有一丝暗淡的希望加以缓解，读来着实令人心碎。看到他那么笨拙地讨好那个恶魔般的女人，你会苦笑，你能感受到他的羞辱，看到他受到不公正的惩罚，你会愤愤不平，仿佛挨罚的那个人就是自己，看到他遭受如此恶毒残忍的折磨而不恼火的人，心肠一定坏掉了。这不是一本可以过目就忘的书。

儒勒·列那尔的其他小说都无足轻重，要么是自传的片断，要么是在观察与其密切接触的人后做了详细的笔记，然后把笔记汇编成一本书，简直不能称作小说。他特别缺乏创造力，人们会纳闷，他怎么就成了作家呢？他没有虚构能力，无法突出某个事件的要点，哪怕只

① 儒勒·列那尔，Jules Renard，1864—1910，法国小说家、散文家、戏剧作家。重要作品有《乡村的犯罪》《胡萝卜须》《动物的低声细语》。

是赋予他的敏锐观察以一种形式。他收集事实，但小说不能仅由事实构成，事实本身是死的。事实的用处是说明一个想法，或阐明一个主题，为了达到自己的目的，小说家不仅有权改变事实，强调它们，或放弃它们，而且不得不这么做。没错，儒勒·列那尔自有他的一套理论：他宣称自己的目标只是陈述事实，让读者在他提供的资料的基础上写自己的小说，试图做其他任何事都是文学篡改。但我总是对小说家的理论持怀疑态度，我觉得那些理论不过是他们为自己的缺点找理由辩解。所以，如果一个作家没本事虚构出一个貌似可信的故事，他就会告诉你，在小说家所应掌握的所有技能中，最不重要的就是讲故事；如果他缺乏幽默感，他就会抱怨幽默毁了小说。为了给残忍的事实赋予生命的光彩，必须通过激情加以变形，所以，当他回忆起自己不幸的童年时，自怜自艾之情和他对母亲的仇恨让回忆充满了毒液，于是儒勒·列那尔写下了他唯一一部好小说。

我猜，要不是他辛辛苦苦写了二十年的日记在他死后出版，他早就被世人遗忘了吧。那是一部了不起的作品。他认识很多他那个时代在文学和戏剧界举足轻重的人，演员里有莎拉·伯恩哈特① 和吕西安·吉特里②，作家里有埃德蒙·罗斯丹③ 和阿尔弗雷德·卡皮④，他讲述与他们见面的情景，语言极其活泼生动，同时透着尖刻讽刺。在这里，他敏锐的观察力帮了忙。尽管他的人物描写十分逼真，他与这些聪明人生动的对话真实可信，但你必须对十九世纪最后几年和二十世

① 莎拉·伯恩哈特，Sarah Bernhardt，1844—1923，法国演员。她是十九世纪和二十世纪初最有名的女演员。

② 吕西安·吉特里，Lucien Guitry，1860—1925，法国演员，在现代现实主义戏剧表演上有极高的造诣。

③ 埃德蒙·罗斯丹，Edmond Rostand，1868—1918，法国剧作家。最初写诗，曾出版诗集《嬉戏》。所写剧本以韵文为主，大多描写骑士与美人之间的爱情纠葛，充满幻想和离奇的情节，悲剧因素和喜剧气氛巧妙地融合在一起，带有浪漫主义色彩。代表作为《西哈诺·德·贝热拉克》和《雏鹰》。

④ 阿尔弗雷德·卡皮，Alfred Capus，1858—1922，法国记者和剧作家。

纪头几年的巴黎社会有所了解，无论是亲身经历，还是道听途说，才能真正领会到这些部分的深意。这本日记出版后，他的作家同行们发现他在描写他们的时候言辞刻薄，个个气得不行。他笔下那个时代的文学界一副野蛮的景象。他们说，狗不咬狗。法国文人可不管这套。我觉得，在英国，文人懒得彼此纠缠，不像法国作家成天厮混在一处，英国作家也见面，但并不频繁，而且多半是偶遇。我记得多年前一位作家曾对我说："我宁愿和我的创作素材生活在一起。"他们甚至不怎么读彼此的书。有一次，一个美国评论家来英国，想采访多位著名作家，让他们谈谈英语文学，他只见了一个作家就放弃了这个计划，因为他发现这位声名显赫的作家连一本吉卜林[1]的书都没读过。英语作家也会评价同行，他们会告诉你，这个作家很棒，那个作家不太出色，但他们对前者的热情很少到狂热的程度，对后者的轻视表现为冷漠，而不是诋毁。他们不太嫉妒别人的成功，倘若此人浪得虚名，他们只会觉得可笑，不会愤怒。我认为英国作家以自我为中心。他们也许和其他人一样虚荣，但只要被一个私人圈子认可，就足以满足他们的虚荣心。他们不太受非难的影响，除了一两个例外，他们不会刻意讨好评论家。他们待人宽容，互不干扰。

法国的情况大不一样。在那里，文学生涯是一场残忍的斗争，那里有个人攻伐，有派系倾轧，身处其中，你必须时刻提防敌人的圈套和陷阱；身处其中，你永远无法确定朋友不会从背后捅你一刀。他们各自为战，就像某些形式的格斗，什么招都能使。这种生活充斥着怨恨、嫉妒、背叛、恶意和仇恨。我认为这事出有因。原因之一，当然，法国人对待文学的态度比我们严肃多了，我们从没觉得一本书有多么重要，他们愿意为一般原则争论，那股激烈的劲头，我们既惊讶，又觉得好笑，因为我们始终觉得把艺术太当回事挺滑稽的。还

---

① 吉卜林，Joseph Rudyard Kipling，1865—1936，英国小说家、诗人。主要作品有诗集《营房谣》和《七海》，小说集《生命的阻力》和动物故事《丛林之书》等。

有，在法国，政治问题和宗教问题总是跟文学纠缠在一起，一个作者的书遭到猛烈抨击，不是因为那是一本烂书，而是因为作者是新教徒、民族主义者、共产主义者什么的。很多地方还是值得称赞的。法国作家不仅认为自己写的书重要，也认为其他人写的书重要，这是好事。法国作家认为书至少真的有意义，如果它们的影响有益，就要捍卫它们，有害的话，必然要受到抨击，这也是好事。书的作者都认为书不重要，书自然无关紧要。正因为法国人觉得书很重要，他们才会站队并激辩。

法国作家有个常见的做法总是令我震惊，那就是，他们会读自己的作品给彼此听，无论是在写作的过程中，还是写完了以后。英国作家有时也会把自己尚未发表的作品寄给同行，请对方批评指正，所谓的批评指正是赞美的意思，真要对他人的手稿提出严肃的反对意见就太鲁莽了，那样只会冒犯人家，人家也不会听你的。但我相信，没有哪个英国作家会乖乖坐上几个小时，听另一个小说家读他的新作，这简直无聊透顶。在法国，作家就该如此，这对他们来说似乎是个心照不宣的事，更奇怪的是，就连杰出的作家，也常常根据他们通过这种方式听到的意见大幅修改自己的作品。福楼拜就承认，听了屠格涅夫的点评后，他重写了书稿；读安德烈·纪德的日记，你也会发现他常常从这种方法中获益。我让我很是困惑，我给自己的解释是：在法国，写作是一个受人尊敬的职业（在英国从来不是），所以没什么突出的创造力的人也经常以此为业，敏锐的智慧、良好的教育、悠久的文化背景使他们能创作出高水平的作品，但这是决心、勤奋和一个渊博、聪明的大脑带来的，而不是有什么创作冲动，所以，善意的批评和意见用处很大。但如果我知道那些伟大的创作者，其中最著名的是巴尔扎克，也给自己找这种麻烦，我会非常惊讶。他们写作是因为非写不可，写完这本，脑子里只想着接下来要写什么。当然，这种做法说明，法国作家为了让自己的作品臻于完美肯花心思，而且别看他们很敏感，却不像很多英国同行那样自鸣得意。

法国作家之间的敌对和怨恨更深还有一个原因：法国的读者太少，不足以供养如此庞大的作家群体，我们有两亿读者，他们只有我们的四十分之一。每一个英国作家都有足够的发展空间，你也许从没听说过他，但只要他有才华，无论在哪个领域，他都能有足够的收入。他不会很富有，况且，如果他的目标是发大财，他也绝不会干这行。他迟早会拥有自己的忠实读者群，而且为了让出版商登广告，报纸不得不给书评留很大的版面，这样报纸杂志也给予了他足够的关注，所以不嫉妒其他作家也没有关系。而在法国，很少有作家能靠写小说谋生，除非他们有私人收入或其他职业提供生活保障，他们不得不求助于新闻界。买书的人不够多，所以一个作家的成功会大大削弱另一个作家的成功。获取知名度是一场斗争，守住自己在公众心目中受尊重的地位也是一场斗争。于是，他们发疯一般努力吸引评论家善意的关注，即便是有名望的作家，知道有一篇短评即将刊登在某某报上都会焦虑，发现评价不好，也会暴怒。的确，文学批评在法国比在英国分量重。某些批评家有巨大的影响力，可以决定一本书的成败。尽管全世界的文化人都读法文书，法文书的读者不只限于巴黎，但法国作家真正在乎的只是巴黎的作家、批评家和睿智的读者的看法。这是因为文学抱负都集中在这一个地方，巴黎是无数冲突和嫉恨发生的舞台。这是因为作家的经济回报太小，所以，他们极其渴望，且费尽心机想要获得每年颁发的奖项，或者进入这个或那个学会，这不仅肯定了他的事业，还提高了作者的市场价值。然而，有抱负的作家多，奖项少，资深的作家多，学会的空位子少。没有多少人知道，争取获奖或获选的过程中，有多少辛酸、多少交易、多少阴谋。

当然，法国也有一些蔑视金钱、鄙视荣誉的作家。由于法兰西是个有雅量的民族，这些作家得到了全体法国人的绝对尊重。这就是为什么，某些作家以任何合理的标准来评价，都是无足轻重的，却享有盛名，尤其是在年轻人中间，这是外国人无法理解的。很可惜，才华和创意并不总是伴随着高尚的品格。

儒勒·列那尔很诚实，他没在日记里美化自己。他恶毒、冷酷、自私、狭隘、嫉妒心强，而且忘恩负义。他唯一可取的地方是他对妻子的爱，整本日记中，他只在谈到妻子时始终充满善意。他疑神疑鬼，总觉得别人侮辱他，他虚荣得令人发指。他既不仁慈，也不友善。凡是他搞不懂的东西，他就愤怒地大加贬损，他从来没有想到过，这也可能是他自己的错。他是可恶的，做不出慷慨之举，也没什么慷慨之情。但即便如此，《日记》仍是一本精彩的读物，有趣极了。它机智、微妙，时常闪着智慧的光。这是一个专业作家出于职业目的记的一本笔记，他热情地追求真理、风格纯粹和语言完美。作为一名作家，没有谁比他更认真尽责。儒勒·列那尔匆匆记下巧妙的反驳和聪明的短语、警句，他看到的东西，人们的言论和他们的模样、风景描写、光与影的效果，简言之，是一切他坐下来为了发表而写作时用得上的东西。当收集到足够的材料，他就把它们串成一个比较连贯的故事，写成一本书，这样的情况我们知道的就有好几例。对作家来说，这是这本书最有趣的部分，你被带进一个作家的工作室，他向你展示他认为哪些材料值得收集，他又是如何收集这些材料的。至于他没有能力更好地利用它们，这并不是问题的关键。

我忘了是谁说过，每个作家都应该有一个笔记本，但千万不要参考它。如果你好好体会，这话确实有道理。通过记录某样打动你的东西，你就把它从脑海中不断涌动的印象中分离出来，也许还能将它牢记在心。我们都有好的想法，或生动的感受，认为总有一天会派上用场，但我们太懒了，没写下来，于是就忘掉了。当你知道你要记录某样东西时，你会比平时看得更仔细，这个过程中，你会意识到，这些词会让它在现实中拥有自己的位置。使用笔记的危险在于，你发现自己容易对它产生依赖，因此丧失了写作的连贯平稳和自然流畅，而拥有这些特点，必须允许潜意识充分活动，这个活动有个略显浮夸的名字：灵感。你还容易把笔记插入文中，无论适当与否。我听说沃尔特·佩特[①] 做了大量读书和思想笔记，并将它们分门别类，攒够了关于某一主题的笔记，他就把它们整合在一起，写一篇随笔。如果真是这样，就可以解释读他的文章时为什么会有窒息感了。这也许就是他的文字没有节奏，也没有活力的原因。就我而言，我觉得做大量的笔记是一种极好的练习，可惜我生性懒惰，没能更勤奋地练习。只要聪明谨慎地使用，笔记还是有用的。

正因为儒勒·列那尔的《日记》在这方面如此愉快地吸引了我的注意，我才斗胆把自己的笔记收集整理出来，供同行作家阅读。我得赶紧声明一下，我的笔记可没他的有趣，而且是断断续续的，有很多年，我根本没做笔记。这不是什么日记。与有趣的人或著名人士见面的情形，我也没做任何记录。没这么做，我很遗憾。我认识很多著名的作家、画家、演员和政治家，关系都比较亲密，如果我把我和他们的对话记录下来，下面的篇章无疑会更有趣。我从来没想到要这么做。我觉得将来作品中用不到的东西，我都不会记下来，尽管我记下了各种各样的个人想法和感受，尤其是在早期的笔记中，我的目的只有一个，那就是迟早要把它们用在我创造的人物身上。我希望我的笔记本是一个材料库，以备将来之需，仅此而已。

随着年龄增长，我越来越清楚自己的意图，我不怎么记录个人观点了，而是趁着印象还新鲜，更多地记录不同的人物和地方，只要它们看似可以用于我目前考虑的某个特定的计划。确实，有一次我去中国，隐约有个写一本旅行书的想法，后来笔记太多了，我干脆放弃了这个计划，直接把笔记出版了。当然，我把这些笔记从这本书中删去了。同样，别处用过的笔记，我也都删掉了，如果漏了那么一两句，

---

① 沃尔特·佩特，Walter Pater，1839—1894，英国著名文艺批评家、作家。提倡“为艺术而艺术”的英国唯美主义运动的理论家和代表人物。代表作为《享乐主义者马利乌斯》。

我忠实的读者想起在哪里见过，那绝不是因为我对它们有多满意，想再重复一遍，而是我疏忽了。不过，有那么一两处，我故意保留了当时记录的事实，受到它们的启发，我创作了一则故事或一篇小说，我觉得，读者如果偶然想起读过这篇或那篇，看看我基于什么材料设计出更复杂的情节会很有趣。我从来没声称过自己可以凭空杜撰，我总是需要一个事件或一个人物作为出发点，但我运用了我的想象力、虚构力和戏剧感，把它变成了自己的东西。

我早期的笔记里充斥着我没写出来的剧本里的对话，我觉得没有人会对这些东西感兴趣，就把它们也删掉了，还有相当多的言论和想法，在现在的我看来是夸张且愚蠢的，但我还是把它们保留下来了。它们是一个毛头小子对现实生活，或者他以为的现实生活，以及自由的想法，此前他过着受保护、被约束的生活，满脑子热烈的幻想，加上读了些小说，结果误入歧途，这对于和我出身同一阶级的男孩来说是很自然的事，这些笔记还表达了这个小伙子对他的成长环境中流行的观念和习俗的厌恶。我觉得，隐瞒这些东西是对读者不诚实。我的第一本笔记是 1892 写的，当时我十八岁。我不想假装自己当时更理智。那时的我无知、天真、热情、乳臭未干。

我的笔记加起来有厚厚的十五卷，但如上所述，我删掉了很多东西，剩下的篇幅并不比很多小说长。我希望读者认为这个出版理由足够充分。我出版这本笔记，不是因为我自大到认为自己的每一句话都应该不朽。我出版它是因为，我对文学技巧和创作过程感兴趣，如果别的作家写了这样一本书，恰好到了我手里，我会迫不及待地翻看。幸运且凑巧的是，我感兴趣的东西，很多人似乎也感兴趣，这完全在我的意料之外，我至今对此惊讶不已，但过去经常发生的事也许还会发生，还会有些人从下面的章节中发现他们感兴趣的东西。倘若我在文学创作全盛期出这样一本书，我会认为自己很无礼，我似乎是在宣称自己有多重要，这会冒犯到我的同行，但现在我是个老人了，不能成为任何人的对手，因为我已远离了喧嚣，将自己还算舒服地束之高阁。我有过的抱负早就实现了。我不和任何人争，不是没人值得我跟他争，而是因为，我要说的话都说完了，我很高兴把我在文坛的这一小块地盘让给别人。我已经做了我想做的事，现在沉默更适合我。有人告诉我，如今你要是拿不出新作品，让你的名字时刻出现在公众面前，你很快就会被人遗忘，我毫不怀疑这是真的。嗯，我已经准备好了。当我的讣告最终出现在《泰晤士报》上时，他们会说："什么？我还以为他死了好多年了呢。"到那时，我的鬼魂会轻轻窃笑吧。

译者序 一个人生追问者的自白

早上起来，打开电脑，写译者序，一肚子话，择不清，拥挤着，向上涌，想起荣格的话，每一个有创造力的人本身都是一个分裂的存在，面对毛姆这个既严肃又活泼，既刻薄又宽容，既害羞又勇敢，既自卑又狂傲，既睿智又偏执，在读者那里成功，在智识功利者那里不成功的作家，四分之三正常，四分之一同性恋，或者四分之三同性恋，四分之一正常，终生用异性恋视角写作的“分裂分子”，我一时不知如何排列拼接词语也情有可原。

通常，一个“分裂分子”，倘若恰好有自省的习惯和自赎的意愿，那么周遭的一切人或物，人与人的集合体——社会，物与物的集合体——世界，尤其是最不可或缺及舍弃的自身都是可用来研究、思考和给予启发的名与实。毛姆八岁丧母，十岁丧父，出生于法国，成长于英国，个子矮小，口吃严重，还有点“地包天”，这些早期经验和身体属性不可能不对他的人格产生影响。毛姆说，“身体的偶有属性会影响灵魂的构成，假如我不口吃，假如我的个子能高出四五英寸，我的灵魂会很不一样。”然而，人生没有假设，前提不同，结果自然不同，但不同在哪里，是否以符合心意的形式不同，没有一个全知全能者能为我们一次性解答所有的困惑，而拥有一个全知全能的精神指引者，一本全知全能的书，正是我辈痴人终生的奢念，毛姆也不例外。看似早早就接受了唯物主义，放弃基督教信仰的毛姆，终其一生都在寻找一个更好的替代品。在这本创作时间跨度超过半个世纪的《作家笔记》里，我们时常会看到毛姆关于基督教和上帝的言论，乍看，他背弃信仰的态度是决绝的，甚至和渎神沾边，但细看之下，并非如此，他给自己留了余地和退路，他和被谈论对象保持着一定的体面的距离，原来，他是一个看似轻率的审慎者。1894 年，他这样写道，“信仰上帝无关常识、逻辑或推理，只关乎情感。证明上帝存在和证明他不存在都是不可能的。我不信上帝。有来世这个说法对我而言不可思议。我确信，等我死了，我的生命将完全停止，来于尘土，归于尘土。不过，我能想象，将来有一天，我或许会信上帝，但仍会和现在我不信上帝时一样，认为信仰上帝无关推理或观察，只关乎情感。”五十年后的 1944 年，他又写道，“我不知道上帝是否存在。任何用来证明他存在的论点都不具说服力，就像伊壁鸠鲁很久以前说过的那样，信仰必须凭借直觉。我从未有过此类直觉，也从未有人就邪恶与全能至善的上帝如何相容给出令我满意的解释。”断章取义地看，他不信上帝。前后联系着看，他仍有信上帝的可能。他的“不信”只能理解为彼时彼地的困惑不解。毛姆五十多岁时，人家批评他犬儒，他还真不是狄奥根尼那种“我希望你闪到旁边，让我可以晒到太阳”的犬儒法，他顾虑和在乎的东西太多了。他不相信有来生，但最令他难以接受的是，不期望来生意味着再也见不到母亲了，母亲的生，给了他这辈子唯一相互的爱；母亲的死，是他这辈子最化不开的痛。1922 年的笔记中，他详细描述了他与他深情怀念的哈克斯顿在婆罗洲的实哥浪河上的一次溺水经历。此前，1917 年的笔记中，他也谈到一次溺水经历，那次是在海上，“我感觉死亡迫在眉睫，恳求上帝的话脱口而出，这是被我遗忘的儿时信仰的残留物，抑制住它们，并冷静地面对可能要发生的事需要一定的意志力。那一刻，我差点儿就信了上帝，强烈的荒唐感使我得以免于向恐惧屈服。”毛姆还描述过一次奇异的显灵，显灵、神迹之类的故事，这种话通常由笃诚的信徒讲出，有一回，毛姆去威尼斯，照常去学院美术馆看画，感觉累了，他就坐在委罗内塞那幅《利未家的宴会》前。画中的耶稣坐在一张长桌的中央主持宴会，侧着头和他左边的施洗约翰交谈。毛姆凝视着这幅画，突然，他看见耶稣扭过头来盯着他的脸，他后来解释说，这大概是视错觉，但这件事仍使他的心灵受到了极大的触动。翻回头看，毛姆说“信仰上帝只关乎情感”，是吗？显然不是，如果只关乎情感，这些关键时刻足以让他重新拥抱儿时的信仰，而他没有，依我看，总体上，他的理性占了感性的上风。

如果可以把毛姆称作哲理小说家，那么毛姆对哲学的探索并不止于宗教这一点，对宗教的探索也不止于基督教这一点。中年的毛姆说，“尽管我是具象思维，面对抽象概念，思维并不活跃，我却酷爱玄学，看哲学家们像走钢丝一样研究难懂的东西，对我来说是一大乐事。”晚年的毛姆依然乐此不疲，“我很高兴自己活得够久，仍有一个学科让我一如既往地兴奋，那就是哲学，不是爱争论且枯燥的哲学——‘哲学家们的论证若无法有效治疗人类的苦难，这样的论证是没有价值的。’——而是探讨我们所有人都会面对的问题的哲学。柏拉图、亚里士多德、普罗提诺、斯宾诺莎，还有很多现代哲学家，如布拉德利，他们一直都能给我带来快乐，引我深思。毕竟，他们和古希腊悲剧作家只谈论对人类重要的问题。他们给人喜悦，让人平静。”毛姆是个好奇的人，无论是在英国、法国、美国、西班牙，还是南太平洋诸岛和印度，他总是在寻找并渴望找到一种生活模式，毛姆是一个智慧的追问者，一个思想的记录者，困扰我们的问题也同样困扰着他，生命的价值是什么，人生的目的是什么，人到底该怎样活着，宇宙的意义在哪里。不相信这个，那又该相信什么。唯物主义、自然主义、主观唯心主义、唯美主义、神秘主义、现实主义、功利主义，这些主义的痕迹，毛姆的身上或多或少都有。善于以讽刺揭开虚伪面具的毛姆，善于一针见血、指点迷津的毛姆，身为二十世纪最畅销作家，身边不是美人就是名流的毛姆，是否找到了他渴求一生的圣杯呢——灵魂的慰藉与解脱，那个大写的PEACE（安宁）？《毛姆传——毛姆的秘密生活》的作者赛琳娜·黑斯廷斯这样写道："晚年的毛姆会陷入几乎无法自拔的痛苦之中。他时常从噩梦中惊醒，艾伦（毛姆的最后一任秘书和情人）现在睡在毛姆的卧室里，以便在他醒来时安慰他，有时，他起夜多达六次；白天，万念俱灰的他会愣愣地坐上几个小时，控制不住地哭泣，拒绝得到安慰。"

赵文伟

1892年

这一年，我入读圣托马斯医院医学院。我在那儿度过了五年时光。我认真记下了第一批笔记的日期，希望这些日期可以用作为内容辩解的借口。我后来的笔记没有标明日期，其实，我的很多笔记都是胡乱写在纸片上或信封背面的，我只好根据主题来判断写作时间。或许这儿啊，那儿，有那么一两年的出入，我觉得不妨事。

考虑到人们做起事来那么愚蠢，闲扯起来又那么愉快，那么，多说少做，或许对这个世界更好。

音乐厅歌曲给愚钝之人提供风趣，正如格言给他们提供智慧。

好运总会带来美德，美德却极少带来好运。

牧师箴言：

牧师受雇布道，而非践行。

只请会回请你的人共度时光或一同进餐。

“你希望别人怎么对待你，你就怎么对待别人。”这是一句针对别人的至理名言。

针对禁酒者的观点，他总是这样回答："上帝指示我们利用世上的东西。"而且他用实际行动说明，家里一直存有大量的威士忌和利口酒，只不过都被他小心地锁在餐边柜里了。"喝烈酒并不适合所有人，"他说，"实际上，让诱惑挡道是一种罪恶；此外，他们也欣赏不了烈酒真正的价值。"

这些观点出自我的叔叔之口，他是黑马厩镇的教区牧师。当时我信以为真，现在回过头来想想，我倾向于认为，他是在打趣我，我从没料到他还有幽默感。

阅读不会让人明智，只会让人博学。

体面是愚人遮盖愚蠢的斗篷。

任何行为本身并无好坏，只是约定俗成。

老处女总是贫穷的。富有的老处女则是一个不算年轻的未婚女子。

天才应以平庸为墨，将自己的名字写入世界史册。
天才是有理想的人才。
天才忍饥挨饿，人才则穿着紫色袍和细麻布衣服①。
今天的天才，再过五十年，大部分不过是人才。

和朋友一起去画廊或许是你让他经受的最严峻的考验。大部分

①见《路加福音》里财主和讨饭的拉撒路的故事。

人去画廊会把谦恭礼貌，连同他们的雨伞和手杖留在门外。他们脱去虚饰，迈步进去，赤裸裸地展现自己的性情。于是，你会发现他们武断、傲慢、轻率、愚蠢，对反驳，甚至意见分歧没有耐心。他们也不会设法掩饰对你的看法，而且多半是负面看法。

在这种情况下，还能宽容地倾听你的意见，承认你的想法和他的想法一样正确的人，才是真朋友。

但首先，你是否对我的友情坚信不疑？你是否确信到让我跟你谈论最私人的话题？

当然了，我亲爱的男孩，你有一颗那么真诚的心，有权说最不悦耳的话。接着说吧。

布鲁克斯。这个男人身高不及中等，宽阔、健壮、匀称。有一颗美丽的头，鼻子好看，额头又宽又高，不过，他刮得干干净净的脸逐渐缩窄成一个尖下巴，他的眼睛是浅蓝色的，眼神有点茫然，嘴巴大，嘴唇厚且性感。他的头发卷曲，但日渐稀疏，留着长发。他气质优雅，散发着浪漫气息。

他在剑桥时与一帮有钱且爱运动的男人厮混，在这群人中间，他被认为才智超群，他的导师和学院院长也同意这个看法。他学习法律，想当律师，成绩是二等。到了伦敦，他在一家昂贵的裁缝店定制衣服，养了个情妇，还加入了改良俱乐部（the Reform Club），这是他的朋友们让他加入的，他们觉得他有政治家的素质。他的朋友都是读书人，他以轻松且业余的方式修了一门英国古典文学课。他欣赏乔治·梅瑞狄斯[①]，蔑视三卷本小说。他勤奋地阅读廉价周刊、文学月刊和季刊。他是戏院和歌剧院的常客，其他夜晚，他要么去朋友家，要

① 乔治·梅瑞狄斯，George Meredith，1828—1909，英国小说家、诗人。主要作品有小说《利己主义者》和诗集《现代爱情》等。

么去老式小酒馆，一面喝着威士忌，抽着烟，一面谈论生死、命运、基督教、书籍和政治，直到深夜。他阅读并钦佩纽曼[①]，他在布朗顿礼拜堂找到的罗马天主教教义强烈地吸引了他。接着，他生了一场病，痊愈后去了德国。

他在德国遇到的人与先前那些伙伴有着不同的追求和偏好。他开始学德语，抱着这个目的，他阅读了德国经典著作。从前他崇拜梅瑞狄斯和纽曼，现在他又崇拜起歌德来了。他去意大利度过了一个短暂的假期，并爱上了这个国家，在德国又待了几个月后，他回到了意大利。

他读了但丁和薄伽丘，但是他接触了一些人，一些钟爱古希腊和古罗马经典作家的学者，他发现他们不太看得上他这种外行。他很容易受到影响，每一个新印象都会在他身上起作用，他迅速接纳了朋友的观点，开始阅读希腊文和拉丁文著作。

他公开对美大加赞赏，看到波提切利的画、白雪皑皑的阿尔卑斯山和海上的日落，所有这些被经常且普遍赞美的东西就赞不绝口，却不愿看到身边简单且美好的东西。他没有说谎，他所欣赏的东西，他是真心欣赏的，且满怀热情，但美这个东西，只有给他指出来，他才能看到，他自己什么都发现不了。他想写作，可是，他既没有精力，也没有想象力，还缺乏意志力。他只是一味勤奋，智力上却是懒惰的。过去这两年，他一直在研究莱奥帕尔迪[②]，打算翻译一些他的作品，但至今没动笔。由于长期一个人生活，他变得非常自负，鄙视没有文化教养的俗人。他目空一切。每当有人开启一段对话，他就来几句貌似高深的陈词滥调，好像他已经解决了这个问题，没什么好说的了。他特别敏感，你不接受他的观点，他就不高兴。他渴望被人欣

① 纽曼，John Henry Newman，约翰·亨利·纽曼，1801—1890，英国基督教圣公会内部牛津运动领袖，后改奉天主教，著有《论教会的先知职责》和《大学宣道集》等著作。

② 莱奥帕尔迪，Giacomo Leopardi，1798—1837，意大利十九世纪著名浪漫主义诗人。

赏。他软弱、虚荣，且自私透顶。但如果不需要他付出什么，他也可以很亲切，如果你小心奉承他，他也可以很可爱。他真心喜欢文学，而且品味很好。他一辈子没有过独到的见解，但对于显而易见的东西，他是一个敏感且敏锐的观察者。

倘若一件事到最后仍保有最初的乐趣，倘若杯中的残酒仍如第一口那般香甜，生活该有多么幸福啊。

无论你多么反感一个亲戚，无论你怎么说他的坏话，你都不希望别人说出让他显得荒谬或讨厌的话，因为败坏这个亲戚的名声，你也会跟着一起丢脸，你的虚荣心也会受到伤害。

在医院。两个人十分要好，他们一块儿吃饭、一块儿工作、一块儿玩耍，形影不离。其中一个回家待了几天，他不在的这段时间，另一个人在解剖尸体时血液中毒，四十八小时后就死了。第一个人回来了，他跟朋友约好在尸检室见面。他走进去，发现他的朋友死了，赤条条地躺在停尸台上。

“我大吃一惊。”给我讲这件事时，他对我说。

我刚从伦敦回来，走进饭厅，见我的老婶婶正坐在桌旁干活。灯亮着。我走上前，碰了一下她的肩膀。她轻叫了一声，发现是我，跳了起来，用她瘦弱的胳膊搂住我的脖子，亲吻了我。

“啊，亲爱的孩子，我还以为再也见不到你了。”说完，她叹了口气，把她那可怜苍老的头靠在我胸前，“我好难过，威利，我知道我要死了，这个冬天是挨不过去了。我本来希望你亲爱的叔叔先走一步，这样他就不用为我的死伤心了。”

泪水盈满了我的眼眶，又顺着我的脸颊流下来。这时，我发现自已做了个梦，因为我想起我的婶婶已经死了快两年了。她尸骨未寒，我叔叔就续了弦。

去年，圣艾夫斯湾有一场暴风雨，一艘意大利船受困。船在下沉，一个火箭降落伞火焰信号已经发出去了，但船员们似乎不知道怎么用这种设备。他们看见了陆地，完全有可能自救，却很无助。埃利斯太太告诉我，她站在窗前，眼睁睁地看着那条船沉没了，她太痛苦了，实在受不了就进了厨房，在那里祈祷了一夜。

大多数人是那么愚蠢，说某某人是中上等人真算不上什么恭维。

大部分人好丑！可惜他们也不尽量用和蔼可亲来弥补一下。

她未婚。她告诉我，在她看来，一个女人一次只能有一个丈夫的婚姻必定失败。

众神在装满邪恶的潘多拉的盒子里又加入“希望”时一定窃笑不已，因为他们很清楚，这才是最残忍的邪恶，正是“希望”引诱人类将苦难忍受到底。

今天上午，刺杀卡诺总统① 的卡斯里尔·桑托被处决了。报纸上充斥着这样的句子：“桑托死得像个懦夫。”

当然不是这样。确实，他浑身发抖，几乎没法走上绞刑架，说遗

① 玛利·弗朗索瓦·萨迪·卡诺，Marie Fran ois Sadi Carnot，1837—1894，法国政治家，1887 年当选为法兰西第三共和国的第四任总统。在总体任期内，发生一系列骚动事件，但他仍保持了总统的威严。1894 年在里昂博览会上，被一个意大利无政府主义者刺杀。

言时，他的声音很微弱，几乎听不见他说的是什么，但他还是坚持了自己的信仰，说出了那句“无政府主义万岁”。他直到生命的最后一刻仍忠实于自己的信念。当初他出手一击时就知道必定要以自己的死来补偿，这时的他和那时的他一样坚定，没有怯懦。颤抖、说不出话是肉体恐惧死亡的表现，哪怕最勇敢的人也会有这种感觉，但说出那样的话表明他有非凡的勇气。肉体是软弱的，精神却是不可征服的。

1894年

最近这几天，所有人都异常兴奋，英法可能要开战了。

一个星期前还没听到什么动静，做梦也想不到会发生这种事。但从上周六开始，报纸纷纷提到两国关系紧张。即使在那个时候，也没提到“战争”这个词。有人暗示要打仗，大家还嘲笑这个说法荒唐。第二天报上就说得更明确了：麻烦的根源是马达加斯加，法国人想吞并它。报纸谈论严重且复杂的局势，开始暗示，这场仗大概非打不可了，但私下里，人们还是将其视作毫无根据的恐慌，认为法国人绝不会蠢到挑起一场战争。然而，就在今天，10月3日，星期三，一份通告震惊了全城：紧急召开内阁会议，内阁大臣们都不在城里，突然被召回了伦敦。

随着这一天慢慢过去，人们越来越兴奋：谈论法国人日益增强的戒备心，还有他们在暹罗和刚果的阴谋。人们争相购买报纸，阅读附有马达加斯加地图的相关文章。证券交易所内一片恐慌，股票下跌，所有人都在谈论战争，城里人在讨论当志愿兵。无论走到哪儿，人们都在打听消息。大家都很焦虑。大家对法国人并没有敌意，但如果非打不可，那也决心一决雌雄。政府没有激发民众的信心，众所周知，政府内部有意见分歧。尽管大家信任罗斯伯里伯爵①，但也都知道内阁其他成员跟他意见不合，认为他们会阻碍他做事，任何事。人们普遍认为，如果英国继续忍受法国的断然回绝，这届政府可能会被推翻。对战争的焦虑和恐惧情绪十分强烈，大家一致认为，尽管时间可能推迟，但法国人如此贪婪、傲慢、善妒，战争迟早会爆发。但真的打起来，知道起因的人很少。到底为什么马达加斯加会引起争端，大家压根儿就不知道。

今天晚上，我去看望几个朋友，路上从两个邮递员身边经过，他们也在谈论这个全民话题。到了朋友那儿，我发现他们也和其他人一样焦虑不安。我们没聊别的。我们比较了一下 1870 年普法战争前夕德法两国人民的情绪和目前英国人的情绪。我们谈到了克雷西战役和阿金库尔战役，聊到了皮特和威灵顿。就战争最初会采取哪些行动，我们讨论了很久，我们还谈论了如果法军在英国海岸登陆会怎样，他们会在哪儿登陆，他们会采取怎样的行动，以及如何阻止他们攻占伦敦。

10 月 4 号。恐慌结束了。政府解释了召开内阁会议的原因，即为在北京的英国国民提供人身安全保障。于是一切恢复了从前的状态。然而，对于被如此误导，民众多少有些愤慨。他们质问有什么必要对召开紧急会议的原因保密，尤其是完全可以预见到这会引起恐慌，并给证券交易所造成巨额损失。在整个事件中推波助澜的记者们也愤怒了，他们感觉自己被愚弄了。

安南戴尔。我发现他把他房间里的两个小雕像转过去了，脸冲着墙，于是我问他为什么。他说事物的背面更有千秋。

安南戴尔："我时常想，一个姓史密斯的人，他的生活肯定很不

① 罗斯伯里伯爵，阿奇博尔德·菲利普·普里姆罗斯，Archibald Philip Primrose, 5th Earl of Rosebery，1847—1929，英国自由党政治家，英国首相，1894—1895。面对内阁的分裂和上院的反对，他在任期内少有建树。

同，既不可能有什么诗意，也不会有什么特色。”

他很喜欢读《圣经》。“我总觉得那里面有些人物法国味儿十足。”

昨天晚上，他讲了个老笑话，我告诉他我已经听过很多遍了。安南戴尔：“实在没有必要编什么新笑话。其实，我很鄙视这类人。他们就像挖钻石的矿主，而我则是技艺精湛的艺术家，将钻石切割、抛光，让女人们见了心生欢喜。”

后来，他又说：“我不明白为什么对自己的看法恰巧是赞美之词就不该说。我很聪明，我知道，我为什么不能承认呢？”

我在圣托马斯医院的时候，住在威斯敏斯特区文森特广场2号那个带家具的公寓里。我的房东太太是个有趣的人。我在一本叫《寻欢作乐》的小说中曾对她略有描述，不过，我只提到了她的诸多优点。她很善良，是个好厨师。她通情达理，有伦敦佬的幽默。她从房客们身上得到很多乐趣。我把她的一些言谈记录如下。

昨晚，福尔曼太太和租住在14号的布朗小姐一起去教区礼堂听音乐会。在街角开小酒馆的哈里斯先生也在：“哎呀，那不是哈里斯先生吗？”我说：“不是他就见鬼了。”布朗小姐戴上眼镜，眯起眼睛向下看，说：“就是他，真是哈里斯先生本人。”“捯饬了吧？”我说。“捯饬了！要我说，往死里捯饬了，简直酷毙了！”她说，“你看，他那衣服还不是借来的，多合身啊。”我说。“可不是人人都有一套正装，对不对？”她说。

然后，福尔曼太太对我说：“我跟你讲啊，他还真惹眼。扣眼里别着一朵大白花。那么一朵白花，再配上他那张大红脸，真真是个古怪的家伙。”

“啊，是的，我以前想要个儿子，主便遂了我的心愿，现在我倒希望他没这么做，我当时要个女儿就好了，我可以教她洗锅、刷地，教她弹钢琴，教她用石墨炉篦什么的。”

她向我描述某人用过的一个长单词：“那么贵族的一个词儿，你知道，哎呀，听上去，把这么个词说出来，下巴都得掉咯。”

“噢，等一便士能买四团毛线，一切就都会好起来的。”

“他看上去确实很糟糕：我想他很快就会嗝屁了。”

我进屋的时候火灭了，福尔曼太太又把火生上了。“我不在的时候，你让火自己烧，好不好？而且不要看着它，好不好？你不看着它就会发现它烧得旺旺的！”

“我不觉得我们的儿子多么充满深情，他从没这样过，打小就是。但他知道我为什么宠他，他会耍些花招。我们真的爱他！哦，他就像一块果酱！饿的时候，我好想吃了他，他身上有些地方那么好看，那么柔软，我真想咬他一口。”

世上有两种友谊。第一种友谊源自动物吸引，你喜欢你的朋友不是因为他有什么特殊的品质或天赋，你单纯是被他这个人吸引了。“C'est mon ami parce que je l'aime；je l'aime parce que c'est mon ami[①]”这真是不讲道理，也没有什么道理可讲。讽刺的是，很可能你会对某人有这种感觉，而他根本不配。尽管这种友谊里性的成分并不活跃，但真的类似爱情：它以同样的方式产生，以同样的方式消退也不是不可能。

第二种友谊是知性的。你新认识一个人，被他的天赋吸引。他的理念是陌生的，他的某些生活侧面是你不了解的，他的经历给你留下了深刻的印象。可是，每一口井都有底，他告诉你的东西最终也会

① 法语：这是我的朋友，因为我爱他；我爱他，因为他是我的朋友。

见底——这就到了是否继续友谊的关键时刻。如果他除了经验和书本教给他的东西，别无他物，他就无法再让你感兴趣，或者无法取悦你了。这口井干了，你把桶放下去，什么也打不上来。这就是人们会迅速跟一个新认识的人打得火热，又迅速断交的原因，而且后来不喜欢这些人，是因为发现自己钦佩错了人，这种失望的情绪会转变成鄙视和嫌恶。不过，有的时候，由于这样或那样的原因，你继续跟这些人交往，想从与他们的交往中获益，让他们给你新朋友的益处，只能在见面前留出足够的间隔期，让他们可以获取新鲜的经验和新的想法。发现他们的浅薄带给你的失望感会逐渐消失，习惯会让你纵容他们的缺点，这样你就会和他们保持很多年愉快的友谊。如果你一眼望穿了朋友的知识库，却发现他身上还有别的东西，比如性格、性感和一颗骚动的心，你们的友谊会更加牢固，那么，这种友谊就和肉体吸引的友谊一样令人愉悦。

可以想象，倘若这两种友谊的对象是同一个人，这就是个完美的朋友。但想要这个，无异于想要天上的月亮。有时也会出现这种情况，一方是肉体吸引，另一方是知性吸引，那么随之而来的只能是不和。

年轻的时候，友谊非常重要，你交的每一个新朋友都是一次激动人心的冒险。我记不得是哪些人触发了这些混乱的想法，不过，既然毛头小子往往通过个例总结一般规律，我猜，当时我发现自己被某个人吸引了，付出的情感却没有得到回报，我对另一个人的思维感兴趣，结果，他没我以为的那么聪明。

我不知道在日常事务中，哲学除了能让我们痛痛快快地做非做不可的事，还有什么大用处。我们被迫迈出某一步，心不甘，情不愿，哲学却告诉我们这么做的好处，于是，尽管内心不快，哲学还是会带给我们些许慰藉。哲学帮助我们镇静地做我们原本不想做的事。

恋爱时，人们应当奉行节俭交欢。谁也不能永远爱一个人。满足感受阻，爱情才会更浓烈、更持久。如果受爱者不在身边，难以接近，任性或冷淡，施爱者无法顺畅地享受到爱情，他便可以在“一旦愿望实现，喜悦就会很强烈”这个想法中寻得一丝安慰。不过，爱就这德行，倘若没有这些障碍物，人就不会想到谨慎行事，对他的惩罚便是厌腻。最持久的爱情是永远得不到回报的爱情。

毫无疑问，我们的许多美德归功于基督教，但同样毋庸置疑的是，我们的一些恶习也归咎于基督教。自爱是每个人行为的主要动机，是其性格的本质，认为自爱对保全自身必不可少也不为过。然而，基督教将它变成了一种罪恶。基督教规定一个人不能爱自己，不能关照自己，也不能为自己着想，只能关注自己的灵魂，行为本天性使然，基督教却要求他反其道而行之，结果就是迫使他变得虚伪。遵循自然本能时，他会心生愧疚。其他人这么做时，尽管他自己没什么损失，他会心怀不满。如果自私不被视作一种罪恶，它就和万有引力一样，不会给我们带来什么不便。没有人认为同类不依照自己的本能行事，他们表现得很自私才是合乎情理的，他们也的确如此。

不求人所无，不强人所难，这是一句好格言。

信仰上帝无关常识、逻辑或推理，只关乎情感。证明上帝存在和证明他不存在都是不可能的。我不信上帝。我觉得这个概念没什么必要。有来世这个说法对我而言不可思议。我认为来世受罚的概念是可恶的，来世回报的概念是荒谬的。我确信，等我死了，我的生命将完全停止，来于尘土，归于尘土。不过，我能想象，将来有一天我或许会信上帝，但仍会和现在我不信上帝时一样，认为信仰上帝无关推理或观察，只关乎情感。

一旦你承认上帝存在，我不明白为什么你要对耶稣的复活心存疑虑；一旦你承认超自然的能力，我不明白你为什么还要给它设限。天主教的神迹和《新约》中的神迹都已经被证实了。

用以证明一种宗教是真理的证据与用以证明另一种宗教的大同小异。我纳闷的是，这并没有令基督徒不安，同时思考一下：如果生在摩洛哥，他就是伊斯兰教徒；如果生在锡兰，他就是佛教徒；而在那种情况下，基督教对他，就像那些宗教对基督徒而言，显然是荒谬虚假的。

妇科教授。他这样开始他的课程："先生们，女人是这样一种动物，每天排尿一次，每周排便一次，每月行经一次，每年分娩一次，一有机会就交媾。"

我认为这是一个结构相当平衡的句子。

1896 年

我不认为一个人的生活受他的人生观支配，他的人生观只是表现了他的欲望、本能和弱点。几天前的一个晚上，我和 B 聊天，我让他跟我说说他设计的那套赋予他的生命以意义的思想体系。

他说，人生的最高目标是活出自己的个性，想要做到这一点就要顺乎天性，任由自己在俗事中随波逐流，甘心接受命运带来的一切祸福。他就像经受了火的洗礼，最终从这些祸福中得到净化，这样才能适应来生。他所拥有的爱的力量使他相信有上帝，有永生。他相信，无论是感官，还是精神层面的爱，都可以净化心灵。今生没有幸福，只有满足的时刻，幸福缺失，以及对幸福的无限渴望，再次证明永生的存在。他认为不需要自我牺牲，他断言所有努力的开始、中间和结束都是自我成长，不过，他也不否认自我牺牲有的时候有助于自我成长。

我让他解释一下他的滥情。这让他有点恼火，但他还是回答了，他说他的性欲很强，他真正爱上的只是一种理想。他在许多人身上找到可以来爱的特质和特点，通过数量累积出一个理想，就像雕塑家，从这里挑一个唇，从那里选一个眼，从这里拿一个姣好的身材，从那里取一个优美的线条，最终创造出一个完美的形象。

但显然，自我成长和遵循本能的过程中，必定会接触到其他人。于是我问 B，如果某个人的本能是抢劫或谋杀呢？他说，社会认为这种本能有害，就会惩罚这个人。

“可是，”我说，“如果他遵循自己的本能，没有触犯哪条法律，却伤害了别人呢？他可能会爱上一个有夫之妇，说服她抛夫弃子，离家出走，跟他同居，后来，他厌倦了她，或者又爱上了别人，离她而去。”

对此，他的回答是：“哦，那么我觉得，他仍然可以遵循自己的本能，只要不伤害别人。”

倘若如此，显然，他的理论解体了。这些纯粹是软弱者的理念，他没有力量对抗自己的欲望，而是屈服于欲望，如一片羽毛，随风飘动。的确，B 没有意志力，没有自控力，也没有勇气面对不测风云。不能抽烟，他就难受；酒菜不好，他就心烦；下雨天，他就心神不安；身体不舒服，他就沉默、沮丧、忧郁；一丁点挫折，哪怕意见不一致，也会令他愤怒、闷闷不乐。他是个自私的家伙，完全不在乎他人的感受。他对英国绅士怎样才举止得体抱有传统的看法，只有这一点让他貌似体面。他不会穿过马路去帮助一个朋友，但只要有女士走进房间，他必定起身致意。

你说贬损自己的话时，人们最乐意相信；他们把你的话当真时，你最恼火。

你来烦我，就像我是一句谚语，而你试图把我变成警句。

任何人都能说出真理，但只有极少人能写出警句。

然而，九十年代的时候，我们都试图这么做过。

“你懂法语吗？”

“噢，嗯，你知道，下流的法语小说我还是看得懂的。”

考克尼方言。[1]

“你是个漂亮女人。”

“是，脚漂亮。”

“你以前说过这话。”

“哦，那我以后说这话。”

“一个帅小伙，长着罗马式的眼睛和忒有神的鼻子。”

“你很聪明！你母亲生了多少个你这样的？”

“是啊，我生了十五个孩子，只跟两个丈夫。”

“啊，要是主觉得把你带走合适，你家就太有福气了。”

“我这辈子有过两个丈夫，死前我希望再有一个。”

“我真的爱你，弗洛丽。”

“可怜的家伙，你干吗非要受罪！”

一个女人可以想怎么恶毒就怎么恶毒，但如果她不漂亮，这就对她没什么好处了。

“哦，我讨厌变老。所有的快乐都将离我而去。”

“但其他东西会来。”

“什么东西？”

“哦，比如对青春的思考。如果我是你这个年纪，我大概会认为你是一个相当自负傲慢的家伙。但实际上，我觉得你是个迷人有趣的男孩。”

---

① 考克尼，Cockney 一词意指英国伦敦的工人阶级，尤指东伦敦及当地民众使用的考克尼方言。考克尼方言有着非常显著的口音与用字，译文中无法体现。

我死活也想不起来这话是谁跟我说的了。可能是茱莉亚阿姨。不管怎么说，我很高兴当时我觉得值得记下来。

阔少爷们彻夜鬼混，第二天一早又去做八点的弥撒，这事儿挺好玩，也挺讽刺的。

宴会上要吃得睿智，但不要吃得太好，要说得好，但不要说得太睿智。

智慧是一件灵活多样的武器，一朝在手，便会失去其他武器，而智慧对付本能功效不大。

人类道德史是在文学进程中充分揭示出来的，无论作家写怎样的题材，他都会展现他那个年代的道德准则。历史小说就有这个大弊病，小说中刻画的人物做着古代的事，一举一动却遵循作家所处时代的道德标准，这显然是不合逻辑的。

人们经常给饥饿的人食物，这样就没什么能打扰他们自己享用美食了。

极度亢奋时，平日文明的约束便会失去威力，而重拾以牙还牙的老规矩。

美德要求牺牲个人意愿，美德仅存在于这种牺牲之中，这种关于美德的理念是错误的。善行之所以善，不只是因为人们做了自己不愿做的事。

大部分人操劳一生无非是为儿孙准备吃住，儿孙们来到这个世界后，和他们的先人履行完全一样的职责。

一个人越聪慧，就越能受苦。

如果说女人在痛苦时流露的情绪更少，这并不意味着她们的承受力更强，而是她们的感受力更弱。

爱情主要是物种繁衍的本能，这具体表现在大部分男人见一个爱一个，要是得不到他们倾心的第一个女人，他们就会迅速转向第二个。

男人极少一辈子只爱一次，如果是这样的话，只能说明他的性欲不是很强。

一旦繁衍的本能得到满足，让求爱者盲目的疯狂便会消失，留给他一个他漠不关心的老婆。

我不知道抽象美是什么意思。美是那个激发艺术家内心审美感觉的东西。今天艺术家觉得美的东西，十年后，所有人也会觉得美。前些年，所有人都说，没有比冒黑烟的工厂烟囱更丑陋的东西了，但一些艺术家发现了烟囱的装饰性，并把它们画了下来。最初，他们遭到嘲笑，但慢慢地，人们在他们的画中看到了美，后来在他们描绘的东西上也看到了美。如今，一个有烟囱的工厂和一片开满鲜花的绿野一样，都可以给人喜悦的快感，并不需要多么了不起的洞察力。

人们惊奇于诗人和艺术家的浪漫生活，而他们更应惊奇的是这些人的表达天赋。普通人生活中视而不见的事，发生在有天赋的作家身上，就会变得极为有趣。一件事是否有意义，要看发生在谁身上。

人类对自己在自然界中的位置有一个极其错误的概念，而且这个错误根深蒂固。

好人要是不那么笨手笨脚，该有多好！

哲学家好比登山者，为了看日出，费力攀爬，到了山顶，却只见雾气昭昭，于是溜溜达达下山。如果他没告诉你风景壮丽，他就是个实诚人。

如今批驳基督教已不需要性，空气中弥漫着一种反基督教的情绪，既然宗教本身是一种情感，情感就是对付它的手段。一个人有宗教信仰，另一个人没有，大概就可以到此为止了，他们各自的论点不过是将情感合理化。

那些为世人而活、为世人工作的人自然要求得到世人的认可。但为自己活的人既不指望世人认可，也不会受其影响。如果他根本不在乎张三李四，怎么会在乎他们怎么看他呢？

大喜的力量总有同等的大悲来平衡。感情麻木的人令人羡慕，极乐和大恸都不会影响到他。至上的幸福中总有苦涩的余味，而苦难是纯粹的。

没有哪个男人骨子里像受过良好教育的女人那么愤世嫉俗。

一个男人与一个女人同居，无论多么被社会认可，通常，他都会变得狭隘那么一点、小气那么一点。不和女人同居，他本不至于此。

男人心目中的理想女性还是童话故事中的公主，她不能睡在七层床垫上，因为最下面有一粒干豌豆。男人总是很害怕遇事不慌的女人。

想要了解女性特征，与其读遍世间的哲学和格言，不如请教一位掌握生理学基础知识的熟人。

一个女人若适应不了男性对她的普遍看法就会吃苦头。

没有什么能像爱情一样改变一个男人的观点，因为新观点多半是新情感。观点不是思考的结果，而是激情的结果。

人有一半困难和迟疑在于想用“是”或“否”来回答每一个问题。“是”或“否”可能都不是答案，两边或许都有一些“是”和一些“否”。

当一个新的想法冒出来，一道新的地平线逐渐展现在我眼前，我会快乐无比。一个新鲜的想法滋生时，我感觉自己离开了这个平凡的世界，飞入了精神蓝色的九霄。脱离了凡尘俗世，一时间飘飘欲仙。

有时，我困惑地审视我的性格的方方面面，意识到我是由几个人组成的，而此刻占上风的人必然要让位给另一个人。但哪一个才是真正的我呢？都是我吗？还是哪个也不是？

当我被那么多的错误和谬见纠缠，却又能挣脱开来时，生活对我而言着实有趣。摧毁自年轻时被灌输的各种偏见，这本身就是一种消遣、一种娱乐。

我不知道“欢愉无害、痛苦无益”这个概念何时才能从人的头脑中清除，到了那时，基督教就彻底腐坏了。

人们坚持跟自己的感觉对着干，于是频繁地毁掉自己的生活。

很少有人想到，一个为了崇高的目标坐在外面淋雨的人，和一个喝多了回不了家躺在大街上的酒鬼一样，都可能患上风湿病，甚至更容易些。

如果你不克己为人，他们就把你视作可恶的自私鬼，但当你为他们做出牺牲时，他们却能以惊人的坚忍承受由此带来的不利。

最显著的女性特征莫过于对细节的热爱和记忆的精准无误。女人可以准确详尽地向你讲述多年前和朋友的一段微不足道的对话，更糟糕的是，她们总是这么做。

痛苦是有害的，痛苦使人高尚的观念是荒唐的。尼采美化受苦就像寓言里那只断了尾巴的狐狸[①]。他认为痛苦会让人变得更坚强，而他的论点在现实面前自动分解了，因为受苦的人想报复。他所谓的力量不过是他将自己受的苦强加给别人时获得的快感。

我们如何待人取决于自我保护原则。一个人如此这般待人，要么是为了获得某种好处，否则就得不到；要么是为了避免可能遭受的伤害。人不欠社会什么，他以某种方式行事，并从中获益，社会接受他有用的行为，并付给他酬劳。社会奖励他做的好事，惩罚他做的坏事。

①《伊索寓言·断尾的狐狸》，一只狐狸尾巴被捕兽器夹断了。受了这种耻辱以后，他觉得自己脸上无光，生活很不好过，所以他决定劝说其他狐狸也去掉尾巴，大家都一样了，他的缺点就可以掩饰过去了。

在大教堂里，或者面对人类的巨作，我并不觉得人类渺小，那时，我倒是会被人类的力量打动。人的头脑似乎无所不能，我忘了人不过是一种微不足道的生物，爬行在一块泥巴上，一个小恒星的行星上。自然和艺术，甚至违背人的意愿，让我们相信人类的伟大，只有科学揭示人类是完全微不足道的。

遇到麻烦，科学是抚慰者和治疗者，它会教导我们，世事微不足道，充满挫败的人生多么无足轻重。

欢乐稍纵即逝，欢乐过后是腻烦，因此就有意回避欢乐是愚蠢的，这就好比食欲很快就能得到满足，吃饱了就不饿了，所以拒绝吃饭一样。

让行为适合准则和让准则适合行为同样难。大多数人说一套做一套。当你提请他们注意这一点时，他们就坚称这是软弱作祟，他们希望按原则办事。这是借口。人们先按自己的意愿行事，然后采用原则，因为这些原则常常与意愿不符，于是他们局促不安、摇摆不定。但当他们强迫自己按原则办事，压制自己的意愿时，他们就没了希望，除非上天堂。

人们一向称赞宽宏胜过公道，这说明人们根据它对自身的价值来评定优劣。公道的人实事求是，不被欣赏，反遭嫌弃。

有一种可以想象得到的最荒唐的说法是，既然快乐不能用数学术语来表达，它一定没什么价值。

个体之于社会的位置等同于个体之于个体。如果 B 将来帮 A 造房子,A 就帮 B 造房子，机会来了,B 便履行合同中的义务，之后就可以获得他要求的好处。

一个人没有明确说出促使他做某件事的理由，并不意味着他没有理由。他不知道出于何种理由，也不意味着他什么理由都没有。即便他自己给出一个理由，也可能又搞错了，给出了错误的理由。

野蛮人克制自己不去伤害同伴是担心遭报复，人与社会的关系也是如此。

如果道德作为社会自我保护的手段，随着社会的发展而发展了，它也未必与个体有什么关系。

真奇怪，在那么多情况下，个人良心要根据社会准则来评判。

人的职责是运用他的一切官能，不可厚此薄彼。人与人之间千差万别，怎么可能有一个共同的道德体系？

找到一个支配人类行为的共同点，这是个难题。

大部分人每赚一个先令就要付出十八便士。一个人为了长远利益，撇开眼前利益，必须确定越长远利益越大。长远本身并没有什么利益可言。

无论是眼前，还是从长远来看，都没有快乐可言的利他主义是荒唐的。指望别人无私，人家没无私，那只好耸耸肩，就此丢开。他绝对无权为此生气。

如果一个个体不在乎自己的种族存亡与否呢？如果他不愿意为种族繁衍做出牺牲呢？

无私的父母养出自私的孩子。这不是孩子的错。他们理所当然地接受父母的奉献，这是自然而然的事。他们怎么知道在这个世界上不劳无获？

一个人应当为他人的幸福牺牲自身的幸福，从纯理性的角度看，这个说法是站不住脚的。

即便人们认为无怨无悔的无私会带来最大的快乐和回报，那种快乐和回报仍是他们为自己辩解的理由。

如果利他主义不是快乐的源泉，世上就不存在利他主义了。每个人都或多或少地指望能从无私中获得回报。世上没有绝对的利他主义。社会利他主义不过意味着，个体在为他人做出牺牲时，经常会得到好处。唯一原始的自我牺牲与繁育后代有关。但这里涉及最强烈的动物本能，倘若这种本能在行使的过程中受挫，随之而来的便是极度的不适，甚至真正的痛苦。父母指责孩子忘恩负义是愚蠢的，他们应该记住，他们为孩子这么做是为了自己快乐。

牺牲本身并不值得赞扬，一个人在做一件自我牺牲的事之前，可能理性地问过自己这么做是否值得。但事实证明，自我牺牲会带给人强烈的快感，以至于人们乐意为最卑劣的目标牺牲自己。

施恩于人是一种巨大的快乐，世人的赞扬又会增加这种快乐。但施恩者很少考虑他人是否欢迎他的恩惠。他并不满足已经获得的快乐，还要人家对他感恩戴德。

快乐主要是个观点问题，像女性时尚一样多变，时髦的快乐令人加倍渴望。本身并不愉快的行为会被时尚变成极度喜悦的源泉。

如今人们贪婪地追求怜悯和善良带来的愉悦。我认为谴责布尔战争[①]中的女人们去开普敦只是为了换个地方找乐子，为了跟士兵们调情是不公平的。吸引她们的快乐更明确，而且也没这么老套。

对一个男孩子而言，几乎没有什么不幸比得上拥有一个真正慈爱的母亲，这个后果更严重。

个人与社会的关系就像轮盘赌。社会坐庄。个人时赢时输，但赢的总是庄家。

据说，时间久了，对痛苦的同情会变得麻木。对快乐的同情不也一样吗？

理想的欢乐，也就是想象中的欢乐，不会像体会到的快乐那么鲜活。

不管一件事多么无害，只要法律禁止，大多数人就会认为它是错的。

我们经常听人说劳动高尚，然而劳作本身并没有什么高尚可言。你看早期社会，战事频仍时，劳动遭到鄙视，从军受到尊重。如今绝大部分人是工人，于是劳动受到尊重。事实很简单，人类自命不凡，

① 布尔战争是指英国人和南非布尔人之间的两次战争中的任意一次，第一次发生在 1880 到 1881 年间，第二次布尔战争发生在 1899 到 1902 年间。

认为自己所从事的活动才是人类最崇高的事业。

赞美劳动是因为它可以帮人散心解闷。笨人无事可做便会百无聊赖。同大多数人一起劳动是他们摆脱倦怠的唯一手段，因此就说劳动高尚，这实在可笑。想做一个闲人需要多才多艺和很高的修养，或者一个与众不同的头脑。

众所周知，不管哪条路，无论在常人眼中多么不道德，只要坚持走下去，都会让它丢掉不道德的标签。

如果你经常告诉一个人必须如此这般，最终，他就会如此这般，而且从不会问你为什么。如果你经常告诉一个人如此这般才是对的，最终他们会相信你的话，如果你不给出理由，他们可能更乐意相信你的话。

我不会反对文明国家对野蛮国家发动的血腥战争，但值得一提的是，他们为自己开脱的唯一的理由是：强权即公理。这是一场不公平的较量，这是好武器与差武器的对抗，没有崇高可言，也没有骑士风度。说什么被征服的蛮族从征服者强加给他们的文明中得到了快乐，这是伪善。他们被一个异族的法律统治着，被迫接受一种他们不想要的文化，进行着他们觉得没有必要的改革，有什么理由认为这样的生活就比从前的原始状态更幸福？

人们一开始认为某些东西是正确的，是准则，然后逐渐相信，其他东西是正确的，因为它们是准则。

布尔战争中，最初英军连连失利，而后不停地为自己的兵力优势喝彩。战争的目的是获胜，显然，兵力优势至关重要。但靠人多势众打赢战争，既不会激发骑士精神、英雄主义，也不会唤起情感共鸣。奇怪的是，看到前景不妙，曾经珍视这些美德的人迅速将其抛诸脑后。从中得出的教益是：只要获胜，你可以尽情展示骑士风度；如果你没获胜，嗯，那就小心行事，别在乎什么骑士风度了。

我的目标是在如今正常的状态下为普通人找到一条行为准则。

人真的能够完全适应社会吗？或许有一天不再纯粹为了生存而奋斗，但这会实现我们想要的目标吗？总有一些人是弱者，总有一些人是强者。人的生理需求各不相同。总有一些人比其他人更漂亮。更大的才华会有更高的回报。不成功的人还是会嫉妒成功者。人总是会变老，却觉察不到年龄的变化，坚持要求享有年轻人的特权，直到这些特权被强行从他们手中夺走。尽管其他不和谐的理由可以消除，两性问题上仍会起争端。男人不会因为另一个男人想要自己喜爱的女人就放弃她。哪里有爱情，哪里就有憎恨、恶意、妒忌和愤怒。无论人们多么情愿为了公共利益放弃自身的喜乐，我们也很难相信他们会放弃自己孩子的喜乐。人不会改变，激情总有可能被唤醒，蛮人的粗野本性总可能重申他们的控制权。

人们很少意识到年轻人和老年人必须有各自不同的准则。规则是古板的人或者老人制定的，他们不讲道理，极力遏制年轻人旺盛的精力。但年轻人有权放纵。老年人尽可以谈论他们从艺术和文学中获得的精神满足，一直谈到筋疲力尽；但年轻人从一个姑娘身上得到的乐趣可比听一首奏鸣曲多得多。

研究一下那些因未受战火侵袭，生活环境得以保存的民族，和平附带的弊端就会显现出来。森林维达人[1] 和爱斯基摩人是不熟悉战争的民族，然而，免于战火似乎并没有给他们带来一种高度的文明。

个人的利他行为出于自私的动机。一个人只有身受其害才会鼓动大家消除某种陋习，但他一定有能力让大家听到他的声音，穷人只能默默承受。

当下的道德观念如此根深蒂固，以至于哲学家只有在自己的结论与主流意见相一致时，才会完全自信。如果意见不同，他就会被尖锐的论点和无可辩驳的理由引领着同意主流意见。

一个世纪里，鲜有人看待新思想时不心怀恐惧。我们剩下这些人很幸运，身边本来就没什么新思想。

如果人们认为一种追求比另一种更崇高，那要么是因为它一度更重要，比如追求武器军备；要么是因为，比如在艺术界，从业者出于虚荣心从未停止过赞美它。人容易上当受骗有一个绝好的例证，那就是他们相信艺术家的自我评价。一个出色的作家看到在自己的领域同样出色的人毕恭毕敬地接受他的意见，一定时常感到惊讶。

就算人类的行为和思想有一丝一毫的重要性，人类依然不可饶恕。人是卑鄙的、吝啬的、昏庸的、可耻的，从摇篮到坟墓都是野蛮的；人是无知的，一会儿是这个迷信的奴隶，一会儿又是那个迷信的奴隶。此外，人僵化、自私、残忍。

宽容只是漠不关心的别称。

---

① 维达人，南亚斯里兰卡的少数民族。按谋生方式，可分为农村维达人和森林维达人。

近两年来，我一直致力于找到某种规则，我问自己生活的理由、目的和目标是什么。对于我认为是真理的东西，我刚刚有一个模糊的概念。这些问题的答案渐渐在我的头脑中成形，但目前仍杂乱无章。我收集了大量的事实、观念和经验，但仍无法将它们系统分类，或者以一种明确的模式加以整理。

生活中最紧要的事是决定是非观念。

年轻人从小就被教诲的理想，头脑中被灌输的童话和幻想，这些都让他无法适应现实生活。在这些幻想破碎之前，他都是个不幸的可怜虫。要为所有这些无用的悲惨担责的是那些半吊子，那些围绕在他身边、对他倍加爱护的母亲、保姆和老师。

两性关系依赖于外部环境。战争和屠戮男性导致一夫多妻，出生率低的国家则会出现一妻多夫。现在，人口大增，维持生计和抚养孩子的难度很大，卖淫自然就多起来了。年轻男子娶不起老婆，又必须让性欲得到满足。那女人会怎样呢?

将来，卖淫不仅会被默许，还必将得到法律认可。女人婚前是否守住贞操就没那么重要了。

关于卖淫，我判断错了，但贞洁这个问题，我说对了。

为什么不能“陶冶感官”？欢愉来自感官的满足，无论是不是主动求来的。我们必须考虑的只是后果。斯宾塞[1] 说，追求快感是错的，

① 赫伯特·斯宾塞，Herbert Spencer，1820—1903，英国社会学家和哲学家，社会达尔文主义之父。

这是因为他从小就受了卫斯理宗[①] 的影响，一直没能摆脱它。他明确赞同对审美情趣的追求，这可以在旅行中找到。

一个人只有通过武断的言论才能统治别人。这就是为什么人民的领导者是那些有着强硬的观点、偏见和激情的人，而不是哲学家。但哲学家们通过这样的想法自我安慰：他们不想领导一帮低劣的乌合之众。

只有优柔寡断的人才会接受道德准则，有主见的人会建立自己的准则。

卡普里岛。我独自闲逛，一直在问自己同样的问题：生活的意义是什么？生活有什么目标或目的吗？道德这个东西是否存在？到底应该如何做人？有什么东西可以指引人生？有没有一条路比另一条更好？诸如此类的问题还有上百个。不久前的一个下午，我在别墅后面小山上的岩石间攀爬。头顶是蓝天，四周是大海，远处的维苏威火山依稀可见。我记得棕色的大地、参差的橄榄树，这里那里点缀着一棵棵松树。我突然站住脚，脑子里乱七八糟，各种念头充斥其中。我什么也没搞清，思绪缠结成一大团乱麻。绝望中，我大喊："我不明白。我不知道，我不知道。"

那不勒斯湾，难熬的一天。那不勒斯人吐出大盘大盘未消化的通心粉。它们喷吐出来，就像水从爆裂的总水管中喷涌而出。他们大张着嘴，看起来又蠢又痛苦，像离了水的鱼。但你不能像对捉住的鱼那样，猛击他们的脑袋，帮他们摆脱痛苦。再说，手头也没有砸他们的工具。

① 遵奉英国十八世纪神学家约翰·卫斯理宗教思想的各教会团体之统称。基督教新教七大宗派之一。主张认真研读圣经，严格宗教生活，遵循道德规范，故又称为"循道宗"（Methodists）。

家庭生活是神圣的，我想，这个观念是从犹太人那儿来的。他们在家里找到了外面的世界所没有的安全和平静，外面的世界有的只是动乱与迫害。家是他们唯一的避难所，所以他们爱家，但他们爱它源于他们的软弱。古希腊人似乎从没有过家庭生活。没有人指责过他们恋家。他们精力充沛、热情洋溢，生活中充满了也许任何其他民族都没有的欢乐，他们把世界看作战场，刀剑的铿锵声、胜利的欢呼声，甚至失败者的呻吟声，在他们听来都是音乐。他们投身于忙碌的生活，就像无畏的泳者破浪前行。

人类智慧最常见的一个错误是，坚称一条规律应普遍适用。以解剖学为例，比如动脉分叉，二十个个案中，有八个是从动脉根部的第二节分叉，六个从第一节，还有六个从第三节。规律是从第二节分叉，但例外更多。

除了自我保全和繁衍后代，绝大多数人的智慧都用在了极不光彩的地方。

我觉得，文明达到一定高度后，人类可能会故意回归野蛮状态，或者因为无法保持那个高水准而回落。

生命中的一切都是无意义的，痛苦和受罪徒劳无果。生命没有目标。对于大自然而言，除了种族延续，其他无关紧要。最后这一点难道不是短时间内仓促给出的命题吗？难道不是一双目光短浅的眼睛观察的结果吗？

愿死亡用黑夜遮盖我的岁月。

1897年

一个人的修养如何在吃大餐时体现得最明显。

某火车站，T正站在那里，一个女人走上前来，对他说，他曾在一起刑事诉讼案中起诉过她，当时他对她很和善，她想感谢他。她尤其想向他保证她是无辜的。他连她的样子都记不得了。那件事对她来说是一次悲惨可怕的经历，对他而言，却只是一件一时想不起来的乏味的小事。

泰晤士河上的一个船工爱上了一个姑娘，可是没钱带她出去玩乐。他看到水中漂着一个人，那人还有最后一点生命迹象，但救起一个活人是拿不到钱的，于是他用钩子钩住那人的衣服，把他拖过来。那人被拖上岸，一个看热闹的说他还没死透，船工冲着他破口大骂。他把那人脸朝下放在地上，有效阻止了他活过来。他得到了五先令，带着他的情人出去玩了。

三个女人被告上治安法庭。她们是妓女。两个结实健康，第三个得了痨病，快死了。前两个有钱，付了罚金，第三个身无分文，将面临十四天的监禁。很快，那两位又回来了，天很冷，但她们还是当了外套，付了罚金。她们拒绝让她去救济院的医院。“我们要送她最后一程。”她们说。三个人一起进了一家妓院。她们照顾了那个垂死的女孩一个月后，她死了。她们为她出了丧葬费，参加了她的葬礼，她们穿着新做的黑衣，各拿一个花圈，搭了一辆出租马车，跟在灵车后面。

一个女人坐在那里，看着她的丈夫，他喝醉了，躺在床上，这是他们结婚二十周年纪念日。嫁给他的时候，她以为自己会幸福。可是，嫁给一个懒汉、酒鬼、畜生，她的生活艰难悲惨。她走进隔壁房间，喝下了毒药。她被送到圣托马斯医院，康复后，她因企图自杀被告上治安法庭。她没有为自己作任何辩解，但她的女儿挺身而出，向治安官讲述了她母亲受的所有的苦。她拿到一道分居令，每周可以得到十五先令。丈夫在分居协议上签了字，然后放下十五先令，说：“喏，这是你第一周的钱。”她拿起钱，丢在他脸上。“把你的钱拿回去，”她叫道，“把我的二十年还给我！”

前几天，我去手术室观摩一场剖腹产手术。因为很少做这种手术，里面挤满了人。手术开始前，C医生做了一段简短的讲话。我听得不是很认真，但我好像记得他说，到目前为止，这种手术很少成功。他告诉我们，这个病人不能自然生产，而且已经流产两次了，但她决心要一个孩子，现在她又怀孕了，尽管他跟她解释了手术的风险，对她说只有百分之五十的机会挺过来，她还是告诉他自己愿意冒这个险。她的丈夫也想要这个孩子，这似乎对她的决定影响很大。手术似乎很顺利，取出孩子时，C医生笑容满面。今天上午，我在病房，问一个护士那个母亲怎么样了。她告诉我她夜里死了。我不知道为什么，吃了一惊，我必须皱紧眉头，因为我怕自己哭出来。这有点傻，我并不认识她，只在手术台上见过她。我想，感动我的是这个女人的激情，她只是医院里一个普普通通的病人，她那么渴望要一个孩子，甘愿冒着可怕的危险。她不得不死去，这太残酷了，残酷得可怕。护士告诉我孩子挺好的。这个可怜的女人。

衷心的恳求屡试不爽，但奇怪的是，根本无须发自内心，装模作样就够了。

一场盛宴不过是一次共同放纵感官欲望的机会。

礼拜天，教区牧师把《圣经》中最浅显易懂的几个部分阐述了两遍，用时大约二十分钟。为了平民百姓考虑，他把钦定本和日报混合成一种随便的语言，讲了很多老掉牙的想法。他的态度很诚恳，而且点到为止，他解释的那些经文连最弱智的人都听得懂，这是他的拿手活。他收的礼拜献金要么送给教区的穷人，要么用于购买教堂必需品。他看到了需要木炭温暖法衣室、需要蜡烛照亮祭坛和宗教教义之间的联系。于是，在这些场合，他习惯抨击罪不可赦的异端邪说，向一帮由乡巴佬和小男孩组成的聪明的会众详细解释《亚他那修信经》① 的难点。但他在尽情挖苦那群无神论者、罗马天主教分子、不顺从国教者和科学家时状态最佳。他在嘲笑进化论时，几乎无法保持严肃；他把哲学家和学者们的假说像九柱戏② 的木柱一样竖起来，然后借助自己无畏的智慧将其击倒。这也许是一种危险的实验，但他的会众对神父的信仰深信不疑，而且没怎么认真听过他说的话。

①《亚他那修信经》，西方基督教会四大正统信仰告白之一。

② 九柱戏起源于公元三至四世纪的德国，一般认为是现代保龄球运动的前身。

1900年

当一个四十岁的女人对一个男人说她老得可以做他母亲时，他保全自己唯一的办法就是立刻逃走。她要么要嫁给他，要么要拉他上离婚法庭。

每个人都应时刻培养偏见。

康沃尔郡。狂风将大海连根拔起，暗沉的海水自投于岩石。头顶的天空狂乱变幻，痛苦的云疾驰过黑夜，风时而呼呼，时而萧萧，时而嘶嘶。

云被扭曲撕裂成碎片，在天空中逃散，如无声、痛苦的灵魂被嫉妒复仇的上帝追赶。

远处雷声凄切，雨一滴滴落下，像上帝的泪珠。

风像双轮战车的御者。战马肌肉紧绷，在奔跑中颤抖。他扬起鞭子，狂暴地抽打它们，马儿慌乱地蹿出去。早晨的空气被一声长长的尖叫撕裂，仿佛惊慌的女人想逃离危险，却无处可逃。

我漫无目的地游荡，柔软的土地被一百条蜿蜒的细流割裂，枯叶铺成棕色的地毯，散发着潮湿的泥土味，这是大地母亲诱人的芳香，她静静地孕育着生命。野蔷薇的长枝缠住我的脚。这儿那儿，隐蔽的角落里开着樱草花和紫罗兰。山毛榉的嫩枝在新叶的簇拥下呈现出一抹暗色，新叶刚刚发芽，鲜活、柔嫩。这是一片翠绿的天堂。一眼望不穿错综纠缠的青枝绿叶。细长的嫩枝上托着一个金银丝细工工艺品，比夏天的雨脚还细密，比日落的雾霭还淡雅。它如同美丽的念头，不可触摸。这个景象将生活中的一切悲伤和苦涩一扫而尽。这片青葱是那么的纯洁，我的心也跟着纯洁起来了，我感觉自己像个孩子。这里那里，一株株冷杉耸立，俯瞰其他树梢，高大、笔直，仿佛无可指责的生命。然而，它阴郁、冷酷、沉默。耳边只听到兔子在落叶间穿梭和松鼠匆忙跳跃的沙沙声。

雨后，傍晚，鸟儿们忽然欢唱起来，让人感觉这不可能是一个伤心的世界。藏在枝叶间，站在高高的山毛榉上，欧椋鸟放声高歌，红腹灰雀和画眉也一样。远处的草地上，一只布谷鸟反反复复、无休无止地叫着，远处，像有回声似的，另一只布谷鸟也叫了起来。

冬天的格林公园。

雪轻轻落下，像孩子的脚步。雪盖住齐整的小径，罩住被踏过的草地。放眼望去，屋顶、树梢上全是雪。天很低，寒意阴沉、残酷，光亮灰暗。圆圆的路灯亮成一条长线。紫罗兰色的薄雾与秃树纠缠于一处，没精打采地贴着地面游走，犹如冬夜的裙裾。刺骨的寒冷杀死了其余的色彩，但薄雾是紫罗兰色的，轻柔得那么精美，只是很冷，冷得令疲倦的心几乎无法承受苦痛。在白雪的映衬下，卡尔顿府联排[①] 甚是可怖，乌突突的一团团。白日如幽灵般默默消退，甚至不瞥一眼落日。灰色的天空暗了下来，灯光更亮了，每盏灯周围环绕着一圈黯淡的光晕。

伦敦。日落时，西边天上的云仿佛大天使巨大的翅膀，他飞过天空，奉旨复仇，如火的影子在城市上空投下血红的光。

金凤花开遍绿地，好似一块金色的布，一块献给鸢尾王子和四肢雪白的牧童黄水仙的地毯。

乌云纠缠着赤裸的树枝，飘浮在树梢上，像从一件宽大柔软的衣服上扯下的碎布条。

薄薄的黑云将自己拖曳过树梢，在赤裸的树枝间恣意撕扯。

那翱翔在空中的海燕。

乌云一动不动，摞叠成一大块，轮廓清晰、线条分明、圆圆的，几乎能看见那位巨人雕刻家的指痕。

一丛高大的冷杉，幽暗、参差，一层银色的薄雾笼着它们暗绿的颜色，好似千百个冬天的白霜，挨至夏日，化作一丝寒气。冷杉前面，松树密立，倚山沿而上。这儿一棵橡树，那儿一棵橡树，刚冒出新叶，披着嫩绿的衣裳，像一位年轻天神的新娘。橡树永恒的青春和冷杉不朽的成熟形成对比，犹如白昼和黑夜。

① 卡尔顿府联排，Carlton House Terrace，伦敦圣詹姆士区的一条街道。

冷杉林就像生命之林，“地狱与死亡”这位诗人在灰暗阴郁的迷宫中漫步。

田野朝气勃勃，春天的嫩草已经长得很高，金凤花快活地飘摇，不在乎无情的夜，尽情享受阳光，就像先前尽情享受令人欢乐的雨。可爱的雨珠在雏菊上徘徊不去。蒲公英的绒球被微风吹走，越飘越远，象征人的生命，一个漫无目的的东西，屈服于每一次呼吸，一无是处，唯一的使命就是把种子撒播在肥沃的大地上，来年夏天长出类似的东西，无须照看便开花，繁衍后代，然后死去。

当时我还不知道这种卑微的草可以做出那么美味多汁的沙拉。

茂盛的山楂树篱，被修剪得整整齐齐，已经长出小花蕾，其间点缀着盛开的野玫瑰。

日落时分，西边瓦灰色的云团之上，铺展着一层火红的蒸汽，像一场无比纤细的雨，又似大团金粉拂过寂静的海面，有如火之女神的裙裾。随即，阳光刺透阴郁的云墙，像泰坦冲破牢房，放射光芒，好似一个巨大的铜球。它似乎使出浑身的气力，把挡路的云团推到一旁，让光辉充满天空，于是，平静的海面上伸展出一条宽阔的光道，热忱的人们走在这条路上，无休无止，朝着不朽之光的源头。

欲雨之云在山谷上低垂，看着它们饱含雨水，却苦撑着不下，让人感到莫名的不适。

松木冷静沉默，符合我的心境。高高的树干，笔直修长，像帆船的桅杆；淡淡的香气、柔和的光线、紫色的薄雾，微细得几乎察觉不到，还有空气中的一丝暖意——这一切都给我一种美妙的宁静感。我的脚步无声地落在棕色的松针上，踩上去柔软舒适。香气像某种东方迷药，令我昏昏如醉。色彩是那么的柔和，让人无法相信颜料和画笔可以将其再现。空气有淡淡的颜色，围绕着景物，柔和了它们的轮廓。我沉浸在愉快的遐想中，无法解析，这是一场醒着的梦，带着近乎撩人的情思。

接受大自然赐予的迷人的情感，而不去试图分析这种魅力，这种人真幸运！

风在松林间叹息，惹人怜惜，像一位姑娘为死去的爱情叹息。

田野一片金黄，开着数不清的金凤花，好似一张春天的地毯，佩鲁吉诺[①] 的天使们走在上面正合适。

这是一场变化无穷的音乐会，每一道篱墙里，每一棵树的枝条间，鸟儿们躲在树叶间歌唱。每只鸟似乎都想唱得比别的鸟更响亮、更动听，它似乎赖此而活，好像生活是快乐的，无须担什么责任。

乡下延绵起伏，满眼的青山和肯特郡丰饶的田野。这是肯特郡最肥沃的土地，林木茂密：榆树、橡树、栗子树。一代又一代的人不遗余力，把乡村当花园照看。

这里的风景像普桑[②] 和克洛德[③] 的风景画一样规整，没有狂放，没有自由，齐整和精心的安排中，人工的痕迹一览无余。

---

① 佩鲁吉诺，Pietro Perugino，1445—1523，十五世纪意大利文艺复兴时期翁布里亚画派的重要成员，并以培养出“三杰”之一的拉斐尔而声望卓著。

② 普桑，Nicolas Poussin，1594—1665，十七世纪法国古典主义绘画的奠基人。

③ 克洛德，克洛德·洛兰，1600—1682，法国画家，自他开始，法国才有了真正意义上的风景画。

有时，我站在略高一点的山头上，俯瞰平原沐浴在耀眼的金色的阳光里。玉米田、苜蓿地、道路和溪流，在阳光普照下，形成和谐的图案，光艳缥缈。

一幢刷成白色的方形房子，有两扇大大的凸肚窗，游廊上种满了金银花和月季。自然对美化这个丑陋的建筑几乎无能为力。这是乔治王朝建筑风格与残酷的常识的杂种，但它仍给人一种舒适坚固的感觉。四周环绕着茂盛的树木，夏日的花园里会开出各色各样的玫瑰。一道低矮的树篱将它与绿地隔开，漫长的下午，村里的孩子们在绿地上打板球。对面就是乡村教堂和小酒馆，很近便。

灰石色的天空，颜色那么暗沉忧郁，似乎是人画上去的。这是一种无比忧伤的颜色。

圣詹姆斯公园。

天空是灰的，沉静、低垂；太阳是个白色的小圈，犹犹豫豫地发着光，在阴暗的水面上投下泛着波纹的微光。昏暗的日子里，树木不再青翠，极稀薄的雾气隐藏了繁茂的树叶。更远处，政府办公楼和特拉法加广场沉重的屋顶掩映在白杨中，轮廓参差不齐。

黑暗宁静的水面映出灰色的天空和阴郁的树木，死水散发的湿气让人头晕恶心。

阳光下，山谷郁郁葱葱，宜人凉爽。但当灰色的重云从西边涌来，擦过四周的山头，天地似乎被束缚住了，我简直要大喊出来，仿佛有着切肤之痛。眼前景色之拘谨令人难以忍受。阴郁井然的榆树，还有精心呵护的草地。当巨大的云团与山头连成一体，我感觉自己被关在了里面。想逃出这个小圈似乎是一项不可能完成的任务，而我所有逃生的能力此刻似乎都弃我而去了。一切安排得井井有条，让我觉得，投身这样的环境，我的生命将永远无法逃脱它的奴役。过去几个世纪的人，以某种方式生活，被某些标准驱使，受某些情感影响，对我来说，他们太强大了。我感觉自己是一只笨鸟，出生在樊笼里，没有能力获得自由。我对自由生活的渴望是徒劳的，因为我知道自己不具备这种能力。我沿着田埂走，旁边是整齐的铁栏杆，将田块围住。我四周全是人工的痕迹。自然本身似乎也被这种正规的影响操纵了，死板而又端正地茂盛着。野生的东西荡然无存。树木被砍成合适的形状，这儿的几棵树看上去不够优美就砍掉，那边的树丛不太对称，就再种上几棵。

暴风雨过后，天空被呼啸的风扫得干干净净，像正义，可怕得不近人情。

一层薄雾拂去过往，彩色的轻烟包裹住我的记忆，减轻了它的严酷，使其有了几分异国魅力。回忆如同一座城市，或一个港口，透过夜光远远望去，轮廓模糊，如火的颜色柔和下来，变成一种更雅致微妙的和谐。然而，那层薄雾从永恒的深海中爬出来，无休无止，毫无变化，最终，岁月把我的记忆隐藏在一个灰蒙蒙、深不可测的夜里。

过往的岁月像一层雾，从时间的海洋中升起，于是，我的回忆呈现出一副新的面貌，严酷的似乎不再那么严酷了，残忍的也不再那么残忍了。然而，偶尔岸边忽然起了一阵风，驱散从暗海中升起的薄雾，一个词、一个手势、一段曲调，都可能毁掉时间的不忠引发的幻想，我又以全新的视角看到年轻时的事，目光更敏锐，看得更清晰，看到那时所有残酷的现实。我发现这景象影响不了我。我就像一个事不关已的看戏的观众，像一个老演员看自己塑造的角色，心里纳闷，怎么会这么老套粗劣。我打量着过去的自己，不无震惊，怀着某种轻蔑的愉悦。

四月喜雨。

耐心的夜。

暑热中，沉重的寂静沉入乡村。

浓艳的秋色是死亡的色彩，像一段无限悲伤的旋律，像一支悔之晚矣的哀歌。然而，在那些充满激情的色调中，在苹果的红色和金色中，在落叶的五彩斑斓中，仍有某种东西不准人们忘记，自然的死亡和衰败中总孕育着新的生命。

炽热的星夜。

黎明时不断变幻的玫瑰红的光。

风，阴险、可怕，像一头盲眼的动物，在无叶的树枝的最高处穿行，沙沙作响。

对于等待恋人的恋人，没有什么比迟来的报时声更伤感的了。

灯光闪烁，像濒死者最后恍惚的一瞥。

漫漫倦夜后就是黎明，然而，没有光亮照进他不幸的心，他的灵魂必将永远在黑暗中游荡，永远在黑暗中，永远。

在乡下，夜晚的黑暗是友好的、亲切的，但在灯火辉煌的城市，它是不自然的、不友善的、险恶的，就像巨大的兀鹫，盘旋着，等待时机。

CG 和我一起看日落，他说他觉得日落很庸俗。眼前的景色打动了我，我觉得受到了羞辱。他轻蔑地说我很英国，我以为这是值得称赞的。他又告诉我，他的精神是法国的，我觉得挺可惜，说这话时，他一嘴英国口音。

CG 具备所有的“风度”和“美德”（这只是打个比方，他的品行不怎么样），他还挺为自己的幽默感自豪。在他看来，支持某项事业，你能提出的最好的论据就是这项事业不受欢迎。贬低自己的国家令他自豪无比，他认为这说明他心胸开阔。他在巴黎待了十天，几张库克优惠券就足以让他确信法国人的优越性。他谈论理想中的爱情和神学三德中的“望[①]”时笑声阵阵，他也会花十个先令去斯特兰德大街嫖妓。他解释自己的失败时会抱怨时代。这个时代、这个国家拒绝接受他的自我评价，那还有什么可说的？他希望自己生在古希腊，可他是个乡村医生的儿子，换成那会儿，他就是个奴隶。他鄙视我，因为我洗冷水澡。他回回考试不及格，却将每一种羞辱都变成自我尊重的理由。他写诗，除了缺乏新意，还算过得去。他没有一点胆量，在水深没顶的地方他就不敢游泳，吓得够呛。但他很为自己是个懦夫骄傲，他说谁都可以勇敢，那只是缺乏想象力的表现。

---

① 神学三德中的“望”，即基督教中的信、望、爱，在至深之处与此世生活和世俗道德有一种密切的关联。“望”是一种强大的道德动力，因为，假如对未来不抱希望，认为世界陌生而冷漠，道德和生活都荒诞而无意义，那么，道德努力就成了严酷而令人沮丧的任务，根本不值得进行下去。反之，如果对未来怀着希望，认为世界的存在本是“好的”，因而也支持着“好的”行为，“望”与善是一致的，并在向着至善前进，同时也需要人类的合作，那么，人们会满怀热情和信心，去过道德的生活。

上帝走过地球上的每一条路，犁开地，种下痛苦和烦恼，从东方种到西方。

夏日的黄昏流金溢彩。

就像那把剑发出的火焰[1] 烘干夏娃孤寂的眼中的泪。

暖房里的一串兰花：沃尔特·佩特风格的温室尤物，热带腐朽的香味令人压抑。

太阳是熊熊燃烧的火炉，将大量的云熔化成一场炽热的黄金雨，光芒那么巨大，使人想到一场大灾变，一个强大的新世界或许可以从中锻造而出。东边那些云是剧烈燃烧时冒出的股股浓烟。可以想象，庞大的造物者们，将伪神、浮华、虚荣、上千种金属和不计其数的人类作品统统丢进沸腾的大锅，一阵可怕的沉寂后，所有生物都被分解、消散、熔化成无形的、轻飘的、神秘的新物质。

微风快速施压，嫩叶撩人地微微颤动。

我的灵魂像一把弦乐器，众神奏出绝望的曲调。

我的心为她悲伤，尽管我已不再爱她，却寻不到一丝一毫的慰藉。一种痛苦的空虚替代了之前的切肤之痛，这似乎更叫人难以忍受。爱情可以离去，记忆留了下来；记忆可以离去，但解脱还没到来。

---

① "为防他们再摘取及进食生命树的果子以获永远生存，便把他们赶出伊甸园；又在伊甸园的东边安设基路伯及四面转动会发出火焰的剑，以把守前往生命树的道路。"《圣经·创世记》3:22—24。

大海苦涩的波浪。

云疾驰过天空，乳蓝映衬出铜色和红色。

石楠有紫水晶的华美，柔和、端庄。

灰暗低沉的天空下，风景色彩斑斓。在树篱和林木阴郁的调子的衬托下，原野色彩浓郁，或棕黄，或深绿，虽不像意大利风景那般光艳，却同样浓烈华丽，似乎是由原色构成的，使人想起一幅早期绘画，纯金的底子营造出同样鲜艳的品质。

恋爱中，如果你得到的回报只是善意、友谊和好感，那对你有什么用呢？镜花水月，如鲠在喉。

过去只要和某人在一起就够了，同她一起默默地走，谈些微不足道的小事。可是现在，彼此沉默时，我会绞尽脑汁找话题，我们的对话听上去那么勉强、不自然，单独和她在一起时，我很尴尬。

变化必定是进步，这个想法太奇怪了！欧洲人抱怨中国工匠还在使用他们已经使用了好几个世纪的工具。可是，如果他们在使用这些简陋的工具时有西方的能工巧匠所无法超越的灵巧与精准，他们干吗要改变？

女人的本分有三条：一要漂亮；二要衣着讲究；三，绝不顶嘴。

伦敦隐约的低唱，像一架强大的引擎在远处嗡嗡作响。

人越老越寡言。人年轻时愿意向世人倾诉衷肠，感觉与他人有强烈的友谊，想投入他们的怀抱，觉得他们会接受他。他想向他们敞开心怀，好让他们接受自己，也想深入他们的内心。他的生命似乎汇入他人的生命，并成为一体，就像百川归海。但是渐渐地，他感觉做这些事情的力量消失了，他和朋友之间竖起了一道屏障，他意识到他们都是陌生人。之后，他也许会把他全部的爱，他所有的交往能力都倾注在一个人身上，可以说，为了让他们灵魂相连做最后一搏。他尽全力把他拉向自己，想要了解他，也想让他彻彻底底地了解自己。但慢慢地，他会发现，这些都是不可能的，不管他的爱有多么炽烈，也不管他们的关系有多么亲密，那个人永远是陌生人。就连最忠贞不渝的夫妻都不了解彼此。于是，他变得沉默寡言，默默建造一个属于自己的世界，避开所有人的目光，包括他最爱的人，因为他知道这个人是不会理解的。

知道对自己所爱之人了解甚少，有时会令人愤怒绝望。想到不可能了解他们，无法进入他们内心深处，他的心都碎了。有时候，出于偶然或是受到某种情绪的影响，他得以瞥见他们的内在自我，但意识到自己有多么不了解那个内在自我，自己与之相隔多么遥远，他又绝望了。

两个人正在聊某个话题，忽然，他们沉默了，思想各奔东西。过了一小会儿，他们又聊了起来，发现居然有了巨大的分歧。

他们说，生命是短暂的。对于回头看的人，生命似乎够短；但对朝前看的人，生命长得可怕，没有尽头。有时甚至感觉难以忍受。为什么不能一觉睡过去，永远、永远不再醒来？能够期盼永生的人该有多幸福啊！永远活着的想法真可怕。

世上的人这么多，个体行为无足轻重。

你真喜欢说教！你发表意见时应该用几撮鼻烟打断一下。

没有办法表达自己的想法很糟糕，老得把感受藏在心里。

我是二流诗人吗？我非得向庸人们掏心掏肺？

读者们不知道，他们花半个小时或五分钟就读完的一段文字，都是作者的心血。那些让他们觉得“好真实”的情感，他都亲身经历过，且为此一夜又一夜流下伤心的泪。

心有多大，悲伤就有多大。

有些人，你对他们说“你好吗？”他们会回答“很好，谢谢”。如果他们以为你在乎，那他们就太自以为是了。

一个人最难做到的事，是意识到他并不处于生活的中心，而是在边缘。

苏格兰人似乎觉得自己是苏格兰人是给脸上贴金的事儿。

1901年

生命的尽头。这就像一个人在黄昏时读书，读啊读，完全没有觉察到光线渐暗，停下来却忽然发现天已经黑了，光线那么暗，再低下头看书，什么都看不清了，书页没了意义。

卡比斯湖。金雀花橘黄鲜绿相间。有人采了一束石楠，又丢掉，凋谢的花躺在草地上，那是一种褪了色的紫，似乎象征着皇权衰落。

纪念碑。矗立在一座小山上，俯瞰山谷和大海。黑尔城，一条河静静流淌，像一座古老的意大利小镇，在阴沉的天空下依然明艳多彩。纪念碑四周是枯死的羊齿蕨，泥土一样的棕黄色，踩上去，脚步声会变轻。它们是最先枯萎的夏季植物，九月的柔风一吹，它们就冻死了。

约翰尼斯·尼尔，1782。他是谁？可以想象出一个易怒、忧郁的家伙，诞生于十八世纪的这类人物是对那个时代的形式主义做出的回应。那是一个因缺少新鲜空气而枯萎的时代。它依然喝着伊丽莎白一世时代的人喝的那杯酒，伊丽莎白一世时代的人从中发现了生活多彩的乐趣，后面一代人则从中发现了点燃自由灵魂的激情，但杯中的酒淡了，残渣中只剩下疲倦。

夏天，枯树似乎看上去与周围的环境不太和谐，一块暗色与康沃尔六月快乐的颜色毫不相干。可是现在，整个自然与它们协调起来。它们立在那里，扭曲粗糙，光秃无叶，却自有一种宁静，似乎体会到了一种心满意足的永恒感：绿叶红花，美丽却短命，如同四月的蝴蝶和微风，它们却是不变的、恒定的。周遭如此静谧，似乎都能听见白嘴鸦振翅的声音，它们从头顶飞过，从一块田野，飞到另一块田野。说来也怪，在这片寂静中，我似乎听到了伦敦的呼唤。

阴天，饱含雨水的云掠过山顶，黄昏时，下起雨来，雨脚细密，一场康沃尔郡的毛毛雨，如薄雾在大地上盘旋，无孔不入，像人的悲伤。乡村陷入黑暗。

风自顾自地歌唱，如同身强体壮的耕童，从容自在地穿行在乡间。

乳白色的雾气裹紧大地，有一种奇怪的无法穿透的透明感。

可以说，杰里米·泰勒[①] 更真实地体现了何为“风格即人”。当你读《圣洁的死亡》时，那种悠闲的节奏、古典的精神、流畅灵巧的诗情，都可以让你想象出杰里米·泰勒是怎样一个人；研究一下他的生平和际遇，你也可以大胆地猜测，他确实会写出这样的东西。他是查理一世时期的高级教士。他生活安逸，比较富裕，且有些自得。这就是他的风格。它让人想起的不是弥尔顿，弥尔顿的风格犹如喧闹的洪流，一路勇往直前，克服几乎无法克服的阻碍，杰里米·泰勒的风格则让人想起潺潺的溪流，喜滋滋地蜿蜒流过春天开满鲜花芬芳馥郁的肥沃的草地。杰里米·泰勒从不卖弄辞藻，使用词语通常的意义就很

① 杰里米·泰勒，Jeremy Taylor，1613—1667，英国教士，被称为“神学家中的莎士比亚”。

满足。他的措辞很少微妙，也很少在表达对象身上发现什么新鲜或惊人的特质。他只把词语当作装饰，且一遍遍地使用，仿佛它们并不是鲜活的、必要的东西，只是某个名词的修饰语而已。于是，尽管他的文风华丽，却仍给人以一种朴素的印象。他似乎只使用那些可以随口说出的词语，他的句子无论多么优美，都有一种口语感。或许，不断重复"and"增强了这种天真质朴的感觉。长长的从句连成一串，似乎永无止尽，让人觉得写起来没费吹灰之力，就像一个心地善良、絮絮叨叨的老教士说的话。的确，这些没完没了的短语，一个从句套着一个从句，经常不怎么顾及句意，完全不考虑句子结构，只靠着标点的随意才得以勉强成立，重新排列一下的话，可以变成紧凑、平衡的复合句。只要杰里米·泰勒乐意，他同样能把词语组合得整洁利落，写出韵律完美的句子："渴望好死、乐死之人首先必须当心，不能过舒适、精致、淫逸的生活，生活应朴素、圣洁、遵守戒律，行事谨慎警觉，人应该过奋斗的一生、省察的一生、劳动的一生、审慎的一生。"但有的时候，他的句子会失控，"and"堆积，想法叠加，搞不清他到底是什么意思，句子最终虎头蛇尾、含糊不清、未完成、不完整，且不合文法。不过有时，他也能以惊人的技巧驾驭这些庞大的句子，而且在一长串的从句中，词语的选用、细节的形式和次序的安排，都会变化无穷，手法娴熟且优雅。

但是《圣洁的死亡》的巨大魅力在于这本书所营造的氛围：芬芳、井然、平静、文雅，像一座古色古香的花园，更何况零落的语句透着美妙的诗意。每翻开一页都能找到恰当的词句，简单的词语被重新排列后似乎被赋予了新的价值。还频繁出现别致生动的段落，就像早期迷人的洛可可风格，华丽繁复，即便如此，依然在完美格调的范围之内。

如今为了寻找（通常是徒劳的）一种表达方式，勤勉的作家们会从一个新的角度描写，显露某种从未被揭示的特性，但杰里米·泰勒从未做过此类尝试。最先想到哪个形容词，他就用哪个形容词。世上有一千种描写大海的方法，如果你自认为是个文体家，那么，你要审慎避开的唯一的词是“蓝色”，然而，它却是最能满足杰里米·泰勒的词。他写不出弥尔顿那种深刻的句子，也没有弥尔顿那种诗意的力量，用一个从未用过的连词把名词和形容词、动词和副词组织在一起。他从不让读者惊奇。他的想象既不猛烈，也不大胆。他满足于走老路，使用随手可拾的词句和措辞。他的风格的主要特色是温和的、田园牧歌式的人生观。他和蔼地看这个世界，准确地记录下来，没用多大的技巧，而是怀着令人愉悦的用意，尽量写得别致。

旭日为薄雾涂上各种颜色，直至它如玉髓般五光十色，绛紫、玫红和翠绿。

陶俑。这些小人儿流畅大方的动作、勇敢无畏的表情和若无其事的态度都让我着迷。它们的衣褶间、凝固的动作里，都散发着文明的精神，清新的空气也许就是古希腊人生活的主要部分。一排塔纳格拉[①]出土的陶俑让想象力丰富的人对古代更自由、简单的生活充满了热切的渴望。

那个永恒诅咒的风雨交加的伤心之夜。

云团疾驰，间或，缝隙中露出一颗暗淡的星，在寒风中战栗。

一种蔚蓝，比一件法国老首饰艳丽的珐琅还深邃。

阳光下，耕田焕发出碧玉的多彩。

①塔纳格拉，Tanagra，古希腊维奥蒂亚城，有多处古墓，内有陶俑。

榆树叶比翡翠更忧郁。

阳光下，湿叶子闪闪发光，像祖母绿这种艳俗的石头，正适合装扮皇家情妇浮华的堕落。

奢华，人工雕琢的奢华，如同镶嵌了宝石的华美的老首饰。

一种绿，像老珐琅首饰的绿，比祖母绿更透明。

石榴石的浓郁深邃。

它有玛瑙鳞纹的透明和华彩。

天空蓝得比天青石更明艳。

垂阳下，新雨后，乡间的色彩呈现出一种新的近乎雕琢的华美，仿若利摩日[①] 珐琅工艺品。

像一只利摩日瓷盘，闪烁着华丽的色彩。

半透明的深影下，水有着翡翠般阴暗沉郁的华美。

读者可能会纳闷，这些珐琅啊、宝石啊、半宝石什么的在这儿干啥呢？让我来告诉他。那段时间，我还很钦佩九十年代流行的辞藻华丽的散文，意识到自己的文字平淡无奇、单调乏味，我觉得有必要给

① 利摩日，Limoges，距巴黎 360 公里的古城利摩日是法国的瓷都。在欧洲，利摩日的地位相当于中国的景德镇。国际景泰蓝展每年都在该城举办。

它增添些色彩和装饰，于是我满腔热忱、孜孜不倦地阅读弥尔顿和杰里米·泰勒。一天，我脑子里想着奥斯卡·王尔德《莎乐美》中一段华丽的文字，带着纸笔去了大英博物馆，做了这些笔记，希望早晚用得上。

黎明前的皮卡迪利大街[①]。车水马龙、热闹喧嚣了一整天，大清早，皮卡迪利大街的寂静似乎不可信、不自然，且相当可怕。空荡荡的大街给人一种肃穆且宽阔的感觉，庄严地延伸开去，像一条静静流淌的河，自信壮丽。空气纯净清澈，但充满了回响，当一辆孤独的出租马车让整条街都响起来，哒哒的马蹄声久久回荡。电灯因规整而威严无比，它们独行专断、无所顾忌，在四周洒满刺眼的雪白的光。向上，它们动用冷暴力，将强光投射在寂静巨大的房子上；向下则清晰地照亮公园长长的、整齐的栏杆，及附近的树木。电灯之间是一排煤气灯，在电灯光下黯然失色，黄光闪烁摇曳，像一串大小不一、褪了色的宝石。

四处静悄悄的，房子里静寂无声，但这种安静与别处不同。雪白的房屋矗立着，只有许多窗户黑洞洞的。它们关了门，上了闩，排列在人行道旁，睡梦中，看着那么无助、杂乱、不庄重，没了忙碌的人声和匆忙进出的喧闹，它们失去了所有的意义。

秋天也有花朵，只是鲜有人喜爱，鲜有人赞美。

简直是一派胡言，我不敢相信我指的就是字面意思。我一直在想，有这种怪念头，是不是因为当初有个半老徐娘挑逗了我这个腼腆的小青年。

① 皮卡迪利大街，Piccadilly，伦敦市中心最繁华的街道之一。

K。我认为，知道一个人读什么书通常可以对他了解很多。大多数人过的是平静的日子，除了读书，冒险精神很难得到满足。读书可以让人过各种虚构的生活，而且这种生活往往比强加给他的境况更真实。如果你问K，哪些书对他影响比较大，他可能答不上来。这是一个经常会被问到的问题，其实，它并没有乍一看上去那么蠢。一般，人们会回答《圣经》和莎士比亚，有时这样回答只是因为虚伪愚蠢，但经常有人担心，如果给出的回答比别人预料的独特，会被认为自我炫耀。我觉得，K在说出那些占据他的思想、给他最真切感受的书时，难免有些扬扬得意。这张书单上会有佩特洛尼乌斯① 的《萨蒂利孔》、纽曼的《为自己一生辩护》、阿普列乌斯② 、沃尔特·佩特、乔治·梅瑞狄斯、贤明的胡克③ 、杰里米·泰勒、托马斯·布朗爵士④ 和爱德华·吉本⑤ 。他最喜欢华丽的文风。他喜欢珍贵的东西。当然，他是个蠢货，一个聪明、博学的蠢货。

他感觉自己是一个落入深渊的人，正午时分便能看见星星，这是

---

① 佩特洛尼乌斯，Petronius，？—公元66年，古罗马官员，作家。一般认为长篇讽刺小说《萨蒂利孔》是他的作品。小说用诗文间杂的体裁写成，中间穿插了一些民间传说和文艺批评，抨击当时浮夸空洞的修辞，强调诗歌要有真实感情。小说语言平实生动，是后世研究古代民间拉丁语的重要资料，它也对欧洲十七至十八世纪的小说创作也有很大影响。

② 阿普列乌斯，Apuleius，约124—约170年以后，古罗马作家、哲学家、演说家。曾游学希腊和罗马，学识渊博，涉猎甚广，在哲学、历史、自然科学、医学、文学等方面均有造诣。一生著述颇丰，被誉为"欧洲小说之父"。《金驴记》作为其文学方面的代表作，对近代欧洲小说发展影响巨大。

③ 胡克，理查德·胡克，Richard Hooker，1554—1600，安立甘宗的一位重要的神学家，被认为是安立甘神学思想的创始人之一。他所撰写的《论教会国家组织的法律》是宗教改革时期英国国教的经典著作。

④ 托马斯·布朗爵士，Sir Thomas Browne，于1605年10月19日生于伦敦，1682年去世。英国哲学家和联想主义心理学家。代表作《医生的宗教》《瓮葬》等。

⑤ 爱德华·吉本，Edward Gibbon，1737 — 1794，近代英国杰出的历史学家，影响深远的史学名著《罗马帝国衰亡史》一书的作者，十八世纪欧洲启蒙时代史学的卓越代表。

那些生活在日光下的人觉察不到的。

在他看来，只有构成生命的洪流全部汇集在一起，才能消解他燃烧的渴望。

一个明智、审慎的判断。

教士。他回避所有宗教问题，好像它们都是不得体的，被逼问时，他会用一种试探的、反对的口吻回答。他总是说，凡事都该进化，宗教也一样。他的立场处于知识和无知的边界线上。“到了这里，人类的理性就无法更进一步了。”他会说，而后径直攻占这个未被发现的黑暗国度。然而，当科学像大海的舌头一样闯进来，证明人类的理性在另一个区域也自由自在，他就会迅速撤退。就像一个战败的将军粉饰急件，将败北称作向后方战略转移。他信仰不可知。他把所有赌注压在理性的局限上，但就像一个败家子眼看着放高利贷的人一亩一亩侵吞他的田产，他眼看着科学进步，难以掩饰内心的焦虑。

他在台上诵经，他知道，部分会众相信《圣经》里的话全是真的，部分会众则认为《圣经》显然是虚构的，他自己也知道，《圣经》里的某些段落只是传说，有头脑的人是不会相信的。有时，他也会心存疑惑，质问自己该不该这样为自己开脱，但他只是在心里耸耸肩：“毕竟，无知的人信这些东西还是有好处的。干预他人的信仰总是危险的。”但有的时候，他自己也打不起精神来，于是就让他的副牧师读。他宁可他的副牧师蠢点。

他大发雷霆时会说这是正义的怒火。若有人做了他不喜欢的事，他会把自己的心理状态称作义愤填膺。

马修·阿诺德[①] 的文风。它是一种陈述思想的极佳工具，清晰、简单、精确，好似一条平静、清澈的河，水流甚至有些过于平稳。如果说这种风格类似衣着考究的男士的服装，完全不吸引人的目光，但仔细观察却发现十分得体，那么，阿诺德的风格就是完美的。它从不突兀，也不会冒出生动的短语或别致的措辞让你分心；但细看的话，你就会发现，句子的结构是多么谨慎平衡，节奏是多么和谐、优美、高雅。读者觉得他的措辞很贴切，使用非常普通、常用的词语便能产生这么好的效果，令人有点惊讶。在阿诺德笔下，任何东西都会变得与众不同。他的文风会让人联想到一位非常有修养、有内涵的女士，上了些年纪，生活的激情已忘记大半，她优雅的举止让人想到过去的岁月，但其中透着幽默和生机，人们根本不会想起她是老一辈的人。但这种风格非常适合讽刺和打趣，适合阐释，适合指出论点的不足，所以对文章的内容要求极高。它毫不留情地发现论证的缺陷和思想的平庸，这种赤裸的揭露很可怕，令人惊惶不安。与其说它是一种艺术，不如说它是一种方法。达到这种悦耳冰冷的出色效果要下很大的功夫，没人比我更清楚这一点。说简洁是所有风格中最难掌握的，这是老生常谈，读阿诺德的文章时，我们仍能看到一些痕迹，他在采用那个写作风格，并使其成为习惯之前，做出了不懈的努力，给了自己很多限制。我这么说没有任何轻蔑之意，我只是忍不住觉得，为了形成这种风格，在经过长期努力后，阿诺德的风格几乎是无意识的。我们知道，佩特的风格就没变成这样，当然，那种绘声绘色、丰富的意象和各种各样的隐喻，显然要求作者不断创新。但阿诺德的风格里缺少这些东西，他的词汇量很小，他的表达方式反复出现，他所追求的简洁没给想象力留下多少余地。无论写什么，他的风格都是一成不

---

① 马修·阿诺德，Matthew Arnold，1822—1888，英国诗人、教育家、评论家。代表作有《评论一集》《评论二集》《文化与无政府主义》，诗歌《郡莱布和罗斯托》《吉卜赛学者》《色希斯》和《多佛滩》等。

变的。或许因为这个，还有他的古典风格，人们经常批评他没有个人色彩。但在我看来，阿诺德的风格和佩特或托马斯·卡莱尔[①]的一样有个人色彩。实际上，这种风格似乎非常清楚地反映了他的性格：有点女性化、爱使性子、有点专横、冷冰冰的，但他风度翩翩、头脑敏捷，始终那么优雅，这又弥补了他的不足。

我很高兴自己不信上帝。看到人世间的苦难与辛酸，我想，没有什么比信仰上帝更可耻。

有一个有趣的问题，文明发展到一定程度后是不是就不对人种有害了。古时候，文化到了高级的状态必定会衰退，古代史就是一部伟大的民族相继衰亡的历史。对此的解释似乎是，文明到了一定程度就会让这个民族不再适应为生存而斗争，于是，这个民族就会被其他更强健、更勇敢、教化没有达到如此精致程度的民族征服。正如古希腊被古罗马野蛮的力量摧毁，法国这个有教养的、高度文明的、有高雅情趣且敏感的国家，被德国粗野残忍的力量击败。艺术家被没有文化修养的市侩打倒，有修养的人被赶出门外。结论似乎是这样的：品味粗俗、不够精致是有益的，而不是有害的。

一直以来，人们认为苏格兰人比英格兰人更卓越，看来，加拿大人、澳大利亚人和新西兰人也比英格兰人更卓越。他们在更艰苦的环境中长大，自然选择发挥了更大的作用，所以，比起更古老的民族，他们更适应生存斗争。他们不太喜欢分析存在，他们的本能更粗野、更强大；他们没有我们文明，也不像我们这么在乎体面风度，他们更强健。他们的道德观和人生观（当然是无意识的）关注的是民族利益，而非个体的好处。他们培养不出这么多名人，但他们的民族性格

① 托马斯·卡莱尔，Thomas Carlyle，1795—1881，苏格兰哲学家、评论家、讽刺作家和历史学家。他被看作那个时代最重要的社会评论员。

更坚强、更鲜明。

到头来，自然选择是改善人种的唯一方法，而这只有通过淘汰劣者才能做到。所有试图保存劣者的做法（比如，教育盲人和聋哑人，关照器官性疾病患者、罪犯和嗜酒者）只能导致民族退化。

最终，理性必须站在“自然选择”这一边。尽管我们允许理性支持的利己主义和宗教支持的利他主义之间的冲突，但说到底，进化史证明，带来进步的是个体利益。认为人类社会应该不同似乎不合逻辑。

善源于人类的本能，一个族群的特性总会被美化为美德。正如在任何一个族群中，理想之美往往是把平均相貌拔到一个相当的高度，所以，族群在自身发现的本能也就被称作善。

自然选择做出的这些努力，所为何来？所有这些社会活动，除了帮助无关紧要的人吃饱肚子、繁衍后代，还有什么用处？

道德标准如世上的一切，朝生暮死。“善”无非是最适合当前环境的行为，进一步发展的结果可能会颠覆现有的道德理念，推翻所有我们现在视为“美德”的东西。生存竞争中的成与败是唯一的道德标准。继续存在的就是“善”。

道德是生存竞争中社会对付个体的武器。社会褒奖对其继续存在至关重要的行为和品质。道德的功能是说服个体，对社会有益的东西对他也有益。

有些人的幽默感发育得太不完善，他们对哥白尼耿耿于怀，因为他推翻了他们在宇宙中的中心地位。他们再也不能把自己当成世间万物围绕其旋转的轴心了，他们觉得这是对他们个人的冒犯。

为了方便讨论，我们把康德的“自在目的”纳入“真善美”体系，真、善、美几乎和田野里的花朵一样短命，对于这个简单的评论，你会作何反应？即使是在短暂的有文字可考的历史中，这三个概念的含义也发生过翻天覆地的变化。你怎么可以擅自推测今天对这些主题的概念就是绝对的？你该如何看待“自在目的”这样一个纯粹相对的概念？在跟我们谈论“自在目的”之前，请告诉我们什么是“绝对”。

现在流行鄙视味觉及其享受，但实际上，味觉比审美本能更重要。没有审美感的人比没有味觉的人生活得更轻松。如果把人体的各种机能以其对人类生存的必要性排个序（这似乎挺合理），那么，消化器官和性器官是最重要的，处于最高位。

显然，虔诚的人心里也总惦记着享乐，享乐主义对他的行为影响之深绝不亚于对纯粹享乐主义者的影响，只是他将来世，而不是眼前的幸福当作回报。事实上，在那些选择某一条特定的道路以享永福的人身上，享乐主义的痕迹最明显。如果仔细研究一下他们理念中那个未来幸福的状态，通常你会发现其中物欲横流，连许多公开声称是享乐主义者的人都羞于承认这一点。

但有些笃信宗教的人，有着奇特的高尚情感，他们让自己相信自己是不图回报的，纯粹是为了上帝的爱。然而，分析一下这种情感，你还是会在其中发现享乐主义的因素，回报就是行善带来的深切的自我满足感，认为自己做得对时那种愉快的感觉。由于这样的回报具有情感的特质，所以比任何更粗俗、更明显的回报更能让人心满意足。

为了上帝的爱，人能干出多么卑鄙、残忍的事。

人的美取决于性吸引力。它把某一民族某一时期的普遍特征加以强化，但只是稍加强化，因为过分偏离正常，会让人反感，而不是欣赏。从性的角度来看，男女的目的都是让自己有别于他人，以便引人注目。他们通过凸显人种特征来做到这一点。于是，中国人裹天生就小的脚，欧洲人束天生就细的腰。当一个民族的特点发生变化时，他们理想中的美也会随之变化。在过去的一百年里，英国女人身高见长，过去小说中的女主人公绝不是高个儿。在文学作品中，直到丁尼生[①]出现，人们才明白，增高几寸会更美。

他们聊起艺术来仿佛无所不知、无所不晓，他们不了解的东西也不值得去了解。但艺术可没这么简单。怎么可能简单呢？艺术的来源中汇集了各种各样的东西：性、模仿、游戏、习惯、无聊、对改变的渴望、对增加快乐和减轻痛苦的情感需求。

让生活如此艰难的是覆水难收。没有什么能原样再现，最重要的事也没有前车之鉴。凡事做了便无法改变，错了就不能补救。有时，回头看看，一个人会为自己犯过的错惊骇万分，他似乎在左道上空转，浪费了太多时间，常常完全走错了路，数年下来徒劳无果。

在大多数传记中，主角的死都是最让人感兴趣的。最后这不可避免的一步有一种诱惑力，甚至有实用价值，前面任何事都无法与之相

① 丁尼生，Alfred Tennyson，1809—1892，英国维多利亚时代最受欢迎且最具特色的诗人。代表作为组诗《悼念》。

提并论。我不明白，传记作者既然向世人详细讲述某个名人的生活，为什么对交代他死时的细节犹豫不决？而且这种情况时有发生。读者最感兴趣的是人物的性格，他的强项、弱点，他的勇气和沮丧，而这些特点在他临终时表现得最明显。对我们来说，知道伟人如何死去和知道他如何活着同等重要。我们的生活受到外部环境的限制，但我们的死是我们自己的。看看别人是如何走完这最后一段旅程的是我们自己在踏上这条路时仅有的帮助。

有时，我会在夜里问自己白天都做了什么，有没有什么新的想法和观点，有没有什么特别的感受，是什么让它有别于其他东西，然而，那些东西时常在我看来是无意义的、无用的。

道德家说，履行责任会让人幸福。责任是法律、舆论和良心强加给我们的。任何一个单项都没有多大威力，三者联合起来很有可能不可抗拒。但舆论和法律有时是对立的，比如在欧洲大陆决战；舆论也是多变的，一派谴责，另一派赞成，而各行各业，军队、教会、商界，都有不同的标准。

在某些场合，履行责任显然不是什么乐事，不尽职尽责的人很多，为了让人们履行责任，必须找到新的制裁方法。布尔战争期间，身处险地的军官们很容易投降，他们宁可蒙羞，也不想死。直到有几个人被枪毙，更多人被革职，大部分人才战战兢兢地壮起了胆子。

说到底，牧师们宣讲的基督教的独特之处在于罪恶意识。这种罪感在信徒的人生观中影影绰绰，令他们恐惧，让他们无法，也不愿坦诚地面对生活。他们说，除非承认罪恶的存在，否则，人类的理论是不完美的。但罪恶是什么？罪恶是一种让良心不安的行为。那良心又是什么？良心是你做了某件他人（也许还有上帝）不赞成的事后的感觉。尝试分析一下良心会很有意思。有必要研究一下它是如何产生的、人们如何评价它、它的心理学基础，以及它会操纵哪些东西。帕坦人[①] 杀死自己的仆人不会受到良心的谴责，科西嘉人杀死仇人也不会内疚。英国人小心谨慎，撒谎的时候会犹豫一下，西班牙人在小心谨慎方面毫不逊色，但说谎话前绝不三思。

切萨雷·博尔贾[②] 有理由被看作近乎完美的“自我实现”的范例。就个体而言，唯一的道德是让自己的精神和肉体本能得到充分发挥。毕生事业的美感正在于此，就这一点而言，切萨雷·博尔贾和阿西西的圣方济各的人生是相似的。他们都是按照自己的性子来的，再也没什么可要求的了。世界只根据行为对世界本身的影响来评判，于是一个臭名昭著，另一个圣名远播。托尔克马达[③] 这类人又该如何评价呢？他是他那个时代最虔诚的人，他完善了一种刑具，它造成的死亡和苦难比很多漫长且血腥的战争还严重。

个人对自己既没有责任，也没有义务，对于个人而言，这两个词没有意义，只有放在他与别人的关系中，它们才有意义。对于他自身而言，个人拥有完全的自由，因为不存在什么有权威的力量对他发号施令。

---

① 帕坦人，Pathan，阿富汗东南部和巴基斯坦西部的主要穆斯林民族。

② 切萨雷·博尔贾，Cesare Borgia，1476—1507，教皇亚历山大六世的私生子，瓦伦蒂诺公爵，罗马尼阿的主人，伊莫拉、弗利、佩鲁贾、皮奥姆比诺、比萨、卢卡、锡耶纳等无数属地的征服者。他，曾经担任瓦伦西亚大主教和枢机主教，却以他的邪恶、残忍和征战的天才将一个教皇国的梦想献给他的家族。他是博尔贾家族中最恶名昭彰，同时也是最具魅力的一个，在十五、十六世纪的欧洲历史上，再没有第二个像他那样背负如此之多的恶名，却又为同时代人所同情，并毫不吝惜地给予赞美的统治者。

③ 托尔克马达，Tomás de Torquemada，1420—1498，西班牙第一位宗教裁判所大法官。他被认为是“中世纪最残暴的教会屠夫”。

社会为了自我保护制定规则，但个人对社会没有责任：除了谨慎，没有什么东西约束他。他可以随心所欲，自由来去，想怎样就怎样，但如果他没按社会规则做事而受到惩罚，就不要抱怨了。比社会为了自保所制定的所有法律都更有效的方法是设置“良心”，在每个人心中安插一个警察，确保法律得到遵守。奇怪的是，即使是一些最私密的事，想必与社会毫不相干，良心还是会引导一个人按照这个外部组织的利益行事。

基督教与科学最大的区别之一是，前者高度重视个体，而对于后者，对于科学来说，个体无足轻重。

人的善恶观是一时的，因此良心也必然具有相对性。一个人在一个时代会因为忘做某件事而良心不安，而在另一个时代，他会因为做了这件事而懊悔不已。

常识经常就被当作道德规则。但是如果逐条分析一下这些规则，研究者就会震惊地发现其中有许多矛盾之处。他无法理解，在不同的国家和同一个国家的不同阶级和领域，常识怎么会规定截然相反的东西。他甚至会发现，即使在同一个国家、同一个阶级和领域，常识的各种规定也常常互不相容。

常识似乎只是不动脑筋、考虑欠周的代名词。它是由儿时的偏见、个人癖性和新闻评论组成的。

在我们对待他人方面，常识表现得公正无私，但这只是表象。比方说这个问题：是否在周围消除贫困后就可以纵情享乐了？常识会毫不犹豫地给出否定的答案。

既然谴责感官享受，那就彻底地谴责。如果你谴责食和色，那也应该谴责其他的欲望：对温暖、舒适、运动，对艺术和自然之美的渴望。否则你谴责的就不是感官享受，而是别的什么只存在于食色享乐中的弱点。

宗教体系的成功证明了人的极端自私和心理失衡。

没有哪种利己主义像基督徒对待自己的灵魂那样令人无法忍受。

不能把智慧称作美德，因为它是由智力因素组成的，这个人有，那个人没有。如果做出正确的行为必须有智慧，那么只有少数人能做到。

直觉主义基于绝对的道德原则，而它的不可靠在于，指导人的行为的直觉因国家而异，因时代而异，因人而异。直觉在一个时代会叫一个人去杀人，在另一个时代却会让他厌恶这种想法。直觉判断看似没有明确来源，其实很容易就能证明，它来自童年的教育和邻里的行为。解释直觉和解释广告一样：告诉一个人一万遍皮尔斯牌香皂可以改善肤色，最终，他就会凭直觉确信这就是事实。

奇怪的是，一位叫圣克里索斯托[①] 的神父居然暗示了道德的相对性。他是这么说的："不要问《旧约》的训诫怎么好，因为需要它们的时代已经过去了，要问在需要它们的那个时代，它们怎么好。"

享乐主义者应该记住，自我意识与幸福不相容。如果一门心思追求享乐，幸福就会离他而去。

早期的欲望是令人快乐的，变得强烈后就让人痛苦了。到那时，

① 圣克里索斯托，St. John Chrysostom，约 347—407，出生于叙利亚安提阿的著名隐修士，398 年起成为君士坦丁堡大主教，后被流放亚美尼亚，并死于流放途中。

欲望和痛苦的结果一样，于是我们力图摆脱欲望，而不是得到想要的东西。有时爱情来得太猛烈，欲望不再是愉悦，而是痛苦，那时男人为了摆脱这种欲望，甚至会杀死他爱的女人。

饥饿这种欲望处于痛苦和快乐的边缘。比起人的其他状态，饥饿最能体现：痛苦还是快乐取决于欲望的程度。适度饥饿的感觉是舒服的，想到食物让人快乐；饿过头就只剩下痛苦了，那时，人想的不再是美餐一顿的满足感，而只是如何才能摆脱这种难受的感觉。

“痛苦使人高尚。”人类为痛苦想出的辩护词中，这是最蠢的一条。这种解释是因为有必要从基督教的角度证明痛苦合理。痛苦不过是神经发出的信号，告诉机体它所处的环境对它有害。如果痛苦真能使人高尚，说危险信号使火车高尚也是合情合理的。但我觉得，平时观察一下生活，就足以让人明白，绝大多数情况下，痛苦绝没有改善一个人，反而让他变得残酷无情。住院病人便是一个恰当的例子：肉体上的疼痛让他们变得固执己见、自私自利、牢骚满腹、没有耐心、不公正，且贪婪。我能说出一大堆由痛苦导致的坏毛病，但一个优点也说不出来。贫穷也是一种痛苦。我很了解一些人，他们在赤贫的痛苦中挣扎，但不得不生活在比自己富有的人中间，于是他们变得贪婪、卑鄙、狡诈、爱说谎。痛苦教会了他们各种可恶的伎俩。如果经济条件尚可，他们应该是体面人，但在贫穷的折磨下，他们已全然不顾廉耻。

对于一个普通人来说，有这样一条生活准则就够了：跟随自己的本能，同时受到自己所处的社会的道德标准约束。

他是一个微不足道的普罗米修斯，力图洞悉生命的奥秘，他怒火中烧，不安的想法折磨他的心。

我愿意把生活看作一盘棋，基本规则不容商榷。没有人会问马为什么可以越子，车为什么只能直走，象为什么只能斜走。只能接受这些规则，下棋时必须遵守规则，抱怨是愚蠢的。

伦理研究是自然研究中不可或缺的一部分，因为在正确、理性地行事前，人必须认清自己在世间的位置。

人类存在是有目的的，这个说法没什么道理，这就像整个古代和中世纪，人们接受“天体必须绕着圆形的轨道运行，因为圆形是最完美的形状”这样的臆想一样荒谬。

至于人类存在的目的，想想亚里士多德派的学者是如何反驳哥白尼学说的，他们这样问，最远的行星和恒星之间无限的空间有什么用?

人类普遍具有的东西不可能是邪恶的。许多伦理体系都有这样一个缺点：它们多少有些武断地把人的某些品性称作“善”，把另一些称作“恶”。如果满足性本能从来没被视作邪恶，人类不知道要幸福多少倍！一个真正的伦理体系应该找出人所共有的品质，并将它们称为善。

人们给予赞扬的似乎都是他们本身可以从中获取全部或部分好处的行为，不过，对符合他们的口味，或者令他们惊奇的引人注目、激动人心的行为，他们也会不吝赞美之词。

我们并不经常有意识地把快乐作为目标，这并不是反对“人类所有行为都以获得快乐为目的”这个理念的理由。

从理论上讲，除了担心革命，国家的权力是无限的，唯一限制行动的是它自身的能力。因此，所有国家比个体经营得好的产业都将收归国有，只把部分商业留给这些个体，个体的贪婪可以表现得更彻底，也更经济。国家应该永远记住曼德维尔[①]那句格言“私人恶德即公众利益”多么有道理。

自由权：不存在这种权利，除非国家为了自身考虑支持它。

对个体而言，道德仅仅表达个人满足，它只是个审美问题。

强权即公理。世上没有什么责任或道德义务。就其本身而言，任何一种行为都是无可非议的，唯一的伦理标准是国家福祉。个人与国家之间是一种心照不宣的契约关系：个人为了自身的某些利益以一种对国家有利的方式行事。

四千万人说同一句蠢话，并不能让蠢话变成智语，但智者揭穿他们的谎言就是犯傻了。

对宇宙和人类而言，认知无限。一切都是相对的。没有什么是必然的。道德与否取决于国家，而国家权力无限。强权即公理。

发展有什么益处？日本人接受了西方文明，这对他们有什么好处？住在森林边缘的马来人，住在肥沃的岛屿上的卡纳卡人[②]，难道不

① 曼德维尔，Bernard Mandeville，1670—1733，英国古典经济学家和哲学家。曼德维尔作为十八世纪道德哲学的主要贡献者之一向人们揭示了在强制性的行为限制中，个人为追求自身利益的行为可能会推进整个社会的福利。

② 卡纳卡人，Kanaka，夏威夷及南洋群岛的土著人。

和住在伦敦贫民窟里的人一样快乐吗？这一切将如何收场？有什么用？我不知道答案。

欢愉短暂并不能证明它就是邪恶的，人又能找到什么持续到永恒的东西呢？

个人思想从根本上讲是孤立的，认识到这一点极有益。除了我们自己的意识，我们都不太了解。我们只能通过自身性格认识世界。他人的行为与我们自己的行为相似，我们就推测他们与我们相似，结果发现并非如此，我们就大吃一惊。随着年龄的增长，我越来越惊奇地发现，人与人之间的差异太大了。我差不多相信每个人都是独一无二的。

欢愉是人类为自己的努力确立的目标，我认为这一点可以得到确证。“欢愉”这个词在清教徒听来很不悦耳，很多人更愿意谈论“幸福”，但幸福只能被定义为一种持续的欢愉的状态。如果一个应该受到谴责，另一个也同样应该受到谴责。如果构成一条直线的点是“恶”的，就没有理由管那条直线叫“善”。当然，感官满足不必是欢愉的全部内涵，但使用这个词时，人们似乎主要指的是这个，人类的情感确实意味深长。对于一般人而言，比起强烈的感官享受，审美带来的快感、努力带来的快感、想象带来的快感都太苍白了，所以听到“欢愉”这个词时，他们想不到这些快感。

一些人，比如歌德，把和谐看作生命存在的理由；还有一些人，比如沃尔特·佩特，则认为“美”是存在的理由。可是，当歌德教导大家要培养各种能力，把生活当成一个整体来看时，他是在宣扬不知羞耻的享乐主义，因为人发展得越全面，获得的幸福就越大。把“美”当作生活的目的，我觉得有点蠢，这是一种经不起考验的教义，压力非同寻常时，用处很小。拉结哭她儿女不肯受安慰，[1] 但是那天的日落依旧绚烂如往常。

良心。关于它的力量，约翰·亨利·纽曼在《为自己一生辩护》的一个注解里说得很清楚：人们“宁愿在良心的约束下犯错，也不愿仅凭理性判断事事正确”。

神学家们说，科学会在某处遇到阻碍，到了那时，它只能承认自己的无助。宗教的情况难道更好吗？德尔图良[2] 就承认过，事实并非如此，他说：“Credo quia absurdum est.（拉丁语：因为荒谬，所以信仰。）”

如果宗教的用处是使人有道德，那么只要做到这一点，这个教义就不重要了。似乎可以这么说，如果一个人碰巧出生在哪个国家，那最好接受那里的宗教。所以，传教士们为什么要去印度和中国改变人家的信仰呢？人家已经有自己的信仰了，而且他们的宗教充分履行了宗教的主要职能。很可能印度的印度教徒和中国的佛教徒中，没有几个像印度教或佛教要求的那么有道德，即便如此，我们也没有理由不放手，我们都知道，没有几个基督徒奉行基督教的原则。

还是传教士们认为，凡是不传播这个宗教的人就会被上帝定罪，遭受无尽的折磨？怪不得你说“我的上帝呀”，他们以为你在詈骂诅咒。

如果能说明怕死是一种欧洲痼疾就有意思了。看看那些东方人和

① 引自《圣经·耶利米书》31 章 15 节：“耶和华如此说，在拉玛听见号啕痛哭的声音，是拉结哭 她儿女不肯受安慰，因为他们都不在了。”

② 德尔图良，Tertullian，150—230，基督教著名的神学家和哲学家。他生于迦太基，也卒于此地，因理论贡献被誉为拉丁神学鼻祖之一。

非洲人，他们无动于衷地盼望死亡降临。

完美似乎只是完全适应环境，但环境是不断变化的，所以完美永远是暂时的。

人有一种根深蒂固的感觉，那就是，新事物是邪恶的。这在孩子和野蛮人身上体现得尤其明显。野蛮人的兴趣爱好很少，他们的衣服昂贵，要的就是穿得久；他们的艺术形式有限，因此不得不守旧。但同时人又喜欢为了变化而变化，而在文明的国度，它压倒了古老的恐惧。文明人有很多获得变化的便利手段，比如穿衣，可以依赖制造业提供廉价和多样；比如看风景，可以借助便利的交通工具。

同一句话永远不会在两个人身上产生完全一样的效果，任何给定的词语给两个头脑传递的第一印象都是大相径庭的。

没有人证明过阿波罗或阿芙洛狄忒不存在，当相信他们不再符合一般智力水平时，这种信仰只会衰落。

人的尊严。当一个人随心所欲且无比虚荣地把一切令人赞不绝口的优点都加到自己身上时，说到底，他就像那些东方小国的统治者，煞有介事地说自己是大地的主人、太阳的兄弟。

对个人所处时代的各种理念存疑是明智的。过去几百年里的那些观点，当时似乎确定无疑，经过很好的验证，但在我们看来显然是错误的，甚至荒唐可笑。我们接受当下流行的一些理论，它们似乎都有无可辩驳、合情合理的根据，我们无法想象它们也有可能是靠不住的，就像我们已经知道是错误的那些理论一样。它们也许并不比十八世纪关于“人的原初完美”的假设更真实。

他们在谈论VF，他们都认识她。她出了一本充满激情的爱情诗集，显然，那些诗不是献给她丈夫的。想到她竟然在他鼻子底下与人私通这么久，他们哈哈大笑，很想知道他读了那些诗会作何感想。

四十年后，我写了一篇故事，名字叫《上校太太》，灵感就来自这条笔记。

各种美德按它们对社会状况的用处大小排序，所以，“勇敢”要高于“谨慎”。人们会说那些无谓的牺牲者是顶天立地的汉子，其实，他们不过是有勇无谋之人。“勇敢”中包含慷慨大方，“谨慎”中则含有狡猾和相当卑鄙的成分。“不节制”是个缺点，它对公共利益的影响并不明显，所以人们对它的态度比较复杂。在某种程度上（至少在英格兰），人们并不反对它，男人会扬扬得意地告诉你，他们喝得烂醉如泥。只有给他人带来不便时，不节制才会受到谴责。只要能以某种方式从别人的弱点中得到好处，人们还是宽容的。那种一事无成，把时间和金钱浪费在毫无意义的享乐上的人，他们管他叫“好小伙”，充其量说他是他自己的死敌。

每一代人都认为上一代人比这代人精力更充沛、品德更高尚。你会在希罗多德的史学著作中，在罗马共和国晚期作家的作品里，在蒙田的散文中，在当代作家的文章中找到同样“人心不古”的悲叹。个中缘由是，人痛恨变化，恐惧变化。习惯会变，人不会变。

我们尤其要提防那些不言而喻、显而易见的观点，这些观点家喻户晓，我们从小就听到大人把它们当成不言自明的真理，身边的人都毫无异议地接受它们，所以，我们经常想不到去质疑。然而，最该小心掂量的恰恰是这些观点。

一代人的假设往往是下一代人的原则，怀疑它们是荒谬的。然而，再过一代，它们就会被摒弃，人们觉得它们无用、过时、荒唐。

1902年

人类平庸无奇，我觉得他们并不适合永生这么了不起的事。人类那点激情、那点美德、那点邪恶，很适合这个平凡的世界，不朽这个概念太宏大，人类这个模子太小。我不止一次目睹过死亡，有的人死得安详，有的人死得悲惨，但在他们生命的最后时刻，我从没见过有什么东西预示着他们的灵魂会永恒。他们像狗一样死了。

提香的《基督下葬》。我没有感觉到那个事件的悲惨，没有感觉到死亡的恐怖，也没有感觉到生者的痛苦，而是感觉到温暖的生的气息和意大利热烈的美。即使是在死亡和恐怖的那一刻，生命的光彩还是压倒了一切。也许所有的艺术都应如此，美会改变每一个悲惨的场景，甚至能从死亡和悲痛中发掘出生的喜悦。

正如再优美的旋律都不会高雅到无法用音符来表达，再高尚的意识行为都源于大脑活动。

生命意识直接或间接地取决于个体在宇宙中的位置，以及他认识环境的需求，要么让环境适应他，要么让他自己适应环境。

道德感究竟建立在何等奇怪的基础之上，也许看看古往今来虔诚的信徒们多么不在乎《圣经》的邪恶就知道了。他们谴责过雅各的诡诈[①] 和约书亚的残忍[②] 吗？完全没有。看到约伯的儿女们死了[③]，他那么麻木不仁，他们震惊了吗？一点儿都没有。对不幸的瓦实提[④]，他们有过一丝一毫的同情吗？我是从来没见过。

生活之道莫过于幽默的顺从，这是我想象中最舒服的心境了。

确信悲伤不可避免，悲伤就会减轻。我想，如果人能为悲痛找到生理原因，很多悲痛就能得到控制。康德有疑病症，早年近乎厌世，但他最终战胜了病痛，因为他认识到，病因是他的胸腔扁平狭窄。

性格的起源可以追溯到生物个体的起源。一个人出生后，身体条件和周围的环境会影响他的性格。一个人没什么过错，却有着乖张执拗的性格，并因此注定不幸，这对他真是太不公平了。

每个年轻人都像夜里出生的孩子，看着太阳升起，以为昨天根本没存在过。

---

①《圣经·创世记》第 27 章记载雅各怎样骗父亲以撒的祝福。

② 据《圣经·申命记》所载，约书亚继摩西成为以色列人的领袖，带领以色列人离开旷野进入应许之地。约书亚带领以色列人用武力攻占了迦南诸城，征服了迦南全境，形成了古以色列王国的雏形。在攻占耶利哥城时，约书亚带领军兵入城，杀光了城内所有人。此外，约书亚还以非常残酷的手段对付被征服者，譬如：他将亚摩利人的五个王杀死并挂在树上。

③ 有人来说：“你的儿女正在他们长兄的家里吃饭喝酒，不料有狂风从旷野刮来，击打房屋的四角，房屋倒塌在少年人身上，他们就都死了；唯有我一人逃脱，来报信给你。”约伯便起来，撕裂外袍，剃了头，伏在地上下拜：“我赤身出于母胎，也必赤身归回。赏赐的是耶和华，收取的也是耶和华。耶和华的名是应当称颂的。”

④ 波斯王亚哈随鲁的王后，因拒绝在他的宾客面前显露她的美丽而被废。

现代文化中一个很愚蠢的做法（英国是一个典型）是对人的自然官能避而不谈。道德公约不仅贴在墙边街角，更贴在英国人心上，于是许多无害且必要的行为有了近乎色情的意味。有必要和其他时代的人比一比，那时最高雅的人对待这类事情的态度坦诚质朴。

人类机体较为高级，这使人更容易感受到痛苦。由于他有复杂的神经系统，他所承受的肉体痛苦更强烈，也更多样，同时，他还有道德和想象带来的苦恼，低等动物在这些方面是免疫的。

人生是痛苦的、虚空的，也许宗教所有的好处都被这个基本观念抵消了。把人生看作对来世幸福的探求否定了现世的价值。

床。没有哪个女人的价值超过五英镑，除非你爱上她。到了那时，你在她身上花多少钱，她就值多少钱。

1904年

帕丽斯。她和鲁本斯的第二任妻子海伦娜·弗尔曼有几分相像，面色红润，散发着金发女郎的光彩，眼睛蓝得像仲夏的海水，头发像八月阳光下的玉米，此外，她的美要精致得多。她没有海伦娜倒霉的易胖体质。

她有成熟女人的风韵，粉红的面颊，金色的秀发，眼睛蓝得像夏日的海水，曲线圆润，胸部饱满。她的身材微胖，鲁本斯通过海伦娜·弗尔曼令人陶醉的相貌永远确立了一种美的类型，她就属于这类美人。

这个场景很像华托[①]的群像，站在草地上的那个人，让人以为看见了《丑角吉尔》[②]，穿着白衣服，精致的鞋上系着粉红色的蝴蝶结，用一种倦怠、嘲弄的眼神看人，嘴唇在颤抖。他到底是忍着别哭出来，还是忍着别冷言讥讽？谁知道呢。

---

① 华托，Jean-Antoine Watteau，1684—1721，法国十八世纪洛可可时期最重要的也最有影响力的一位画家。他画了大量带有喜剧色彩的作品，还发明了一种浓郁的富有哲理的爱，而且都有背景相衬托。

②《丑角吉尔》华托的名作之一，现藏于罗浮宫。

圣母玛利亚身披一件六股丝锦缎的长斗篷，蔚蓝得好似南方的夜空，斗篷上用金线绣着娇花嫩叶。

平静的湖面倒映出朵朵白云，叶子已经是赤褐色的了，暗示秋天临近。绿色的林地，榆树和橡树繁茂庄重。如此庄严的景色，一看就是被长期精心照料的结果。华托笔下那些堕落的女士可能在湖边坐过，身边是穿着多彩绸衣、大献殷勤的情郎，他们矫揉造作地讨论着拉辛的诗句和塞维涅夫人① 的书信。

一种轻松且炫耀的做作，一种蔑视庸人的姿态，但又需要他的气愤和惊讶，以达成完整的娱乐效果，就像那个讨人喜欢的家伙，仪态万方，永远迈着轻盈的步子走在安托万·华托的油画《淡漠者》（*L'indifférent*）上，他穿着蓝缎子紧身衣、短裤、玫红色的鞋，褶边袖口，薄披肩随便搭在胳膊上。

清早，太阳刚刚升起，树木和水面蒙着一层柔和的灰色，很是迷人，让人想起一幅科罗② 的画：风景中有一种微妙、明亮的优雅，能涤净每一颗低劣的心。

他的五官很大，他的脸很方，尽管如此，他的美还是惊人的。然而，他的容貌不仅仅是美，他阴郁的表情，平静时近乎乖戾，他的眼睛又大又黑，是东方人那种杏仁眼，他的嘴唇优美且肉感，他深栗色的头发剪得很短，在头上打着漂亮的卷儿，这一切都让他显得冷酷傲

---

① 塞维涅夫人，Madame de Sévigné，1626—1696，法国书信作家，代表作《书简集》。

② 科罗，Jean Baptiste Camille Corot，1796—1875，法国画家。科罗早期的风景画受古典主义的影响，多表现在他的意大利风景画中，而他的法兰西风景画才真正体现了他的艺术成就。

慢，对他可能引起的激情不屑且淡漠。这是一张邪恶的脸，但美永远不会是邪恶的；这是一张残忍的脸，但淡漠永远不会太残忍。这张脸会印在你的脑子里，你对它的感觉，一半是欣赏，一半是恐惧。他肤色白皙，仿佛象牙上抹了一层胭脂。他的手指修长有型，就像布龙奇诺[1] 那幅雕塑家画像中那双有力且灵巧的手。你感觉他轻轻碰一下，黏土就会自动塑出可爱的形状。

这是一张奇怪的脸，无心而冷漠，懒散而热烈，冰冷而性感。

洋溢着健康的活力，就像威尼斯画派的画家们笔下的人物，似乎生的荣耀就是如此令人愉快。

他像农牧神，有不怀好意的笑声、淘气无赖的嘴唇，眼睛闪闪发光，不近人情，他的鼻子小小的，头的形状也很奇怪，尽管是人形，却有着神话中的生物的动物性。

她是冷艳的，有一种精致的处子的优雅，一种完全无意识的泰然自若，她会让人想起（想的时候面带微笑）卢浮宫里那座月亮女神戴安娜的雕像，她是个年轻姑娘的样子，正镇定地系紧披风。她的耳朵就像那座雕像一样，那么漂亮精致，她的五官有一种优美的精准。

他鼻子细挺，嘴唇紧闭，透出狂热者的严肃。他的眼距窄，下巴扁平，他紧张不安地克制着自己，透出一种冰冷的坚定，一种阴沉的倔强。

他浓密拳曲的黑胡子修剪成方形，他额头低、鼻子直、面色红

---

① 布龙奇诺，Bronzino，1503—1572，意大利佛罗伦萨的风格主义画家，出色的肖像画家。

润，看上去就像巴克斯雕塑，这位酒神没被塑成小伙子，而是正值盛年的男人。

弗拉基米尔。他有好几天没见到弗拉基米尔了，不知道他过得怎么样。弗拉基米尔不在他常去的那几家咖啡馆。他知道他住哪儿，于是去了他寄宿的旅馆，拉斯帕伊大街上一家廉价旅馆，那里时常有学生出入，还有一帮演员和音乐家。弗拉基米尔住在五楼一间脏兮兮的小屋里。他发现他躺在床上。

“你生病了吗？”他问。

“没有。”

“那你怎么不出来走走？”

“我没法儿起床。我就一双靴子，还烂了，天气这么糟，我不能穿着拖鞋出去。”

他看了一眼那双靴子，确实没法儿穿了，尽管他自己手头也挺紧，还是给了弗拉基米尔二十法郎好去买双新靴子。弗拉基米尔对他千恩万谢，他们约好晚饭前老时间在穹顶咖啡馆见面。可是，弗拉基米尔没有露面。那天晚上没来，第二天晚上也没来，第三天，他又去了那家旅馆，爬了五层楼，到了弗拉基米尔的房间。他看到满屋的鲜花，弗拉基米尔依旧躺在床上。

“你怎么没去穹顶咖啡馆？”他问。

“我出不去，我没靴子。”

“我不是给了你二十法郎，让你买双新靴子吗？”

“我拿钱买了这些花啊。是不是很美？Qui fleurit sa maison fleurit son caeur.（谁的房子里鲜花盛开，谁就心花怒放。）”

他的灵魂就像高塔中的囚徒，透过牢房狭窄的窗户，看着自由世界里的绿草和大树，他却被迫待在潮湿冰冷的高墙内，永远忧愁沮丧。

绿树在塔楼的废墟上静静地生长，常春藤异常温柔地爬满经受过上百次围困的灰色的石墙。

优雅挺拔的白杨沿河岸排成一行，在缓缓流淌的水面投下长长的影子。

法国一条浅浅的河，河水清澈，水面倒映出星星，月光下，洲渚闪着美丽的白光。河两岸绿树成行，不疏不密。肥沃迷人的都兰[1]，温和娴雅，充满浪漫的回忆。

广阔的原野铺展在眼前，你感觉有空间可以长长地吸一口气，丘陵起伏，土壤肥沃，绿油油的，似乎在微笑，长满了白杨、栗子树和落叶松。这景色给人一种舒适的繁荣感，甚至丰饶感，不过，这是一种因优雅和美丽、冷静和清醒变得更高贵的丰饶。

---

① 都兰，Touraine，法国西部一地区，位于卢瓦尔河谷地，著名的葡萄酒产地。

1908 年

成功。我不认为它对我有什么影响。首先，我一直期待成功，成功了，我就坦然接受，没什么好大惊小怪的。对我来说，成功唯一的价值在于使我摆脱了经济困境，我几乎时刻担心收入不稳定。我讨厌贫穷。我讨厌省吃俭用、量入为出。我觉得我自己没十年前那么自负了。

雅典。我坐在狄奥尼索斯剧场，从我坐的地方可以看见蓝色的爱琴海。想到曾在这个舞台上演的那些伟大的戏剧，我打了个寒战。那真是激情澎湃的一刻。我既兴奋又敬畏。很多年轻的希腊学生走过来，用蹩脚的法语跟我聊天。过了一会儿，其中一个问我愿不愿意看他在舞台上朗诵一段。我立即抓住这个机会，欣然同意了。我以为他会背诵索福克勒斯① 或欧里庇得斯② 的某个名篇，尽管我知道我一个字也听不懂，还是准备迎接一次美妙的经历。他爬下去，摆好架势，然后操着极糟糕的口音说道："C'est nous les cadets de Gascogne.(我们是

① 索福克勒斯，Sophocles，约前 496—前 406，古希腊三大悲剧作家之一，代表作是《安提戈涅》和《俄狄浦斯王》。

② 欧里庇得斯，Euripides，前 485—前 406，与埃斯库罗斯和索福克勒斯并称为古希腊三大悲剧作家，他一生共创作了九十多部作品，保留至今的有十八部。代表作有《美狄亚》《希波吕托斯》《特洛伊妇女》等。

加斯科涅军校的学员。)”

他是一个乐善好施的人。他的工作很重要，且具有持久的价值。他勤劳肯干、公正无私。他微不足道，却是个了不起的人。他认为酒是祸根，尽管他很忙，仍四处奔走，劝人戒酒。他家里有一间屋子上着锁，不允许任何人进去。他突然死掉了，葬礼后不久，他的家人就闯进了这间他们一直好奇的屋子。他们发现满屋子空酒瓶，白兰地、威士忌、杜松子酒的瓶子，查特酒、本尼狄克丁甜酒和莳萝利口酒的瓶子。显然，这些酒瓶都是他自己一个个拿进去的，他喝光了酒，不知道怎么处理这些瓶子。我很想知道，他做完戒酒演讲，回到家中，把自己锁在房间里，啜饮查特绿香甜酒时，脑子里到底在想什么？

1914年

吃早饭时，我遇到一个奇人。他是一名轻骑兵，跑在前头探路。他吃早饭时，一个勤务兵在广场的树下替他看着马。他告诉我他是哥萨克人，出生在西伯利亚，十一年来，他一直在边境打中国土匪。他很瘦，五官鲜明，一双蓝色的大金鱼眼。他本来在瑞士度夏，战争爆发三天前接到命令，立即前往法国。宣战后，他发现自己回不了俄罗斯了，于是被派到一个法国骑兵团任职。他健谈、活泼，喜欢自吹自擂。他跟我说，他抓住了一个德国军官，把对方带回了营地。他对那个德国军官说："现在我让你看看我们是怎么对待俘虏和绅士的。"说完，他递给德国人一杯巧克力饮料，德国人喝了饮料，他又说，"现在我让你看看你们是怎么对待俘虏的。"他扇了那个军官一个耳光。"他说什么了？"我问。"什么也没说，他知道，只要他开口，我就会杀了他。"他跟我谈起塞内加尔人，他们坚持要砍掉德国人的脑袋。"这样，你就能确定他们死了——et ca fait une bonne soupe.（可以做一锅好汤。）"他向我描述炮弹，"炮弹滋滋滋地飞，它们落地之前，你不知道自己到时候是死是活。"

二十五公里外正在打仗。等待吃午饭时，我和一个十三岁的机灵的男孩聊了起来。他告诉我，前几天，两个俘虏被押解着，从这里经过，男孩又说，他的帽子里装满了热栗子，他拿起栗子，一个个朝那两个可怜人的脸上砸去。我告诉他，这么做太不对了，他听了哈哈大笑，说："为什么？其他人都在打他们。"后来，进来了几个德国人，他们来取他们征用的一辆汽车，他们开车带着市长去放车的房子。十个法国宪兵听到这个消息，跟了过去。当他们赶到时，军官和市长正要进那所房子，一个德国人在车底下检修着什么。军官让到一边，请市长先进。"这说明他很有礼貌。"给我提供住宿的老太太说。就在这时，宪兵们开枪打死了他，又开枪打死了车底下那个人。其他人举手投降，但他们把这些人统统打死了。

我被安排住在一个奇怪的小房子里，房主是个上了年纪的退休店员和他的妻子，他们有三个儿子应征入伍了。他们很热情，很高兴家里住进来一位军官，并渴望为我做一切。睡觉前，他们会给我端来一杯热牛奶，说，只要我在那儿，我就是他们的儿子。这个房间极小，有一张带顶罩的大木床，站在窗前可以看见外面的院子和一个很大的红色坡屋顶。

整个上午，我在一个改造成医院的学校里忙碌。这里肯定有两三百名伤员，到处散发着脓水的臭气，一扇窗也没开，地也没扫，极其昏暗肮脏，令人悲伤，这里好像只有两个主治医生，两个裹伤员协助他们，还有很多对护理知识一无所知的当地妇女。我和一个德国战俘聊了一会儿。他的一条腿截肢了，他好像觉得，如果他是法国人，这条腿就不会被截掉。裹伤员让我跟他解释一下，这么做是为了保住他的命，还详细图解了当时那条腿的情况。那个俘虏闷闷不乐、沉默不语。他很想家。他躺在那儿，面色蜡黄、胡子拉碴，眼神狂野痛苦。为了帮助他，医生在他旁边安置了一个也截了肢的法国人，让他知道法国人照样会被截肢。那个法国人躺在床上，心情倒是挺愉快。我已经有很多年没做过这种工作了，起初有点尴尬，笨手笨脚的，但很快我就发现自己可以做点小事——清理伤口、抹碘酒、用绷带包扎伤口。我从没见过这样的伤口：有的肩上的伤口很大，骨头都碎了，流着脓，很臭；有的后背裂开口子；有的子弹打穿肺部；有的脚烂了，你会怀疑那条腿是否保得住。

午饭后，我们接到指令，把一百名伤员送到车站去，因为要全力清空杜兰[1] 这个临时医院，大战打响后肯定会有大量伤员被送过来，自从我们来到这儿，每天路上都有源源不断的士兵。一些伤员能自己走，一些伤员被担架抬上车。第一批担架抬出来时，耳边传来颂歌声，担架员们放下手中的担架。一个破铃铛发出令人伤感的声音。一个神父走了出来，这个胖大的家伙穿着黑色的法衣和一件白色的短袍，他前面走着一个盲人，我猜是执事，一个小男孩领着他。仪式一开始，他们为死者吟诵圣歌。接着走来四个人，扛着一口棺材，棺材上盖着一块破黑布，放着一个小小的木十字架，十字架上钉着死去士兵的名牌。他们身后跟着四个士兵和一个护士。他们走了几步，神父停下脚，回头看了看，气愤地耸了耸肩。他们等待着。终于又抬出一口棺材，第三口棺材，第四口棺材也抬出来了。队伍继续前进，破铃铛叮当作响。他们穿过院子，上了马路。百姓脱帽，军人敬礼。他们慢慢朝墓地走去。我不知道医院里那些垂死的病人每次听到这个小破铃铛发生的可怕的叮当声会作何感想。

医院设在一座白石头砌成的乡间别墅里，这是一座威严的建筑，门上刻着“1726 年”，说到风格，它既有路易十四时期的坚固庄重，还带着一丝轻松精巧。这座别墅被仓促改造成医院。大厅和饭厅的地

① 杜兰，Doullens，法国皮卡第大区索姆省的一个市镇，属于亚眠区杜兰县。

板上铺着草垫子，伤员们躺在上面，客厅被改造成临时病房——太匆忙的缘故，家具都没搬走，只是推到墙边，看到脸盆、绷带和药品放在三角钢琴上，感觉怪怪的。那个躺在担架上的病人等待包扎伤口，担架放在一张镶嵌细工的写字桌上。前一晚，法军试图拿下昂德希村，炮兵还没给开好道，法军就前进了，一个团占领了敌人的战壕，但另一个团，一群地方自卫队员军心动摇，逃跑了，所以那个已经占领德国战壕的团被迫撤退，撤退时遭到截击，三百人战死，一千六百人受伤。我们把担架从救护车上抬下来，等着能动的伤员被抬上担架。可以想象，别墅前那块圆形的草坪平时很整洁，现在却泥泞不堪，就像雨中足球赛后的球场，整个晚上，担架员在上面踩来踩去，救护车沉重的轮子从上面压过去，毁得不像样。别墅旁边还有一个房子，里面堆着死人，有些人到医院的时候就死了，有些人是夜里死去的。死尸紧紧挤在一起，姿势古怪，他们的军装很脏，沾满了泥和血，有些人的身体古怪扭曲，大概死的时候极其痛苦，有个人的胳膊伸展着，仿佛在弹竖琴，有些人被扔在那儿，不成个形，就像空荡荡的衣服。可是这些士兵死后，粗糙的脏手没了血色，却显得那么柔嫩独特。我们往返了这个医院两三趟，然后去了村里的教堂。这座饱经风霜、光秃秃的教堂矗立在一座陡峭的小山顶上。一个小礼拜堂里，椅子已经叠放在一起了，地板上铺着干草。伤员们沿墙边躺成好几大排，几乎没有空地让人从他们中间穿过去。情况紧急，没时间去掉宗教标志，一尊石膏圣母像的脸颊上涂了胭脂，从高高的祭坛上凝视下方。两侧都有烛台和插着纸花的镀金花瓶。伤得不是很重的人都在抽烟。一群士兵聚在门口，一边抽烟，一边聊天，时不时目光凝重地看一眼伤员。其他人走来走去，寻找受伤的战友，不时地停下来询问某个人的伤势；医院的护理员在伤员中间来回穿梭，送汤送水；担架员们小心翼翼地穿过人群，把担架抬到救护车上。交谈声里夹杂着痛苦的呻吟声和垂死者的叫喊声，一些比同伴伤势轻的人，说说笑笑，因为他们很高兴自己还活着。一根柱子旁边，一位神父在给一个将死之人施行傅油圣事。他匆忙地咕哝着祈祷词。大部分人似乎伤得很重，就像我看到的死人那样，乱糟糟地倒在那里，没个人形。有个人倚靠着教堂的正门，他和别人不一样，他是在一次意外事故中受伤的，此人面如死灰、留着胡子、身形瘦弱、形容枯槁，他一声不吭，一动不动，只是愤愤地目视前方，似乎意识到自己死定了，心中只有愤怒。他的腹部有一个可怕的伤口，医生无能为力，他在等死。我还看到一个人，他还是个孩子，丑丑的，圆脸，黄皮肤，细眼睛，看上去像个日本人，他伤得很重，他也知道自己要死了，极度恐惧。三个士兵站在他的头那侧，俯下身看他，他抓着其中一个人的手，叫喊着："哦，上帝，我要死了。"他哭得很惨，大颗大颗的泪珠从他脏兮兮的丑脸上滚落下来，他不停地说，"我太不幸了，哦，上帝啊，我太不幸了！"士兵们努力安慰他，被他抓着手的那个人用另一只手抚摸男孩的脸："Mais non, mon vieux, tu gueriras.（不，伙计，你会好起来的。）"还有一个人坐在圣坛的台阶上，抽着烟，冷静地注视着这一切，他的脸蛋红扑扑的，闷闷不乐的样子，我向他走去时，他对我微笑。我看见他的胳膊上缠着绷带，问他伤得重不重。他笑了一下，说："哦，要是只受了这个伤，真不算什么！我的脊柱上挨了一颗子弹，两条腿瘫痪了。"

蒙迪迪耶[1]军营。我找到了书房。法国大革命前，附近的贵族们在蒙迪迪耶有市内宅邸，冬天他们常来这里社交，但后来资产阶级取代了他们，把他们的豪宅分成了两三套房子。我现在住的这个房子给人感觉曾是一个更大的房子的一部分，书房是一楼的一个小房间，可以通过一个曾经的后楼梯到达。书房的墙上镶了木板，一个嵌入式

① 蒙迪迪耶，Montdidier，蒙迪迪耶是法国皮卡第大区索姆省的一个市镇，位于亚眠东南约30公里处。

书橱占了一整面墙，书被金属丝网保护着。书橱上了锁，一本书也拿不出来，不过，看看书名也可自娱自乐。大部分书好像是十八世纪收集的，小牛皮装帧，封面烫金。上面的几排架子上摆着宗教类书籍，但我发现中间藏着一本流浪汉小说——《古斯曼·德·阿尔法拉切的生平》①，正下方是一本《一个贵族青年的回忆录》②，还有波舒哀③全集、《马西隆布道集》④，还有一个我从没听说过的作家的十几卷的作品，我很好奇此人是谁，怎么配得上如此豪华的版本。那四卷四开本的《蒙迪迪耶史》，我也想翻开看看。卢梭的作品只有一本《忏悔录》。我在下面的架子上发现了布封⑤的书，跟我那套是同一个版本，他的书曾给我的童年带来很多欢乐。这些书的收集者应该是个严肃的人，因为我发现了笛卡尔的著作，一本厚重的《世界史》、一套多卷本《法国史》，还有休谟的《英格兰史》译本。架子上有一本大八开本的司各特小说集，黑皮封面，看着很压抑；还有一个版本的拜伦勋爵的作品，看着很庄重，跟他的文风真不配。很快，看到这些书，我一本也不想读了。我觉得隔着镀金的牢笼看书名要有趣得多，这样，

---

①《古斯曼·德·阿尔法拉切的生平》，西班牙作家阿莱曼的作品，又名《恶棍外传》，描写一个划船苦役犯坎坷的一生，夹叙夹议，穿插许多独立的故事，涉及西班牙当时的社会政治状况和经济、文化及宗教等各方面的问题，并突出地描写了贫困的现实和下层人民求生的挣扎。这部小说的第 1 卷于 1599 年出版。这部流浪汉小说在西班牙文学史上占有重要地位，被译成欧洲各种文字，对西班牙乃至欧洲其他各国的文学都产生了影响。

②《一个贵族青年的回忆录》，法国作家普雷厄的小说，又名《骑士德·格里奥和曼侬·莱斯科》，曾被普契尼改编成歌剧《曼侬·莱斯科》。讲的是贵族青年格里奥邂逅年轻姑娘曼侬·莱斯科，一见钟情。为了满足曼侬贪图享乐的欲望，格里奥荒废正业，赌博、行骗，两次入狱。格里奥的父亲设法使曼侬流放美洲，格里奥追随前往。最后，曼侬死于沙漠，格里奥返回法国。

③ 波舒哀，Jacques—Bénigne Bossuet，1627—1704，法国主教、神学家，法国史上最伟大的演说家。著作有《哲学入门》《世界史叙说》等。

④《马西隆布道集》，马西隆，Jean—Baptiste Massillon，1663—1742，法国天主教主教和著名的布道者。

⑤布封，Buffon，1707—1788，十八世纪法国博物学家、作家。他用毕生精力经营皇家花园，并用四十年时间写成三十六卷的《自然史》。

它们的魔力比把一本书拿在手中，翻动发霉的书页也大得多。

亚眠[1]。这里的英国人几乎和布伦一样多。贵妇人们开着大汽车到处走，探望伤员、管理医院。我听说了其中一位夫人的趣闻。前线刚下来一火车的伤员，他们被暂时安置在车站医院。一位夫人走来走去，给他们送热汤。过了一会儿，她走到一个食道和肺部中弹的男子面前。她刚要把汤递给他，主治医师说，她这么做会“淹死”他。“你什么意思？”她说，“他当然得喝汤了，汤对他不会有任何害处。”“我行医多年，而且经历了三场战役。”医生回答，“我的专业意见是，如果您给他汤喝，他会死的。”这位夫人不耐烦起来：“简直一派胡言。”“如果您非给他汤喝，后果自负。”医生说。她把杯子举到那人嘴边，那人努力吞咽，然后立刻就死了。这位夫人冲着医生发火：“你害死了他。”“不好意思，”他回答，“是您害死了他，我告诉过您后果是什么。”

斯滕福德旅馆老板。他是个佛兰德人，很有个性，谨慎、迟缓、笨重、矮胖，他长了一双圆眼，一个圆鼻子，一张圆脸，四十五岁左右的样子。他不欢迎来客，反而给他们住店用餐制造困难，必须对他百般劝诱，才能得到想要的东西。他本能地不相信陌生人，克服了这一点，他就会友好起来。他有一种孩子气的幽默感，别看他体型笨重、行动迟缓，却喜欢搞恶作剧。他的笑声很爽朗，而且慢半拍。现在他跟我熟了，尽管还有点疑神疑鬼，总的来说还是和蔼可亲的。我对他说：“老板，你们家的咖啡很好啊。”他说：“是喝咖啡的人好。”他的口音很重，总是把第二人称的单复数搞混。他让我联想起在以前的佛兰德绘画中看到的那些捐赠祭坛饰品的人。他的太太也像那些捐赠者的太太。她身材高大、不苟言笑、满脸皱纹，看了令人生畏，但

① 亚眠，Amiens，法国北部城市，位于巴黎以北约 140 公里处。

偶尔，你会感觉那张严肃的面孔背后有佛兰德式的幽默，有时，挫败某个冒犯她的人，她会开怀大笑。我刚到那天，劝说老板给我饭吃，他去问他太太有没有这种可能。他说："尽管我跟她睡觉，我还是得问问她。"

我在斯滕福德过得很开心。天很冷，不舒服。不能泡澡。食物也很糟。工作繁重且枯燥。可是不需要我负什么责任，太让人开心了！我也不用做决定。让我干什么，我就干什么。干完活，时间就全是我自己的了。即便浪费时间，我也心安理得。这之前，我一直认为时间太宝贵了，一分钟也不能虚度。我痴迷于脑子里的各种想法，急于把它们表达出来。我有太多东西想学，太多地方想看，太多经历不容许自己错过，然而，岁月流逝，时光短暂。责任感如影随形。对什么负责？嗯，我想是对我自己，对我的天赋，我希望充分利用自己的天赋和我自己。现在，我自由了。我享受着自由。自由的愉悦中有一种性感得近乎撩人的特质。我听说某些人在战争期间最快活，我很理解他们。我不知道英文里有没有类似 hebetude[①] 这样的词，有的话，那就是我尽情享受的状态。

---

① hebetude，懈怠懒散之意。

1915 年

我们正坐在卡普里的一家酒铺里，诺曼走了进来，他告诉我们 T 要开枪自杀。我们吓了一跳。诺曼说，T 告诉他这个想法时，他想不出什么理由劝阻 T。“你打算做点什么吗？”我问。“不。”他点了一瓶葡萄酒，坐下来，等待那声枪响。

1916年

从利物浦到纽约。兰特里夫人也在船上。我们俩谁都不认识，于是大部分时间待在一起。以前我并不了解她。她的身材依然那么好，举止高贵，走在她身后，你会以为她是个年轻的女人。她告诉我，她已经六十六岁了。他们说，她的眼睛很漂亮，其实比想象中小很多，我相信，从前她的眼睛是湛蓝湛蓝的，现在是浅蓝色。她残留的美只有短短的上唇和迷人的微笑。她没怎么化妆，举手投足间透着从容、不做作、有教养，一直生活在上流社会且饱经世故的女人就是这副做派。

她说了一句话，那是我从女人口中听到的最骄傲的话。有一天，交谈中，她反复提到弗雷迪·格布哈特这个名字，这个名字对我来说很陌生，最后，我问他是谁。“你的意思是，你从来没听说过弗雷迪·格布哈特？”她惊呼道，“哎呀，他是东西半球最有名的人。”“为什么？”我问。“因为我爱过他。”她回答。

她告诉我，她第一次在伦敦参加社交活动时只有两件晚礼服，其中一件还是把普通的连衣裙抽出一根带子改成的。她告诉我，那个时候的女人都不化妆，她的优势在于天生光艳的外貌。她引起了轰动，当她去马房租马，想骑马在公园里兜风时，马房的人必须关上大门，把围观的人群挡在外面。

她告诉我，当年她曾很爱奥匈帝国皇储鲁道夫，他送过她一枚极美的祖母绿戒指。一天晚上，他们发生了口角，她气得摘下那枚戒指，丢进火堆里。他大叫一声，跪在地上，在燃烧的木炭中扒找（她用的就是这个词），好救出那块宝石。讲这个故事时，她轻蔑地撇着短嘴唇。“这之后，我就没法爱他了。”她说。

到纽约后，我见过她两三次。她迷恋跳舞，几乎每晚都参加舞会。她说那里的男人舞姿优美，而且只需付给他们五十美分。听她满不在乎地说这种话，我觉得很恶心。这个曾经把世界踩在脚下的女人如今要付给男人半美元让他陪自己跳舞，实在令人惋惜。

火奴鲁鲁。联合酒吧。从国王街穿过一条狭窄的巷子就到了这家酒吧。巷子里有厕所，急急火火的人可能是上厕所，也可能是去酒吧。这是一个很大的方形房间，有三个入口，吧台对面的两个角落被隔出几个小包间。据说，弄这些单间是为了让卡拉卡瓦国王[①]来这里喝酒时不被他的臣民们看到。这位肤色古铜的君主可能坐在其中一个包间里，一边喝酒，一边和 R.L.S.[②]聊天，讨论传教士的恶行和对美国人的禁令。酒吧里，离地约五英尺高度的范围内全部用深棕色的木板包住，上方的墙壁上贴着各种各样的画，可谓千奇百怪，有几张维多利亚女王的画像；一幅卡拉卡瓦国王的肖像画，配了华丽的金框；十八世纪的老线雕版画（其中一张仿的是德怀尔德[③]的一幅戏剧画，天知道是怎么弄到这儿来的）；二十年前的《画报》和《伦敦新闻画报》的圣诞节增刊附赠的油画式石版画；还有威士忌、杜松子酒、香槟酒和啤酒的广告画，以及几支棒球队和当地管弦乐队的照片。吧台

① 卡拉卡瓦国王，大卫·卡拉卡瓦，David Kal ā kaua，1836—1891，又被尊称为“快乐的君主”，是最后一位实际统治夏威夷王国的君主。

② R.L.S.，罗伯特·路易斯·史蒂文森，十九世纪后半叶英国伟大的小说家。代表作有长篇小说《金银岛》《化身博士》《绑架》《卡特丽娜》等。

③ 德怀尔德，Samuel De Wilde，1751—1832，英国肖像画家，以戏剧画著名的蚀刻版画家。

后面有两个高大的混血儿服务生，他们穿着白衣服，胖胖的，胡子刮得很干净，深色的皮肤，浓密的头发打着卷儿，眼睛又大又亮。

这里聚集着美国商人、水手，不是一等水兵，而是船长、轮机员和大副，店主，还有卡纳卡人。人们在这里做着各种买卖。这个地方透着一股神秘劲儿，想必适合做不正当的交易。白天光线暗淡，夜晚的电灯光冰冷不祥。

华人区。一街又一街的木板房，一层、两层、三层高，刷成各种颜色，时间和风雨已将颜色变脏。房子看上去很破旧，好像租期快到了，租客们觉得不值得花钱修葺。商店里有各种你能想象到的西方和东方商品。华人店员神情木然地坐在店内，无所事事地看着过往的行人。晚上，有的时候，你会看到两个人，黄皮肤，满脸皱纹，丹凤眼，专心玩着一种神秘的游戏，大概是中国象棋吧。他们身边围了一群人，个个和他们一样专注，他们每走一步棋都要花很长时间，心中盘算很久。

红灯区。黑暗中，你沿着港口的小街走，穿过一座摇摇晃晃的桥，来到一条坑洼不平的马路上，再往前走一点，路两旁有停车的地方。路边有灯火通明的酒馆和一家理发店，空气中有一种骚动，一种充满期盼的激动不安。你拐进一条窄巷，向左或向右，都会置身红灯区。街道将伊韦雷① 一分为二，两个部分一模一样，一排排小木屋，刷成绿色，看上去十分干净整洁，甚至有点死板，中间那条路又宽又直。

伊韦雷被规划得像座花园城市，如此体面、规矩、整洁，给人一种颇具讽刺意味的恐怖感，因为寻爱的过程从未被安排得如此有计划、有系统。漂亮的木屋被分成两套寓所，每套寓所里住着一个女人，有两个房间和一个小厨房。其中一间是卧室，里面有一个五斗

① 伊韦雷，Iwelei，位于火奴鲁鲁海湾北部。

橱、一张带顶罩和帷幔的大床，还有一两把椅子，很拥挤。客厅里有一张大桌子、一台留声机、六把椅子，有时还会摆一架钢琴。墙上挂着旧金山展览会的三角旗，有时会贴一些廉价的印刷品，最受欢迎的是《九月的清晨》①，还有旧金山和洛杉矶的照片。小厨房很杂乱，啤酒和杜松子酒是给客人准备的。

女人们坐在窗前，好让行人清楚地看到她们。有的女人看书，有的做针线活，不理睬路人；也有的女人看着男人走近，在他路过时，大声召唤他。各种年龄、各个国家的女人都有，日本人、德国人、美国人和西班牙人（路过时，听到留声机里传出西班牙民间歌谣中的考普拉和塞基迪亚的曲调，感觉怪怪的，心里会泛起乡愁）。大部分女人既不年轻，也不漂亮，看着她们，你会纳闷她们如何维持生计。她们脸上搽着厚厚的胭脂，穿着廉价艳俗的衣服。你一走进去，百叶窗就会拉下来，有人敲门时，回答是：正忙。那个女人会立刻请你喝啤酒，告诉你那天她已经喝了多少杯。她问你从哪儿来。留声机开着。价格是一美元。

平房之间的街道上偶尔亮着一盏街灯，但亮光主要来自敞开的窗户。男人们四处溜达，大部分人看着这些女人，默不作声。偶尔有个人打定主意，悄悄迈上通往客厅的三个台阶，被请进去，接着门窗就关上了，百叶窗也拉下来。大部分男人只是去那儿看看，他们来自各个国家。有进港船只上的海员、美国炮艇上的水兵，大多喝得醉醺醺的，夏威夷人，驻岛兵团的白人和黑人士兵，还有中国人和日本人。他们在夜里游荡，欲望仿佛在空气中悸动。

一段时间以来，当地报纸都在报道伊韦雷的丑闻，传教士们吵吵

①《九月的清晨》，*Matinée de Septembre*，法国画家 Paul mile Chabas 于 1911 年完成的一幅有争议的油画作品，画中，一个裸体女孩站在浅浅的湖水中，清晨的阳光照在她身上。

嚷嚷，警方却不肯采取行动。他们的理由是，瓦胡岛[1] 上男人比女人多得多，卖淫不可避免，而且将其限定在一个区域内，更容易控制，体检也更可靠。报纸抨击警方，最终他们被迫采取行动。他们发动了一次突袭，十四个皮条客被捕，奇怪的是，在案件记录上，大部分人自称拥有法国国籍。这说明，这一职业对法国公民特别有吸引力。几天后，所有女人被传唤，判处她们要行为检点一年，违者将被送进监狱。大部分人直接回了旧金山。我是在搜捕行动当晚去的伊韦雷。大部分房子关着门，街上几乎没人。女人们三三两两，低声谈论着这条新闻。这个地方又黑又静。伊韦雷不复存在了。

赫乌拉。瓦胡岛迎风面的一家小旅馆，老板是个德裔瑞士人，老板娘是比利时人。这是一座木制平房，有一条宽宽的游廊，门上装了防蚊的金属网。花园里种着香蕉树、木瓜树和椰子树。这个瑞士人个子很矮，长了一个德国人的方脑袋，头大身子小，秃顶，一把邋遢的大胡子。他的太太已经发福，很结实，红脸蛋，棕色的头发整齐地梳到脑后，她给人的印象是能干且务实。他们喜欢谈论阔别十七年的家乡，他出生在伯尔尼，她出生在那慕尔[2] 附近的一个村庄。晚饭后，女主人走进客厅，一边聊天，一边玩单人纸牌，过一会儿，兼任厨师的老板也来了，坐下来闲聊。

从这儿出发，可以参观那条神圣的瀑布，穿过甘蔗田，然后沿着一条小溪上山。沿溪有一条小路，时而在小溪左边，时而在小溪右边，所以你得不时地蹚水过去。无论在哪儿，只要有一块比较平的大石头，你就会看到上面有很多叶子，还用卵石压着。这是讨好当地神灵的贡品。水沿着一个峡谷落入一个圆形深潭，周围是乱蓬蓬地纠缠

① 瓦胡岛是夏威夷重要的交通枢纽和文化、旅游中心。该岛首府火奴鲁鲁，华人称之为檀香山。

② 那慕尔，Namur，比利时中南部城市，那慕尔省省会。

在一起的灌木丛，葱绿茂盛。更远处，更高处，是一座山谷，据说，从来没有人探索过。

夏威夷人。他们肤色各异，从古铜色到近乎黑色。他们身材高大、匀称结实，他们的鼻子有点扁，眼睛很大，嘴唇丰满性感，头发是深色的，打着卷儿。他们很容易发胖，女人年轻时苗条优雅，年纪大了就变得特别粗壮。老了，无论男女，都会变丑，猴子似的。奇怪，他们年轻时那么漂亮。也许只有当思想、行为或激情塑造了性格，老了才会美。夏威夷人过着一种纯动物式的生活，随着年龄增长，他们又恢复了动物的模样。

怀基基海滩[①] 的卡纳卡人。硬汉比尔：一个身材高大、肤色黝黑的家伙，双唇突出，像孩子或黑人一样爱吹牛；荷尔斯泰因，人称"疯子"，他是十八世纪一个水手的后代，那艘载着他祖先的荷兰船失事后，搁浅在一座岛上，奇怪，他的头发是深红色的；胖子米勒，胖墩墩的，皮肤很黑，一张圆圆的脸，举手投足像个小丑，这与他天生的高贵气质极不相符，挺奇怪的。

草裙舞。一个糊着壁纸的小房间，装饰着加利福尼亚三角旗，摆放着廉价的柳条家具。房间的一头，一个老头儿盘腿坐在地板上。他很瘦，满脸皱纹，白发剃得很短，像希腊画派的某件现实主义雕塑作品中的渔夫。他那张黝黑的脸毫无表情。他用手拍着葫芦，打出奇怪的节奏，嘴里哼唱着单调的旋律。他似乎从不停下来换气。跳舞的是两个女人，都不年轻，一个胖，一个瘦。跳舞的时候，脚下没什么动作，身体摆动得厉害。据说，每支舞都是在用动作表达那个老人唱的歌词。

① 怀基基海滩，Waikiki，位于夏威夷瓦胡岛上，大概是世界上最出名的海滩，也是多数游人心目中最典型的夏威夷海滩。

离别。码头入口处，女人们拼命向路人献花环，有的花环是用鲜花编的，有的是用黄色薄纸做的。花环挂在远行者的脖子上。船上的人向站在下面的人抛彩带，船边挂满艳丽的纸带，黄色的、绿色的、蓝色的、紫色的。乐队演奏着《骊歌》，道别声中，轮船扯断彩带，缓缓驶离港口。

基拉韦厄火山[①]。这座火山在夏威夷岛，这是一群岛屿中最大的岛。你从希洛登陆，开车穿过稻田和甘蔗地，然后一路向上，穿过一片长满巨大的树蕨的森林，这些树很诡异，像擅长画恐怖画的人想象出来的东西。各种各样的藤蔓植物把树木缠了个密不透风。渐渐地，植物不见了，你便来到了熔岩区，这里灰突突的，一片死寂，草木不生，鸟儿也不歌唱。你看见这儿那儿冒着滚滚浓烟，另外一些地方则是又细又直的烟，像从农家的烟囱里袅袅升起的炊烟。你下车步行。熔岩在脚下吱嘎作响。偶尔踩在冒出硫黄烟的窄缝上，引得你一阵咳嗽。你来到火山口锯齿状的边缘。眼前是意想不到的景象，壮观，而又恐怖，你看到下面是一片熔岩的汪洋，又黑又重，不停流动。熔岩只是薄薄的一层壳，不时会被红色的火焰撕裂，这儿那儿有一个个火焰间歇泉，喷出的高度足有三十、四十，或五十英尺。它们喷薄，白热，像人造喷泉。有两点最震撼人心：一是它的轰鸣，像阴天拍岸的浪涛声持续不停，又像大瀑布的喧闹一般可怕；二是它的运动，熔岩向前流动，向前，一直向前，悄无声息，你几乎感觉它是个活物，它前进是有目的的。它安静地前行着，有某种奇怪的决心在里面，有一种邪恶的韧劲，然而，它超越了一切活物，涵括了必然的命运和时间的无情。熔岩就像从远古的烂泥中生出的某种巨大且无形的生物，缓

① 基拉韦厄，Kilauea，火山位于美国夏威夷岛东南部，是世界上活动力旺盛的活火山，仍经常喷发。山顶有一个巨大的火山口，直径 4027 米，深 130 余米，其中包含许多火山口。

慢地爬行，追踪令人作呕的猎物。熔岩平稳地向着前方一个炽热的豁口移动，随后像是落进了一个无底的火窟。你看到一个个宽大的火洞，一个个巨大的火焰坑。一个站在火山口附近的男人说："天啊，像地狱。"但他身边的一个神父转过身说："不，像上帝的脸。"

太平洋。有些日子，它可以把你想象中所有的画面呈现出来。海面平静，天空亮蓝。地平线上飘着轻软的云，日落时，云变幻出奇怪的形状，你不可能不相信看到的是层层山峦。夜晚很可爱，星星很亮，月亮升起时，月光耀眼。然而，波涛汹涌的时候比想象中要多，顶着白头浪，有时像大西洋，灰蒙蒙的。潮水很大。太平洋绝妙之处在于它的荒凉。一天天过去，一条船也看不到。偶尔飞过几只海鸥，暗示你，不远处有陆地，那种迷失在茫茫水面上的岛屿，可是没有货船、帆船，也没有渔船。这是一片空旷的荒原，很快，这种空旷就会让你心中隐约生出不祥之感。广阔寂静的空旷是可怖的。

乘客。格雷：犹太人，高个子，生得十分健壮，但一点也不优雅，笨手笨脚的。他面色土黄，脸又瘦又长，大鼻子，黑眼睛。大嗓门，声音刺耳。他很好斗，恃强凌弱，总想为所欲为。他脾气暴躁，且十分敏感，时刻留意是否有人怠慢他。他一直含糊地威胁要给某人的鼻子上来一拳。他喜欢打扑克，一有机会就忍不住看旁边人的牌。他不停地骂自己牌臭，手气不好，但他几乎把把赢。输了，他照样发火，辱骂一桌人，转身离去，一晚上谁也不搭理。他在钱上很狡猾，对朋友能骗就骗，哪怕是六便士。可是，留声机里传出的一支伤感的曲子，月亮照在太平洋上这么显而易见的美景，都会让他感动得不得了，他声音颤抖着说："见鬼，是不是漂亮极了！"

埃尔芬拜因。公司派他去悉尼出差。他比格雷年轻很多，矮小、结实，大脑袋，黑色卷毛，头发已秃到太阳穴上面去了，胡子刮得干干净净，一双褐色的猫眼。他来自布鲁克林。他和格雷一样聒噪、庸俗、大嗓门，尽管他拿粗鲁的言语当挡箭牌，却是个友善、敏感、多情的人。他对自己的种族很敏感，一谈到这个话题，他就扭过脸去，默不作声，显得很尴尬。他有强大的生命力，不停地喊叫。他在钱上很精明，不会被人算计。他在帕果帕果[①] 拿了几件旧衬衫上岸，跟当地人换了些玩具独木舟、香蕉和菠萝。

马克斯是澳大利亚欧泊石大王，年近四十，小个子，头发斑白，小脸上布满皱纹。他是个天生的小丑，喜欢出洋相。他兴致勃勃地参加船上的各种运动。化装游行时，他装扮成跳草裙舞的女孩，兴致盎然地扮演这个角色。

麦尔维尔。高个子男人，面色阴郁，一头黑色的鬈发开始变白，五官鲜明。他要去澳大利亚制作美国闹剧和音乐戏剧。他的足迹遍布世界各地，经常热情地谈论锡兰和塔希提。你跟他说话时，他和善亲切，但他天性沉默寡言。他能坐那儿看一天法国小说。

轮机员给我讲阿方的故事。他是苦力出身，后来做了厨师，买了地，引进华人劳工，最后发了财。他娶了一个葡萄牙混血儿，生了一大群孩子。他们受的是美国式教育，在他们中间，他感觉自己是个外人。他深深地蔑视西方文明。他怀念年轻时在中国的妻子，还有当时在海港的生活。一天，他把家人叫到一起，告诉他们，他要离开他们。此后，他就神秘地消失了。

这个故事可以改编成小说，但我没写，因为我发现杰克·伦敦已经写过了。

---

① 帕果帕果，太平洋中南部美属东萨摩亚首府及主要港口，重要海军基地。

帕果帕果。船沿着海岸向前，岸边陡然升起一座小山，山脚到山顶植被葱茏，岸边种着茂密的椰子树，其间可见萨摩亚人的草房，这里那里有一座座小教堂，闪着白光。很快，你就来到了海港的入口。汽船缓缓驶入，靠港。这是一个被陆地包围的巨大的港口，足以容纳一支舰队，高耸陡峭的青山从四面升起。入口附近，海上吹来的微风中，总督府矗立在一个花园里。码头附近有两三栋整齐的平房和一个网球场，然后是码头和仓库。一小群当地人、很多美国水手和几个官员来接船。美国船三个星期来一次，他们的到来可是件大事。为了跟这些去悉尼途中的旅客易货，当地人拿来了菠萝、大串香蕉、南洋树皮纸、项链（有的项链是用甲虫壳做的，有的是用褐色的种子做的）、卡瓦树木碗，还有战斗独木舟的模型。

帕果帕果一丝风都没有。酷热且多雨。突然，你会看到浓重的乌云飘到港湾入口，随后，大雨便倾盆而下。

当地人。他们的皮肤是棕色的，通常被说成古铜色，大部分人的头发是深色的，通常是鬈发，直发的也不少。很多人用石灰把头发染成白色，配上他们端正的五官，看上去格外特别。男人、女人、小孩，经常把头发染成深浅不一的红色，在年轻人身上有一种可爱的轻浮感。他们的眼距很宽，眼窝不深，有点像古代的浅浮雕。他们个子高高的，形体健美，有些人会让人联想到埃伊纳岛[①] 的大理石雕像。他们迈着大步走，步履缓慢，步态从容高贵。路上遇到你，他们会大声跟你打招呼，满面笑容。他们很爱笑。大部分孩子和青年有雅司病[②]，这是一种能毁容的病，就像慢性溃疡。你还会看到很多

---

① 埃伊纳岛，Aegina，希腊一小岛，位于萨罗尼科斯湾。

② 雅司病，热带传染病，临床表现与梅毒相似，但不是性病，无遗传性。不侵犯重要的内脏及中枢神经系统，以累及皮肤为主，晚期可侵犯骨骼，青年及儿童较多见。本病流行于中非、南亚、南美等热带地区。

象皮病[①] 患者，他们走路时拖着巨大沉重的胳膊，或者严重变形的腿，脚已经陷进腿里去了。女人们穿着印花裹身裙，上身松松地套一件睡衣似的袍子。

男人从腰部到膝盖，还有两个手腕上，都文着精美的图案。女人的胳膊和大腿上文着小十字架，相互之间离得很远。男人们经常在耳后别一朵木槿花，在他们棕色的脸庞的衬托下，那朵猩红色的花就像一团红色的火焰。女人把香馥馥的白色的提亚蕾花插在发间，走起路来，空气都是香的。

传教士。他是个又高又瘦的男人，长手长脚，关节松松地连在一起，两腮塌陷，高颧骨，眼窝深陷，眼睛很漂亮，又大又黑，嘴唇丰满性感，头发长长的。他形容枯槁，内心却像压着一团火。他的手很大，手型很漂亮，手指修长，他天生苍白的皮肤被太平洋的太阳晒得黝黑。

W 太太，他的妻子，是个小个子女人，发型精致，戴着一副金边夹鼻眼镜，眼镜后面的那双蓝眼睛向外突出。她的脸很长，像绵羊的脸，但给人感觉并不蠢，反倒觉得她相当机敏。她的动作像鸟一样轻快。她最显著的特征是她的声音，高，且刺耳，没有抑扬顿挫，听起来十分单调，像风钻的噪音一样刺激神经。她一袭黑衣，脖子上戴着一条很细的金链子，链子上挂着一个小十字架。她是新英格兰人。

W 太太告诉我，她丈夫是一名医疗传教士，他负责的区域[②] 由相隔较远的小岛组成，他经常要划独木舟去很远的地方。海上经常风大

①象皮病，又称血丝虫病，是因血丝虫感染所造成的一种症状。血丝虫幼虫在人体的淋巴系统内繁殖使淋巴发炎肿大，使人体淋巴类似于象的皮肤和腿，一般传染的途径是蚊虫叮咬。

② 吉尔伯特群岛，the Gilberts，太平洋中西部环礁群，马绍尔群岛东南、所罗门群岛东北，横跨赤道，由塔拉瓦、布塔里塔里、阿贝马马、塔比特韦亚、贝鲁等十六个珊瑚岛礁组成，陆地总面积约 430 平方公里。

浪急，他在路上不无危险。他不在时，她就留在他们的总部，管理传教团。谈起当地人的堕落，她怎么都安静不下来，但她的口气里带着一种激烈而虚假的恐惧。她形容他们的婚俗下流得难以形容。她说，他们第一次去吉尔伯特群岛时，没有一个村子能找到一个“好”女孩。她对当地的舞蹈恨之入骨。

汤普森小姐。丰满、俗艳，大概不会超过二十七岁。她穿着一条白色的连衣裙，戴着一顶白色的大帽子，脚蹬一双白色的长筒靴，穿着一双白色棉布长袜，靴筒被她的小腿撑得鼓鼓的。警方那次突袭行动后，她离开伊韦雷，前往阿皮亚①，她希望在那儿的酒吧或旅馆里找份工作。她是被舵手带到这个房子里来的，舵手是个小个子男人，一脸褶子，脏得没法说。

寄宿公寓。这是一幢两层的木结构房子，每层都带游廊，从码头走着去需要五分钟，位于宽街上，面朝大海。楼下是商店，卖罐头食品、猪肉菜豆、牛肉、汉堡牛肉饼、芦笋罐头、桃和杏，还有棉织品、印花裹身裙、帽子、雨衣什么的。店主是个混血儿，娶了个当地人做妻子，身边围着一群棕色的孩子。房间里没什么家具，只有一张破铁床，挂着旧蚊帐，一把摇摇晃晃的椅子，还有一个脸盆架。雨点噼噼啪啪打在波纹铁皮屋顶上。不提供餐食。

我根据这三条笔记构思了一个名为《雨》的故事。

红毛。他曾是美国海军的一名水兵，来帕果换来了他的退伍。他的职业是屠夫，但在帕果这三年，他没怎么干过活儿。在我看来，他就是个海滩拾荒者。他二十六岁，差不多就是这个年纪吧，中等个，身材修长，相貌好看，但闷闷不乐，两撇小红胡，下巴的胡子三天没

①阿皮亚，Apia，港口城市，西萨摩亚首都。

刮，一头漂亮的红卷毛。他穿着一件无袖汗衫和一条脏兮兮的厚斜纹布裤子。小吃店的老板病了，他代为照看，换取生活费。他嘴上说要回美国找工作，但你觉得他永远下不了决心离开这个岛。他含糊地问过在阿皮亚能不能找到工作。小吃店是一栋绿色的小平房，在帕果郊区，几乎在树林边上，被面包树、椰子树和杧果树围绕。一个朴素的房间里有一个吧台，但不卖酒，因为帕果禁酒，两张小桌子上铺着红桌布，吧台后面有个架子，上面放着布满灰尘的牛肉罐头、番茄汤和杏脯。隔壁是间不整洁的卧室，炉子在平房后面，露天放着，只靠游廊的屋顶遮风挡雨，红毛就用这个炉子做饭，还有一张粗木桌，充当食品储藏室、储藏柜什么的。进港的船只捎来鸡蛋，他就上鸡蛋，否则只有油炸肉饼，他天天做这个，还有咖啡。至于晚餐，他用做油炸肉饼剩下的大棒骨煲汤。来这儿的客人有去澳大利亚的路上顺道来看看帕果的陌生人，这类人很少，还有从美军驻地来的水兵，以及很多当地人。红毛寡言少语，让他开口说话很难。有人给他递烟卷或雪茄，他会断然拒绝。他终于肯跟人交流几句了，谈的也是女人，谈这个地方，抱怨这地方毁人，搞得人高不成低不就，他还给人看他收集的黄色明信片。

马努阿号。这是一艘七十吨级的双桅小帆船，靠烧煤油辅助动力。没有顶头风的时候，每小时航行四五海里。这条船破烂不堪，白漆是很久以前刷的，如今颜色已泛黄，且肮脏、斑驳。船原本是为浅水航行设计的，颠簸得厉害。船长告诉我：“早晚有一天会翻船，我们都会葬身太平洋底。”长八英尺宽五英尺的船舱充当餐厅和客舱，押运员在这里算账。晚上用一盏煤油灯照亮。

船员包括一个船长、一个押运员、一个轮机员和他的助手、一个中国厨子，还有六个卡纳卡人。船上一股刺鼻的煤油味，船就是靠烧煤油前进的。卡纳卡人只穿一条蓝布裤子。厨子穿着脏兮兮、破破烂烂的白色衣裤。船长穿着一件蓝色的法兰绒衬衣，敞着领口，戴着一顶灰色的旧毡帽，穿着一条特别旧的蓝色哔叽裤子。全世界的轮机员都这副打扮：头戴一顶特别旧的粗花呢帽，穿一条深色的旧裤子、一件很旧的灰色法兰绒衬衣，浑身污渍。

船上有三个小船舱，每个船舱里有两个卧铺，关上门后里面很黑，几乎没有站人的地方。船长那间大得多，有一张单人卧铺，还有一扇舷窗，通风不错，相对宽敞。当地人穿着印花裹身裙，挤在船头和船尾，胳膊上挎着绿椰树叶编成的篮子，篮子里装着食物，还有人用鲜艳的大手帕包裹私人物品。

大约在四点半的时候，我们离开了帕果。很多当地人来给朋友送行，要走的人和留下来的人都哭得稀里哗啦的。双桅小帆船沿海岸缓缓航行，颠簸得很厉害，但没过一会儿就顺风扯起了帆，船也没那么摇晃了。海上没有波涛，只有长长的沉重的潮水涌起。

五点半，厨子端来晚饭。一碗不知道用什么做的汤，蒜味很大的肉丸，土豆，末了，还有杏罐头、茶和罐装牛奶。乘客里除了我和杰拉德，还有一个苏格兰医生和他的妻子（他们要去阿皮亚的一家医院就职）、一个传教士、一个澳大利亚零售店店主（他要去伯恩斯·菲尔普公司在阿皮亚的商店）。吃完晚饭，我们来到甲板上。很快，天黑了下来，船也不那么颠簸了。此刻的陆地只是天空下黑乎乎的一团。南十字星很亮。过了一会儿，三四个船员也上来了，坐下来抽烟。一个人带着班卓琴，另一个人拿着尤克里里和六角手风琴。他们弹起琴，唱起歌，边唱边用手打着拍子。两个人站起来跳舞。这是一种奇怪且野蛮的舞蹈，粗狂、原始，节奏很快，跳的时候，手脚快速舞动，身体扭出奇怪的姿态。这种舞蹈是性感的，甚至是色情的，不过是那种没有激情的色情，肉欲、幼稚、古怪，但并不神秘，总之是自然的，几乎可以说是孩子气的。

星光下，热情的天空下，寂静的海面上，卡纳卡人又弹又唱又跳，这种感觉古怪且奇妙。最后他们累了，四肢摊开，躺在甲板上睡着了，一时万籁俱寂。

船长。这是个小胖墩，浑身上下没有一点棱角，一张圆脸好似满月，脸蛋红扑扑的，胡子刮得很干净，小圆鼻头像枚纽扣，一头金发剪得很短，牙特别白，小短腿胖胖的，胳膊也胖胖的，手也胖乎乎的，关节处胖出了坑儿。他的眼睛又圆又蓝，戴着一副金边眼镜。他不无魅力。他张口就骂，但说的是友好的粗话。他是个快活的家伙。他是美国人，大概三十岁，一辈子都生活在太平洋上。他曾是沿加利福尼亚海岸定期往返的客轮上的大副，后来当上了船长，但他的船沉了，执照也丢了，于是他来到这里，指挥这条又脏又小的不定期货船。这并没有影响到他乐观的人生态度。他过得悠闲自在，喜欢威士忌和萨摩亚姑娘，讲起如何俘获她们的芳心来，既生动，又滑稽。

押运员。他是洛杉矶 R.& Co. 船舶租赁公司的职员，小个子，身材精瘦，很年轻，来自俄勒冈州的波特兰市。他剃了个光头，一双褐色的大眼睛，一张引人发笑的脸。他身上像安了弹簧，总是那么敏捷快乐。他有喝大酒的习惯，前一晚喝多了，第二天上午还迷迷瞪瞪的。“哎呀，这一晚上，我可难受坏了，”他说，“再也不能这样了，从现在起，我要戒酒了。”可是，到了中午，他又恢复过来了，头也不那么疼了，一杯酒下肚，他又愉快活泼起来了。

阿皮亚。这座小城位于海边，椰子林中，框架房屋散乱分布，波纹铁皮的红屋顶。全白的天主教大教堂还是挺显眼的，旁边的几座新教礼拜堂看上去像会议厅。船驶入的地方算不上港口，只是一片有礁石保护的开放锚地。停靠的船只很少，几只快艇、几条捕鲸船、一两艘摩托艇，还有几条当地人的独木舟。

中央旅馆。一座三层高的框架建筑，四面有游廊，一侧的小围栏里养着一匹灰色的矮种马，后面有两个院子，其中一个院子里有一栋平房，那是华人佣工住的地方；另一个院子里有马房，还有车棚，停放从岛上其他地方开来的双轮和四轮马车。旅馆的主房是个酒吧间，分成两部分，有一间长条低矮的餐厅，还有一间小厅，厅里摆着一张圆桌和几把藤椅。二楼有一个更大的游廊，可俯瞰街道，游廊上摆着几把大椅子。卧室在一条中央过道两侧，尽头有两个小房间，里面有淋浴。

旅馆老板。他来自纽卡斯尔，原来的职业是牙医。他个头矮，不胖也不瘦，黑头发，头顶的头发稀疏且开始变白，留着乱糟糟的小胡子，一张很红的脸，一方面是晒的，一方面是喝酒造成的，还长了一个小红鼻子。他穿着白帆布裤，打着黑领结。他是个爱激动的小个子男人，经常喝得微醺，喜欢讲岛上的丑闻。他都五十岁了，还夸口来年二月要上前线，你很清楚，到了二月份，他又会说三月再去。他成天在吧台后面跟客人们聊天，客人一劝，他就跟着喝一杯。他在悉尼开过几家旅馆，他很喜欢做买卖，从一家旅馆到一匹马，从一辆汽车到一张野营床架。听他的口气好像很爱打架，喜欢跟你讲他怎么照这个人的鼻子上来一拳，又照那个人的鼻子上来一拳。他每次都是胜利而归。他只是个挂名老板，真正经营这家旅馆的是他太太，一个四十五岁的女人，高个子，身材瘦削，气势不凡，神情果决，五官很大，嘴巴闭得紧紧的。他很怕她，旅馆里风传，两口子吵架的时候，为了让他屈服，她不只用舌头教训他，还对他拳打脚踢。大家都知道，晚上他喝醉了，她就把他关在狭小的游廊里一整天，每到这个时候，他不敢离开“监狱”，只能可怜巴巴地跟下面街上的人说说话。

香蕉叶。它们有一种残破的美，像漂亮的女人衣衫褴褛。

棕榈树轻浮且优雅。

椰子树一路长到水边，没有排成行，而是依照某种有序的规则间隔开，有点像老处女跳芭蕾，一把年纪，甚是轻浮，站在那儿傻笑，还故意摆出优雅的姿态。

总督。他在阿皮亚，因为他的妻子待产。她是个胖大的女人，邋里邋遢，喜欢穿飘逸打褶的衣服，让人想到诺丁山门[①] 或西肯辛顿[②]。她走起路来慢吞吞的，说话拉长音。她不美，连漂亮都算不上，但她有一张讨喜单纯的脸。他是个高个男人，那张小瘦脸多年暴露在热带阳光下，晒得黑黑的。一抹小胡子几乎盖不住嘴巴的缺点。他笑起来很傻，大笑时会露出一口又长又黄的牙。他学医出身，很为自己的医学知识骄傲。他喜欢愚蠢的笑话，主要是恶作剧，还喜欢打趣人。他特别瞧不上阿皮亚的白人。可以猜想到，他很能干，把这个岛治理得很好，只是过分强调无足轻重的细节。他以私立寄宿学校男生的标准衡量一切。他把当地人视作任性的孩子，觉得他们缺乏理性，勉强算是“人”，必须严肃对待他们，但也不能不友善。他吹嘘是他让小岛保持得如此整洁。他身上有点老处女的气质。他盼望退休那一天，生活在无聊的伦敦街区，你感觉得到，他把那里看作他唯一真正的家园。他自大得要命。

你从中央旅馆出来，左转，一路上有几家店铺，大多是混血儿开的。然后就看到一片高大的建筑，这里就是“德国公司”，一家德国大公司的办公室和总部就设在这里，它几乎垄断了南太平洋的贸易。继续往前走，你会看到一些可爱友好的平房，有人住在里面，更远处

① 诺丁山门，Notting Hill Gate，伦敦诺丁山的主干道之一，位于肯辛顿和切尔西区。

② 西肯辛顿，West Kensington，伦敦的商业区，有各种各样的店铺聚集于此。

是个当地人的村子，村舍稀稀落落。若从旅馆出来向右拐，你会路过更多店铺、政府大楼、英国人俱乐部，然后就来到另一个当地人的村庄。阿皮亚郊区有一些商店和小木屋，里面住着华人和混血儿，再后面是一片片当地人住的茅屋。到处都是椰子树和杧果树，时不时还能看见开满簇生花的树。

L。他是伦敦的房产经纪人，起初因为健康原因来到萨摩亚。他又瘦又小，大长脸，尖下颏，挺拔的大鼻子，一双好看的深棕色的眼睛。他娶了个混血儿，有个小儿子，不过，她和她父母生活在一起，他住旅馆。这家伙贼眉鼠眼的，给人感觉不老实，没什么道德原则，但他特别想让人觉得他是个堂堂正正的人，总装出一副乐呵呵的样子。他很聪明。他酗酒，每星期有三四天烂醉如泥，通常是在下午三点左右。喝多了就爱跟人吵架，还想找人打架。他闷闷不乐，报复心强。他神志不清，随地乱躺，被迫走路时，膝盖打弯，脚步踉跄。

加德纳（Gardner）是个德裔美国人，本姓卡特纳（Kärtner），这个姓是他后来改的。他胖胖的，大块头，秃顶，总是穿着非常干净的白帆布裤子，他长了一张圆脸，胡子刮得很干净，那双眼睛总是透过金边眼镜慈祥地看着你。这个伪君子（faux bon homme）。他来这儿是为旧金山的一家批发公司做生意，在岛上贩卖印花棉布、机械，一切好卖的东西，用这些货物换椰子核。他酗酒，尽管五十岁了，还跟“男孩们”一起熬通宵，但他从来喝不醉。他开朗可亲，但非常精明，什么也干扰不了他的生意，而且，好人缘是他的生财手段之一。他跟年轻人一起打牌，一点一点把他们口袋里的钱掏光。

T. A. 斯科特医生说话带阿伯丁[①] 口音，他原本在新西兰行医，战

① 阿伯丁，Aberdeen，苏格兰东北部港市。

争爆发后，他去了法国做外科医生。后来，他受伤退役，被派到这儿来“干轻松的活儿”。他很瘦，面容憔悴，一头红色的短发日渐稀疏。他说话时声音很轻，一口苏格兰口音。他是个一丝不苟、相当学究气的小个子男人。

夏普。一名轮机手，以前在美国海军服役。他在阿皮亚娶了个混血女人，有两个孩子。他又瘦又高，脖子细长，小脸，鹰钩鼻。他长得很像鸟，一种猛禽。他穿着一条蓝色工装裤和一件蓝色的无袖线衫。他的胳膊上文了很多旗子、裸女和姓名首字母缩写。他光脚穿着一双轻便的网球鞋，白色的，无论室内室外，头上总戴着一顶难看的黑帽子。

英国人俱乐部。这是一幢简单的小木屋，面朝大海，一侧有个台球室，后面有个小酒吧；另一侧是个休息室，里面摆着几把藤椅，上面还有个屋子，放些旧报纸杂志。这个俱乐部只用来喝酒、玩牌、打台球。

C。他为当地的赛马比赛训练马匹。他是个澳大利亚人，特别高，体格健壮，肤色黝黑，你会误以为他是混血儿。他的五官相对于他的脸有点大，但穿上白色的马裤、马靴，戴上马刺后，他看上去特别利整、英俊、挺拔。他很喜欢他的混血儿妻子，她相貌平平、脸色蜡黄，还镶了几颗金牙，而且他很为他那个爬来爬去白皮肤黑眼睛的孩子骄傲。他的房子在他的种植园中心，有游廊环绕，景色美极了，可以看到肥沃的乡间，远处是阿皮亚和大海。他家里乱糟糟的，陈设简陋，地上铺着垫子，有几把摇椅和廉价的木桌，报纸、画报周刊、枪、马靴和尿布丢得到处都是。

斯旺。一个小老头儿，满脸皱纹、饱经风霜、弓腰驼背，看上去像只白猴子。他有一双浅蓝色的眼睛，镶着红边的眼皮间透出精明的眼神。他皱皱巴巴、疙疙瘩瘩，像棵老树。他是瑞典人，四十年前来到这个群岛，当时他是一条帆船上的大副。打那以后，他做过一条贩奴船的船长、奴隶贩子、铁匠、商人和种植园主。有人曾想杀了他。一次，他跟所罗门群岛的人打架受了伤，落下了胸疝。他曾经相当有钱，但一场飓风毁了他的几个店铺，他破产了，现在他只有一个占地十八英亩的椰子种植园，靠这个继续生活。他在当地娶过四个老婆，孩子多得连他自己都数不过来。你每天都能在中央旅馆的酒吧见到他，穿着破旧的蓝色麻布衣服，喝着兑了水的朗姆酒。

一个商人。他好像一辈子都生活在热带似的，皮肤晒成了深棕色；他很瘦，好像身上的肉全随着汗水流掉了；他秃顶，胡子刮得很干净；他谁都不太关注，默默地做自己的事。

另一个商人。一个衣冠楚楚的男人，个子比较高，长发，前额留了一绺伦敦商人特有的鬈发。他一口伦敦腔，彬彬有礼，装腔作势。你总感觉他要去洗手间，点头哈腰的，你能想象从他嘴里说出的话：“这边请，夫人，右手第二个柜台，女袜。”他就像十天前刚去了斯旺与埃德加百货，其实，他已经在阿皮亚待了十年了。

格斯。他是个混血儿，父亲是丹麦人，母亲是萨摩亚人。他有一个挺大的商店，卖椰子核、罐头和干货，几个白人给他打工。他胖胖的，为人圆滑，脸上挂着淡淡的微笑。他会让人想到君士坦丁堡的宦官。他喜欢奉承人，礼貌中透出世故油滑。

萨莱洛洛加[①]。大约一点钟，纵帆船从阿皮亚出发，快六点时，我们抵达萨瓦伊岛[②]外。环礁是一条白色的泡沫带。船沿着它来来回回好几趟，想找到入口，后来，天黑了，船长只好掉头，起航，找了个地方抛了锚。帆收起来后，船晃得厉害。我们打了一晚上扑克牌。第二天一早，我们找到了入口，船驶入潟湖。水很浅，清可见底。天上没有一朵云彩，水中没有一丝涟漪。岸边树木茂盛。环境十分静谧。过了一会儿，我们放下一艘小艇，在一个小海湾登陆。这里有一个小村子。一间茅舍被一棵开着红花的大树、椰子树和巴豆丛围绕，这是我见过的最美的画面之一。我们上岸后，一个年轻女人从茅屋里走出来，邀请我们进去。我们在垫子上坐下来，主人端来菠萝片给我们吃。这家有两个特别老的丑老太婆，佝偻着腰，满脸皱纹，白色的短发，两个年轻些的女人和一个男人。此后，我们沿着海边一条两旁种着椰子树、长满青草的路走了三英里，来到一个叫劳里的商人的家。他借给我一匹矮种马和一辆双轮轻便马车，我驾车沿着那条路，经过几个村子、几个小海湾，经过男孩们游泳的池塘，最终来到另一个叫本的商人的家。我走进他家，问他能不能请我吃晚饭。他很瘦，小脑袋，白头发，戴着眼镜，穿着脏兮兮的睡衣。他有一个混血妻子、三个特别白皙瘦弱的孩子。他刚从一场漫长的宿醉中恢复过来，不太清楚自己在说什么。他紧张极了，坐立不安，那双手骨瘦如柴，不停抽搐，他还不时紧张地朝身后飞快地瞟一眼。他是英格兰人，在这个岛上生活二十多年了，做椰子核、棉布和罐装食品生意。他太太给我们做了晚饭，有鸽子肉、蔬菜和奶酪，他也想跟我们一起吃，但一口也咽不下。我们刚吃完，他就说："好了，你们走吧，我就不留你们了。"看来他急于摆脱我们。我们回到劳里家。他做的是完全不同的生意。他在阿皮亚做过很多年铁匠，在一个白铁皮的棚子里搭了一个

① 萨莱洛洛加，Salelologa，萨摩亚萨瓦伊岛上唯一的港口。

② 萨瓦伊岛，Savaii，西萨摩亚最大的岛屿，位于南太平洋。

锻造炉。他是个小个子男人，五十岁，留着一把黑胡子。他给我感觉既强壮又虚弱。他的耳朵聋得厉害，你得跟他喊着说话，他才能听见。他说起话来，声音很轻柔，带澳大利亚口音。他的妻子是个大块头女人，身体强壮，脾气好，模样讨喜，一头浓密的头发，精心修饰过。他们有几个孩子，两个男孩在新西兰上学，其余的孩子在店里和种植园帮忙。这里有两个聪明白净的男孩和两个小女孩。他们只穿着衬衫和马裤，光着脚丫。显然，他们结实又健康，身上散发着迷人的率真。他们是基督复临派[①]信徒，守星期六为安息日，而不是星期日，他们是禁酒主义者，这个男人从没抽过烟。这家人给我的印象是勤劳、诚实、团结。他们很好客，在我面前放了好大一壶茶、一只烧得很好吃的鸡、一盘自己种的蔬菜拌的可口的沙拉，还有几块糖果。他们自己不喝茶，也不喝咖啡，让客人喝。他们有点过于在意自己和别人的不同，在我看来，这是你能在他们身上挑出来的唯一的毛病。

我们用小艇给他们送来几箱货，各种各样的货物都有，卸完货，我们上了小艇，划回到船边。大概要划两三英里，桨手们边划桨边唱歌。他们对岸上当地人茅屋里的姑娘们喊着俏皮话。

晚上，我们再次上岸，这次是和船员们一起，去了一个酋长家。主人调了卡瓦酒给我们喝，菠萝在大家手中传着吃，然后，听到班卓和尤克里里的琴声响起，船员们跳起舞来。这家的女人们也跟着一起跳。船员里有一个斐济人，黑得像块炭，一大蓬毛茸茸的头发，他能把身子扭成各种骇人的姿势，引得旁观者开心地尖叫。舞跳得越来越淫荡。寂静的深夜里，我们回到船上。

第二天，我们出发前往阿波利马岛[②]。我们安排了一条捕鲸船带我们穿过暗礁带，这条船，连同上面的船员，拖在大船后面，在波涛

① 基督复临派，新教宗派之一。创立于美国。该派因相信基督即将第二次来临而得名。

② 阿波利马岛是萨摩亚的一个岛屿，该岛为四个有人居住的岛屿中最小的一个。

汹涌的海面上航行。几个女人，显然准备好好玩玩，也跟着桨手们来了。阿波利马是个小岛，近乎圆形，位于萨瓦伊岛和马诺诺岛之间。来到暗礁带，我们上了捕鲸船，然后向岸边划去。暗礁带的入口仅十二英尺宽，两边都是锯齿状的巨石。掌舵的是酋长。我们来到入口处，一个大浪头打过来时，他冲着桨手们大叫，他们用力拉，大块肌肉绷得紧紧的，我们终于进了潟湖。潟湖又小又浅。

这座岛是座死火山，潟湖覆盖了火山口，我们进入潟湖时，发现自己仿佛置身于一块除了外壳全都被吃光的斯蒂尔顿奶酪里，就连外壳也被咬掉一块，那就是入海口。潟湖边上有个村子，这几乎是岛上唯一的平地，从这里开始，长满椰子树、香蕉树和面包树的陆地陡然升起。我们爬到火山口边缘，眺望大海，两只乌龟在下面的海滩上晒太阳。下山后，酋长邀请我们去他家喝卡瓦酒。这时，天上刮起了大风，捕鲸船的水手们犹豫不决地看着灰蒙蒙的大海和海上的惊涛骇浪。对于我们能否顶着入口的怒潮划出去，他们没有把握。但我们还是上了船，船长过来帮我们，他是一个长得很好看的白发老人。和我们一起上岸的女人们坐在船桨旁。我们划过浅水区，来到入口处看海浪。等了一会儿，他们尝试了一下，但船卡在礁石上，看这架势，下一个浪头肯定会将我们吞没。我脱下鞋，没准儿得游泳。老酋长跳下去，把船推开。接着，桨手们齐心合力，扯着嗓子吼，如疯子一般划桨，海浪拍击船身，我们浑身湿透，终于，我们出去了。酋长向我们游过来，看着一位老人搏击巨浪真是一幅美好的图景。他被拉上船，坐在那儿喘气。纵帆船在远处，没有看到我们的迹象。我们慢慢向它划去，一个小时后，它终于向我们疾驶而来。船晃得厉害，上去不容易。它摆过来时，我跳到索具上，中国厨子一把抓住我的手腕，把我拽上船。

卡瓦酒。这酒是一个姑娘调制的，她应该是个处女。一个年轻男子或者姑娘把卡瓦胡椒的根部在石头上磨碎后交给她，她往碗里倒一点水，把卡瓦粉放进去，然后用手搅拌。她把一束椰壳纤维放入混合物中，充当筛子，把水挤出来，然后把纤维递给那名男子，他抖掉上面的渣子。如此反复几次，直到卡瓦根全部溶化为止。然后再加水，卡瓦酒就调好了。处女念一套词，其余的人拍手。年轻男子递给她一个椰子壳，她在里面倒满卡瓦酒。酋长说出一个名字，椰子壳就被送到最尊贵的客人面前。客人把一点酒洒在地上，说“祝大家身体健康”，他想喝多少就喝多少，剩下的倒掉。他把椰子壳递回去，下一个饮酒的客人是谁，按长幼或尊卑排序。

潟湖。水面上架着一座桥，由椰子树干首尾相连铺设而成，叉状木桩砸入水底加以支撑。岸上散落着当地人的茅屋，周围被香蕉树环绕，整个海岸长满了椰子树。在树林中穿行四分之一英里后，便看到一条浅浅的小河，树木围绕，当地人在这里洗澡。这是条淡水河，除非涨潮，那时潟湖里的水会全部灌进来，水里就会含一点盐分，跟气温比起来，水很凉，也很清澈。这个地方挺可爱。

Wms。爱尔兰人。他还是一个十五岁的孩子时就给一个孩子当了爹，这孩子是某个姑娘和当地牧师的儿子生的。这个年轻人，孩子的亲爹答应出孩子的抚养费，但说话不算数，Wms 不得不每星期出半个克朗，一直把孩子养到十四岁。二十年后，回到爱尔兰，Wms 找到那个男人，那时，那个家伙已经结婚了，还是几个孩子的爹，Wms 狠狠地揍了他一顿，揍到他求饶为止。

他在新西兰待过一段时间。一天，他和一个朋友——一个银行职员一起打猎，那人没有持枪证，突然，他们看见一个警察，职员吓坏了，以为自己要被逮捕，Wms 让他保持冷静，自己撒腿就跑，警察在后面追，他们一路跑回了奥克兰。一进奥克兰，Wms 就停了下来，警察走上前，让他出示证件，他立刻掏了出来。警察问他跑什么，他回答：“哦，你我都是爱尔兰人，你要是答应给我保密，我就告诉你，刚才那家伙没有持枪证。”警察放声大笑，说：“你真行，走，喝杯酒去。”

他是个粗俗好色的男人，喜欢和你聊跟他同居过的女人。他和几个萨摩亚女人生了十个孩子，有一个是女孩，十五岁，他把她留在新西兰读书，其余的孩子交给了一个摩门教传教团，他给他们一笔钱，让他们代为管教。二十六岁那年，他来到这个群岛，做了种植园主。德国占领期间，他是定居萨瓦伊岛的为数不多的白人之一，已经在当地人中间有了一定的影响力。他天性自私，他爱他们和爱其他人的程度差不多。德国人任命他为郡长，他在这个岗位上一干就是十六年。一次，他去拜访佐尔夫——当时的德国外交部长，佐尔夫对他说：“作为德国殖民地的一名长官，我猜你会说一口流利的德语。”“不，”他回答，“我就知道一个词：‘prosit[①]’，自从我来到柏林，还没听到这个词。”部长开怀大笑，叫人给他拿瓶啤酒来。

R。他是个瘦弱的青年，看上去像某个伦敦证券交易所的职员，他有龋齿，镶了金牙，长了张爱发牢骚的小嘴。他粗俗，不识字，不发“h”这个音。他已经在岛上生活了几年，纹了身，像个土著人。我不明白他怎么会甘心忍受纹身的痛苦。也许这个地方的美景，那些友善之人的魅力，刺激了他粗俗的灵魂，于是他将纹身视为浪漫之举。或许他只是觉得，纹了身，他在跟他睡觉的女人眼中就更迷人了。

萨瓦伊岛。雨后，艳阳高照，走在灌木丛中，仿佛置身温室，火热、潮湿、喘不过气来，你会感觉周围的一切，树木、灌木、藤蔓植物，都在凶猛地生长。

---

①prosit，干杯。

我乘“马斯塔尔号”回到阿皮亚。这是一艘快艇，长约三十英尺，属于一个卡纳卡人。十个小时的行程。船上装着好几麻袋椰子核，散发着椰子的臭味。没有船舱，我躺在发动机上方的甲板上，身上盖了块小毯子，枕着疙疙瘩瘩装椰子核的麻袋。船员包括一个船长、一个卡纳卡人和一个中国人。船长掌舵，这个帅气的男人肤色黝黑，看上去有点像罗马帝国晚期的皇帝，身子微胖，但脸还是好看、硬朗的。卡纳卡人在睡觉，舒展着四肢，身上盖着粗麻布。中国人坐在那儿，一边抽着烟，一边悠闲地赏月。

月光很亮，盖过了星光，海面十分平静，只有太平洋神秘的长潮时起时落。船驶入阿皮亚港，天幕下，椰子树是一团团的剪影，大教堂泛着淡淡的白光，船上的灯光星星点点，我仿佛进入了一个停滞寂静的幻境，我想找些词来形容眼前的景象，却一个词也找不出来。忽然，我的脑子里冒出两行诗：“雅各的梯子闪亮，架在天堂与查令十字街间，有神的使者上来下去。”[①]

苏瓦[②]。海湾美丽而广阔，四周是灰色的山，神秘地绵延到蓝色的远方。你会感觉在那个草木葱茏的更远的地方，有一种奇怪且秘密的生活，让人想起某种原始、黑暗且残忍的东西。镇子沿港口边缘伸展。这里有很多框架建筑，商店比阿皮亚的多，但依然给人感觉这里曾是个贸易站。当地人穿着印花裹身裙、汗衫或衬衫走来走去，大部分是高大健壮的男子，黑人一样黑，卷卷的头发往往用石灰染成白色，剪成奇怪的发型。街上还有很多印度人，穿着白衣服，脚步轻盈。女人们则戴着鼻环，脖子上挂着金项链，胳膊上戴着手镯。去乡

① 这首诗的作者是法兰西斯·汤普生，雅各的梯子典出《圣经·创世记》第 28 章 10—19 节。

② 苏瓦，Suva，斐济首都苏瓦位于维提岛的东南沿海，临苏瓦湾，面积约二十平方公里。

下时，你会路过拥挤的印度村庄，到处都能看见他们在农田里干活。他们只在身上裹一块遮羞布，身体瘦得吓人。这里是亚热带气候，棕榈树不多，但有大片大片的杧果树林。这里没有萨摩亚的无忧无虑，更阴郁，绿色也更重、更暗。空气闷热，叫人透不过气来，也很沉重，雨噼里啪啦下个不停。

太平洋大酒店。这是一座很大的两层建筑，外墙抹了灰泥，四周有游廊。这里很凉爽，没什么人。厅很大，摆着舒服的椅子，电扇一直在转。服务员是印度人，寡言少语，隐约有点敌意，他们光着脚，穿着干净的白制服，包着头巾。吃得很差，但房间舒适、清新、凉爽。客人很少：公司的代理及其家人，几个等船的人，还有几个从其他岛来苏瓦出差或度假的官员。

牛津大学校队运动员。他在牛津大学时是校足球队的，一毕业就来这儿了，转眼已经过去五年了。现在他是一个岛上的治安法官，那个岛上只有他一个白人。一放假，他就来苏瓦畅饮一番。他一天到晚喝酒，中午就喝醉了。他不到三十岁，小个子，身材匀称，还是个运动员的样子，他有一张招人喜欢的脸，举止轻松自信，相当迷人。他留着短发，头发有点乱，但挺可爱的。他有一双蓝眼睛，五官迷人，但不太端正。你猜想这是个性情温和且迷人的小伙子，一点坏心眼都没有。他还是个学生。

校长。这个爱尔兰人上过战场，负了重伤，养好伤后，政府把他派到斐济。他小时候读过关于斐济的书，一直对这个地方着迷，觉得它很浪漫。他迫不及待地接受了这个提议，如今，他只感觉到无聊、寂寞和幻灭。他的学校距苏瓦大约有七英里，但他一有机会就开车去。假期，他住在太平洋大酒店，他只喝威士忌苏打水。他的年龄不会超过二十八岁，身材矮小，有一双会笑的蓝眼睛，笑容灿烂。

保险代理人。这是个高个男人，上了年纪，一头稀疏的白发，但精心梳理过。尽管越来越胖，但依然穿戴整洁，姿态挺拔端正。三十年前，他随着一个剧团去了澳大利亚，娶了一个有钱的女人，此后，他从事过很多职业，做过种植园主、政府职员，还做过生意。现在他处境不妙。保险公司派他来阿皮亚做代表，他把保险费揣进了自己的腰包。公司为了自身名誉考虑，替他垫付了这笔钱，只因公司不想有丑闻，他才逃脱了法律的制裁。他大部分时间泡在太平洋大酒店的酒吧里，他不停地喝，却看不出丝毫的醉意。受过表演训练的他身上有几分高贵的气质，想到他险些蹲大狱还是蛮好笑的。

雷瓦河[①]。河面宽阔，河岸平坦，沿岸是土著人的村庄和香蕉种植园。远处是灰蒙蒙、薄雾笼罩的山峦。有些河段很宽，不知怎么地，隐约给人神秘和恐怖之感。偶尔你会看到一个当地人在河上划着独木舟。雷瓦有几家制糖厂，还有一个破旧的旅馆，那是一幢平房，老板是个胖胖的英国男人和他的胖媳妇。泰晤士河边旅馆的老板们也长这样，那个女人成天躺在游廊上的一个吊床上看小说。

神父。这是个小老头儿，七十岁，很活跃，穿着一件破旧的短法衣、一双黑色长筒靴，头戴一顶灰色的遮阳帽。他的脸干巴巴的、布满皱纹，胡子刮得很干净，一头灰白的直发，眼睛泪汪汪的，眼圈发红。他的外表极为怪异可笑。他的话很多，英文流利，但口音很重。他的手粗糙多皱，疙疙瘩瘩，有的指甲还劈了。他是个校长，在法国教了十七年书，在澳大利亚教了十七年书，在斐济也教了十七年了。

① 雷瓦河，Rewa，南太平洋岛国斐济最大和最重要的河流，位于维提岛东部。源于中北部维多利亚山附近，向东南流至苏瓦附近劳瑟拉湾入海。

他会很多门语言。他很可能是阿尔萨斯人。他谈到他的侄子们，大多是神父，都在法国军队里服役，他很为他们获得的勋章骄傲。他为他在斐济的学校和学生们自豪，学生基本都是当地人，他还和以前在澳大利亚的学生保持通信。在那个滑稽的小旅馆，听他和碰巧跟他坐一桌的两个男人聊莎士比亚和弥尔顿，感觉很奇怪。他们张着嘴听他讲，听不懂他说的是什么。他热衷斐济的一切，他简直是一座关于斐济本地人的知识宝库。尽管他上了年纪，依然给人感觉精力充沛、不知疲倦。

两个男人一起生活在斐济，他们厌恶看到彼此，不交一言，却被工作绑在一起。每天晚上他们都泡在酒缸里。一天晚上，一个法国老神父顺道来拜访，他已经在这个岛上住了很多年了。他们给他做了晚饭，让他留宿一夜。他跟他们谈起莎士比亚和华兹华斯。他们惊奇地听他讲。他们问他怎么会来这个地方。他说，他充满肉欲，喜欢寻欢作乐，他有点后悔做了神父，他觉得自己生来就该过正常的生活，正因为太爱生活中一切美好的东西，他才切断了与它们的联系。现在他老了，一切都过去了。他们问他觉得自己这么做值不值得。他们隐约在他身上看到了生命的高贵，这是他们从未想到的。他们四目相对，一个人向另一个人伸出了手。

遇到这位老神父促使我写下了这个故事梗概。至于故事，我一直没写。

巴乌。这是一个很小的岛，位于河口处，礁石围绕，小到半个小时就能绕岛一周，与其他陆地只隔大约半英里的水路。这里曾是斐济的首都，接待我的酋长告诉我，当时房子特别拥挤，上街要侧着身子走。在其他陆地有地的人，每天都去那儿干活，晚上回来。孩子们整天在水里玩耍。房子是用草盖的，有方形的，也有长方形的，没有窗户，木头门。大部分房子用树皮布帘隔成两间。接待我的酋长是末代国王的侄子，现在是立法机关成员，这是个极好的老人，高大强壮，举止庄重。他穿着白色的西装短裤和网眼汗衫。

斐济的“坐舞”。四个女孩，在地上坐成一排，穿着白衣服，脖子上戴着绿色的花环，发间别着鸡蛋花。领唱者唱起一首古怪的歌儿，其余的姑娘和坐在她们身后的男子跟着唱，他们晃动身子，手和胳膊有节奏地舞动。这种舞蹈不欢乐，很阴郁。

塔伦号。这条船属于联合轮船公司，往返于奥克兰和阿皮亚之间，途经斐济和汤加。这条船有三十六年船龄，一千二百吨重，非常脏，老鼠和蟑螂横行，但航行起来很平稳，是一条很棒的远洋轮船，船上有一间非常简陋的浴室，没有吸烟室，船舱昏暗肮脏。我从苏瓦上的船，去奥克兰，船上满载香蕉，一箱箱的香蕉紧紧挨在一起，在船尾的甲板上堆得很高。船上挤满了乘客，从阿皮亚和苏瓦返回新西兰学校的孩子，休假的士兵，还有在太平洋上旅行的平凡无奇的人。二等舱是留给本地人的，所以形形色色的怪人都在头等舱。最怪的是一个高高瘦瘦的家伙，一张红脸，五官很大。他穿了一件黑色的双排扣长礼服，干净极了。他独来独往，不跟任何人说话，不停地吸烟、吐痰，他还提着两个鸟笼子，里面关着两只大鹦鹉。谜一般的人，无从猜测他从何处来，要向何方去，他的职业是什么，他有什么经历。他隐约给人感觉是个被解除神职的牧师。

汤加。基督复临派教徒。这个小老头儿耳聋，在岛上生活三十年了。他独自生活，穷困潦倒，邻居们都不怎么认识他，他也瞧不起他们，觉得他们是上帝的弃儿。他认为上帝特别青睐他。他这辈子算是倒霉透顶。他的妻子死了，他的孩子们堕落了，他的椰子生意破产了。他把他的不幸看作上帝特殊的恩典，上帝让他背负的十字架，显然，大部分错在他。

帕皮提[①]。船进入暗礁中的水道时，几条鲨鱼围了上来，跟着它进了潟湖。湖面平静，湖水清澈。码头停靠着几艘白色的纵帆船。一群人聚集在码头上，看船进港，女人们衣着鲜艳，男人们穿着白色、卡其色或蓝色的衣服。阳光明媚的码头上，绚烂多彩的人群看上去那么快乐迷人。

岸边有商店和办公楼，还有长长的一排老树，绿枝繁茂，凤凰木浓郁的火红将这绿色衬托得愈发鲜活。街上的建筑、邮局大楼、大洋洲船舶公司的办公楼不像太平洋地区多数办公楼那么严肃、沉闷、一板一眼。它们看上去艳俗廉价，但总的来说并不讨厌。海滩和海滩上美丽的树带着一丝法国情调，让人联想到都兰某个外省小镇的城垣。尽管帕皮提有英国和美国的商店、中国人开的铺子，整体上还是有那么一点法国的味道。它的整洁很迷人，给人悠闲自在的感觉。你感觉人们是生活在这里的，贪财图利的欲望没有英国殖民岛那么明显。路况很好，就像法国的很多路那么好，也同样得到精心的养护，路两旁栽种的树木洒下宜人的阴凉。海滩旁有一个砖砌的洗衣池，巨大的杧果树遮阴，边上还有一大片竹子，我在阿拉斯[②] 附近见过一模一样的洗衣池，当时休息的士兵们正在洗自己的衬衣。法国比较大的村子都有类似的市场。但帕皮提整体散发着异国情调，独具特色。

除了塔希提语，当地人的英语和法语说得都不好。他们说起法语来很拖沓，那口音让人想起巴黎的俄国留学生。每座小房子都有一个花园围绕，植物肆意生长，没人照管，一堆杂乱的树和俗丽的花。

塔希提人通常穿长裤、衬衫，戴巨大的草帽。塔希提人好像比其他波利尼西亚人白一些。女人穿宽大的长袍，但很多人穿黑色的衣服。

---

① 帕皮提，Papeete，法属波利尼西亚首府，大洋洲塔希提岛的海港及主要城市。

② 阿拉斯，Arras，法国北部加来海峡大区加来海峡省的省会。

提亚蕾花旅馆。这里离城郊的海关走路也就五分钟，迈出旅馆的大门便是乡下了。旅馆前面有一个开满了花的小花园，周围被咖啡树篱环绕。旅馆后面有个院子，里面种了一棵面包树、一棵鳄梨树、夹竹桃和芋头。想吃鳄梨就自己伸手从树上摘。旅馆是一幢平房，四周是露台，一部分用作餐厅。有一个小客厅，铺着打了蜡的木地板，一架钢琴和曲木家具上盖着天鹅绒。几间卧房又小又暗。厨房是个独栋的小房子，洛瓦伊纳夫人成天坐在这儿监督中国厨子干活。她本身就是个很棒的厨师，而且特别热情友好。住在附近的人想吃饭，来这家旅馆都能吃上。洛瓦伊纳是个混血儿，特别白，大概有五十岁，体型庞大。她不只是胖，而是硕大，且没有形状。她穿着粉红色的长袍，戴一顶小草帽。她的五官依然小巧，但下巴广阔无边。她有一双棕色的大眼睛，清澈明亮，她的表情可爱、坦诚。她时时面带微笑，笑声开怀爽朗。她给予所有年轻人慈母般的关爱，“摩瓦娜号”那个孩子气的事务长喝得烂醉时，她晃动着巨大的身躯，把酒杯从他手中拿走，不准他再喝了，还让她儿子把他安全送回到船上。

提亚蕾花是塔希提的国花，这是一种星形的小白花，长在一丛青翠的叶子中间，有一种极甜且性感的香味。提亚蕾花用来做花环，戴在发间，或别在耳后，插在当地女人的黑发间时，它是那么明亮耀眼。

约翰尼。乍一看没人以为他有原住民血统。他二十五岁，相当粗壮，一头又硬又卷的黑发，发际线已经向后移了，一张肉嘟嘟的脸，胡子刮得干干净净。他很爱激动，说话时手势很多。他语速很快，说着说着就发出假声，英语和法语都说得很流利，但不是很准确，口音怪怪的，他的母语是塔希提语。他脱光衣服，下海洗澡，腰间围上印花布时，立刻就变成了当地人的样子，只是他的肤色暴露了他的白人血统。他骨子里是个土著人。他喜爱当地的食物，喜爱当地的生活方式。他为自己有当地人的血统自豪，一点儿没有通常混血儿们那种虚伪的羞耻感。

约翰尼的房子。距帕皮提约五英里，矗立在一座小山上，三面环海，莫里阿岛就在它的正前方。海岸上长满了椰子树，后面是神秘的群山。这是我能想象到的最破败的房子。一层的房间很大，有点像谷仓，从地面升起，需拾级而上。框架墙上到处是裂缝。后面有几个小棚屋。其中一间充当厨房，地上挖了个洞，洞里生火，火上做饭。上面有两间阁楼。每个阁楼里除了一张桌子和地板上铺的垫子，别无他物。那个谷仓是起居室，家具包括一张铺着绿色油布的松木桌，两把帆布折叠躺椅和两三把破旧的曲木椅子。房间用椰树叶装饰，叶子从头部撕开，钉在墙上，或裹住支撑梁。六个日本灯笼挂在天花板上，一束黄色的木槿花为房间增添了一抹亮色。

女酋长。她住在一座两层的木框架房里，离帕皮提约三十五英里。她是一位酋长的遗孀，这个法国的被保护国在变更为被占领国期间遇到过麻烦，酋长出面帮助解决，因此获得了法国荣誉军团勋章。客厅里摆满了廉价的法国家具，墙上贴着与此事有关的文件，很多政界名流的签名照，还有通常那种模模糊糊的婚礼合影。几间卧室都很拥挤，摆着巨大的床。她是个粗大的老女人，头发灰白，一只眼睛闭着，偶尔睁开，盯着你看，眼中露出神秘的光。她戴眼镜，穿一件破旧的黑长袍，舒舒服服地坐在地板上，抽着土烟卷。

她告诉我离她家不远的一个房子里有高更的画，我说我想去看看，于是她叫来一个男孩给我带路。我们沿着主路开了几英里，下了主路，沿一条湿软的草路继续向前开，最后来到一座极其破旧的木框架屋前，房子是灰色的，摇摇欲坠。屋子里除了几张垫子，没有任何家具，游廊里挤满了脏兮兮的小孩。一个小伙子躺在游廊上抽烟，一个年轻女人懒洋洋地坐在地上。房子的主人，一个塌鼻梁、黑皮肤的土著人笑眯眯地走过来跟我们说话，他请我们进去，我一眼就看见了高更画在门上的画。高更好像在这个房子里病了一段时间，照顾他的是现任房主的父母，当时房主十岁。他们如此善待他，他很满意，身体好些后，他想给他们留点念想。这座平房有两个房间，其中一个房间有三扇门，门的上半部是玻璃隔板，高更在三扇门上都画了画。孩子们把其中两扇门划坏了，一扇门上几乎没留下什么，除了一个角上有个模模糊糊的人脑袋，另一扇门上还能看见一个女人的躯干向后扭着，姿态热情且优雅。第三扇门保存得还好，但显然过不了几年，也会落到其他两扇门那步田地。主人对画本身没什么兴趣，不过是死去的客人留下的念想罢了。当我指出他可以留下另外两扇门时，他倒没有不乐意卖掉第三块。"不过，"他说，"我还得买一扇新门。""需要多少钱？"我问。"一百法郎。""好的，"我说，"我给你两百法郎。"

我想最好在他改主意之前把这幅画带走，于是我们从开来的车里取出工具，拧下合页，把门抬走了。一回到女酋长家，我们就锯掉门的下半截，以便搬运，然后，我把它带回了帕皮提。

我乘一条小敞舱船去了莫里阿岛，船上挤满了土著人和中国人。船长是本地人，白皮肤、红脸蛋、蓝眼睛，高高壮壮的。他会说一点英语，也许他父亲是个英国水手。刚出环礁带，我们就明白这次旅程不会太顺利。浪头很高，漫过船舷，我们浑身都湿透了。船摇摇晃晃，上下颠簸。狂风骤起，滂沱的大雨模糊了我的视线。海浪山似的，迎风破浪令人兴奋，对我来说则是可怖的。整个过程中，一个土著老女人坐在甲板上，一根接着一根抽巨大的土烟卷。一个中国男孩一直在吐，吐得很厉害。看到莫里阿岛越来越近，椰子树渐渐清晰，最终进了潟湖，我才松了口气。大雨如注，我们全都湿透了。我们上了一条从岸边开来的捕鲸船，之后还得蹚水上岸。上了岸，我们沿着一条泥泞的路走了四英里，趟过几条小溪，一路上倾盆大雨下个不停，最后，我们来到要留宿的那家。我们脱下衣服，裹上印花裙。

这是一个小木屋，有一个游廊和两个房间，每间有一张巨大的床。后面有一间厨房。它属于一个新西兰人，当时他不在家，他和一个土著女人生活在这里。屋前有一个小花园，花园里种满了提亚蕾花、木槿花和夹竹桃。旁边有一条小溪急急流过，园中有一个小水池充当浴池，池水清澈，闪闪发光。

游廊的台阶旁放着一个大铁皮碗，里面装着水，边上还有一个小铁皮盆，进屋前可以洗洗脚。

莫里阿岛。当地人的房子是长方形的，大棕榈叶粗粗地盖着屋顶，房子用细竹搭成，一根根竹子紧紧挨着，可以透进光和空气。没有窗，但一般有两三扇门。许多房子里有一张铁床，几乎每家都有一台缝纫机。

礼拜堂也是同样的设计，但非常大，所有人坐在地板上。我听过一次唱诗班练唱，一个盲人女孩领唱，他们连着唱了几个小时长长的赞美诗。在近旁听，他们的声音吵闹刺耳，但在温柔的夜色里，坐在远处听，感觉还是很美的。

叉鱼。我在路上走了一会儿，而后循着说笑声，穿过一人多高的芦苇丛，在齐腰深的浑水中费力地乱走，不一会儿，便看到一条湍急的小溪。这里有十来个男女，身上只裹着印花裙，手里拿着长长的鱼叉，他们身旁的地上是一堆堆的大银鱼，每条鱼都是被鱼叉叉死的，伤口血淋淋的。我等了一会儿，接着，某个人提醒了一声，所有人立正站好，举起鱼叉，做好准备，突然，一群鱼顺着溪流奔向大海。大家兴奋起来，喊叫着，跳入水中，鱼叉碰撞，他们捕到了十几条大鱼，鱼被提出水面，扔到地上。鱼颤抖着、蹦跳着，尾巴拍打着地面。

环礁带内。水有各种颜色，从最深的蓝色到淡祖母绿色。暗礁宽阔，珊瑚多彩。你可以在暗礁上走，看到巨浪近在咫尺，外面是喧闹的海洋，里面却静如池塘，这种感觉很奇妙。珊瑚间潜伏着各种奇怪的动物，颜色鲜亮的鱼儿、海螺、海参、海胆，还有淡粉色的东西蠕动。

渔网。撒大网捕鱼时，全村都会出动。渔网的主人们划独木舟出海，一两个人跳入水中，一长串女人、男孩、男人抓住绳子头一起拉。其他人坐在海滩上看热闹。慢慢收网，一个男孩扑向一条银鱼，用裙角兜住，送上岸。沙地上挖个洞，把鱼倒进去，所有参与者将收获均分。

基督教。一个法国海军上将乘他的旗舰来到一个岛上，当地的女王为他举行了正式的午宴。她建议他坐在她右边，但传教士的太太坚持认为他应该坐在她右边。作为基督的代表的妻子，她的地位比女王高。传教士同意她的意见。当地人抗议，这俩人勃然大怒，扬言如果这样怠慢他们，他们就报复，当地人吓坏了，最终让步了。传教士夫妇得逞了。

泰蒂亚罗阿环礁[①]。我们乘一条烧煤油的小艇前往这个环礁。为了天亮时到达，我们凌晨一点就出发了，这段时间，海面最平静，穿过环礁也不太难。寂静的夜晚，周遭很可爱。空气温和宜人。星星倒映在环礁内的水中。一丝风都没有。我们在甲板上铺了块毯子，舒舒服服地躺下来。环礁外，照常有太平洋的浪涌。破晓时，我们还在外海上，但很快，我们就看到了岛，看到几英里外一排矮矮的椰子树。然

① 泰蒂亚罗阿环礁，Tetiaroa，南太平洋法属波利尼西亚的环礁，属于背风群岛的一部分，位于塔希提以北 53 公里，由 13 个岛屿组成，面积 6 平方公里。

后我们进入环礁内，上了一条船。小艇的主人是一个叫利维的男子，他说他是从巴黎来的，但他说法语时口音很重，我觉得他是阿尔及利亚的犹太人。他把锚抛在礁石上，我们上了小艇，向入口处划去。这不是什么入口，不过是礁石上一个小小的凹口，一个浪头打过来，海水仅够小船蹭过去。一旦过去就划不了船了，因为珊瑚过于密集，几个当地人下了船，站在齐腰深的水中，穿过一个狭窄曲折的水道，把船拖到岸边。岸上是白沙，有珊瑚的碎片和数不清的虾蟹壳，然后你会看到椰子树，还有六间小茅屋组成的小村落。一间茅屋是村长的，两间茅屋用来存放椰子核，另外一间给工人住，还有两间可爱的草屋，一间做客厅，另一间是卧室，供岛主使用。这些茅屋建在一片小树林里，巨大的老树投下树荫，带来清凉。我们卸下补给品和铺盖，着手把这里弄得舒适些。蚊子成群，哪儿都没见过这么多蚊子，一坐下来就会被蚊子围住。我们在我们住的那间茅屋的游廊上支起一顶蚊帐，下面放了一张桌子和几把椅子。可是蚊子机灵得很，钻进蚊帐里来了，我们至少打死了二十只蚊子才算安生了。屋子旁边有个小棚子，充当厨房，我带来的中国佬用几根树枝生起一团火，在火上做饭。

显然，这座岛从海里升起来的时间相对不长，内陆大部分地区荒芜不毛，地表结着硬块，几乎是片沼泽地，走路时，脚会陷进去几英寸，以前这里可能是个微咸水湖，现在干掉了，其中一部分还有一个小湖，不久前肯定大得多。除了椰子树，这里似乎只长杂草和一种有点像金雀花的灌木。在所有这些岛屿上，鹩哥随处可见，但这里只有两三只，还是最近带到岛上来的。鸟类只有大海鸟，黑色的，长长尖尖的喙，发出一种尖锐的哨声。

海滩上的沙子真的是银白色的，就像介绍南太平洋诸岛的书中描写的那样，阳光下，走在沙滩上，沙子亮得刺眼，简直不能看。到处能看到螃蟹的白壳，或海鸟的尸骨。到了晚上，整个沙滩似乎在动。一开始觉得很奇怪，这种持续的、轻微的移动怪异离奇，可是点亮火把，你会发现，这种现象源自无数贝壳类生物不停地活动，它们在沙滩上爬来爬去，速度缓慢，悄无声息，它们的数量极其庞大，整个海滩像是活的。

环礁带。这是一条宽阔的堤道，沿着这条路走可以环岛一周，只是路面太粗糙不平，脚走得生疼。水塘中，鱼儿欢蹦乱跳，偶尔有一条鳗鱼露出邪恶的脑袋。抓龙虾：晚上，你提着防风灯，沿着环礁带走，左瞧瞧，右看看，不放过任何一个角落和缝隙。鱼儿见了亮光，吓得蜿蜒地滑走了。走路时必须小心，到处是大海胆，脚上会扎出大口子。龙虾特别多，走不了多远就能看见一只。你用脚踩住它，这时过来一个当地人，迅速把它拿起来，扔进绑在肩上的旧煤油罐里。这样在夜里走路会失去方向感，回去的路上，不容易找到船。有那么几分钟，我们似乎觉得要在环礁带上待到天亮了。天上没有月亮，不过也没有云，星光璀璨。

环礁捕鱼。水道附近某处，礁石如悬崖般陡峭，向下看，不知道水有多深。当地人在潟湖的珊瑚礁间布下网，我们有很多鱼作诱饵。看当地人杀鱼挺恐怖的。他们用拳头捶打鱼腹，或者用一块珊瑚猛击它们。我们到了捕鱼地点，把独木舟系在珊瑚礁上，村长把几条鱼捣碎后丢进水里。很多小鱼苗被吸引过来，这些小东西虫子似的，很瘦，也很活跃，接着，很多条大黑鱼游了过来。又过了几分钟，几只鲨鱼鳍露出水面，我们看见几条灰真鲨① 转着圈游，鬼祟得可怕。鱼竿不过是根竹子，上面绑着线。大黑鱼绕着鱼饵转，然后贪婪地吞下，我们立刻提竿，把它们一个接着一个拉出水面。鲨鱼也很贪婪，我们得把鱼饵从它们口中夺走，鱼竿太细，禁不住它们。有一次，一

---

① 灰真鲨是栖息于沿岸、近海的大型鲨鱼。幼鲨活动于沿岸，成鱼则活动于外海，深度可达 400 米处。

条鲨鱼咬了我的钩，瞬间就把线咬断了。我们抛下几条拴着鱼内脏的鱼线，逮到一条金枪鱼，得有四十磅重。

捕鲨。黄昏时，你把一条大鱼的内脏挂在鱼钩上，再把鱼线系在一棵树上。没过多久，你就听到巨大的拍水声，你来到海滩上，发现一条鲨鱼上钩了。你把它拖上来，它在海滩上挣扎、扑腾。当地人拔出大匕首（这种刀是从最先发现这个群岛的人携带的弯刀演变而来的），插入鲨鱼的头，一直插到脑子。这种动物看上去丑陋、恶毒，下颚丑得吓人。鲨鱼死后，剪断鱼线，取出鱼钩。中国佬割下鱼鳍，在太阳底下晒干，一个卡纳卡人砍下鲨鱼长着可怕牙齿的下颚。死鱼被扔回海里。

睡觉前，当地人经常把鱼线绑在自己的一条腿上，鱼一扯，他们就醒了。

鱼。鱼的种类多得难以形容。亮黄色的鱼、黄黑相间的鱼、黑白花的鱼、斑纹鱼、图案奇奇怪怪的鱼。一天，当地人去捕鱼，收起渔网时，我看见捕获的鱼儿光彩灿烂。我突然很兴奋，这让我想起了《一千零一夜》里一个撒网的故事，网里有各种乱七八糟的颜色和奇奇怪怪的形状，我有点期望找到一个盖着苏莱曼[1]封印的瓶子，里面囚禁着一个法力无边的精灵。

海的颜色。外海是深蓝色的，夕阳下是酒红色的，但潟湖里的水颜色无穷，从浅绿松石色到最明亮、最纯净的绿色都有，落日会将海水短时间变成金色的水。此外还有珊瑚色、棕色、白色、粉红色、红色和紫色，同时呈现出绝妙的形状。这里仿佛一座魔法花园，匆匆游

① 苏莱曼大帝是奥斯曼帝国十六世纪的一位杰出的君主，在他的统治下，奥斯曼帝国在政治、经济、军事和文化等诸多方面都进入极盛时期。

走的鱼儿好似蝴蝶。这里的奇妙之处在于，缺少现实感，充满奇幻感，像是某种恣意想象的产物。珊瑚礁间的水塘底部铺着白沙，这里的水清澈得炫目。

瓦罗（Varo）。在太平洋群岛，人们叫它海蜈蚣。它有点像小龙虾，但颜色是淡米黄的。两个瓦罗住在一个洞里。母的比公的更大、更壮，颜色也更鲜艳些。只能在很细的沙子里找到它们，为了抓瓦罗，我们穿过潟湖，走了大约一英里路，到了一个组成泰蒂亚罗阿环礁的小岛。当地人准备了一种特殊的工具，他们从椰树叶中央茎干抽出强力纤维，约两英尺长，很柔韧，上面绑一圈钩子，钩尖朝上，制造出雨伞的效果，再挂一片鱼当诱饵。我们沿着海滩走，在浅水中寻找小圆洞，瓦罗就住在里面，找到后把钩子放下去。当地人念句咒语，让瓦罗从洞里出来，然后用手指轻轻弹水，通常什么都不会发生，但有的时候纤维被拉下去，这时我们就知道一只瓦罗咬住了鱼饵，被钩子挂住了。我们小心翼翼地把它拉上来，看到这个小东西紧紧抓着纤维露出水面，真挺激动的。村长用一片椰树叶草草编了个筐，我们把瓦罗摘下来，放进这个筐里。不过，抓瓦罗是个慢活儿，三个小时过去了，我们只抓到了八只。

潟湖之夜。日落时，大海变成了亮紫色。天空无云，太阳，火红的太阳沉入海中，很快，但没作家让人相信的那么快，金星开始闪耀。夜幕降临，天空晴朗，周遭宁静，一种热情、疯狂的生活似乎突然开始了。数不清的有壳动物开始在水边爬来爬去，水中的生物似乎都在活动，鱼儿跳跃，耳边传来神秘的拍水声，残忍的鲨鱼不声不响地游过，看到它的所有鱼虾都被吓坏了，水中突然一阵骚动。几百条小鱼跃入空中，有时，一条彩色的大鱼突然露出水面，一闪而过。然而，让人印象最深的是紧迫且无休止的生活带给人的感受。在这寂静可爱的夜里，有某种神秘的东西，隐隐令人恐惧。

夜，静极了。天上挂着南十字星和老人星，星光璀璨。没有一丝风，但空气清爽宜人至极。天空衬出椰子树的轮廓，它们仿佛在倾听。间或，一只海鸟发出一声哀鸣。

1917年

这一年，我被派到俄国执行一项秘密任务，于是我做了如下的笔记。

俄国。我对俄国感兴趣的理由和大部分与我同时代的人差不多。最明显的理由是俄国小说。托尔斯泰和屠格涅夫，但主要是陀思妥耶夫斯基，笔下的情感不同于其他国家的小说。他们让西欧最伟大的小说都显得矫揉造作。他们新颖的创作手法让我对萨克雷、狄更斯和特罗洛普[①] 的评价有失公允，这些人还抱有传统的道德观念。就连伟大的法国作家，巴尔扎克、司汤达和福楼拜，相比之下，也显得刻板拘谨，有点冷淡。这些英国和法国小说家描写的是我们熟悉的生活，我和我同时代的人已经厌倦了。他们描写的是一个受监管的社会。这种小说的思想是老生常谈。小说中的情感即使放纵，也是在有序的范围内放纵。这种小说适合中产文明，锦衣、玉食、华宅，小说的读者坚定地记住，他们读到的一切都是虚假的。

神奇的九十年代刺激了有才智的人，使他们不再漠然，使他们

---

① 特罗洛普，Anthony Trollope，安东尼·特罗洛普，英国作家，代表作有《巴彻斯特养老院》和《巴彻斯特大教堂》等。

不安且不满，但又没给出什么东西来满足他们。旧偶像被打破了，取而代之的新偶像不堪一击。九十年代的人大谈文学艺术，但他们的作品就像玩具兔子，上了发条，也就蹦跶一会儿，然后突然“咔嗒”一声，不动了。

现代诗人。倘若他们多一点情感，即使少一点聪明，我也乐意。他们写首小曲并非内心有多大的悲伤，而是出于良好的教育带来的清醒的愉悦。

特务。他充其量是个中等个，但膀大腰圆，特别结实，他快步如风，且落地无声，走路的样子很奇怪，有点像大猩猩，扎煞着胳膊。他给人感觉像个猿猴，随时准备起跳，而且力大无穷，这一点挺叫人担心的。他又短又粗的脖子上架着一个又大又方的脑袋。他的脸刮得很干净，小眼睛透着精明，他的脸很奇怪，像被人一拳打扁了似的。他长了一个又肉又扁的大鼻子，嘴巴很大，一口变了色的小牙。一头浓密的灰白的头发打了发蜡，贴在脑袋上。他从不哈哈笑，但经常咯咯笑，目光中露出凶恶的性情。他穿着美式成衣，看上去挺体面，乍一看还以为他是个中产移民，曾在美国中西部某个繁华的城市做过小生意，日子过得挺滋润。他的英语说得很溜，但并不准确。跟他待久了，他的果断坚决绝对会给你留下深刻的印象。他强健的体魄符合他坚强的性格。他无情、睿智、谨慎，为了达到目的，不择手段。总之，他身上有某种可怕的东西。他想象力丰富，一脑子狡猾且大胆的想法。他的工作错综复杂，他却乐在其中。当他给你讲述他酝酿的阴谋或得逞的诡计时，他那双蓝色的小眼睛会闪闪发亮，他容光焕发，像撒旦一般欢笑。他对人的性命有一种英雄式的漠视，你感觉，为了事业，他会毫不犹豫地牺牲他的朋友或儿子。谁也不会怀疑他的勇气，同样勇敢的思想让他不仅可以面对危险，这并不太难，而且可以面对困苦和无聊。他有节俭的习惯，可以长时间不吃不睡。他从不宽以待己，也从没想过宽以待人。他的精神头令人赞叹。尽管冷酷无情，他的脾气很好，他可以杀死一个同类，却对那个人没有丝毫的敌意。除了对好雪茄有强烈的渴望，他这辈子似乎只有一个喜好，那就是爱国主义。他的纪律性很强，无条件服从领导，他也这样要求他的下级。

俄国人的爱国主义很奇怪，充满了自负。他们觉得自己和其他民族不同，且为他们的不同沾沾自喜。他们自鸣得意地谈论俄国农民的无知；吹嘘自己的神秘和复杂；他们反复说自己用一副面孔看西方，用另一副面孔看东方；他们为自己的缺点骄傲——就像一个粗鲁的家伙告诉你，上帝就是这么造的他——他们扬扬得意地承认自己糊涂、无知、常立志却半途而废、行动起来优柔寡断，但他们似乎欠缺在其他国家被称为爱国主义的那种复杂的情感。我试着分析过在我心中这种特别的情感都包含什么。对我来说，单单英格兰在地图上的形状就是有意义的，它会让我想起杂七杂八千百种印象——多佛的白色悬崖和茶色的海水，肯特郡宜人的、曲折的道路，萨塞克斯郡开阔的高地，圣保罗大教堂和伦敦池；断章残句、柯林斯高贵的颂歌、马修·阿诺德的《吉卜赛学者》、济慈的《夜莺》、莎士比亚零散的台词、一页页英国史、德雷克[1]和他的船、亨利八世和伊丽莎白女王；汤姆·琼斯和约翰逊博士，我所有的朋友和维多利亚火车站的海报；还有隐约的庄严、力量和持续感；然后，天知道是怎么回事，我还会想到一条多桅帆船张满帆沿着英吉利海峡航行——去何处，哦，灿烂的船，鼓起你的白帆[2]——落日红红地挂在天边。这些感受和许

① 德雷克，Francis Drake，1540—1596，英国著名的私掠船船长、航海家，也是伊丽莎白时代的政治家。

② 罗伯特·布里吉斯的诗句。

多其他感受构成一种情感，让牺牲变得容易起来，这种情感中充满了骄傲、渴望和爱，但它是谦卑的，不是自负的，不排除还有一丝幽默感。也许俄国太大了，没有这种私密的小情小调，它的过去没有骑士精神和骑士罗曼史，它的性格太模糊，它的文学太贫乏，想象力无法将这个国家和它的历史文化含纳在一个单一的情感里。俄国人会告诉你农民热爱他的村庄。他的眼界仅限于此。读一读俄国历史，你就会惊奇地发现，民族感对于一代又一代的俄国人是多么微不足道。一股爱国主义浪潮涌起，将侵略者赶出去，这种事件令人震惊。对于侵略者的存在，没有真正受过苦的人通常采取漠然的态度。神圣俄罗斯帝国俯首帖耳地被鞑靼人奴役了那么久并非偶然。同盟国即使占领部分俄国领土也不会激起愤慨，俄国人可能会耸耸肩，一句话就打发了："反正俄国够大。"

我的工作使我有机会近距离接触到捷克人，我在他们身上看到的那种爱国主义令我惊诧不已。这种情感如此单一、如此强烈，没给别的情感留任何余地。与其说这些人令我钦佩，不如说令我敬畏，因为他们为了事业牺牲了一切，而且不是三三两两，不是一群冷漠的人中间的几个狂热分子，而是成千上万的人。为争取祖国独立，他们付出了一切，他们的安宁、他们的家庭、他们的财产、他们的生命。他们像百货公司一样井井有条，像普鲁士军团一样纪律严明。我遇到的大部分爱国者，我指的是我的同胞，哎呀，这种人太常见了，他们渴望报效祖国，但他们认定绝不能无利可图（国家危难之际，谁还会讲让国家分心的东西，比如找工作、阴谋诡计、施加影响、个人猜忌？），但捷克人完全没有私心。他们就像母亲照顾自己的孩子一样不求回报。其他人得到冒险的机会时，他们欣然接受单调乏味的苦差事，别人被委以重任时，他们甘心于低微的职位。像所有有政治头脑的人一样，他们也有党派和纲领，但全都服从共同利益。捷克的组织是在俄国建立的，而在捷克，整个战争期间，从富有的银行家到手艺人，所有人都会为爱国事业捐出收入的十分之一，这难道不是很了不起吗？就连战俘们——天知道那几个戈比对他们有多宝贵——都觉得能攒下钱来捐给国家，总计达几千卢布。

九十年代的文学只吸引头脑，犹如一条流动的小溪，流过之处必被净化，而如今的文学吸引的是心，犹如一口慢慢变臭的井。他们情感外露，就像所罗门窗台上一朵奇妙的兰花，我们当代人却把情感放在残渣碟上，端着到处走。闪耀着宝石般的光焰炽烈地燃烧或许荒唐，但做面包沙司也挺乏味的。

读《安娜·卡列尼娜》时，我还是个孩子，那是沃尔特·司各特出版的蓝皮译本，很久以后我才开始动笔写作，我对这本书的印象很模糊，很多年后，我重新拿起这本书，从职业写作者的角度研究小说艺术，我发现它强大且奇怪，还有一点生硬和枯燥。然后我又读了法文版的《父与子》。我太不了解俄国了，无法欣赏它的价值。奇怪的名字、新颖的人物，为浪漫文学开了一扇窗，然而，这就是一本平常的小说，与那个时代的法国小说相关，无论如何，对我来说意义都不大。

再后来，当我发现自己确实对俄国感兴趣的时候，我又读了几本屠格涅夫的书，可是它们没能打动我。小说里的理想主义对我来说太多愁善感了，我无法通过译文看出俄国人重视的文体和风格美。我觉得它们都不成功。直到读了陀思妥耶夫斯基（我读的是一个德文版的《罪与罚》），我才感觉到眼花缭乱，有趣得很。他对我来说真的有意义，我贪婪地一本接着一本读这位俄国最伟大的小说家的其他伟大的小说。最后我读了契诃夫和高尔基。我对高尔基无感，他选择的题材又奇又偏，但他的才华似乎很平庸，当他真挚地讲述底层人民生活时，他的小说还是可读的，但我对彼得格勒贫民窟的兴趣很快就没了，当他开始反思或者进行哲学探讨时，我觉得他很浅薄。他的才华来自他的出身。他以无产阶级的身份描写无产阶级，不像大多数作家是以资产阶级的身份谈论这个主题。而在契诃夫身上，我发现了一种精神，很符合我的口味，他是一个真正有个性的作家。陀思妥耶夫斯基则有一股狂热的力量，带给人惊奇、启示、恐惧和困惑。契诃夫不同，你可以跟他建立起亲密的关系，我觉得只有从他身上能了解到俄国的秘密。他的创作题材广泛，他对生活的认识直接来源于生活。有人将他比作居伊·德·莫泊桑，这么说的人大概两个人的作品都没读过。居伊·德·莫泊桑是个聪明的小说家，他的写法是有效的，在他状态最佳时——当然，每个作家都有权以其最佳状态接受评判——但他与生活没有什么真正的联系。他的名篇，你读的时候会感兴趣，但它们是虚假的，经不起琢磨。那些人物是舞台上的形象，他们的悲剧在于他们的行为像傀儡，而不是人。他们对人生，也就是他们的出身背景的看法，是乏味庸俗的。居伊·德·莫泊桑骨子里是个脑满肠肥的旅行推销员，他的笑与泪带着那么一点外省旅馆商品展售室的味道。他是郝麦先生[①] 的儿子。但读契诃夫的时候，你似乎根本不觉得自己是在读故事。书中没有显而易见的聪明，你以为这种东西谁都能写，其实没有人写。作者有一种情感，他用文字表达出来，你就能接收到。你成了他的合作者。你不能把“生活的切片”这么老套的说法用在契诃夫的作品上，因为切片就是切掉的片段，你读他的小说时完全没有这种感觉。它是一种透过指缝看到的场景，尽管你只看到了一部分，但你知道它会这样继续下去。

上面我对莫泊桑的看法极不公允，《泰利埃公馆》足以证明这一点。

俄国作家太火了，于是冷静的人过分夸大了某些作家的优点，只

① 福楼拜小说《包法利夫人》中的药剂师。

因他们是用俄文写作的，以至于库普林[①]、柯罗连科[②]、索洛古勃[③]这类作家浪得虚名。在我看来，索洛古勃一无是处，但是他将肉欲和神秘主义结合在一起，必然会吸引某个阶层的读者。然而，我不会像某些人那样假装鄙视阿尔志跋绥夫[④]。我觉得《萨宁》还是有一定价值的，它有俄国小说罕见的优点，那就是阳光。他笔下的人物不像我们习惯的那样在凄风冷雨中度过一生，天是蓝的，夏日宜人的微风在白桦林中沙沙响。

正式开始研究俄国文学的人都会惊诧于它的极度贫乏。对于十九世纪以前的作品，最有热情的评论家也宣称只对其历史价值感兴趣。俄国文学开始于普希金，然后是果戈理、莱蒙托夫、屠格涅夫、托尔斯泰、陀思妥耶夫斯基，然后是契诃夫，没别的了。学者会提到很多名字，但并不重视他们，门外汉们随便读一读其他作家的作品就会意识到，忽略他们也没什么损失。我试着想象过，如果英国文学开始于拜伦、雪莱（用托马斯·莫尔代替雪莱也算公平）和沃尔特·司各特，然后是狄更斯、萨克雷、乔治·艾略特，最后以乔治·梅瑞狄斯收尾会怎样。第一个影响就是，这些作家要远比现在重要得多。

俄国的文学作品很少，所以俄国人对它了解得非常透彻。这些书，凡是识文断字的人都读过，而且经常读，他们熟悉这些作品就像

① 库普林，亚历山大·伊万诺维奇·库普林，Aleksandr Ivanovich Kuprin，1870—1938，俄国批判现实主义的代表人物之一。库普林的作品多以亲身经历为题材，以现实主义笔法揭露沙皇军队的腐败和资本主义社会的罪恶。最著名的长篇小说《亚玛》描写俄国南方海港的烟花柳巷，把妓女的日常生活、经济状况和社会地位刻画得惟妙惟肖。

② 柯罗连科，Korolenko，1853—1921，俄国作家、社会活动家，曾因与革命家往来被流放至东西伯利亚。代表作《探求者的生活插曲》。

③ 索洛古勃，Fyodor Sologub，1863—1927，俄国诗人、作家、剧作家，翻译家。本姓捷列尔尼科夫。1907 年发表轰动性长篇小说《卑鄙的魔鬼》。1918 年被选为文学活动家苏维埃联盟主席。

④ 阿尔志跋绥夫，1878—1927，俄国颓废主义文学流派的最著名的作家之一，标榜个人享乐主义。

我们熟悉钦定英译本《圣经》。而且俄国文学中多半是小说，所以和其他国家比起来，小说在俄国文化人心中的地位要高得多。

《钦差大臣》在俄国享有盛名。它本身就构成了俄国古典戏剧的全部。所有中小学生都读《钦差大臣》，就像我们都读《哈姆雷特》，每到节假日就公演，就像每到节假日，法兰西喜剧院就会上演《熙德》[①]。对俄国人来说，这部微不足道的小戏堪比莎士比亚和伊丽莎白时代的剧作家的作品，康格里夫[②] 和威彻利[③]、戈德史密斯[④] 和《造谣学校》[⑤]。剧中的人物变成了贴在人身上的标签，很多台词变成了谚语。即便如此，这依然是一部微不足道的闹剧，和科策布[⑥] 的《德国小城居民》比起来，既没有更好，也没有更糟，大概正是这部戏给了果戈理灵感。它跟《屈身求爱》基本在一个水平线上。情节没什么价值，以漫画手法刻画剧中人物，而不是从角色塑造的角度出发。无论你多么愿意相信这些人物是真实的，仍无法停止对他们的怀疑。不过，果戈理很明智，没有插入聪明或体面的人来扭曲画面。这部戏具有一定的艺术完整性，他收集了一群无赖和蠢货，要是插入一个诚实或能干的

---

①《熙德》，高乃依所作的《熙德》是法国第一部古典主义名剧，取材于西班牙史。熙德是历史上的英雄，此剧作于 1636 年公演时轰动了巴黎。

② 康格里夫，William Congreve，英国剧作家，1670—1729，王政复辟时期风俗喜剧的代表性作家之一，主要以当时英国上流社会为讽刺对象。有喜剧《老光棍》《两面派》《以爱还爱》《如此世道》和悲剧《悼亡的新娘》等。

③ 威彻利，William Wycherley，1640—1716，英国喜剧作家。代表作有《林中之恋》《绅士舞蹈教师》《光明磊落者》等。作品描绘了英国复辟时期上层人物的放荡无耻及其对外省的不良影响，讽刺和批判了社会的虚伪，塑造了纨绔子弟、浪荡公子、江湖骗子等各种形象。

④ 戈德史密斯，Oliver Goldsmith，1730—1774，十八世纪英国著名剧作家，代表作包括喜剧《善性之人》和《屈身求爱》。

⑤《造谣学校》，英国剧作家谢立丹作于 1777 年。施尼威尔夫人等一群贵族男女以造谣生事为乐，专门破坏别人的名誉和家庭幸福。施尼威尔夫人的家成了一所“造谣学校”。

⑥ 科策布，August Friedrich Ferdinand Kotzebue，1761—1819，德国剧作家、小说家。多产，尤以写作感伤的流行剧闻名。

人，就会破坏这种完整性。康格里夫有同样的智慧，他很小心，不让正人君子与他笔下的酒色之徒为伍。果戈理和他同时代的人重视这部欢乐的小闹剧并不奇怪，令人惊奇的是，熟悉西欧文学的评论家们也这样。向世界诠释俄国的人多半对其他国家知之甚少，他们称赞俄国的各种品质，因为它们不是英国的，他们就以为是俄国特色，他们不知道这是物理环境造成的，所有物理环境类似的国家都会有这样的特点。想要了解一个异国，只在这个国家和自己的国家生活过还不够，你至少要在另外一个国家生活过。阿诺德·本涅特就一直相信早餐不喝咖啡不吃面包卷是法国特色。

我的天赋并不出色，但我有一定的性格力量，这或多或少弥补了我的不足。我有直觉决断力。大部分人什么也看不见，眼皮底下的东西，我可看得清清楚楚。最伟大的作家能看穿一堵砖墙，我的目光可没这么强的穿透力。有很多年，人们说我愤世嫉俗，因为我说真话。我不希望有人把我当成我之外的别的什么人，而且，我也觉得没必要接受他人的无理要求。

研究异国的人不要指望太了解这个国家的居民，即使多年后与这个国家的人建立了亲密的关系，也别指望太了解语言和文化差异。即便英美两国的语言差异很小，两国人也无法真正理解彼此。或许早年经历和教育背景相似的两个人最能互相了解。塑造一个人的是他前二十年的印象。英国人和俄国人之间隔着一道又宽又深的鸿沟。语言的困难必然将他们永远隔开。即使你的外语很好，也不会好到让人家忘了你是个外国人，他们永远不会像对待自己人一样对待你。外国人可以通过阅读来深入了解一个异族，在这方面，二流作家比一流作家更有帮助。伟大的作家创造，天赋较差的作家模仿。关于俄国人，契诃夫能告诉你的比陀思妥耶夫斯基多。对比一下你认识的人和你从书中读到的人，你会在头脑中形成一个印象，即使不符合事实，不管怎么说，它也是自成体系、合乎情理、前后一致的。

对于学习一门语言，我有自己的看法。我认为能顺畅阅读，聊聊日常生活就够了，更深入地了解是浪费时间。真正精通一门外语需要花费很大的功夫，我觉得这么做不值得。

近几年，上帝在文人圈特别流行，他们生动地使用这个全能的神，来平衡一个句子，或赋予一段话以情感。现在萧伯纳和赫伯特·乔治·威尔斯① 也来凑这个热闹，尽管将将赶上，他们急匆匆地向前跑，希望站到这个运动的前排去。当你不再像从前那么活跃了，做个思想领袖应该挺辛苦的，如果他们俩看上去有点气喘吁吁，也没什么好奇怪的。

我希望哪个贴心人写篇文章，讲一讲为什么宗教信仰在英国文学中复活了，而且战前就已经有了这个苗头。奇怪的是，大众并不为其所动，教堂依旧空空荡荡，而且对更聪明、受过高等教育的那部分人没多大影响。法律界人士、科学家和商人总体上持怀疑态度，这次运动是纯文学性的。这肯定和法国的一次类似的运动有关，在法国，这场运动在很大程度上有政治根源，1870 年法国在普法战争中战败为其奠定了基础，此后的那代人活力减弱，自然倾向于宗教信仰。法兰西第三共和国反天主教，所有不满现状的人都站到天主教这边，对于很多人来说，宗教等同于爱国主义和法兰西的伟大。最终，科学没有履行不明智的人所期望的承诺，许多人对没有得到问题的答案不满，科学也从没假装要给出答案，于是他们投入了教会的怀抱。

---

① 赫伯特·乔治·威尔斯，Herbert George Wells，1866—1946，英国著名小说家，尤以科幻小说创作闻名于世。他还是一位社会改革家和预言家，曾是费边社的重要成员。

法国的每一场文学运动都能在英格兰找到模仿者，我们国家总有一些文人仅仅通过认真阅读法国评论就能获得“富有独创性”的名声。同样在英格兰也有很多人对科学不满。大学依然信奉宗教。他们向年轻人灌输一种理念：信仰上帝代表良好的教养。不能理解为什么宗教复兴主要体现在文人中间。一方面，有宗教本能的人，以前会领受圣职，现在牧师这个职业不吃香了，于是他们把全部或部分时间用来写作；另一方面，作家们不断求变，这类人反复无常，维护一种垂死的信仰不仅给他们提供了别致生动的新主题，对喜欢浪漫的他们也有吸引力。我们都知道，近二十年来，对浪漫的渴望是一种越来越强烈的激情。我们都在贝斯沃特路① 寻找鲁里坦尼亚王国②。后来，战争来了，悲痛、恐惧和茫然使很多人选择了宗教。看到他们不太在乎的人死去，他们通过信仰全能仁慈全知的造物主来宽慰自己。有一次在海上，我感觉死亡迫在眉睫，恳求上帝的话脱口而出，这是被我遗忘的儿时信仰的残留物，抑制住它们，并冷静地面对可能要发生的事需要一定的意志力。那一刻，我差点儿就信了上帝，强烈的荒唐感使我得以免于向恐惧屈服。我在《人生的枷锁》中试图写下我为何丧失了儿时狂热的信仰，但这种东西很难准确描述，我对最终的结果也从来没有满意过。尽管我是具象思维，面对抽象概念，思维并不活跃，我却酷爱玄学，看哲学家们像走钢丝一样研究难懂的东西，对我来说是一大乐事。我读过很多哲学书，尽管我不明白怎么可能拒绝同意某些关于“绝对”的理论，但我不相信宗教这个词的通常含义，我也没在哲学书中找到任何东西来诱使我背弃这种本能。有些作家试图将形而上学者的绝对和基督教的上帝调和成一个概念，我对这类作家没什么

---

① 贝斯沃特路，Bayswater Road，伦敦最繁华的街区之一。

② 鲁里坦尼亚王国，英国小说家安东尼·霍普的小说《曾达的囚犯》的背景是在一个杜撰的国度——鲁里坦尼亚，讲述了一位英国绅士假扮王位继承人，挽救鲁里塔尼亚王权的故事。故事中充满了悬疑、抗争和浪漫的气氛。鲁里坦尼亚王国后来成为假想出来的浪漫国的代名词。

耐心。但即使我有什么疑问，战争也有效地将其制止了。

探索俄国生活或俄国小说的人无不注意到，强烈的罪恶感在其中占了多么大的比重。俄国人不只口头上说自己是个罪人，显然，他就是这么觉得的，而且忍受着悔恨带来的切肤之痛。这个特点挺奇怪的，我曾试着对此作出解释。当然，我们会在教堂里说我们是可耻的罪人，但我们并不真的相信自己有罪。我们很明智，知道自己根本不是什么罪人；我们都有缺点，我们都做过让自己后悔的事，但我们很清楚，我们的行为还没到让自己捶胸顿足、咬牙切齿的地步。大部分人挺不错的，接受机遇给我们的生活状态，并尽力而为。如果我们相信什么审判，那就是我们觉得上帝如此贤明睿智，我们原谅邻居的过失都不难，他根本不会太计较。倒不是我们对自己很满意，总体来说，我们够谦逊，但我们也就做做手边的事，并不太操心我们的灵魂。俄国人好像不一样，他们比我们更内省，他们的罪恶感很急迫。他们犯了一点小错就真的会被心理负担击垮，披麻蒙灰地忏悔、流泪、恸哭，而我们这些没这么敏感的人根本不会为此良心不安。德米特里·卡拉马佐夫把自己视作大罪人，陀思妥耶夫斯基在他身上看到的是一个狂暴激情之人，撒旦抓住了他的灵魂。冷静一点判断，他不过是行为失范。他喜欢打牌，酒喝得太多，喝醉了就大吵大闹；他性欲旺盛，脾气急躁，有时会失控；他做事轻率鲁莽，但他也就邪恶到这种程度。瓦尔蒙先生①，还有被爱情变成快乐的伪君子前的乔治·黑尔勋爵② 都会对他的不良行为一笑置之。其实，俄国人不是什么大罪人。他们懒惰、意志薄弱；他们话太多；他们的自控力比较差，表达起感情来太热烈，而他们的感情是否如此强烈，没人能打包票，但总的来说，他们是友善的、好脾气的，不心怀恶意、有雅量、能容忍他

---

① 瓦尔蒙先生，法国书信体小说《危险的关系》的主人公，一个恶名昭彰的浮华浪子。
② 乔治·黑尔勋爵，英国作家马克斯·比尔博姆的作品《快乐的伪君子》的主人公。

人的缺点；他们或许不像西班牙人或法国人那么热衷性事；他们脾气急，但脾气来得快，去得也快；如果自认为有罪令他们苦恼沮丧，不是因为他们不作为，或者做了什么错事（实际上，他们主要因前者自责），而是源于他们的生理特性。参加过俄国酒宴的人几乎都会注意到，他们喝酒的时候很难过，喝多了就哭，而且经常喝多。整个俄罗斯民族都患有宿醉头痛症。对西欧的感伤主义者而言，这是一个值得深思的迷人的主题，如果把伏特加禁掉，这个特点就不存在了，那将是一个很好玩的事。

最近流行文学培养痛苦，对此我只有恐惧。我不赞同陀思妥耶夫斯基对受苦的态度。我目睹过很多痛苦，自己也忍受过很多痛苦。当我还是个医科学生时，我有机会在圣托马斯医院的病房里看到痛苦对各种各样病人的影响。战争期间，我也有过同样的经历，我也见过精神折磨对人的影响。我曾扪心自问，我从没觉得痛苦可以改善一个人的性格。痛苦能使人变得更完美、更高尚，这是一个迷思。痛苦对人的第一个影响是使人变得狭隘。他们变得以自我为中心，他们的身体、他们周围的环境变得重要到超乎常理。他们变得急躁易怒、牢骚满腹。鸡毛蒜皮的小事在他们眼中却举足轻重。我受过穷，单相思、失望、幻灭、缺少机会、不被认可、没有自由，这些苦我都受过；我知道它们让我变得善妒、刻薄、易怒、自私、不公，富足、成功和快乐倒让我变成了一个更好的人。健康的人会发挥所有机能，他自身是快乐的，也会给他人带去快乐；他充沛的生命力使其可以利用并改善上天赋予的才华；他不断成熟的智力让复杂的思想充实自身；他的想象力让他掌控时间和空间；他受过训练的心智放大了世间的美好。他变得越来越完整。然而，痛苦可以削弱一个人的生命力。它会使道德品行变得更粗糙，而不是更精致。一个人不会因为痛苦变得更高大，反而会变得更渺小。确实，有的时候，痛苦会教会一个人忍耐，忍耐会陶冶情操，但忍耐不是美德，它不过是达到某种目的的手段罢了。忍耐对于做大事的人来说必不可少，但做小事的时候，即使忍耐，也不会得到更多的尊重。滑铁卢桥本身没什么了不起的，不过是连接泰晤士河两岸的一条通道，让它变得重要的是伸展在桥两边的伦敦城。你不会钦佩一个有无限耐心收集邮票的人，即使运用这种品质，集邮仍是一种微不足道的爱好。

据说，受苦的结果是顺从，顺从被视作一种解决人生难题的方法。但顺从是向机会不友善的念头屈服。顺从是欣然接受粗暴的命运投来的明枪暗箭。顺从是亲吻惩罚自己的棍棒。顺从是被征服者的美德。勇士不会和顺从打交道，他会与环境作不懈的斗争，即使知道不平等，仍然继续斗争。失败也许在所难免，但接受失败是加倍失败。普罗米修斯被锁链缚在岩石上，却依然那么坚强，拥有不可征服的勇气，而另一个人呢，吊在可耻的十字架上，恳求圣父原谅他的敌人，因为他们不知道自己做了什么，对某些人来说，普罗米修斯是一个更鼓舞人心的榜样。对于生气勃勃的人，顺从太接近冷漠。既不必，也不该忍受的东西，他有时也会顺从。它是奴隶们最后一次企图把缺少魄力变成沾沾自喜的理由。即便束缚人类的枷锁无法打破，还是让他做个反抗者吧；即便他要忍受寒冷、饥饿、疾病、贫穷，没有朋友做伴，即便他知道此后一直是上坡路，长夜漫漫，没有黎明，还是让他永远拒绝承认寒冷、饥饿、疾病和贫穷是好的吧；即便他没有力气继续无望的战斗，还是让他心存最后一点自由的火花吧，让他可以说痛苦是坏的。

俄国人优于我们的地方在于，他们受习俗约束的程度比我们要低得多。不想做的事，他们就不做，根本不会因为别人认为这是他们应该做的，他们就去做。他们之所以平静地忍受几个世纪的压迫是因为

（他们确实平静地忍受，虽然整个民族可以长期忍受他们认为难以忍受的暴政是不可思议的），尽管政治上受压迫，他们的个人生活仍是自由的。俄国人的个人自由比英国人的大多了。他们不受任何规则束缚。他们想吃什么就吃什么，想几点吃就几点吃，他们想怎么穿就怎么穿，不顾及社会习俗（艺术家会戴圆顶硬礼帽、硬领子，就像律师满不在乎地戴一顶墨西哥大草帽）。他的习惯在他看来自然而然，其他人也觉得很自然。尽管他说起话来经常给人感觉，他从不试图让自己看起来像自己之外的别的什么人，他只是倾向于将自己夸大一些。他不赞同的观点不会令他震惊，他什么都能接受，他绝对宽容他人古怪的言行。

俄国人有很强的受虐倾向。萨克·马索克[①] 自己就是个斯拉夫人，他出过一本短篇小说集，除了让大家第一次关注到这个问题，在其他方面并不出彩。根据他妻子的回忆录，他自己也是他描述的那种状态的受害者。简单来说就是，一个男人渴望在肉体和精神上被他所爱的女人虐待。举个例子来说，萨克·马索克坚决要求他的妻子带着情人一起旅行，他则假扮成仆人，忍受嫉妒的折磨，低三下四地为这对情人提供各种服务。在萨克·马索克的小说中，女人们被描写得高大、强壮、精力充沛、大胆，且残酷。她们百般侮辱男人。俄国小说中充斥着这类人物。陀思妥耶夫斯基笔下的女主人公都是飞扬跋扈的主儿，温柔、甜美、和善、妩媚对爱她们的男人没有吸引力，相反，他们从被凌辱中获得可怕的快感。他们就想卑躬屈膝。屠格涅夫笔下的女主人公们聪明、警觉、活跃、富有进取心，男人们却意志薄弱，是

① 萨克·马索克，Leopold Ritter von Sacher—Masoch，1836—1895。《穿裘皮大衣的维纳斯》是奥地利作家利奥波德·萨克·马索克创作的一部长篇小说，讲述了男主角要求女主角对其进行性虐的故事。书中的思想在后世被奉为“马索克主义”，由此产生了现代心理学中一个概念——“性受虐”。

一群没有行动力的空想家。这是俄国小说的一个特点，我认为这与深植于俄国性格中的一种本能相一致。俄国女人对待男人那股盛气凌人劲儿，在俄国人中间生活过的人都有深刻的印象。她们似乎能从当众羞辱男人的行为中获得快感。她们爱争吵，而且出语伤人。有些话，俄国男人听了可以忍受，英国男人绝对容忍不了。你看到他们被嘲弄时脸会红一下，但并不试图反击。他们像女人一样被动，动不动就哭。

俄国人重视妄自菲薄，因为这对他来说易如反掌。他能接受羞辱，因为羞辱自己会给他带来异常的快感。

俄国小说中的人物类型贫乏得惊人。你会遇到同样的人，他们有着各种各样不同的名字，你不仅会在同一个作家的作品中遇到这种情况，在其他作家的作品中同样会遇到。阿廖沙和斯塔夫罗金就是两个突出的类型。他们似乎经常在俄国作家的想象中出没，他们也可能代表了俄国人性格的两个侧面，每一个俄国人都能在这两个人物身上或多或少看到自己的影子。或许正是由于这两个不可调和的自我在他身上并存，才让俄国人如此错乱、如此矛盾。

人有无数类型，将其区分开来的是幽默，如果说俄国小说提供的人物类型有限，也许是因为他们特别缺乏幽默。想在俄国小说中找到风趣、机敏的应答，揶揄、犀利的讽刺，给人提神的警句，或轻松的玩笑，是徒劳的。他们的反语粗糙浅显。俄国人笑的时候是在嘲笑别人，不是跟人一起笑，所以他们幽默的对象是歇斯底里的女人的忧郁、外省人怪模怪样的打扮和醉汉滑稽的动作。你不能跟他一起笑，因为他的笑有点儿无礼。陀思妥耶夫斯基的幽默就像一个泡在酒吧里游手好闲的人把水壶拴在一条狗的尾巴上。

我想不起来哪本俄国小说里的人物去过美术馆。

俄国传递给世界的信息似乎很简单，就是爱里面藏着宇宙的奥秘。他把意志放在爱的对立面，这是一种敌对且有害的力量，俄国小说家们不知疲倦地展示意志会给它的奴隶带来怎样的灾难。他们迷恋它，就像女人们迷恋唐璜，但想到它邪恶的力量，他们又会惊恐，此外，他们还会同情它，像《天堂猎犬》① 里的基督追逐匆匆赶路的灵魂一样追逐它。

他们不认为意志坚定不移，而是相信它自相分裂，确信它骨子里存在一朵爱的火花，正是这爱的火花吞噬了它的内心。如果它放弃权力，哀求要投入他们等待的怀抱，他们就会欣喜，如天使一起合唱，万一最后它像虔诚的基督徒那样，拒绝投入他们敞开的怀抱，他们就会把它交给外部的黑暗和咬牙切齿之徒。

但为了让意志和爱形成鲜明的对比，俄国人只是让一种浪漫的臆造之物去面对另一种浪漫的臆造之物。它们都是表象，倘若我们认为不止如此，大概是因为，它们给我们一种非常强烈的现实感。但从始至终都是感觉。爱，只要是积极活跃的，都具有意志的性质，不能把它作为一种解释存在这个谜题的相反答案与意志对立起来，但吸引俄国性情的是它被动消极的一面，它的自我牺牲和谦卑，俄国人就是在这中间找到了折磨他们的谜题的答案。显然，这与思想无关，这是思想屈服于情感，当他们说“爱里面藏着宇宙的奥秘”时，他们就已经承认放弃了对宇宙奥秘的探索。奇怪的是，俄国人如此关注诸如人类的命运和世间的意义等命题，却在讨论形而上学方面没什么天分。俄国不出产哲学家，哪怕是二流的。他们似乎没有精确深入思考的能

①《天堂猎犬》，英国诗人弗朗西斯·汤普森的一首长篇宗教诗歌，讲述上帝用爱感化了一群叛逆的基督教徒。

力。他们在思想上都有奥勃洛莫夫[①] 的毛病。为什么俄国的这个信息在欧洲大获成功，探讨一下这个问题会很有趣。爱的至高无上在报纸上获得了好评。各类作家都被这个说法迷住了，他们的态度自觉或不自觉地受到了它的影响。它来得正是时候，世界对科学失望了。西方世界的思想运动大多起源于法国，此时的法国也败下阵来，萎靡不振。自然主义流派变得枯燥呆板。叔本华和尼采丧失了新鲜感。一大批受过良好教育的人对形而上学的问题感兴趣，但他们既没有学识，也没有耐心去研究形而上学著作。神秘主义在社会上传播开来。听说爱可以解开所有的疑问，他们便欣然接受了这个主张。他们以为自己知道爱是什么意思，因为爱这个词有很多意思，每个人都可以给出与他自己的经验相符的意思。这种熟悉的感觉以某种方式让曾经困扰他们的一切变得清晰起来，这种想法催生出一种情感，他们很乐意把爱视作一种解释。他们从来没有想到过，这是用一顶大礼帽来解释一条羊腿，简直是风马牛不相及。对于某些人来说，这个信息与他们从未放弃过的信仰一致，对于另一些人而言，他们的脑子放弃过某种信仰，心却从未放弃，这下子，这种信仰又复活了。绝不能忘记，爱是修辞学里一个讨人喜欢的主题。

我读了一本 X 写的关于陀思妥耶夫斯基的论著，简直就像一个牧师的处女闺女在更年期写的。没有理由不在面对陀思妥耶夫斯基时保持冷静。读小说时没必要像沉思圣餐的修女那般欣喜若狂、虚情假意。滔滔不绝不仅令他人厌烦，对自己也无益。我认为，理性地看待欣赏对象是对他更好的赞美，而不是像醉汉对他手中那杯杜松子酒。我本该想到，如果一个作者能迷住读者的头脑，他也乐意让别人抓住他们的心。已故

① 奥勃洛莫夫，冈察洛夫的小说《奥勃洛莫夫》生动描绘了作为地主的奥勃洛莫夫的迟钝、懒惰和空虚，俄国词典因此收入了一个词语：oblomovism，意为沉溺于空想而怠惰懒散的奥勃洛莫夫作风。

的人当中，伏尔泰肯定比穆迪先生[1]，甚至桑基先生[2]的地位高。

我希望有人能分析一下陀思妥耶夫斯基的写作技巧。我有一个想法，尽管读者不知道，但他对他们的影响在很大程度上归功于他独特的写法。人们有时说起来好像他是个微不足道的小说家，但事实并非如此，他是一个非常好的小说家，某些技巧他运用得十分娴熟。他最喜欢，也经常用的一个技巧是，把故事中的主要人物聚在一起，讨论某个肆无忌惮到令人费解的行为。他像加博里奥[3]解开犯罪谜团那样，无比巧妙地引导你理解这一行为。那些长长的对话引人入胜，他通过一种精巧的手段让人越来越兴奋：他的人物过分激动不安，与他们说的话不相称。他笔下的人物激动得直发抖，脸都绿了，胆战心惊，吓得脸色苍白，这样一来，最普通的话语被赋予了读者无法解释的意义，很快，读者就被这些过分的举动搞得很紧张，神经也绷了起来，准备迎接一次巨大的冲击，否则读者不会这么热血沸腾。这时，一个不速之客登门，宣布一条消息。陀思妥耶夫斯基是个太好的小说家，不会在巧合面前退缩，他的人物总会在戏剧性的时刻找到正确的位置。这是欧仁·苏[4]的写作手法。我并不是在遣责他，如果你有才华，所有手法都是好的。拉辛能在严格的亚历山大诗体[5]的格律框架内表

① 穆迪先生，Dwight L. Moody，美国著名布道家。

② 桑基先生，Ira David Sankey，美国福音歌手、赞美诗作曲家。1871–1899 年随福音歌手德怀特·L·穆迪巡回演出，名声大噪。虽然他为自己和穆迪写了一些歌曲，但其主要成果是编纂了多卷赞美诗和流行宗教音乐。

③ 加博里奥，Emile Gaboriau，十九世纪后期法国报纸连载小说作家，侦探小说先驱。

④ 欧仁·苏，Eugène Sue，1804—1857，法国十九世纪中叶著名小说家，代表作为《巴黎的秘密》。

⑤ 亚历山大诗体，十二世纪中期开始，法国文坛上曾出现过一种骑士故事诗，而且相当繁荣，其中有一部诗作为朗贝尔·勒道尔和亚历山大·德·贝尔内合写的《亚历山大的故事》，实际上，这也是一部英雄史诗，主人公便是古代马其顿国王亚历山大大帝，写的是他的武功事迹。这部故事诗是一律使用十二音节的诗句写成的，从此往后，这种诗体成了法国诗歌中常用的一种体裁，并因此得名为“亚历山大诗体”。

达各种人类情感，陀思妥耶夫斯基则利用情节剧的材料创作出了不朽的艺术品。但他是一个很难模仿的大师。有些可亲的作家幻想成为英国陀思妥耶夫斯基，他们或许会发现自己只是变成了欧仁·苏的影子。

有时，他纯粹是以一种机械的方式运用这种手法，这时，他的人物会无缘无故地不安起来，到最后，不过是干打雷不下雨。他创作的人物就像博洛尼亚画派[1] 笔下的人物一般扭曲。其实无非是些空洞的表示。

我认为陀思妥耶夫斯基在人物性格刻画方面做得不够精细。他笔下的人物都像是一个模子刻出来的。最伟大的作家至少指出了每个人的性格都是多面的。但他笔下的人物永远是他们自己。他们就像十七世纪流行的“角色”：铁汉子，全都意志坚强；轻薄女，全都反复无常；圣人，全都高洁慈爱。他们是拟人化了的激情、品质和缺点，看起来活灵活现，但人很少如此。西欧世界天真地认为这就是俄国人，但我遇到的俄国人归根到底和其余的人类没有什么大不同。铁汉子也会有弱点，轻薄女也会有一颗善良的心，圣人也会有不足之处。有些小说家创造的人物身上会同时存在英勇、卑怯、无限的矛盾和杂乱的丰富，这种人物读起来会给人极大的乐趣，而这种乐趣在陀思妥耶夫斯基那里是得不到的。陀思妥耶夫斯基从未塑造过于连·索雷尔那么错综复杂的人物。

我们听说，“绝对”这个概念高深莫测，其中包含了所有的痛苦和欢乐、变化、时间和空间。人是复杂的，是“绝对”合适的象征。但陀思妥耶夫斯基笔下的人物就像道德剧[2] 里的人物。你感觉他们复

---

① 博洛尼亚画派，狭义指十六世纪后期和十七世纪初期意大利画家洛多维科·卡拉齐及其堂弟阿戈斯蒂诺和安尼巴莱两兄弟的作品和理论。他们不满风格主义画家矫饰过度，立志从事艺术改革，进行研究和实验。他们认为直接观察更为优越，因而根据真实的模特儿作画。其画明快、单纯、生动，很符合反宗教改革的要求。

② 道德剧，十四世纪至十六世纪期间的一种戏剧，以正义与邪恶的化身间之冲突为主题。

杂得很，这是因为他们做的事令人费解，但再跟他们亲近一些，你便会发现，他们简单极了，真的一直在按照标准做事。

陀思妥耶夫斯基让我想起了埃尔·格列柯[①]，他们都是天赋异禀的艺术家，如果埃尔·格列柯看起来更伟大，那只是因为他所处的时代和环境更利于他充分施展自己的才华。他们都有能力让看不见的东西可见，他们有着同样强烈的情感、同样的激情。他们都给人感觉走在精神未知的道路上，他们去过的国家的人呼吸的都不是普通的空气。他们用五种感官之外的某种感官识破了某个惊天的秘密，他们都渴望把它讲述出来，他们徒劳地借助这五种感官把它努力表达出来，因此饱受折磨。他们都很痛苦，努力回想一个梦境，记住这个梦对他们来说意义重大，但梦总是在意识的边缘徘徊，他们够不到。陀思妥耶夫斯基巨大的画布上也充满了比真人还大的人，他们也在用奇怪且美丽的姿态表达自己的想法，这些姿态似乎饱含着某种你永远也参不透的深意。意味深长的姿态是一门伟大的艺术，他们都是这门艺术的大师。列奥纳多·达·芬奇对此有所了解，他郑重地宣称这是肖像画家最大的天赋。

《复活》这么有名完全仰赖作者的名气。道德说教掩盖了它的艺术性，与其说这是一本小说，不如说是本宣传册。狱中的几个场景，还有对罪犯西伯利亚之旅的描述，给人感觉是死记硬背下来的，很可惜。但托尔斯泰的天赋很高，即便在这本书里也有体现。他用巧妙的笔法描写自然景物，既写实，又诗意，乡间夜晚的味道、正午的炎热、黎明时分的神秘，他能给的，俄国其他作家都给不了。他塑造人物的能力非凡。或许聂赫留朵夫这个人物刻画得并不完全符合托尔斯泰的本意，但他塑造了这样一类人：耽于声色、神秘、无能、多愁善

① 埃尔·格列柯，El Greco，1541—1614，西班牙文艺复兴时期著名的幻想风格主义画家。

感、稀里糊涂、胆怯，且顽固，大部分俄国人在他身上看到了自己的影子。不过，从写作技巧的角度来讲，这本书最卓越之处在于众多的次要人物，有些人只出现在一页上，通常也就三四行字，却被刻画得与众不同、个性鲜明，任何作家读了都会啧啧称奇。莎士比亚剧作中的小人物大多没有性格可言：不过是一些名字，有几句台词要说，通常演员在这方面有准确的直觉，他们会告诉你把这些木偶演出个性得付出多少努力。但托尔斯泰赋予了每个人物以生命和性格。聪明的评论者看到速写人物也能猜想出他的过去，联想到他的未来。

我一直在读屠格涅夫。我认为凭借如此微薄的才能获得更高名望的作家，大概很难找出第二个了。屠格涅夫的名气源于世人高估了俄国文学，没有哪个作家更应对此感恩。他是奥克塔夫·弗耶① 或谢尔比列② 那个流派的作家，他的主要优点也是他们的主要优点，有教养的多愁善感和内心知足的浅薄的乐观。在巴黎文学圈，屠格涅夫的身材和出身使其成为众人瞩目的对象，知道那个圈子的人怎么看他会很有趣。他认识福楼拜、莫泊桑、龚古尔兄弟、于斯曼③，以及在玛蒂尔德公主④ 的客厅里聚会的那群人。读他的书可以抚慰心灵。好奇心绝不会驱使你去看最后一页，看到最后一页也不会后悔。读他的小说就像乘船在河上旅行，途中宁静平稳，没有惊险，也没有激情。据说，他暗示了俄国的政治危险禁止他触碰的主题（尽管他远在巴黎，很安全，不必远远落在勇敢的赫尔岑⑤ 或巴

① 奥克塔夫·弗耶，Octave Feuillet，1821—1890，法国小说家和剧作家。

② 谢尔比列，Charles Victor Cherbuliez 1829—1899，法国小说家。

③ 于斯曼，Joris—Karl Huysmans，1843—1907，法国小说家。于斯曼的文学活动分两个时期，前期他是自然主义的拥护者，后期是现代派的先锋。

④ 玛蒂尔德公主，拿破仑的侄女。

⑤ 赫尔岑，Alexander Herzen，1812—1870，俄国哲学家、作家、革命家。赫尔岑被称为俄国社会主义之父。在信仰上，赫尔岑是农业民粹主义的倡导者。

枯宁[①]后面，似乎只要他说到某个主人公种地，他的俄国读者们就会认为他是在暗指革命运动，并为此兴奋不已，当然，这与书的质量不相干，政治局势不会让一本烂书变成一本好书，这就像妻子和家庭的需求不会让一个粗制滥造的作品变成艺术品。屠格涅夫的优点主要在于他对自然的热爱，他以他那代人的方式写作，一一列出各种声音、气味和景色，而没有传递出自然给予他的情感，但他不该为此受到谴责。他的描写是优美的、迷人的。他还描写过亚历山大二世统治时期一个外省贵族家庭的生活，时代的变迁赋予了它风趣的优雅和历史价值。他刻画人物的手法老套，人物类型很少。他每本书里都有一个年轻的姑娘，严肃、庄重、精力充沛，一个索然无味的母亲，一个话多无能的男主人公；他笔下的次要人物模糊苍白。他所有的书翻完最后一页，你会发现只有一个人活出了属于他自己的生活，就是那个行动迟缓的大胖子乌瓦尔·伊万诺维奇·斯塔霍夫，他是《前夜》中的人物，喜欢打响指，说起话来过分含混。但最让屠格涅夫的读者震惊的应该是他的故事琐碎至极。《贵族之家》讲的是一个婚姻不幸福的男人爱上了一个女孩，听说老婆死了就向她求了婚。他的妻子又出现了，这对情人就分开了。《前夜》写的是一个女孩爱上了一个保加利亚青年。他生病了，他们结了婚，他的病发展成肺结核，他死了。如果前一个男主人公采取基本的预防措施，给他的律师写封信，确认一下他的妻子是否真的死了，如果后一个男主人公取护照时穿上一件厚大衣，这两个故事就都不会发生了。将屠格涅夫和安东尼·特罗洛普对比一下会有启发。除了写作风格，每一点都对这个英国作家有利。他更了解这个世界，他的变化更多，他更幽默，他的眼界更宽，他塑造的人物更多样。普劳迪主教跪在他死去的妻子床边，祈求上帝他不会因她的死心存感激，屠格涅夫从未写出过这样一幕永远存留在读者

① 巴枯宁，Mikhail Alexandrovich Bakunin，1814—1876，俄罗斯早期无产阶级革命者，著名无政府主义者。

记忆中的场景。

这条评判极为失当。屠格涅夫确实没有陀思妥耶夫斯基的痛苦和激情，没有托尔斯泰的视野和广博的人道情怀，但他有其他的品质：魅力、优雅和温柔。他有高雅和独特，二者都是极好的品质，他还有通情达理，以及对乡村可爱的感情。即便读译本，你也能感觉到他写得有多美。他从不过分，从不虚假，从不乏味。他既不是布道者，也不是先知。他满足于做一个纯粹简单的小说家。下一代人也许会得出这样的结论：他是三个作家中最伟大的那个。

陀思妥耶夫斯基墓。墓地四周围着整齐的铁栏杆，地上整齐地铺着沙子。一个角落里立着一个巨大的圆箱子，前面是玻璃，里面装着一个巨大的假花编的花环，古板的白玫瑰和铃兰，比真花还大，打着一个大蝴蝶结，一条长长的绸带上用金字写着献词。我希望这块墓地像周围的墓地一样被忽视，铺满落叶。如此整洁令人难过，显得庸俗。半身雕像后面有块花岗石碑，没有什么形状，刻着没有意义的图案，给人感觉不舒服，像要倒了似的。

这是一张被激情毁掉的脸。头颅大得惊人，禁不住让人想到一个世界，大到可以容下他创造的那群可怕的人物。两只大招风耳，一对好色之徒厚实的耳垂。嘴唇也很肉感，撅着嘴，露出残酷的表情，但也像一个伤心的孩子撅着嘴。两颊凹陷，太阳穴深陷。胡子很长，脏兮兮、乱蓬蓬的。长发稀疏、平直、难看。额头和脸颊上各有一个大痦子。他的脸上露出痛苦的表情，某种可怕的东西，让你想转过脸去，但又深深地被它吸引。他的样貌比他所有的作品更骇人。他那副样子像是下过地狱，他在地狱里看到的不是无望的痛苦，而是卑鄙和矫饰。

涅夫斯基大街[1]。邦德街[2]狭窄曲折，像中世纪城市的街道，总让我想起贵妇人们来这里参加社交季，最后一任克里夫兰公爵夫人就是在邦德街上掴了她的男仆耳光。和平街[3]有着法兰西第二帝国的华丽，宽阔、气派，透着一股冷淡的庄严，又很快活，仿佛科拉·珀尔[4]和奥尔唐斯·施耐德[5]的影子仍对着她们收集的宝石笑容灿烂。第五大道也很欢乐，但这是一种不同的欢乐，兴高采烈，乐观中带着青春那种丰富且缺乏新意的光彩。尽管每条街道都有自己的性格，且只能属于它所在的城市，但这些伟大的街道都拥有文明的富足，且恰当地代表了一个已经立足的自信的社会。但其中最有个性的还要属涅夫斯基大街。它昏暗、肮脏、破旧。它特别宽、特别直。道路两旁的建筑低矮、乏味，涂料失去了光泽，设计得很普通。这条街看上去杂乱无章，尽管我们知道它是按照规划建成的，但还是有一种未完成的感觉，它会让你想起美国西部地区的某个城镇的某条街道，经济蓬勃发展时匆匆建起，繁荣景象不再后，随即变得破败不堪。商店的橱窗里摆满了粗俗的商品，看上去像维也纳或柏林郊区因破产而拍卖的货物。密集的人群川流不息。或许是人群赋予了涅夫斯基大街个性。和其他街道不同，它不只由一个阶层的人构成，所有阶层的人都有。在这条街上闲逛的人可以观察形形色色的同类，士兵、水手和学生，工人和资产阶级，还有农民，他们不停地交谈，一群群迫不及待的人围着卖最新一期报纸的小贩。这些人看上去脾气好、好相处、有耐心。

---

① 涅夫斯基大街，圣彼得堡市最古老的道路之一，建于1710年，全长约4.5公里，宽25至60米，从涅瓦河畔的海军总部一直延伸到亚历山大·涅夫斯基修道院，横贯莫依卡河、格利巴耶多夫运河以及喷泉河。

② 邦德街，这条伦敦最富时尚色彩的街道以英王查理二世的密友托马斯·邦德爵士命名。从十八世纪以来就是时尚购物者的天堂。

③ 和平街，巴黎市中心一条时髦的购物街。

④ 科拉·珀尔，Cora Pearl，1835—1886，十九世纪交际花，在法兰西第二帝国时期享有盛名。

⑤ 奥尔唐斯·施耐德，Hortense Schneider，1833—1920，法国女高音歌唱家，十九世纪最伟大的轻歌剧明星之一。

我想象不出他们有巴黎群众的急脾气，动不动就变得丑陋粗暴，我也不相信他们能做出法国大革命期间的群众那样的行为。他们给人感觉是一群和平的人，想被逗乐，想被刺激到，但他们多半把生活中的事件当成有趣的谈资。这些天，肉店和蔬菜店门口排起了长队，裹着头巾的妇女、男孩和女孩、灰白胡子的男人和面色苍白的青年等着领取食物，一个小时接着一个小时地等，耐心地等。

我觉得身处人群中，最令人惊讶的是看到各种各样的面孔，一般在其他国家的人群中看到的都是千篇一律的脸，这里不是，内心的激情似乎清清楚楚写在他们的脸上，这些面孔不是面具，而是索引，走在涅夫斯基大街上，你会看到伟大的俄国小说的整个人物画廊，一个又一个人的名字你都叫得出来。你看见那个厚嘴唇、宽脸、胡子浓密、好色、大嗓门、粗鄙的商人；那个面色苍白、肤色蜡黄、病快快的梦想家；你看见那个普通的妇女，麻木不仁、面无表情，仿佛一件乐器，由着任性的手弹奏，你看穿了她女性温柔背后的残忍。情欲四处蔓延，就像旧道德这个抽象概念的化身，一起出现在光天化日之下的还有美德、愤怒、温顺和饕餮。俄国人总是说，世界不理解他们，就像他们不理解自己。他们念念不忘自己的神秘，透着一股子虚荣。很多人声称俄国人的神秘无法解释，我也不知道怎么解释，但我问自己，这种神秘是否源于简单，而不是复杂。他们很奇怪，完全受情感摆布，相当原始。比方说英国人，他们有坚实的性格基础，情感会改造性格，性格反过来也会影响情感。而俄国人呢，似乎每一种情感都能完全占有一个个体，左右他的一举一动。他们就像风鸣琴[①]，一百阵风演奏出一百种曲调，于是这种乐器似乎复杂得难以想象。

我经常在涅瓦斯基大街上看到一个离奇且骇人的家伙对着人群沉

---

① 风鸣琴，一种形似齐特拉琴的乐器，由一组粗细不等、调成同一音调的若干琴弦组成。通常置于户外，当风拂琴弦时，便发出一连串起伏的和声。

思。他看上去简直不像个人。这是个畸形的小侏儒，姿势古怪地坐在一把小椅子上，椅子安在一根结实的杆子顶端，他高高在上，可以俯瞰下面行人的脑袋，一个强壮的农民举着杆子募捐。侏儒坐在上面，像一只巨大的鸟，他的头上有某种像鸟的东西越发加强了这种效果，但奇怪的是，他的头型很好看，那是一个年轻人的头，长着一个大鹰钩鼻和一张饱满的嘴，他的眼睛大大的，两只眼睛离得很近，一眨一眨地盯着人群，太阳穴凹陷，两腮缩进去，面无血色。五官美得如此奇异可是非同一般地惹眼，因为俄国人的五官通常是模糊的、扁平的，仿佛雕塑馆里罗马帝国时期罗马人的头像。这个家伙一动不动，给人一种不祥之感，他注视着人群，像猛禽一般专注，却什么也看不见，险恶饱满的嘴唇撇出冷笑。这个家伙的疏离感有点可怕，轻蔑却淡然，恶毒却宽容，就像讽刺之神注视着人类。人们来来去去，将铜板、奖券和纸币投进农民的箱子里。

亚历山大·涅夫斯基修道院。你走到涅夫斯基大街尽头会发现这里愈发破旧、昏暗、肮脏。这里的房子就像市郊的一样破烂不堪，给人一种肮脏的神秘感，走着走着，突然就到头了，路好像没铺完似的，这时，你就到了修道院门口。你走进去。两边各有一片墓地，你跨过一条狭窄的水沟，眼前出现了一幅最意想不到的景象。这是一个很大的方形中庭，鲜草嫩绿，仿佛置身乡间。一侧有一座小礼拜堂和一座大教堂，四周是修道院低矮的白房子。建筑设计得精巧奇妙，装饰很简单，却给人华丽之感，让人想起十七世纪的荷兰淑女，穿着素淡且华贵的黑裙。这些建筑看上去很拘谨，却一点也不端庄。白桦林中，白嘴鸦哑哑叫着，我的思绪被带回坎特伯雷，那里的白嘴鸦也哑哑叫，每每听到这个声音，我的心情便会忧郁起来。我想起我的童年，因怕羞而不快乐的童年，在一群男孩中间形单影只，但是充满对未来模糊的梦想。同样灰云悬在头顶上。我想家了。我站在东正教教堂的台阶上，看着长长一排修道院建筑，叶子落光的白桦树，而我看到的却是坎特伯雷大教堂长长的中殿、哥特式飞拱，还有在我感动的双眼中比欧洲任何塔楼都雄伟可爱的中央塔楼。

随着革命来了一股潮流，小费被废除了。餐馆的服务员、旅馆的仆人开始从账单中抽成。他们将小费视作侮辱，收小费让他们显得不够爷们。人们仍习惯给他们小费，但他们无一例外地拒绝了。我有过一次奇特的经历。我因故给旅馆的擦鞋匠添了不少麻烦，想给他五卢布，他拒绝了，我使劲塞给他，他就是不要。要说餐馆的服务员收客人小费可能会被同伴看到，这倒没什么好奇怪的，可我和他单独在旅馆的房间里，没人知道擦鞋匠拿了客人的赏钱，况且，擦鞋匠生来就贪财。不可否认，人们的想法变了。这些人遭受了好几个世纪残酷的压迫，隐约找到了尊严感。我们不能因为他们受到了蛊惑民心的政客的影响就辱骂他们，这么做是愚蠢的，他们在这些姿态中看到了新生活的希望。我问经常伺候我的服务生这种改变是否对他有利。“不利，”他说，“收小费的时候，我们赚的钱更多。”“那你想回到从前吗？”“不想，”他微笑道，“现在这样更好。”这种精神值得称赞。遗憾的是，大家普遍认为这些人变得非常无礼，服务态度很糟糕，没礼貌。这是个残酷的结论：人天生粗鲁，讨厌为同类服务，只有在提供有偿服务时才会和蔼可亲。

萨文科夫[①]。革命前，他是恐怖分子的领导人。他策划并执行了对内务大臣普列维和谢尔盖·弗拉基米尔·亚历山大罗维奇大公[②] 的暗

---

① 萨文科夫，Savinkov，1879—1925，俄国革命者，社会革命党著名理论家、活动家，临时政府三巨头之一，他既猛烈反对俄罗斯帝国，又猛烈反对苏维埃政权。同时也是作家，笔名罗普申，著有中篇小说《白马》和长篇小说《未曾发生的事》。

② 谢尔盖·弗拉基米尔·亚历山大罗维奇大公，Grand Duke Sergius，1857—1905，沙皇尼古拉二世的叔父，也是尼古拉二世最有影响的智囊之一。莫斯科总督兼莫斯科军区部队司令。1905 年 2 月 17 日在克里姆林宫被俄国革命党人伊·普·卡利亚也夫刺杀。

杀计划。他被警方追捕，流亡那两年，他手中持有一本英国护照。最终，他在一个旅馆里被抓住了。他被带到餐厅，逮捕他的军官正在那儿写报告。他被告知想要什么都可以满足他。他要了苏打水和香烟。苏打水拿来了，负责这次逮捕行动的军官从烟盒里掏出一根烟，扔给他。萨文科夫怒了，接过烟，丢在军官脸上。“您忘了，先生，我和您一样都是绅士。”他笑了笑，告诉我这些话。这证实了我的一个理论：人在情绪十分激动时会说出情节剧里的话。这就是为什么最好的作家常常不忠实于生活。

我问他被捕的时候什么感觉，是不是吓坏了。“没有，”他说，“毕竟，我知道，这一天迟早会来，来的时候反倒松了口气。要知道，我原来的生活特别辛苦，我已经筋疲力尽了。我想，当时我的第一反应是：终于可以休息了。”

他被判处死刑，等待行刑期间被囚禁在塞巴斯托波[1]。我听过一则传闻，说他巧舌如簧，说服监狱看守加入革命队伍，把他放跑了，我问他是不是这样。他哈哈大笑。事实没这么浪漫。监狱里负责看守他的中尉已经是革命者了，在其他人的劝诱下，放走了萨文科夫，方法再简单不过了，中尉走进牢房，命令狱卒把萨文科夫带出来，叫这个囚犯跟着他，大步走了出去。几个哨兵看见长官走过，没做任何评论，很快他们便来到大街上。他们来到港口，上了为他们准备的一条敞舱船，在黑海上扬帆起航。他们遭遇了几场可怕的暴风雨，但四天后就抵达了罗马尼亚海岸。萨文科夫从那儿去了法国，生活在巴黎和里维埃拉[2]，直到革命开始后才返回俄国。

我说，策划并执行暗杀肯定需要很大的勇气。他耸了耸肩。“完全不需要，相信我。”他回答道，“这和其他营生一样，习惯就好了。”

---

① 塞巴斯托波，克里米亚半岛西南岸港市。

② 里维埃拉，Riviera，地中海沿岸区域，包括意大利的波嫩泰、勒万特和法国的蓝岸地区。

彼得格勒。傍晚很美。这里的每一条运河都有自己的特色，尽管会让人想到威尼斯或阿姆斯特丹，但你只是注意到了它们的不同。颜色淡淡的、柔柔的，有着粉彩画的质感，但这种温柔是鲜少画得出来的。你会看到莫里斯·康坦·德·拉图尔① 的速写中那种梦幻般的蓝、极淡的粉，以及玫瑰花心的绿和黄。十八世纪的法国音乐，欢乐中透着忧郁，敏感的人从中获得的感受，也能从这些运河中体会到。这是一幅安静的画，简单、天真，为拥有无所羁绊的想象力和狂野激情的俄国人提供了一个不和谐但令人愉快的背景。

我的第一个俄文老师来自敖德萨，是个浑身是毛的小个子男人，几乎算是个侏儒。当时我住在卡普里岛，他经常下午来橄榄树林中我的别墅，每天给我上一课。他不是个好老师，害羞，且心不在焉。他穿着褪了色的黑衣服，戴一顶形状很怪的大帽子。他很爱出汗。一天，他没来，第二天也没来，接下来那天，还是没来。第四天，我去找他。知道他很穷，我轻率地预付了学费。我找到城里一条狭窄的白色的小巷，经人指引来到那栋房子的顶层。这是屋檐下一间极小的阁楼，热得像个烤箱，房间里只有一张带脚轮的矮床、一把椅子和一张桌子。我发现我的俄文老师坐在椅子上，一丝不挂，烂醉如泥，他面前的桌子上放着一大壶葡萄酒。我走了进去，他对我说："我写了首诗。"紧接着，他做着夸张的手势，朗诵起来，意识不到自己赤裸着毛茸茸的身体。这首诗很长，我一个字也没听懂。

每个民族都会为自己塑造一个寄托敬佩之情的典范，尽管很少有人符合这个标准，但思考一下也是有启发，且有趣的。这个典范会随着时代环境的变化而变化。这是一个小说家们力求有血有肉呈现出

① 莫里斯·康坦·德·拉图尔，Maurice Quentin de La Tour,1704—1788, 法国洛可可派肖像画画家。他著名的肖像画人物包括：伏尔泰、路易十五、蓬帕杜尔夫人。

来的理想。他们赋予这个凭空想象出来的典范的特点是在某个特定时刻这个民族隐约渴望的东西，很快，头脑简单的人就会被这些虚构的人物吸引，把他们当成榜样，并真的照此改造自身，于是，你会在现实生活中看到小说中描写的类型。作家创造出的一些人物，后来人类也照着这个样子创造出来，这事很蹊跷。据说，巴尔扎克描写的人物不是更忠实于他那个时代，而是他之后的那个时代，在人间游荡总会碰到一些人模仿鲁德亚德·吉卜林笔下的人物。可以这么说，他们的品位有点可悲。强壮且沉默的男子似乎最招当下的英国人喜欢。很难说这个形象是什么时候闯入英国小说里的。《简·爱》中的罗切斯特或许是首例。此后，他一直最受女作家青睐。他吸引女作家，女人也往往会被他吸引，有双重原因：她们在他身上感觉到了那种她们渴望的可以保护她们的力量，他的力量、他的顺从，满足了她们与生俱来的控制欲。他在小说和舞台上比生活中更常见，所以很难最后不让他表达自己的想法，尽管沉默是他被定义的特征之一，但却不是他最显著的特点，其实他很啰唆。但他大体上沉默寡言，话少，词汇量比较小，他跟人说话时会使用大量术语，而对方是不可能听懂的。他在人群中会很困窘，他的言谈举止还有许多有待改进之处，但奇怪的是，尽管和同胞打交道时，他会感觉难堪，面对土著人却天赋异禀。他在会客厅里不知所措，碰到难以捉摸的东方人却棋逢对手。他对他们既友善又强硬，就像父亲对待孩子。他正直、公正、诚实。他不怎么爱读书，但这些文学作品他研究得很透：《圣经》、莎士比亚、马可·奥勒留[①] 和威弗利系列小说[②]。他不是一个健谈的人，但说起话来开门见山。他的脑子够用，就是有点狭隘。他知道二加二等于四，但从来没

① 马可·奥勒留，Marcus Aurelius，121—180，罗马帝国皇帝，有以希腊文写成的著作《沉思录》传世。他是著名的“帝王哲学家”，斯多葛学派代表人物之一。

② 威弗利系列小说，沃尔特·司各特匿名发表的一部历史小说《威弗利》，描写1745年詹姆斯党人起义的历史事件。这部小说深受读者欢迎，司各特便用“威弗利作者”的化名接连写了许多部历史小说，直到1827年才公开承认自己是这些小说的作者。

想到过，有的时候，莫名其妙，二加二也会等于五。他对艺术没有耐心，他的哲学态度很幼稚。他从没有怀疑过“重要的事”，确实，他的部分力量来自他从来看不出任何问题都不只有一个侧面。他的性格比他的智力更优秀。他有男性所有的美德，此外还有女性的温柔。但不能因此就认为他没有缺点，作者暗示他并不是时时都有礼貌，有的时候甚至很粗暴。当那个灰眼睛的英国姑娘赢得了他忠诚的心，他因此变得温柔起来，这是多么大的胜利啊！他把脾气控制得很好，但也经常令人震惊，他极力克制自己时，凹陷的太阳穴的青筋会凸起。他的道德变化不定。有的时候，他很纯洁，有的时候正相反，他在某个人生阶段曾放荡得令人痛心。他很严厉，必要的时候可能会很无情，但他有一副菩萨心肠。他的相貌符合他的性格：高个子、黑皮肤、十分强壮、肌肉发达、身体柔韧修长。他有一双鹰似的眼睛，鬓发掺白，尤其是双鬓，他的下巴是方的，嘴却是敏感的。他是人中豪杰。这种坚强沉默的男性肩负着白人的重任，他们是我们伟大国家的缔造者、帝国的建造者，我们的实力赖以存在的中流砥柱。他在遥远且不易到达的地方不停劳作，他守卫着帝国的边疆：你会在“印度门”①、帝国人迹罕至的荒地、非洲大陆的热带森林中找到他。想到他，所有人心中都会顿生自豪感。遥远的地方都会有他。这正是他经久不衰的原因所在。

让这个世界变得更丰富的小说人物中从来没有哪个比阿廖沙·卡拉马佐夫更令人愉快的，正如他让书中遇到他的人快乐，他也让读者快乐。他对人的感染就像英格兰六月的一个早晨，空气中飘着花香，

① “印度门”，Gateway of India，毛姆写成 Gates of India，大概写错了，孟买印度门正对孟买湾，是印度的门面和标志性建筑，高 26 米，外形酷似法国的凯旋门，是为纪念乔治五世和皇后玛丽的访印之行而建，现为孟买的门面，用于接待重要的宾客，为印度重要旅游景点之一。

鸟儿在歌唱，海上来的带咸味的微风那么清新，在高地上吹拂。你觉得活着挺好。有阿廖沙这个可爱的伙伴，你觉得活着挺好。他拥有世间最罕有的品质，他有最美好的善良，一种与生俱来的简单的善良，这让所有智力方面的天赋都变得不那么重要了。因为阿廖沙不太聪明，行动力比较差，有时，当世间的混乱喧杂要求一个更果决的态度时，你肯定对他不太耐烦。他不是一个实干家，说实在的，他简直不是人，他几乎有着神祇的非人性。他的美德不是主动的，而是被动的，他温顺、耐心、坚忍；他从不评判他人，也许他不理解他们，但他对他们有无限的爱。我想，这就是充满他灵魂的激情，一种无私的、热切的爱，这种爱让性爱，甚至母爱都显得很糟糕。陀思妥耶夫斯基是个残忍的人，却破天荒仁慈了这么一回，创造出了灵与肉都美好的阿廖沙。他快乐得像个从不知人间疾苦的天使。他走到哪里都自带阳光。他甜甜的笑容和他人的智慧一样有价值。他有一个奇妙的天赋，能抚慰不安的心。对痛苦的人来说，有他在身边，就像你发烧的时候心爱的人那只温柔的凉手。

民主党全国代表大会（The Democratic Convention）今天在亚历山大剧院召开。大会代表的是工人阶级，可以推测，这些来自俄国各地的代表是他们所在阶级的优秀典型。仔细看这些脸，我发现基本上都是农民的面孔，当然，里面有很多犹太人，眼神警觉谨慎，我想，这么多人当中（剧院里有将近两千人）有不少流氓无赖，但他们给我的整体印象并不是一群堕落的人，而是一群相当愚笨粗鄙的乡下人。他们有着无知的脸孔和空洞的眼神，浑身上下透着农民的狭隘、固执和笨拙，尽管有些人西装革履，另一些人穿着制服，我觉得他们非常近似于慢吞吞地在田间耕作的农夫。他们漠然地听着讲话。讲话很长。

会议原定四点钟开始，其实五点才开始，一直持续到将近午夜。

这么长时间只有五个讲话，每段讲话的长度差不多。讲话的人口齿流利，只是热情中透着乏味，他们那么郑重其事，根本没有试图用故事或玩笑活跃一下气氛，他们甚至不会讲一件明白的事实，让大家的脑子放松一下，只知道概括和劝诫。实际上，每篇讲话都是冗长乏味的夸夸其谈。曾有一个法学教授对他的学生们说："打官司的时候，如果事实对你有利，你就把它们灌输给陪审团，如果法律对你有利，你就把法律灌输给法官。""如果事实和法律都自己不利呢？"一个学生问。"那你就使劲捶桌子。"教授回答。这些讲话的人就一直使劲捶桌子，但他们并不令人敬佩。你在伦敦南部激进派候选人拉选票的集会上也能看到此类演讲者。切尔诺夫[①]被说成革命邪恶的天才，各方都惧怕他，他被认为有巨大的影响力，其实此人既没有实力，也没有个性，个子相当矮小，五官粗大鄙俗，一头乱蓬蓬的白发。世界各地的社会主义演说家都长他这个样，说起话来没完没了，各种强调重音，令人厌烦。外交部长采赛特里（Tsesetelli）的表达清晰扼要，但没有什么特色，不过是非常普通的人作的非常普通的演讲。奇怪，如此平庸的人居然掌控着这个庞大的帝国，我问自己，他们在性格、实力和智力方面都不出色，究竟是什么让他们从芸芸众生中脱颖而出的呢？

真正调动与会人员积极性的是克伦斯基[②]。此人在如此短的时间内就获得了如此高的名望和权力，我很想见见他。见到他后，我再次困惑不解，显然，他缺少力量。我不明白他的政敌怎么会在他身上看

---

① 切尔诺夫，Chernov，1873—1952，社会革命党最具威望的领袖和理论家，领导党的中左派。

② 克伦斯基，Kerensky，1881—1970，俄罗斯社会革命党人。1917 年俄国二月革命以后，任格奥尔基·叶夫根尼耶维奇·李沃夫临时政府司法和军事部长。李沃夫垮台后出任总理。拒绝让俄国退出第一次世界大战，国内经济又陷入困境。十月革命中布尔什维克推翻了他的政府。后流亡巴黎。1940 年移居美国，以教书和著述为生，直到去世。他小时候的朋友和长大以后的政敌列宁称其为"小拿破仑"和"小牛皮家"。

到拿破仑的野心。他更像圣茹斯特[①]，而不是波拿巴。他坐在皇家包厢正中间，主席叫他上台讲话时，他沿着剧院的中央过道走上台。他穿着卡其布衣服，身边有两个副官陪同。他比我想象的粗壮，胡子刮得干干净净，剃了个平头，但给我印象最深的是他的脸色。我们经常在书中读到某人吓得脸都绿了，我一直以为这是小说家的杜撰，但他就是这样。他快步走上台，绕过主席台，与代表们一一握手。他握手时就像痉挛似的抖动一下手，面部僵硬、表情焦虑。奇怪的是，他一副惊恐万状、疲惫不堪的表情。显然，他很紧张。这个时刻对他来说是有风险的，因为舆论普遍指控他是科尔尼洛夫叛乱[②]的同谋，召集这次会议的布尔什维克党对他有敌意。众所周知，这次会议将决定他的命运，如果过激分子占多数，他们将呼吁他辞职，这对他们有利。不知道他打算怎么做，总的印象是他会拒绝，把他的政府迁到总司令部，把彼得格勒留给布尔什维克们，在军队的帮助下统治这个国家。他一上来就呼吁大家给他投信任票。他讲了一个小时，口若悬河，脱稿，中间不停被打断。他很有感染力。乐池上面有个通向舞台的过道，他不时地沿着那个过道走，直到几乎站在观众中间，他似乎在努力向每一个观众求助。他恳求的是观众的心，而不是他们的头脑。掌声越来越频繁地响起，观众对打断他的演讲越来越不满、越来越不耐烦。人们似乎觉得眼前是个诚恳正直的人，即使他犯了错，也是无心之过。他的声音不吸引人，保持一个音高，没有抑扬顿挫。他的演讲中没有鲜明的对比，我本该说，一点都不鼓舞人心。他唯一的长处在于严肃和冷漠。他讲完了，跟代表们快速握了手，在欢声雷动中回到

① 圣茹斯特，Louis Antoine Léon Florelle de Saint—Just, 1767—1794，法国大革命雅各宾专政时期的领导人之一，也是罗伯斯庇尔最坚定的盟友，是公安委员会最年轻的成员。由于圣茹斯特的美貌与冷酷，而被称为“恐怖的大天使”或“革命的大天使”。热月政变中试图为罗伯斯比尔辩护，被投入监狱，1794 年 7 月 28 日被处死。

② 科尔尼洛夫叛乱，七月流血事件后，科尔尼洛夫被临时政府任命为最高总司令。他在内外反动势力的支持下公然发动叛乱，企图建立一个军事独裁政权来消灭革命力量。

包厢。为了感谢观众的掌声，他在包厢里又说了几句话，过了一会儿，他就离开了剧院。他获胜了。

芭蕾舞。我在舞者转瞬即逝的美妙姿态中看到了生命的象征。这种美是通过不断的努力获得的，在半空中摆出一个瞬息即逝的姿势，如此可爱的舞姿值得刻成浅浮雕，使之盛名不朽，然而，有地心引力与之对抗，美在得到的瞬间便失去了，只在记忆中留下细腻的情感。因此生命，活出多彩、活出广博的生命，只有到了美丽的终点才能成为艺术品，而达到完美的那一刻，它将化为虚无。

萨文科夫坐在一个酒馆里喝茶，一个农民朝他走过来，说："我在哪儿能找到上帝？"这人已经喝得醉醺醺的了。萨文科夫看着这农民，面色严肃，但眼中带着笑意："在你心里，兄弟。"农民没吭声，等待自己烂醉的脑子慢慢理解这个回答，过了一会儿，这农民又问："那我的日子该怎么过？"萨文科夫用另一个问题回答："你多大岁数？"农民好像拿不准，耸了耸沉重的肩膀说："四十。"口气不太确定。"到了这个年纪，你大可以相信自己的直觉了。"萨文科夫说，"你很强壮，也很健康。会干什么就干什么吧。至于其他，相信你的意愿就好。别的，我就不知道了。"农民定定地站在那里，一面用温柔和善的目光盯着萨文科夫，一面搓捻了几下胡子，然后深深地给他鞠了一躬，慢慢走开了。

萨文科夫。他四五十岁的光景，中等个，身材修长，有点谢顶，他的五官普通，两只小眼睛挨得很近，目光锐利。可以想象，有的时候，他会目露凶光。他穿戴整洁，竖着领子，打了条素雅的领带，别着领带夹，穿着长礼服，脚蹬漆皮靴。他一副律师的成功相，貌似一点也不暴力。他给我感觉是个有教养的人，虽然有点平凡，但不无特色。他安静、矜持、谦虚。直到他开口，我才发现他身上有非凡之处。他说俄语，法语也说得很棒，地道且准确，只是偶尔弄错名词的性。他的语速很慢，好像是边想边说的，但显然，他能找到确切的词语来表达自己的想法，这个能力着实令人钦佩。他的声音柔和悦耳，他的口齿非常清晰。我从未听过有谁说起话来如此有魅力。话题需要严肃时，他就严肃，必要时，他也很幽默。他的话句句在理，不可能不被他感染。他的表达方式精致，且很有说服力，他的深思熟虑和令人印象深刻的克制的态度表明他意志坚定，这让他的冷酷无情变得可以理解。我从未遇到过哪个人让我如此满怀信赖。

他给我讲了一两件趣闻逸事。

七月十八日一战，俄军惨败，克伦斯基和萨文科夫一同目睹了俄军溃逃，克伦斯基让萨文科夫坐他的车走。萨文科夫当时是陆军部部长，他以为克伦斯基想跟他商量一下如何对这场灾难加以补救，于是上了他的车，他们出发了。可是，克伦斯基什么也没说。他好像吓坏了，绝望地坐在那儿。他终于开口了，引用的却是一个二流诗人酸腐的诗句。萨文科夫简直不敢相信自己的耳朵。这句多愁善感的话和他们国家的悲剧之间到底有什么联系？他得出结论："这个没受过教育的男人就这副德性，他要用这么一个糟糕的诗人来安慰自己。"塔尔诺波尔① 陷落时也发生过一件类似的事。看到俄军仓皇逃跑，萨文科夫急忙找到科尔尼洛夫汇报情况。科尔尼洛夫面无表情，毫不犹豫地立刻回答："击毙他们。"听萨文科夫的口气，他很高兴发现了一个和他一样有气魄的男人。

还有一件逸事。他和克伦斯基从前线回来，到了彼得格勒火车站，一封电报交到总理手上。他扫了一眼，递给萨文科夫，说："你看着处理吧。"这是一个女人为她的儿子求情，她的儿子是个逃兵，

① 塔尔诺波尔，Ternopol，今捷尔诺波尔，1944年前称"塔尔诺波尔"。乌克兰西部城市，捷尔诺波尔州首府。在德涅斯特河左岸支流谢列特河畔。

要被枪决。这事不归萨文科夫管，判决的事与他无干，他也没有赦免权。克伦斯基怕担责任才把这封电报交给了他。最后，萨文科夫说："奇怪的是，克伦斯基再也没提过这件事，他一直没敢问我是怎么处理的。"

萨文科夫说克伦斯基光耍嘴皮子，不办实事，这个虚荣的人受不了不同意见，所以弄一群马屁精围着他，他唠叨得有点病态，他和部长们面谈时发表长篇大论，他坐在开车的副官身边也发表长篇大论，他没受过多少教育，想象力有限，他疲乏不堪、神经过敏，"如果他有想象力，"萨文科夫说，"就不会带着他的女人们入主冬宫了。"

克伦斯基。他看上去很不健康。所有人都知道他是个病人。他说自己是垂死之人，语气里不无虚张声势的成分。他的脸很大，黄了吧唧的，一紧张，脸色就发青。他的五官不难看，眼睛大，且有神，但给人的总体印象是个普通人。他穿着一件奇怪的衣服，卡其布的，算不上是军装，也不是平民的衣服，不好形容，而且脏兮兮的。他快步走进房间，他的副官跟在身后，他快速、用力、机械地跟我握了握手。他特别紧张。坐下来，不停说话，手里抓着一个烟盒，不安地摆弄着，锁上，开锁，打开，合上，转过来，转过去，他语速很快、语气坚决。看他那么紧张，搞得我也很紧张。他似乎没有幽默感，但很孩子气，喜欢开玩笑。他有个副官是个爱调情的青年，总有女人给这副官打电话，而那部电话机就放在克伦斯基的办公桌上。克伦斯基的娱乐活动就是替这个副官接电话，假装自己是这位年轻的军官，跟电话那头不认识的女人使劲调情。茶端上来了，还有给他的白兰地，他刚要喝就被副官拦住了，说酒对他的身体有害，他像个被宠坏的孩子，花言巧语劝说副官准许他喝一杯，就一杯，听他这么说真可乐。他很欢乐，经常哈哈大笑。我不知道他身上有什么特质让他在如此短的时间内身居要职。听他的言谈，似乎没有广博的文化，甚至说不上是个受过通识教育的人。他的个性没有魅力。他没有让我感觉到他有任何智慧或身体的活力。但我不相信他爬得这么高纯粹是机遇使然，也不相信他坐到这个位置只是因为没有人可以取代他。随着谈话深入下去——他说啊说，好像太累了，停不下来——一股可悲感油然而生，我为他难过，我明白了，他的本事在于激发他人的保护欲，他身上有某种似乎在恳求的东西，你会想去帮助他。查尔斯·弗罗曼[①]身上也有这种特质，只是克伦斯基将它发挥到了极致，这种特质会激发人们为他做事的欲望。很多人说他特别自负，我完全没看出来。相反，我觉得他简单自然。你不可能不相信他的诚实，我觉得他真心要做到最好，他心中充满了极为纯粹的热情，他倒不是多想为他的祖国服务，而是想为他的同胞服务。他的情感主义在俄国是一种长处，在那里，肤浅的情感表述就能产生巨大的效果，但只能令稳重的英国人不安。我只希望他的声音别动不动就颤抖，听到他如此直率地表达如此高尚的情操叫人有点难堪。但这是英国人和俄国人的区别之一，因此，两个国家将永远无法亲近起来。我对他最终的印象是，这是一个筋疲力尽的男人。权力的重担似乎把他压垮了。他鼓不起勇气行动也好理解。他更担心做错，而不是急于做对，所以在别人逼着他做事之前，他什么都不做。他最关心的是逃避可能属于他的责任。

高更。克里斯丁亚那[②] 美术馆的一幅水果静物画。杧果、香蕉、柿子，这些水果的颜色很奇怪，很难用语言来表达它给人带来的不安的情绪。画中有一种暗绿色，像中国玉石雕成的精美的碗，不透明，但带着一种颤动的光泽，暗示着神秘生命的悸动；有紫色，像腐烂的

① 查尔斯·弗罗曼，Charles Frohman，1860—1915 年，美国剧院经理。十九世纪九十年代，查尔斯创立了一个辛迪加，控制了纽约城大部分的戏剧表演。弗罗曼向美国观众介绍了詹姆斯·M·巴里的戏剧，并制作了乔治·萧伯纳及约翰·高尔斯华绥的戏剧。

② 克里斯丁亚那，Christiania，挪威首都奥斯陆的旧称。

生肉一般可怕，但闪烁着肉欲的激情，让人想起黑利阿加巴卢斯[①] 统治下的罗马帝国；有红色，像冬青果一样鲜艳——让人想起英国的圣诞节、雪、美酒佳肴和孩子的欢乐——却又像是被某种魔法软化了，变成了鸽子胸前那种柔和的颜色；还有一种深黄色，带着一种不自然的激情，渐变成绿色，如春天一般芬芳，又如山中冒泡的溪水一般纯净。谁知道是何等扭曲的想象力创造出了这些水果？它们似乎属于赫斯帕里得斯[②] 的波利尼西亚花园。它们看上去很奇怪，仿佛生长在一个黑暗的时代，那时万物尚未定型到无法挽回。它们极尽奢华，散发着浓郁的热带风情。它们似乎自有一种忧郁的激情。这种被施了魔法的水果，尝上一口，可能会开启一扇大门，通向天知道什么灵魂的奥秘和想象中的魔法宫殿。它们充满了未知的危险，尝上一口，人可能变成野兽或神祇。

① 黑利阿加巴卢斯，又名埃拉伽巴路斯，约 203—222，他是罗马帝国建立以来第一位出身自帝国东方——叙利亚——的皇帝。埃拉伽巴路斯非常爱好美色，并借助春药的力量，疯狂地沉陷于各式的淫行与嬉戏之中。他不仅拥有大量与不断更换的媵妾，还毫无遮掩自己对男色的喜好。这些举措与罗马传统对领导者在公开场合中所必须展现的古朴武勇的形象不符，很快他便丧失了罗马领导阶层的认同。

② 赫斯帕里得斯，Hesperides，古希腊神话人物，尼克斯的女儿们，由三位姐妹构成。负责与百头巨龙拉冬守卫该亚作为结婚礼物送给赫拉的金苹果树。

1919年

他们告诉他，有人说他："你很聪明，深藏不露。"他面露喜色，把这当成了恭维。

她跃入陈词滥调的海洋，做出渡峡游泳者强有力的蛙泳动作，自信地游向显而易见的白色悬崖。

一对夫妻。她自私、热烈、忠诚地爱着他，他们的生活是一场搏斗，他奋力保护自己的灵魂，她奋力占有他的灵魂。后来，他查出得了肺结核。他们俩都知道她赢了，因为从此以后他再也逃不出她的手心了。于是，他自杀了。

杰米和他的妻子。两个古板乏味的人，成天只看小说。他们过着单调至极的生活，但精神上是浪漫的。他们所有的经历都是小说。他们有过一个宝宝，宝宝死了。杰米希望妻子不要再有孩子，这打乱了他们平稳的生活节奏。葬礼过后，他们舒了一口气，拿起刚从图书馆借来的小说，专心读了起来。

阿诺德。三十年来，他一直在培养一种姿态，直到这种姿态变成他的第二天性。后来，他烦死了这种姿态，然而，当他审视内心，寻找真正的自我时却发现找不到了，除了那个姿态，什么都没剩下。他去了法国，希望战死在那里，但战争结束时，他却安然无恙地回来了，此时铺展在他眼前的是无尽的空虚。

芝加哥。猪被赶进了猪圈，它们尖叫起来，好像知道等待它们的是什么。它们的一条后腿被捆起来，挂在一根移动的杆子上，这根杆子会把它们送到一个穿蓝色工装裤的人面前，那个人站在那儿，浑身溅满了血，手里提着一把长刀。这个年轻人长了一张讨人喜欢的脸。他把猪转过来，一刀扎进它的颈静脉，一股鲜血喷了出来，这头猪继续向前，另一头猪接上来，一头猪接着一头猪，机械、规律，让人想起移动的扶梯台阶。长相讨喜的青年杀猪时平静漠然，这一点震撼了我，就像一幅可怕的漫画，画的是死亡之舞[①]。他们来到世间，诗人、政客、富商，挣扎着，尖叫着，无论他们曾有怎样的理想、怎样的激情，或高尚的追求，都被一种无情的命运催促着向前走，谁也逃不掉。

这个工作强度很大，一台机器把猪从一个人手上传到另一个人手上，猪先进一台机器去毛，一个人把剩下的毛刮掉，另一个人取出内脏，第三个人切下后腿。一刻不停，我很好奇，如果一个人没来得及完成指定任务会发生什么事。有一个白胡子老头，举起一把大砍刀，机械地砍下猪的后腿。斫砍的动作那么从容、规律、持续不断，给人一种奇怪的神秘感。他们告诉我，同样的动作他已经做了三十年了。

沃巴什大道。多层建筑，白色的、红色的、黑色的，但脏兮兮

① 死亡之舞，中世纪舞蹈表演，由人扮演的死神引领不同社会阶层的人走向坟墓，意在说明每个人在死亡面前都是平等的。

的，还有太平梯，好像长在大蘑菇上的奇怪的寄生虫。路边停着几大排汽车。火车在高架铁道上发出沉闷的轰鸣，一长串满载乘客的有轨电车，匆忙、焦躁，叮当咣当驶过，汽车喇叭刺耳地尖叫，指挥交通的警察吹出尖利霸道的哨音。街上没有人闲逛。所有人行色匆匆。清道夫穿着白色的制服，工匠穿着脏兮兮的棕色或蓝色的工作服。各个种族的人混杂在一起，斯拉夫人、条顿人①，爱尔兰人的红脸上挂着灿烂的笑容，中西部来的人愁眉苦脸，浑身不自在，好像他们是闯入者似的。

HB 去乡下住了。他隔壁的邻居是个特别安静古板的小老太太。跟她熟络起来后，他渐渐地把她和五十年前曾轰动一时的一起著名的谋杀案的女主角联系在了一起。当时她接受了审判，并被认定无罪，尽管法庭作出了无罪判决，但证据太确凿了，人们普遍认为她就是凶手。她发现他知道了自己的身份，于是责备了他，然后对他说："我猜你想知道那件事到底是不是我干的。是我干的，而且，如果重来一次，我还会那么干。"

一个意大利人为饥饿所迫来到纽约，没过多久，他就在街上找到了一份差事。他深深依恋着留在意大利的妻子。他听到传闻，说他的侄子跟她睡了。他怒火中烧。他没钱回意大利，不过，他给侄子去了封信，叫侄子到纽约来，说这里的薪水很高。那个侄子来了，到的当晚，这个丈夫就杀死了侄子。他被捕了。妻子被传到纽约接受审判，为了救他，她撒了谎，承认这个侄子曾是自己的情人。这个丈夫被判监禁，没过多久就假释出狱了。他的妻子在等他。他知道她没有对自己不忠，但她在法庭上承认不忠就像她真的不忠了一样，严重损害了他的名誉。他感觉耻辱，并对此耿耿于怀。他对她很粗暴，终于，她

① 条顿人，泛指日耳曼人及其后裔。

绝望了，因为没别的法子，因为她爱他，她让他杀死自己。他把刀子插进了她的心脏。他的名誉保住了。

在美国旅行时，我常常问自己，我看到的那些人到底是怎样的人，有的是我在火车的头等厢看到的；有的是在旅馆的休息室里；有的坐在摇椅上，身边放个痰盂，透过大平板玻璃窗看着外面的街道。我想知道他们的生活什么样，对于“存在”这个问题，他们是怎么想、怎么看的。他们穿着不合体的成衣，花哨的衬衣，打着艳丽的领带，身材相当粗壮，虽然刮过脸，但还是应该再刮一刮，一顶呢帽搭在后脑勺上，嘴里叼着雪茄，对我来说，他们就像中国人一样陌生，而且比中国人更难懂。我经常试着跟他们交谈，但找不到共同语言。他们让我心中充满了胆怯。自从读了《大街》①，我觉得他们不那么陌生了。我可以将他们对号入座。我知道他们在家里怎么表现，都聊些什么。我关于人性的知识更丰富了。但《大街》的作者不只准确地描写了一个中西部小镇的居民——我拿不准他这么做是有意的，还是无意的——他还描写了一种奇怪的状况，美国开始有社会差异了，而这在欧洲是生活的重要组成部分。在欧洲，人们认为战争已经革除了许多阶级界限，阶级界限却在美国悄然兴起了，这个现象很有趣。《大街》的故事很简单，讲的是一个淑女嫁给了一个并非绅士的男子。他是个很好的人，她却很痛苦，因为他的行为方式很庸俗，她周围的人很普通。在英国，一个女人遇到类似的情况会立刻意识到两个人的社会差异，会犹豫要不要嫁给他。她的朋友们会对她说：“亲爱的，他当然是个好小伙，但他不是绅士，你跟他在一起不会幸福的。”故事

①《大街》是美国第一位获得诺贝尔文学奖的作家辛克莱·刘易斯的代表作，问世后迅速风靡欧美国家，被称为“二十世纪美国出版史上最轰动的事件”。小说主题新颖，风格别致，洋溢着浓郁的美国中西部地方风情，评论家称此书是美国文学中描述地方风情最出色的文学作品。

的其余部分主要讲的是乡村社会的各个阶层，店主瞧不起农民，农民瞧不起雇工。英国乡村的阶级意识强得不能再强了，但每个人都清楚自己的位置，并毫无怨尤地接受现实。似乎每一种文明变得复杂且稳定后都会导致细微的阶级差异，坦率地承认它们的存在会令人心情舒畅。在《大街》里描写的那个社区，每个人嘴上都承认其他人和自己一样好，但心里一刻也没这么想过。银行家不会邀请牙医来家里做客，牙医也不会跟裁缝店的店员亲密交往。口头上讲平等会制造表面上的亲近感，但这只会让地位低的人越发意识到缺少内在的亲近感。所以，从长远来看，哪儿都没有阶级仇恨可能会导致更强烈的憎恨。

1921 年

哈登·钱伯斯[①]。今天早上，我听说哈登·钱伯斯死了，我说：“可怜的家伙，我很难过。”我立刻想到，我是依照愚蠢的常理这么说的。按照哈登·钱伯斯自己的理解，他这辈子很成功。他快快乐乐地过完了一生。他的鼎盛期已过，除非他充满自信和活力的精神找到新的哲学资源，否则，他没什么大盼头了，没有多少东西能吸引他这种性情的人。他死的正是时候。如果后人还会记得他，那也不是因为他的戏剧，而是他说过的那句话：“无巧不成书（The long arm of coincidence）。”英语存在多久，这句话大概就能存在多久。他是个小个子男人，皱缩在楚楚的衣冠里，让人想起一片枯叶。他好似一片枯叶，突然飘进他常去的地方，逗留片刻，你感觉他的屁股还没坐稳，他又漫无目的地飘走了。他似乎对任何东西都不太依恋。他来来去去，不带任何目的，仿佛是一个被冷漠至极的机遇随意摆布的人。乍一看，他很年轻，但很快你就会发现，他很老，很老。他的眼睛静下来时透着疲倦，他只能靠意志力让它们明亮起来。他的脸光滑得不自然，好像按摩过，并用冷霜滋养过。他看上去像埋在地下很久，又被

① 哈登·钱伯斯，Charles Haddon Spurgeon Chambers，1860—1921，出生于澳大利亚的剧作家，活跃于英国。

挖出来了似的，这会让你觉得他比实际年龄还要老得多。他从不说自己的年龄。他抓着青春不撒手，在生活的其他方面，他从来没这么严肃认真过。他有唐璜的名声，他的任何一部戏剧带来的名声都没让他这么在乎过。他的风流韵事里至少有一件尽人皆知，名气太大了，他为此一直高兴到死。他喜欢假装一直跟女人有私情，通过旁敲侧击、暗示、吞吞吐吐、挤眉弄眼、耸肩摆手，让你明白他在情爱事业上一直有追求。可是，当他从俱乐部里出来，一身装嫩潇洒的打扮，谎称去约会的时候，你却隐约知道，其实他是要去苏豪区某个餐馆的后屋独自用餐，他知道在那里不会遇到他认识的人。既然他是写剧本的，就该被视作文人，但真的很少有文人像他这么不在乎文学。我不知道他是否读书，反正他从不谈论书。他唯一感点兴趣的艺术似乎是音乐。他不太重视他的剧本，但有人把他最好的戏剧《残暴的眼泪》（*The Tyranny of Tears*）归在奥斯卡·王尔德名下，他却十分恼火。我无法想象这个看法怎么会广为流传。只要对戏剧对话有一点感受力，对幽默稍微有点辨别力的人都不会犯这种错。奥斯卡·王尔德的对话简明尖锐，他的幽默温文尔雅、彬彬有礼。《残暴的眼泪》中的对话松散，只能说恰当，但并不精彩，也不具备警句的特质。他的幽默有点酒吧雅间，而不是会客室的味道。他的风趣源于恰如其分，而不是文字的精巧，带有明显的哈登·钱伯斯的印记和特色。他是个爱交际的家伙，当我寻找他留给我的典型印象时，我看到一个衣冠楚楚的小个子男人，在酒吧里懒洋洋地打发时间，愉快地跟一个泛泛之交聊着女人、马和科芬园的歌剧，但看他的神色，他好像在等一个随时可能进门的人。

1922年

对于那些把人物脸谱化的老一辈小说家，写作更容易。总的来说，他们笔下的英雄完完全全地好，他们笔下的小人彻彻底底地坏。不过，以X为例，她何止说谎，简直是有说谎癖，她会编造恶毒的故事，这些故事毫无事实依据，她讲得那么有说服力，细节无比详尽，你几乎相信她自己也认为这个故事是真的。她贪得无厌，为了得到想要的东西，她会毫不犹豫地采取诓骗的手段。她是个势利眼，明明知道人家躲着她，还恬不知耻地上去巴结。她是个竭力往上爬的人，但由于没什么见识，二流货色就能满足她；她想俘获的不是大人物本人，而是大人物的秘书们。她报复心重、妒忌心强。她喜欢争论，恃强凌弱。她虚荣、粗俗、卖弄。她身上有真恶。

她聪明。她有魅力。她品位高雅。她很大方，花起自己的钱来就像花别人的钱一样随意，花到一分不剩为止。她热情好客，从给客人带去的欢乐中获得欢乐。随便一个爱情故事就能激发她的情感，一个对她来说毫不重要的人，只要有烦恼，她都会想方设法宽慰。面对病人，她是一个尽心出色的护士。跟她聊天轻松愉快。她最大的天赋是富有同情心。听人诉苦时，她的同情是发自内心的，她的好心也不是装出来的，她会尽全力为你排忧解难，或者帮你承受痛苦。和你有关的一切，她都会感兴趣，你成功了，她跟你一起兴高采烈；你失败了，她分担你的屈辱。她身上有真善。

她既可爱又可恨，既贪婪又豪爽，既恶毒又仁慈，既自私又无私。小说家究竟如何才能把这些互不相容的特点结合起来，制造一个貌似合理的和谐局面，塑造出一个可信的人物呢？

有鉴于此，思考一下巴尔扎克的《邦斯舅舅》会有所启发。邦斯是个贪吃的人，为了满足自己不光彩的欲望，一到饭点他就出去蹭饭，显然，人家很讨厌他，主人不愿意招待他，态度冰冷，问候他的时候言辞刻薄，连仆人都嘲笑他，但为了享受到好酒好菜，他就是赖着不走，什么都能忍受。只要在家里吃饭，花自己的钱，他就萎靡不振。这个恶习令人作呕，这个人物只会让人反感。但巴尔扎克要求你同情他，并巧妙地做到了这一点。首先，巴尔扎克把那些被他揩油的人写得卑鄙粗俗，然后详细叙述他完美无缺的品位和他对美的热爱，因为邦斯是个收藏家。为了买一幅画、一件家具，或一个瓷器，他不仅放弃奢侈的生活，还放弃生活必需品。巴尔扎克反复强调他的善良、仁慈、简单、友善，直到你一点点忘记他可耻的贪婪，忘了他为了回报人家的款待那副低三下四、阿谀奉承的可怜相，你只会深深地同情他，而你却惊恐地看到，虽然那些受害者也要极力忍受邦斯的缺点，巴尔扎克却一个可以弥补他们缺点的优点都没写。

我认识 A 太太很多年了。她是美国人，嫁给了一名外交官，战前他曾在彼得格勒任职。前几天，我在巴黎碰上了她。她告诉我她遇到了一件怪事，搞得她心烦意乱。她偶然遇到一个俄国朋友，革命前很富有，当时她还经常参加那个俄国朋友的聚会。看到那个俄国朋友衣衫褴褛、邋里邋遢的样子，她大为震惊。A 太太给了那个俄国朋友一万法郎，让她去买些新衣服，没准还能在时装店找份工作什么的。一个星期后，A 太太又遇到了她，但她依然穿着那条旧裙子，戴着那顶旧帽子，穿着那双旧鞋子。A太太问她怎么不给自己买套新衣服。那个俄国人面有愧色，说她的朋友个个都很穷，衣着寒酸，她接受不了只有自己衣着考究，于是，她邀请所有人去银塔餐厅美餐了一顿，又去一家又一家夜总会，花光了每一分钱。他们早上八点钟到家，身无分文、筋疲力尽，都很开心。A太太回到丽兹酒店，把这事告诉了她丈夫，他对她发脾气，责怪她浪费钱。“你什么都不要为那种人做，”他说，“他们不可救药。”“他当然说得对。”讲完这个故事，她对我说，“当时我也很生气，可是，你知道吗？不知怎么的，我心里有点偷偷地羡慕她。”我的朋友可怜巴巴地看着我，“我觉得这体现了一种我没有也永远不会有的精神。”她叹了口气说。

查理·卓别林。他的外表讨人喜欢。身材十分匀称。手和脚都很好看，小小的。五官漂亮，鼻子很大，嘴巴富于表情，眼睛漂亮。他的黑头发里掺着白头发，很浓密，打着卷儿。他的动作举止极其优雅。他很腼腆。说话时仍带着一点青少年时期的伦敦东区口音。在人群中，如果他感觉自在，就会撒欢一般装疯卖傻，逗大家开心。他的创造力丰富，他的活力经久不衰，他有令人愉快的模仿天赋。法语和西班牙语，他一个词也不懂，却能模仿说这些语言的人，且模仿得惟妙惟肖、风趣幽默、令人捧腹。他会即兴表演兰贝斯贫民窟里的两个女人的对话，既荒诞，又感人。就像所有幽默，这些对话靠的也是细致的观察，那种现实，以及现实中暗含的一切，是悲剧性的，因为这表明他太熟悉贫穷凄惨的生活了。接着他还会模仿二十年前音乐厅里的各种表演者，或者沃尔沃斯路上给出租车司机们服务的小酒馆里的业余演员。不过，这只是列举，省略了他举手投足间令人难以置信的优雅的魅力。查理·卓别林不费吹灰之力就能让你连着笑好几个小时，他有喜剧天赋。他的有趣是简单的、可爱的、自发的。然而，你始终觉得这一切背后藏着深深的忧郁。他是个情绪化的人，无须他那句戏谑的断言“哎呀，昨晚我的忧郁病犯了，我都不知道拿自己怎么办好了！”提醒你，他的幽默中透着悲伤。他给你的印象并不是一个快乐的人。我觉得他怀念贫民窟的生活。他所享受的名气和财富将他囚禁于一种生活方式中，他只感觉束手束脚。我想，他回首奋斗的青春，虽然穷困潦倒，但那时的他有自由，他渴望这种自由，但他知道，这种渴望是永远无法满足的。对他来说，伦敦南部的街道意味着嬉闹欢乐和肆意冒险。这给他一种现实感，对他来说，那些两旁是整齐的房子，房子里住着富人的整洁的大道永远不真实。我能想象他走进自己的房子，纳闷自己干吗要跑到这个陌生人的家里来。我怀疑他只把肯宁顿路那栋小楼三楼的破屋子看成自己的家。一天晚上，我和他在洛杉矶街头散步，不知不觉间，我们来到了这座城市最穷困的街区。我们看到脏兮兮的出租公寓和出售各种东西的破旧俗气的商店，穷人们每天来这里买东西。他的脸一下子亮了，用欢快的语气大叫道：“喂，这才是真实的生活，不是吗？其余的一切都是虚假的。”

沙捞越[①]。地平线上有一排小白云，天上仅有的云，奇怪的是，它们看上去快乐得很。它们好似一排穿着白裙的芭蕾舞女演员，警觉、欢乐，在后台等待幕布升起。

天是灰色的，灰的底子上悬着几朵奇异的乌云，高高的太阳刺破这片灰色，为云端镶上银边。

日落。雨突然停了，山间蔓延的浓云似乎在攻击太阳，就像暴怒的泰坦们与阿波罗神交战，被击败的太阳落下去时依然壮美，将黑云变得灿烂。它们似乎停顿了片刻，仿佛看到太阳神临死前的剧痛用辉

① 沙捞越，位于婆罗洲北部，南部和加里曼丹交界，北接文莱及沙巴，是马来西亚面积最大的州。

煌将其覆盖，它们吓呆了，接着，天瞬间黑了下来。

河面宽阔，河水黄黄的，浑浊不清。沙岸后面长着木麻黄树，微风拨动着蕾丝般的树叶，发出的声音犹如人语响。当地人管它们叫“会说话的树”，他们说，半夜站在树下，你会听到陌生人的声音，告诉你大地的秘密。

青山。丛林覆盖到山顶，翠绿得令人陶醉，茂盛得令人窒息、窘迫。这是一支绿的交响曲，似乎有一位作曲家不是用声音，而是用颜色创作，他力求用一种原始的手段表达某种异常微妙的东西。从海蓝宝石的浅绿到碧玉的深绿，各种绿色应有尽有。有一种翠绿像喇叭吹得嘟嘟响，一株浅绿的鼠尾草如笛声悠扬。

正午令人透不过气来的太阳下，那条黄色的河泛着死亡的苍白。一个当地人划着一条单薄的独木舟逆流而上，船小得几乎在水面上看不到。河两岸散布着马来人的高脚屋。

傍晚时分，一群白鹭朝河边飞来，飞得很低，然后散开。它们好似拨动的白色音符，甜美、纯洁、如春天一般，仿佛有一只看不见的手在看不见的竖琴上弹出神圣的琶音。

S。一个十八岁的男孩，初入社交界。一个相当好看的青年，蓝眼睛，栗色的鬈发，浓密的头发一直盖到脖子。他正在留小胡子。他的笑容很迷人。他天真无邪。他有年轻人的热情和骑士军官的气质。

红树林。河岸和河口长着红树和聂帕棕榈。聂帕棕榈是一种矮小的棕榈树，叶子很长，就像你在老照片里看到的圣枝主日[①] 那天民众手持的那种棕榈枝。它们生长在水边，开垦土壤，待制造出新鲜丰饶的土地后便渐渐消失，丛林取而代之。它们是为随后到来的商人和各色人群开疆拓土的先锋。

沙捞越河。河口很宽。两边都长着被河水冲刷的红树和聂帕棕榈，青葱茂密的丛林后面，远处，蓝天衬托出一座高山起伏的深色的轮廓，不给人阴郁和禁闭之感，反倒有空间感和自由感。青翠的草木在阳光下闪闪发光，天空快乐无忧。你似乎踏上了一片友好肥沃的土地。

蓝天，没有大日头底下的苍白倦怠，也不像意大利的天空那么暴烈，而是像普鲁士蓝里掺了牛奶，白云像海上的小帆船，在太阳下闪着光，慢悠悠地飘过。

一间屋子。墙是未染色的实木的，上面挂着用凹版印刷复制的学院照片、达雅克[②] 盾牌、帕兰砍刀[③]，还有颜色鲜艳、装饰对称的大草帽。瓶子里插着兰花。桌上铺了一块脏兮兮的达雅克布。一个粗糙的木架子上摆着几本廉价小说和几本皮面已破损的旧旅行书。一个角落里还有一个架子，上面塞满了瓶子。地板上铺着藤席。

这间屋子连着一条游廊，离河只有几英尺远，你听到对岸的集市

---

① 圣枝主日，Palm Sunday，也称棕枝主日和基督苦难主日，因耶稣在本周被出卖、审判，最后被处十字架死刑，是圣周开始的标志，庆祝活动于复活节前一个主日的星期日。

② 达雅克，即达雅族，东南亚加里曼丹岛的古老居民，分属印度尼西亚、马来西亚和文莱三国。原分布地区较广，后受马来人移民的排挤，逐渐退缩到内陆山地，只有一部分居留沿海地区。属蒙古人种马来类型，为原始马来人的后裔。

③ 帕兰砍刀是一种马来人惯用的弯月形的大而重的短刀，具有典型的地域特点。在日常生活中，它过于笨重不便携带，但在野外生活中它独特的前倾中心十分适合劈砍大型树木。

上传来敲锣的声音，那是中国人在过节。

吡咤（chick—chak）。这是一种棕色的小蜥蜴，因能发出“吡咤”的声音而得名。你简直无法相信那么小的喉咙里能发出那么大的动静。你在夜里听到这个声音，仿佛一种奇怪的人声突然打破寂静，带着一丝嘲弄的意味。你也许会觉得，这是在偷偷笑话那帮白人，他们来了，又走了，一切还是老样子。

清晨的色彩明亮却柔和，随着时间慢慢流逝，变得疲倦而又苍白，这时的颜色只是炎热不同的色调罢了。这就像一首中国小调，单调得令人气恼。耳朵等待和弦的转变，它却永远不会来。

囚犯从事公共建设，你看他们在马路上干活，一个锡克教徒在一旁看守着，看样子他们不是很辛苦，那些戴镣铐的囚犯以前逃跑过，镣铐似乎也没给他们的行动带来多大不便。

丛林。看不到小路，地上铺着厚厚的朽叶。树越长越密：叶子巨大的树、有着金合欢一样羽状叶的树、椰子树、白色的叶茎又长又直的槟榔树、竹子，还有好似大簇大簇鸵鸟羽毛的野生西米椰子树。这里那里，那些白色的、光秃秃的，是死树的遗骸。在绿的衬托下，这种白愈发触目惊心。高树们争做森林之王，枝繁叶茂，耸立于丛林的一般高度之上。

此外还有寄生植物，树杈上长着一大丛一大丛的绿叶，开花的藤蔓植物仿佛新娘的面纱罩住树，有时，它们用华丽的鞘缠住树干，将长长的开花的手臂从一根树枝伸向另一根树枝。

清早，这满眼的绿无忧无虑、令人欢喜。没有任何阴郁或压抑之感，这些充满激情疯狂生长的植物反倒给人一种奇怪的兴奋感，仿佛女祭司跟随酒神巴克斯大胆恣意地狂欢。

沿河而上。高空中飞着一对鸽子，一只翠鸟疾速掠过水面，一抹颜色闪过，这是一块活宝石，光艳得如同一件中国瓷器。两只猴子并肩坐在一根树枝上，尾巴耷拉下来，另一只猴子从一根树枝跳跃到另一根树枝。知了叫个不停，似乎心里有怨气，就像湍急的溪水流过岩石河床一般，持续不停、单调乏味。忽然，鸟鸣洪亮，蝉们噤了声，鸟儿们唱的是英国乌鸫唱的调子。

晚上，青蛙们呱、呱、呱，叫个没完，吵死了。偶尔，一只夜行鸣禽用几个短音符插上一嘴。萤火虫像一根根点亮的小蜡烛，把灌木装扮成圣诞树。它们闪烁着柔和的光，这是一个平静的灵魂放出的光。

河面变窄了，像泰晤士河某个植物茂盛的河段。

鹰鹃。它们唱三个音符，差一个音符就凑成和弦了，它们就是不唱，等得人耳朵抓狂。

涌潮。我们看着它从很远的地方过来了，两三个大浪，一个接着一个，看着并不是很可怕。浪头更近了，速度很快，如惊涛骇浪般吼叫，我发现浪头比我以为的大多了。见它们来者不善，我紧了紧腰带，免得必须游泳时裤子滑落。霎时间，浪头扑了过来，水量极大，足有十来英尺高，我立刻明白了，任何小船都扛不住。第一个浪头在我们身上撞碎，将我们浑身浇透，还灌了半船水，紧接着，又一个浪头打了过来。船夫喊叫起来。他们是来自内陆监狱的囚犯，身上穿着号服。他们控制不了船，水冲得船直打转，当小船冲向浪尖时，我们侧对着浪头。又一个浪头打过来，船开始下沉。我、杰拉德和R本来躺在遮篷下面，见此情景，匆忙爬出来，突然，身下的船支撑不住，我们落入水中。汹涌的潮水在我们四周横冲直撞，我的第一反应是游到岸边去，但 R 冲着我和杰拉德喊，让我们抓紧船。有那么两三分钟，我们是这么做的。我以为潮涌冲向河岸，浪头就会过去，再过几分钟，我们所在的潮涌之外的水面就会平静下来。我忘了我们正被潮涌卷着向前走。我们一次次被浪头淹没。我们紧紧抓住船舷和遮篷下藤席的框。接着，一个更大的浪头打过来，掀翻了船，水落在我们身上，我们只得松开手。只剩下光滑的船底可抓，能够到龙骨的时候，我们拼命抓住它。船继续像轮子一样转动，我们又抓住了船舷，这样感觉安全些，可是，船又翻了，我们被逼到水下，一切再次重演。

我不知道这个过程持续了多久。我认为这是我们都抓着船的一边造成的，我试图让几个船员到另一边去，我想，如果一半人留在这边，另一半人去那边，我们就能让船底一直向下，这样抓起来也容易。但没人听得懂我的意思。浪头一次次打过来，每次船舷都会从我手中滑脱，我被推到水下去，再次抓住龙骨时，我才能钻出水面。

没过多久，我开始喘不过气来了，身上越来越没劲儿。我知道我坚持不了多久了。最好拼命游到岸边去，可是，杰拉德恳求我一定要坚持住。河岸看着也就四十五码远。我们依然被翻涌撞击的潮水卷着向前走。船不停地转圈，我们也绕着船一圈一圈地转，就像笼子里的松鼠。我喝了一肚子水，感觉自己快完蛋了。杰拉德在我旁边，帮了我两三把。他也帮不了什么大忙，船扣过来的时候，他和我一样无助。接着，我也不知道怎么回事，有那么三四分钟吧，龙骨保持向下，我们抓着它歇了一会儿。我以为危险过去了，难得喘口气。但是突然间，船又转动起来，同样的情节再次上演。刚才喘息那片刻帮了我，我又挣扎了一小会儿。我又上气不接下气了，感觉身子虚弱得要命。我没劲儿了，不知道现在还有没有力气游到岸边去。这会儿的杰拉德几乎和我一样筋疲力尽。我告诉他，想活下去只能设法上岸。我猜，现在我们在更深的水里，因为潮水似乎没那么汹涌了。杰拉德的另一边是两个船员，他们看出我们俩不行了，于是朝我们做手势，示意我们冒险游到岸边去。我累死了。他们抓住一只飘过来的薄床垫，我们在那个床垫上躺过，然后把它卷成一个筒，当救生圈用，看上去没什么大用，但我还是一只手抓着它，另一只手划水，朝岸边游去。那两个人跟着我和杰拉德。其中一个在我身边游，我也搞不清楚我们是怎么到的岸边。突然，杰拉德大喊一声，他的脚碰到底了。我放下腿，但什么也没碰到。我又游了几下，再试一次，我的脚陷进厚厚的泥里。感觉到淤泥可恶的柔软，我心里谢天谢地。我踉跄着往前走，岸就在那里，黑色的淤泥齐膝深。

我们抓着伸出淤泥的枯树根向上爬，爬上岸后，我们看到一小块杂草丛生的平地。我们瘫倒在地，四仰八叉地躺了一会儿，筋疲力尽，累得不能动弹了。我们从头到脚都是泥。过了一会儿，我们脱掉身上的衣服，我用滴着水的衬衣做了块遮羞布。这时，杰拉德的心脏病犯了。我以为他要死了。我什么也做不了，只能让他躺着别动，告诉他一切都会过去的。我不知道我们在那儿躺了多久，得有半个多小时吧，我也不知道我们在水里待了多久。最后，R 划过来一只独木舟，把我们接走了。

我们来到对岸达雅克人的长屋，准备在这里过夜，尽管我们从头到脚糊满了泥巴，而且习惯一天游三四回泳，我们还是鼓不起勇气下河，只是凑合着用桶里的水洗了一下。我们什么也没说，但那晚肯定都不想跟那条河有任何关系了。

回过头来想想，我惊奇地发现，我完全没有害怕过。我猜，当时挣扎得太厉害，根本没时间产生任何情感，即使在我感觉没力气了，再过一会儿就要放弃，想到马上就要淹死的时候，我也没有意识到恐惧或痛苦。我太累了，在我看来，死亡更像是松了口气。那天晚上，我穿着一条干莎笼，坐在达雅克人的房子里，望着天上黄色的月亮，心里有了一种强烈得近乎性感的愉悦。我忍不住想，那一刻我本有可能变成一具尸体，随着潮水向河的上游漂去。第二天上午，我们再次出发，顺流而下时，看到晴空、阳光和绿色的植物，我心中又添了一份快乐。空气呼吸起来异常清新。

达雅克人的房子。房子很长，建在木桩上，茅草铺的屋顶。进屋得从一棵粗粗凿出几级台阶的树干上爬上去。房子外面有一条游廊，地板是用藤条捆扎竹子做成的，房子里面有一间长长的公共休息室、一个平台，还有几间屋子，每间屋子住一户人家。公共休息室的墙边立着几个大罐子，这就是达雅克人的财产。我们进门时，主人摊开干净的席子，让我们坐在上面。鸡到处飞。一只猴子拴在一根柱子上。几条狗溜达来溜达去。主人在平台上给我们铺好床。公鸡叫了一整夜，天亮的时候更是吵得要死。接着，家家户户又开始有了动静。男人们去稻田里干活。女人们去河边打水。太阳还没升起来，长屋就已经忙碌得像蜂巢了。

达雅克人相当矮小，但身材很苗条，棕色的皮肤，大大的眼睛闪闪发亮，就像科普特[①] 马赛克画上的眼睛那样是平的，扁鼻子。他们的脸上总是挂着甜美的笑容，举手投足很迷人。女人们个子小小的，羞涩，面容平静如僧侣，漂亮，年轻时小巧精致。但她们老得很快，头发变白，皮松松地包在骨头上，满脸皱纹，干巴巴的，干瘪的乳房下垂。有一个很老很老的瞎眼女人，挺着腰板，坐在一个角落里，谁也不理。忙碌的生活已经过去了，她沉浸在对往事的回忆中。煮饭的活儿留给女人干。这里分工明确，男人们从来想不到要做自古以来就归女人干的活儿。女人们上身赤裸，腰上围块长到膝盖的布，胳膊上缠着银线，很多人的腰上也缠着银线，看上去就像巨大的钟表发条。她们把孩子背在背上，脖子上系一条围巾，给孩子做个兜儿，孩子就坐在这个兜儿里面。男人们戴银手镯、耳环和戒指，穿上礼服的样子

① 科普特，这个词最初只是一个地理和种族概念，在阿拉伯人占领埃及后变为穆斯林对那些仍在使用古代埃及语的土著基督教居民的称呼。

英俊、自信、活泼。许多人长发披肩，有点女气的外表让他们看上去奇怪且暧昧。尽管他们笑口常开、和蔼可亲，你却感觉到他们身上潜伏着一种微微令人吃惊的野性。

长屋下面，猪拱来拱去，吞食垃圾，发出窸窸窣窣的声音，鸡鸭咕咕嘎嘎叫个没完。从房子到河边，有一条粗木铺成的小路，这样就不用走泥地了，但退潮的时候，你还是要踩着又黑又黏、齐膝深的淤泥爬到河岸上。

回到古晋[1]后，我给参政司写信，此前我一直住在他家里，问他能不能设法给那两个救了我一命的囚徒减刑。他回信说，他已经释放了其中一个，但恐怕帮不了另一个，因为在回塞棉港（Simiangang）的路上，那个人在自己的村子逗留了一下，杀死了自己的岳母。

东边的一条河。河两岸丛林茂密，满月下，丛林比夜还黑，寂静中透着不祥。想到厚厚的叶子覆盖着黑暗、粗暴的东西，你会忍不住打寒噤。它似乎在期待着什么。然而，晴空中的月亮慢悠悠地走，就像乡绅的胖太太，穿着礼拜日最好的衣服，沿着乡村教堂的过道向前走。接着，在东边，在一朵边缘参差的云彩下面，出现了淡淡的一抹红。平静的河面上，一条舢板静静地滑行，水面映出一个站立的渔夫模糊的身影。岸上，丛林荒野中，一盏孤灯闪着友善的光，你猜大概是来自一间紧挨水边的草屋，郁郁葱葱的棕榈树、名字古怪的树和匍匐植物将它严严实实地包裹起来。现在东方那抹红已如火烧般耀眼了。参差不齐的云被撕裂、扭曲。太阳升起来的样子一点也不平和，仿佛怀着未知、黑暗、武器的力量不顾一切地斗争。你看河的上游，天已经亮了，但你回头看，月亮仍静谧地闪着光，宁静的夜晚徘徊不去。

① 古晋，Kuching，马来西亚沙捞越州首府，也是东马来西亚历史最悠久的城市。

L。他四十岁出头，中等个，瘦，肤色黝黑，有点谢顶，黑头发，眼睛又大又凸。他看着不像英国人，倒像黎凡特[①] 人。他说话全是一个调儿，没有抑扬顿挫。他在边远地区生活得太久，在人群中羞涩沉默。他有一个他不喜欢的本地太太，还有四个混血孩子，他让他们在新加坡受教育，将来好在沙捞越的政府里任职。他从来不想回英格兰，在那里他觉得自己是个外人。他的达雅克语和马来语说得和本地人一样好。他就出生在这个国家，他不太了解英国人，他更了解本地人的想法。有一次，他在英国休假时跟一个女孩订了婚，但想起在马来的家庭，他十分苦恼，于是解除了婚约。与其待在古晋，他宁愿被派到边远的地方去。他很少笑。他是个病态的、忧郁的男人，非常小心谨慎，生怕做错什么。他没有幽默感，说起话来啰里啰唆，乏味得很。生活是一条死胡同。

古晋集市。集市由狭窄的街道组成，有博洛尼亚那种拱廊，每栋房子都是一个商店，你看到里面挤满了中国人，过着中国城忙碌的生活，干活、吃饭、聊天。河岸上是当地人的小屋，马来人在那里过着亘古不变的生活。当你在人群中漫步，驻足观看时，你会感觉到生活的急迫，那是一种奇怪且兴奋的感觉。你看出这是一种快乐且正常的生活。出生和死亡，情爱和饥饿，这些才是人类的事。人群中走过那个统治他们的白人。他从未融入身边的生活。只要中国人守法纳税，他就不会打扰他们。他是个苍白的陌生人，像一个来自外星的生物，在这个现实中穿行。他不过是个警察。他是一个永远被放逐的人。他对这个地方没兴趣。他只是等着退休，而且他知道，退休以后，除了这儿，哪儿都不适合他。人们经常在俱乐部里讨论退休后去哪儿生活。他们厌倦了自己，厌倦了彼此。他们盼望摆脱束缚，获得自由，

① 黎凡特，Levant，又译作累范特，是一个不精确的历史上的地理名称，指的是中东托罗斯山脉以南、地中海东岸、阿拉伯沙漠以北和美索不达米亚以西的一大片地区。

但未来让他们心中充满了沮丧。

一个种植园主。他在剑桥大学读的书，拿到学位后，决定做个种植园主。他已经出来十年了，是个单身汉。经济萧条的时候，他破了产。他在经济繁荣时赚了两千美元，他把这笔钱投入橡胶业，可是现在，他投资的大部分种植园又变回了丛林。他是个小个子男人，五官不端正，一双温柔的黑眼睛，声音也很温柔，特别腼腆，擅长模仿，喜爱音乐。各种乐器他多多少少都会演奏一点。他收集马来银器。他有点可悲。他独自住在一栋特别不整洁的平房里。墙上贴着数不清的裸露到各种程度的女人的照片。粗糙的架子上放着现代小说。

T 太太。金发女郎。由于天热，她的头发是直的，但那真是一头秀发，很浅，亚麻色的。她有一双蓝眼睛，颜色有点浅，但已经露出倦意，尽管她的年龄不会超过二十六岁。看正脸，她这副苍白的样子算得上漂亮，但她的下巴小小的、虚弱、微不足道，看侧脸，她有点像绵羊。她的皮肤曾经白净鲜嫩，现在却像热带的一天，现出疲惫衰颓之态。她穿棉布和细布连衣裙，蓝色的，或粉红色的，敞着领口，短袖。她经常戴一串白珊瑚珠子，头戴一顶菲律宾草帽。

N 太太。金发，体肥，四十岁。这个女人块头很大，皮肤黑，眼睛亮闪闪的，举止鲁莽且友好。她给人感觉曾是歌舞队的女演员，其实，她来自一个忙于东方事务的家庭，而且已经做了上百年了。她很胖，而且越来越胖，真叫她泄气，但她抗拒不了食物，吃起奶油、土豆和面包来，狼吞虎咽，津津有味。

新加坡：鸦片梦。我看见一条路，两边长着高高的白杨树，就是那种经常在法国见到的路，又白又直，在我面前伸展，伸展到无尽的远方。我看到了我从没以为自己能看到的远方，但那条白色的路依旧向前伸展，路两旁依旧是绿色的白杨。后来，我好像沿着这条路走了起来，脚步飞快，白杨树从我眼前闪过，速度比坐在特快列车里电线杆闪过的速度还要快无数倍。两大排白杨树还在走，还在我前头。然后，突然间，白杨树没了，换成了成荫的大叶子树，栗子树和悬铃木，树与树之间隔开一定的距离，我不再全速前进，而是慢悠悠地走，很快便来到一片空地，我向下看，下面很低处是灰色的平静的海。零星有几条渔船正在驶入港口。远处，海湾那边，矗立着一座整洁的花岗岩的房子，花园里立着根旗杆，那一定是海岸警卫队的房子。

他在马来联邦的一个州做了二十年参政司，几乎过着帝王般的生活。他非常古怪凶恶。他专横、粗暴、野蛮。他有一个马来妻子，她和其他女人给他生了一堆孩子。最后，他退休了，在切尔滕纳姆[1]定居下来，娶了一个当地女人，从此以后，他唯一的愿望就是她的愿望，进入上流社会。

D夫妇邀请我共进晚餐，见他们的两个朋友，这是一对夫妻，他们要在新加坡待上几天。那个男的是英属北婆罗洲[2]某地的长官。D太太告诉我，他曾是一个可怕的酒鬼，每天晚上带一瓶威士忌上床，天亮前喝完。他变得很讨厌，总督让他回家休假，说如果他回来的时候还不清醒就解雇他。他当时单身，总督建议他在英国找个好女孩，娶她为妻以端正他的行为。休假结束后，他回来了，此时，他结了婚，已改过自新。

他们来参加晚宴。他是个胖大的男人，脸上光溜溜的，秃顶，没什么趣味，自高自大。她个子不高，深色皮肤，既不年轻，也不漂

① 切尔滕纳姆，Cheltenham，英国英格兰格洛斯特郡的自治市镇。

② 英属北婆罗洲，沙巴的旧称。

亮，但很敏锐，显然挺能干，一副淑女的做派。这样的女人，你能在坦布里奇韦尔斯[①]、切尔滕纳姆，或巴斯[②]碰上好多，她们天生就是老处女，从来就没年轻过，你觉得她们也永远不会变老。他们五年前结的婚，看样子很幸福。我猜，她只是为了结婚才嫁给他的。

此后，我再也没见过他们，他们永远不知道那晚来参加宴会惹出了什么麻烦。在他们的启发下，我写了一个短篇小说，名叫《赴宴之前》。

爪哇。车站有一群垂头丧气的人，三男两女，戴着手铐，由爪哇士兵看管着。这些囚犯是当地的基督徒。八个人曾去一个村子，劝说村民皈依基督教。他们向所有人阐述和平与亲善的教义，村长跟他们争论起来，争论得越来越激烈，过了一会儿，领头的传道者动手打了村长。他们打起架来。女人们也参与进来，村长被打死了。双方开始了混战，结果死了七个村民和三个福音传道者。

星期四岛。布朗夫妇经营着这家旅馆。她是个小个子女人，胖乎乎的，穿着网眼上衣，黑头发烫成大波浪。她喜欢开玩笑，目光敏锐，且相当狡猾，顶着个红鼻头。从前她也许是个漂亮女人。和她丈夫一样，她也满脑子不可靠的发财计划。他中等身材，大约四十岁，稀疏的长发在他的头上泛起波浪。他的四肢和动作都给人奇怪的松弛感，像是安了弹簧。他做过很多职业，一开始是理发师，后来成了一名职业赛跑运动员，他做过赌注经纪人、训练师、矿主、烟草店老板，后来又做了理发师。他对自己的赛跑经历直言不讳，他从中赚了很多钱。这似乎是一项不太正当的运动，他说跑不赢的时候，赌注经纪人也不会让他白跑什么的。他漫不经心地管理着这家旅馆，他只对邻近一个岛上的一份矿产感兴趣，希望在那里找到金子。他从不喝

① 坦布里奇韦尔斯，Tunbridge Wells，英国英格兰东南部肯特郡西南部的自治市。

② 巴斯，Bath，英国城市，位于英格兰埃文郡东部。

酒。前妻给他生了一个女儿，叫奎妮，在旅馆当服务员。她觉得干这个工作掉价，把客人的吩咐当作含蓄的侮辱。有客人打趣她，她就用菜单敲那个人的头，说："走开。"女佣是个三十岁的干瘪的老姑娘，脸色蜡黄，五官分明。她走来走去，刘海上裹着卷发纸。她做过酒吧女招待，认为干家务活儿有失尊严。她很喜欢讲岛上各种人的闲话。

C。他有一条二十吨重的双桅小帆船和两条小艇用来采珍珠，直到经济萧条让这个行业变得无利可图。他六英尺高，强壮结实，圆圆的脸，一双诚实的蓝眼睛。他的举止有点羞涩，但脾气好，为人体贴。他的头发剃得很短，只在额头留了一小绺鬈发。他的年龄在三十五到四十岁之间。驾船出海时，他穿一条特别破旧的帆布裤子，一件无袖汗衫，但上岸时，他会穿一双黄色的靴子，一条灰裤子，一件白外套，一件花衬衫（Stengah shifter），没系扣子，戴一个上浆领，不管天多热都打一条黑色的针织领结，仿佛是用固定在领扣上的一个简捷的小装置绕到脖子上的。当他微微摇晃着走在路上时，你一眼就能看出他是一条小船的船主。

丁顿号。一条五十英尺长的双桅小帆船。船员包括C和几个托雷斯海峡[1]的岛民，黑皮肤，鬈发，体型优美。他们穿着打了补丁的脏裤子和背心，戴着破旧的毡帽。汤姆·奥比白头发，很壮实，其余都是年轻人。亨利是个花花公子，风度翩翩，爱夸口。乌坦，身上只裹了条印花裙，在船舱里架柴生火，这里也是船员睡觉的地方。船舱在船尾，主桅从这里穿过。船舱很低，站在里面，直不起腰来。天花板被冒烟的吊灯熏黑了。船舱可容两个人竖着睡，还有一个人横睡在舱口。舷墙和船舱中间塞了两条救生艇。

---

① 托雷斯海峡，位于澳大利亚与新几内亚的美拉尼西亚岛之间的水体，最窄处约阔150公里。

我们原定早上九点出发，但C迟到了，来了才发现备用的三角帆忘带了，于是派两个船员去他家里取。我们解开缆绳，船随着潮水轻轻移开。风不小，但艳阳高照，天是蓝的。站在主帆和三角帆下，随着船快速前进，令人兴奋。我们估摸着当晚就能到莫比亚哥岛（Mobiag），大约有四十五英里的距离。船航行到星期四岛和威尔士王子岛中间时，我们吃了午饭，我们是在甲板室吃的，有冷牛肉、腌菜、煮土豆，还有一块松糕。我们还喝了茶。当我们离开陆地的庇护后，发现季风刮得很猛，海面波涛汹涌。C张开前帆，捆牢淡水桶。我们时不时会遇上狂飙，一个浪头打过来，一阵海水便冲刷甲板。波峰是白色的，浪头看着特别大，在这种小船上，人离水很近。我们一路上经过很多小岛，每经过一个小岛，我都会琢磨，万一船翻了，我能不能游过去。几个小时后，我们到了巴度岛，C说他要在这里抛锚，第二天再去莫比亚哥岛。绕岛航行时，风吹不到我们，这里更舒服。这里有一个锚地，我们发现十几条采珠船被恶劣的天气赶到这里来了。采珠人都是日本人，不过有一个澳大利亚人，带着一个黑人船员，我们抛好锚，派一条救生艇去接他。我们给了他一杯茶，邀请他再来共进晚餐，和我们一起打桥牌。我们上了岸，洗了澡。我们的晚餐包括路上钓到的一条无鳔石首鱼，还有冷盘肉和苹果馅饼。我们用小锡杯喝了茶，还有威士忌苏打水。然后，我们借着防风灯明亮的光在甲板室打起了桥牌。T（那个澳大利亚人）告诉我们，更北边，天气糟糕得很，他还说，他的船差点儿翻了。他建议等暴风雨减弱了再说，反正，水太脏了，也采不了珍珠。他跟我个头差不多，尽管很年轻，但脸上皱巴巴的。他很瘦，金发，一张饱经风霜、布满皱纹的脸，镶了假牙，一双蓝眼睛。他穿着一条深色的裤子和背心。大约九点钟的时候，我们都困了，他就走了。夜空晴朗明亮，月亮差不多圆了，庇护所里没有风。我们用一只帆搭了个帐篷，把床垫铺在甲板上，躺下来睡觉。

第二天，我们早早扬帆起航，好利用一下向外流的潮水，可是没走多远就撞上了沙洲。潮水向外流，我们陷在那里，直到潮水流回来，才让船漂离沙洲。我们在岛屿之间航行，很快就到了外海。莫比亚哥岛还在远处，看上去是雾蒙蒙的一团，崎岖不平。风比前一天还猛，波涛汹涌。我们穿过一个个岛屿，水很浑浊，四周全是暗礁。一个船员站在斜帆桅上，聚精会神地瞭望。每当有浪头打过来，我们就急忙俯下身，躲开浪花。过了一会儿，我们听到沉闷的刮擦声，我们知道撞上了暗礁。船颠簸着开过去，又进入深水中。瞭望员扬起一只胳膊，或另一只胳膊，做着手势，指挥着掌舵的 C。他很担心。我们又撞到一个暗礁，磕磕绊绊地开了过去。然后船头向外，绕开了这些礁石。

莫比亚哥岛被一个双重环礁带包围，我们的目标是一个环礁带的末端，船在两个环礁带之间驶向下风，这样就可以绕岛航行，开向那里的一个锚地。船来到外礁末端，驶过去，在距内礁几码远的地方改变航向，双桅小帆船几乎原地转弯，抢风驶向外礁。风很大，我们扬起了所有的帆。船转向时，风帆抖动，猎猎作响。我们尝试了五六次，慢慢来到岛的末端。三角帆破成了碎条，拍打桅杆，发出巨大的“啪啪”声。我们浑身都湿透了。最后，我们驶向莫比亚哥岛和一个小岛之间的一条航道，我们要在那个小岛抛锚。潮水逆风涌来，海上巨浪滔天。我很害怕。小船剧烈地摇晃，每次恢复平稳都会猝的一动。我眼看着一个大浪汹涌而来，撞碎后，淹没甲板，我以为下一个浪头会在船身恢复平稳前打过来，但小船几乎像人一样灵巧，躲过了这个浪头，扬扬得意地驶向前去。然后外礁给我们提供了保护，我们勇敢地驶向锚地。

我们上了一条救生艇，向岸边划去。在一个小海湾的海滩边上，椰林中，有一片凹地，C 在那儿有一间小屋。一只死猫的尸骨横在门口。浑身湿透后，能换上干衣服，喝杯茶，真好。我们在岛上闲逛。

岛民们的小屋在椰林中半隐半现，很漂亮。那晚狂风大作，在椰林中呼啸，吵得我睡不着觉。第二天，船员们忙了一上午，把大石头从海边运到救生艇上，增加压舱物的重量。下午，他们去了村子里，晚上才回来。汤姆·奥比到小屋来，说天气很糟糕，C决定再等一天。椰子在风中扭动，我们望向大海，远处黑压压的风暴袭来，突然在岛上化作细雨。云掠过天空。我们玩牌打发时间。尽管狂风大浪，村民们照样驾船出海，晚上带回来四头海牛。岛上的人全都聚在一起看他们分割海牛，分割完毕后，各自拎着大块大块的红肉走了。海牛肉吃起来是牛肉味，只是不太嫩。

校长。他大概五六十岁的年纪，又高又瘦，脸上皱纹很多。灰白的头发很浓密，留着灰白的小胡子，下巴上灰白的胡子大概有一个星期没刮。一口烂牙，还变了色。他说话口齿不清，一则是缺牙，一则胡子太密，听他说话很费劲。他穿着卡其布褂子，一条黑白相间的破裤子，一双旧网球鞋，戴一顶没形的毡帽。他邋里邋遢、脏兮兮的。他在莫比亚哥岛生活了十五年，住在水边椰林中一间破旧的平房里。这是一间木板房，波纹铁皮的屋顶。几把藤椅摇摇晃晃。墙上贴着很多照片和褪色的广告画。一个小架子上摆着他的书，廉价本的流行小说和杂志。他的太太有当地人血统，肤色黑，干瘪，灰白的鬈发，驼背。她穿着一条破旧的白裙子和一件不太干净的白上衣。我走进他们家时，十几个当地女孩正坐在地板上学做针线活，她们的年龄不到十五岁，个个丰满灵巧。

传教士。他特别瘦，蓝眼睛，一头浓密蓬乱的白发。平时他就穿一条灰裤子和一件无袖汗衫，想打扮一下的时候，他就戴上教士的硬白领，汗衫外面套一个黑色前襟，再穿一件白外套。他的书房里摆的都是廉价小说和神学著作。他有一条双桅小帆船，他驾船从一个岛去另一个岛，他的教区包含八个岛。他很少在家。他的妻子有一头波浪短发，如果她不戴眼镜，再穿得漂漂亮亮的，应该是个美女。她的厨艺很差，家里也不整洁。她很怕生。

游廊前面种着木麻黄树，透过枝叶的缝隙可以看见海和远处的岛。日落后很久，海面上有一种血红色的光，衬出木麻黄树的轮廓。它们如蕾丝一般，优雅、虚幻。这幅画面会让人想到日本版画。最后，阵阵微风摇晃树枝，一颗白色的星星跃入眼帘，却又忽地消失不见了。

木麻黄树好似一张幻想的面纱，令人愉快的想法将它横在你和眼前的景色之间。

第二天早上，我们出发去迪里瓦伦斯岛（Deliverance），C 想去送货，顺便在那里停一下。风比前一天小了。表面上的云依然疾速掠过天空，背景中的厚重的乌云似乎一动不动。阳光灿烂。我坐在甲板上看书，穿着一件衬衫，一条帆布裤子，光着脚。风一度特别顺，C 扬起主帆和前帆，形同张翼的蝴蝶。迪里瓦伦斯岛高出海面不多，一开始只看见地平线上有个模模糊糊的东西，然后看见了树梢。我们必须绕岛航行，找一个抛锚的庇护地。环礁带没有入口，我们只得在一英里外的地方抛锚。海上波浪滔滔，我们划了一个多小时的船才到岸边，一路上，我们一直用一个空水果罐头往外舀水。

回到船上，我们朝海里抛出一根鲨鱼线，上面拴一块儒艮肉做诱饵，突然，水里骚动起来。我们开始收线。有个东西惊慌地挣扎。我们看到一条鲨鱼。C 取来他的左轮手枪，我们把鲨鱼拉上水面，靠近船舷，C 开了枪，水被血染红了一片。鲨鱼还在挣扎，C 对着它开了六枪。然后我们用一个带套的绳子，穿过它的脑袋，套在它的背鳍下面，绳子的另一端系在滑轮上。我们把它吊起来，它的身体越过船舷，重重地砸在甲板上。它还没有完全死掉，尾巴痉挛似的抽打着甲板。乌坦拿起一把斧子，猛击它的头骨下方，然后用一把长刀划开它的肚子。它的胃里有海龟的骨头。我们割下它巨大的肝脏，又切了一块鲨鱼肉，装在鱼钩上做钓饵，把鱼线抛进海里。没过几分钟，又一只鲨鱼上钩了。很快，我们就钓到了三条大鲨鱼，身长从十四到十八英尺不等。甲板油腻腻、血淋淋的。第二天一早，我们把鲨鱼丢进海里，扬帆前往马老奇[①]。C想用鲨鱼肝做桅杆润滑油，两个船员把大块的鱼肝放进一个煤油罐里，架在火上煮了一整天。那气味真是臭死了。

迪里瓦伦斯岛和马老奇之间有浅滩，我们不能径直过去，必须先向正西方向开五十英里。风横着吹，船摇晃得很厉害，船舷倾斜，每次恢复平稳都会猝的一动。这种状况持续了好几个小时。然后，我们看到了浑浊的海水，这说明我们到了浅滩。每隔十五分钟，我们测一下水深，小心提防碎波[②]。潮涨得不是很大，船也没那么晃了。我们早就看不见陆地了，身边也没有其他船只经过。汪洋大海中，我们是那么的渺小。下午慢慢过去，测得的水深是八浔。我们开过浅滩，向北转。风平浪静，平稳地航行很惬意。我们两次看见海龟在水面晒太阳。风越来越小了。地平线上有厚厚的白云，但它们一动不动，好像画里的云。太阳落山了，亮光逐渐从天空消失。夜幕降临，星星一个接着一个出来了。晚饭后，我们坐在甲板上抽烟。空气清爽宜人。月亮挤出云层，缓缓升起。这样的夜航令人陶醉。我睡睡醒醒，每次醒来，心情都是愉快的。大约凌晨两点的时候，C取下主帆，船只靠前帆继续前进。

黎明时，我再次醒来，甲板上很凉，但并不冷。还是看不到陆地。太阳升起来了，暖暖的，很舒服。在这样清爽的早晨，抽根烟，

① 马老奇，印度尼西亚东部伊里安查亚南部地区的政治中心和港口。

② 碎波，当波浪传播到浅水时，其波峰便变陡、卷曲，然后破碎，这时称为碎波。

心里美滋滋的。又过了一两个小时，我们看到了陆地。陆地又平又低。我们继续向前，直到海岸的轮廓清晰起来，这个地方树木繁茂，透过望远镜，我们发现了几个小渔村。我们沿着岸边行驶，寻找马老奇河。我们不知道它在哪儿，我感觉自己是从前的探险家。我们又测了水深，试图通过海岸的形状判断目前所处的位置。我们知道河口有灯光，一直留意着。我们又航行了几个小时，一路上摸索着前进，终于，我们看到水上漂浮着杂草，水更浑浊了，C说，这说明离河很近了。我们继续前行，然后隐隐约约看到海岸线上有个缺口，过了一小会儿，我们看到一条细细的白带子，旗杆似的，那就是光。我们看到远处有个浮标，便朝那里驶去。潮水向内流，尽管风很轻，我们还是快速前进。前面就是河口，潮水推着我们顺顺当当地溯河而上。

马老奇像一座整洁的荷兰小镇，不像英国殖民地类似的城镇看上去那么脏兮兮的。小城前部有政府大楼，框架结构，波纹铁皮屋顶，还有一两个大货棚和检察员的房子。镇上只有一条街，与这里成直角，中国商人住在那里。我们逗留期间，就是在其中一家店用的餐。吃了一个星期的儒艮肉、咸牛肉、杂鱼和水果罐头，能吃上咖喱真是一种享受啊。

干涸泥泞的小溪里生活着几百种泥鱼，从两三英寸长的小东西到十来英寸长的胖家伙都有。它们趴在那儿，用又大又圆恶毒的眼睛看着你，然后一个猛子扎进它们的洞里。看它们拍打阔鳍，在泥水上疾行，真叫人惊奇。泥里全是这种东西。你会觉得这就是远古时期地球的缩影，那时，这些生物体型庞大，是地球上的居住者。它们给人神秘可怕的感觉。泥巴好像神奇地活过来了，很恶心。

多波[1]。这个小城脏脏的，有两条街，街上是中国人和日本人开的店。本地马来人的村庄建在水边的木桩上。港口停泊着采珠的小艇。名流贸易公司的人有一幢乱糟糟的大框架房子，但他们大部分时间在公司的双桅纵帆船上度过，轮船送信件来时，这条船才进多波。

卡丹。他父亲是个靠家里汇款生活的英国人，母亲是个波利尼西亚人。他是个大块头，又高又胖，双眼炯炯有神，一口大白牙，头秃得厉害，不过，耳朵周围和后脖颈上有卷毛。他说起话来很急切，口沫四溅。他很热情友好，经常哈哈大笑，他的言谈里充斥着澳大利亚脏话，粗俗下流。

坦纳尔。这是一个水边小镇，高脚屋里住满了中国人、阿拉伯人和马来人。从客栈的游廊上可以看见水流过高高的木麻黄树，对面的岛和一两栋房子。花灌木鲜花怒放，恣意茂盛。巨大的蝴蝶色彩鲜艳，轻快地在灌木丛中飞来飞去。红头或黄头的绿鹦鹉们，飞过蓝天，闪过一抹亮丽的颜色，如波纹般漾开。傍晚时分，鸟儿们突然放声歌唱，唱出的调子狂野奇特。你听见远处有人敲鼓，也许还有人在演奏木管乐器。日落时，对面的小岛罩上了一层红光。

卡伊群岛[2]。穿过一连串地势低洼、树木繁茂的小岛靠近它，仿佛在迷宫里穿行。太阳升起来了，蓝色的海面很平静。如此可爱、如此安详、如此荒凉，令人心生敬畏。你感觉你是第一个闯入这片宁静的海的人，你屏住呼吸，期待着不可知的东西。

---

① 多波，阿鲁群岛，Aroe Islands，印度尼西亚马鲁古省的一部分。位于阿拉弗拉海北部，伊里安岛西南方。大小岛屿共百余个。地势低平，基底是珊瑚礁，海拔一百米以下。行政中心在万迈岛多波镇，产珍珠贝，为群岛土产集散地。

② 卡伊群岛，The Kai Islands，印度尼西亚东部的岛屿，位于伊里安岛查亚南面，班达海东部，由几个岛屿组成。

班达。沿着两座树木茂密的火山岛之间狭窄的水道便可到班达。镇子对面是一座火山，岛上灌木丛生。港口的水又深又清，水边是仓库和高脚茅屋。

班达街道两旁是一排排的平房，但这个地方死气沉沉，平房里空空荡荡，寂寂无声。街上有几个人在闲逛，他们的脚步很轻，似乎担心唤起回声。没有人高声讲话。孩子们玩耍时也不吵不闹。时不时能闻到一股淡淡的肉豆蔻的香味。商店里卖的都是一样的东西：罐头食品、莎笼、棉布，没有人走动。有的商店连店员都没有，好像觉得不可能有顾客上门。你看不到有人卖东西，也看不到有人买东西。

这里中国人很少，他们不会在没有生意可做的地方定居，阿拉伯人却很多，有的人戴着漂亮的开罗毡帽，穿着整洁的帆布西装，其他人戴白帽子，穿着莎笼。他们皮肤黑黑的，闪米特人的长相，眼睛又大又亮。镇子上还有很多马来人和巴布亚人的混血儿，当然，还有很多马来人。偶尔会看到荷兰男人，皮肤晒成古铜色，还能看到粗壮的荷兰女人，穿着宽松打褶的浅色衣服。

老式的荷兰平房茅草铺顶，房顶又高又尖，屋檐向外伸出，由刷了灰泥的多利安式或科林斯式砖柱支撑，形成一条宽阔的游廊。游廊上摆着几张圆桌和几把硬邦邦的荷兰椅子，挂着吊灯。地上铺着瓷砖或白色大理石。房间里光线昏暗，布置成拘谨的荷兰风格，墙上挂着糟糕的画。客厅贯穿整个房子，两边是卧室。房子后面是个带围墙的花园。白墙皮片片剥落，某些潮湿的地方是绿的。花园荒芜了，杂草丛生。园子里杂七杂八种着玫瑰、果树、匍匐植物、花灌木、橡胶树、一两棵棕榈树、一株肉豆蔻，还有一棵面包树。仆人们住在后面。

你四处闲逛时，不时会碰到一堵长长的白墙，已经坍塌，墙内是建筑废墟。这里曾是葡萄牙的修道院。沿着海岸，葡萄牙人的堡垒后面，是荷兰官员们整洁的新房子。

葡萄牙人的堡垒有两座。一座离海边有点远，有一条护城河围绕，河里长着乱糟糟的树和灌木，只有灰色的大石头砌成的厚重的城墙保存下来了，四方院子如今化作热带榛莽。堡垒对面是一大片空地，一直通到海边，空地上长着高大的树，木麻黄树、卡纳里树（kanary trees），还有野生无花果。这些树是葡萄牙人种的，我猜，以前凉爽的晚上，他们就在这里休憩。

另一座堡垒在小山上，居高临下，灰色的堡垒光秃秃的，四周环绕着一条很深的护城河。这座堡垒保存尚好。唯一的门离地约十二英尺，得爬梯子上去。方形的院子里还有一座堡垒，中央有一口井。里面有一些很大的房间，门窗是文艺复兴晚期风格的，比例匀称，但缺少装饰，大概驻防官们住在这里。

森林。高大的卡纳里树为肉豆蔻遮阴。脚下没有杂乱的灌木，只有朽叶。你会听到鸡那么大的鸽子咕咕叫，还有鹦鹉的尖叫声。偶尔能看到简陋的棚屋，里面住着衣衫褴褛的马来人。森林里闷热潮湿。

据说，过去这里的商人家财万贯，互相斗富。他们有马车，晚上开着马车沿着海岸绕着广场慢悠悠地转。船特别多，有时候港口停满了船只，新来的船只好在外面等，直到一支船队离开，他们才有机会进来。他们经常从荷兰运来大理石做压舱物，船上还有巨大的冰块，因为他们空着船来岛上取珍贵的香料。

热带的下午。你打算睡一会儿，但最后你绝望了，放弃了，于是，头昏脑涨、睡眼迷瞪地来到外面的游廊上。天气闷热，没有一丝风。你焦躁不安，但焦躁也没有用。时间的两条腿像灌了铅似的。你面前是无穷无尽的白天。你洗个澡，想凉快一下，但用处不大。坐在游廊上太热了，于是你再次扑倒在床上。蚊帐里的空气似乎凝滞了。你无法读书，无法思考，无法休息。

望加锡港[①]。落日绝美，先是黄色，然后是红色和紫色。长满椰子树的远处沐浴在斜晖中。你思考如何描述如此炫目壮美的景色。日落的辉煌吓得你腿有点发软，但同时，你的心又被它的灿烂充满，如果你会唱歌，你肯定会放声歌唱。《纽伦堡的名歌手》[②] 中的五重唱？不，还是来一段格里高利圣咏吧。这是一种没有悲伤，只有圆满的死亡。东方的城市可以给你提供最好的海港，这里有不定期的货船、客船、充满异域风情的双桅纵帆船（它们身上仍有最初进入这片遥远水域的大型三桅帆船的影子）和深海捕鱼的小船，还有日出和日落。

① 望加锡港，Makassar，印度尼西亚南苏拉威西省首府，亦是苏拉威西岛上最大的城市。
② 《纽伦堡的名歌手》，德国作曲家瓦格纳的三幕歌剧，现在习惯上简称《名歌手》。

1923年

T。他是一个重服兵役的退役军官，凭着管过一个团的食堂，战后来到锡兰，做了一个俱乐部的秘书。他是个矮胖子，大长的身子，小短腿。他穿着松松垮垮的裤子和又长又宽的土布外套，看上去滑稽可笑，而且两件衣服都破得不成样子。他给人感觉当过骑兵，其实，他是从国王私人约克郡轻步兵团（K.O.Y.L.I.）出来的。他的头发是黑色的，很稀疏，却留着一把浓密飘逸的小胡子。他的桥牌打得很棒，并为此自豪，还批评每一个牌友。他喜欢谈论他认识的有贵族头衔的人，以及和他关系友好的将军和陆军元帅们。

抢夺贼。他五十出头，但看上去很老、很虚弱。他秃顶，头发和小胡子是白色的。他有一个大酒糟鼻。他坐着的时候，你以为他是个驼背的小个子，但他站起来后，你惊讶地发现，他可不是一般地高。他的钓鱼水平很高，没完没了地聊他的爱好。他的口袋里总揣着几只两翼昆虫。他对蝴蝶特别感兴趣，正打算出一本讲锡兰蝴蝶的书。他很能喝，乐意谈他参加过的酒宴。我不知道为什么大家都叫他“抢夺贼”。

丛林。日落前有那么一刻，丛林中的树木似乎从一整片林子中分离出来，变成了一株株个体，那时，你就见树不见林了。在那个神奇的时刻，树木似乎获得了新的生命，你几乎可以想象，它们有了灵魂，随着日落可以变换位置。你感觉在某个不确定的时刻，怪事会发生在它们身上，它们会奇异地变形。然后，夜晚来了，那个时刻就过去了，丛林再次把它们带回去，树木再次成为树林的一部分，静止、沉默。

一个种植园主的房子。这座两层小楼在一个小山头上，被一座花园围绕，花园里有几片草坪，种的是某种普通的草，还有亮黄色的美人蕉、木槿和花灌木。小楼后面有一棵大树，开着红花。从游廊上可以看到窄窄的一条山径，山上种着橡胶树。房子后部有一间正式的小客厅，但起居室是个开阔的大游廊，摆着种植园里常见的家具，腿儿加长的大椅子、藤椅、一两张桌子，几个架子上摆着几本廉价且乏味的小说，破破烂烂的。卧室在楼上，房间陈设简陋，摆着铁床、上了漆的松木五斗橱，还有一个盥洗台，上面摆着不配套的破陶器。吃饭时用的玻璃杯很粗糙，盘子破旧，陶器是最便宜的那种。晚餐主人是费了心思的，有汤，有鱼，有烤肉，有甜点，但每样都做得很差，摆盘也不讲究，引不起人的食欲。

仰光。这是一对父子，他们都是一家中国公司的不定期货船的船长。父亲极喜欢这个整洁、聪明、帅气的儿子，当他爱上一个缅甸女孩时，父亲惊骇不已。他何止是爱上了，简直爱得神魂颠倒，爱得痴迷。他变得像个当地人，开始抽鸦片，最终丢了工作。父亲认为这个女孩对儿子施了魔法，于是下决心要拯救他。一天，人们发现她淹死了。没有人知道她是怎么死的，但所有人都认为是这个父亲干的。男孩的心碎了。他崩溃了，对父亲的挚爱变成了深仇。

月光下的曼德勒[1]。白色的门洞里溢满银光，上面的建筑上隐约闪现天空的剪影，这个画面令人销魂。曼德勒的护城河是世界上的小美景之一，它没有基拉韦厄火山的庄严和令人崇敬，没有科莫湖[2]的壮丽和风景如画，没有南太平洋诸岛海岸线令人心醉神迷的美丽，也没有伯罗奔尼撒半岛[3]部分地区的庄重与雄伟，但它有一种美，你抓得住，享受得了，可以据为己有。它的美不至于让你飘飘欲仙，却能带给你无尽的喜悦。其他美景需要特定的心境才能享受和欣赏，这种美则适合春夏秋冬，适合喜怒哀乐，它就像赫里克[4]的诗，当你心情不好，不想读《地狱》或《失乐园》的时候，可以开心地捧起来读。

F。他是个大胖子，灰白的头发稀稀拉拉，但他的大红脸圆圆的，没有皱纹，所以有时看上去有点孩子气。他留着一小撮灰白色的牙刷胡[5]。他的牙齿很糟糕，唯一能看到的嘴中央那颗大黄牙，晃晃荡荡地挂在那儿，好像一使劲就能拔下来。他满头是汗，汗珠亮晶晶的。着便装时，他会穿一件卡其布衣服，一件宽松的网球衫，敞着领口，不戴领结。他有一条腿是瘸的，打仗的时候受过重伤，走起路来一瘸一拐。他生活中唯一的爱好是马，说起马来头头是道，整天不聊别的。他经常参加赛马比赛，自己也养了几匹矮种马，但他一场比赛都没赢过，被人当了笑柄。他是一个快活友好的人，但给人感觉深谙赛马场

---

① 曼德勒，Mandalay，缅甸第二大城市，位于缅甸中南部的内陆，是几个古代王朝曾经建都的地方，曼德勒地区被列为联合国世界文化遗产。

② 科莫湖，意大利阿尔卑斯山脉一冰川湖，属伦巴第大区管辖，为意大利第三大湖。

③ 伯罗奔尼撒半岛，伯罗奔尼撒位于希腊南部，岛上不仅有丰富的历史典故和古迹，还有细腻优质的海滩、碧绿的海湾，以及原始质朴的马伊纳山区。

④ 赫里克，Robert Herrick，1591—1674，英国诗人，“骑士派”诗主要写宫廷中的调情作乐和好战骑士为君杀敌的荣誉感，宣扬及时行乐。赫里克也写了不少清新的田园抒情诗和爱情诗。

⑤ 牙刷胡，也叫“人中胡”“卓别林胡”或“希特勒胡”。十九世纪末起源于美国。第一次世界大战期间因为佩戴防毒面具方便，很快在军队中流传开来。

上的各种阴谋诡计，而且要起手腕来毫不犹豫。

E。他说自己是个乡巴佬，大概他时常因此受辱，于是坚称为自己生在乡下感到骄傲。他父亲曾是一条跑中国线的茶船上的大副，最后在毛淡棉① 定居下来，娶了一个缅甸女人。1885 年,E 以翻译的身份来到曼德勒，之后就在这儿待下来了，最初他在政府部门做事，后来开了一家自己的公司，卖玉器、琥珀和丝绸。我去见他时被带进一个屋子，这里既是客厅，又是商店。屋子里塞满了廉价的欧式家具，软垫椅、沙发、休闲桌什么的。到处是陈列柜，里面摆着玉石和琥珀，都是次等货。这个地方没有风扇，又闷又热，蚊子成群。他梳洗打扮，让我等了很久。他终于来了，又高又瘦，白头发，脸色蜡黄，面带病容，鼻子扁平。他滔滔不绝，声音吵闹刺耳，他似乎挺喜欢这个声音。他讲话很正式，也很复杂，交谈中使用我们习惯在书面看到的词语。他总是选择长词，而不是短词。他酷爱陈词滥调。每次提到一个人，不管提多少次，他都会说全称。于是他谈起了莱迪史密斯英雄乔治·怀特爵士（George White），谈起了维多利亚十字勋章获得者哈利·普兰德加斯特将军（Harry Prendergast）。

G。他有六英尺多高，身材修长，算不上英俊，但讨人喜欢。他晒得黑黑的，脸庞瘦削，两颊凹陷。他的眼睛是蓝色的，带着笑意。他的脸刮得很干净，但留了一小撮牙刷胡。他的头发剪得很短，几乎没有白发。他的动作灵敏自如，姿态从容优雅。他衣着考究，但毫不做作。衣服宽松，但剪裁得很好。他是个骑兵，可以想见，他穿上军装必定引人注目。他的说话方式很奇特，慢吞吞的，挺幽默。他嘲讽起来面无表情。他是个业余相马师，还是个优秀的运动员，谈起他参加过的所有非同寻常的比赛，态度随意得很。

①毛淡棉，Moulmein，缅甸孟邦首府，马达班湾重要港口，全国第三大城。

T。他又高又瘦，脸色蜡黄，胡子刮得很干净，戴眼镜。他的样子怪怪的，像个学生，你会觉得他是个文学报刊的记者，而不是在丛林里干活的人。他性格腼腆，举止谦卑。他长时间独处，话极少。他穿着卡其布短裤、长袜和卡其布衬衫。他的职业是矿主，他在缅甸北部发现了一座玉石矿，盼望在那儿发财。雨季，他会来曼德勒，但其余时间待在矿上，方圆七英里内，见不到一个白人。

1929年

婆罗洲。H穿着卡其布衬衫、卡其布短裤、棕色的鞋子，长袜到膝盖下面一点点。他中等个头，体胖，红脸上汗珠晶莹，鹰钩鼻，红鼻头。他有一双蓝眼睛，头发的颜色很浅，发际线开始后移。他几乎只说流行语，尤其是跟喝酒的人在一块儿的时候，他用这种方式表示自己热诚可亲。但当他与你单独相处时，说起话来就自然多了，像个绅士。他养了两只猫和一条狗。他出身牧师家庭。

A。他是个威尔士人，威尔士口音很重，瘦瘦的，邋里邋遢，胡子刮得很干净，一对招风耳，五官不端正。他长得不好看，看着也不健康。他有一种冷嘲热讽的幽默，奉承人的时候言不由衷，看到人家听了他的甜言蜜语信以为真，他挺开心。他衣不合体，不修边幅。他的钢琴弹得很好，喜欢古典音乐。每回发脾气，他都靠弹琴来平复心情。他给人感觉是个乡下孩子，出身寒微，靠聪明的脑子在学校和考试中脱颖而出，进了政府部门。他的房间里有很多学校颁发的奖状，用通常的方式捆扎着。他喜欢读法文书，收藏了一些现代法国小说，但法语说得很蹩脚。

苏丹。苏丹将于十点钟在谒见厅接见我们，我们走着走着，看见他和他的随从们从他的住处出来了，他的住处在谒见厅一侧的楼上，我们等了一会儿，请他先进。他由两个中年男子和一个随从陪同，一个人为他撑伞，这三个人看起来都乱糟糟的。谒见室是个又长又矮的房间，一头摆着一张色彩俗丽的宝座，宝座前有一张桌子，配了六把餐椅，桌子两侧，沿大厅摆着两溜椅子，我们被介绍给苏丹和两位摄政王。苏丹是个十三岁的男孩，长了一张马脸，象牙白的皮肤，大嘴，一笑就露出大牙和牙龈，一双机敏的眼睛，晶亮如小珠。他穿着黄色绸布的衣服，外套、裤子和莎笼，头戴一顶黑色的土耳其毡帽，上面装饰着镶有人造钻石的金布贴花，脖子上挂了很多条金绳、金链，还有一块金质的大勋章。两个摄政王都是他的近亲，头上裹着用灰绿色带图案的丝绸手帕做成的头巾，穿着深色的裤子，巴迪服[①]和莎笼。其中一个斜眼得厉害，戴着一副蓝色的眼镜。苏丹八岁的弟弟，面色苍白，被一个仆人领进来，会见期间，他一直坐在仆人腿上。苏丹时不时地看一眼那个斜眼的摄政王，看自己该怎么做，但他似乎很自信，一点也不胆怯。他坐首席，两个摄政王坐在他这一边，英国参政司和我们坐在另一边。他身后站着一群官员，穿得破破烂烂的。一个人捧着国剑，另一个人拿着长矛，第三个人托着个垫子，第四个人拿着敲槟榔的工具。本地烟分发给大家，这种烟大概有普通蜡烛那么大，婆罗洲的粗烟草用聂帕棕榈叶裹着，但他们抽得那么轻松从容。其余的内阁大臣坐在谒见厅两边的椅子上，似乎在专心听圆桌上的对话。苏丹身后，宝座旁边的黄铜大烛台上燃着两只巨大的蜡烛，它们大概是代表苏丹对我们纯洁的感情。那个小男孩，苏丹的弟弟，一直瞪大眼睛看着。摄政王代表苏丹向我们致以亲切的问候，参政司又代表我发表了长篇讲话，把我是谁，以及关于我的一切都告诉

① 巴迪服，马来西亚国服，是一种由蜡染花布做成的长袖上衣，没有衣领，袖子十分肥大，质地薄而凉爽，可以在各种场合穿着。

了他们。这之后，我们断断续续地聊了几句，双方都在找话说。然后摄政王作了最后的致辞，参政司优雅地予以回应，我们就告辞了。

参政司官邸后面的小山上长满了各种各样的树，由于自然因素造成的杂乱和随意，反倒让人觉得是一种巧妙的设计，看上去像中国古画中郁郁葱葱的山冈。

我们去了儿茶厂。厂子建在河边山脚下。各种各样的高脚屋，用粗劈的木头搭建而成，盖着波纹铁皮屋顶。工厂后面种着芭蕉、木瓜和各种树。工厂给人感觉勉强能用，或许是机会来了，匆忙上马，看上去杂乱无章，凌乱、邋遢，完全不像英美工厂那般整洁。儿茶是一种从红树皮中提取的用于鞣皮的物质，走在工厂里，确实能闻到淡淡的鞣料味。树皮先是被一种复杂的机器切碎，然后放进巨桶中，加水洗涤、熬煮，直到提炼出鞣酸，制好的儿茶是一种浓浓的红棕色的黏液，看着像糖浆，液体晒干后，做成又大又硬的儿茶饼。经理和他的两个助理住在山上各自的平房里，他们有一个小俱乐部，每当天色渐晚，他们就去俱乐部。俱乐部就是一间很长的屋子，一边摆着一张台球案子，剩余的空间里有一个小吧台、一张桥牌桌，还有一张桌子上堆着报纸，比如《每日画报》和《镜报》，还有杂志，比如《皇家杂志》和《河滨杂志》。一个男孩照看这个俱乐部，给客人们端茶倒水，同时充当台球记分员。这个地方很脏。经理胖乎乎的，戴一副角质框眼镜，镶了假牙，胡子刮得干干净净，一张晒成古铜色的方脸。他已经来这儿二十五年了，据说在当地人中间很有影响力。他喜欢在言谈间夹杂拙劣的法文。据说他很友善可靠。工厂就这三个员工，但他们相处得并不愉快，架吵得很凶。那个工程师快三十岁了，苏格兰口音很重，英格兰人不太容易听懂他的话。他中等个头，穿着一条粗斜纹布的灰裤子，又脏又破，和一条破旧的网球衫。他有一张好看迷人的脸，五官生硬，但并不讨厌，他有一双蓝眼睛，朦朦胧胧的，你以为他喝多了，但仔细看，再加上点想象力，那双眼睛又透着虚幻和悲戚。它们似乎很困惑，似乎这个人在东方看到了他理解不了的东西，你心想，这个简单质朴、没受过多少教育的苏格兰人觉察到了某种奇怪的东西，于是内心失去了平衡，在人生的大海上随波逐流。据说，他是个酒鬼，一喝醉就会变得讨厌、粗暴。第三个人，个子小，骨架大，沙色头发，大鼻子，极其沉默寡言。

纳闽岛[①]。你在一个小码头登陆，就上了沿海而建的主街。街上有中国人和犹太人的商店，各有特色。通常，一家店做两三样生意，你看到门的一边，敞开的窗户下，摆着牙科椅或理发师的家什，另一家店里，一个钟表匠正在工作台前干活，商店的其余部分卖罐装食品。有三四家店是从巴格达来的犹太人开的。有一家是普通的杂货铺，货郎的背包里有的东西，这里都卖，店铺后部，一个犹太女人斜靠在长椅上，这是个绝色美人，美得几乎令人难以置信。她半躺半坐，懒洋洋的，不管不顾，身上只穿了件褪色的粉色晨衣，赤着白白的脚。她有一张漂亮的鹅蛋脸，象牙肤色，一头乌黑的秀发，一双动人的大眼睛。她就像是从《一天零一夜》的某个夜晚走出来的一样，浑身散发出来的性感慵懒和丰满妖娆令人神魂颠倒。她的丈夫高个子，身材消瘦，留着大胡子，戴着眼镜，你经常能在伦敦东区见到这种犹太人，精明、狡诈，善于逢迎。

马来联邦。海上黎明。我恰好在天破晓时醒来了，于是走上甲板。霹雳州[②] 的群山灰蒙蒙的，山上的云也灰蒙蒙的，太阳升起来了，

---

① 纳闽岛，马来西亚沙巴州西南岛屿，位于文莱湾口东侧，包括附近七个小岛。

② 霹雳州，Perak，马来西亚在马来半岛的十一个州当中第三大的一个，位于马来西亚西北部的马泰边境。

有那么一刻，阳光将云朵染成粉色和金色，看上去像丁加奴[①] 的莎笼。

禾雀。禾雀混乱地拍打着翅膀，一群白色的鸟，像芜杂的思绪穿过脑际，没有理由，也没有次序。

参政司。他是个小个子男人，年纪在五十到五十二岁之间，灰白的头发，浓密的灰白的眉毛。他的侧脸很好看，可以想见，他年轻时是个帅小伙。如今，他的蓝眼睛倦怠了，薄嘴唇带着怒气。他说起话来像嘴里没牙，搞不懂他在咕哝些什么。据说，他很怯生，但给人感觉他只是不了解社会习俗。把一个人介绍给另一个人时，他很尴尬。他鼓不起勇气提前告辞，除非有人先迈出这一步。他勤勉、认真，但愚笨。他这种官员总是担心做错事，满脑子愚蠢的偏见，爱做官样文章。尽管已经在这儿待了三十年了，他几乎不会说马来语，他对这个国家不感兴趣，只想做好本职工作，让他的上级没理由抱怨他，等到有资格领取退休金那天，他就立马走人。他的脑子被鸡毛蒜皮的事占满了，根本不关注一般话题。他只关心本地事务，局限于俱乐部，以及他所辖地区的人员去来。

种植园主们。他们大多似乎属于两个阶层。多数是普通的粗人，比中产低一些，说英语时的口音糟透了，或者有很重的苏格兰口音。他们的想法粗俗，脑子里只有橡胶，橡胶的价格和俱乐部的运动。他们的太太要么很有教养，急于表现得像个淑女，要么喧嚣吵闹、过分亲昵。还有一类种植园主，他读过公学，可能也上过大学。他成为一名种植园主是因为，他在英格兰无以为生，而种植橡胶显然是无须培训或经验就能赚到钱的唯一职业。他经常急于让你认为他出身高贵，但除了他回英格兰休假时过的生活略有不同，他的言谈和兴趣与其他

① 丁加奴，马来西亚马来亚地区州名。

人如出一辙。所有种植园主似乎都对政府官员们抱有同样的情绪，其中混杂着敬畏、妒忌、蔑视和愤怒。他们会在背后讥笑政府官员，却又把在参政司官邸举办的游园会和晚宴看作生活中的大事。想在种植园主中找出一个有文化、爱读书，或与众不同的人太难了。

马来联邦。马克住在客栈里，他是从他生活的荷属婆罗洲过来的，希望把属于几个荷兰裔马来人的橡胶地卖给邓禄普公司。不过，只要有人买的东西，他都打算出售。他花大量时间劝说一个年轻的欧亚混血儿买辆汽车，还力图让新加坡的几个犹太人对黑钻石感兴趣，他声称自己能在婆罗洲搞到采矿权。在过去的三十五年中，他去过马来亚各地，从事过很多职业。他刚来的时候是个传教士，后来成了一名政府官员，为霹雳州做调查工作，后来做过种植园主和矿主，他还给很多欧洲公司做过代理。他似乎一事无成，现在快六十岁了。他高大魁梧，走起路来像个庄稼汉，好像靴子上粘了厚厚的泥巴。他紫红脸膛，蓝眼睛，红眼圈。他给人一种卑贱狡猾的印象。他讲起自己在马来联邦的故事，大多是某某人以这种或那种方式坑骗过他，给人感觉这个充斥着无赖的世界上只有他这么一个实诚人。他告诉我的唯一有价值的故事是，一个女人嫁给了一个男人，结果发现村里有三四个混血孩子是他的孩子，于是，她跟村长商量了一下，把他们全都溺死在河里了。他的话可能没一句是真的，但他讲这故事的时候带着一种冷嘲热讽的幽默感，令人印象深刻。

O。他是俱乐部的秘书，一个驼背的小个子男人，五十岁左右，做过很多年种植园主。他对世界和文学的了解超过大多数种植园主。种植园主的太太们时常抱怨流放生活的痛苦，他对此极为不屑。他说，所有种植园主都属于下中产阶层，大部分种植园主的太太有房子，有一群仆人，还有一辆汽车，其实，在柜台后面伺候人，她们更在行。

GR。他是政府的工程师，短小精悍，衣冠楚楚，五官鲜明，头发灰白。他做事一丝不苟，十足的军人和绅士派头。他在怀特岛[1] 有栋房子，他打算明年退休了就去那里住。他想找个营生干，比如养鸡，他希望靠这个打发时间，还能赚出十分之一的开销。他是一个典型的重服兵役的退役军官，十分尊重军人阶层的所有偏见。可以想象，他最终在文特诺[2] 安顿下来后会很好地融入退役军人这个群体。

P。他是个高大魁梧肥硕的爱尔兰壮汉，长着双下巴，他有一张红脸，卷曲的头发，爱尔兰人典型的蓝眼睛，说话时带爱尔兰土腔。他已经在这个州生活三十五年了，刚来的时候只是一名普通警察，现在是警察局长。最近，他又结婚了，娶了个漂亮的贝尔法斯特女孩，酒吧女招待那款的，比他的女儿还年轻。他四处转悠，心情愉快，脾气很好。他带我们去了监狱。我们在那里见到了犯人，长期服刑的人戴着脚镣，干各种活儿。有些人在淘米做饭，其他人在做木工活。在两个小牢房里我们见到几个死刑犯，他们盘腿坐在床上，身上只穿着一条监狱莎笼，一块脏兮兮的白布，犯人们自己做的，上面印着监狱的标志。他们什么也没做，瞪着眼睛，神色茫然。我们听说，在临刑前的三天，他们每天能得到五美元，可以用来买他们想要的任何东西，饮料或香烟。行刑那天早上，他们被带到院子对面洗个澡，然后被带到一个房间吃早饭，然后爬一小段窄窄的楼梯，就到了死刑室。犯人的头上套一个白罩，脸冲墙，天花板上的一个铁环上拴着一根绳子，绳圈套住他们的脖子，然后，行刑者抽掉他们脚下的活板的栓子。给我们讲解这个过程的是个粗俗的伦敦佬，小个子，牙断了，还褪了色，他娶了个日本老婆。我问他行刑是不是很可怕，他哈哈大

① 怀特岛，Isle of Wight，英国南部岛屿。英格兰的一个郡。靠近英吉利海峡的北岸，与大不列颠岛隔索伦特海峡。

② 文特诺，Ventnor，英格兰怀特岛上的一个海滨度假胜地。

笑，说不会影响他晚上睡觉。他告诉我，有个人第二天要被绞死，但被问到有没有什么想要的东西时，那人说："有，我想要个女人。"警察局长咯咯笑起来，"这家伙胆儿挺大，"他说，"当然，我是不会介意的，可是，你知道，不可能照他说的做，否则整个社区的人都会严厉谴责我。"

看犯人们洗澡挺有意思，他们一天洗两次澡。他们分批走到一个大水槽前，每个人分到一只桶，一声令下，他们便舀水冲洗四次，使劲搓身子，再一声令下，他们又冲洗四次，然后赶紧穿上干莎笼，给下一拨人腾地方。

夜幕下的槟榔树修长优雅，有着三段论推理那种憔悴的美。

LK。他的外号是"粉扑珀西"。他在牛津大学的贝列尔学院读过书，他一辈子都在跟种植园主和政府官员打交道，他比他们有教养得多，读的书也更多。他起初是个士官生，现在是校长。他是个非常棒的桥牌手，也是一个出色的舞者。人们抱怨他自负，他在社区激起了强烈的敌意。他的穿着打扮挺神气，他很健谈，说话也有趣，一股牛津大学范儿。他爱用俚语，但说的方式很聪明，同时透着有文化。他有一套自己的语汇。他长得好看，有一张知识分子的面孔，既可以在牛津剑桥当个年轻的教员，也可以在夜总会做个职业舞者。

C是个学究气十足、勤奋好学、一丝不苟、正派且乏味的男人。他的妻子浅薄、轻浮。他很能干，在新加坡地位显赫。有一对夫妻住在他们家附近，那个丈夫五大三粗，成天嘻嘻哈哈的，那个女人过分拘谨，和C一样正派且乏味。他们都是中年人。一天，令所有人惊奇的是，他们俩私奔了。被抛弃的这两位提起了离婚诉讼，后来，他们也各自结了婚。C丢了饭碗，跟那个同他一起私奔的女人住在英格兰，生活拮据，新加坡方面对此很满意，唯一美中不足的是，据说，这对儿过得无比幸福。

走着走着，我想到一条大路，有时会在梦中见到，一条盘旋上山的路，和我脚下的这条一样，通向一座城市，我也不知道我为什么那么急切地想要走到那儿去。路上的男女行色匆匆，我经常醒来发现自己已经起身，走了半个屋子，渴望加入到他们中间。城市清晰可见，矗立在山顶，四周环绕着带城垛的城墙。那条路洁白宽阔，曲曲弯弯，直抵巨大的城门。空气清新芳香，天是蓝的。他们急着赶路，男人、女人、小孩不互相交谈，只专注于目标，满脸期待，也不左顾右盼。他们脚步匆匆，明亮的双眼中透出渴望。我不知道他们在期待什么。我只知道他们被某种迫切的希望驱使着。这座城有点像埃尔·格列柯笔下的那些城市，矗立于岩山之巅，当一道闪电撕裂夜空，人们抖抖索索地看到那些灵魂之城。但这些城市的街道狭窄蜿蜒，乌云将它们围裹。而我在梦中见到的城市阳光灿烂，街道宽阔笔直。我隐约知道那些神秘之城里的人是做什么的，了解他们的行为举止，他们给痛苦的心灵带去的安慰，可是，我这座城里的人呢？他们到底是怎样的人？为什么路上那些人满怀激情地寻找它？我不知道。我只知道，尽快赶到那里对我来说很重要，当我终于溜进城门时，幸福就在那里等着我。

诗句。

我无法忍受失去你，
或者我们从此分离，
但我知道，你放荡的心中
对我既无柔情，亦无爱意……

我见你给了许多人多余的亲吻，
而当我试图打破束缚我的桎梏，
你却用细柔的手臂缠绕我的脖子
不肯让我离去。
当你假装爱我时，我谦卑地感谢你。
我用黄金买下你吝啬的嘴唇。
我原以为可以爱到死的爱已死……
啊，你神气的力量哪里去了？
曾经你微微一笑，天空便变成金色，
曾经你一句无心之语，乌云便遮蔽夏日。
爱的苦涩不在生死别离，
而在倦意。我的激情已熄……
仿佛烈日干涸了河水。
我看着我空落落的心，沮丧地萎缩……
我的灵魂是一片沙漠，寂静中，
狂风吹着不毛之地。
夜鸟在帝王的陵冢间筑窝，
我悲伤的目光停留在你身上。我懊悔
我的疼痛、我的极乐、我的痛苦，我的狂喜。

1930年

尼科西亚[1]的寄宿公寓。这里提供的食物是在贝斯沃特[2]的私人旅馆里能吃到的那种典型的英国食物：汤、鱼、烤肉，还有一份甜点，乳脂松糕，或面包布丁。星期天有美味的酿馅鸡蛋。公寓里有两个浴室，安了用柴火烧水的锅炉。房间里摆着小铁床和漆成白色的廉价家具。地板上铺着几块像马毯的小地毯。客厅的几把大椅子上盖着印花棉布，桌子上铺着马耳他抽纱布。灯很亮，但放的地方不方便看书。晚上，客人们聚在一起玩红心大战，赌额极小。大家说说笑笑，很热闹。老板是个希腊矮胖子，英语说得不太好，一个矮小的希腊男孩在餐厅里帮忙，他的眼睛很漂亮，嘴里镶了一颗金牙。

房客们。一个军人，前龙骑兵，非常绅士、有礼貌。他有结核病，要么住在里维埃拉的膳宿公寓里，要么在近东[3]游荡。他又高又瘦，五官鲜明，头发有点稀，贴在头皮上。一个上了年纪的胖妇人，满头白头，极其活泼轻浮。她就是所谓有男人缘的女人，她跟餐厅另一头的客人们相互揶揄打趣。她经常哈哈大笑，很是轻佻。一个来自埃及的商人和他矮胖的妻子。他有一张红扑扑的脸，斑白的头发，留

---

①尼科西亚，Nicosia，塞浦路斯首都。

②贝斯沃特，Bayswater，地名，位于伦敦西部的威斯敏斯特市。

③近东，欧洲人指亚洲西南部和非洲东北部地区，但伊朗和阿富汗除外。

着列兵的发型，可能是行伍出身。一位老先生，戴了副金边眼镜，慢悠悠地游历欧洲，研究社会福利。他给小报社撰稿，同时收集资料，准备写一本关于工人阶级社会状况的书。他不聊别的。他有一肚子老故事，总想告诉别人，别人总是拦着不让他说。两位身材苗条的女士弱不禁风，大部分时间闭门不出。她们每顿饭前都要鸡尾酒，其他女士觉得很奇怪。一个矮胖的老头儿，留着尖尖的白胡子，戴眼镜，他在日本生活了四十二年。他的公司受到了地震的冲击，付不出工资，于是解散了。他回到英格兰，打算和女儿一起生活，他在哈罗[①] 买了套房子，准备在此和女儿女婿一起度过余生。她六个月大时被送回欧洲，从此他就没再见过她，他和她一起生活后才发现他们完全是陌生人。两个人产生了摩擦，于是他把房子留给她，自己去了近东。他怀念日本，想回去，但感觉过不起从前他习惯的那种生活了。他来这儿的俱乐部，看看报纸，打打台球。晚上，他在旅馆玩单人纸牌，或者听别人聊天。他很少加入谈话中来，显然，他感觉自己是个局外人，但听到别人你一句我一句地开玩笑，他也会咯咯笑。他只是在等死。对所有人来说，互相开玩笑是主要话题。寄宿公寓的房费是每天十先令。

纽约。她是一个富婆的秘书，住在一家小旅馆里，一个英国诗人的父亲也住在那里。她十分仰慕那位诗人，看在他的分上，她像朋友一样照顾他的父亲，这个父亲贫穷、酗酒，且声名狼藉。他爱他的儿子，并以儿子为荣。后来，这位诗人来到纽约，住在她的雇主家。她确信他不知道自己的父亲生活有多困窘，知道的话，一定会解囊相助。然而，日子一天天过去了，他没有任何想见父亲的意思，终于有一天，她替他回信时告诉他，她认识他父亲，其实，他们就住在同一家旅馆，他父亲特别想见他。“哦？”他说，然后继续口授信件。她

① 哈罗，Harrow，伦敦哈罗区的一个大镇，位于伦敦西北郊。

很震惊，觉得必须把这件事告诉那位老人。老人听后咯咯笑了起来。“他以我为耻。”他说。“他是个糟糕的诗人。”她气愤地说。“不，”他回答，“他是个糟糕的人，但仍是一位伟大的诗人。”

对于作家来说，不懈地研究人性至关重要，我有一个毛病，觉得这事非常讨厌，这需要极大的耐心。当然，有些人个性鲜明，他们就像一幅已完成的画作，精确明晰地展现在你眼前，供你观察，他们是“角色”，引人注目、生动别致的人物形象，而且，他们常常乐于展现自己的特性，他们自娱自乐的同时，也想让你分享他们的快乐。他们从普通人中间脱颖而出，同时具有特殊分子的优缺点，他们身上生动的东西容易显得不真实。研究普通人就完全是另外一回事了。他模糊不清，难以界定。有那么一个人在那儿，他有自己的性格，独立自主，身上有千百种特性，但那个画面是朦胧混乱的。既然他不了解自己，关于他自己，他又能告诉你什么？无论他多么爱说话都表达不清。无论他身上有什么宝贝，本可以拿出来献给你，他却有效地藏起来，因为他不知道那些东西是宝贝。如果你想像雕塑家把一块石头变成雕像那样，通过这些拥挤的影子塑造出一个人，你需要有时间、耐心、中国人的足智多谋，以及其他十几种特质。你必须准备听上好几个钟头他对二手信息的转述，然后抓住他无意中流露的某个暗示或某句漫不经心的评论。真想了解人，必须对人本身感兴趣，而不是为了自己的某个目的，这样，你就会在乎他们说的话，因为那是他们说的。

外体。小说家们要面对的一个难题是如何描写人物的外貌。当然，最自然的方法是开列一份正式的目录：身高、肤色、脸型、鼻子的大小和眼睛的颜色。这些信息可以一下子全给出来，也可以在机会出现时提一下，某个显著的特征可以在适当的时候反复提及，以引起读者的注意，加深读者的印象。可以在介绍人物时说，也可以在已经激起了读者对他的兴趣的时候再说。但不管怎么说，我都不相信读者会有什么清晰的印象。老一辈的小说家在列举人物的身体部位时十分精确，然而，如果读者能见到他如此详尽描写的人物的本尊，我不相信读者认得出来。我认为读了那些文字，我们很少能在脑海中形成一个确切的形象。只有当插画家把他们直观化了的形象强加给我们，我们才能清晰确切地知道小说中那些伟大的人物长什么样，比如菲兹①画的匹克威克先生和坦尼尔② 画的爱丽丝。给各种特征开列一个目录当然无趣，于是很多作家通过印象派的手法给他们的描写注入活力。他们全然忽略了事实。谈到人物的外貌，他们或多或少流露出机智，仅凭几个警句，或某个活泼的旁观者被打动后的反应就期望读者能在脑海中构建出一个人物形象。这种描写往往读起来很愉快，这是冷静地列举特征做不到的，但我怀疑它们能否有更大的作用。我觉得这种活泼背后隐藏着这样一个事实，这个人物究竟什么样，作者自己也不是很清楚。他们逃避困难。有些作家似乎没有意识到身体特征的重要性。他们似乎从未发现它们对性格的影响有多大。对于一个身高五英尺七英寸的人和一个身高六英尺二英寸的人来说，这个世界完全是两个截然不同的地方。

---

① 菲兹，Hablot Knight Browne，1815—1882，原名哈布洛特·奈特·布朗，笔名菲兹，英国艺术家、插画家。

② 坦尼尔，Sir John Tenniel，1820—1914，英国漫画家和插图画家。1851 至 1901 年专为《笨拙》周刊作政治讽刺画，其中最有名的连环画是讽刺俾斯麦辞职的《甩掉领港员》。为《艾丽丝漫游奇境记》和《镜中世界》所作的插图蜚声国内外。

1933年

蒙特塞拉特[1]。像一首诗，粗粝艰涩，诗人强押险韵，斟酌各种手法，努力让他的诗句承担意味深长的美，和文字所无力表达的思想力量。

萨拉戈萨[2]。小礼拜堂里光线昏暗，圣坛上点着几支蜡烛，两三个女人和一个男人跪在圣坛的台阶上。圣坛上方是一尊彩饰基督受难像，几乎真人大小。他低低的眉毛，浓密的黑发，蓬乱的黑色短须，看上去像个阿斯图里亚斯[3]农民。在小礼拜堂一个阴暗的角落里，一个女人远离他人，独自跪在那里祷告，她没像通常那样十指交叉放在胸前，而是手心向圣坛摊开，双臂微微张开，仿佛托着一个看不见的大浅盘，里面盛着一颗痛苦的心，作为祭品献给上帝。她长了一张长脸，皮肤光滑，没有皱纹，一双大眼睛凝视着圣坛上方那个雕像。她的姿态中流露出无限的哀婉，一个孤立无援、困惑悲伤的哀求者在向

① 蒙特塞拉特，Montserrat，位于巴塞罗那西北六十公里处。群山中有著名的蒙特塞拉特修道院。

② 萨拉戈萨，Zaragoza，阿拉贡地区的政治和经济中心，西班牙第五大城市。

③ 阿斯图里亚斯，Asturias，阿斯图里亚斯自治区，西班牙的自治区兼省之一，拥有3500多年历史。

主求助。你也许会说，她不明白为什么要由她来承受这种痛苦。我不认为她是在为自己祈祷，我想，她是在为另一个人求情。也许是为她有生命危险的孩子，为她的丈夫，为她被监禁或流放的情人？她依旧一动不动，眼睛一眨不眨地盯着垂死的基督的脸。耶稣像不过是个简陋的象征，她热切恳求的并非这个象征的真身，而是那个人造的阴森、逼真的雕像。从她的眼中可以看出，她完全遵从顺服上帝的旨意，尽管如此，她信心满满，她深信，只要打动那个木头身体里的那颗心，那个木头雕塑就会安慰她，向她伸出援手。她的脸上闪着虔诚的光。

关于牟利罗[①]，除了他不像巴尔德斯·莱亚尔[②]那么差劲，除了他的画用来装饰圣殿很好，就没什么可说的了。从任何其他角度来看，他的画都是无足轻重的。他的构图讨喜，他运用的色彩柔和漂亮，他松弛、感伤、优雅、肤浅。然而，当你在他绘制那些作品的地方看到那些画，昏暗的光线下，镶在华丽的画框里，礼拜堂浓郁的色调补足了画作的色彩，你无法否认它们确实有了不起的地方。它们对过度悲伤和病态的虔诚有吸引力，这是西班牙人暴力、粗鲁和残忍的另一面。动不动就泪水滂沱，喜爱孩子，随随便便爱慕一个漂亮姑娘，一半出于迷信的仁慈，这些特点都可以在普通的西班牙人身上找到，牟利罗的画吸引的就是这类人。

《塞莱斯蒂娜》[③]。这本书读起来挺有趣，但如今很难令人兴奋了。

---

① 关于牟利罗，Bartolomé Esteban Murillo，1618—1682，巴洛克时期西班牙画家。

② 巴尔德斯·莱亚尔，Juan de Valdes Leal，1622—1690，十七世纪塞维利亚画派的最后一位伟大的画家，同时也是西班牙画坛一位怪杰。

③《塞莱斯蒂娜》，又名《卡里斯托与梅丽贝娅的悲喜剧》，1499年出版，大约是费尔南多·德·罗哈斯在萨拉曼卡写下的作品，由于其中那对悲剧情侣以及专事牵线搭桥的老淫媒塞莱斯蒂娜这一令人难以忘怀的人物而成为现代戏剧最重要的先驱之一。这是一部被普遍视为对话体小说的悲喜剧，标志着西班牙中世纪文学的终结与文艺复兴时期文学的开端。有人视之为仅次于《堂吉诃德》的西班牙文学中最伟大的杰作。

它有历史价值，似乎既是流浪汉小说，也是西班牙戏剧的先驱。许多后来的作家不断重复强调其中的某些人物。但文学史家们谈论这本书的措辞太夸张，把它称作一部伟大的杰作是荒谬的。书中错综复杂的情节空洞愚蠢。有人称赞对话自然确定，语言简单地道，但每个人都以同样的方式表达自己的想法，经常使用至理名言，这是西班牙文学的流弊，就连塞万提斯也有过度使用的毛病。幽默全是一个模式的，塞莱斯蒂娜是这部悲喜剧中的主要角色，也是其中最生动的人物，作者让道德箴言从这个老淫媒的嘴里说出来，这种幽默手法既粗俗，又荒唐，连引人微微一笑都很少做得到，笑点低的人才会哈哈大笑。某些场景写得欢乐生动，你会认可，但绝不会激动不已。尽管讲的是一个年轻的骑士和一个出身高贵的少女的爱情故事，极端的情感引发许多喧嚣骚动，但整本书从头至尾也没让人体会到刺激的激情。这是一个爱情缺席的爱情故事。这简直是一场灾难，卡利斯托是个蠢货，梅丽贝娅是个笨蛋，不过是个女学究式的笨蛋，情人死了，她万念俱灰，准备从塔顶上纵身一跃，就在这个时候，她还有心思停下来，学着普鲁塔克[①] 的样子，发表一番感慨，反思人世的无常，且引经据典。

这本书名气大，应归因于时代的偶然，而非本身的卓越。

塞维利亚[②]。向晚，乡下，天上的光泛着温暖的金黄，牟利罗就是用这种光环绕圣徒的。地平线上，一小朵一小朵的白云，仿佛围绕在荣耀的童贞女身旁的小天使。

斗牛场里的观众。炎夏，千百把各色纸扇一齐摇动，仿佛一群蝴

---

① 普鲁塔克 Plutarchus，约公元 46 年—120 年，罗马帝国时代的希腊作家、哲学家、历史学家，以《比较列传》（又称《希腊罗马名人传》或《希腊罗马英豪列传》）一书闻名后世。

② 塞维利亚，Sevilla，西班牙西南部古都和工商业、文化中心，安达鲁西亚自治区和塞维利亚省首府，是西班牙第四大城市，也是西班牙唯一有内河港口的城市。

蝶忽然振翅高飞。

巴尔德斯·莱亚尔。他的画面如液体流动，模糊的色调连绵成一片，没有任何意义，感觉像一张对焦不准的照片。人物的身体里没有骨头。巴尔德斯·莱亚尔没有构图能力，他的画没有架构。巨大的画布似乎是被随意填满的。颜色暗浊俗套。我们得承认，他还是有一定的想象力的，不过是反宗教改革那种拙劣、夸张的想象。

安达卢西亚[①]。月亮低悬在天上，像白脸小丑懒洋洋地倚靠在马戏团的墙上。

汽车疾驰而过，收获月在林间轻快地进进出出，像一个快活的胖女人在玩捉迷藏，她的狡黠很怪异，但又着实迷人。

汽车的喇叭声和排气管的轰鸣声刺透了夜晚，就像日本参差不齐的山峰耸入无云的天空。

MP。他把面包扔在水面上[②]，确信会有四倍的回报，但以防天意疏忽，他特意在面包上系了根绳，有必要的话，就把面包拽回来。

在每一种艺术发展的过程中，从纯真的魅力过渡到老练的优雅都会有一个间歇期，完美就是在这个时候产生的，但无趣也是间歇期的产物。因为到了这个时候，艺术家的技艺已臻成熟，想要避免写实的

---

① 安达卢西亚，Andalucía，安达卢西亚位于西班牙最南的历史地理区，也是西班牙南部一富饶的自治区。南临大西洋、直布罗陀海峡和地中海。

② 把面包扔在水面上，throw one's bread upon the waters，不期报答地做好事，真心行善的意思。

乏味，有与众不同的个性才行。

可以对比一下拉斐尔的早期作品如春天般的愉悦和梵蒂冈的拉斐尔画室的奢侈华美，但他画得像朱里奥·罗马诺[①] 时，他的画作就空洞了。

完美之后随之而来的就是退化，这总会给人不适感。

艺术家天性超然、自由，神秘主义者则通过克制欲望来达到这种境界。

和力求获得神性的神秘主义者一样，艺术家的精神也是超然世外的。

大强度的活动会钝化行为者的罪恶感，只有当活动受挫后，他的良心才有机会受到折磨。

文艺复兴时期的艺术作品将它所能给予你的一股脑地呈现在你眼前。它平和、健康、宁静。它比任何一种风格都更接近完美。它是刺激的，但刺激的不是想象力，而是一般意义上的幸福感。它就像春天一个阳光明媚的早晨，给人一种肉体上的满足感。

科尔多瓦[②] 。波特罗广场。这是一个狭长的地方，两边是小白房子，尽头有一条河。靠近上游的地方有一眼喷泉，基座上是一匹奔马的雕塑。住在附近的人拿着陶罐来这里打水，他们用一根空竹管接喷

① 朱里奥·罗马诺，Giulio Romano，约 1492—1546，意大利文艺复兴晚期画家、建筑师。他是拉斐尔的徒弟，对由米开朗琪罗和拉斐尔引入的样式主义进行了深化和革新。

② 科尔多瓦，Córdoba，西班牙南部城市，科尔多瓦省首府。原为腓尼基人和迦太基人古城，公元前二世纪为罗马人殖民地。公元八至十一世纪曾为科尔多瓦哈里发的都城，城市繁荣。十二世纪起是西班牙王国的重要军事基地。科尔多瓦是一个拥有无数文化遗产和古迹的城市。

口里的水。驴和马饮水池里的水。抬眼向左边看便是马驹客栈。从正面看，这就是一座简朴的房子，二层楼，刷成白色，有一扇大门，夜间关闭，但里面有个大院子，草草铺的地面很不平整。客栈里有几间马房，每间的大小仅能容下一匹马，马夫或马童睡在旁边。现在也就剩两三匹马了。其中一间被一个流动花贩占着，他叫卖着回到客栈。一条宽阔的拱道从院子通向街道，女孩们在那儿熨亚麻布。客栈里有两间公用的小厨房。一段粗糙不平的石阶通向楼上。四周是伸出去的木制阳台，栏杆摇摇晃晃，要散架了似的，这个阳台通向房间。塞万提斯在这儿住过。

拉曼查[①]。橡树林沿着微微起伏的乡间大地绵延了好几英里。橡树并不太高，也说不上壮丽，但它们看着无比茁壮，树干多瘤扭曲，给人感觉有一把子粗暴的力气，它们凭借着坚毅的精神对抗时间和风雨的侵袭。

目之所及，连绵数英里都是一条条单调的犁沟。

有时，你碰到一个正在犁地的农民，他用的是一把木犁，像古罗马时期的东西，两头骡子拉着。有时你会碰到一个骑驴的农民，或者一对父子同骑一匹马，儿子坐在后面。冷风呼呼地吹，他们裹着棕色的毯子，身子缩成一团。有时，你碰到一个牧羊人，身上裹得严严实实的，看着一群绵羊，绵羊们在啃稀疏的草，或者看的是一群山羊，它们更分散，也更好动。这些牧羊人是消瘦的老人，胡子刮得很干净，浅色的小眼睛，目光敏锐，他们朴实的脸瘦削、精明、沟壑纵横，冬天的苦寒和夏日的炎热似乎把他们催干了。他们行动迟缓，想必也寡言少语。

村子里的房子是用石头和黏土砌成的，和贫瘠的土地一个颜色，

---

① 拉曼查，La Mancha，西班牙中部裸露的高原。该地区几乎完全保持着塞万提斯小说《堂吉诃德》中描述的景观，许多村庄与堂吉诃德的故事有关。

看上去就像一个个临时的庇护所，很快便会土崩瓦解，回归脚下的土地。

埃纳雷斯堡[①]。这里有一个带拱廊的大广场，一条带拱廊的街道，还有外观朴素的两层小楼。这是一个空空荡荡、死气沉沉的小城。只有几个人稀稀落落地在街上溜达，一头骡子拉着一辆大篷车，一个小贩骑在马背上，两边各有一个大筐。埃纳雷斯堡大学有一个漂亮的天井，建筑正面是银匠式风格，艺术性不太高。其他的街道狭窄、灰暗、安静。

《宫娥》。最先打动人的是它的快乐，然后你意识到这种效果来自日常的暖光，这光线奇迹般地笼罩了这些人物。委拉斯凯兹[②] 所有的作品中，这幅最能体现他欢乐且平和的天性。这幅画是欢乐的，这是安达卢西亚人最珍视，也是他们最典型的性情。

委拉斯凯兹怀着莎士比亚的精神描绘侏儒和傻瓜，开心起来毫不掩饰，轻轻松松，对他们的畸形或悲惨的命运没有丝毫的恐惧。他是个很阳光的男人，他知道，上帝创造这些令人厌恶、发育不全的家伙就是给王公们当玩物的，所以他怀着愉快的心情看待他们。

委拉斯凯兹从没在哪幅肖像画中暗示过对模特的看法。他只相信表面的东西。他的魅力似乎也与一种快乐的无情有关。我想，没有人会否认他绝妙的技巧，有些公主的裙子令人赞叹，人们欣赏之余，内心略有不安，忍不住问自己，如此惊人的技巧究竟有多大价值，这会让人想起有的作家冷静地说了一番精致的话，但没一句是要紧的。没

① 埃纳雷斯堡，Alcalá de Henares，马德里自治区仅次于马德里的第二大城市。这座城市为西班牙最早建立的主教辖区之一，其埃纳雷斯堡大学城及历史区于 1998 年被列为世界文化遗产。

② 委拉斯凯兹，Velazquez，1599—1660，十七世纪西班牙画家，当之无愧的巴洛克大师。代表作有《教皇英诺森十世肖像》《镜前的维纳斯》等。

有理由轻视广度，重视深度，但我们抗拒不了这种冲动。委拉斯凯兹或许是肤浅的，但他肤浅得盛大。他的人物构图多么巧妙啊，画面多么悦目！他是有史以来最伟大的宫廷画家。

伦敦。理发师。他十六岁那年得到的这份工作。他长得人高马大，人们误以为他十八岁，他自己也是这么说的，他一头蓬乱的金色鬈发，正是这头浓密的头发鼓励他入了这行。他很喜欢读诗，每周日——那时候，理发师一周工作六天——当时他对哪个诗人感兴趣，就去和这个诗人有关的地方朝圣。他读《失乐园》的时候去了查尔芬特 - 圣贾尔斯[①]；他去看了济慈的出生地和柯勒律治住过的房子；他去了斯托克波吉斯[②]，在给了格雷灵感写出《挽歌》的墓园中漫步。他有可爱天真的热情。他把余钱都花在买书上。他在 A.B.C.[③] 吃午餐，一边吃着黄油司康饼，喝着咖啡，一边翻看一本宝贵的诗集。他就是在 A.B.C. 遇到了那位后来成了他妻子的姑娘。她在丹佛街一家裁缝店工作。后来，他们有了一个儿子。当年他追求他妻子的时候，她钦佩他是因为他喜欢读书，但婚后看他总是在那儿聚精会神地看书，她就不耐烦了。他下班回家，他们吃完晚饭，她想让他带她出去散步，或者看场电影。他们结婚七八年后，战争爆发了。他参了军，受一个常去他那儿刮脸的客人的影响，他跟着装甲部队去了俄国。战争期间，他一直在国外。战争结束时，他在罗马尼亚。最后，他回来了，重操旧业。他依然年轻，才三十三岁。想到一辈子就这么给人剃头刮脸，他很沮丧，但他不知道自己除此之外还能干什么。他只会这个，给人剃

① 查尔芬特 - 圣贾尔斯，Chalfont St Giles，英格兰白金汉郡东南村庄，距伦敦四十公里。1665 年伦敦大瘟疫期间，约翰·弥尔顿隐居此地，写下了诗歌《失乐园》和《复乐园》。

② 斯托克波吉斯，Stoke Poges，英格兰白金汉郡南部村庄，据信为格雷的《墓园挽歌》的背景地。

③ A.B.C.，指由伦敦面包公司 Aerated Bread Company 经营的一家大众咖啡馆。

头刮脸。他和妻子的关系没有他走之前那么融洽了。他妻子觉得，回来了还能有这样一份好工作，他应该感恩。她觉得他想入非非、异想天开。她太满足于现在的生活，他无法忍受。他意识到必须努力赚钱，过上体面的生活，供养妻儿，这是他逃避不了的现实。他儿子现在十岁了。他开始厌恶他的客人。我问他还读不读书。他摇摇头。“有什么用？”他说，“反正也给不了我什么。”“读书可以带你走出自我。”我回答。“也许吧，但我总是要回来的。”现在他只剩下一件事了，他下定决心要给儿子他自己拒绝享受的自由。他在精神上垮掉了，他不抱任何希望了，但他怀恨在心，恶狠狠地盼望他的儿子能为他的幻灭报仇。他儿子长大后也干了理发这行，不过是给女人理发，因为报酬更高。

秘诀。年轻人都很认真。他这个年轻人有一张好斗，但特别迷人的脸，一头浓密的棕发，梳成大背头，为了赶时髦，让头发看上去油光锃亮，他抹了很多头油。他的爱好略微偏文，他问我怎么写警句。由于他是航空队的，我这样回答似乎再自然不过了：“你只要在陈词滥调上翻个筋斗，再从字里行间下来。”他皱起眉头，反复琢磨我这句话。高度重视我的话，是对我的赞许，其实，我只想让他报以微笑。

有一位夫人有个爱好文学的儿子，她曾问我，如果他想成为一名作家，我会建议怎么训练他。我估计这个提问者不会把我的话太当回事，于是这样回答：“每年给他一百五十磅，给他五年时间，让他见鬼去吧。”后来我琢磨过，觉得这个建议比我想象的还要好。有这样一笔收入，年轻人不至于挨饿，但也不足以让他享受舒适的生活，舒适是作家的死敌。有这样一笔收入，他可以周游世界，比起手头更宽裕的人，他看到的生活更多面，也更多彩。有这样一笔收入，他会经常身无分文，为了赚出食宿费，他要被迫辗转于各种有趣的工作之间。他要尝试各种职业。尽管很多非常优秀的作家生活在狭小的天地里，他们写得很好是不顾环境的影响，并非环境使然；许多老姑娘一年中的大部分时间在巴斯度过，她们也写过小说，但简·奥斯丁只有一个。作家最好将自己置身于这样的环境当中，这样他才能尽可能多地经历人生的盛衰沉浮。任何事都无须深入研究，凡事都可稍加涉猎。我希望他依次做一下补锅匠、裁缝、士兵、水手；我希望他恋爱再失恋，希望他挨饿、醉酒，在旧金山和粗人们打牌，在纽马基特[1]跟赛马探子打赌，在巴黎和公爵夫人调情，在波恩和哲学家们辩论，在塞维利亚和斗牛士们一起驭牛，在南太平洋和卡纳卡人一起游泳。没有什么人不值得作家去了解，任何事都对他有用。哦，有文学天赋，二十三岁的好年纪，眼前有五年的时间，还有每年一百五十磅的收入，多好啊！

他们都死了。他们是兄弟俩。一个是画家，一个是医生。画家确信自己有天赋。他傲慢、易怒、自负，瞧不起自己的兄弟，说他是个不懂艺术的俗人，还多愁善感。但他几乎赚不到什么钱，要不是兄弟接济他，他早饿死了。奇怪的是，尽管他的样貌举止笨拙粗野，画的却是甜俗的画。偶尔，他也能办次展览，总能卖出去两三幅，绝不会更多。终于，医生意识到他兄弟根本不是什么天才，不过是个二流画家。他作出了那么大的牺牲，这对他来说挺残酷的。后来，他死了，把财产全部留给了兄弟。画家在医生家里发现了二十五年来所有他卖给陌生买主的画。起初，他很不解，后来仔细想想，他恍然大悟：这个狡猾的家伙想搞投资啊。

对于一个英国观众来说，极端的爱情多少有点荒唐。爱得不够节

① 纽马基特，Newmarket，英国萨福克郡一城镇，距伦敦约六十五英里。赛马起源于英国，英国赛马活动则起源于纽马基特。

制相当于将自己置身于一场闹剧。

人到中年。我想，我比大多数人都更在意年龄。我的青春在不知不觉中溜走了，变老的重担压在我的心头。因为这些年，我见过不少世面，游历了很多地方，我读的书不可谓不广，脑子里又充斥着各种超乎年龄的东西，所以我总是比同龄人显得老些。但直到 1914 年战争爆发，我才隐约感觉到我不再是个年轻人了。我惊恐地意识到，四十岁的人已经是老家伙了。我安慰自己，心想，这只是出于军事需要，但不久后的一次经历让我对此确信不疑。我和一个我认识了很久的女人一起用餐，在座的还有她十七岁的侄女。午饭后，我们搭一辆出租车去某处。那个女人先上的车，然后她侄女也上了车。那姑娘坐在折叠椅上，把后排她姑妈旁边那个空座留给了我。这是年轻人对一位不再年轻的绅士的礼貌，这是反女权的。我意识到，她给予了我这个年龄的人应得的尊重。

承认年轻人不再把你当成同辈看不是多么令人愉快的事。你属于另一代。对他们来说，你的人生路已经走完了。他们可以仰慕你，他们可以钦佩你，但你和他们不是一伙的，他们终究会发现与同龄人为伴更惬意。

不过中年也有中年的好处。年轻人会被舆论束缚住手脚。中年人则享受自由。我记得离开学校后，我对自己说："从此以后，我想什么时候起床就什么时候起床，想几点睡觉就几点睡觉。"当然，这是个夸张的说法，我很快就发现，文明人是戴着枷锁生活的，只能说稍微独立了一些。一旦有了目标，为了达到这个目标，必定要牺牲掉部分自由。但人到中年时，你已经认清，为了实现期望中的目标，牺牲多少自由才是值得的。小的时候，我为羞涩苦恼，中年大大缓解了这种痛苦。我向来体力不济，路走多了就会疲累，但我强忍下来了，因为我羞于承认自己的弱点。现在我不这么想了，省却了许多不适。我一向讨厌冷水，但有很多年，我坚持洗冷水澡，在冰冷的海水中游泳，因为我想和别人一样。我经常从高得让我紧张的地方跳水。我玩游戏不如人，这让我很没面子。有什么东西不知道，我也羞于承认自己的无知。我很晚才发现说“我不知道”很容易。我发现到了中年，再也没有人指望我走二十五英里的路，打一场不让杆的高尔夫球赛，或者从三十英尺高处跳水。这些都有好处，让生活更愉快。但即便如此，我也不在乎了。非要和别人一样不可，这是青年不快乐的原因所在，而让中年尚可忍受的则是与自身和解。

生活无法让自己百分之百满意就通过想象来弥补。无穷的需要强迫人们放弃满足许多最根本的本能。但人很难做到放弃，对荣誉、权力和爱情的欲望落空时，他们运用幻想来欺骗自己。他脱离现实，躲进人造的天堂，在那里，他的各种欲望都能得到满足，没有任何阻碍。他虚荣地认为这个心理过程有特殊的价值。在他看来，运用想象力是人类最崇高的行为。然而，想象就是失败，因为这相当于在现实面前认输。

小说家的素材。小说家总是面临这种危险：随着他对这个为其提供主题的世界了解越多，随着他全面掌握各种思想，并使之产生连贯性，随着他更准确地运用各种写作技巧，他会对总的来说构成他的写作素材的各种经验失去兴趣。当年龄、智慧或餍足感的增长阻止他过多考虑大部分人在乎的事情时，他就迷失了。常理认为不太重要的东西，小说家必须相信它们是重要的，而且要保持这种孩子气。他绝不能完全长大，他必须对不再属于这个年龄的东西始终感兴趣。一个五十岁的人仍十分严肃地对待埃德温对安吉丽娜[①] 的激情需要一种特

---

① 埃德温对安吉丽娜，Edwin and Angelina，奥利弗·哥尔斯密的民谣作品《隐士》中的男女主角。该民谣叙述了穷小子和地主女儿之间的爱情故事。

别的性情。一个人如果意识到人事的琐碎平凡，他身体里那个小说家就死了。你时常能觉察到，某些作家意识到自己身处这种困境，他们有多沮丧，你也能看到他们是如何应对的：有的时候他们从不同的主题中寻找意义；有的时候他们放弃生活，选择幻想；有的时候，他们与过去纠缠太深，摆脱不了现实的罗网，他们就凶狠地讽刺旧素材。于是，乔治·艾略特和赫伯特·乔治·威尔斯放弃了被诱惑的少女和含情脉脉的办事员，转向了社会学；托马斯·哈代从《无名的裘德》[①]转向了《列王》[②]；福楼拜从描写一个外省感伤主义者的桃色事件转而写出《布瓦尔与佩居榭》这么残忍的故事。

艺术品。有时看着音乐会的听众或画廊里的人群，我会问自己，看到这些艺术品他们到底有怎样的反应？显然，他们时常感触颇深，但我看不到这些感触对他们有什么影响，倘若没有影响，艺术品的价值就是微小的。对他们而言，艺术只是一种消遣或逃避。艺术可以让他们从工作这个存在的理由中暂时抽出身来喘口气，当他们对现实失望时，艺术可以安慰他们。艺术就像工人在劳动间歇喝下的那杯啤酒，就像娼妓偷空喝下的那口杜松子酒，可以让她暂时忘却生活的痛苦。为了艺术而艺术并不比为了喝杜松子酒而喝杜松子酒更有意义。一个半吊子从对艺术品的欣赏中得了些枯燥乏味的感想就视若珍宝，其实，他没有理由觉得自己比酒徒高级。他这是悲观主义者的态度。生活是挣扎或厌倦，他从艺术中寻求喘息或遗忘。悲观主义者拒绝现实，而艺术家接受现实。艺术品所引发的感想只有在它影响到性格并转化为行动时才有价值。无论是谁，只要受到这样的感染，他本

---

①《无名的裘德》，托马斯·哈代创作的最后一部长篇小说。小说以悲怆的笔调叙述了乡村青年裘德一生的悲剧。

②《列王》，这是一部以战争为题材的史诗剧，其创作目的在于通过对历史上巨大灾难的探索考察人类的生存状况。

身就是艺术家。艺术家对艺术品的反应是直接且理性的，因为在他身上，情感已转变为与他自身目的相关的想法，对他而言，想法不过是另一种形式的行动。但我并不是说，只有画家、诗人和音乐家才能对艺术品作出有益的回应，否则，艺术的价值会被大幅削弱。所有艺术当中，最微妙、最被忽视，同时最有意义的是人生的艺术，我所谓的艺术家也包括这门艺术的实践者。

我的第一本书出版于 1897 年，算是蛮成功的。埃德蒙·戈斯[①] 欣赏它，并加以称赞。此后我又出了几本书，并成为一名受欢迎的剧作家。我写了《人生的枷锁》和《月亮与六便士》。我以前每年见戈斯一两次，这种习惯保持了二十年。每次见面，他都会虚情假意地对我说："哦，亲爱的毛姆，我太喜欢你的《兰贝斯的丽莎》了，此后你再也没写什么真是太明智了。"

垂死的诗人。他病得很重，照顾他的朋友觉得应该给他的妻子发封电报。她勉强算是个画家，此时身在伦敦，一个小画廊给她办了个人画展。他告诉病人已经发电报请她过来了，他很生气："你怎么就不能让我平静地死去？"他大叫道。有人给他送来一篮桃子。"她到这儿的第一件事就是挑出最好的那个桃，边吃边谈自己和她在伦敦取得的成功。"

朋友去车站接她，把她带到公寓。

"哦，弗朗西斯科，弗朗西斯科，"她神气十足地走进房间，嘴里嚷嚷着。他的名字是弗朗西斯，但她一直叫他弗朗西斯科。"太糟糕了！哦，好漂亮的桃子。谁送你的？"她挑了一个，把牙齿插入多汁的果肉里，"预展。有名头的人全来了。大获成功。大家都很欣赏这些画。我被人包围了，他们都说我才华横溢。"

① 埃德蒙·戈斯，Edmund Gosse，1849—1928，英国诗人、作家、文学史家、文评家。

她说个没完。最后，朋友跟她说，天太晚了，应该让她丈夫休息了。

“我简直累死了，”她大声说，“一路上好辛苦，昨晚我一宿没睡。太可怕了！”

她走到床边亲吻病人。他把脸扭了过去。

运务员。他十四岁参加工作，在同一家公司干了二十二年。二十八岁那年，他娶了老婆，一两年后，她生了一场病，落下终身残疾。他是个忠实深情的丈夫。他开始偷保险印花，倒不是因为他需要钱，尽管这样可以给妻子弄点好吃的，而是因为，雇主们以为他是一个可敬且可靠的职员，而他不是，想到这个，他就很开心。后来，他的盗窃行为败露了，知道自己会被解雇，还可能会被送进监狱，这样就没有人照顾他的妻子了，他就杀死了她。她死后，他在她头下垫了个枕头，尸体上盖了床鸭绒被。然后，他把她的宠物狗带到兽医那儿，让兽医给它施行安乐死，他不忍心亲手杀死它。然后，他就去警察局自首了。

T。他是个高个子，身材瘦削，但还不至于枯槁，走起路来有点驼背。我猜他的年龄在四十五到五十岁之间，尽管他有一头浓密的鬈发，但已花白，胡子刮得干干净净，但脸上有不少皱纹，几乎没有血色。他戴金边眼镜。他不是个莽撞的人。他说话时声音很小，人家不主动跟他说话，他很少主动开口，尽管没说过一句聪明的话，也从来没说过蠢话。他在美国一个很重要的公司备受信赖，他最吸引人的地方正是他的可靠。显然，他不是很聪明，但无疑是个非常诚实的人。他一向冷静持重。他有一个他爱慕的妻子，两个令他欣慰骄傲的孩子。你可以放心地打赌他这辈子没做过任何有理由后悔的事。他对他效劳的公司很满意，他对自己的职位很满意，既体面，又不显眼，他对他的住所很满意，他对他工作的城市很满意，他对每天送他上班的那列火车的服务很满意。他是个特别能干的雇员。他是一台巨大的机器上的一枚铆钉，他心甘情愿做一枚铆钉。大杠杆、大转轮、大汽缸从没让他想到过自己除了做铆钉还可以做别的。他的非同寻常只在于他寻常到了极点。

一次家庭聚会上。邮件刚刚送到。女主人递给她一封信，她认出是情人的笔迹。她打开信，读了起来。忽然，她发觉丈夫就在她身后，也在看信。她把信读完，交给女主人。

“他好像爱得很深，”她说，“但如果我是你，我不会让他这么写。”

如果你比别人的钱多一点，你肯定觉得他们会压榨你，靠你接济过活，但气人的是，他们把你当傻子，以为你不知道他们是怎么想的，如果他们侥幸得了手，那也是你让他们得手的。

欧内斯特·P。他是个年轻的法国人，出身很好，才华横溢，家人期望他能有一番辉煌的成就。他即将进入外交部门。二十岁那年，他疯狂地爱上了一个比他大八岁的姑娘，但她嫁给了一个更合适的人。他的精神垮了。令家人惊愕的是，他放弃了使他可以通过必要的考试的学业，去巴黎的贫民窟做起了社工。他变成了一个虔诚的信徒（他的家人是自由思想者），沉浸在神秘主义文学里。当时摩洛哥发生骚乱，他参加了一次危险的远征，牺牲了。这一切对他爱过的女人、他的母亲和他的朋友们来说是沉重的打击。他们深感不安。他们感觉他们中间曾生活过一个有点圣徒气质的人。他的温柔、他的善良、他的虔敬、他的灵魂之高尚都令他们汗颜——并恐惧。

我原以为仅靠这些事实，不加渲染，便可写成一篇感人的故事，这个可怜的男孩的生与死到底会对与他接触过的人产生怎样的影响，我对这一点也感兴趣，但我觉得太难处理了，所以一直没写出来。

你为人们做了好事，有时，他们会因此原谅你，他们伤害了你，却很少因此原谅你。

作家必须既活泼又严肃。

航迹的泡沫中微微闪烁的磷光就像躺在海底的死者讥讽地眨着眼睛。

日落。浓云搭成一道拱门，太阳在拱门后奇怪地下落，拱门下的天空泛着浅绿和金黄，仿佛通向神秘魔法国度的入口闪着光。这会让人想起华托的《舟发西苔岛》[①]。它给了想象以希望和莫名的喜悦。然后，太阳落到地平线下，那道拱门化为乌有。绚丽的余晖中，乌云就像一座大城市的废墟，宫殿、庙宇和巨大建筑的废墟。那几分钟的希望和信心如同加沙的柱子一般倒塌了[②]，绝望停留在心间。

廉价惊险小说。这些小说的作者并不受人尊重，但他们是人类的恩主。他们清楚世人不把他们当回事，提到自己的作品，他们也自我贬损，耸耸肩，一笑置之。他们急于打消你的轻蔑，向你保证他们不是容易上当受骗的蠢货。面对表扬，他们很胆怯，不敢相信你说的是真话。但是他们值得表扬。有的时候，你没有心思读好的文

①《舟发西苔岛》，法国画家华托最负盛名的代表作，1717 年创作。西苔岛是希腊神话中维纳斯居住之地。画中描写三姐妹各自带着自己的恋人准备乘船去西苔岛寻找爱情乐园的情景。

② 加沙的柱子一般倒塌了，出自《圣经 · 士师记》，参孙就抱住托房的那两根柱子，左手抱一根，右手抱一根，说："我情愿与非利士人同死！"就尽力屈身，房子倒塌，压住首领和房内的众人。

学；有的时候，你头脑疲倦、烦躁不安；你焦虑且疲惫时，经典文学令你厌烦；有的时候，你要乘火车旅行；有的时候，你会生病，还有什么比惊险小说更让人愉悦？你一头扎进谋杀、抢劫、背叛、敲诈勒索、囚禁、死里逃生、鸦片馆、窃贼的厨房、艺术家的工作室和豪华酒店里，你偶遇伪造者、骗子、持枪歹徒、侦探、女投机家、警察的眼线、罪犯、遭迫害的女主角和被诬告的男主角。评价惊险小说是否优秀的标准与其他艺术形式不同。故事的可能性不大不会妨碍阅读快感，不充分发挥创造力是缺陷，文体优美不得其所，幽默会导致糟糕的结果。不想笑却被迫笑是致命的。读这种书必须冷酷无情，高度严肃。你用紧张的手翻动书页。时间飞逝。你打败了时间。然后你冷笑一声，忘恩负义地把书扔到一边，看不起它的作者。这是不知好歹。

他是一个职业哲学家，于是我向他请教某个我一直没搞懂的问题。我问他“二加二等于四”这个陈述是否有意义。在我看来，“四”只不过是“二加二”的一个便利的同义词。你查一下《罗格同义词词典》，会发现 violent 有大约五十个同义词。它们有不同的联系，由于音节数、字母组合或发音的差异，某个词比其他词更适用于某个特定的句子，但它们的意思是一样的。当然，粗略来讲，没有一个同义词十分精确。“四”不只是“二加二”的同义词，也可以是“三加一”和“一加一加一加一”的同义词。我的这位哲学家说，他认为“二加二等于四”这个陈述有一个明确的含义，但他似乎无法确切告诉我这个含义到底是什么。当我问他到头来数学是不是就是一部无比详尽的《罗格同义词词典》时，他换了个话题。

1936年

圣洛朗监狱。监狱长是个矮胖子，长着一双明亮的大眼睛，穿着一件干净的白色制服，短外衣上挂着法国荣誉军团的十字架勋章。他的手势很丰富，说话时带浓重的法国南部米迪地区的口音。他是个快活、粗俗、无知的人，但待人友善宽容。他是通过政治影响力得到的这份工作。年薪六万法郎，不过有可能享受高额津贴。他喜欢这份工作，因为生活费用低，可以省下钱来。他盼望十年后退休，然后在里维埃拉给自己盖一栋房子。

他妻子圆润饱满，很漂亮，但不修边幅。她母亲在塞特（Cette）有一家烟草店。她和她丈夫是青梅竹马。她几乎一直穿着那条蓝底白点的软绸裙子，可以衬托出她那双蓝眼睛。她胸无城府，有点轻浮，但她很爱她的胖老公，并为他感到骄傲。

营地的指挥官是个高个子男人，巴黎人，头发不是深色的，而是金色的，他认真、腼腆、非常有礼貌。他对典狱学很感兴趣，读了很多这方面的书。他认为在唤醒罪犯善良本性方面大有可为，他期望改造他们。

圣让的老看守。又短又厚的白头发，一把浓密的白胡子。一张布满皱纹、晒得黑黑的脸。他反对死刑，因为谁都没有权利夺去另一个人的生命。他讲了一个故事，一个医生和一个即将上断头台的人约定，如果可以的话，他在头被砍下后眨三下眼睛，他说他看见那个人眨了两下眼睛。

判处一个人死刑必须得到巴黎那个部长的批准。星期天不执行死刑。如果两个或两个以上的人同时上断头台，罪行较轻的那个先被处决，这样他就不会因为看到同伴死去而承受额外的恐惧。直到看守走进来说“勇敢点”什么的，犯人才知道自己将被处决。有人被处死时，其他犯人情绪低落、心情紧张、愁眉不展、沉默不语地干活。

犯人的头被砍下后，刽子手揪着他的耳朵，拎起那颗头，给旁观者看，嘴里说：“以法国人民的名义，正义得以伸张。”断头台旁放着一个大柳条筐，上面盖着黑布，尸体就放在这个筐里。刀如闪电般落下，鲜血溅了刽子手一身。每次行刑后都会发给他一套新衣服。

监狱长的房子。一幢白色的大木屋。家具都是公家发的，每个房间中央挂着一盏枝形吊灯，起居室里摆着几把硬邦邦的椅子，坐上去很不舒服。房子面朝大海，有一条大游廊，当客厅用。花园里种着三角梅、变叶木、肉桂、木瓜、凤凰木，看着破烂不堪，就像一个退休商人在市郊的花园。

禁闭室。房间狭长，里面有一张简陋的木床、一只凳子和一张固定在墙上的小桌子。屋里很热，厚重的房门上开了个口，仅从那里透进来一点光。被判处单独监禁的犯人关在里面，早晚出来放一个小时风。走廊尽头的几间牢房一片漆黑，因为只有走道入口的门能透进光来。

大部分犯人住在有五六十张床的集体牢房里，不过，还有一些牢房在二楼，这些集体牢房楼上，或者单独的一个院子里，表现好的犯人只要提出要求就可以住在这里。不过，有的时候，他们不喜欢自己待着，于是请求搬回集体牢房。每个这样的牢房里有一张吊床、一张小桌子，用来摆放犯人的零碎物品、一把剃须刷、一把剃须刀、一把发刷和一两张照片。墙上钉着他们从画报上剪下来的插图。

囚犯。他们穿着粉白相见的条纹睡衣，戴着一顶圆草帽，穿着皮面木底鞋，不穿袜子。他们的头发剪得很短，剪得很糟糕。他们的食物包括一天两大块灰色的面包、骨肉汤、土豆、卷心菜和牛肉，表现好的话还会得到一份奶酪和一份葡萄酒。他们从蓝色的小包里掏出粗烟草，自己卷烟抽。他们坐在游廊或门廊上，边聊天，边抽烟，或者到处闲逛，有的独自一人，有的有狱卒看守，漫不经心地干活。尽管食物充足，犯人们个个身材消瘦，他们患有发热和钩虫病。他们的眼神直愣愣的，看起来心智不太健全。朗姆酒对他们来说是奢侈的享受。他们都有刀。

晚上集体牢房锁门后，没有一个看守敢进去，否则他就没法活着出来了。

监狱的大门整天开着，他们溜溜达达，自由进出。

监狱里的下层看守由表现好的犯人充任，几乎算个官员。他们和犯人分开住，戴的是毡帽，而不是草帽。他们不招其他犯人喜欢，被杀屡见不鲜。

刽子手也是犯人，有两只受过训练的杂种狗保护他，夜间，它们在院子里巡视。他有自己的小房子，在监狱长家附近。其他犯人不跟他说话，他的食物由助手从监狱的厨房端过来。闲暇时间，他在公园里散步、钓鱼，鱼卖给监狱长的妻子。

断头台在监狱内的一个小房间里，但外面有个单独的门通进去。为了确保机器运转正常，他们用香蕉茎秆做练习，因为它和人的脖子一般粗。从捆好犯人，到人头落地，整个过程仅用时三十秒。每次行刑，刽子手赚一百法郎。

前任刽子手失踪了，他们以为他逃跑了。三个星期后，他被发现吊在一棵树上，身上挨了好几刀，发现他是因为有人看见一群叫胡秃鹫（urubus）的秃鹫绕着一棵树飞来飞去。他知道犯人们要杀死他，于是要求被派到卡宴[①]，或调回法国。他们还是抓住了他，把他捅死后，拖进了丛林。

惯犯被送到圣让，并不是因为他们被判了刑，而是把他们关押在那里以维护社会治安。他们抓蝴蝶和甲虫，制成标本，装在盒子里出售，或者用水牛角做装饰品。营地里有一个报刊亭，和法国小火车站的报刊亭一样，有书出租，还整齐地摆放着一个月前的报纸。上面写着“概不赊账”。另一处有个小剧场，里面有个舞台，粗陋的布景是惯犯们画的。

海里有大群鲨鱼出没，他们笑着说，鲨鱼是最好的狱卒。

今天我调查被判终身监禁的犯人们的杀人动机，我惊讶地发现，尽管表面上看，他们是因为爱情、嫉妒、仇恨、被冤枉了而进行报复，或者激情杀人，但稍微深究一下，我就意识到，潜藏在表面下不

① 卡宴，Cayenne，位于大西洋岸卡宴河口卡宴岛西北岸，法属圭亚那首府。从十九世纪五十年代到二十世纪四十年代，卡宴是法国政治犯和囚犯流放的中心地。政治犯在这里大批被折磨死，故有“不流血的断头台”之称。

远处的真实动机与金钱有关。不管怎样，金钱都是犯罪的根源，我问过的人里只有一个例外。这是个小伙子，一个牧羊人，他强奸了一个小女孩，她大声喊叫，他怕被人听见就掐死了她。他现在才十八岁。

马提尼克岛[①]。1902 年，培雷火山[②]喷发，吞没了圣皮埃尔城。四万人因此丧生。此前不久曾有一些火山活动，圣皮埃尔北部有过一次火山喷发，死了很多人。没过几天，毫无征兆，一大团火如燃烧的漩涡席卷圣皮埃尔，毁掉了港口的船只。紧跟着火焰，熔岩和火山灰落下，伴随着浓密的毒气，此前死里逃生的人窒息而死。经常是全家人一起逃离这座城市，奇怪的是，毒气的分布很不规则，一群人中，前面和后面的活下来了，中间那部分人被毒气包围，丢了性命。

我问我的朋友们这场灾难给幸存者们造成了怎样的影响。我想知道可怕的危险和奇迹般的脱险是否对他们有什么精神或道德上的影响，是否改变了他们此后的生活，他们的信仰是增强了还是减弱了，他们变成了更好的人，还是更糟的人。所有人给出了同样的答复：这场灾难对他们没有任何影响。大部分人破产了，但从打击中恢复过来后，他们又开始好好生活，就像什么也没发生过一样。他们的虔诚没增也没减，他们自身没好也没坏。我想，这是因为人有顺应的能力、遗忘的能力，或许只是因为感觉迟钝，自从他来到这个世上就被无数可怕的事包围，但他都挺过来了。

西印度群岛。一个女孩来到这里，给定居在这个岛上的某个英国人的孩子们做家庭教师，不久后，一个种植园主向她求婚。乍看起

① 马提尼克岛，Martinique，法国的海外大区，位于小安地列斯群岛的向风群岛最北部，曾被克里斯托弗・哥伦布喻为“世界上最美的国家”。

② 培雷火山，Mt. Pelée，位于加勒比海东部西印度群岛的马提尼克岛北部，高 1350 米，为全岛最高峰。因顶部为光秃熔岩而得名。东加勒比海诸岛中活动最频繁的活火山之一。

来，他是个很好的结婚对象。他富有，是个很好的人，招人喜欢。他有点有色人种的血统，所以不是俱乐部的成员。但看他的外貌、习惯和举止，和所有白人一样白。女孩很爱他，他也很爱这个女孩，但女孩的雇主恳求她别急着结婚，劝她先回英格兰待上半年，想清楚了再说。半年后，她回来了，这对情侣结了婚，条件是不要孩子。种植园主是一个好丈夫、一个热情的爱人、一个可爱的伴侣，她幸福极了。后来，他染了伤寒，病得很重，女孩照料他，还有他的黑人老保姆帮忙。她有一种奇怪的感觉，他出了什么事，但她搞不懂到底是怎么回事。似乎垮掉的是他的精神，而不是他的肉体。他似乎感染了在有色人中间盛行的迷信。一天，他拒绝看英国医生。“只有老保姆能治好我。”他气呼呼地说。她劝了他几句，他粗鲁地叫她闭嘴。“你不知道你自己在说什么。”那天晚上，他们把她赶出门，护士领着三个老头，全是黑人，进了房间，其中一个人腋下夹着一只白公鸡。她站在门外，听到奇怪的咒语，接着是拍打翅膀的声音，她意识到他们在杀那只公鸡。几个有色人从房间里出来后，她才得以再次进入房间，她看见病人的额头、脸颊、下巴、胸前、手和脚上都涂满了鲜血。这时，她忽然明白了，尽管她的丈夫有着光洁的蜜色皮肤、波浪形的红头发，本质上却是个黑人。两三天后，她发现自己怀孕了。

1937年

文学评论很难做到诚恳。对一部作品形成个人意见至少会受到一点评论界或普遍观点的影响，完全不受影响几乎是不可能的。至于公认的伟大作品，它的伟大有一部分是普遍观点赋予的，这又给评论增加了难度。试图以第一个读者的眼光读一首诗，就像试图撇开周遭的氛围看风景。

亨利·詹姆斯过分欣赏法国人，而他的大部分作品都是法国人看后会耸耸肩不予理会的那种文学。他不生活，而是隔着窗子观察生活，他的朋友们看着窗外，把他们看到的生活告诉他，往往这样他就满足了。可是，你不亲身去经历的话，又能对生活有什么了解呢？除非你是这部悲喜剧的演员，否则有些东西会被忽视。到头来，亨利·詹姆斯的意义不是他的艺术技巧，也不是他的严肃认真，而是他的个性，这很奇怪，也很迷人，还有点荒唐。

读一本小说，地点是一家汽车制造厂，人物是汽车制造商，会有人认为读这样一本小说就能获得有用的汽车知识吗？你认为人的灵魂还没有汽车引擎复杂？

爱伦·坡认为动动脑筋就能获得新颖性和独创性。他错了。想要新鲜，唯一的方法是不断改变自身，想要独创，唯一的方法是提高、扩大并深化自身的性格。

“求你今天赏给我们日用的食粮。”虔诚的祷告。有人会认为，向一个慈祥、全能的神讨要最起码的生活必需品是对他的侮辱。我们礼貌对待邻居，并不是向他施恩，这是他的权利。

事实不仅比虚构更奇怪，也更生动。知道一件事真实发生过，会令人心酸、动人心弦，承认某事是虚构的就达不到这种效果。正是为了动人心弦，有些作家竭力想让你觉得他说的是纯粹的事实。

有的书既出色又无聊，我立刻想到的是梭罗的《瓦尔登湖》、爱默生的《论文集》、乔治·艾略特的《亚当·贝德》、兰多[①] 的《假想对话录》。这些书基本上是同一个时期的，这难道是偶然吗？

作家应该博学洽闻、修养非凡，但把这些元素注入作品中很可能是错的。把关于进化论、贝多芬的奏鸣曲和卡尔·马克思的《资本论》的观点写进小说是一种天真的表现。

害羞：缺乏自信和自高自大的混合物。

小时候他得到的爱太少，以至于长大后有人爱他会令他难为情。有人说他的鼻子好看，说他的眼睛神秘，他既害羞，又尴尬。有人赞美他时，他不知道说什么好，表露情感让他觉得自己是个傻瓜。

① 兰多，Walter Savage Landor，1775—1864，英国诗人和散文家。

三十年后。一张布满皱纹、憔悴、蜡黄的脸，一个令人生厌的话痨，愚蠢地吹捧她的孩子、她的房子。浅薄，浅薄。偶尔一个调皮的表情似乎在告诉他，她还记得当年他爱她爱得多么疯狂。他耻于回想为这个蠢货做过的事，他曾在她住的那条街上走来走去，盼望能遇到她；他曾焦急地等待邮差敲门，也许他会送来一封她写的信；为了坐在她身边，他耐着性子看完沉闷的音乐喜剧，还要装出一副乐乐呵呵开开心心的样子，这样她才会喜欢他；为了她，他假装对男女演员，对愚蠢至极的小道消息感兴趣；最糟糕的是，他不仅假装感兴趣，他是真的感兴趣过，因为她对这些玩意感兴趣。无论她说的话有多蠢，他都听得入迷。为了她，他曾低三下四求人帮忙，要是为了他自己，他绝对开不了这个口。

懊悔。他曾不顾一切地爱过一个女人，并嫉妒另一个爱她的男人。他是一个诚实正直的男人，并为自己的正直诚实感到骄傲。但由于嫉妒，他耍了一个卑劣可鄙的手段，把情敌赶出了局。他娶了这个女人。但渐渐地，他做下的那件可恶、不光彩的事搅得他心神不宁，他开始恨这个女人，因为他是为了她才这么做的。

两个男人坐在沃辛[①] 一家酒店的休息室里，谈论着报纸上铺天盖地报道的一起谋杀案。一个坐在他们旁边的男人，听了他们的对话，问可否加入进来。他坐下来，点了酒。他说了自己对他们谈论的这起谋杀案的看法。“必须找出作案动机，”他说，“一旦找出作案动机，抓住凶手只是个时间问题。”然后，他毫无征兆地，仿佛在说一件再普通不过的事。“我不介意告诉你们我也杀过人。”他告诉他们他这么做只是为了好玩，他描述了那种刺激的感觉。既然没有作案动机，他

① 沃辛，Worthing，英国南部沿海城市，位于两个大城市布赖顿和朴茨茅斯中间。

知道他永远也不会被发现。“那是一个我从来没见过的人。”他说。他喝完酒，站起身，向他们点头致意，然后推开回转门，出去了。他身后那俩人惊得目瞪口呆。

1938年

印度。C少校。他是一个身材高大、膀阔腰圆的男人，棕色的头发理成平头。很难猜出他的真实年龄，他可能不超过三十五岁，也可能已经年过半百。他的胡子刮得很干净，脸很大，但五官很小，鼻子又短又圆。他一脸平和幸福的表情。他的语速很慢，但口齿流利，声音挺大。他总是面带微笑，时常哈哈大笑。他的样子很快乐。他很有礼貌，尽量讨人喜欢。说不好他是聪明，还是有点傻。他肯定不是一个博览群书的人。他身上有股男童子军的气质，这有点令人不安。瑜伽士走进他的房间，坐在他的椅子上，他就快乐得像个孩子，他跟我说过好几次，住在静修处的人里面，只有他享有这种特权。他就像一个受到校长青睐就到处吹嘘的小男生。

他已经在静修处生活两年了，人家特许他造一座属于自己的小屋，后面还带个厨房。他有自己的厨师。他不吃肉，不吃鱼，也不吃鸡蛋，他从马德拉斯[①] 弄来一堆罐头食品，他的厨师给他做咖喱和凝乳，他可以换着样吃。除了茶，他什么都不喝。

他的单人间里有一张简陋的木板床、一张桌子、两把椅子，其

① 马德拉斯，Madras，现名金奈，南印度东岸的一座城市，坐落于孟加拉湾岸边，是泰米尔纳德邦首府，印度第四大都市。

中一把是扶手椅，还有一个小书架，上面摆着五十来本书，吠檀多[①]著作和《奥义书》[②] 等的译本，还有瑜伽士写的书和关于瑜伽士的书。墙上挂着几幅小画，有达·芬奇画的基督，几张毗湿奴[③] 丑陋的画像，廉价的彩色印刷品，和一张瑜伽士的照片。墙刷成绿色。地板上铺着藤席。

他穿着白棉布的上衣和裤子，有点中式风格，光着脚走路。

他无比崇拜瑜伽士，说他将他看作自基督以来世界上最伟大的精神领袖。

他不太想谈自己的过去。他说他在英国没什么亲近的人，过去那些年，他四处游走，但来到这里后，他就到了终点，再也不旅行了。他说他在这里找到了安宁，他一遍又一遍地说，瑜伽士在这里，看到他就会给他带来精神上的安静，这是无价之宝。我问他每天都是怎么过的。他说，读书、做运动（他有一辆自行车，每天骑八英里），还有冥想。他一天有好几个小时和瑜伽士一起在大厅里打坐，但常常一个星期也跟他说不上几句话。但他时值盛年，身强力壮，我问他他的自然精力是否有渠道得以充分的宣泄。他说他很幸运，他是少数真正渴望且喜欢冥想的人之一，而且他经常练习冥想。他还说，冥想是一种剧烈的运动，几个小时下来便会筋疲力尽，必须躺下来休息。但我搞不懂他说的冥想到底是什么意思，也弄不明白他是否在积极地研究某个问题。我跟他说耶稣会信徒会沉思某个特定的主题，比如激情，他说完全不是这样。他说他努力实现自我与宇宙的交融，把能思考的

① 吠檀多，印度六派哲学中最有势力的一派。吠檀多意为《吠陀》之终极，原指《吠陀》末尾所说的《奥义书》，其后逐渐被广义地解释为研究祖述《奥义书》教理的典籍，后来甚至成为教派的名称。

②《奥义书》，婆罗门教的经典之一。指附在《森林书》之后解释吠陀奥义的一类书籍。最早的《奥义书》约产生于公元前十到公元前五世纪之间。

③ 毗湿奴，印度教三相神之一。梵天主管“创造”、湿婆主掌“毁灭”，毗湿奴则是“维护”之神，性格温和，对信仰虔诚的信徒施予恩惠，而且常化身成各种形象拯救危难的世界。

我从自我中分离出来，他说那就是无限。他说，做到这一步，然后看到并感知到他内在的神性是无限神性的一部分，他就觉悟了。他决定留在这里，直到他觉悟，或者瑜伽士去世。

很难说清他是哪类人。他确实很快乐。我本以为通过他的外表和言谈可以了解到他的一些真实情况，结果一头雾水。

海德拉巴[①]。乘车从毕达去海德拉巴的路上，我看见一大群人，常见的一群印度人，女人穿着鲜艳的沙丽，男人缠着腰布，牛车、奶牛——我以为这是个小市场，但我的挑夫告诉我，一个治疗师住在这里，这些人都是从周围的村子赶过来请他治病的，不孕不育的女人希望有生育能力。我问我能不能见见他。司机告诉我，他曾是海德拉巴一个富有的承包商，受到感召，决定过苦行僧的生活，于是他把财产移交给家人，在这个地方住了下来。他住在一棵菩提树下，照管路旁一个供奉湿婆的小神龛。我们挤进人群，这里肯定有三四百个人。病人们躺在地上。有些女人怀里抱着生病的孩子。我们靠近神龛时，治疗师走上前，谦卑地向我们鞠躬致意。他裹着脏兮兮的白头巾，穿着一件无领衬衫，衣摆垂在脏兮兮的腰布上，戴着银耳环。他刮过胡子，留着很短的灰白的胡子茬。他矮小、自信、敏捷、快活、忙碌、欢乐，一点也不像圣徒，倒像集市上精明能干的店主。要不是他抛家舍业，放弃钱财，给人治病还分文不取，你肯定以为他是个骗子。他以人们送来的米和水果为食，他不需要的东西全都送人了。他坚持要送我们几个椰子。他是这样给人治病的：对着神龛里的湿婆念几句祈祷词，然后把手按在病人的头上。我要走时，他让我说一句祝福的话，搞得我很尴尬。我告诉他我做这个不合适，但他坚持要我这么做，于是，我满足了他的愿望，那么多人在旁边看着，我觉得自己既

---

① 海德拉巴，Hyderabad，印度第六大城市，安得拉邦首府，位于印度中部。以其富饶的历史和建筑、清真寺、庙宇而著名。它拥有丰富的艺术、手工艺和舞蹈的文化遗传。

虚伪又愚蠢。

苏非派[①] 信徒。他住在海德拉巴一个穷人区的一座小房子里，这里几乎算是贫民窟。那儿有一条游廊，我们就在游廊上等着向导传话，看圣人愿不愿意接见我们。进门前，我们先脱了鞋，然后被领进一个小屋，屋子被蚊帐隔成两部分，我只能看见这么多，看不见的那部分大概是圣人睡觉的地方。我们坐的地方被一个高台或平台类的东西占去了大半，平台高出地面约十八英寸，上面铺着廉价的毯子，毯子上放着一个藤垫，垫子上坐着那位圣人。他很老、很瘦、一把乱蓬蓬的白胡子。他头戴一顶土耳其毡帽，穿着白色的棉布外套和白裤子，赤着脚。他面孔瘦削，两腮凹陷，颧骨凸出，眼睛显得特别大。他有一双修长漂亮的手，但手上没有肉，他的手势丰富、优雅、富有表现力。尽管如此老迈、如此瘦弱，他看上去仍精力充沛，说起话来兴致盎然。他乐呵呵的。脸上的表情温柔和蔼。他没说出什么不同寻常的话。我对苏非派一无所知，不然听到他谈论“自我”和“最高自我”时和印度教导师一个口吻，我或许不会如此惊讶。他给我的印象是一个非常可爱、温柔、友善、仁慈、宽容的老人。

一个圣人。阿克巴尔·海德里爵士[②] 派车去接他，他在指定时间走进房间。他衣着华贵，穿着一件上好的料子做成的猩红色的大氅。他是个中年人，高个，相貌英俊，举止谦和文雅。他不会说英文，阿克巴尔爵士给他做翻译。他说得很流畅，也说得很好，声音洪亮。他说的那些东西，我至少听别人说过二十遍。印度思想者最糟糕的问题

① 苏非派，伊斯兰神秘主义派别的总称。苏非派赋予伊斯兰教神秘奥义，主张苦行禁欲，虔诚礼拜，与世隔绝。

② 阿克巴尔·海德里爵士，Sir Akbar Hydari，1869–1941，印度政治家，时任海德拉巴邦首席部长。

是，他们用同样的话说同样的东西。如果他们掌握了真理，他们对此深信不疑，如果真理是唯一且不可分割的，那么，他们鹦鹉学舌是再自然不过的事，你觉得你不该不耐烦，但不可否认的是，没完没了地听同样的说法实在令人厌烦。你希望他们至少能想出《奥义书》之外的其他暗喻、明喻和例子。又听到有人讲“蛇和绳子”的故事[①]，你的心情会很沮丧。千篇一律的陈词滥调。

我问他怎么才能获得冥想的力量。他叫我去一个幽暗的房间，盘腿坐在地板上，眼睛盯着烛焰，把脑子里的想法全部清空，直到一片空白。他说如果我每天坚持冥想一刻钟，过不了多久就会有非同寻常的体会。“先做九个月。”他说，“然后回来找我，我会教给你其他的修行方法。”

那天晚上我遵照他的指示做了。开始前我记下了时间。那个状态我保持了很久，我以为早超过他规定的时间了。我看了一下表。才过去三分钟。太漫长了。

一两个星期前，有人给我讲了件事，建议我写成小说，从那以后，我一直在考虑，但不知道怎么写。事情是这样的。两个年轻人在山上的茶园工作，取邮件要去很远的地方，所以，隔很长时间他们才去取一次信。其中一个年轻人，我就叫他 A 吧，每次都能收到很多信，十来封信吧，有时甚至更多，另一个年轻人 B，却一封信也收不到。看着 A 接过一捆信，一封接着一封地读，他羡慕不已，他也渴望有一封信，一封就行。有一天，他们在等信，B 对 A 说：“听我说，你总是能收到一包信，我一封都没有。如果你给我一封你的信，我就给你五英镑。”“好啊。”A 说。邮件到了，他把他的一捆信递给 B，

① “蛇和绳子”的故事，一个人进入一个黑暗的屋子，看到一个晃动的影子，他认定那是一条蛇，于是被吓得半死。忽然，灯亮了，这时他才看清，原来只是一根绳子。这个故事就是佛经中的“于绳作蛇解，见绳知境无。若了彼分时，知如蛇解谬。”

对他说："随便拿一封吧。"B给了他一张五英镑的钞票，看了看那些信，从中挑出一封，把其余的还给他。晚上，饭后，他们一起喝威士忌苏打水，A随口问道："对了，那封信上说了什么？""我不会告诉你的。"B说。A有点吃惊，又问："好吧，那是谁写来的？""这是我的事。"B回答。他们争吵了几句，但B坚持自己的权利，拒绝透露他买下的那封信的内容。A开始变得烦躁不安，一连几个星期，千方百计劝说B让他看看那封信，B一直拒绝。终于，焦急、忧虑、好奇的A再也受不了了，于是找到B，说："喂，这是你那五英镑，把我的信还给我。""你休想。"B说，"我花钱买下了，它就是我的信了，我是不会放弃的。"

没了。我想，如果我是现代派小说家，照原样写下来就行了，但这与我的想法背道而驰。我希望故事有模有样，除非你能写出一个不给读者留下合理质疑空间的结局，否则不可能做到有模有样。就算你能鼓起勇气让读者疑惑，你总不想跟他一起疑惑吧。

我同王储夫妇，即贝拉尔王子和王妃共进午餐。席间，王子和我谈起我的旅行。"我想，您到过孟买吧？"他问。"是的。"我回答，"我在那儿登的陆。""您是住在游艇俱乐部吗？""是的。""您打算去加尔各答吗？""是的。""您将在孟加拉俱乐部下榻吧？""但愿如此。"我说。"您知道它们的区别吗？"王子问。"不知道。"我故作无知地说。"加尔各答的孟加拉俱乐部不许印度人和狗入内，但孟买的游艇俱乐部并不介意狗，只不许印度人入内。"我死活想不出来该如何回答，直到现在也没想出来。

斯瓦米[1]。他穿着橘黄色的僧袍，与其说是黄色，不如说是浅粉红色，裹着同样颜色的头巾，披着件斗篷。这身打扮看上去很热。他穿

①斯瓦米，印度教教师或哲人。

着白袜子，棕色的鞋子特别干净，很像轻便舞鞋。他的个子比较高，身材有点臃肿，长了一张肉乎乎的大脸，金边眼镜后面那双好看的眼睛炯炯有神，一张肉感的大嘴。他声音洪亮，嗓门很大，讲课时，声音有点刺耳。他时常面带微笑。举止中透着虚情假意的仁慈。他给人感觉不是一般的自满。有人奉承他，他很高兴，他也喜欢谈论自己。有一次，我问他是否后悔放弃俗世的享乐。“我为什么要后悔？”他回答，“我在前世都享受过了。”

托钵僧。仪式在一个穆斯林墓地举行，几个世纪前的教团的一个圣徒葬在此处。长老身材魁梧，鹰钩鼻子，看上去聪明且威严。他穿着一件棕色的阿拉伯长袍，面料上乘，裹着干净的白头巾。他坐在那儿，面前放着一个小火盆，里面装着燃烧的木炭，他不停往里面添香，面前还有托钵僧们表演时要用的各种乐器。

他们在他对面坐成一排，相隔四五码远。多大岁数的人都有，有一个肯定不到十四岁，还有一些年轻人，从印度人的角度看，老人最重要，他们留着大胡子，头发灰白。这些人留着长头发，穿着宽大、艳丽、破烂的衣服，戴着耳环和链子，一副狂野的模样。

仪式开始了，长老念诵祈祷文，其他人时不时地喊叫应和。然后，一个人走向前，拿起一根长约两英尺的钎子，在香上熏了熏，再让长老摸一下，然后扎进自己的脸颊，用力推，直到钎子从另一面露出至少两英寸。他绕场一周，展示自己，然后小心翼翼地把钎子拔出来。他轻轻揉了揉钎子刺入和戳出的地方，非但没有血，连个伤口都没有。另一个人走上前，拿起另一根钎子，从脖子上面气管后面捅进去，然后拔出来。接下来，一个人拿着一把又短又钝的匕首，张牙舞爪了一阵子，然后大吼一声，把自己的眼球挖出来了。他绕场一周，眼球耷拉在脸上，这一幕令人作呕，然后他把眼球安了回去，揉那么几下，看似完好如初。还有一个人拿钎子戳穿肚皮，另一个人刺透舌头。他们好像一点都不疼。演出持续了半个来小时，结束前他们又念了一篇很长的祈祷文。有一两个人流了点血，也就一两滴，但血很快就止住了。

神秘主义者。他个子小，圆脸，圆眼，戴眼镜，言谈流畅。他参过战，升到少校。他去过很多地方。他是个基督徒，也研究帕拉塞尔苏斯① 和伊莱·李维②。他分得清善意的法术和妖术。他鄙视奇迹，但自称能悬浮于空中。他辩解道，纯粹为了满足好奇心的展示将减弱行为者的能量。他的能量完全是精神上的。他声称能治病救人，但又说他妻子（和他一起来我家做客）的法力更强。她是个印度女人，穿着沙丽，不太年轻，沉默、警惕。他们临走时，她告诉我，有时候我会看到她，她在公开场合露面时总穿着一件深蓝色的沙丽。

我们心中的那个“我”或许就是一切邪恶的根源，可是，我们的音乐、我们的绘画、我们的诗歌的根源也在这里啊。所以，那又怎么样呢？

下面这个故事是阿卡巴尔爵士的秘书艾哈迈德·阿里告诉我的。他说，有人把一个被蝎子蜇了的女人送到他那儿，据说，只要他在地上写 16 这个数字，然后用一只鞋擦掉，她就会痊愈。他不信，但还是照办了，什么也没发生。她走了，有人指出，他写的不是 16，是 13。自那以后，他就写 16，治愈了好几个人。

---

① 帕拉塞尔苏斯，Paracelsus，1493—1541，菲利普斯·奥里欧勒斯·德奥弗拉斯特·博姆巴斯茨·冯·霍恩海姆，自称“帕拉塞尔苏斯”。出生在瑞士苏黎世，文艺复兴初期著名的炼金师、医师、自然哲学家。他开创了新的学科，当时称之为医疗化学，就是把医学和炼金术结合起来的一种新的医学化学科学。

② 伊莱·李维，Eliphas Levi，1810—1875，法国神秘主义作家、炼金术士。

一个瑜伽士想过河，但没有钱给摆渡人，于是他就走到河对岸去了。另一个瑜伽士听说此事后说，这个神迹只值搭渡船过河应付的那点钱。

一个瑜伽士想坐火车去某地，但他没有钱，他问站长能否免费乘坐，站长拒绝了，于是瑜伽士在月台上坐了下来。到了发车时间，火车却启动不了。大概是火车头出了什么问题，机械工被叫来，但他们使尽浑身解数，火车就是不走。最后，站长把瑜伽士的事告诉了官员。他被请上车，火车立刻开动了。

这个神秘主义者和艾哈迈德·阿里都说，这条铁路线上有个站长能治愈蛇伤，他们说，如果有人被蛇咬伤，他有权给这个站长免费发封电报，站长给他回封电报就能治好那个人的病。

我举办了一次小型宴会。请来六个人，他们是哲学家、梵文学家和学者。说着说着，话题转向一个瑜伽士通过苦行修炼获得的能量，他们告诉我，有个瑜伽士让人把他埋在一口枯井里，六个月后再打开那口井。如果他的头顶有热乎气，他们就知道他还活着，可以让他苏醒过来，如果他的头顶是冷的，他们就知道他死了，把他火化了就行了。他们照办了，结果发现他还活着，很快他就醒过来了。十六年后的今天，他依然精神矍铄。这些人要么见过他，要么认识见过他的人。他们认为这件事确实发生过。

孔雀。我们开车穿越丛林。林木并不茂密，没过多久，我们就在林间看到一只孔雀开屏。孔雀是一个如此骄傲、华丽的东西，它走在大地上，步态中透着一种独特的柔美，带着一种从容不迫的劲头，那么高雅，优美极了，让我想起登上柯芬园舞台上的尼金斯基[1]，他的舞姿也同样柔美、高雅、优美。那只孔雀独自在丛林中漫步，我很少见到如此动人心魄的场景。我的同伴叫司机停车，一把抓起他的枪。

“我要给它来一枪。”

我的心脏停止了跳动。他开枪了，我多么希望他射偏，可是他没有。司机跳下车，拿回那只死鸟，刚才它还活蹦乱跳的。这一幕太残忍了。

当晚，我们吃了孔雀胸肉。肉是白色的，细嫩、多汁、味美。在印度，每天晚上端上餐桌的都是瘦骨嶙峋的鸡，换个口味也挺不错。

贝拿勒斯[2]。傍晚时分，太阳落山前，在恒河上泛舟，这大概是最令人印象深刻的事了。城中清真寺的两座宣礼塔矗立在暗淡的天空下，这个景色激动人心。美妙的平和感从心头升起。四周万籁俱寂。

早上，太阳升起前，你开车穿过城市，店铺还关着门，有人躺在人行道上，盖着毯子睡觉，人们三三两两朝河边走去，手里拿着铜碗，照例去圣水中沐浴。你登上一个船屋，船上有三个船夫，船沿着河边的阶梯慢慢向前划。清晨的空气凉飕飕的。阶梯上的人分布不均。有一个阶梯上挤满了人，我也不知道为什么会这样。台阶上和水边挤满了人，这个景象非同寻常。沐浴者以不同的方式洗圣水澡。对一些男孩来说，这是嬉闹玩耍的好机会，他们跳进水里，出来，再跳进去。对一些人来说，这是一个必须尽快完成的仪式，你看他们机械地做着表示虔诚的动作，嘴里咕哝着祈祷词。其他人则严肃对待这个

---

① 尼金斯基，Vatslav Nijinsky，1890—1950，尼金斯基在国际舞台享有盛名是因为在他打破了因循已久的古典芭蕾模式，推翻了古典芭蕾的美学，因而被西方称为“舞蹈之神”。

② 贝拿勒斯，Benares，瓦拉纳西的旧称，印度教圣地、著名历史古城。位于印度北方邦东南部，坐落在恒河中游新月形曲流段左岸，该市有各式庙宇 1500 座以上。释迦牟尼初转法轮的鹿野苑就在瓦拉纳西附近，耆那教的两个教长也诞生在附近，故该市已成为印度教、佛教、耆那教的重要圣地。

仪式。他们向升起的太阳鞠躬，张开的双手举过头顶，虔诚地祷告。沐浴完，有些人和朋友聊起天来，大概每日的必修课给他们提供了交换新闻和闲话的机会。有些人则盘腿打坐冥想。有些人坐在那儿纹丝不动，着实令人钦佩，身边人潮汹涌，他们却像坐在清净的寺庙里。我看见一位老人，眼睛周围用白灰画着大圈，额头上涂了一个很宽的长方块，脸颊上涂了两个方块，像戴了一副面具。许多人洗完澡后，精心擦洗打磨铜碗，他们要把圣水带回家。

这是令人感动和激动的景象。忙乱，喧闹，人来人往，充满生命力。相比之下，那些沉思静坐的人显得愈发沉默、静寂、与世隔绝了。

太阳在天上升得更高了，笼罩这幅画面的灰蒙蒙的光变成了金黄色，五颜六色的光芒似乎为它披上了一件艳丽的衣裳。

他是个矮小健壮的男人，步履轻快自信，圆圆的秃脑壳，明亮的蓝眼睛，眼角有很多皱纹，看上去很愉快。他是政府的工程师，建造道路、堤坝、桥梁。他的平房面对着一条河。客厅里摆着几把舒服的扶手椅，中间摆着一张印度木雕桌子。墙上挂着过于繁复的木雕，刻的是神话故事中的场景，钉着他打死的动物头标本，还挂着几张装在镜框里的照片。游廊和河之间有一个狭长的花园，花园里有一棵树，它的美打动了我。树叶并不稠密，枝条看得清清楚楚，在天空的衬托下，呈现出精美的图案。我说这棵树很漂亮，显然，工程师从没注意过。他大概觉得我这么说挺可笑的吧。

我们谈论打猎，他说他打死过一只猴子。“我再也不会开枪打猴子了。”他说，“我当时在修路，所有苦力都罢工了，六百个人。工头病了，他们担心他会死掉，他们决定离开工地，不干了。我想方设法劝他们留下来，最后他们说，可以留下，只要我杀死一只猴子，取出猴子心脏里的血给工头治病。唉，总不能停工吧，于是我拿起枪，沿着那条路往前走。通常有很多猴子在附近玩耍，黑脸的那种猴子，过了一会儿，我看见一只。我瞄准，开枪，但我只打伤了它。它跑过来向我寻求保护，叫啊叫，像个孩子。”

“那个工头病好了吗？”我问。

“哦，他还真好了。不管怎么说，那条路修完了。”

范·H。他六十来岁，大块头，大肚子，肉乎乎的大脸，大鼻子，须发灰白。他的眼睛是蓝色的。他很爱说话，说得也很准确，就是带一点口音。他的嗓门很大，挺快活的一个人。他年轻时肯定不好看，现在又穿得破破烂烂、邋里邋遢，尽管块头大，有存在感，但他既不威严尊贵，也不引人注目、令人印象深刻。他已经在东方生活了三十多年，最先去的是爪哇。他通晓多国语言，是个梵文学者。他阅读了大量关于东方宗教和希腊哲学的书籍。他主要对赫拉克利特[①]感兴趣也不奇怪，他的书架上摆的全是关于赫拉克利特的现存文献资料。他的公寓里堆满了书。墙上挂着几面西藏的旗子，屋子里散乱地摆放着几件西藏铜饰。他在西藏生活的时间比较长。他是一个喜欢吃吃喝喝的人。在利德比特[②]的影响下，他成了一名神智学者，他去了印度，在阿迪亚尔做了几年图书管理员，但后来他和贝赞特夫人[③]吵了一架。我问他怎么理解“圣雄”这个概念，他说他认为证明他们存在和不存在的证据大概各占百分之五十。尽管他早就不信神智学了，他依然十分敬佩利德比特，相信此人有超能力。我觉得他现在笃信佛教。

---

① 赫拉克利特，Heraclitus，约公元前540年—前470年，一位富有传奇色彩的哲学家，爱菲斯学派的代表人物。著有《论自然》一书，现有残篇留存。

② 利德比特，Charles Webster Leadbeater，1854—1934，神智学会一位很有影响力的成员，神秘主义作家。

③ 贝赞特夫人，Annie Besant，1847—1933，英国神智学者、社会改革家。1889年加入俄国宗教神秘主义者布拉瓦茨基夫人的神智学会。1893年去印度，1907年起直至去世任神智学会国际主席。她发现了著名的印度圣者克里希那穆提，并预言这个孩子就是传说中的救世主。

年轻的时候，他在爪哇雇了一个仆人。这个仆人跟着他游历了九个月，才把自己的故事讲给他听。这仆人是爪哇一个苏丹的后代，结了婚，有了一个孩子，后来，他的妻儿都死了，心碎的他隐居丛林，过起了苦行僧的生活。后来，他遇到一群烧炭人，他跟他们一起生活了几个月。最后，他们对他说，这不是君王的后代该过的日子，劝他去见一个怪人。此人是个茶园主，爪哇人，四十来岁，有一个著名的叛乱分子战败后不知所终（就像那那·萨希布[①]），人们普遍认为茶园主就是那个人，而不是那个人的转世，一百多年过去了还活着。这个人叫他去巴达维亚[②]，说他在那儿会遇到一个白人，他要服侍这个白人九个月。这个人告诉他那个白人哪天会到。一切都被这个茶园主说中了，这引起了范·H的兴趣，于是去见这个茶园主。范·H看到的是一个相貌普通的男人，此人备受尊崇，但他对自己的事只字不提。人们认为他是那个古代英雄，对此，他既不确认，也不否认。范·H问他到底是什么让他说出那番话的，是什么指示他叫这个年轻人去巴达维亚，做自己的仆人的，他的回答是："有一种知识来自头脑，有一种知识来自内心，我看我的心，看到什么，就说什么。"

一个年轻军官乘半岛东方邮轮回家，有人见他在甲板上忙着读介绍泰姬陵的书。有人问他为什么要读这些书，他回答："哦，我在阿格拉驻扎了四年，从没去过泰姬陵，但我知道，回家后，所有人都会问起泰姬陵，所以，我想最好在到家之前恶补一下。"

泰姬陵。尽管我内心充满期待，还看了很多照片，当我从大门口

① 那那·萨希布，Nana Sahib，1824年出生，1857年失踪，印度贵族，1857年5月印度民族大起义爆发后，在士兵拥戴下于6月在坎普尔领导武装起义，并自称马拉塔的佩什瓦。1859年失败后退入尼泊尔丛林，下落不明。

② 巴达维亚，Batavia，即今日的雅加达。又名椰城，印度尼西亚最大的城市和首都，位于爪哇岛的西北海岸，东南亚第一大城市，世界著名的海港。

的平台上第一眼看见它时，还是被它的美征服了。我意识到，这才是真正的艺术的震撼，趁这种感觉还鲜活，我想仔细品咂一番。我现在明白了，人们说某种东西美得令人窒息并非毫无依据、随随便便打个比方。我真的感觉呼吸短促。我心里有一种奇怪的欢喜感，仿佛心膨胀起来了。我又惊又喜，我想，还有解脱感。不过，当时我在读数论派哲学[①]，这派认为，艺术是一种暂时的解脱，它和所有印度宗教的目的，也就是绝对解脱，属于同一类，或许看到泰姬陵让我联想到了数论，我只是把这种思想转移到实际感受上了。

面对一种美丽的东西，我无法两次感受到同样的狂喜，第二天，我又去了泰姬陵，同一个时间段，我只是怀揣着欣赏同样的景色的想法。不过，我还是体会到了别样的东西。太阳落山时，我溜溜达达走进清真寺。这里只有我一个人。当我站在一头，看着隔开的一个个房间时，这里的空落寂寥给我一种阴森神秘的感觉，我忽然有点害怕。我只能把这种感受用不着边际的文字表达出来：我似乎听到了无限时空那无声的脚步。

孙达拉姆。描写印度人太难了，也许是因为你对他的经历和生活环境了解得太少；也许是因为你认识的印度人相对较少，无法把你对这个人和那个人的印象加以比较；也许是因为他们的性格易变，没有显著的特征；当然，还有一种可能，他们只展示他们想展示的那一面，或者只展示他们认为能讨你欢心、让你感兴趣的那一面。孙达拉姆是马德拉斯人，身材粗壮，胖乎乎的，在欧洲算中等个，皮肤不是很黑。他缠着腰布，穿着白衬衫，戴着甘地帽[②]。他的鼻子又短又粗，

① 数论派哲学，数论派，婆罗门六个正统哲学派系之一，印度六派哲学中最早成立之一派。数论派认为，事物或世间现象是由某些根本因转变出来的。

② 甘地帽，船型白帽，这种帽子在圣雄甘地领导印度人民对抗英国殖民政府时风靡一时，因此得名“甘地帽”。

嘴很大，嘴唇肉嘟嘟的，时常面带迷人的微笑。我觉得他在谈起他认识的大人物时有点得意，但他的虚荣仅限于此。他非常善良。他过着清教徒式的生活，他告诉我，这辈子他从没进过剧院或电影院。他有诗意的敏感，风景、河流、花朵、白天的天空，夜晚的天空，都能给他带来欢乐。他没有逻辑能力，对讨论问题不感兴趣。他的信仰来自印度的文化传统，也直接来自他的古鲁[1]，他会详详细细地讲自己的信仰，但不在乎它是否合理。他不介意他的想法互相矛盾。他的立场来自感受和直觉，对于这两点可谓盲从。他严格遵行正统印度教在饮食、洗浴、冥想等方面的戒律。他主要从牛奶、水果和坚果中获取营养。他告诉我，他曾钻研一部耗费脑力的严肃著作，那六个月，他只喝牛奶，而且保持沉默。他无比真诚地谈论克己、谈论绝对，谈论上帝在我们所有人心中——上帝是一切，我们都是上帝。他不假思索就能说出一大堆比喻，这些比喻在印度已经流传好几个世纪了，他用起来很有效。显然，对他来说，这些比喻足以充当推理的手段。对他来说，三段论所拥有的力量，一幅恒河美景同样拥有。显然，他深爱他的妻儿，并以他们为荣。他的孩子们很有礼貌。他每天早上五点钟起床，然后开始冥想。他认为这个时间最合适。我看见他和几个大学生在一起。他对他们特别好，有时候，你会看到传教士对皈依者那种温和亲切简直甜得发腻，他不是这样，他很自然、很有人情味。

帝国的缔造者。他是位将军，白发，白牙刷胡，壮实，但不胖，红脸，蓝眼睛，椭圆脸。每天早上六点，他出去兜风。他的房间里有一台划船机，洗澡前可以做做运动。暑气稍散，他就去网球场，他用力挥拍，打得很好（他吹嘘，年龄比他小一半的人，他也敌得过，而且他更喜欢单打，这样运动量更大），一直打到天黑，看不到球为止。他回到房间，在划船机上锻炼一刻钟，再去洗澡。“在这个国家，

[1] 古鲁，印度教的宗教导师或领袖。

你必须强身健体。”他总是这么说，还抱怨，“我得不到充分的锻炼。”他已经在印度待了三十年了。“好在印度可以打猎。我有很多猎手，都是一流高手，我的意思是，你可以像信任英国人一样信任他们，一流猎手，特别热心，我的意思是，除了肤色，他们就是纯种白人。我没夸张，你知道。这就是事实。”

阿什沃斯。他告诉我，上大学的时候学哲学，老师说“万物皆一物”，他理解不了。怎么能说他是桌子，桌子就是他呢？这么说似乎毫无意义。后来有一天，他忽然明白了。他去看迈索尔[1]的大瀑布，坐着公交车在丛林里穿行了很久。以前他从没见过大树，当汽车快速穿过绿色隧道时，大树就在他的头顶，那种感觉激动人心。他来到瀑布前，站在一个大圆潭前，那时雨季刚过，滔滔之水从天而落。那种感受非比寻常，他感觉自己就是那水，他如水一般落下，水就是他自己。他意识到他和水是一物。他三十八岁，对于一个来自德干高原的印度人来说，他算是高个，比我高两三英寸吧，他一头黑发，自然弯曲，已经开始变白，但他的脸还是很年轻，额头基本没有皱纹，眼睛下面也没有细纹。他的眼睛很大，水汪汪的，鼻子短，但形状很好看，有点肉肉的，嘴很大，嘴唇丰满。他的耳朵很小，紧贴着脑袋，但耳垂又大又厚，就像乔达摩的耳朵，当然，没那么夸张。他的脸刮得很干净，但胡须浓密，即使刮了脸，暗蜜色的皮肤上仍有一抹黑色。他并不好看，但真诚坦率的表情别有一番魅力。他的牙很漂亮，洁白、整齐。他的手比大多数印度人的手都大。

他缠着棉布的腰布，料子是最便宜的那种，穿着白衬衫，戴着甘地帽，他围着所有有身份的印度人都会围的围巾，光脚穿着皮凉鞋。尽管从没去过英国，他的英文讲得很流利，他的声音洪亮悦耳。显

① 迈索尔，Mysore，印度西南部城市。在卡纳塔克邦南部、查蒙迪山山麓盆地中，风景秀丽，有“印度公园”之称。曾是迈索尔邦首府。南印度的文化与宗教中心。

然，他很真诚，心地也很善良，但他是否聪明，我可说不好。他的想法都是自己琢磨出来的，他不知道，他苦思冥想出来的那些概念里有太多普通至极。当他深有感触地表达老掉牙的陈词滥调时，真叫人尴尬。不过，偶尔他也会有迷人，甚至新颖的想法。

他曾经因为在自己的报纸上发表一系列煽动性文章被捕，并被判处一年监禁。他被单独囚禁在一个牢房里，以免言谈话语间毒害到其他犯人。尽管他没有被强制劳动，他自己却要求这么做，和其他工人一起织毯子。坐牢给他打击很大。他告诉我，他经常一哭就是好几个小时，有时候发了疯似的想出去，拼命捶打牢门上的铁条，试图把它们砸断，他大喊大叫，一直叫到筋疲力尽，然后倒在席子上就睡着了。四个月后，他吃牢饭吃出了病，被送进医院，余下几个月的刑期，他是在医院里度过的。就是在那时，他决定放弃财产。但他打官司花了很多钱，坐牢期间，他的报纸经营不善，出狱后，他发现自己债台高筑。他用了几年时间才把债务还清。然后，他把他的雇员们召集在一起，把他的报纸、机器、一切都给了他们，条件是：每个月给他母亲三十卢比，好养活她、他的妻子、他的妹妹和他的两个孩子。

我想知道，对于他的决定，他的家人持怎样的观点。他不在乎他们的感受。“他们不乐意，”他说，“可是我没办法，做自己认为正确的事总会给他人带来痛苦或不便。”他出生时的星象记下来了，占星家说，将来他要么成为一个特别富有成功的人，成为人上人，要么成为一名托钵僧。有很多年，他一直在追求名利双收，但当他决定放弃一切财物时，他母亲想起了那个占星家的话，尽管她很伤心，但并不惊讶。我问他，他的儿子长大后可能会埋怨他，他把他带到这个世上来，没给他应得的地位和良好的教育，只让他学到了基本知识，这辈子他只能做个工人，到时候，他会怎样回答。他静静地微笑。“我想他很可能会埋怨我，”他说，“但他有一个家可以睡觉，也有饭吃，这都是我给他的。我不明白，为什么你生下一个儿子就必须为了让他有一个更好的生活而虚度自己的光阴。他有生活的权利，你也有。”

他讲了一件事，我很喜欢。放弃一切财产第二天，他去看望一个朋友，那个人住在距班加罗尔[①] 几英里远的地方。他步行去的朋友家，回来的路上，他感觉很累，就上了一辆路过的公交车，但他忽然想起来身上一个安那[②] 都没有，只好叫司机停车，下了车。我问他投宿在哪里。

“如果有人给我个遮风挡雨的地方，我就睡在游廊上，没有的话，我就睡在树下。”

“吃什么呢？”

“有人给我吃的，我就吃，没人给，我就不吃。”他的回答很简单。

我认识他的方式很奇特。当时我第二次去孟买，他从班加罗尔给我写信，说想来见我，他确定我有话要对他说，这些话对他来说很重要。我回信说，我是一个很普通的人，一个小说家而已，不值得他赶两天的路来看我。最后他还是来了。我问他怎么弄到的车费，他说他去火车站等。过了一阵，他和一个等车的人聊了起来。他说他要来看我，但没钱买车票，那人就给他买了一张。我要给他回程的车费，但他不要我的钱。

“我总能想法子回去的。”他微笑道。

我们连着两天促膝长谈。我时刻感觉他期盼我说出什么高级的理论，至少也要传递一条重要的信息，这让我很是苦恼。我什么都给不了他。他肯定很失望，也许我该好好表现，塞给他一堆华而不实的场面话。可是，我说不出口。

果阿[③] 。你开车穿过椰子林，残垣断壁随处可见。渔船在潟湖上航

① 班加罗尔，Bangalore，印度南部城市，卡纳塔克邦首府，印度第五大城市。

② 安那，旧时印度、巴基斯坦、缅甸的辅币单位，等于 1 卢比的 1 / 16。

③ 果阿，Goa，印度联邦共和国面积最小的一个邦，位于印度西岸，果阿首府位于帕纳吉，最大的城市是达 · 伽马城。历史上果阿曾是葡萄牙殖民地。

行，大三角帆在明媚的阳光下闪着白光。教堂又大又白，正面装饰着蜜色的石头壁柱。教堂内部空间很大、很宽敞、光秃秃的，葡萄牙巴洛克风格的布道坛，雕刻得极为精致，祭坛画也是同一风格。在一个侧祭台上，一个本地的神父和一个黑脸的辅祭正在作弥撒。没有人来做礼拜。在圣方济各教堂里，你会看到一个木雕基督受难像，向导告诉你这座城市被摧毁的六个月前，他流下了眼泪。大教堂里正在举行仪式，有人在弹管风琴，管风琴阁楼里，一个由当地人组成的小唱诗班的歌声很刺耳，不知怎么地，天主教圣歌忽然染上了一层的神秘的印度异教色彩。在如此荒凉的地方看到一座座空荡荡的大教堂，知道日复一日，没有一个人来听神父做弥撒，这种奇怪的景象倒是令人印象深刻。

神父。他来旅馆见我。他是个印度人，高个子，不胖也不瘦，五官好看，但有点扁平，他的眼睛又黑又大，水汪汪的，眼白发亮。他穿着教士袍。起初他很紧张，手不安地动来动去，不过，我尽力让他放松，很快，他的手就不动了。他的英语说得很好。他告诉我他出生于一个婆罗门[①] 家庭，他的祖先，一个婆罗门在圣方济各·沙勿略[②]的一个同伴的感召下皈依了天主教。他三十出头，体格强健，风度翩翩。他的声音圆润动听。他在罗马待过六年，在欧洲停留期间，他游览了很多地方。他想回去，但他的母亲年事已高，希望他能给她送终。他在一所学校教书，还布道。他把大部分时间用在劝说首陀罗[③]们改宗上。他说现在试图跟高级种姓的印度人做任何事都是徒劳的。我想让他跟我谈谈宗教。他告诉我，他认为基督教广大到可以包容其

① 婆罗门，印度种姓中的最高等级。

② 圣方济各·沙勿略，St. Francis Xavier，生于西班牙纳瓦拉。葡萄牙派至亚洲的天主教传教士。他是耶稣会创始人之一，首先将天主教传播到亚洲的马六甲和日本。天主教会称之为“历史上最伟大的传教士”。

③ 首陀罗，印度四大种姓中最低级的种姓。

他所有宗教信仰，但很遗憾，罗马天主教会不允许印度教会按照当地人的意愿发展。我感觉他只是把基督教教义视作一种行为准则，并没有宗教热忱，我不确定一个人弄清了自己所信仰的宗教的底细后，是否会发现自己对它至少持某种怀疑的态度。我觉得尽管他有四百年的天主教背景，骨子里依然是个吠檀多信徒。我不知道，对他来说，基督徒的上帝是否与《奥义书》的梵天融合了，即使不在他心中，也在潜意识模糊的深处。他告诉我，即使在基督徒中间，种姓制度依然存在，没有人会跟别的种姓的人结婚。一个婆罗门出身的基督徒和一个首陀罗出身的基督徒结婚，这种事闻所未闻。他不无得意地告诉我，他的血管里没有一滴白人的血，他的家族一直保持着血统的绝对纯正。“我们是基督徒，”他对我说，“但首先，我们是印度人。”他对印度教的态度是宽容体谅。

特拉凡哥尔[①] 的回水潟湖区。它们是狭窄的运河，多多少少是人工开凿的，也就是说，把自然的水域用筑堤的沟渠连接起来，形成一条从特里凡得琅[②] 到科钦[③] 的水道。水道两边长着椰子树，水边是一座座泥顶的草房，每座房子都被一个小院子围绕，院子里种着芭蕉、木瓜，有的时候还有一棵波萝蜜树。孩子们玩耍，女人们呆坐，或者舂米，不结实的小船上载着椰子、叶子，或者给牛吃的干饲料，男人和男孩们慢悠悠地划桨来去。人们在岸边捕鱼。我看见一个男人背着弓箭，还有一小捆他射到的鱼。大家都在河里洗澡。这里绿油油的、凉爽、安静，给人一种奇怪的田园生活的感觉，宁静、原始，而且生活不太艰苦。偶尔一条大驳船开过，两个男人撑杆，从一个镇子到另一

① 特拉凡哥尔，Travancore，印度西南部地区，旧邦。

② 特里凡得琅，Trivandrum，印度西南部喀拉拉邦首府。位于马拉巴尔海岸南部，北距科钦 220 公里。

③ 科钦，Cochin，位于印度的西南岸，面对阿拉伯海，拥有优良的海港，水上运输非常发达，被誉为"阿拉伯海之皇后"，是印度喀拉拉邦最大的城市。

个镇子。时而看到一座朴素的小庙，或者一座很小的教堂，这里的基督徒人口占总人口的比例很高。

水上长满了水葫芦。这种植物，开着淡雅的紫花，根不扎在土壤里，而是扎在水里，水葫芦在水上浮着，船经过，开出一条清澈的水道，水葫芦被推到两边，但船刚一过去，它们就随着水流和微风漂回来了，不留下任何你来过的痕迹，我们这些在世上曾引起过小小轰动的人也一样。

首席大臣。我听说这个政客不仅机敏狡猾，而且做起事来寡廉鲜耻、不择手段。大家一致认为他既聪明又狡诈。他身材粗壮，个子不比我高，眼睛不太大，目光警觉，浓眉，鹰钩鼻，厚嘴唇，小小的圆下巴，一头浓密的羊毛卷。他缠着白腰布，穿着白上衣，领口很紧，戴着白围巾。光脚穿凉鞋，一会儿趿拉着，一会儿穿上。他有政客的和蔼可亲，多年来不辞辛苦，遇到谁都很热情。他的英文说得很好、很流利，词汇丰富，他能把自己想说的话清晰且有条理地表达出来。他声音洪亮、举止大方。我说的很多话他都不赞同，并果断加以纠正，但他的态度谦恭有礼，他想当然地以为，我这么聪明，不会因为遭到驳斥就感觉被冒犯了。他当然很忙，邦里的大事都由他负责，但他似乎有充裕的闲工夫谈论印度玄学和宗教，一谈就是大半个小时，好像没什么东西比这更让他感兴趣。他似乎读了不少书，不只是印度文学作品，还有英国文学作品，但看不出他对欧洲其他国家的文学和思想有什么了解。

当我开始说宗教是印度所有哲学的基础时，他纠正我。“不，”他说，“不是这样的，印度没有你所谓的宗教，印度有哲学体系和有神论，印度有神论是其中的一种。”

我问他，受过教育、有文化的印度人是否还积极相信果报和轮回，他铿锵有力地说："我本人就对此深信不疑，全身心地相信，毫无保留。我坚信，今世之前，我经历过许多前世，我还要经历不知多少来世方能获得解脱。在我看来，只有果报和轮回能解释人与人的不平等和世间的邪恶。除非我相信它们，否则我会认为这个世界没有意义。"

我问他，相信了这个，印度人是不是就不像欧洲人那么怕死了？他考虑了一会儿怎么回答，我发现他习惯如此，他在思考这个问题的时候，又聊了点别的，我以为他不打算回答了。然后，他说："印度人和日本人不一样，日本人很小的时候就被教育人生是没有价值的，有很多原因可以让他毫不犹豫地牺牲生命。印度人怕死不是因为死亡会带走生命，而是因为他不确定来世会托生成什么。他不确定自己能否托生成婆罗门、天使，甚至神祇，他也有可能托生成首陀罗、一只狗，或一条虫子。想到死的时候，他惧怕的是来世。"

印度七弦琴演奏者。他四十岁，胖乎乎的，脸刮得很干净，头的前部也刮得干干净净，头发很长，在脑后扎成一个鬏儿。他缠着腰布，穿着一件无领衬衫。他坐在地板上弹琴。他的乐器很华丽，刻有浅浮雕，琴头是龙头状。他弹了几个钟头，偶尔唱几段歌，有的音乐有几百年历史，有的则没那么古老，就是二十世纪的，当时的统治者是特拉凡哥尔大君，他本人就是一个造诣很高的音乐家，那时的人对艺术热情极高。这是一种结构很复杂的音乐，听的时候必须全神贯注，还好我对现代音乐略知一二，否则根本听不懂。这种音乐节奏舒缓，听习惯了才能体会出其中的丰富多彩和音调优美。近些年，作曲家们受现代音乐，也就是欧洲音乐的影响不小，东方曲调能唤起淡淡的对风笛的回忆，还能听出军乐的铿锵，这种感觉挺怪的。

印度人的房子。房主是一名法官，房子是祖辈传下来的。他去世了，他的遗孀接待了我。这是个胖女人，穿着白衣服，白色的披肩鬈发，光着脚。一堵无窗的墙上开了扇门，从这扇门进去，你会发现自己置身于一个类似凉廊的地方，天花板是雕花的波萝蜜木做的，装饰着荷叶，中央有一个湿婆起舞的浅浮雕。然后是一个满是灰尘的小院子，院子里种着变色木和肉桂。再进去就是房子了。房前有一条游廊，屋檐伸出来，露出漂亮地连接在一起的木构建，还有深棕色的雕花天花板，和凉廊里的一样。两头各有一个拱起的部分，下面的储藏空间，主人通常用来存放衣物，也当座位用。他以前就在这里接待客人。后面有两扇门，门锁和合页都是铜的，雕着花，很漂亮。两扇门通向两个黑魆魆的小房间，每间屋子里各有一张床，其中一间曾是主人睡觉的地方。一侧有一个关闭的孔洞，通向一个储藏谷物的空间。穿过侧面的一扇小门就进了另一个院子。后面是女眷的住处，两边是厨房和其他小房间。我被领进一个房间，里面摆放着一些破旧简陋的老式欧洲家具。

第一个院子积满灰尘、疏于照管，夜里，这种感觉肯定就没了，星月之下，凉爽、安静，是个浪漫的所在。我很想在这儿听那个人弹七弦琴，他专注严肃的面孔被烟气腾腾的铜灯的火焰照亮，灯芯在椰子油里漂浮。

瑜伽士。他在印度是中等个，暗蜜色的皮肤，白头发，平头，白胡子也很短。他并不肥，只是有点胖。尽管他身上只围了一块白色的遮羞布，看上去却非常干净利落，几乎可以说是短小精悍。他拄着拐杖，慢慢地走，他的脚有点跛。他的嘴有点大，嘴唇比较厚，眼睛不像大多数印度人那样又大又亮，眼白上布满了血丝。他的举止简单质朴，且不失尊严。他快乐、懂礼、笑容满面。他给我的感觉不是一个学者，而是一个好脾气的农民。他走进房间时，我正躺在一张简陋的木板床上，他身后跟着两三个弟子，亲切地问候几句后，他坐了下来。我身上不大好，之前还昏过去一小会儿，他坐在我身边。我身体不舒服，去不了大厅，他通常在大厅打坐，听说我被抬进这间小屋，他就到小屋来了。

他看了我一会儿就不看了，眼睛直勾勾地斜睨我的肩膀上方。他的身子一动不动，但一只脚时不时地轻拍地面。这个状态他保持了大约一刻钟，后来他们告诉我，他是在专心为我冥想。然后他突然停止这种状态，问我有什么话要对他说，或者有什么问题要问。我感觉身体虚弱，很难受，就照实说了，他听了，微笑道："沉默也是对话。"他又微微把头扭过去，继续专心冥想，又像是在看我的肩膀上方。这个状态，他又保持了大约一刻钟，没有人说一句话，屋子里的人都盯着他看，然后，他起身，鞠躬，微笑告辞，拄着拐杖，慢吞吞、一瘸一拐地走出去了，弟子们跟在他身后。

不知道是休息的结果，还是瑜伽士的冥想所致，反正我感觉好多了，过了一会儿，我来到大厅，他白天在这里打坐，晚上在这里睡觉。这是一个长条房间，空荡荡的，大概五十英尺长，宽度是长度的一半。四面都有窗户，但屋顶悬伸于外，挡住了光线，室内还是昏暗的。瑜伽士坐在一个铺着虎皮的矮台上，身前放着一个小火盆，里面焚着香。香气很好闻。不时会有一个弟子走上前，再点上一支香。信徒们坐在地板上，有的在阅读，有的在冥想。过了一会儿，两个陌生人提着一篮子水果走进来，他们匍匐在瑜伽士面前，献上供品。他微微点头接受了，示意一个弟子把供品拿走。他亲切地和那两个陌生人说了几句话，然后又微微点头，意思是他们可以退下了。他们又拜伏行礼，然后走开，坐到信徒们中间。然后瑜伽士又陷入冥想，在场的所有人似乎都微微打了个冷战，我蹑手蹑脚地走出了大厅。

后来我听说我那次晕倒引发了各种荒诞离奇的谣言。这件事不仅传到印度各地，还传到了美国。有人分析说，这是我即将见到圣人，不胜敬畏导致的。也有人说，我还没见到他，他的影响力就作用到我身上，导致我销魂了几分钟，神游无极之境。当我被问及此事时，我只是笑了笑，耸了耸肩。实际上，那不是我第一次晕倒，也不会是我最后一次晕倒。医生告诉我，那是腹腔神经丛受到刺激，导致隔膜压迫心脏造成的，那天压力持续的时间有点长。有那么几分钟会感觉身体不适，然后就什么也不知道了，直到苏醒过来——如果还能苏醒过来。

马都拉[①]。夜晚的寺庙。印度总是那么喧闹。印度人一天到晚扯着嗓子说话，在寺庙里，他们的嗓门更大，吵闹得可怕。人们祷告、念经，呼唤彼此，大声讨论、争吵、互相打招呼。看不出任何崇敬，但有一种激烈到不可抗拒的神圣感令人脊背生凉。你似乎感觉神灵是活的，就在附近，这种感觉很怪。

人头攒动，有男人，有女人，有小孩。男人打着赤膊，额头上抹着厚厚一层烧牛粪剩下的白灰，胳膊和胸口上常常也会抹白灰。许多人白天做事时穿西装，但是到了这里，他们就会抛弃西方的服饰、西方的文明和西方的思想。寺庙里的印度人是对西方一无所知的印度本地人。你看他们向这个或那个神龛敬礼，有时整个身子趴在地上，面朝下，以五体投地的姿势行礼。

你走过长长的大厅，屋顶由几根雕花柱子支撑，每根柱子底下坐着一个托钵僧。有老头儿，留着大胡子，有的人极其消瘦，也有年轻人，肌肉发达，浑身毛茸茸的。每个人身前放一个供养钵，或者一个小垫子，善男信女们时不时地丢一个铜板。有的人穿着红衣服，有的几乎赤身裸体。有的人茫然地看着你走过，有的人在默读或朗读，对汹涌的人潮不理不睬。内殿外的地板上坐着一群僧侣，脑壳前部的头发剃光，后面的头发扎成一个鬏儿，相当粗壮，无毛的棕色胸膛和胖乎乎的胳膊上一道道的白灰。这时来了一位学者，一个著名的圣人，

---

① 马都拉，Madura，印度尼西亚东爪哇省岛屿。

身后跟着两三个弟子，只见他缠着红头巾，胳膊上戴了好几个镯子，围了一条彩色的腰布，一把灰白的胡子，很有权威的样子，他在一个神龛前念了一段祈祷词，然后，弟子为他开道，他带着一副尊贵之人都有的庄重的派头大步走进内殿。

吊在天花板上的电灯泡照亮寺庙，在雕塑上投下刺眼的光，灯光穿不透的暗处愈发神秘。尽管人潮汹涌、人声嘈杂，或许正因如此，这个地方给人留下的印象是神秘又可怕。

我即将离开印度时，人们问我看了那么多东西，印象最深的是什么？我给出了他们期望的回答。然而，给我印象最深的并不是泰姬陵，也不是贝拿勒斯河边的阶梯，不是马都拉的寺庙，也不是特拉凡哥尔的群山，而是这里的农民，他们形销骨立，衣不蔽体，只有一块破布缠在腰间，那块布和他们耕种的、被太阳烤干的土地一个颜色。农民在黎明的寒冷中瑟瑟发抖，在正午的炎热中挥汗如雨，一直干到红色的夕阳照在龟裂的田野上，饿瘦的农民在北方、南方、东方、西方不停地劳作，在印度广袤的大地上劳作，从三千年前雅利安人第一次踏上这片土地，印度人就这样劳作，父父子子，代代相传，他们为了少得可怜的粮食劳作，这是他们勉强度日的唯一希望。这是印度最打动我的地方。

威灵顿公爵好像说过，滑铁卢战役是在伊顿的运动场上打赢的，未来的历史学家也许会说，印度是在英格兰的公学里失去的。

1939 年

朗斯[1]。套餐。一条长桌旁坐着很多年轻人，穿着体面的黑衣服，但给人感觉他们有些日子没洗澡了。他们是学校老师、保险业务员、售货员，诸如此类的人。大部分人边吃饭边读晚报。他们吃相贪婪，吃了很多面包，喝廉价的佐餐葡萄酒，话很少。突然，一名男子走了进来。“瞧，朱尔来了。”他们大叫道，似乎都醒过来了。朱尔带来了欢乐。朱尔三十岁，瘦瘦的，尖脸红扑扑的，样子滑稽，很像马戏团里的小丑。他开玩笑的方式就是把面包捏成小球砸大家，被砸中的人就喊：“一枚炮弹从天而降。”

他们和服务员的关系都不错，互相以“你”称呼。一个小女孩，老板的女儿，坐在长凳上织毛衣，他们善意地打趣她，感觉他们盼望她长大，好跟她调情。

矿工村。一排排两层的红砖房，红瓦顶，大窗户。每栋房子后面都带一个小花园，矿工在园子里种菜养花。每栋房子有四个房间，前面有个客厅，几乎不用，挂着厚厚的蕾丝花窗帘，后面有一个厨房，

---

① 朗斯，Lens，位于法国北部，加来海峡省的一个行政区，皮卡第大区一个比较大的城市。

楼上有两间卧室。客厅里有一张铺着桌布的圆桌、三四把直背椅，墙上挂着放大了的全家福。一家人主要在厨房里活动，墙上挂着一把枪和他们最喜欢的电影明星的照片。房子里有一个炉子、一台收音机，桌子上铺着油布，地板上也铺着油布。房间里拉了一根晾衣绳。一股烧菜做饭的味道。收音机从早到晚开着，放着提诺·罗西[①] 的歌、《兰贝斯大道》[②] 和各种舞曲。洗衣日，炉子上坐一口大锅。

客人来了，他们就递上一杯朗姆酒。聊天的内容包括金钱、花费、谁跟谁结婚了、某某人最近在干什么。

早上，矿工下楼，早餐是加了朗姆酒的咖啡。他走到洗碗池边洗手洗脸。他穿上衣服，只剩下靴子和外套，这要等妻子递给他。

L 的姐姐。一个又高又瘦黑头发的女人，五官漂亮，眼睛也漂亮。她缺了两三颗牙。她三十二岁，看上去却像五十岁的。她面容憔悴，皮肤干燥，满是皱纹。她穿着黑衣黑裙，系着条蓝围裙。四个孩子脏兮兮的，穿得破破烂烂，衣服是他们的母亲东拼西凑用旧衣服改的。一个小女孩耳朵疼，头上扎着条围巾。L 的姐夫。他三十五岁，但看上去比实际年龄老多了。他有一张方方的、不规则的、饱经风霜的脸，但看上去脾气挺好，和蔼可亲，只是相当固执。他话不多，语速慢，声音悦耳。他的土话比法语说得流利。他有一双沾满污垢的大手，看起来很有力。他灰色的眼睛里透出温柔和可怜，睫毛上怎么也洗不掉的煤灰更突出了这种感觉。

工头。他是个快乐的人，大嗓门，有佛兰德人那种快活的性情。咖啡、朗姆酒和葡萄酒能给他安慰，他太喜欢它们了。他的妻子是个

① 提诺·罗西，Tino Rossi，1907—1983，科西嘉歌手和电影演员。

②《兰贝斯大道》，1937 年的音乐剧《我和我的女孩》中的一首歌。二十世纪三十年代流行的一种舞蹈“兰贝斯走步舞”得名于此。

大块头的女人，一头斑白的头发，乱蓬蓬的，一张红脸，一副愉快的表情。她很爱吃，圣诞节的时候，他们大吃大喝了一通。她告诉你鸡肉多少钱，饭吃得津津有味。他们坐着聊天、听收音机、唱歌，一直到凌晨四点。

他们有两个儿子。他们不想让老大当矿工，于是让他做了木匠，可是刚干了一个星期，他的右手就被圆锯锯掉了，现在这个戴眼镜的青年在矿上做事。小儿子干干脆脆地下井干活了。

以前男孩十二岁开始做工，现在要到十四岁，他们每天工作八小时，三班倒，从煤里拣出石头。煤放在一个传送盘上，几个男孩并排站着，盘子转到眼前，他们就赶紧把石块拣出来。他们的样子怪怪的，帽子紧扣在头上，身穿蓝色工装裤，脸和衣服一般黑，眼白闪闪发亮。

一个男人直到三十岁才能掌握足够的知识成为一名技术熟练的矿工，到了四十五岁，他的巅峰期一过，体力开始下降，就只能干轻点的活儿了，挣的钱也就少了。五十五岁领退休金，他自己拿三千法郎，他的妻子也拿三千法郎，但他享受这笔钱的时间也就一两年。他平静地谈到自己将在五十五到六十岁之间死去，好像这就是自然法则。

他每个月交一笔象征性的房租，六到十法郎，外加四百公斤煤。他每周工作五天，每天赚六十法郎，还有百分之二十五的补贴，但如果他被要求加班，而他拒绝加班，这笔补贴就没有了。

医疗是免费的，但他抱怨医生们怠慢他。他请医生给他看病，医生忙的话，第二天才到，而且医疗用品不足。

矿工们友好、亲切、乐于助人。他们知道他们的工作要依靠别人的工作，所以他们之间存在着一种自然、友好的伙伴关系。有些人住的地方离矿山有一个来小时的路程，他们骑自行车上班。他们对自己那个丑陋的小村子很有感情，即使在矿山附近弄到房子，他们也不愿意离开。

矿上除了有负责采煤、挖掘巷道和隧道的技术工人，还有非技术工人管电，把煤车从装载点推到升降机处，再把煤车推进升降机里。他必须先把煤车的钩摘下来，沿着弯曲的轨道，用手把煤车推进升降机里。每一班每人要推一千二百车煤到升降机里。这个活儿很辛苦，日薪二十法郎。上次罢工前，他只能赚到十四法郎。

升降机摇摇晃晃，上上下下，速度极快，嘎啦嘎啦响，很吓人。降到底部，工人还得把空煤车推出去。

安奎立克酒吧。这是一个小小的方形房间，后面有一个吧台，架子上摆着很多酒瓶。屋子里有两三张方桌，靠墙那边有一张长凳，前面有几把椅子，屋子中间摆着一张圆桌。几个矿工围坐桌旁，跟他们在一起的还有一个正在休假的士兵，他穿着军装，体格健壮。有个人用一块羊毛变戏法，幼稚的把戏搞得他们很兴奋，他们一轮一轮买酒喝。他们都很热情友好。另一桌上，四个人在打牌，他们的话不多，主要聊工作和物价。

店主一家住在酒吧后面的一间屋子里。一个波兰人卧病在床，六个人围在他身边。屋子里空气污浊。

波兰人和法国人长得很不一样。波兰人的脑袋是方的，体格粗壮，尽管成天钻煤堆，皮肤看上去还是白白的。他们和法国人相处得很好，但他们不太和外人打交道。他们吃得很少，比法国人还少，他们把钱攒下来，寄回家买农场。他们主要在公共节假日和婚礼上喝酒，举行盛大宴会时，他们会花光所有钱，接下来的几个月就节衣缩食，弥补一下。他们的法语说得吞吞吐吐，口音很重。

洗澡是件大事。洗澡水用平时家里洗衣服的大铜盆加热，矿工们就坐在铜盆里洗澡。年轻的矿工们以下井为荣，不洗澡就到处走。单身汉在寡妇家或者人口不多的人家租一间屋子，或者租一张床住。他们去朗斯逛窑子，要么坐公交车去，要么自己骑车去。

巷道也就一人多高，很长，没灯罩的灯泡照着，发出冷冷的光，吹着刺骨的风。走在巷道里，一个人也见不到，感觉很怪。巷道蜿蜒曲折，一条连着一条，你会纳闷怎么有人能找到路，但工头告诉我，他蒙着眼睛都能走。

突然碰到一小群干活的人，这种感觉神秘极了。你爬过巷道壁上的一个洞，沿着一条狭窄的通道吃力地攀爬，或缓慢地爬行，有时还要匍匐前进，一直爬到他们继续开凿巷道的地方，他们也可能在那儿挖煤。电钻很沉，两个人才能抬起来，电钻发出的持续的噪音可恶至极。

光线昏暗，矿工们光着膀子，戴着帽子保护头部，看着几乎没人样。

白班上到一半，他们休息半个小时，吃午饭。他们坐在煤堆上，吃自己用罐子带来的食物，一大块面包，上面抹了黄油，或者夹一根香肠，喝金属瓶子里装的淡咖啡。

一日三餐。早上喝黑咖啡，吃黄油面包。中午在家的话就喝汤，吃牛排或小牛肉、熬过汤的蔬菜和土豆。他们喝的啤酒通常是自家酿的，几乎不含酒精，有一股特殊的味道，喝习惯了才行。晚上还是咖啡和黄油面包，手头宽裕的时候，再加一片火腿。

哪个房子都不舒适，他们似乎也没有这种欲求。赚这么多钱他们挺知足，只希望一切保持现状。干活、吃饭、睡觉、听收音机，这就是他们的生活。

经理提醒我，参观者会认为这里的工作比实际上辛苦。其实，习惯就好，即使不轻松，至少也能忍受。他是个年轻人，小个子，没蓄胡子，打扮得干净利落，他的妻子长得不错，长鼻子，穿着红裙子，他们有两个孩子。他把满腔热情投入到这份工作中，他看上去很聪明、有同情心，而且博学。他的岳父曾是亚眠[1] 的总检察长，现在跟他们生活在一起，这位老人个头不高，灰白的胡子剪成方形。他的表达很流畅，告诉你一些别人说了一百年的话，一副深信不疑的架势，好像这是他经过深入细致的思考后得出的成熟的意见。他是一个极诚实、可敬、狭隘，而又乏味的人。

里维埃拉谋杀案。杰克·M得了肺炎，卧床不起，这时他收到一封电报，说他住在圣拉斐尔一家酒店的母亲阿尔伯特·M遇害了。由于他动弹不了，他妻子就代他坐飞机去了。当然，她很震惊，但忍不住又有一种解脱的快感。婆婆把她的日子搞得简直没法过。婆婆一直找玛丽的茬，埋怨她喜欢参加聚会和舞会，埋怨她把大把钱花在买衣服上，她也不赞同玛丽持家和养育孩子的方式。更糟糕的是，杰克钦佩崇拜他的母亲。在他看来，母亲绝不会做错事。幸好阿尔伯特夫人每年冬天都去圣拉斐尔，否则，她真的忍受不了。

飞机在戛纳降落，一个英国律师来接她，此前杰克给他发了封电报。他们开车去圣拉斐尔的路上，他把情况讲给她听。

“你早晚会知道的。当地报纸全是关于这个案子的报道。”

他们发现阿尔伯特夫人被勒死在床上，她的钱和珠宝都被偷走了。当时，她一丝不挂。

“你知道，有的时候，里维埃拉对英美来的寂寞的中年女人有令

① 亚眠，Amiens，法国北部城市，北部皮卡第大区索姆省的省会。

人遗憾的影响。”

阿尔伯特夫人在圣拉斐尔很有名。她时常出入可以跳舞的酒吧和咖啡馆，跟最下三滥的流氓痞子过从甚密。她是个出手大方的老女人，很乐意请人喝酒，他们虽然嘲笑她，但也喜欢她。一个星期她会把某个痞子带回酒店两三次，第二天早上，他肯定能得到一千法郎。显然，她的某个情人杀死了她。

听了这个故事，玛丽既惊愕，又狂喜。她终于能跟这个折磨了自己多年的女人扯平了。杰克把他母亲奉为道德楷模，要求妻子效法她，告诉他这个他眼中的楷模不过是个老荡妇简直是美妙的复仇。

“他们知道是谁干的吗？”她问。

“不知道，有十来个人，谁都有可能。她很淫乱。”

“这对我丈夫是个打击。”

“需要让他知道吗？他们很乐意隐瞒真相，把这起杀人案定性为入室盗窃并杀人。这种肮脏的丑闻传出去对圣拉斐尔这种冬季度假地没有一点好处。”

“为什么要隐瞒？”

“呃，为了你们着想，也为你婆婆着想。我想，她在英国的日子肯定过得很无聊，她想在死前找点乐子，你会为此责怪她吗？”

玛丽沉默了很久，然后说了一段让她自己都吃惊的话。

“我以前憎恨这个老婊子。我本可以亲手结果了她，有时候，我也纳闷为什么没这么做。可是现在知道了这一切，自从嫁给我丈夫，我头一次觉得，我对她还是有点感情的。”

垂死的帕斯奎尔。他在尼斯的一条小巷里开了一个小咖啡馆，后面有一间不通风的小屋，人们在里面跳舞。咖啡馆楼上的房子，不是他自己的，就是他租的，从一个侧门可以进去。他住在那里，不过，他会把房子租给在咖啡馆钓到马子的男人，时间可能是一小时，也可能是一晚上。帕斯奎尔病得很重，现在咖啡馆由他的儿子埃德蒙和他的儿媳打理。埃德蒙娶了一个经常泡咖啡馆的女人，帕斯奎尔觉得这桩婚事门不当户不对，大发雷霆，把他们赶出了家门，但他不是一个让荣誉和利益起冲突的人，由于埃德蒙对他有用，不久后，他又把他叫回来了。我去的那个晚上，咖啡馆里挤满了人，生意很兴隆。我问埃德蒙他父亲怎么样，他告诉我医生已经放弃他了，他挨不过这一两天了。他让我去看看他父亲。我绕到后面，负责把客人领到房间的让娜带我上楼去了他的房间。他躺在一张巨大的四柱床上，这个小老头穿着睡衣，脸色蜡黄，面部浮肿，手也是肿的。

“我完蛋了。（Je suis foutu.）”他对我说。

“胡说。”我说，面对病人，我们总是强作欢颜，“你会好起来的。”

“我不怕。楼下怎么样？满员了吗？”

“挤满了人。”

他一下子有了精神。

“如果有两倍的房间，今晚也能填满。”他按了一下铃。“我躺在这儿，不能亲自打理生意，太糟糕了。”女仆走了进来。“挨个房间去敲门，”他告诉她，“告诉他们快点儿，还有人等着呢。我的上帝，他们来这儿做的事不需要花上一整晚。”女仆出去后，他说，“想起我可怜的老婆，我很高兴她死了。看到埃德蒙娶了个荡妇，她会羞死的。请注意，我们让他接受了良好的教育。你知道我走了以后，他们会怎么做吗？他们要把那些女人都撵出去，把房间按月租给职员和店员。这么做赚不到钱的。他怎么就不能娶一个资产阶级的小姐，一个明白生意就是生意的正经商人的女儿？知道我一旦死了、埋了，我一手创建的这份家业就毁了，躺在这儿实在是太难受了。”两大颗泪顺着他的脸颊滚落下来。“为什么会这样？”他抽着鼻子说，“因为那个脏婊子希望被人尊重。人家尊重你就会给你钱吗？呸！”

两三天后，他死了。灵车里摆满鲜花，很多泡咖啡馆的女孩参加了他的葬礼。“这说明她们心肠好。”后来，埃德蒙的妻子对我说。

浪漫传奇。约克公爵，乔治三世的一个弟弟，乘他的游艇来到摩纳哥，在那里身染重病。他让执政亲王接待他，这个要求亲王答应了，但他拒绝接待公爵随船带来的情妇。她在罗克布吕纳找了个房子住下，每天走到固定位置看旗子是否还在王宫上方飘扬。一天，她看见降了半旗，明白她的情人死了，于是，她投海自尽了。

前几天，在格罗夫纳广场[①]吃完晚饭，我听一个不再年轻的作家抱怨如今在英国文人有多么不受尊重。他把当下和从前文人的地位做了一番对比，十八世纪时，文人决定咖啡馆里的品位，资助人慷慨大方，他们不必为了脏钱出卖才华，显然，现在的英国文人处境可怜。我猜他没有想过，如果十八世纪时我和他在那座房子里，我们得走供仆人使用的后楼梯，如果他们给我们饭吃，我们得在管家的房里吃，食物包括一大杯啤酒和一块冷肉。

他的名字叫保罗。他是一个比利时人，他杀死了他的妻子。他被判处死刑。这一判决让他深受打击。他歇斯底里，睡不着觉。他很害怕，可怜兮兮的。他们叫艾伦去探望他，看能不能稍稍安慰一下他，即使抚慰不了他，至少让他听天由命。艾伦每天都去看他。一天，他告诉我保罗想看一本书，监狱的图书室里没有，问我能不能给他买一本。我说，当然可以，问是什么书。听了他的回答，我大吃一惊。我想不明白一个人在被绞死之前怎么会渴望读这本书。这就是斯特恩[②]的

① 格罗夫纳广场，Grosvenor Square，英国伦敦的一个花园广场，位于奢华的梅费尔区。这是威斯敏斯特公爵梅费尔产业的核心，得名于其姓氏“格罗夫纳”。

② 斯特恩，Laurence Sterne，1713—1768，十八世纪英国最伟大的小说家之一，也是整个世界文学史上一位罕见的天才。他在四十六岁的时候开始创作小说巨著《项狄传》，共写了九卷。1768年，他的另一部伟大的小说《感伤旅行》完成两卷，但之后不久，他便染病，不治身亡，两部小说的写作也因此中断。

《感伤旅行》[①]。

旅店房间。其中一间住着一个男人，他把旅店房间视作自由的象征。想到他在这样的房间里的奇遇，想到愉快的沉思，他的心情是那么的平和幸福，他觉得那一刻无法再超越了，于是服用了过量的安眠药。另一个房间里住着一个女人，多年来，她辗转于一个又一个旅店。旅店房间对她意味着凄惨。她没有家。她没住旅店的时候是朋友觉得不好意思，邀请她去家里住上一两个星期。他们接纳她是出于同情，看她走了，他们会松一口气。这么悲惨的日子她再也过不下去了，于是她服用了过量的安眠药。对于旅馆的人和媒体来说，这是一个解不开的谜团。他们怀疑有风流韵事。他们寻找这两个人之前的关联，结果什么也没找到。

他是一名成功的律师，他的自杀让他的家人和朋友都很震惊。他是一个谈笑风生、精力充沛、活力四射的人，谁也想不到他会寻短见。他热爱生活。他出身寒微，但由于立过战功，获封准男爵爵位。他很爱他的独生子，儿子将继承他的爵位，承袭他的事业，进议会，扬名立万。谁也猜不到他为什么要自杀。他把自杀设计成一场意外事故，要不是一个小小的疏忽，人们真会以为这是一场意外。确实，他的妻子给他造成了一定的焦虑。她正处在更年期，这影响了她的脑子。她还没疯到要被送进疯人院，但神智绝对不正常。她有严重的抑

①《感伤旅行》，在《感伤旅行》中，作者借《项狄传》出现的人物约里克牧师之口，讲述自己在英法战争期间前往法国和意大利旅行的经历。作品在很大程度上是对游记体裁的戏仿，主要目的不是写那种典型的自在逍遥的年轻绅士，而是一个受冲动和奇怪念头驱使的流浪汉。因此，他的“旅行”便显得很随意，这正好与他不按章法、顺从天性的做法相吻合。与《项狄传》一样，《感伤旅行》也以人物的心理描写见长，书中人物多愁善感，常常为一些不足挂齿的小事悲叹，诙谐幽默中会流露一种哀婉的情调。《感伤旅行》已成为感伤主义文学的代表作品。

郁症。他们没告诉她她丈夫是自杀的，只是说他出车祸死了。她的反应比他们想象的好。把这个不幸的消息告诉她的是她的医生。“幸亏我那时候告诉他了，否则，我这辈子也别想安生。”医生想知道她什么意思。过了一会儿，她告诉了他：她向丈夫坦白了，他宠爱的儿子，他寄予了全部希望的儿子，不是他亲生的。

柏孟塞[①]。一个水管工去某个退休商人家修东西。他们住在肯宁顿一栋半独立的房子里。他是个帅小伙，他们的女儿爱上了他。他们晚上在马路上约会。但他觉得她深知他们之前的差距，而且主观臆断她把他当奴仆对待。他决心要报复她，于是他把她的肚子搞大了。她父母把她赶出了家门。水管工不肯娶她，但她还是搬过去跟他住在了一起，孩子出生后，她去了一家饼干厂上班。孩子寄养在别人家。厂里一个工人爱上了她，向她求婚。她知道水管工根本不在乎她，于是她离开了他。水管工怒不可遏，当他得知她要嫁给另一个男人时，他找到那个人，说自己跟她已经有了一个孩子。从此以后那个人就不肯跟她有任何关系了。

柏孟塞。一个男人在战争中因毒气受伤，现在他和妻子靠退休金生活，住在一栋三层小楼一楼的两个房间里。他们都加入了一个丧葬俱乐部[②]。他已经病了很长时间了，最后，他意识到自己快死了，只有几天活头了。他征得妻子同意，把她能弄到的给他办丧事的钱都用来举办最后一场盛宴。他们把所有的朋友邀请过来，举行了一场盛大的香槟晚宴。第二天晚上他就离开了人世。丧葬俱乐部出的钱全花光了，但朋友们要集资给他办一场像样的葬礼，可是，他的遗孀不接

① 柏孟塞，Bermondsey，伦敦泰晤士河南岸一地区。

② 丧葬俱乐部，burial club，教会、工会和其他协会为了帮助穷人解决丧葬费用而成立的俱乐部，会员每个星期要交一定数额的会费。

受，于是大伙儿去贫民公墓给他送葬。当天晚些时候，其中一个人来看望这位遗孀，并请求她嫁给他。她很吃惊，但认真考虑了一会儿，她答应了。不过，她觉得一年服丧期还没结束就嫁人不太合适，于是她建议在此之前他以房客的身份和她住在一起。

柏孟塞。一个退伍军人和一个在工厂上班的女孩疯狂地坠入了爱河。他的婚姻不幸福，娶了一个爱唠叨的醋坛子。这对情人私奔了，在斯特普尼[①] 租房子住了下来。女孩读报纸的时候惊恐地发现，这个男人已经把他的妻子杀掉了。他肯定会被警察抓到，但藏匿这段时间，他们还是沉浸在激情里。她后来明白了，为了逃避逮捕，他打算自杀，也打算杀了她。她很害怕，想摆脱他，可是她太爱他了，舍不得离开。她离开得太迟了。警察来了，他在对自己开枪之前，开枪打死了她。

柏孟塞。丹已经失业好几个月了。他痛苦羞愧，他有工作的哥哥伯特还欺负他，当面说是自己养活丹。为了拿丹出气，伯特让丹给自己打零工。丹太难过了，想结束自己的生命，他的母亲好说歹说，他才打消了这个念头，等待转机出现。他母亲贝利太太在白厅的一个政府办公室做清洁工。她每天早上六点出门上班，晚上六点才回来。一天，伯特回到家，想出门，而丹没去洗衣店把他的另一件衬衫取回来，于是他就对丹破口大骂。他们打了起来，丹，个头小、身子弱、营养不良，挨了哥哥一顿胖揍。贝利太太走进来，把他们拉开了。她大骂了伯特一通。伯特说他烦透了这一切，他要结婚了。他们吓坏了，没有他每个星期交给家里的钱，丹又一个子儿都不挣，贝利太太根本养活不起她自己、丹和两个更小的孩子。这意味着，他们会饿死。他们告诉伯特不能结婚，至少要等丹找到工作再说。伯特说，

① 斯特普尼，英国伦敦东部旧区，现为陶尔哈姆莱茨市的一部分。

自己必须结婚，因为他女朋友怀孕了。说完，他愤然离去。他们都哭了。贝利太太跪在地上，叫其他人，丹和另外两个孩子也跪下，她祈求上帝可怜可怜他们，帮帮他们。伯特回来时，他们还在祈祷，他刚刚去洗衣店取回了那件衬衫。他气冲冲地看着他们。

“哦，好啦，好啦，”他大叫道，“我给她十先令，让她把那个小杂种打掉。”

贝利太太。她的个子比较高，一头凌乱稀疏的红发，她张开嘴的时候，你发现她少了两颗门牙。她的一只耳朵被丈夫扯掉了一块，额头上有个疤，那是有一次她被丈夫扔出窗外时玻璃划的。他是一个五大三粗、凶残的家伙，在战争中负过重伤，贝利太太原谅他的暴力是因为他经常疼得要命。他们有四个孩子，他们都很怕他。但贝利太太有很强的幽默感，真正伦敦佬的幽默，她不为生活担忧的时候，极其风趣。她喜欢笑个痛快。最后，贝利死了。他死后，我去看望她，她对我说：“他真不是坏人。你知道他对我说了什么吗？这就算是他的遗言吧。‘我让你活在地狱里了，是不是？摆脱我，你会高兴的。’‘不，我不会高兴，内德。’我对他说，‘你知道，我一直是爱你的。’他的表情很滑稽，你知道他说了什么吗？‘你这头老母牛。’他说。这说明他真的爱我，对不对？我的意思是，他那样叫我老母牛。”

当时我做了这几条笔记是想写一篇关于柏孟塞人的小说。

1940年

前几天，我和一个法国军官聊天，当然，我们谈到了法国的沦陷。“想想看，我们竟然是被一帮白痴打败的。”他说。他的话令我沮丧。法国人似乎搞不明白，他们惨败不是因为德国人蠢笨，反倒是因为他们聪明。因为法国人受过良好的教育，善谈且风趣，他们就傻到认为只有自己是聪明人。自负自大导致他们鄙视一切不是法国的东西，这让他们成为欧洲最狭隘孤立的民族。他们陷入困境时，真以为一句妙语就能让他们脱身。你的车出毛病了，不是深谙经典著作或者一句巧妙的俏皮话就能把车修好的，你需要的是一名机修工，在这个节骨眼上，只有他的聪明管用，你的聪明是愚蠢。德国人熟悉现代作战方法，装备现代武器，难道这很愚蠢吗？他们组织战争机器，使其发挥效力，这难道不是聪明的表现吗？他们准确掌握了法国的情况，以便利用法国的不团结、没准备和情绪不稳，这不正体现了德国人的敏锐吗？不，这场战争中的白痴不是德国人，而是法国人。法国遭此劫难，仍如此虚荣自负，怎么能对它恢复元气抱有希望呢？同盟国尽可以大谈复兴法国的必要性，直到面红耳赤，但除非法国学会直面现实、正视自身，否则，他们永远不会成功。他们首先要学的不是谦恭，这对他们毫无益处，而是常识。

1941 年

纽约。H.G. 威尔斯来过这儿。他看上去衰老、疲惫、枯干。他还是那么生龙活虎，但似乎努着一股劲儿。他的那些演讲失败了。人们听不见他说的话，能听见他的话，他们又不想听。听众陆陆续续退场。他很不悦，也很失望。他不明白，过去三十年中，他基本说的都是同样的话，他们怎么就没有耐心听了呢。河水继续向前流淌，他被抛弃在河岸上。作家会风光几天（如果他幸运的话），但很快就会过气。他毕竟风光过，也该知足了。也该轮到别人了。我想，H.G. 想想他对一整代人产生过多么大的影响，他做了多少改变舆论气候的事，他也该知足了。但他总是那么忙，根本做不了哲学家。

对于一些最明显的情感，她的感受普通得惊人，但她不仅真心诚意地感受了，而且不可思议地确信从来没有人体会到过。这个饱经世故的中年女人天真得如此荒唐，非但不可笑，反而很感人。她聪明到可以难住别人，蠢到你可以难倒她。

我们过分在乎文体风格。我们努力要写得好些。为了做到简洁、清晰、扼要，我们煞费苦心。我们追求韵律和平衡。我们把句子大声读出来，听听是否顺耳。我们拼命写。然而事实上，有史以来最伟大的四位小说家，巴尔扎克、狄更斯、托尔斯泰和陀思妥耶夫斯基满不在乎地书写各自的语言。这说明，如果你会讲故事、塑造人物、设计情节，如果你有诚心和激情，你写得如何根本无关紧要。当然，写得好总比写得烂强。

多愁善感只是以错误的方式唤起记忆的情绪。

世界一直是个喧嚣骚动的所在。有过短暂的和平和富足，但这些时期是例外，因为我们中的一些人经历过这样的时期——十九世纪晚期和二十世纪的头十年——，我们无权认为这种状态是正常的。人生在世必遇患难，如同火星飞腾[①]，这才是常态，我们不妨接受现实。倘若如此，我们就可以怀着既顺从又幽默的心态看待它，或许这是我们最好的防御措施。

为什么你听到一个年轻人自以为是地胡言乱语，武断而又偏狭，就会愤怒，就要指出他的愚蠢和无知呢？你忘了在他这个年纪，你也和他一样愚蠢、武断、傲慢、自负了吗？我说的“你”当然指的是“我”。

如果你告诉他他是个骗子，他一定会大吃一惊。他真的认为，对半分的提议意味着，他拿百分之七十五，对方拿百分之二十五。

本质上，人不是理性的动物。正因如此，虚构作品才难写。反正今天的读者或戏剧观众要求自己表现出一副有理性的样子。故事中的人物如果不按照我们认为充分的动机行动，我们就不满意。我们希望

①《圣经·约伯记》5:7。

他们的行为是理性的，如果不理性，我们就会说，“没人会这么做。”我们对可能性的要求越来越严格。我们拒绝接受巧合和意外。我们希望呈现在眼前的人物始终做他自己。

《奥赛罗》中的人物极不理性，以奥赛罗为主，剧中几乎所有的人物都如此，只是比他程度稍差。评论家们绞尽脑汁想证明他们并非如此。白费力气。他们还不如把这看作人类根本非理性的伟大例证。我很愿意相信，任何一个人物的行为在当代戏迷眼中都不是荒谬的。

我不明白为什么信徒们从不认为上帝有常识。

我年轻时假装无所不知。这常给我惹麻烦，让我看起来像个傻瓜。我认为我最有用的发现之一是，说“我不知道”有多么容易。我从没注意到有人会因此把我往最坏里想。唯一不便的是，你已经承认你无知了，有的人没事干，不厌其烦地把有关这个东西的一切讲给你听。其实很多东西，我是不想知道的。

虚拟语气。美国作家用虚拟语气比我们多。我以为他们习惯了，所以对他们来说很自然，对我们来说总透着那么一点学究气，但我没发现他们在口语中用过，我想大概是老师教他们在写作时用虚拟语气吧。我推测，美国小学生平时说话吊儿郎当、不顾文法，所以老师向他们反复灌输拘谨古板的语言，强迫他们这么写。他们这是自讨苦吃，虚拟语气在垂死挣扎，我们最好尽快让它从痛苦中解脱出来。毕竟，写作是建立在日常对话的基础上的，没有理由忘记，吊儿郎当、不顾文法虽然冒犯了老师，却催生了贴切的句子和生动的成语。没有一个美国人，无论是大人，还是小孩，会说：“I'll come and see you if

I be in town.[①]”他会说“I'll come and see you if I'm in town.[②]”这么说，也这么写，会好得多。

当然，何时舍弃一个正确的单词或词组，而选择常用的单词或词组，有一定的难度。Lunch[③]是动词，Luncheon[④]是名词，但Lunch也做名词用，这是习惯用法。没有人会邀请你和他一起共进luncheon，除非他想起来这么说正确，他会自然而然地邀请你和他一起共进lunch。我认为明智的作家会用更短的词，而任凭另一个词废止不用。现在还有人不肯说bus（公交车），坚持叫omnibus，但他们想要cab（出租车）时，却想不起来叫cabriolet。

我记得在哪儿读到过罗杰斯，那个因为办早餐会出名的银行家诗人说过，他希望把balcōny（阳台）念成balcŏny的人永远不要上他的餐桌。

一个小说家，除非他让你相信他，否则他就完蛋了，但如果他完全可信，又可能无聊乏味。太过逼真至少是人们转而读侦探小说的原因之一。它有悬念，激发好奇心，给人兴奋刺激的感觉，作为回报，读者不会要求故事的真实性。他们想知道是谁干的，即使凶手的作案动机最不可能，也最不充分，他们也愿意接受。

作家要告诉你羊肉什么味儿没必要吃下整只羊，吃一块羊肉就够了。但他必须尝一尝。

我们在得克萨斯州的一个小镇过夜，对于驾车穿越美国大陆的

---

① 我进城的话就来找你。用了虚拟语气。

② 我进城的话就来找你。没用虚拟语气。

③ 吃午餐。

④ 午宴、午餐。

人来说，这个地方停车很方便，那天旅馆满员。大家早早就上床睡觉了。十点钟，某个房间里有个女人给华盛顿拨了个电话，在这种木框架房子里，她说的每个字都听得清清楚楚。她想找一个汤普金斯少校，但不知道他的电话号码，她告诉接线员他在陆军部工作。很快，电话接到了华盛顿，听接线员说找不到他，她勃然大怒，说华盛顿人人都认识汤普金斯少校。她说她有很重要的事，必须跟他通上话。通话中断了，过了几分钟，她又打了一次。她每隔十五分钟打一次。她辱骂当地的接线员，这是什么鸟不拉屎的破地方？她还骂了华盛顿的接线员，动静越闹越大，搞得大家都睡不了觉。气愤的客人给办公室打电话，夜班经理上楼，试图让她安静下来。我们听见他温和地劝告，她愤怒地回答，他败下阵来，走了，她又给电话交换局打电话。她没完没了地打电话。大喊大叫。愤怒的男人们穿着睡衣，蓬头垢面的女人们裹着睡袍，来到走廊上，砰砰敲她的门，让她别吵了，他们好睡觉。她让他们见鬼去，变着花样骂他们，把淑女们都搞得义愤填膺。他们又向经理求助，黔驴技穷的经理找来了治安官。治安官来了，他也不是她的对手，没什么好法子，他只好请来一位医生。在此期间，她还在一遍遍拨打电话，扯着嗓子对接线员骂脏话。医生来了，看到她，耸了耸肩，说他也无能为力。治安官想让医生把她送进医院，医生拒绝了，但他给出的理由我没听太懂，好像她是从另一个州来的，暂时路过此地，如果她是疯子，这些被她气疯的人坚决认为她就是疯子，那么费用可能要由县里出。她继续打电话，大喊大叫，说必须找到汤普金斯少校，这事关生死。终于，她跟他通上话了。此时是凌晨四点，旅馆里没有一个人合过眼。

“你找到汤普金斯少校了？”她问接线员，“你确定找到他了？他在线上吗？”然后她集中怒火，为了加强语气，一字一顿地说：“告诉——汤普金斯——少校——我——不想——跟他——说话。”

说完，她“砰”的一声把听筒扣在电话机上。

爱国主义有一点很奇怪，这是一种不会旅行的情绪。很多年前，我写过一部戏——《恺撒之妻》，在英国成功了，在其他地方却都失败了。这部戏不赖。其他国家的居民似乎觉得，英国人为了他们心中对国家应尽的义务牺牲自己这种事不太可能发生，而且有点荒唐。我注意到当前的战争剧也有同样的情况。即使所有战争剧里充斥着空话套话，但只要涉及美国人的英雄主义和自我牺牲，美国人就照单全收，而同样的英雄主义和自我牺牲，倘若发生在英国人身上，就会引起美国人的嘲笑，而不是同情。他们对伦敦大轰炸时英国人所表现出来的勇气没有耐心，英国人在希腊的溃败，所有参加远征的人意料之中的溃败，以及他们在克里特岛绝望的处境，只能激怒他们。

南卡罗来纳。松林中的萧萧风吟好似远处有色人的歌声，他们把悲伤的歌曲唱给一个心不在焉或无能为力的神灵听。

我不知道一个故事的布局算不算是一种记忆手段，让你把故事牢记在心。为什么四十年过去了，人们还清楚地记得莫泊桑最好的短篇小说，《羊脂球》《泰利埃公馆》和《遗产》？原因不只在于趣闻逸事，那些趣闻逸事并不比我们看过就忘的很多趣闻逸事更高明。这个想法是由莫泊桑的一则短篇小说引发的。它被收入好几本选集，我这本没收，他可能会不快吧。他写得很出色，他在描写环境的气味，环境带给人的感受和印象时，措辞贴切巧妙，这是美国作家所特有的本事。故事有趣且复杂，但分成了两部分，每个部分独立成篇的话都是好故事，他没有布局感，没将它们融为一体。

我认为你必须确保在一个故事里不要把兴趣分隔开，契诃夫尽管有时看似随意，他总是小心避免出现这种情况。实际上，小说和戏剧一样，你必须想清楚你真正想要表达的是什么，然后坚持到底。换一种方式说，就是故事要有格局。

美国人的一些错觉。

（1）这个国家没有阶级意识。

（2）美国咖啡好喝。

（3）美国人办事效率高。

（4）美国人性欲旺盛，红头发的人性欲最强。

这个国家充斥着胡扯，其中最奇怪的是，大家普遍认为美国没有阶级差别。我在西部的时候，一个女人邀请我共进午餐，据说她有两千万美元。我从没见过哪位欧洲公爵像她这样被人如此恭敬地对待。你会以为从她豪华的嘴唇里吐出的每一个字都是一张一百美元的钞票，客人获准可以带回家。确实美国人佯称人人平等，但这只是装装样子罢了。一个银行家会在火车的休闲车厢里和一个旅行推销员聊天，好像他们是平等的，但我知道，他绝不会请推销员去家里做客。在查尔斯顿或圣巴巴拉这种城市，一个旅行推销员的妻子，无论她多么有魅力、多么有教养，永远都无法跻身上流社会。归根结底，社会差别取决于金钱。十八世纪英国的大贵族们被下面的人巴结奉承，现在我们觉得这种事倒胃口，不是因为他们的头衔，而是他们的财富，有了财富就有影响力，凭借影响力又可以施恩于他们的朋友和依附者。随着英国的工业化，他们丧失了大部分财富和财富带来的影响力。如果说他们仍或多或少作为一个独立阶级继续存在，那应该归因于英国人天性保守。但他们已经不再享受同样的尊重了。如果能从某位爵爷身上得到什么，深爱他是对他表示应有的尊重，但既然他什么也给不了你了，这么做就可鄙了。

但认为阶级差别只存在于社会的中上层是错误的。在英国，技术熟练的工匠的妻子认为自己比普通工人的妻子高一等，不会与她交往。我知道美国中西部有一个快速崛起的城市，是几年前为一个大工厂的员工解决居住问题才建起来的。白领和工人住在毗邻的街区，房子盖得一模一样，他们吃一样的罐装食品，读一样的报纸，看一样的电影，开一样的车，但白领的妻子不跟工人的妻子一起打桥牌。看来，阶级差别的存在与社会生活是密不可分的，与其否认存在阶级差别，不如老老实实承认。

我很纳闷，那些关心民主是否能存在下去的人并不担心民主给予了演讲术过分的能量。一个人可能不受私念影响，渴望报效祖国，一个人可能睿智、审慎、勇敢、练达，但除非他有空谈的天赋，不然他永远也无法获得一种可以让他行使权力的政治地位。前几天，我听几个人讨论 L 是否有机会当上首相，他们一致认为他的机会为零，因为他不善言辞。我想他们是对的，政治家需要处理现代国家的复杂事务，而他的必备素质居然是在广播里有好听的声音，或者有创造令人印象深刻的空话的本事，这难道不可怕吗？如果他在这些才能之外，同时具备直觉决断力、正直诚实的品质，以及深谋远虑，那只是意外的惊喜。演讲吸引的不是理智，而是情感。我们会想到，考虑采取怎样的措施决定国家命运时，让意见被情感，而不是理智左右，完全是疯了。一句“不能将人类钉死在黄金十字架上”① 险些让一个无知自大的蠢货入主白宫，民主从未受到过如此猛烈的打击。

当然，母亲节是制造商们用来促销的妙招，要不是公众的反应令人满意，他们绝不会出高价购买报纸版面为这个节日做广告。他们是在利用情感做生意。我觉得美国人的亲情比我们重多了，他们认为人应该感受亲情，他们也确实感受到了。我惊讶地听说，一个忙碌的办

① 1896 年 7 月 8 日，威廉·詹宁斯·布莱恩在芝加哥的民主党全国代表大会上发表了著名的《黄金十字架》演说，使他在 36 岁时即被提名为总统候选人。

公室里一个忙碌的人请了一个星期的假，因为他要和妻子一起去给丈母娘送葬，地点离纽约很近，不会比从布里斯托到伦敦更远。要是在英国，他会参加葬礼，但最晚第二天就回来。令我吃惊的不只是他觉得有必要从紧急事务中抽出这么长时间陪伴悲伤的妻子，据我所知，她一定很悲伤，他的老板也令我震惊，尽管这件事给他带来诸多不便，他还是认为这么做是正当的。这次战争中，我见过不少子与母、母与子情深义厚的实例。有一次我在宾夕法尼亚火车站等车，看见一群应征入伍的新兵即将开赴军营。有一个女人，胖胖的、相貌普通、灰白头发的小个子女人，紧紧抱着她的儿子，胳膊搂着他的腰，一脸绝望的表情。她就像是在和情人告别，其实她儿子只是去参加训练，绝不会被派到国外好几个月。在英国，如果母亲来火车站给儿子送行的话，她会在车门打开时轻轻吻他一下，说："好了，再见，老伙计。乖乖的。"然后对他微微一笑，挥挥手，走掉。我在 U.S.O.[①] 见过想家的士兵，那样子真可怜。

在英国，母子分离已经有三百年的历史了，有时候知道他们将一去不回，渐渐觉得这事再平常不过，没必要大惊小怪。诚然，在美国开发的过程中，有的是举家西迁，一家人共同面对艰难险阻使亲情变得更牢固，但毕竟也有成千上万的年轻人是孤身前去冒险的，而当时的书信和回忆录中没有任何迹象表明他们的离去令父母痛苦不堪。没有任何记录显示，捕鲸者从新贝德福德[②] 和楠塔基特岛[③] 出发时，留在家里的女人们哭哭啼啼，她们只是坚毅地忍受别离。难道这种易动感情是近来才有的吗？我想任何人都不会怀疑如今的美国人比英国人更情绪化。据我所知，一百年前，他们不是这样的。这到底是怎么产生的呢？我只能猜想，这是近两三代人普遍混血造成的。情感是可以交

① United Service Organizations，美国劳军联合组织。

② 新贝德福德，New Bedford，美国马萨诸塞州东南部港市。

③ 楠塔基特岛，Nantucket，美国马萨诸塞州东南沿海的岛屿，避暑胜地。

流的，德国人的多愁善感、意大利人的好激动、爱尔兰人的活泼快乐、犹太人的敏感盖过了新英格兰人的寡言自制和弗吉尼亚人的骄傲。如今，沉着内敛成了愚蠢麻木的表现，会招来别人的讥笑和俏皮话。

我常想，如果我能把字母表背下来，生活得多轻松啊，能节省多少时间啊。不先在心里默念 G 和 H，我就不知道 I 和 J 的位置。我不知道 P 在 R 前面，还是后头，直到现在我也没记住 T 在什么位置。

男人最爱在自己的性能力上撒谎。在这方面，至少每个男人都是卡萨诺瓦，他心里也是这么希望的。

她成功、富有、受人钦佩，她还有很多朋友。她本该是个非常幸福的女人，但她不是，她痛苦、紧张、不满足。心理医生也拿她没办法。她说不出自己为什么苦恼，她不了解自己。她在寻觅悲剧。后来，她爱上了一位年轻的空军，年纪比她小很多，做了他的情妇。他是一名试飞员，一天，他正在试飞，飞机出了故障，坠毁了。她眼睁睁地看着他死了。她的朋友们担心她会自杀。根本没有。她变得很快乐，胖胖的，很知足。她拥有了她的悲剧。

面对一个有同样弱点的人却毫无招架之力，这事挺蹊跷的。骗子被谎话所骗，马屁精爱听恭维话，不追究其中的深意。我认识的最不知羞耻的一个撒谎精有一次气愤地给我写信，说有人造她女儿的谣。我也不知道当时我为什么没给她回信，问问她是否认为自己是世界上唯一一个不知羞耻的撒谎精。R 吹牛成癖，遇到其他人吹牛却一再上当。他一直试图证明自己更重要，尽管一次次失望，他还是对其他人类似的自我吹嘘确信不疑。正因如此，我才怀疑 T.E. 劳伦斯[①] 是否真诚，因为我知道，他由衷信任的那两个人是冒牌货。

旅美的外国人一定对一点印象深刻，那就是美国人有很多熟人，但鲜少有真正的朋友。他们有生意伙伴，桥牌桌上的牌友，高尔夫场上的球友，一起钓鱼、打猎或扬帆出海的伙伴，吃喝玩乐的酒友，共同战斗的战友，但仅此而已。我在美国遇到的所有人中，只有两个人是亲密的朋友。他们会约着一起吃饭，漫无目的地聊上一晚，因为他们喜欢彼此的陪伴。他们对彼此没有秘密，一个人关心的东西，另一个人也感兴趣，因为那也是他关心的。想起美国人那么爱交际，那么热情友好，这个现象挺奇怪的。我能想到的唯一的解释是：美国的生活节奏太快，很少有人有时间交朋友。从泛泛之交深化为亲密关系需要有闲工夫。另一种可能的解释是：在美国，男人一旦结婚，妻子就会把他“吞没”。她要求他一心一意对她，她把他的家变成了监狱。

无论在什么地方，女人之间的友谊都是不稳定的。她们永远做不到完全信任对方，至亲至密的情感也会被有所保留、疑虑和隐瞒真相冲淡。

真正的朋友。她已人到中年，但整洁利落，穿着时尚得体，属于你见到了就会说“她年轻的时候一定很漂亮”那种女人。可是，当你打听她为什么一直没结婚时，人家会告诉你：“她的心思全在她母亲身上。”她特别有同情心，没有谁比她更善良。如果你的丈夫因诈骗罪受审，开庭期间，她会一直坐在你身边陪着你；你的丈夫被判入狱了，她会来你家陪你一起住，直到你适应了这种状态为止；如果你很不幸突然破产了，她会跟你待一个星期，帮你决定接下来怎么做；

① T.E. 劳伦斯，Thomas Edward Lawrence，1888—1935，英国考古学家、军官、外交家和作家，著有回忆录《智慧七柱》，1962 年这本书被改编成电影《阿拉伯的劳伦斯》。

如果你在里诺[1]，突然觉得无法面对上法庭的煎熬，她会立刻坐上飞机，到你身边支持你，直到你拿到判决书。但遇到死亡的情况，她的表现最佳。如果你的丈夫死于冠状动脉血栓病，如果你的女儿难产死了，或者你的儿子出车祸死了，她会收拾几个行李箱，坐火车或飞机来到你身边。距离不是问题。她不会被北达科他州严酷的气候吓倒，得克萨斯州夏天的炎热也不会让她却步，就连迈阿密旅游旺季时不合时宜的欢乐也不会令她气馁。如果悲惨事件受到不必要的宣传，她也不会畏缩，她对记者们很好，如果忘了告诉他们不要在报道上提她的名字，她不会原谅自己。她始终都有耐心听你一遍遍讲述亲人临终前那些伤心的细节。她会做一些必要的安排。鲜花的事她来负责。她会替你回复你觉得不必回复的吊唁信。教堂里，她就在你身边祈祷；墓穴前，她会站在你身边啜泣。从墓地回来后，她会坚持要求你休息一下，吃完一顿丰盛的晚餐后，她又说“你要保持体力，亲爱的”，然后建议玩一把金罗美[2]。她总是在葬礼第二天离开，她在纽约还有很多事要做，这时，她会劝你：“亲爱的，你要努力啊，生活还得继续下去。”回到大都市，尽管经历了这一切，她一定筋疲力尽，她还是拿起电话，逐个给朋友打电话，告诉他们那一切有多糟糕。

听到在美国的英国人批评美国，美国人自然会不满，显然，他可以这样反驳：“既然不喜欢这个国家，你干吗不走？”但他们并不反驳，而是生闷气。但令人难以忍受的是，他们批评英国的时候，你不生气，很可能还会赞同他们的说法，他们会觉得你自负。他们认为这是冒犯了他们，因为他们觉得你不在乎。你确实不在乎。

法国沦陷后，一些法国的报纸杂志社于英美成立，近来，有那

---

① 里诺，Reno，美国内华达州西部城市，著名的“离婚城市”。

② 金罗美，Gin rummy，两个人玩的纸牌游戏。

么两三次，他们请我写东西，我拒绝了，这并不是因为我对法国有什么敌意，因为我非常感激法国。是法国教育了我，是法国教会我珍视美、特色、才智和良好的判断力，是法国教会了我写作。我在法国度过了很多年快乐的时光。我拒绝是因为，我觉得他们让我写的那类文章只能帮倒忙。这之后很多著名作家做了我不愿做的事。在我看来，他们写的文章徒劳无益。他们告诉法国人，长久以来，他们是欧洲最文明的民族，他们的文化无可匹敌；他们谈到法国历史的辉煌、法国文学的伟大、法国绘画的卓越；他们告诉法国人，他们生活在一个美丽富饶的国度，全世界的人都想造访巴黎这座迷人的城市。法国人对这一切再清楚不过了。这正是他们的祸根，因为这导致他们过分高估自己。十九世纪初，法国是欧洲最富裕、人口最稠密的国家。拿破仑战争[①] 耗干了她的财富，使人口大批死亡。一百多年来，她一直是一个伪装成一流强国的二流强国。这对她来说是双重不幸，一是因为这导致她自命不凡，而她缺少维持这种假象的财力和物力；二是因为这导致更强的国家担心她有野心，实际上，她永远也实现不了这种野心。原本只有极敏锐的人才能预见到的东西，如今战争让它大白于天下了。让她面对真相，决定怎么办吧。她可以放下身段，做一个更富有的西班牙，一个更辽阔的荷兰，或者一个像意大利一样秀色可餐的度假胜地，如果这还满足不了她，她仍渴望做回一流强国，那么，命运掌握在她自己手中。她有丰富的物产、优越的地理位置，她有机智、勇敢、勤劳的人民。但她绝不能再依赖过去的伟大所带来的声望，她必须放弃沾沾自喜，她必须勇敢且现实地面对客观事实。她必须将公共福利置于个人福利之上。她必须准备向太久以来她所鄙视的民族学习，一个国家，没有牺牲就没有力量，没有团结就没有效率，没有纪律就没有自由。她对这些文人的话充耳不闻是明智的，因为恭

① 拿破仑战争，Napoleonic Wars，指拿破仑称帝统治法国期间，1803 年—1815 年，爆发的各场战争。

维话帮不了法国，法国需要的是真相。她自己可以帮助自己。

一个朋友告诉我，他刚写完一个短篇小说，正在润色，想注入一些微妙的东西，我听了很是惊讶。我想不该我告诉他，微妙不是想想就有的。微妙是一种思维的品质，有的话就会显露出来，忍都忍不住。这就像独创性，没有谁努力一下就能有独创性。有独创性的艺术家只是在做他自己，以他觉得最正常、最显而易见的方式表达。因为对你来说是新鲜的，你就说他有独创性。他不知道你说的是什么意思。那些二流画家真蠢，举个例子来说，他们只能在画布上画出无聊平庸的东西，为了用独创性给人留下深刻的印象，他们就在学院派的背景上添加一些毫无意义、格格不入的东西。

我老早就打定主意，只要能花钱让人为我做的事我都不亲自做，现在不包括刮胡子。看到那些说自己时间宝贵的大忙人，每周有六天让美国理发师给他们刮胡子，那个过程漫长、无聊，而又复杂，我很惊讶。

身为一个忠诚团结的家庭的一员必定是愉快的，但我觉得这对即将步入社会的成年人来说于事无补。这种家庭出来的人通常相互欣赏，这会让他对自己的能力产生误判，让他更难应付生活中的激烈竞争。但如果说这对于普通人来说只是一个不利条件，对艺术家则是致命的。艺术家是独狼，他们独来独往。狼群把他赶到荒野里去是为了他好。对于最多只能显示他有潜力的作品，溺爱他的亲戚却肆意赞美，这只能害了他，因为他相信他已经做得很好了，不需要努力做得更好。自鸣得意是会害死艺术家的。

注意到这个国家的冒险精神大大减弱给我带来的困惑不小。因为毕竟是冒险精神让这个国家住满了人。我知道很多人是被贫穷逼出欧洲的，但更多人留下来，继续忍受贫穷，移民的都是敢于冒险的人。我知道很多人来美国是为了享受宗教和政治自由，他们肯定也是有冒险精神的，因为更多留下来的人准备向令他们烦恼的状况妥协。我知道在很多离开移民定居的沿海地区，去中西部安家的人当中，有很多是和家人一起去的，但也有成千上万的人，年轻人、中年人，或者老年人，只身前往。他们大量涌入危险四伏的内华达和加利福尼亚。当霍勒斯·格里利[①] 说："去西部吧，年轻人"时，他所做的不正是呼吁年轻人要有冒险精神吗？我跟很多要上战场的小伙子聊过。大部分人是不得已，很多人是出于责任感，但我没发现一个人把上战场视作一场激动人心的冒险。看来，他们只想安安静静地留在家乡，在某个办公室或商店找份工作，平平安安，远离危险。

价值观。当我们认为一种理论是错误的，又知道很多伟大的哲学家抱持这种理论，我们自然会犹豫，比如价值观是绝对的，独立于我们的思维之外。我们会想，如果价值观是绝对的，独立于我们的思想之外，那么人类到现在应该已经发现了这些价值观，并认为它们理所当然，不会在忠实于它们时摇摆不定。但什么样的价值观会受到尊重取决于境况。每一代人的价值观也会有变化。荷马时代的希腊人和伯罗奔尼撒战争时期的希腊人珍视的价值观不一样。国家不同，价值观也会不同。欧洲人从未将印度人的"不执着"推崇为一种价值观，被基督教视作一种价值观的"谦卑"也不曾被其他宗教的信徒同等看待，至少我不知道。我这辈子就亲眼目睹过有些价值观失去价值。我年轻的时候，"绅士"这个概念是有价值的，现在不只是这个词所代表的含义，就连这个词本身都变得有些讨厌了。你经常会在盥洗室外

---

① 霍勒斯·格里利，Horace Greeley，1811—1872，美国著名报人、编辑。《纽约论坛报》的创办者。自由共和党的资助人之一，政治改革家。

看到一扇门上写着 Ladies（女士），另一扇门上却写着 Men（男人）。如果我听到和读到的都是真的，那么近三十年来，未婚女性的贞操观在盎格鲁—撒克逊国家已经变得微不足道了，在拉丁国家依然很重要。如果道德观不是绝对的，它们就必定取决于偏见或偏好，如此断言也是不诚实的。大家公认，语言是为了响应生理需求逐渐形成的。为什么道德观不能以同样的方式形成呢？道德观是在物种进化的过程中演变而来的，因为它对物种的存在至关重要，这难道不可能吗？如果说这场战争证明了什么，那么它证明了，一个国家如果不珍视某些价值观，它就会被摧毁。这些价值观也同样真实，因为它们开始被珍视是因为，它们不仅对国家的存亡至关重要，也关乎个人生死。

战争胜利时，我热切地希望，我们不要愚蠢到以为打胜仗是因为我们拥有敌人所没有的美德。如果我们让自己相信，我们获胜是因为我们的爱国主义精神、我们的忠诚、我们的团结、我们的无私，那我们就大错特错了。要不是我们有能力制造出强大的武器，掌握了训练庞大军队的手段，那些美德对我们全然无益。获胜的是强权，不是公理。至于上面提到的那些美德，我们只能说，除非整个民族践行这些美德，否则，这个民族就会忽视或拒绝提供击退敌人所需的防御工具，法国就是个例子。否认我们的敌人也拥有一些和我们一样的美德是愚蠢的，他们至少有勇气、忠诚和爱国主义精神。他们有些价值观跟我们的不一样。如果他们统治了世界，这是他们的野心所在，那么一百年后，他们的这些价值观也会被无条件地接受，就像我们现在珍视的价值观被我们国家那些不动脑筋的人无条件地接受一样，但这种可能性极小。强权即公理，这么说很残酷，所有的偏见都让我们否认这种说法，但这是真理。这句话的寓意是，一个民族必须确保自己有强权来捍卫自己心中的公理。

阿道司[①] 在《七思集》(*Seven Meditations*)的第一章写道:“上帝在。这是基本事实。这是为了让我们通过我们存在这个直接经验自己去发现这个事实。”他把我们的上帝说成了一个大傻瓜!

有些哲学家想把“美”列为绝对价值之一,这可是件棘手的事。当你说某种东西美时,你的意思是说,它激起了你内心的某种特定的感受,而那种东西是什么取决于各种条件,它会受到个人癖好、受训经历、时尚风气、习惯、性别和新奇性的影响,这又算哪门子绝对呢?我们可能以为,一旦某样东西被认定是美的,它就会包含足够的内在价值,在我们面前无限期地保持它的美。我们知道,事实并非如此。我们会厌倦它。熟悉也许不会引发轻蔑,但会引发漠然,而漠然是审美情感的死因。

无论美的对象是什么,美都是一种价值,但它只是一种必要价值,如果它能提升灵魂,使其可以接受,或处于一种合适的情绪状态来接受更重要的价值。可灵魂又是个什么东西?

外因引发的某些感受可以让你的内心产生那种被称为审美情感的东西。审美情感的奇怪之处在于,它也能被平庸的艺术激发出来。有的人从巴尔夫的《波希米亚女郎》[②] 中获得审美情感,有的人从贝多芬的《第五交响曲》中获得审美情感,我们没有理由认为,前者的审

---

① 阿道司,Aldous Leonard Huxley,阿道司·赫胥黎,1894—1963,英格兰作家,属于著名的赫胥黎家族。他在1932年创作的《美丽新世界》让他名留青史,《美丽新世界》是二十世纪最经典的反乌托邦文学之一,与乔治·奥威尔的《1984》、扎米亚京的《我们》并称为“反乌托邦”三书。

②《波希米亚女郎》,***The Bohemian Girl***,爱尔兰作曲家米歇尔·W·巴尔夫谱曲的歌剧,1843年在伦敦首演,是巴尔夫最为成功的作品。虽然如今该剧很少上演,但其中很多歌曲仍长盛不衰,如《我梦见自己住在大理石厅》,*I Dreamt I Dwelt in Marble Halls*。

美情感没有后者诚挚真实，不如后者益处多。

艺术理论家们断言，“绝对美”是敏感、受过良好教育、有文化的人普遍认为美的东西，他们太傲慢了。黑兹利特[①]的品位肯定是敏感、受过良好教育、有文化的，但他把柯勒乔[②]和提香相提并论。在他们看来，有些艺术家创作出来的作品拥有可以被视为绝对美的那种美，举例说明时，他们往往会提到莎士比亚、贝多芬（或者巴赫，如果他们品位高雅），或塞尚。他们提到前两个（或者前三个）或许没问题，但他们怎么能确定塞尚对后代也会有他们对我们一样的影响呢？对于塞尚，我们的孙辈很可能漠然视之，就像我们现在对名噪一时的巴比松画派[③]一样。我这辈子见过太多审美判断的反转，不再信任当下的观点。美的事物，并不像济慈说的那样，是永恒的喜悦，它是在某个特殊的时刻激起我们内心某种特殊的情感，如果它能做到这一点，它就给予了美所能给予我们的一切。鄙视审美观念与我们不同的人是荒唐的。我们莫不如此。

看起来，一个种族的身体特征，以及基于此的理想美，在一两代的时间内就会发生变化。我年轻那会儿，美丽的英国女人丰乳、细腰、肥臀，有希望生很多孩子。现在的英国美女身材纤细、小屁股、小胸、大长腿。人们赞美她的这些特征有没有可能是因为经济状况导致大家庭

① 黑兹利特，William Hazlitt，1778—1830，英国随笔作家。他清晰、直接、男子气概的风格极大地影响了一批随笔作家。他在《莎剧人物》《论英国喜剧作家》和《论伊丽莎白时代戏剧文学》中的评论研究因可读性和洞察力敏锐而分外知名。

② 柯勒乔，Correggio，1494—1534，十六世纪早期的创新派画家，也是意大利文艺复兴时期最伟大的画家之一。

③ 巴比松画派，Barbizon School，法国十九世纪的风景画派。巴比松为法国巴黎枫丹白露森林进口处，风景优美。十九世纪三四十年代，一批不满七月王朝统治和学院派绘画的画家陆续来此定居作画，形成画派。它不仅以写实手法表现自然的外貌，而且致力于探索自然界的内在生命，力求在作品中表达出画家对自然的真诚感受，以真实的自然风景画创作否定了学院派虚假的历史风景画程式，揭开了十九世纪法国声势巨大的现实主义美术运动的序幕。

不再受欢迎，而她近似男性的体型招人喜欢暗示她可能不育？

从画像和照片来判断，二十世纪的美国人细长枯瘦、五官鲜明、大鼻子、上唇长、薄嘴唇、下巴生硬。现在要想找到英国漫画家笔下的山姆大叔那个样子的人可难了。今天的美国人胖乎乎的、圆脸、五官很小，还有点模糊不清。美国人不禁老。在美国，你能看见很多漂亮的年轻人，但把美貌保持到中年的就不多见了。

我在重读桑塔耶纳[①]。读他的书是一件乐事，但读完一章，你停下来问自己读过之后是否变得更好或更睿智时，你却不知如何回答。通常大家夸赞他措辞精美，但把一个意思解释清楚才是好句子，他则经常把意思说得含糊不清。他很有才华，善于运用意象、隐喻和贴切的明喻，举例时也很有才气。但我不知道哲学还需要这么多华美的装饰，这会分散读者对论点的注意力，给他一种不安的感觉，想让论点更有说服力，大可不必以如此复杂精巧的方式表述。

我想，桑塔耶纳在美国获得名声源于美国人那可怜的不自信，他们坚信外国的东西一定比本国的价值大。他们会骄傲地给你端上法国卡蒙贝尔奶酪，其实他们自制的奶酪也很好，通常比进口的好多了。在我看来，桑塔耶纳是误入歧途。他懂得讽刺，言辞犀利，有良好的直觉判断力，深谙人情世故，有敏锐的理解力，我觉得他本可以仿效阿纳托尔·法朗士[②]，写一些带有哲学意味的罗曼史，那样的话，一定会给读者带来持久的喜悦。他和那位法国人一样敏锐，比他更博学，

---

① 桑塔耶纳，乔治·桑塔耶纳，George Santayan，1863—1952，西班牙著名自然主义哲学家、美学家，美国美学的开创者，同时还是著名的诗人与文学批评家。桑塔耶纳的主要著作有《美感》《诗与宗教的阐释》《理性生活》《三位哲学诗人：卢克莱修、但丁与歌德》《怀疑论与动物信仰》《存在领域》等。

② 阿纳托尔·法朗士，Anatole France，1844—1924，法国作家、文学评论家、社会活动家。1881 年出版《希尔维斯特·波纳尔的罪行》，在文坛上声名大噪。1921 年，为了表彰他“他辉煌的文学成就，其特点是高贵的风格、深厚的人类同情、优雅和真正的高卢人的气质”，法朗士获得诺贝尔文学奖。

比他的视野更开阔，心思也更细腻微妙。桑塔耶纳决定做一名哲学家，而不是小说家，这是美国文学的损失。事实上，皮尔索尔·史密斯[①]从他的作品中摘录的小随笔让人获益最多。

谦逊是一种强加给我们的美德。就艺术家而言，这么做有充分的理由，的确，当他对比他已经做出来的东西和他想要做的东西，当他对比他令人失望的努力成果和世上伟大的杰作时，他发现谦逊是最易践行的美德。除非谦虚，不然他别想进步。自满对他来说是致命的。奇怪的是，他人的谦逊会令我们尴尬。他们在我们面前表现出谦恭时，我们会很不自在。我也不知道怎么会这样，或许他们的谦恭里有卑躬屈膝的成分，冒犯了我们人类的尊严感吧。当初我想雇两个黑人女仆照顾我，种植园的监工把她们带到我面前，他的最后一句推荐语是："这两个黑鬼不错，她们很恭顺。"有时候，其中一个女仆跟我说话时用手捂着脸，或者紧张地咯咯笑，问我扔掉的某个东西，她能不能拿走，这时，我真想大喊一声："天哪，别这么低声下气的。"

也许是他人的谦卑强迫我们意识到自己的微不足道？

人面对上帝时为什么要谦卑呢？因为上帝比人更好、更明智、更强大吗？这个理由不充分，和我的女仆在我面前卑躬屈膝的原因差不多，她恭顺是因为我是白人，我比她有钱，受过更好的教育。我本该想到有理由谦卑的是上帝，他应该反思一下，创造人类这活儿他干得有多差。

我不明白，为什么批评家总是期望作家写得像他本该写得那么好。作家很少做他想做的，他只是尽力而为罢了。莎士比亚研究者们

① 皮尔索尔·史密斯，Logan Pearsall Smith，1865—1946，出生于美国的英国散文家和评论家。

在读剧本时会碰到显然不如人意的地方，倘若不胡搅蛮缠地坚称完全没有这么一回事，而是承认莎士比亚偶尔也会出错，他们会给自己省却不少麻烦。在我看来，没有理由认为莎士比亚不清楚自己的某些戏动机不足，甚至打破了读者的幻想。为什么批评家们说他不在乎？我本该说有证据表明他是在乎的。他为什么让奥赛罗说出以“那方手帕是一个埃及女人送给我的母亲的……”开头的那段台词？难道不是因为他意识到手帕的情节太弱，经不起推敲吗？他试图想出更好的，但没想出来，大概下这样一个结论会省掉很多麻烦。

他是个高大健壮的家伙，一头蓬乱的金色鬈发在太阳下闪着光，一双明亮的蓝眼睛，一脸的友好和真诚。他没受过什么教育，他的英文很糟糕。他没有一点自我意识，他不做作、爱聊天、喜欢交际。他是一名航空兵。他在谈自己的经历。“我没信过教，”他说，“但陷入困境时我会祷告，‘哦，上帝，’我说，‘让我活到明天吧。’我就这样一遍一遍地说。”

她是个小个子女人，黑头发，黑眼睛，散发着青春美，外表整洁。她因战乱流落到南方腹地，但此前，她一直生活在俄勒冈州的波特兰市，她以这座城市的标准、习惯和生活方式衡量一切。只要是不一样的地方都会引起她的反感和鄙视。知道自己和其他人一样好，而且比大多数人聪明（美国意义上的），她很高兴，但令她倍感难堪的是，在这里，她突然置身一群人中间，而她不安地意识到，这些人属于一个更高的阶层。她既窘迫不安，又咄咄逼人，窘迫不安是因为，她担心他们不按她自己的想法评价她，咄咄逼人是因为，她决心不能被他们愚弄。结婚前，她是一个商人的秘书，到现在为止，她从没被仆人伺候过。这让她既愤怒又困惑，她觉得这样不民主，可是，为什么她觉得有人给你做饭就比有人替你写信更不民主呢，其中的缘由就没那么明显了。她怨恨老板们面有德色的仁慈，同时接受人们为她做的一切，因为她被迫背井离乡，她觉得这都是她应得的。她讨厌东部人，觉得他们傲慢自大、呆板僵硬、居高临下，还目中无人。实际上，她讨厌东部人和美国人讨厌英国人一样。她把他们和俄勒冈的波特兰人对比了一下，他们相形见绌。

如果由于自私、缺乏远见和愚蠢，同盟国在战后因为厌恶德国人的罪恶，而不践行他们的美德，那就太令人惋惜了。德国人无情残忍、言而无信、背信弃义、暴虐专横、奸诈堕落。没错，句句是真。德国教人民养成了勤劳守纪的习惯，不辞辛劳地把德国青年变得强壮、阳刚、勇敢。他们教会人民为了共同利益（他们对共同利益的理解和我们不一样，但并不相干）甘愿牺牲自己。他们把爱国主义变成一种强大且积极的力量。这些都是好事，我们明智的话就该效仿他们。人民应该读历史。当初意大利那些城市共和国以为出钱收买威胁他们的敌人，有雇佣兵保卫边疆，就能维护他们的自由。他们的历史证明，除非公民愿意打仗，除非他们愿意花钱提供足够的武器，不然他们就会失去自由。只有放弃部分自由才能享受自由，这句老话总被人抛诸脑后。

一个朋友拍着我的后背说我是个好人，我很高兴，但我确实有点反感他的另一只手掏我的口袋。

他是个骗子，进过监狱。现在他在部队，非常不开心。他刚刚又升职了，这令他沮丧。他痛恨生活，因为他说他总是遇到挫折，他的抱负全都实现了，没什么奔头了。

她奉承我说：“当名人的感觉如何？”

我想，这个问题我已经被问过二十遍了，我从来想不出怎么回答，但今天，我突然想出来了，可是太迟了。

“感觉就像有人送了你一串珍珠，很漂亮，但过了一会儿，如果你还能想起它，你就会琢磨，这到底是天然珍珠，还是人工养殖的？”

现在我有了答案，大概没有人会再问我这个问题了。

抽水马桶。美国人那么不在乎吃进肚子里的食物的质量和料理方法，却为他们用来处理排泄物的机械设备感到无比骄傲，想想就觉得怪异。

生活好可悲，既凄惨又琐碎，就像一出情节剧，人类最高尚的情操只用来激起平庸的观众肤浅的情感。

我们吃吧，喝吧，玩乐吧，因为明天我们就会死去。是的，但我们死得很可怜，死得很痛苦，不过，也不总是这样，有的时候，我们开开心心打了一场高尔夫球，然后坐在扶手椅上，喝着威士忌苏打水，就安静地离开了人世，或者睡在床上，什么都不知道，人就没了。有些人一再努力，不眠不休，直到死神追上来，他们还有很多想做的事没做完，一想到这些人，我们就会笑吧。

他们认为他全知全能，除此之外，我不知道还有什么。他们从来不相信他有常识，也不承认他宽容，这在我来看来挺奇怪的，如果他像我一样了解人性，他就会知道，人有多软弱，他们对激情多么没有控制力；他就会知道，他们心中充满恐惧，他们有多可怜；他就会知道，再坏的人也有善心，再好的人也有邪念。如果他有感情，他一定会懊悔，当他想到自己把创造人类这件事搞得一团糟时，除了懊悔，他还能有什么感受呢？奇怪的是，他没有运用全能消灭自己。也许这就是他所做的事。

如果知识不能引发正确的行为，知识又有何用？但什么才是正确的行为呢？

谁都可以让我上一回当，这我并不介意，我宁可被人骗，也不骗人，受人愚弄，我还会哈哈大笑。但我会当心，不能两次上同一个人的当。

吃了朋友的亏为什么那么心痛？天真，还是虚荣？

作家切记不要过多解释。

GK。他知道 X 是个骗子，但他想，GK 骗谁也不会骗到他头上。他不知道骗子首先是骗子，然后才是朋友。但我还是觉得 X 的狡诈中有迷人之处。他弄得 GK 倾家荡产，然后飞到美国，逃避法律制裁。我在纽约遇到他，当时他正在一家高级餐厅吃饭。他还是一如既往的温雅、友善、快活、可爱。他似乎真的很高兴见到我。他泰然自若，尴尬的不是他，反倒是我。我相信他不会被良心不安搅得夜难安寝。

有人觉得别人帮了自己一个忙说声“谢谢”很容易，但大多数人觉得很难开口。我猜，他们很骄傲，潜意识里厌恶你施恩给他们。

我又在重读罗素[①] 的《我们关于外间世界的知识》。也许就像他说的那样，哲学不提供，或者不试图提供解决人类命运问题的方法，也许哲学不应当指望找到生活中实际问题的答案，因为哲学家还有更要紧的事要干。可是，谁来告诉我们活着有没有意义，人生是否只是一场悲剧——不，悲剧这个词太高尚了——人生是否只是一场荒谬的不幸？

在美国待久了都会注意到，嫉妒这个恶习在那儿有多普遍。嫉妒会造成令人遗憾的后果，因为它会使人贬低本身很好的东西。举止得体、穿着入时、英文说得准确、生活方式优雅，这怎么就成了造作和堕落的标志了呢，实在是莫名其妙！一个读过好的寄宿学校，上过哈佛或耶鲁大学的人，必须谨慎行事，以免招来没享受过这些好处的人的敌意。我经常看到有的文化人做出一副热情的样子，操着一口对他来说很陌生的语言，妄图不被人看成一个妄自尊大的人，这种人也是可怜。如果嫉妒别人的人想把自己提升到他们嫉妒的人的水平，这一切都无关紧要，但他们不是这么想的，他们想把人家拉低到自己那个水平。他们理想中的"正常人"是一个长着护心毛的男人，穿着衬衫吃馅饼，还打嗝。

皮尔索尔·史密斯在《琐事集》中的某个地方不无得意地评论道，畅销书作家向文学名望更高的人投去羡慕的目光。他错了。他们漠然视之。史密斯说的作家属于另一类，那只是小打小闹的畅销书作

---

① 罗素，伯特兰·罗素，Bertrand Russell，1872—1970，二十世纪英国哲学家、数理逻辑学家、历史学家、无神论者，也是二十世纪西方最著名、影响最大的学者和和平主义社会活动家之一。罗素也被认为是与弗雷格、维特根斯坦和怀特海一同创建了分析哲学。他与怀特海合著的《数学原理》对逻辑学、数学、集合论、语言学和分析哲学有着巨大影响。1950 年，罗素获得诺贝尔文学奖，以表彰其"多样且重要的作品，持续不断的追求人道主义理想和思想自由"。他的代表作有《幸福之路》《西方哲学史》《数学原理》《物的分析》等。

家，他以文人自诩，但批评界没给他自认为应得的评价，他觉得很没面子。休·沃尔波尔[①] 就是这类人，我毫不怀疑他愿意拿大众对他的欢迎来换取知识界的尊重。他谦卑地敲门，恳求他们让他进去，他们却哈哈大笑，这让他很难过。真正的畅销书作家不会被这种欲望困扰。我认识已故的查尔斯·加维斯[②]。英国的女仆和女店员都看他的书，此外还有很多人看他的书。有一次在加里克俱乐部，我听见有人问他他的书卖了多少本。一开始，他不想说。“哦，不值一提。”但那人一再逼问，最后他做了个不耐烦的手势，说，“七百万。”他是一个谦虚、不张扬、有礼貌的人。我相信，当他坐在书桌前，为他无数的小说又添一本时，他一定有创作灵感，而且全身心投入其中。

关键在于，畅销书不是谁努力就写得出来的。他必须诚心诚意地写，惹你大笑的陈词滥调、平庸的人物、老生常谈的情境，还有被你嘲笑的司空见惯的故事，在他看来，根本不平庸、不司空见惯，也不是老生常谈。正相反，他觉得它们既新鲜，又真实。福楼拜对包法利夫人有多专注，他对他创造的那些人物也就有多专注。很多年前，爱德华·诺伯洛克[③] 和我决定合写一个电影剧本。那是一个惊悚情节剧，我们把一个又一个惊心动魄的事件堆积在一起，我们想起一件又一件事，笑得我们肚子都疼了。我们写了两个星期，共度过了一段愉快的时光。那个剧本真不赖，结构合理、激动人心，但就是找不到制作人。我们把剧本交给一些人看，他们说的都是同样的话：“你们的写作态度不诚恳。”我们的确不诚恳。结论显而易见：你写的东西只有

---

① 休·沃尔波尔，Hugh Walpole，1884—1941，新西兰出生的英国小说家。他早期的小说通常是他自己经历的真实反映，但后期写的是传奇故事，与安东尼·特罗洛普的作品不相上下。四部历史系列小说《流氓哈里斯》是他最具代表性的畅销小说。

② 查尔斯·加维斯，Charles Garvice，1850—1920，英国多产作家，出版过 150 多部浪漫小说。他被阿诺德·本涅特称为“英国最成功的小说家”。截止到 1914 年，他的小说在全球售出七百多万册，自 1913 年起，每年售出 175 万册，这个销售节奏至少保持到他去世时。尽管他获得了巨大的成功，但文学界对他的评价并不高，今天他几乎被世人遗忘了。

③ 爱德华·诺伯洛克，Edward Knoblock，1874 —1945，出生于美国的英国剧作家和小说家。

先说服自己，才能说服别人。畅销书作家的书之所以畅销，因为那是他用心血写成的。他调整自己的心态，真正和大众有同样的渴望、偏见、情绪和观点。他们想要什么，他就给他们什么，因为那也是他自己想要的。哪怕一丝一毫的不诚恳，读者立刻就能察觉出来，然后就不碰它了。

人的不幸之一是，早就不性感了还有性欲。我觉得满足性欲没什么不对，但还是不要谈它了吧。

他告诉我他的妻子沉默寡言，他希望能让她开口说话。“天哪，”我说，“那你就看报吧，她立刻会像个喜鹊一样叽叽喳喳、喋喋不休。”

几个世纪以来，讽刺作家们一直在嘲笑老母牛想吃嫩草，老母牛仍在不知疲倦地想吃嫩草。

她不是一个愚蠢的女人，实际上，她是一个聪明的女人。她既不看报纸，也不听收音机，因为，她说，既然她拿战争没办法，何必费那个心思。她实在搞不懂，你为什么想看新闻，而不是听她说她自己。

我给了她一本我的新书的样书。她赞不绝口，她说出的每一句赞美的话都让我感到羞辱。我调动全部的自控力，才忍住没叫她管住自己那张蠢嘴，还装出一副很满意、很荣幸的样子。如果书中只有她看到的那些东西，我为它花费的那些心思，我读过的那些资料，我付出的那些辛苦就全白费了。我试图说服自己，她只看到了虚荣和肤浅，因为她就是一个虚荣肤浅的女人。也许你在一本书中投入了什么，你就能从中得到什么，你在书中只看到自己的样子。所以，也许你心里至少得有一份宁静，才能体会到《斐多》[①]的宁静，如果你身上并非全无高贵的精神，才能体会到《失乐园》的高贵。这个观点和我早年的想法一致，即小说家创造的丰满的人物形象身上必然有他自己的影子。其他人物，他只是描写，而不是创造，而且他们很少令人信服。如果这是真的，那么由此可以断定，通过研究一个作家塑造得最成功的人物，他给予了最多同情和理解的人物，你可以更全面地了解他的性格，这比任何传记都可靠。

①《斐多》，《柏拉图对话录》之《斐多》篇的内容是哲人苏格拉底在就义的当日，与其门徒讨论正义和不朽，以及服毒而死的过程。在西方文化中，论影响之深远，几乎没有一本著作能与《斐多》相比。因信念而选择死亡，史上这是第一宗。

1944 年

权当后记。昨天我七十岁了。每迈入一个新的十年，人都把它当成大事来看，这很自然，或许还有那么一点荒谬。三十岁的时候，我哥哥对我说："你不再是个男孩了，你是个男人了，而且必须有个男人样。"四十岁的时候，我对自己说："青春已逝。"五十岁生日那天，我说："骗自己也没用，人到中年了，还是接受吧。"六十岁时，我说："该把事情好好安排一下了，我已经站在老年的门口，该了结的就了结吧。"我决定退出戏剧界，我写了《总结》，在这本书里，我试着回顾了我从生活和文学中学到的东西，我做过的事，以及它们带给我的满足感，姑且安慰一下自己。所有的周年纪念日里，我认为第七十个最重要。一个人度过了三个二十年加上一个十年，已经习惯了接受天年，并把余下的岁月看作不确定的偶然，这是他趁扛着大镰刀的时间老人扭过头去时偷来的。到了七十岁，人就不是站在老年门口了，他已经是老年人了。

在欧洲大陆，他们有一个可爱的习俗：一个功成名就的人到了七十岁，他的朋友、同事、弟子（如果他有的话）会共同写一本散文集向他致敬。在英国，我们不会以这种恭维的方式向杰出人士致敬。我们最多为他举办一场宴会，他还必须非常杰出才行。我参加过这样的宴会，那是H.G.威尔斯的七十岁华诞，当时来了几百个人。身材高大、须发皆白、肤白眼亮、风度翩翩的萧伯纳发表了演讲。他站得笔直，双手抱胸，带着淘气的幽默，说了很多让当晚的客人和各类听众尴尬至极的话。这是一场妙趣横生的演说，他声音洪亮，演讲技巧高超，他浓重的爱尔兰土腔减弱了话语中的恶意。H.G呢，他把头埋在稿子里，尖声朗读了自己的讲稿。他抱怨自己年事已高，大概他天性就爱发牢骚，他说在座的各位可能以为，出席了这场生日宴会，就意味着他愿意为自己的事业设定一个期限，他抗议，根本没这回事，他一如既往随时准备指点江山。

我的生日已经过了，没有任何仪式。我照常上午工作，下午去屋后幽静的树林里散步。我一直没参透那片林子为何如此神秘迷人。它和我见过的所有树林都不一样。它的寂静比任何寂静都要浓烈。大叶槲树上垂挂着灰色的寄生藤，仿佛破破烂烂的裹尸布，这个季节，桉树叶子已经掉光了，一串串野生楝树果干瘪发黄，到处是高高的松树，耸立于矮树之上，浓浓的绿发着光。这片凌乱萧条的林子有一点很奇怪，独自漫步其中却不觉得孤单，你会生出一种怪异的感觉，一些既非人，又非非人，且看不见的东西，在你四周盘旋。一个影子般的东西悄悄从一棵树后面溜出来，默默地看着你走过。林中有一种悬疑的气氛，似乎周遭的一切都埋伏着，等待什么东西到来。

我回到家，给自己沏了杯茶，然后一直读书读到晚饭时间。晚饭后，我又读了会儿书，玩了两三把单人纸牌，打开收音机，听了会儿新闻，然后拿了一本侦探小说上床看，看完，我就睡了。除了跟我那两个黑人女仆说了几句话，我一整天没跟任何人说话。

我就这样过了我的七十岁生日，我本来就希望这样度过。我沉思了一天。

两三年前的一天，我和丽莎一起散步，我也不知道为什么，她跟我谈起一想到老年心中就充满恐惧。

我告诉她："不要忘了，等你老了，很多现在能调剂生活的事你就不想做了。老了也有老了的好处。"

"有什么好处？"她问。

"哦，你基本上不需要再做任何你不想做的事。你可以享受音乐、艺术和文学，和年轻时的方式不同，但感受同样强烈。有些事不再与你息息相关，你可以观察事态的发展，并从中获得很多乐趣。快感不那么强烈，痛感也就不那么真切了。"

我知道这些安慰的话起不了什么作用，甚至就我在说的时候，我就意识到自己描绘了一幅凄凉的前景。后来我又仔细考虑了一下，忽然觉得老了最大的好处是精神自由。我想，年老伴随着某种冷漠，很多正当年时觉得重要的东西变得不再重要。另一个好处是把你从妒意、恨意和恶意中解放出来了。我认为我不嫉妒任何人。我已经充分利用了上天赋予我的才华。我不嫉妒别人比我更有才华。我已经很成功了。我不嫉妒别人的成功。我很乐意腾出被我占了很久的位子，让别人进来。我不在乎别人怎么看我了。接不接受我，随他们的便。他们看样子喜欢我，我会欣慰，如果我知道他们不喜欢我，我也无所谓。我早就知道我身上有某种东西招某些人讨厌。我觉得这很自然，没有谁会喜欢所有人，他们的敌意不会让我心神不定，我反倒很感兴趣。我只是好奇他们到底讨厌我什么。我也不介意他们怎么看待作为作家的我。我基本上做到了我想做的事，余下的我就不操心了。我从来没喜欢过围绕著名作家的恶名，我们中间有很多单纯的人误以为那是名望，我经常希望自己当初是用笔名写作的，这样我就可以悄悄地在这个世上来去。我的第一本小说就是用笔名写的，后来署了我的真名是因为，出版人提醒我说这本书可能会遭到猛烈的抨击，而我不想躲在一个假名后面。我想，作家都忍不住暗暗希望死后不要被世人完全遗忘，偶尔我会自娱自乐，掂量一下自己不被迅速遗忘的可能性有多少。

人们通常认为我最好的书是《人生的枷锁》。销量证明它仍被广泛阅读，这本书是三十年前出版的。这对一本小说而言寿命已经很长了。但后人不太会想被大部头作品占用时间，我猜，随着这代人故去，令我震惊的是，他们居然觉得这本书很重要，它会同很多比它更好的书一起被遗忘。我想，我的一两部喜剧也许能苟延残喘一段时间，因为它们是遵照英国的喜剧传统写的，从王政复辟时期的剧作家开始，到诺埃尔·科沃德[①]的戏剧，这种喜剧一直深受观众喜欢，由于这个缘故，我的喜剧或许能在英国戏剧的长队中占有一席之地。或许它们还能帮我在英国戏剧史上挣到一两行字。我想，我的一些最好的短篇小说在未来的许多年中会被收入各种选集，这只是因为随着时间的推移和文明的发展，其中一些篇章中提到的情形和地点会笼罩上一层浪漫的魅力。带着两三部戏剧和十几个短篇小说，我轻装踏上未来的旅程，尽管如此，聊胜于无。如果我估计错了，如果我死后一个月就被大家忘了，到那时，我也什么都不知道了。

十年前，我最后一次站在舞台上鞠躬（打个比方而已，因为最初那几部戏后，我就拒绝露脸做这种丢人的事），媒体和我的朋友们都以为我不是来真格的，以为再过一两年我还会东山再起，但我再也没有复出，也从来就没有这个打算。几年前，我决定再写四本小说就不再写虚构作品了。我写了一本。（我没算上那本战争小说，那是我在美国时上面交代的战时工作的一部分，写得我很不耐烦。）不过，我想我不太可能再写另外三本了。一本是背景设定在十六世纪西班牙的神迹故事。第二本小说讲的是马基雅维利在切萨雷·博尔贾的罗马涅的家中做客，这段经历为他撰写《君主论》提供了最好的素材，我打算把他们的对话穿插在里面，马基雅维利根据这些对话创作了他的戏剧《曼德拉草》（*Mandragola*）。我知道作家们经常把亲身经历改编成故事，仅凭创造力就把微不足道的小事写得妙趣横生、激动人

① 诺埃尔·科沃德，Noël Coward，1899—1973，英国演员、剧作家、流行音乐作曲家。

心，我想，把这个过程反过来，从剧本猜想引发创作的事件，应该很好玩。最后以一部讲述柏孟塞贫民窟一个工人家庭的小说收尾。五十年前，我的第一本小说写的就是不求上进的伦敦穷人的故事，再以同类故事结尾，这可以说是给我的事业画上了一个完满的句号。但我现在很高兴只把这三部小说当作自娱的遐思。这是作者从自己的作品中获得最大快乐的方式，书一旦写完就不是自己的了，他再也不能通过想象人物的对话和行为自娱自乐了。我也不认为我在七十或更大的年纪能写出更有价值的东西。动力不足了，精力不够了，创造力也不行了。文学史有时会同情怜悯，但更多时候，它简慢冷漠，哪怕是最伟大的作家老年时期的作品，它也不予理会，我亲眼见过一些作家朋友江郎才尽，还在可怜巴巴地写啊写，而他们的才能已变成了一副有名无实的空架子。作家和同代人沟通得最顺畅，让下一代人选择他们自己的代表者才是明智的。反正让不让他们这么做，他们也会这么做。他们会听不懂他的语言。我一直力求把我的生活和生活活动塑造成某种模式，我不认为我还能写出什么为它增光添彩的东西。我已经实现了我的抱负，很愿意到此为止。

有一种迹象让我注意到我这么做是明智的，尽管我向来生活在未来，而不是当下，但一段时间以来，我发现我越来越沉浸在过去里了。也许这样才是合乎常理的，因为未来必然很短，而过去很长。我向来提前制定计划，通常，这些计划都会实现。但现在谁还能制定计划呢？谁知道明年或后年会发生什么，人生状况会如何，还能不能像从前那样生活？以前我喜欢乘着帆船在蓝色的地中海上徜徉，现在那条船被德国人抢走了，我的汽车被意大利人开走了，我的房子先是被意大利人占了，现在又被德国人占了，我的家具、书和画，如果没被洗劫一空，肯定也丢得到处都是。但对于这一切没有谁比我更无动于衷。人所渴望的一切奢华，我都享受过了，有两三间属于自己的屋子、一天吃上三顿饭，可以在一家好图书馆借书看，足以满足我的需求。

我的遐想常常和早已逝去的青春有关。我做过各种让我后悔的事，但我努力不让它们折磨我。我对自己说，那些事不是我做的，是从前那个不一样的我做的。我伤过一些人，但既然无法修复我所造成的伤害，我就靠为他人做好事来弥补我的过失。有时，想到在本应享受性爱的年龄却错失了交欢的机会，我也会有点懊悔，但我知道，我终究会错过那些机会，因为我一向难以取悦，欲望激发了我的想象力，但到了紧要关头，身体上的排斥经常会阻止我开始一段浪漫的艳遇。我比我希望的更洁身自好。大多数人话很多，到了老年，人容易喋喋不休。尽管我向来听的多说的少，但近来我发现自己也不知不觉有了唠叨的毛病，我一意识到这一点，就注意加以改正。大家忍让老人，老人必须谨慎行事，尽量不惹人厌。非要跟年轻人在一起是不明智的，这会让他们觉得拘束、不舒服，如果觉察不到他的离开会让年轻人松一口气，他就太迟钝了。如果他有点名气，年轻人偶尔会来看望他，但如果他搞不明白人家不是为了跟他本人交往，那就太愚蠢了，他们只是为了之后跟同龄的朋友闲扯。对他们来说，他是一座山，爬山不是为了攀登的乐趣，也不是为了站在山顶看到的风景，而是为了下山后讲述自己的壮举。老人还是与同辈人交往比较稳妥，如果他能从中找到乐趣，他是幸运的。被迫和一群行将就木的老家伙在一起确实挺压抑的。

蠢货不会因为老了就不那么蠢了，老蠢货比小蠢货讨厌无数倍。我不知道哪类人更让人难以忍受，是不肯向时间的攻击屈服，举止轻浮得令人作呕的老家伙？还是故步自封于过去的时代，对拒绝同他一起停滞不前的世界没有耐心的老顽固？事实如此，看来，老年人前景堪忧，年轻人不愿与他为伍，他又觉得同龄人乏味烦人。最后只落个孑然一身，我觉得自己幸运极了，从没有什么比我自己更能带给我持久的满足感。我从没喜欢过大型聚会，现在我可以借口自己上了年纪，拒绝参加聚会，或者觉得没意思了就悄悄退席，这是老了的一大好处。越是把孤独强加给我，我越开心。去年我在康比河[①]畔的一座小房子里自己住了几个星期，谁也没见，我既不孤单，也没觉得无聊。酷热和疟蚊迫使我放弃了隐居，说实在的，我很不情愿地回到了纽约。

有一点很奇怪，人要花很长时间才能意识到上天仁慈带来的好处。最近我才想到我有多幸运，我从来没头疼、胃疼、牙疼过。前几天，我读卡尔达诺[②]的自传，那是他在年近八十时写的，他庆幸自己还有十五颗牙。我刚刚数了一下，我还有二十六颗牙。我得过很多严重的疾病：肺结核、痢疾、疟疾什么的，但我既不酗酒，也不暴食，身体健康。显然，除非身子骨硬朗，别指望能从老年生活中获得多少满足感，当然，钱也得够用，不需要太多钱，老人的需求很少。恶习费钱，老了很容易有德行。又穷又老就惨了，靠人养活更糟。我非常感谢读者对我的青睐，让我可以过上舒适的生活，在满足自己的奇思怪想之外，还可以供养那些我有义务要照顾的人。老人容易贪婪。他们往往会利用手里的钱操控依赖他们的人。我发现我没有向这些缺点屈服的冲动。

我的记性不错，除了记不住人名和人脸，读过的东西，我不都会忘。记性好的坏处是，世界上最伟大的小说我都读过两三遍，再读就没多大乐趣了。现代小说引不起我的兴趣，如果没有数不清的侦探小说，我都不知拿什么消遣好，侦探小说引人入胜，好打发时间，而且看完就忘。我从来不喜欢读那些主题与我毫不相干的书，有的娱乐书或指南书里讲的人物和地方对我毫无意义，我至今也提不起兴趣看。我不想了解暹罗的历史，也不想知道爱斯基摩人的风俗习惯，我不想

① 康比河，the Cambahee River，美国南卡罗来纳州的一条河。

② 卡尔达诺，Girolamo Cardano, 1501—1576，意大利文艺复兴时期百科全书式的学者，数学家、物理学家、占星家、哲学家和古典概率论创始人。由于他的名字的英文拼法为Jerome Cardan，所以也被称为卡当。

读曼佐尼[1]的生平，知道矮胖的科尔特斯[2]曾站在达连湾[3]的一座山峰上，我的好奇心就得到满足了。我年轻时读过的那些诗人的诗作，现在读起来仍乐在其中，现代诗人的诗作，我也可以读得津津有味。我很高兴自己活得够久，能读到济慈和艾略特晚期的诗作。凡是和约翰逊博士有关的文字，我都读得进去，和柯勒律治、拜伦、雪莱有关的，绝大部分也没问题。老年剥夺了初读世界名著时的激动，那种感觉再也体会不到了。有些东西，初读时感觉自己是济慈的观星者，重读时却不得不得出“不过如此”的结论，这种感觉的确令人伤心。不过，仍有一个学科让我一如既往地兴奋，那就是哲学，不是爱争论且枯燥专业的哲学——“哲学家们的论证若无法有效治疗人类的苦难，这样的论证是没有价值的。”[4]，而是探讨我们所有人都会面对的问题的哲学。柏拉图、亚里士多德（人们说他枯燥无味，但有幽默感的人能从中发现很多乐趣）、普罗提诺[5]、斯宾诺莎[6]，还有很多现代哲学

① 曼佐尼，Alessandro Manzoni，1785—1873，意大利作家、诗人、剧作家。他的历史小说《约婚夫妇》是意大利最重要的浪漫主义作品，为意大利历史小说的发展奠定了基础。

② 科尔特斯，埃尔南·科尔特斯，Hernán Cortés，1485—1547，西班牙军事家、征服者。他于1519年率领一支探险队入侵墨西哥。建立了城市维拉克鲁斯后，先后征服了阿纳华克地区的阿兹特克人，在墨西哥城传扬天主教的思想。1522年，科尔特斯征服了今天的洪都拉斯。1524年，科尔特斯派阿尔瓦拉多率兵逐次征服玛雅各族，并成立西班牙殖民地“危地马拉王国”，范围包括今日墨西哥南部与中美洲各国。1534年到1535年，科尔特斯北上到北美洲西海岸，探索了今日的南加州部分，并命其名为“加利福尼亚”。

③ 达连湾，Darien，加勒比海最南部的海湾。西南邻巴拿马，东南接哥伦比亚。

④ 伊壁鸠鲁的格言。

⑤ 普罗提诺，Plotinus，205—270，新柏拉图学派最著名的哲学家，更被认为是新柏拉图主义之父。他是晚期古罗马哲学中无可争议的大师级人物，堪称整个古代希腊哲学伟大传统的最后一个辉煌代表。普罗提诺主张有神论，同时主张迷信与法术。他不是基督徒，但他的哲学对当时基督教的教父哲学产生了极大的影响。

⑥ 斯宾诺莎，巴鲁赫·德·斯宾诺莎，Baruch de Spinoza，1632—1677，犹太裔荷兰籍哲学家。近代西方哲学公认的三大理性主义者之一，与笛卡尔和莱布尼茨齐名。他的主要著作有《笛卡尔哲学原理》《神学政治论》《伦理学》《知性改进论》等。

家，如布拉德利[①] 和阿尔弗雷德·诺夫·怀特海[②]，他们一直都能给我带来快乐，引我深思。毕竟，他们和古希腊悲剧作家只谈论对人类重要的问题。他们给人喜悦，让人平静。读他们的著作就像微风轻拂的日子乘帆船在内海航行，海面上点缀着一千座小岛。

十年前，我吞吞吐吐地在《总结》里写下我的经历、阅读和思考引发的关于上帝、永生、生命的意义和价值的印象和想法，从那以后，我没找到什么理由改变这些看法。如果重写一遍，我会试着不把"价值观"这个迫切的问题处理得那么肤浅，关于"直觉"，我也会找些不那么随意的话来说，关于这个命题，某些哲学家已经做了很多猜测，建立了宏伟的体系，但在我看来，它也就撑得住空中楼阁，对任何比这更实在些的建筑，它所提供的基础都和在射击场的水柱上摇晃的乒乓球一样不牢靠。

我又向死亡靠近了十年，恭候死亡的我并没有比那时更恐惧。确实，有的时候，我觉得自己一切都做得太频繁，认识了太多人，读了太多书，看了太多画、雕塑、教堂和华屋，听了太多音乐。我不知道上帝是否存在。任何用来证明他存在的论点都不具说服力，就像伊壁鸠鲁很久以前说过的那样，信仰必须凭借直觉。我从未有过此类直觉，也从未有人就邪恶与全能至善的上帝如何相容给出令我满意的解释。有一段时间我被印度教神秘的中性神（neuter）的概念吸引，中

① 布拉德利，弗朗西斯·赫伯特·布拉德利，Francis Herbert Bradley，1846—1924，英国哲学家。在整个现代西方哲学界很有声望，有人称他为"康德以后最伟大的哲学家"。一时被拥戴为"盎格鲁—黑格尔派"的领袖，虽然他并不承认自己是黑格尔主义者。布拉德雷的主要著作包括：《批判的历史之前提》《伦理学研究》《逻辑原理》《现象与实在》《真理与实在论文集》和《论文集》。布拉德雷首先考察的是伦理学，继而涉足逻辑学，最后在《现象与实在》一书中系统地阐述了自己在哲学上的根本见解，即形而上学第一原理。

② 阿尔弗雷德·诺夫·怀特海，Alfred North Whitehead，1861—1947，英国数学家、哲学家和教育理论家。他与伯特兰·罗素合著的《数学原理》标志着人类逻辑思维的巨大进步，是永久性的伟大学术著作之一，同时创立了二十世纪最庞大的形而上学体系。他也是"过程哲学"的创始人。

性神代表了存在、知识、极乐、无始亦无终，人类按照自己的愿望创造的所有的神里面，我更倾向于相信这个。但我觉得它也只是个令人难忘的幻想而已。从终极原因推断出人类的多样性，在逻辑上是讲不通的。当我想到宇宙的广袤，不计其数的星辰，它的空间用成千上万个光年来计算，我就会心生无限的敬畏，但我想象不出它的创造者是谁。我愿意承认，宇宙的存在是一个人类智慧永远别想解开的谜题。至于生命的存在，我也不是不可以相信这样一个概念，生命起源于一个身心兼具的东西，“心”的那一面是复杂进化的源头。然而，这一切的目的的是什么，如果有目的的话，这一切的意义又是什么，如果有意义的话，对我来说依然是神秘的。我只知道，哲学家、神学家或神秘主义者就此说过的话都没能说服我。如果上帝真的存在，并关心世间俗事，他必定有足够的常识，像一个通情达理的人那样，仁慈地看待人性的弱点。

那么灵魂呢？印度人称灵魂为“大我”，他们认为灵魂永恒存在，也将存在到永恒。相信这个比相信灵魂是在个体的孕育或诞生时产生的要容易些。他们认为它具有绝对现实的性质，源于那里，也终将归于那里。这只是一种令人愉快的幻想，没有人知道它还是别的什么。它要求人们相信轮回，反过来，轮回又为不幸的存在提供了人类的聪明才智所能想出的唯一貌似有理的解释，它认为前世做了错事就会导致今生的报应。它没有解释全智至善的造物主怎么会愿意甚至能够创造出错误。

可灵魂是什么呢？柏拉图以降，人们就这个问题给出过很多回答，大部分不过是对他的猜想略加改动。我们经常用这个词，所以它必定意味着什么。基督教认为，灵魂是一种由上帝创造的简单且永恒的精神实体，这是一种信条。我们也许不相信这种说法，但还是会赋予它某种含义。当我问自己我到底指的是什么时，我只能回答，我指的是我自己的意识，我的自我意识，我的性格，这个性格包含了我的想法、我的感觉、我的经历和我的身体的偶有属性。身体的偶有属性会影响灵魂的构成，我想，很多人在这个概念面前会畏缩不前。对此我再确定不过了。假如我不口吃，假如我的个子能高出四五英寸，我的灵魂会很不一样，我的下巴有点前突，我小的时候，他们不知道趁下颚还有可塑性时戴金属环就能矫正。如果他们知道，我的容貌会变，伙伴们对我的反应会变，我的性情、我对他们的态度也会跟着一起变。可是，能被牙科设备改造的灵魂又是什么东西呢？我们都知道，如果不是看似偶然地遇到某某人，如果不是在某个特定的时刻出现在某个特定的地点，我们的生活会迥然不同，我们的性格、我们的灵魂，也会是另一番模样。

无论灵魂是品性、感情和癖好之类的东西的混合体，还是一种简单的精神实体，性格都是可觉察到的表现。我想大家都会认同这个说法，痛苦无论是精神的，还是肉体的，都会对性格产生影响。我认识一些人，他们没钱、没被认可时善妒、严酷、刻薄，取得成功后就变得亲切和蔼、宽宏大量了。银行里有点钱，尝到一点成名的滋味，灵魂就变得伟大了，这不是很奇怪吗？相反，我还认识一些正派、可敬的人，疾病缠身、穷困潦倒后就变得爱撒谎、骗人、发牢骚，心肠歹毒了。灵魂如何取决于身体的偶有属性，我不相信灵魂可与之分离而独立存在。当你看到死人时，你不可能不想到他们确实看上去死透了。

偶尔有人会问我是否愿意把我的生活重新过一遍，总的来说，我的生活还是挺不错的，比大多数人的好，但我还是觉得没有必要重来一遍，这和把读过的侦探小说再读一遍一样无意义。但假设真有转世再生这回事——四分之三的人类明确持有这种信念，而且一个人可以选择要不要在人间开始一段新的生活——过去我确实想尝试一下，或许我能体验到以前因环境和个人的身心癖好所限没能享受到的东西，再借此机会学习很多以前没时间或没机会学习的东西。但现在我会拒绝。我已经受够了。我既不相信永生，也不渴望永生。我希望死得快，死得没有痛苦，随着我呼出最后一口气，我的灵魂，连同它的抱负和弱点都将融入虚无，不复存在，倘若真能保证这一点，我就心满意足了。我把伊壁鸠鲁写给美诺寇的话牢记在心 ：“你要习惯于相信死亡是一件和我们毫不相干的事，因为一切善恶吉凶都在感觉中，而死亡不过是感觉的丧失。因为这个缘故，正确地认识到死亡与我们无关，便使我们对于人生有死这件事愉快起来，这种认识并不是给人生增加上无尽的时间，而是把我们从对于不死的渴望中解放了出来。一个人如果正确地了解到终止生存并没有什么可怕，对于他而言，活着也就没有什么可怕的。”①

我觉得，在今天这个日子，以这番话结束这本书是恰当的。

距我写上面的文章已过去五年了，尽管此后我写了我谈到的那四本小说中的三本，第四本我就不写了，这篇文字我一直没有修改过。我长期旅居美国，回到英国后，我重访了我本打算做故事背景的那部分伦敦，又与老友们重新交往，其中一些人本来要充当我的小说中的人物原型，可是我发现这里发生了巨变。柏孟塞不再是我认识的那个柏孟塞了。战争摧毁了很多东西，夺去了许多人的生命，但对失业的恐惧不再像阴云笼罩朋友们的生活，他们从臭虫满地的廉价公寓里搬出去，住进了干净整洁的公营公寓。他们有了收音机、钢琴，每个星期看两场电影。他们不再是无产阶级的一员，而成了小资产阶级。然而我发现的不仅是这些向好的变化。人的精神面貌变了。在过去那些糟糕的日子里，人们要忍受艰难困苦和物质匮乏，但他们是快乐的、友好的，遗憾的是，现在他们的生活中却充斥着嫉妒、仇恨和恶意，并为此心怀怨愤。以前他们没有对命运不满，现在他们却憎恨那些能享受到他们享受不到的优越条件的人。他们闷闷不乐、心怀不满。我有一个老熟人，她是一家之母，职业是清洁工，她告诉我 ：“他们把

① 摘自《伊壁鸠鲁致美诺寇的信》。

贫民窟和灰尘污垢清理干净了，所有的幸福和快乐也随之而去了。”我走进了一个陌生的世界。我并不怀疑它仍会为小说提供丰富的素材，但我脑海中那个关于贫民窟状况的画面已不复存在，我认为没有必要再写了。

过去这五年里，我或许多学了一点知识。我偶然结识了一位著名的生物学家，这让我稍微知道了一点过程哲学[①] 的皮毛。这门学科很有启发性，而且非常有趣。它解放了精神。科学家们似乎一致认为，在遥远的未来的某个时期，我们的地球将不再支持哪怕是最基本的生命形式，但早在达到这种状态之前，人类就像无法适应环境变化的许多物种一样灭绝了。结论无非是，到了那时，一切进化都是徒劳的，导致创造人类的过程是大自然做下的惊人的荒唐事，和基拉韦厄火山喷发或密西西比河洪水泛滥一样惊人，惊人归惊人，照样荒唐。任何一个有理智的人都不会否认，纵观人类历史，不幸的总量远远大于幸福。只有在几个短暂的时期，人类的生活没有持续不断的恐惧和横死的危险。正如霍布斯[②] 所断言的那样，人的生活是孤单、贫穷、险恶、冷酷和短暂的，且不仅限于蛮荒时代。古往今来，很多人相信有来生，这适当地补偿了他们在这个悲惨世界短暂逗留期间所遭受的苦难。他们是幸运的人。对于有信仰的人来说，信仰解决了理性认为无法解决的难题。有些人认为艺术有一种价值，这种价值也是它存在的正当理由，并说服自己，拿平庸之辈悲惨的命运来换取画家和艺术家光芒四射的作品，代价并不算太高。

---

① 哲学，一种主张世界即是过程，以机体概念取代物质概念的哲学学说，又称活动过程哲学，或有机体哲学。过程哲学主要研讨五个概念：变化、持续、永恒客体、机体、价值和混合。它涉及自然科学、社会科学、美学、伦理学和宗教学等领域，并由此构成对宇宙的总看法，因而它又被称为宇宙形而上学，或哲学的宇宙论。

② 霍布斯，托马斯·霍布斯，Thomas Hobbes，1588—1679，英国政治家、哲学家。他创立了机械唯物主义的完整体系，指出宇宙是所有机械地运动着的广延物体的总和。他提出“自然状态”和国家起源说，指出国家是人们为了遵守“自然法”而订立契约所形成的，是一部人造的机器人，反对君权神授，主张君主专制。

我对这种态度不以为然。有些哲学家主张，艺术的价值在于它的影响，从而推断出艺术的价值不在于美，而在于正确的行为，我认为他们说得对。因为一种影响除非有效，否则就没有价值。如果艺术只是一种乐事，那么无论它有多么超越世俗，都不太重要，这就像支撑巨大拱顶的石柱柱头的雕塑，它们的优雅和多样悦人眼目，但没有实际功用。除非艺术能导致正确的行为，否则不过是知识分子的鸦片罢了。

很久以前，《传道书》就表达了悲观主义的情绪，且堪称不朽，人不能指望通过艺术来缓解悲观情绪。我认为人在英勇地面对世界的荒谬时有一种美远胜艺术之美。“帕迪”·菲纽肯[1] 同他的飞机一起坠入死亡之海之前，他通过无线电向他的飞行中队的飞行员们说：“就这样吧，伙计们。”，我从他无畏的姿态中看到了这种美。奥茨上尉[2]在南极的夜晚，为了不成为同伴们的累赘，离开营帐，走向死亡，我在他的冷静决绝中看到了这种美。海伦·瓦利亚诺[3] 这个女人不是很年轻，不是很漂亮，也不是很聪明，为了一个不是自己祖国的国家，为了不背叛自己的朋友，她忍受了地狱般的折磨，接受了死亡，我在她的忠诚中看到了这种美。帕斯卡[4] 写过一段名言：“人只不过是一根苇草，是自然界最脆弱的东西；但他是一根能思想的苇草。用不着整个宇宙都拿起武器来才能毁灭，一口气、一滴水就足以致他死命了。

① “帕迪”· 菲纽肯，Brendan Eamonn Fergus Finucane，1920—1942，布伦丹·埃蒙·弗格斯·菲纽肯，爱尔兰王牌飞行员，军中花名“帕迪”。在他 21 岁生日的五天之前，帕迪·菲纽肯荣获英国政府颁发的优异勤务勋章，这是大英帝国授予军人的至高荣誉，仅次于维多利亚十字勋章。1942 年，帕迪·菲纽肯晋升为霍恩彻奇联队的中校联队长，这时他还不满 22 周岁，成为英国皇家空军历史上最年轻的中校联队长。

② 奥茨上尉，劳伦斯·奥茨，Lawrence Edward Grace Oates，1880 年 3 月 17 日—1912 年 3 月 17 日，英国南极探险家。

③ 海伦·瓦利亚诺，Hélène Vagliano，希腊人，后定居法国戛纳。二战期间，她加入抵抗组织，1945 年 8 月 15 日，她被德国盖世太保逮捕，并被折磨致死。

④ 帕斯卡，布莱士·帕斯卡，Blaise Pascal，法国数学家、物理学家、哲学家、散文家。代表作《算术三角形》《思想录》等。

然而，纵使宇宙毁灭了他，人却仍然要比致他于死命的东西更高贵得多；因为他知道自己要死亡，以及宇宙对他所具有的优势，而宇宙对此却是一无所知。因而，我们全部的尊严就在于思想。”是这样吗？当然不是。我觉得今天我们谈论“尊严”这个概念时语带轻蔑，我认为这个法语词最好译成“高贵”。有一种高贵并非来自思想，这种高贵更根本，不取决于文化或教养，而是扎根于人类最原始的本能。面对它，上帝会羞愧地捂住脸，如果创造人类的真是他。知道人类尽管有各种缺点和罪恶，偶尔还能展现出如此壮美的精神，绝望之时，我们也可以有个避难所了。

可是，这些话题都太严肃了，即便我有能力讨论，这里也不是地方。因为我就像一个在战时港口登船的乘客，我不知道哪天起航，但随时准备着，一接到通知就上船。我没有参观城市的景点。我不想看漂亮的新高速公路，反正我也不会在上面开车；我也不想看新落成的有各种现代设施的大剧院，反正我也不会坐在里面看戏。我看看报纸，翻翻杂志，但有人要借书给我看，我都会拒绝，因为我可能没时间看完。总之，面对眼前的旅程，我也没有心思对它感兴趣。我在酒吧或牌桌上会偶然认识一些人，但我不打算跟他们交朋友，因为很快我就要跟他们分别了。我人在旅途。